À LIRE ABSOLUMENT

John O. Brennan – Diriger la CIA – Mon combat contre le terrorisme

Kamala Harris – Des rues d'Oakland aux couloirs de la Maison Blanche – Dan Morain

John Bolton – La pièce où ça s'est passé

LES HOMMES DE POUTINE

Comment le KGB s'est emparé de la Russie avant de s'attaquer à l'Ouest

Ouvrage original publié aux États-Unis
sous le titre *Putin's people*
par William Collins
An imprint of HarperCollins*Publishers*
1 London Bridge Street
London se1 9GF

Édition française publiée par
Talent Éditions
115 rue de l'Abbé Groult, 75015 Paris

ISBN : 978-2-37815-258-1

LES HOMMES DE POUTINE

Comment le KGB s'est emparé de la Russie avant de s'attaquer à l'Ouest

Traduit de l'anglais (Royaume-Uni)
par Olivier Bougard et Anne Confuron

Talent Éditions

Sommaire

À mes parents, Marjorie et Derek, ainsi qu'à Richard et Catherine Birkett.

Note de l'éditeur

Nous vous proposons de découvrir le travail d'investigation de Catherine Belton, le plus complet et le plus explicite sur les réseaux de Poutine et leurs développements. À ce jour, son ouvrage a été publié dans l'ensemble des pays européens et s'est classé dans les meilleures ventes, en raison de l'actualité. Ce livre cite de nombreux oligarques et des hommes du cercle de Poutine. Il a fait l'objet de recours en diffamation devant la juridiction de Londres, notamment par Roman Abramotvich. Concernant ce dernier et après décision de justice, la maison d'édition HarperCollins UK a modifié le manuscrit original, soit quelques paragraphes, ou mentionné dans le texte les désaccords de Roman Abramovitch. Ces modifications ne diminuent en rien la force de cette investigation.

L'auteure s'est appuyée sur de nombreuses interviews, notamment des entretiens menés par ses soins entre 2008 et 2018, et documents, l'ensemble des notes et sources sont disponibles à l'adresse email : contact@talenteditions.fr en précisant le titre du livre.

Enfin, ce livre n'aurait probablement pas vu le jour en langue française sans l'interview de Sergueï Pougatchev, oligarque réfugié à Nice, réalisée par Pierre de Gasquet dans *Les Echos Week-end* du 18 mars 2022.

Avant-propos

Mes recherches pour ce livre ont commencé il y a longtemps à Moscou et à Saint-Pétersbourg où ce livre a trouvé son inspiration et a été rendu possible par des heures de conversations que j'ai eues avec Vladimir Milov, l'ancien vice-ministre de l'Énergie dont la traque incessante des transactions commerciales du cercle restreint de Poutine a fourni une feuille de route sur les siphonnages des avoirs du régime de Poutine ; ainsi que celles que j'ai eues avec Andrei Illarionov, l'ancien conseiller économique du Président, dont les pouvoirs d'analyse médico-légale et la perspicacité ont été à l'origine d'une partie de la thèse du livre. Pavel Voshchanov, l'ancien porte-parole d'Eltsine et journaliste d'investigation à la *Komsomolskaya Pravda*, a ouvert une fenêtre sur un monde oublié depuis longtemps, celui du siphonnage d'actifs par le KGB à la chute de l'URSS. Hors de Russie, Sergueï Kolesnikov, le courageux lanceur d'alerte qui a fui le cercle fermé de Poutine, a partagé des documents et encouragé d'autres recherches, pendant que Felipe Turover, l'ancien agent du KGB qui était l'informateur à l'origine de l'enquête sur les contrats de reconstruction du Kremlin de Mabetex, a été une source de révélations. Tommy Helsby, l'ancien président des enquêtes de Kroll qui est mort trop tôt en 2019, a été une généreuse source d'inspiration et de précieuses pistes d'investigation. Il nous manque.

Vladimir Iakounine a généreusement passé de nombreuses heures à expliquer le point de vue de la clique soudée des hommes de la sécurité de Saint-Pétersbourg entourant Poutine, d'abord à Saint-Pétersbourg et puis à Londres autour de nombreuses tasses de thé. Valentin Ioumachev, l'ancien chef d'état-major et gendre d'Eltsine a également passé des heures à expliquer sa version de l'arrivée au pouvoir de Poutine. À Moscou, Iouri Skuratov, l'ancien procureur général au centre de l'enquête qui a en partie conduit à l'ascension de Poutine, a partagé l'histoire dramatique de son enquête et de la contre-attaque de la Famille Eltsine. Mikhaïl Khodorkovski m'a rencontrée peu de temps après sa libération de dix ans passés dans un camp de prisonniers en Sibérie puis il a continué en m'aidant à donner un sens à son affrontement avec l'État russe.

De nombreux autres responsables actuels et anciens de l'État russe – y compris d'anciens hauts fonctionnaires du Kremlin ainsi que des magnats russes, d'anciens hauts responsables du KGB et des banquiers de haut rang de Moscou – et les associés actuels et anciens de Guennadi Timtchenko – ont généreusement partagé des dizaines d'heures de leur temps pour expliquer le fonctionnement du système Poutine. La plupart d'entre eux l'ont fait de manière anonyme en raison du côté sensible évident de leurs témoignages, et je leur suis éternellement reconnaissante pour les risques qu'ils ont pris. Tous mes remerciements également à N. et à G.

Il aurait bien sûr été impossible de mettre cela en place sans la confiance que m'a témoignée le *Financial Times*, dont j'ai été la correspondante à Moscou pendant six ans. Le temps que j'ai passé au *FT* m'a permis d'approfondir les contacts avec les oligarques russes, ainsi qu'avec les responsables actuels et anciens du Kremlin et du gouvernement, formant les bases de mes reportages dans ce livre. C'est alors que j'ai pu rencontrer et interviewer pour la première fois de nombreux proches de Poutine, Igor Setchine, Arkadi Rotenberg, Victor Ivanov et Sergueï Chemezov. Pour cette grande opportunité d'écrire pour le *FT* et d'être aux premières loges.

Il aurait également été impossible de comprendre ces réseaux d'influence et d'argent russes sans le travail innovant et intrépide et l'assistance de mes camarades russes dans les quelques organes d'investigation restants du pays. Roman Anin de *Novaya Gazeta* a généreusement partagé des documents sur les opérations du port maritime de Saint-Pétersbourg et a fourni un contact crucial. Anastasia Kirilenko à l'*Insider* a été la première à dénoncer les réseaux de criminalité organisée liés à Poutine, partageant des documents et des contacts pendant que Roman Shleynov de

Novaya Gazeta puis *Vedomosti*, a partagé des documents sur une enquête relative aux activités de Poutine en tant que maire adjoint de Saint-Pétersbourg et produit certains des premiers travaux les plus importants sur les relations d'affaires du cercle restreint de Poutine. Irina Reznik, particulièrement bien connectée, anciennement de *Vedomosti* et actuellement chez Bloomberg à Moscou, a également généreusement fourni des contacts inestimables. Sans les articles d'investigation pionniers que ces quatre journalistes ont écrit bien avant moi, il aurait été impossible de commencer à rassembler les pièces du puzzle.

Catherine Belton

Liste des protagonistes

Le premier cercle de Poutine, les *siloviki*[1]

Igor Setchine – L'homme de confiance de Poutine, un ancien du KGB originaire de Saint-Pétersbourg qui a gravi les marches du pouvoir en tant que chef de cabinet du Kremlin. Il a mené la reprise en main par le Kremlin du secteur pétrolier. Il a plus tard été surnommé le Dark Vador russe à cause de ses agissements implacables d'homme de l'ombre.

Nikolaï Patrouchev – Très influent ancien directeur du Service de sécurité de la Fédération de Russie (FSB), l'agence qui a succédé au KGB, et actuel secrétaire du Conseil de sécurité de Russie.

Victor Ivanov – Ancien agent du KGB qui a servi aux côtés de Poutine au sein du KGB de Leningrad. Il a été son chef de cabinet au Kremlin lors de son premier mandat présidentiel, durant lequel il a été à la tête de l'expansion initiale du Kremlin dans l'économie.

Victor Tcherkessov – Ancien officier supérieur du KGB qui a été le directeur du FSB de Saint-Pétersbourg et le mentor de Poutine. Il l'a suivi à Moscou où il est resté un de ses proches conseillers, tout d'abord en tant que premier directeur adjoint du

1. Un *silovik* (*siloviki*, au pluriel) est un membre des agences du maintien de l'ordre, qui forment aujourd'hui la « colonne vertébrale » du système politique russe. Dès son arrivée au pouvoir, Vladimir Poutine, issu du KGB, commence à placer ses amis et collègues aux postes politiques et sécuritaires clés. La plupart des haut gradés actuels sont issus du KGB-FSB. Aujourd'hui, la Russie compte près de 4,5 millions de *siloviki*, c'est-à-dire 6 % de la population active du pays.

FSB, puis en prenant la tête du Service fédéral russe du contrôle des stupéfiants.

Sergueï Ivanov – Ancien agent du KGB de Leningrad qui est devenu l’un des plus jeunes généraux du service de renseignement étranger dans les années 1990 et qui a ensuite pris du galon sous la présidence de Poutine, tout d’abord en tant que ministre de la Défense, puis en tant que directeur de cabinet du Kremlin.

Dmitri Medvedev – Ancien juriste qui a commencé comme adjoint de Poutine à la mairie de Saint-Pétersbourg à l›âge de vingt-cinq ans. Il a ensuite marché dans les pas de Poutine : tout d’abord comme chef de cabinet du Kremlin, puis en tant que directeur de cabinet du Kremlin, et ensuite au poste de Président par intérim en remplacement de Poutine lui-même.

Les gardiens, les hommes d’affaires reliés au KGB

Guennadi Timtchenko – Ancien supposé agent du KGB qui a gravi les échelons dans le commerce soviétique jusqu’à devenir le cofondateur d’une des premières sociétés indépendantes de négoce de produits pétroliers avant la chute de l’Union soviétique. Il a travaillé en étroite collaboration avec Vladimir Poutine depuis le début des années 1990, et d’après certains associés, avant la chute de l’Union soviétique.

Iouri Kovaltchouk – Ancien physicien qui s’est associé à d’autres hommes d’affaires reliés au KGB pour prendre possession de la banque Rossiya, une banque de Saint-Pétersbourg qui, d’après le département du Trésor des États-Unis, est devenu le « banquier personnel » de Poutine et d’autres hauts responsables politiques russes.

Arkadi Rotenberg – Ancien partenaire de judo de Poutine qui est devenu milliardaire sous la présidence de Poutine après que l’État a accordé à ses sociétés des contrats de travaux publics de plusieurs milliards de dollars.

Vladimir Iakounine – Ancien cadre du KGB qui a effectué une brève mission secrète aux Nations Unies, à New York. Il s'est ensuite associé à Kovaltchouk dans la prise de possession de la banque Rossiya. Poutine l'a nommé président des Chemins de fer russes.

« La Famille », la coterie des parents, des responsables politiques et des hommes d'affaires proches du premier Président russe, Boris Eltsine.

Valentin Ioumachev – Ancien journaliste qui a gagné la confiance de Poutine en rédigeant ses mémoires ; il a été nommé directeur de cabinet du Kremlin en 1997. Il a épousé la fille cadette d'Eltsine, Tatiana, en 2002.

Tatiana Diatchenko – Fille d'Eltsine qui a été officiellement son conseiller en communication, mais qui était avant tout un filtre d'accès au Président.

Boris Berezovski – Ancien mathématicien qui a fait fortune en exportant des véhicules, les fameuses Lada de l'ère soviétique, pour le compte du constructeur AvtoVAZ, et qui a su trouver les bonnes grâces d'Eltsine et de sa Famille. Lorsqu'il a acquis la société pétrolière Sibneft, devenue plus tard Gazprom, il est devenu la figure emblématique des oligarques du plus haut niveau politique de l'ère Eltsine.

Alexandre Volochine – Ancien économiste qui a commencé en travaillant avec Berezovski sur les privatisations et d'autres projets. Il a été transféré au Kremlin en 1997 pour être l'adjoint du directeur de cabinet Ioumachev. Il a été promu directeur de cabinet adjoint en 1999.

Roman Abramovitch – Ce négociant en produits pétroliers est devenu le protégé et associé de Berezovski. Il a été décrit par Alexander Korzhakov, le chef de la sécurité d'Eltsine comme le « Caissier » de la Famille Eltsine (ce que dément Abramovitch). Puis il a développé une « certaine amitié » avec Poutine.

Sergueï Pougatchev – Banquier russe orthodoxe qui était le grand horloger maître des montages financiers opaques au Kremlin sous Boris Eltsine ; il s'est fait connaître ensuite en devenant le banquier de Poutine. Cofondateur de la Mejprombank, il appartenait à la fois au monde de la Famille et à celui des *siloviki*.

L'oligarque de l'ère Eltsine qui a croisé les hommes de Poutine

Mikhaïl Khodorkovski – Ancien membre de l'Union de la jeunesse communiste qui est devenu l'un des premiers et des plus riches hommes d'affaires de la *perestroïka*[2] et des années 1990.

Les mafieux, hommes de main du KGB de Saint-Pétersbourg

Ilia Traber – Ancien sous-marinier soviétique qui est devenu receleur d'antiquités au marché noir dans les années *perestroïka*, puis intermédiaire entre les services de sécurité de Poutine et le gang de Tambov en contrôlant les ressources les plus stratégiques de Saint-Pétersbourg, le port et le terminal pétrolier.

Vladimir Koumarine – Patron du gang de Tambov qui a perdu un bras lors d'une tentative d'assassinat, surnommé le « gouverneur de la nuit » de Saint-Pétersbourg, associé aux hommes de Poutine, et plus notoirement à Ilia Traber.

Moscou

Semion Moguilevitch – Ancien lutteur, surnommé le « Don intellectuel » ; devenu à la fin des années 1980 le banquier des chefs des gangs les plus puissants de la mafia russe, dont Solntsevskaïa, en faisant passer du cash à l'Ouest et en montant un empire personnel de trafic d'armes et de drogue. Recruté dans les années 1970 par le KGB, il était le « bras criminel de l'État russe ».

Sergueï Mikhaïlov – Chef supposé de l'organisation criminelle Solntsevskaïa, la plus puissante de Moscou, étroitement lié à de nombreux hommes d'affaires reliés au KGB. Il a eu plus tard des

2. En URSS, restructuration de la vie économique et politique préconisée et mise en œuvre par M. Gorbatchev et qui reposait en outre sur le développement de la communication et de la transparence (*glasnost*).

connexions avec le magnat de l'immobilier de New York, Donald Trump.

Viatcheslav Ivankov, dit « Iapontchik[3] » – Mafieux envoyé par Moguilevitch à Brighton Beach, dans l'État de New York, pour y superviser l'empire criminel de Solntsevskaïa.

Evgueni Dvoskine – Mafieux de Brighton Beach qui est devenu l'un des plus célèbres banquiers occultes de Russie après être revenu s'établir à Moscou avec son oncle, Ivankov, et s'être associé avec les services de sécurité russes pour faire passer à l'Ouest des dizaines milliards de dollars de « *black cash* ».

Felix Sater – Le meilleur ami d'enfance de Dvoskine. Il est devenu un partenaire d'affaires clés de la Trump Organization. Il a géré plusieurs affaires immobilières pour Trump, tout en gardant des contacts à haut niveau avec le renseignement russe.

« Les chefs, les membres et les associés du crime organisé russe se déplacent en Europe de l'Ouest. Ils y achètent des propriétés, y ouvrent des comptes bancaires, y créent des entreprises. Ils s'intègrent dans la société, et le temps que l'Europe s'en rende compte, il sera trop tard. »
Bob Levinson, ancien agent spécial du FBI

« Je veux prévenir les Américains. En tant que nation, vous êtes très naïfs sur la Russie et ses intentions. Vous pensez, parce que l'Union soviétique n'existe plus, que la Russie est aujourd'hui votre amie. Elle ne l'est pas, et je peux vous montrer comment le SVR[4] essaie de détruire les États-Unis encore aujourd'hui et plus encore que le faisait le KGB durant la guerre froide. »
Sergueï Tretiakov, ancien colonel du Service des renseignements extérieurs russes, le SVR, basé à New York.

3. « Le petit Japonais », en raison de ses yeux bridés et de sa passion pour le jiu-jitsu.
4. Service des renseignements extérieurs.

Prologue

La loi de Moscou

Il était tard dans cette soirée de mai 2005, et Sergueï Pougatchev feuilletait un vieil album de photos de famille qu'il avait retrouvé et qui datait de treize ans ou davantage. Sur une des photos, prise lors d'une fête d'anniversaire dans sa datcha moscovite, son fils Victor a les yeux baissés tandis que la fille de Vladimir Poutine, Katerina, lui sourit et lui chuchote à l'oreille. Sur une autre photo, Victor et son autre fils, Alexandre, posent sur un escalier en spirale en bois dans la librairie présidentielle du Kremlin avec les deux filles de Poutine. Sur un côté de la photo, Lioudmila Poutina, encore la femme du Président russe à l'époque, sourit.

Nous étions assis dans la cuisine de la dernière résidence de Pougatchev, une maison de ville à deux étages dans le quartier huppé de Chelsea, à Londres. La lumière de cette soirée tardive pénétrait par les larges baies vitrées, et, à l'extérieur, les oiseaux gazouillaient dans les arbres et la circulation de King's Road toute proche émettait un léger bourdonnement. La vie dans les hautes sphères du pouvoir que Pougatchev avait autrefois menée à Moscou – les signatures de contrats, les accords interminables en coulisse, les « arrangements » entre amis dans les couloirs du pouvoir au Kremlin – semblaient appartenir à un autre monde. Mais en fait, l'influence de Moscou rôdait toujours comme une ombre derrière la porte.

La veille, Pougatchev avait été obligé de demander la protection du contre-terrorisme britannique. Ses gardes du corps avaient trouvé des boîtes suspectes avec des fils électriques bien visibles scotchées sous le châssis de sa Rolls-Royce, même chose sur la voiture utilisée pour emmener à l'école ses trois plus jeunes enfants, âgés de sept, cinq et trois ans. Là, sur le mur du salon de Pougatchev, derrière le cheval à bascule et au milieu des portraits familiaux, l'équipe de contre-terrorisme du SO15 avait installé une boîte grise contenant une alarme qui pouvait être activée en cas d'attaque.

Quinze ans plus tôt, Pougatchev avait été un familier du Kremlin, il avait intrigué sans relâche pour faire accéder Vladimir Poutine au pouvoir. Une fois reconnu comme le banquier du Kremlin, il était passé maître dans l'art de conclure des contrats derrière des portes dérobées et les tours de passe-passe qui gouvernaient le pays à l'époque. Pendant des années, il a semblé intouchable. Membre du premier cercle au sommet du pouvoir, il avait établi et contourné les règles au gré de son bon vouloir, avec la police, avec les tribunaux ; il avait même eu recours à la fraude électorale pour les besoins de la cause. Mais aujourd'hui, la machine du Kremlin, dont il avait autrefois fait partie, s'était retournée contre lui. Ce croyant orthodoxe russe d'une taille de géant, à la barbe noire et au sourire affable, était devenu la dernière victime de l'implacable extension de l'emprise de Poutine. D'abord, le Kremlin avait foulé les plates-bandes de l'empire de ses affaires, se les accaparant. Pougatchev avait quitté la Russie, en premier lieu pour la France, puis pour l'Angleterre, tandis que le Kremlin lançait son attaque. Les hommes de Poutine s'étaient emparés du projet hôtelier que le Président lui avait attribué sur la place Rouge. À deux pas du Kremlin, sans aucune compensation. Ensuite, ce fut au tour de ses chantiers navals, deux des plus grands de Russie, évalués à 3,5 milliards de dollars, qui ont été rachetés à bas prix par Igor Setchine, un proche parmi les proches de Poutine. Enfin, son entreprise de prospection, d'extraction et de transformation de charbon en coke dans la république de Touva, en Sibérie centrale, évaluée à 4 milliards de dollars, a été reprise par un proche associé de Ramzan Kadyrov, l'homme fort et Président de la Tchétchénie, pour 150 millions de dollars.

Dans le même temps, les hommes de Poutine lui avaient reproché la faillite de la Mejprombank, la banque qu'il avait cofondée longtemps auparavant dans les années 1990 et qui avait été la pierre angulaire de son pouvoir. Les autorités du Kremlin avaient lancé des poursuites pénales contre Pougatchev en affirmant qu'il avait causé la faillite de la banque en transférant 700 millions de dollars de la Mejprom vers un compte d'une banque suisse, et ceci au plus fort de la crise financière de 2008. Le Kremlin n'a accordé aucun crédit aux déclarations de Pougatchev selon lesquelles il s'agissait de son argent personnel. Le fait que le rachat à bas prix par Setchine des chantiers navals soit la raison majeure du déficit de liquidités de la banque vis-à-vis de ses créditeurs n'a pas pesé lourd dans la balance.

La volonté du Kremlin semblait claire. « Des gens faisant partie de l'État avaient manipulé les règles contre lui afin de faire chuter la banque, et cela, bien évidemment, à leurs profits », a déclaré Richard Hainsworth, un observateur expérimenté du système bancaire russe.

C'était une affaire classique pour cette machine du Kremlin aux visées implacables. Tout d'abord, elle s'en était prise aux ennemis politiques. Mais là, elle commençait à s'en prendre aux vieux alliés de Poutine. Pougatchev a été le premier du premier cercle à tomber. Et dorénavant, le Kremlin avait élargi sa campagne contre lui en passant de la brutalité des tribunaux arbitraires de Moscou au vernis de respectabilité de la Cour suprême de Londres. Là-bas, il avait facilement obtenu le gel des avoirs de Pougatchev. Le magnat se retrouvait acculé en justice.

Depuis que Pougatchev avait quitté la Russie, le Kremlin l'avait poursuivi. À sa maison en France, il avait été menacé par des hommes de main envoyés par le liquidateur de la Mejprombank. Trois membres de la mafia de Moscou l'avaient emmené sur un yacht au large de la côte niçoise et lui avaient réclamé 350 millions de dollars pour assurer la « sécurité » de sa famille. C'était le « prix de la paix », lui ont-ils dit, le prix pour éteindre les poursuites judiciaires contre lui pour la faillite de la Mejprom, d'après des preuves documentées. Dans les tribunaux du Royaume-Uni, Pougatchev s'était senti comme un poisson hors de l'eau, incapable de fourbir ses arguments devant leurs règles et procédures qui ne lui étaient pas familières. Il était bien trop habitué aux arrangements passés du Kremlin, conclus entre deux portes à la dérobée, bien trop habitué à se glisser entre les mailles du filet des règlements grâce à sa position et à son pouvoir. Il ne s'était pas rendu la tâche facile. Convaincu de sa bonne conduite, il se sentait la victime de la dernière convoitise de richesses du Kremlin et se croyait ainsi au-dessus des lois des tribunaux britanniques. Il ne s'était pas tenu aux injonctions du tribunal concernant le gel de ses avoirs, et il avait flambé des millions de livres en provenance d'un compte qu'il avait caché au tribunal britannique. Il pensait que les règles de déclaration ne le touchaient pas, que c'était de la bagatelle comparé à la calamité qui s'était abattue sur son empire financier, et qui n'était rien de moins qu'une partie de la campagne du Kremlin pour le harceler et le frustrer en toute occasion. Le Kremlin, cependant, s'était fait une habitude de poursuivre ses ennemis devant les tribunaux du Royaume-Uni, tandis qu'une grosse campagne de communication était lancée dans les tabloïds du Royaume-Uni avec des allégations selon lesquelles la richesse de l'oligarque russe était issue d'un vol.

Le Kremlin avait tout d'abord appris à défendre sa cause dans le système judiciaire britannique durant sa victoire contre Boris Berezovski, l'oligarque exilé qui était devenu le plus féroce critique de Poutine, dans une affaire qui semblait travestir l'histoire russe. Berezovski était un ancien beau parleur, habitué des arcanes du Kremlin, qui avait essayé sans réussir de poursuivre devant les tribunaux son ex-associé d'affaires Roman Abramovitch, ancien gouverneur fédéral qui connaissait Poutine, en lui réclamant 6,5 milliards de dollars devant la Haute Cour de justice de Londres. La juge chargée de superviser ce dossier, Dame Elizabeth Gloster, avait vu d'un mauvais œil l'affirmation de Berezovski selon laquelle il avait été un des copropriétaires d'une des plus grosses compagnies pétrolières de Russie, la Sibneft, qu'il avait des parts dans la Rusal, le géant de l'aluminium russe, avec Abramovitch, et qu'Abramovitch l'avait forcé à vendre ses parts à prix bradé. La juge Gloster a annoncé que, pour elle, Berezovski était un « témoin intrinsèquement non fiable », et elle s'est mise du côté d'Abramovitch, qui avait affirmé que Berezovski n'avait jamais possédé ses entreprises, qu'il était simplement payé en échange d'un patronage politique et d'une protection. Le jugement a été accueilli avec une certaine surprise en Russie, où tout le monde savait que Berezovski était propriétaire de Sibneft. Berezovski a crié au scandale. La juge Gloster avait déclaré au début du procès que son beau-fils avait représenté Abramovitch aux premiers stades de l'affaire. Les avocats de Berezovski ont déclaré que l'implication du beau-fils était beaucoup plus large que ce qui avait été révélé, mais ils n'ont pas fait appel. Le Kremlin avait aussi mené ses opérations dans le système judiciaire britannique à travers des poursuites contre Moukhtar Abliazov, un milliardaire kazakh qui était l'un des plus grands opposants politiques du Président kazakh et allié clé du Kremlin, Noursoultan Nazarbaïev. Abliazov était poursuivi par l'agence nationale russe de garantie des dépôts bancaires. Cette dernière l'accusait d'avoir détourné plus de 4 milliards de dollars de la banque kazakhe BTA, dont il avait présidé le conseil d'administration de 2005 à 2009. Cette banque avait des filiales en Russie. L'agence russe a engagé une équipe d'avocats de haut vol issus du prestigieux cabinet londonien Hogan Lovells. Ces juristes ont lancé au civil onze procédures pour fraude contre Abliazov au Royaume-Uni, ainsi qu'une demande de gel de ses avoirs. Des détectives privés ont tracé les 4 milliards détournés vers un réseau de sociétés offshore contrôlées par le magnat kazakh.

Mais dans le cas Pougatchev, aucun avoir caché ni volé n'a été trouvé. Aucune plainte pour fraude n'avait jamais été lancée au Royaume-Uni, ni où que ce soit en dehors de la Russie. Au lieu de cela, sur la seule et unique base d'une loi de la justice russe, la même équipe de chez Hogan Lovells avait obtenu le gel des avoirs de Pougatchev, et leurs juristes étaient bien plus habiles que lui qui s'énervait devant la multitude d'ordonnances du tribunal auxquelles il devait répondre. Il avait été interrogé sur sa déclaration de patrimoine, et il s'était avéré qu'il avait fourni de fausses preuves attestant que la vente de son entreprise de charbon avait été conclue pour lui ou par son fils. Le fait que la vente de l'entreprise ait été forcée à un prix inférieur au vingtième de sa valeur semblait ne pas avoir beaucoup d'importance pour la juge. Ce qui importait, c'était de savoir s'il avait, ou non, suivi la procédure et déclaré tous les actifs qui demeuraient sous son contrôle. Pougatchev avait été forcé à remettre ses passeports au tribunal, et il avait eu interdiction de quitter le Royaume-Uni durant une période d'interrogatoire prolongée sur sa déclaration de patrimoine, tandis que les juristes du Kremlin resserraient sur lui les mailles de leur filet. Il avait fait appel à une série d'avocats qui en retour semblaient déconcertés par un dossier qui n'avait jamais été entendu ou jugé sur le fond au Royaume-Uni, tandis que d'autres le voyaient de manière feinte comme une proie facile. Inondés par le flot de procès russes dans lesquels les magnats de Moscou étaient prêts à payer le prix fort pour se défendre à la Haute Cour de Londres, les cabinets d'avocats ont gonflé leurs factures jusqu'à des sommes astronomiques pour un travail qui n'avait jamais été fait, comme le montrent les documents. Des agences de communication ont proposé de défendre l'image de Pougatchev pour 100 000 livres par mois. « Il est sur notre territoire maintenant », a commenté un associé d'un cabinet international chargé de le représenter.

Au début, Pougatchev avait cru que le procès contre lui était mené par des sous-fifres du Kremlin, en roue libre et impatients de faire main basse sur son empire financier. Mais, à mesure que cette campagne se développait et que Pougatchev commençait à avoir peur pour son intégrité physique, il a fini par se convaincre qu'elle était orchestrée par Poutine lui-même. « Comment pouvait-il me faire ça ? C'est même moi qui l'ai fait devenir Président », m'a-t-il dit ce soir-là dans sa cuisine à Chelsea, encore sous le choc de la visite du SO15 et des objets suspects trouvés sous les châssis de ses voitures. Un ancien ami envoyé à Londres par le Kremlin lui avait dit que Poutine gérait personnellement chacun des éléments de la campagne lancée contre lui. Il l'a averti : « Nous contrôlons tout ici, nous avons tout monté de toutes pièces. »

Pougatchev avait depuis longtemps décelé l'influence grandissante du cash du Kremlin à Londres. Bien que les attaques en justice commencent, m'a-t-il dit, il avait rencontré quelques lords anglais qui s'étaient esclaffés en lui serrant la main et en lui disant combien Poutine était un grand homme. À cette époque, ils pensaient que Pougatchev était le « banquier de Poutine », comme l'appelait la presse à ce moment-là, pourtant, ils continuaient de lui demander de faire des dons au Parti conservateur sans se poser d'autres questions. Tous ses anciens amis du Kremlin avaient des proches et des maîtresses à Londres, et ils leur rendaient visite les week-ends en faisant couler des torrents de cash en ville. Il y avait l'ex-femme de Setchine, Marina, qui y habitait une maison avec sa fille. Il y avait Igor Chouvalov, le vice-premier ministre, qui possédait l'appartement le plus somptueux qui soit au cœur de la ville, un appartement-terrasse qui surplombait Trafalgar Square. Il y avait les fils d'Arkadi Rotenberg, le milliardaire ancien partenaire de judo de Poutine, qui étaient inscrits dans une des écoles privées les plus prisées du pays, tandis que son ex-femme, Natalia, faisait du shopping et menait une procédure de divorce contre son mari à la Haute Cour de Londres. Il y avait le vice-président de la Douma, Sergueï Jelezniak, un des plus fervents patriotes de Russie qui avait longtemps dénoncé férocement l'influence de l'Occident, et pourtant sa fille Anastasia avait vécu à Londres pendant des années. La liste des résidents officiels à Londres était infinie, me disait Pougatchev. « Ils se sont très bien accommodés à cette petite île au climat impossible, m'a-t-il dit d'un ton plein de dédain. Au Royaume-Uni, la chose la plus importante a toujours été l'argent. Poutine y a envoyé ses agents pour corrompre l'élite britannique. »

La City s'était habituée à être inondée de cash russe. L'immobilier avait flambé lorsque les premiers magnats, puis les officiels russes, avaient acheté des villas haut de gamme à Knightsbridge, Kensington et Belgravia. Des offres publiques d'achat, menées par des entreprises d'État, la Rosneft, la Sberbank et VTB, avaient participé au paiement des loyers et des salaires pour les bureaux de prestigieuses sociétés de conseil en communication et de juristes. Des lords et d'anciens politiciens recevaient de généreux honoraires pour participer aux conseils d'administration de sociétés russes, bien qu'on ne leur donnât que peu d'informations sur les activités et la direction de ces sociétés. L'influence russe était partout. Alexandre Lebedev, l'ancien agent du KGB et banquier qui s'était autoproclamé le champion de la presse libre en Russie, avait acquis l'*Evening Standard*, le quotidien le plus influent et le plus lu de Londres, devenant ainsi un habitué des soirées de la capitale qui figurait sur les listes des dîners les plus courus. Autre personnage influent, Dmitro Firtash. C'était un magnat ukrainien qui était devenu le négociant de choix en gaz du Kremlin et qui, malgré ses liens avec un mafieux russe recherché par le FBI, Semion Moguilevitch, était devenu un millionnaire donateur de l'université de Cambridge. Son obligé à Londres, Robert Shetler-Jones, avait donné des millions de livres aux Tories, tandis que les responsables les plus influents du parti siégeaient au conseil d'administration de la British Ukrainian Society. Il y avait également des joueurs de moindre renom. Au moins un d'entre eux s'était immiscé parmi les cracks au sommet de l'élite tory en devenant un ami proche de Boris Johnson, alors maire de Londres. « Tout le monde s'est habitué aux espions à l'air louche et portant des lunettes noires comme dans les films. Mais ici, ils sont partout. Ils ont l'air normaux. Vous ne pouvez jamais savoir », m'a dit Pougatchev.

Pougatchev ne savait pas du tout si l'envoyé du Kremlin, venu l'avertir que tout était monté de toutes pièces contre lui au Royaume-Uni, lui disait la vérité ou bien s'il avait été simplement envoyé pour lui faire peur. Mais à un moment donné – après avoir trouvé les objets suspects sous ses voitures, et après avoir eu vent que la Russie allait demander son extradition du Royaume-Uni –, il s'est dit qu'il n'allait pas prendre le risque d'attendre de savoir ce qu'il en était. Malgré son ancienne proximité avec Poutine, et ses multiples contacts au Kremlin avec le clan des anciens membres du KGB qu'on appelle les *siloviki*, une réunion convoquée pour lui avec les plus hauts responsables des Affaires étrangères britanniques avait été annulée à la dernière minute. Un agent du Kremlin venu lui rendre visite lui avait dit qu'à la place il devrait rencontrer un homme que les services de renseignement russes avaient placé au MI6. Tout avait été complètement chamboulé. Il craignait que le gouvernement britannique soit en train de monter un arrangement avec les Russes pour l'extrader. Il songeait au sort de son ami Boris Berezovski, le féroce critique du Kremlin qui avait été retrouvé mort sur le sol de la salle de bains de sa villa dans la campagne du Berkshire en mars 2013, son foulard fétiche en cachemire noir autour du cou, près d'une empreinte digitale non identifiée. Pour une raison inconnue, Scotland Yard n'a pas mené d'investigations, laissant ce soin à la police de Thames Valley qui a clos l'affaire en concluant à un suicide. « Ça ressemble à un arrangement avec la Russie pour ne pas faire de vagues », s'est inquiété Pougatchev.

Et un jour de juin 2015, quelques semaines après notre rencontre dans sa maison à Chelsea, Pougatchev n'était subitement plus au Royaume-Uni. Ses téléphones avaient tous été débranchés, mis hors service dans sa fuite. Il avait ignoré les interdictions de sortie du territoire. Il ne l'avait même pas dit à sa compagne, la Londonienne mondaine Alexandra Tolstoï, mère de ses trois jeunes enfants, qui l'avait attendu jusque tard dans la nuit pour la fête d'anniversaire des quatre-vingts ans de son père. La dernière fois qu'il avait été vu, cela avait été au cours d'une réunion avec ses avocats. Ceux-ci l'avaient alors averti qu'il aurait besoin de 10 millions de livres pour payer la caution d'une requête d'extradition imminente de la part de la Russie – de l'argent auquel Pougatchev n'avait pas accès. Quelques semaines plus tard, il a refait surface en France, où il avait obtenu la citoyenneté en 2009 et où les lois françaises protégeaient ses citoyens contre l'extradition en Russie. Il s'était réfugié dans sa villa sur les hauteurs de la baie de Nice. Là, dans cette forteresse entourée d'une infranchissable palissade en fer, surveillée par une équipe de gardes du corps et une armada de caméras, il était relativement en sécurité.

La facilité avec laquelle le Kremlin avait engagé ses poursuites contre lui à Londres semblait être pour Pougatchev, comme le disent les Russes, la première *lastochka* – la première hirondelle du printemps. C'était l'arrivée de la loi de Moscou à Londres, où le Kremlin pouvait faire et défaire les procédures légales à loisir selon ses objectifs, où l'affaire plus importante de l'expropriation de l'empire financier de plusieurs milliards de dollars de Pougatchev pouvait habilement être conclue avec les alinéas de lois ayant trait aux ordonnances de saisie et au fait que Pougatchev ne les avait pas respectées. Bien évidemment, Pougatchev n'était pas un ange. Ce qu'il était advenu des 700 millions de dollars qu'il avait été accusé d'avoir détournés de la Mejprombank n'était pas du tout clair. Mais plusieurs déclarations de patrimoine, sur lesquelles la Haute Cour du Royaume-Uni n'avait pas enquêté, avaient révélé que 250 millions de dollars de cette somme avaient été rendus à la banque, tandis qu'on avait perdu la trace du reste dans des sociétés liquidées par un ancien allié de Pougatchev qui travaillait dorénavant en étroite relation avec le Kremlin. Plus tard, des procureurs suisses, auxquels la Russie avait demandé de bloquer les comptes bancaires de Pougatchev dans des banques suisses, ont déclaré qu'ils n'avaient trouvé aucune preuve d'une quelconque irrégularité concernant le transfert des 700 millions de dollars des comptes des sociétés de Pougatchev à la Mejprom vers le compte bancaire suisse au plus fort de la crise de 2008.

Mais, même si les avocats du Kremlin n'avaient pas intenté une action contre lui au Royaume-Uni pour fraude, même s'il n'y avait aucune trace d'un détournement de fonds, les poursuites contre Pougatchev étaient implacables. Les avocats qui œuvraient pour le compte de l'agence nationale russe de garantie des dépôts bancaires affirmaient qu'ils l'avaient pris « la main dans le sac », concernant la faillite de la Mejprom. « Si vous recevez de l'argent d'un régulateur, vous devriez l'utiliser pour aider la banque à survivre, et pas le garder pour vous », a dit une personne proche de l'équipe de juristes. Malgré le fait que le Kremlin l'ait exproprié de son empire financier, et qu'il ait commencé à craindre pour sa vie, Pougatchev a été déclaré coupable d'outrage envers le tribunal pour avoir fui le Royaume-Uni, et condamné en son absence à deux ans de prison. Durant les auditions pour outrage, il a fréquemment été qualifié de menteur. Il avait bafoué les décisions de gel de ses avoirs. Non seulement il avait fui le pays, mais il avait transféré en France des fonds issus de la vente de deux voitures. Un des juges chargés de cette affaire, Dame Vivien Rose, estimait qu'elle ne pouvait « se fier à aucune des preuves qu'il apportait ». Un trust qu'il avait monté en Nouvelle-Zélande pour être le mandataire de dizaines de millions de dollars en propriétés immobilières, dont sa maison à Chelsea, s'est avéré plus tard être une société-écran.

Face à toutes ses défaillances, Pougatchev affirmait qu'il faisait l'objet d'une vendetta d'un État russe le pourchassant jusque dans les tribunaux britanniques. Le Kremlin semblait avoir la ferme intention de balayer tout élément laissant supposer qu'il ait jamais eu une quelconque relation importante en son sein, ou qu'il puisse avoir quelque information que ce soit pouvant lui porter préjudice. Il avait réussi à supprimer de ce procès toute connotation politique en profitant du fait que les services de renseignement britanniques avaient des connaissances de moins en moins précises de la Russie, car ils avaient focalisé leur attention sur le suivi de la menace du terrorisme islamique, et que le profil de Pougatchev était plutôt discret. Avant que les choses s'envenіment à Londres, Pougatchev n'avait jamais donné d'interview de sa vie. Peu de personnes savaient qui il était. La plupart pensaient que c'était Boris Berezovski, l'oligarque récemment décédé, qui avait permis à Poutine d'accéder au pouvoir. Il avait été dit aux avocats de chez Hogan Lovells que Pougatchev n'était personne et que ce procès n'avait rien à voir avec la politique. « Je n'ai vu aucun élément attestant de ce qu'il faisait au Kremlin », a dit une personne proche de cette équipe de juristes. « Nous devons être extrêmement prudents. Pougatchev semble dire ce qu'il veut. Les gens à qui j'ai parlé m'ont juste dit que c'était un escroc manifeste. »

En réalité, Pougatchev avait bel et bien travaillé au cœur du Kremlin. Il avait eu personnellement accès à certains de ses plus profonds secrets et il savait exactement comment Poutine était arrivé au pouvoir. Cela semblait être l'une des raisons principales qui faisaient que le Kremlin était si déterminé dans ses poursuites contre lui pour le voir ligoté et bâillonné par des sangles légales. Avant même que le Kremlin s'empare de son empire financier, il avait cherché à quitter la Russie pour échapper aux intrigues incessantes qui s'y déroulaient. Déjà, il avait été mis à l'écart par les alliés de Poutine du KGB de Saint-Pétersbourg, et en 2007, il avait entamé des démarches pour obtenir la citoyenneté française. Pour les initiés, Pougatchev était puni précisément pour sa volonté de sortir du système très soudé qui gouvernait la Russie, ce clan mafieux que personne n'était censé quitté. « Pougatchev était comme un rein. Il était essentiel au fonctionnement du système. Mais il a perdu la tête en pensant qu'il pourrait s'en aller et travailler à ses propres affaires. Bien sûr, ordre a été donné de le détruire », m'a confié un banquier-conseil russe impliqué dans des opérations financières pour le Kremlin.

Dans la précipitation de son départ du Royaume-Uni pour la France, Pougatchev avait laissé un certain nombre d'indices révélateurs. Les détectives qui travaillaient pour les avocats du Kremlin avaient rappliqué à Londres pour perquisitionner son bureau de Knightsbridge sur une ordonnance du tribunal rendue quelques jours après sa disparition. Parmi les montagnes de documents, se trouvait un certain nombre de disques durs. Sur l'un de ces disques durs, il y avait des enregistrements : les services de sécurité russes avaient secrètement enregistré toutes les réunions qu'il avait tenues dans son bureau au centre de Moscou depuis la fin des années 1990.

Un des enregistrements nous renseigne ouvertement sur la sincère tristesse ressentie par Pougatchev à l'égard de Poutine et sur son propre rôle pour l'amener au pouvoir. Dans cet enregistrement, réalisé dans le bureau de Pougatchev, nous entendons Pougatchev parler avec Valentin Ioumachev, le directeur de cabinet et beau-fils de l'ancien Président Boris Eltsine. Autour d'un dîner accompagné de bon vin, ils discutent de l'état de tension des affaires au moment où Moscou traversait une nouvelle crise politique. C'était en novembre 2007, juste quelques mois avant que Poutine arrive au terme de son deuxième mandat consécutif en tant que Président ; et à ce moment-là, la constitution russe exigerait qu'il ne concoure pas à un troisième. Et, bien que Poutine ait produit quelques vagues déclarations sur le fait de devenir Premier ministre après la fin de sa mandature présidentielle en cours, rien n'avait véritablement filtré de ses réelles intentions. Dans les couloirs labyrinthiques du Kremlin, les anciens du KGB et de la sécurité qui avaient accédé au pouvoir en compagnie de Poutine se bousculaient pour des postes. C'était la foire d'empoigne, les coups de poignard dans le dos, dans l'espoir qu'eux-mêmes, ou leurs protégés, soient choisis pour devenir son successeur.

Pougatchev et Ioumachev trinquaient en toute quiétude en discutant de ces confrontations. L'incertitude qui planait sur cette succession ramenait aux souvenirs forts de 1999, lorsqu'ils avaient assisté à l'ascension de Poutine. Cela leur semblait être à des années-lumière. Mais à présent, ils avaient été éclipsés par les alliés de Poutine du KGB de Saint-Pétersbourg. À présent, ils étaient presque des reliques d'une ère complètement différente. Le système du pouvoir avait irrémédiablement changé, et ils avaient encore du mal à comprendre ce qu'ils avaient fait.

« Tu te souviens comment c'était quand il est arrivé au pouvoir ? dit Pougatchev sur l'enregistrement. Il disait : “C'est moi le chef. On m'a engagé.” »

À cette époque-là, Poutine était apparu réticent à prendre le premier rôle ; il semblait malléable et conciliant envers ceux qui l'avaient aidé à accéder au pouvoir. Pougatchev poursuit : « Entre nous, je pense qu'au début il avait l'idée de devenir riche, d'avoir une vie heureuse, de décider de ses propres aspirations personnelles. Et en principe, il prenait ses décisions très rapidement…

Mais à mesure que les quatre années de son premier mandat ont passé, il a compris que des choses s'étaient passées et qu'elles n'allaient jamais lui permettre de se retirer. »

Le premier mandat de Poutine avait été baigné de sang et de controverses et avait mené à une complète transformation de la façon dont le pays était gouverné. Il a eu affaire à une série d'attaques terroristes mortelles, dont celle du siège du théâtre Doubrovka par des terroristes tchétchènes en octobre 2002. Les forces spéciales russes ont précipité l'assaut et utilisé un gaz paralysant qui a touché les spectateurs qu'elles tentaient de libérer, et la prise d'otages s'est terminée par plus d'une centaine de morts.

Les guerres de Poutine contre les rebelles de Tchétchénie, cette république très rétive du Caucase du Nord, avaient causé des milliers de morts, dont celle de 294 personnes à la suite de bombardements d'appartements. Beaucoup à Moscou murmuraient que les forces spéciales de Poutine étaient derrière ces attaques meurtrières, notamment parce qu'il en était résulté un tour de vis répressif qui avait renforcé son pouvoir.

Les oligarques en roue libre des années 1990 ont rapidement été rappelés à l'ordre. Il avait suffi d'un seul gros procès contre l'homme le plus riche du pays pour que Poutine et ses hommes reprennent les rênes du marché libre de l'ère Eltsine et activent la reprise en main par l'État.

« Je pense qu'il serait parti heureux après quatre ans », continuait Pougatchev. « Mais ensuite toutes ces controverses sont apparues. Et maintenant avec l'Occident, il y a un tel affrontement que c'est presque la crise des missiles de Cuba. Et là, il est allé encore plus loin… Il a compris que si ça va plus loin, il ne partira jamais. »

Pour les deux hommes, le pouvoir construit par Poutine, par lequel le Président avait accumulé un tel pouvoir que tout dépendait maintenant de lui, était l'exact opposé de la stabilité.

« C'est une pyramide. Tout ce que vous avez à faire, c'est de la frapper une fois et elle s'effondrera entièrement… Tout ça, il l'a compris, mais il ne peut pas se changer…

— Je n'ai pas le sentiment qu'il ait compris quoi que ce soit à tout ça, lui dit Ioumachev.

— Ce serait étrange qu'il dise que tout ce que j'ai fait est à contre-courant, le coupe Pougatchev. Beaucoup de ses décisions reposent sur ses convictions sur la façon dont le monde est dirigé. Le sujet du patriotisme, il y croit sincèrement. Quand il dit que l'effondrement de l'Union soviétique était une tragédie, il le pense sincèrement... Ce sont tout simplement ses valeurs. Ce qu'il fait, il le fait sincèrement. Il fait des erreurs sincèrement. »

Poutine avait souvent justifié le renforcement de sa mainmise sur tous les leviers du pouvoir – dont la fin des élections des gouverneurs et le fait de placer le système judiciaire sous le *diktat* du Kremlin – en disant que de telles mesures étaient nécessaires pour entrer dans une nouvelle ère de stabilité en mettant fin au chaos et à l'effondrement des années 1990. Mais derrière ce patriotisme la main sur le cœur qui, en surface, semblait déterminer la plupart des décisions, il y avait un autre facteur, beaucoup plus troublant. Poutine et les hommes du KGB, qui dirigeaient l'économie à travers un réseau d'alliés loyaux, monopolisaient dorénavant le pouvoir, et ils avaient installé un nouveau système dans lequel les postes gouvernementaux étaient utilisés comme des moyens d'enrichissement personnel. On était très loin des principes anticapitalistes, antibourgeois de l'État soviétique qu'ils avaient servi autrefois.

« Ces gens-là, ce sont des mutants, a dit Pougatchev. Ils sont un mixte d'*Homo sovieticus* et de capitalistes sauvages de ces vingt dernières années. Ils ont tant volé pour se remplir les poches. Toutes leurs familles vivent quelque part à Londres. Et quand ils disent qu'ils doivent écraser quelqu'un au nom du patriotisme, ils le disent sincèrement. C'est juste que lorsqu'ils ciblent Londres, ils vont d'abord en exfiltrer leurs familles.

— Je pense que c'est une chose terrible, lui dit Ioumachev. Certains de mes amis qui travaillent au Kremlin disent aujourd'hui – avec la plus grande sincérité – combien c'est fantastique de pouvoir devenir si riche là-bas. Dans les années 1990, c'était inacceptable. Vous deviez soit vous mettre dans les affaires ou bien travailler pour le pays. Aujourd'hui, ils viennent travailler pour l'État pour gagner de l'argent. Les ministres donnent des autorisations contre rémunération. Et bien sûr, tout ça vient du boss... La première conversation que [Poutine] a avec un nouvel employé de l'État, c'est : "Voici ton business. Tu ne le partages qu'avec moi. Si quelqu'un t'attaque, je te défendrai... et si tu n'utilises pas [ta position comme un business], c'est que tu es un idiot."

— Poutine m'a dit ça lui-même, enchaîne Pougatchev. Je me souviens, j'étais en train de lui parler. Il m'a dit : "Qu'est-ce que ce gars attend ? Pourquoi est-ce qu'il n'empoche rien ? Qu'est-ce qu'il attend ? Il a le poste. Qu'il se fasse du pognon." Aujourd'hui, ces gens sont comme des buveurs de sang. Ils ne peuvent plus s'arrêter. Maintenant ce sont les représentants de l'État qui sont les hommes d'affaires.

— Il ne reste que très peu de véritables hommes d'affaires, acquiesce Ioumachev en hochant tristement la tête. L'atmosphère… L'atmosphère a tellement changé dans le pays. L'air a changé. Il est suffocant aujourd'hui. Suffocant. »

Les deux hommes soupirent. Tout a changé – sauf leur capacité à idéaliser leurs propres rôles. « Ce qui était fantastique dans les années 1990, c'était qu'il n'y avait pas de mensonges, poursuit Ioumachev.

— Absolument, lui dit Pougatchev. Pour moi, toute ma vie, la vérité a été l'équivalent de la liberté. J'ai gagné de l'argent, non pas pour les richesses, mais pour la liberté. Combien peux-tu dépenser ? Tant que tu as de quoi t'acheter deux jeans, ça va. Mais une certaine indépendance m'a apporté une chose : je n'ai pas besoin de mentir. »

Il apparaissait aux deux hommes que le Président était dorénavant entouré de béni-oui-oui. Ils lui portaient tous de longs toasts en lui disant qu'il avait été envoyé par Dieu pour sauver le pays, tandis qu'ils s'appliquaient à lui faire plaisir. Pourtant, Pougatchev avait le sentiment que ces béni-oui-oui comprenaient la profonde hypocrisie du système, cette fausse démocratie représentée par le parti du Kremlin au pouvoir, Russie Unie, et à quel point il était profondément corrompu.

« Tu vois tous ces gens autour de VV [Poutine] qui disent "Vladimir Vladimirovitch, tu es un génie", continue Pougatchev. Je les regarde – et ils ne croient en rien. Ils savent que tout ça c'est pourri, les élections sont pourries, le Président est pourri. Mais ils le savent très bien, tout ça, et ensuite ils montent à la tribune et décrivent comment tout est merveilleux. Et tous les toasts qu'ils portent, qui sont de complets mensonges. Ils sont assis là… à dire des conneries sur le fait qu'ils sont là tous ensemble depuis toujours, même depuis les bancs de l'école. Mais dans le même temps, les gars qui occupent le bureau de la porte d'à côté sont en train dire : "Dès qu'il sort, on le finit." Il y a un tel cynisme. Je ne pense pas qu'ils se sentent si bien que ça. Ceux qui ont le pouvoir… je suis désolé pour eux. Ils volent de tous les côtés, et puis ils se pointent et nous racontent comment Poutine se bat contre la corruption. Je les regarde et je me dis, c'est la fin. Je suis désolé pour eux… VV demandait toujours : "Quel est le mot qui commence par *s ? Sovest* – conscience." Ils n'ont pas les récepteurs pour ça. Ils ne le comprennent pas. Ils ont oublié ce mot et ce qu'il signifie. Ils sont complètement perdus. »

Ils étaient tous les deux d'accord pour dire que toutes les réussites de l'ère Poutine jusqu'à présent – la croissance économique, l'augmentation des revenus, la richesse des milliardaires, qui a changé Moscou en une métropole étincelante où des voitures étrangères rutilantes peuplent les rues et où des cafés cosy ont ouvert à tous les coins de rue – se résumaient à la forte augmentation des prix du pétrole durant les années Poutine. « En 2000, le prix du pétrole était de 17 dollars, et nous étions contents, dit Ioumachev. Quand toi et moi étions au pouvoir, il était à 10 ou 6 dollars. La meilleure période pour moi a été quand il est monté à 16 dollars pendant deux semaines. Aujourd'hui il est à 150 dollars, et la seule chose qu'ils font, c'est de se construire des maisons invraisemblables.

— L'État ne fait rien avec l'argent. Ils auraient pu transformer l'infrastructure du pays. Mais il pense que tout sera volé si nous construisons des routes… Le temps passe si vite, lui rétorque Pougatchev.

— Huit années sont passées. En 2000, nous avons remis au boss une machine tellement bien huilée. Tout fonctionnait. Et qu'avons-nous ? demande Ioumachev.

— Nous n'avons pas compris qu'il n'allait pas faire avancer les choses. Je le pensais jeune, libéral, lui répond Pougatchev.

— Pour moi, il était surtout important qu'il soit jeune.

— Tu comprends qu'il s'est avéré être d'une autre espèce.

— Oui. Ce sont des gens différents, acquiesce Ioumachev.

— Ce sont des gens différents, des gens spéciaux. C'est une chose que nous n'avons pas comprise. Celui qu'il l'a très bien comprise, c'est Oustinov [le procureur général]. Il m'a dit : "Tu sais, les gars du FSB, ils sont différents. Même si tu aspirais tout leur sang et que tu leur mettais une autre tête, ils seraient quand même différents. Ils vivent dans leur propre système. Tu ne seras jamais l'un d'entre eux. C'est un système complètement différent." »

Cet enregistrement est une fenêtre unique sur les vues spontanées de deux hommes qui avaient amené Poutine au pouvoir, et sur leur sentiment d'horreur devant le système qu'ils avaient contribué à créer. Ce livre est l'histoire de ce système – l'arrivée au pouvoir de la cohorte du KGB de Poutine et comment ces hommes ont muté pour s'enrichir dans le nouveau capitalisme. C'est l'histoire de la passation de pouvoir précipitée entre Eltsine et Poutine, et de la façon dont elle a permis l'ascension de l'« État profond » des hommes des services de sécurité du KGB qui étaient déjà tapis dans l'ombre durant les années Eltsine, mais qui sortaient maintenant en pleine lumière pour monopoliser le pouvoir pour au moins vingt ans – et pour mettre finalement l'Occident en danger.

Ce livre a commencé par la volonté de retracer la prise en main de l'économie russe par les anciens associés de Poutine du KGB. Mais il est devenu une enquête sur quelque chose de beaucoup plus pernicieux que cela. Les premières recherches – et ensuite les événements – m'ont montré que la kleptocratie de l'ère Poutine visait à un objectif plus large que seulement remplir les poches des amis du Président. Ce qu'il est sorti de la mainmise du KGB sur l'économie – et sur le système judiciaire et politique du pays –, c'est un régime dans lequel des milliards de dollars à la disposition des sbires de Poutine devaient être activement utilisés pour saper et corrompre les institutions et les démocraties de l'Occident. La stratégie du KGB de la guerre froide, quand l'Union soviétique a déployé des « mesures actives » pour semer la division et la discorde à l'Ouest, pour trouver des partis politiques alliés et pour discréditer son ennemi « impérialiste », était maintenant complètement réactivée. Ce qui est différent aujourd'hui, c'est que ces tactiques sont alimentées financièrement par un puits financier bien plus profond, par un Kremlin qui est devenu un adepte aguerri des marchés et qui a insinué ses tentacules au sein des institutions de l'Occident. Des pans entiers du KGB, dont Poutine, ont adopté le capitalisme comme outil pour faire jeu égal avec l'Occident. Ce processus a commencé il y a longtemps, des années avant la chute de l'URSS.

La mainmise de Poutine sur des liquidités stratégiques a toujours eu un objectif plus large que le simple contrôle de l'économie du pays. Pour le régime de Poutine, les richesses étaient davantage une question de projection de puissance, de réaffirmation de la position du pays sur la scène internationale, qu'une question de bien-être des citoyens russes. Le système que les hommes de Poutine avaient créé était un capitalisme « KGBesque » hybride qui recherchait à accumuler du cash pour acheter et corrompre des fonctionnaires occidentaux. Et les politiques aux manettes de ce système, pétris d'orgueil après la fin de la guerre froide, avaient oublié depuis longtemps les tactiques soviétiques d'un passé pourtant pas si lointain. Les marchés occidentaux ont ouvert les bras à cette nouvelle manne qui arrivait de Russie, et ils n'ont prêté que peu d'attention aux forces du KGB et des criminels qu'il y avait derrière. Le KGB avait depuis longtemps conclu une alliance avec le crime organisé russe, à la veille de la chute de l'URSS, lorsque des milliards de dollars de métaux précieux, de pétrole et d'autres matières premières furent transférés de l'État vers des sociétés reliées au KGB. Dès le départ, des agents du renseignement extérieur du KGB ont recherché à accumuler de l'argent noir pour entretenir et préserver l'influence de réseaux qu'on pensait depuis longtemps disparus avec la chute de l'URSS. Pendant un temps sous Eltsine, les forces du KGB sont restées cachées en arrière-plan. Mais lorsque Poutine est arrivé au pouvoir, l'alliance entre le KGB et le crime organisé a refait surface en montrant les dents. Pour comprendre ce processus, nous devons remonter au commencement de tout cela, à l'époque de la chute de l'URSS.

Pour les hommes qui ont aidé Poutine à accéder au pouvoir, cette revanche a aussi été l'occasion de régler les comptes. Pougatchev et Ioumachev avaient commencé le transfert du pouvoir dans la plus grande précipitation, car la santé d'Eltsine déclinait, avec la volonté de sécuriser l'avenir du pays – et leur propre avenir – contre ce qu'ils pensaient être la menace communiste. Mais ils avaient oublié le passé soviétique, pas si éloigné que cela.

Les hommes des services de renseignement qu'ils avaient amenés au pouvoir n'allaient reculer devant rien pour étendre leur loi au-delà de toute frontière qu'il leur semblerait possible de franchir.

« Nous aurions dû lui parler davantage, soupire Ioumachev.

— Bien sûr, lui dit Pougatchev, mais nous n'en avions pas le temps. »

PREMIÈRE PARTIE

1

« *Opération Loutch* »

SAINT-PÉTERSBOURG – Début février 1992, une voiture officielle de la mairie roule lentement sur l'avenue principale de la ville. Une neige fondue grise a été partiellement balayée de la chaussée et des gens marchent d'un pas lourd dans le froid, emmitouflés dans d'épais manteaux indistincts, chargés de sacs, courbés face au vent. Derrière les façades décolorées de ce que furent autrefois les magnifiques résidences de l'avenue Nevski, les magasins sont presque vides, leurs étagères pratiquement dénuées de marchandises, à la suite du choc de l'implosion soudaine de l'Union soviétique. Cela fait à peine six semaines que l'Union soviétique a cessé d'exister, depuis ce jour funeste où Boris Eltsine, le Président de la Russie, et les dirigeants des autres républiques soviétiques ont signé la fin de l'existence de leur union d'un trait de plume. Les circuits de distribution alimentaire de la ville ont eu du mal à réagir à ce changement rapide alors que les règles soviétiques strictes qui avaient régi la chaîne d'approvisionnement pendant des décennies avaient soudainement cessé d'exister.

Dans les queues aux arrêts de bus et sur les marchés improvisés qui ont surgi un peu partout dans la ville, tandis que les habitants essaient de gagner un peu d'argent en vendant des chaussures et autres objets de leurs foyers, le sujet de conversation numéro un durant tout l'hiver a été la pénurie alimentaire, les tickets de rationnement et la morosité. Pire encore, l'hyperinflation ronge l'épargne. Certains avaient même averti d'une possible famine, tirant la sonnette d'alarme dans une ville traumatisée par les souvenirs du siège de la Seconde Guerre mondiale pendant laquelle près d'un millier de personnes mouraient de faim chaque jour.

Pourtant, le fonctionnaire de la municipalité au volant d'une berline noire Volga a l'air calme. Cette silhouette légère et résolue qui regarde attentivement devant lui, c'est Vladimir Poutine. Il a trente-neuf ans. Il est adjoint au maire de Saint-Pétersbourg et vient d'être récemment nommé directeur du Comité des relations extérieures de la ville. La scène est filmée pour une série documentaire sur la nouvelle administration de la ville, et celle-ci est centrée sur cet adjoint au maire d'apparence jeune et dont une des responsabilités est d'assurer un approvisionnement alimentaire adéquat. Tandis que l'image affiche son bureau de l'hôtel de ville à Smolny, Poutine débite une série de chiffres sur les tonnes de grain d'aide humanitaire qui étaient envoyées d'Allemagne, d'Angleterre et de France. Il n'y a pas lieu de s'inquiéter, dit-il. Près de dix minutes sont passées en de prudentes explications sur les mesures que son Comité a prises pour assurer les approvisionnements alimentaires d'urgence, dont un accord révolutionnaire de 20 millions de livres de graines de bétail conclu lors d'une réunion entre le maire de la ville, Anatoli Sobtchak, et le Premier ministre britannique, John Major. Sans ce geste de générosité de la part du Royaume-Uni, le jeune bétail n'aurait pas survécu, dit-il.

Sa maîtrise jusque dans le moindre détail est impressionnante. Tout comme l'est sa compréhension des vastes problèmes concernant l'économie de la ville. Il parle avec aisance du besoin de développer une classe de petits et moyens entrepreneurs représentant le socle de la nouvelle économie de marché. De fait, dit-il : « La classe entrepreneuriale devra devenir la base du développement de la société tout entière. »

Il s'exprime avec précision sur le problème de la conversion des grandes entreprises de la région, orientées dans le domaine de la défense sous l'ère soviétique, vers des secteurs civils afin de les maintenir en vie. Des usines tentaculaires comme l'usine Kirov, un vaste complexe situé au sud de la ville qui fabriquait de l'artillerie et des chars, avaient été les plus gros employeurs de la région depuis l'époque tsariste. Là, elle était à l'arrêt, car les commandes incessantes de matériel militaire qui nourrissaient et qui ont fini par ruiner l'économie soviétique s'étaient soudainement taries.

« Nous devons amener des partenaires occidentaux et intégrer ces usines dans l'économie mondiale », déclare le jeune fonctionnaire municipal.

Avec une intensité soudaine, il parle du mal qu'a infligé le communisme à l'Union soviétique en la coupant artificiellement du marché libre du monde développé. Les credos de Marx et Lénine « ont généré des pertes colossales à notre pays », dit-il. « Il y a une période de ma vie, quand j'étudiais les théories du marxisme-léninisme, où je les trouvais intéressantes et, comme beaucoup d'entre nous, logiques. Mais, en grandissant, la vérité m'est apparue de plus en plus claire – ces théories ne sont rien de plus que des contes de fées néfastes. » De fait, les révolutionnaires bolchéviques de 1917 sont responsables de la « tragédie que nous vivons aujourd'hui – la tragédie de l'effondrement de notre État », affirme-t-il énergiquement à son intervieweur. « Ils ont découpé le pays en des républiques qui n'existaient pas avant, et puis ils ont détruit ce qui unit le peuple des pays civilisés : ils ont détruit les relations de marché. »

La scène se passe juste quelques mois après sa nomination en tant qu'adjoint au maire de Saint-Pétersbourg, mais c'est déjà une allocution puissante, soigneusement travaillée. Il est assis nonchalamment à califourchon sur une chaise retournée, mais toutes les autres choses démontrent de la précision et de la préparation. Le film de 50 minutes le montre sur un tatami de judo, faisant basculer ses adversaires par-dessus son épaule, parlant couramment allemand avec un homme d'affaires de passage, et prenant des appels de Sobtchak sur les derniers contrats d'aide étrangère. Sa préparation méticuleuse touche également l'homme qu'il a requis pour conduire l'interview et diriger le film : un documentariste connu et plébiscité dans toute l'Union soviétique grâce à une série dans laquelle il a suivi intimement la vie d'un groupe d'enfants, une version soviétique de la série populaire britannique *Seven Up*. Igor Chadkhan est un juif qui est récemment retourné à Saint-Pétersbourg pour tourner une série de films sur les horreurs du goulag soviétique dans l'extrême nord ; un homme qui tressaille au souvenir des injures antisémites de l'époque soviétique et qui, de son propre aveu, continue de baisser la tête de peur chaque fois qu'il passe devant l'ancien siège du KGB avenue Liteïni.

Pourtant, c'est l'homme que Poutine a choisi pour l'aider à faire une révélation très spéciale, c'est l'homme qui devait communiquer au monde le fait que Poutine avait servi comme agent du très craint et très détesté KGB. Ce n'est encore que la première vague du mouvement démocratique, un temps où reconnaître cela pourrait compromettre son patron, Sobtchak, un vibrant orateur qui a gagné le poste de maire en surfant sur une vague de condamnations des secrets de l'ancien régime et des violences perpétrées par le KGB. Encore aujourd'hui, Chadkhan continue de se demander si le choix de Poutine faisait partie d'un plan de réhabilitation soigneusement étudié. « Je me demande toujours pourquoi il m'a choisi. Il avait compris qu'il avait besoin de moi, et il était prêt à me dire qu'il était du KGB. Il voulait montrer que les gens du KGB peuvent aussi être progressistes. » Poutine a bien choisi. « Un critique m'a dit un jour que j'humanisais toujours mes sujets, quels qu'ils soient, se souvient Chadkhan. Je l'ai humanisé. Je voulais savoir qui il était et ce qu'il avait vu. J'étais une personne qui avait toujours critiqué les autorités soviétiques. J'ai enduré beaucoup de choses de leur part. Mais j'ai été bienveillant avec lui. Nous sommes devenus amis. Il me semblait être quelqu'un qui allait faire avancer le pays, qui ferait vraiment quelque chose. Il m'a véritablement recruté ».

Durant tout le film, Poutine saisit habilement chaque opportunité de mettre en avant les qualités du KGB. Là où il a servi, affirme-t-il en réponse à une question délicate lui demandant s'il avait usé de sa position pour toucher des pots-de-vin, de telles pratiques étaient considérées comme une « trahison à la mère patrie » et auraient été punies avec toute la force de la loi. Quant au fait d'être un « fonctionnaire de l'État », un *tchinovnik*, il dit que ce mot ne doit avoir aucune connotation négative. Il avait servi le pays en tant que *tchinovnik* militaire ; maintenant, il était un représentant civil qui servait son pays – comme il l'avait fait auparavant – « en dehors de l'arène de la compétition politique ».

Quand le documentaire arrive à sa fin, Chadkhan semble être complètement conquis. Le film se conclut par un signe de tête et un clin d'œil envers un passé glorifié du KGB : Poutine est montré en train de scruter la Neva gelée, coiffé d'une toque en fourrure pour se protéger du froid. C'est l'image d'un homme du peuple derrière le volant d'une Jigouli blanche, la voiture carrée omniprésente en Russie à cette époque-là. Alors qu'il parcourt la ville d'un regard d'acier et protecteur, le film se termine sous les accords du générique d'une série télé soviétique populaire – *17 Moments of Spring* – qui érige en héros un agent du KGB infiltré dans le régime nazi. C'était le choix de Chadkhan. « C'était exactement la personne de sa profession. Je voulais montrer comment il s'avérait qu'il était toujours dans la même profession. »

Poutine, cependant, avait pris soin dans cette interview de donner l'impression qu'il avait démissionné du KGB dès qu'il était revenu à Leningrad, comme on appelait Saint-Pétersbourg en février 1990. Il a dit à Chadkhan qu'il était parti pour « toutes sortes de raisons », non politiques, indiquant qu'il l'avait fait au mois de mai de cette année-là, avant de commencer à travailler avec Sobtchak, qui était alors professeur de droit à l'université d'État de Leningrad, et la star montante du nouveau mouvement démocratique de la ville. Poutine était revenu à la capitale de l'ère tsariste après cinq années de service à Dresde, en Allemagne de l'Est (la RDA, la République démocratique allemande), où il avait servi d'agent de liaison entre le KGB et la Stasi, la police politique de l'Allemagne de l'Est. Plus tard, des légendes ont colporté qu'il avait confié à un collègue qu'il craignait de ne pas avoir de meilleur avenir à son retour que d'être chauffeur de taxi. Apparemment, il tenait à donner l'impression qu'il avait coupé tous les liens avec ses anciens maîtres, et que le changement rapide de la Russie l'avait laissé à l'abandon, livré à lui-même.

Ce que Poutine a dit à Chadkhan n'était que le début d'un chapelet de mensonges et d'occultations sur sa carrière au KGB. À Dresde, ville de l'empire en pleine implosion et de laquelle il revenait, rien ne correspondait à ce que l'on croyait. De la villa du KGB haut perchée sur la rive de l'Elbe et surplombant les étendues toujours élégantes de Dresde, Poutine avait déjà été aux premières loges de la fin du contrôle de l'empire soviétique sur la RDA, de l'effondrement du soi-disant rêve socialiste. Le puissant bloc du pacte de Varsovie s'était brisé tout autour de lui, tandis que ses citoyens se rebellaient contre la domination du communisme. Alors que les répercussions de cet effondrement commençaient à se répandre à travers l'Union soviétique, il avait vu, d'abord de loin, les mouvements nationalistes essaimer encore plus vite dans tout le pays. Ces mouvements nationalistes, inspirés par la chute du Mur de Berlin, avaient forcé le dirigeant communiste Mikhaïl Gorbatchev à s'engager plus avant dans des compromis avec une nouvelle génération de leaders démocratiques. Au moment de l'interview de Poutine par Chadkhan, un de ces leaders, Boris Eltsine, était sorti vainqueur d'une tentative de coup d'État des tenants de la ligne dure du Parti en août 1991. Ce putsch avorté avait voulu revenir en arrière par rapport aux libertés politiques et économiques, mais s'était terminé par un échec retentissant. Eltsine avait interdit le Parti communiste de l'Union soviétique. Soudain, l'ancien régime semblait avoir été balayé.

Cependant, ce qui l'avait remplacé n'était qu'une relève de la garde. Et ce qui est arrivé au KGB était un cas d'école. Eltsine avait décapité les échelons supérieurs du KGB, puis avait signé un décret le morcelant en quatre services intérieurs. Mais un monstre à plusieurs têtes en a émergé, dans lequel de nombreux agents, dont Poutine, se sont tapis et ont continué d'agir, dans l'ombre, tandis que le puissant service de renseignement extérieur restait intact. C'était un système où les règles de la vie normale semblaient avoir été suspendues depuis longtemps. C'était un univers parallèle de demi-vérités et d'apparences, tandis qu'au-dessous de tout ça, les factions de l'ancienne élite continuaient de s'accrocher à ce qui restait des rênes.

Poutine devait donner différentes versions de la date et des circonstances de sa démission du KGB. Mais d'après un ancien agent confirmé du KGB qui était proche de lui, aucune de ces versions n'est vraie. Il disait aux journalistes qui écrivaient sa biographie qu'il avait démissionné quelques mois après avoir commencé à travailler pour Sobtchak à l'université, mais sa lettre de démission s'était perdue à la poste. Et donc, affirmait-il, Sobtchak, au moment le plus tendu du coup d'État d'août 1991 de la ligne dure du Parti, avait téléphoné personnellement à Vladimir Krioutchkov, alors patron du KGB, pour s'assurer de sa démission. Ce récit est devenu la version officielle. Mais celle-ci a des allures de fiction. Les chances que Sobtchak ait eu Krioutchkov au téléphone en plein milieu d'un coup d'État pour s'assurer de la démission d'un employé sont au mieux très faibles. Au lieu de cela, d'après le proche allié de Poutine, ce dernier a continué de percevoir son salaire des services de renseignement pendant au moins un an après la tentative de coup d'État du mois d'août. Au moment où il a démissionné, sa position au sommet de la nouvelle direction de la deuxième ville de Russie était assurée. Il était bien établi au sein de la direction de la nouvelle démocratie du pays, et il était l'homme de la situation pour les liens de la municipalité avec les forces de l'ordre, dont le successeur du KGB, le Service fédéral de sécurité, ou FSB. Sa communication en tant qu'adjoint au maire, comme on peut le voir clairement dans l'interview de Chadkhan, était déjà bien huilée et très assurée.

Le récit du déroulé et du timing de la démission de Poutine, et de son embauche par Sobtchak, renseigne sur la façon dont un cadre du KGB commençait à faire sa métamorphose dans la transformation démocratique du pays et comment il se rattachait à la nouvelle direction. C'est l'histoire de la façon dont une faction du KGB, et particulièrement de celle du service de renseignement extérieur, s'était préparée depuis longtemps au changement dans le tumulte des réformes de la *perestroïka* de l'Union soviétique. Poutine apparaît comme ayant fait partie de ce processus lorsqu'il était à Dresde. Plus tard, après la réunification de l'Allemagne, les services de sécurité du pays l'ont suspecté de faire partie d'un groupe travaillant sur une opération spéciale, l'« opération Loutch », ou rayon de soleil, qui était en préparation depuis au moins 1988 au cas où le régime de l'Allemagne de l'Est s'effondrerait. Cette opération avait pour but de recruter un réseau d'agents qui pourraient continuer d'opérer pour les Russes longtemps après la chute du régime.

*

DRESDE – Quand Poutine est arrivé à Dresde en 1985, les jours de l'Allemagne de l'Est étaient déjà comptés. Proche de la faillite, le pays était en survie grâce à l'aide d'un prêt de l'Allemagne de l'Ouest d'un milliard de deutsche marks, tandis que des voix dissidentes s'élevaient. Poutine est arrivé là-bas à l'âge de trente-deux ans, apparemment tout frais émoulu d'une période d'entraînement à l'Institut du Drapeau rouge, l'école d'élite des agents du renseignement extérieur du KGB. Il a commencé à travailler dans une élégante villa Art déco avec un grand escalier et un balcon qui surplombait une rue calme du voisinage et peinte de couleurs vives. La villa, entourée d'arbres feuillus et de rangées de maisons familiales très soignées pour l'élite de la Stasi, se trouvait juste au coin de la rue du grand bâtiment gris du quartier général de la Stasi, où des dizaines de prisonniers politiques ont été enfermés dans de minuscules cellules sans fenêtres. Hans Modrow, le dirigeant du Parti communiste au pouvoir, le SED, était connu pour être un réformateur. Mais il avait également la main lourde pour faire taire les dissidents. Dans tout le bloc de l'Est, des voix protestataires s'élevaient contre la misère et les dysfonctionnements de l'économie planifiée, et également contre la brutalité des forces de l'ordre. Sentant une opportunité, les agences de renseignement américaines, avec l'aide du Vatican, avaient discrètement lancé des opérations pour acheminer du matériel d'imprimerie et de communication ainsi que de l'argent au mouvement de contestation Solidarność en Pologne, où les dissidents opposés aux Soviétiques avaient toujours été les plus forts.

*

Vladimir avait rêvé depuis longtemps d'une carrière dans le renseignement extérieur. Durant la Deuxième Guerre mondiale, son père a servi au NKVD, la police politique soviétique. Il avait opéré au cœur des lignes ennemies pour essayer de saboter les positions allemandes, manquant de peu d'être fait prisonnier, avant de subir des blessures presque fatales. Après les faits d'armes héroïques de son père, Poutine avait été obsédé depuis le plus jeune âge par l'apprentissage de l'allemand. Une fois adolescent, il avait été si enthousiaste de s'engager au KGB qu'il a appelé son bureau local à Leningrad pour proposer ses services avant d'avoir terminé l'école, mais il s'est vu répondre qu'il devait être diplômé de l'université ou servir d'abord dans l'armée. Au début de la trentaine, quand il a finalement intégré l'Institut du Drapeau rouge, c'était un accomplissement qui semblait lui promettre d'échapper au quotidien morne de sa jeunesse. Durant son enfance, il avait vécu la chasse aux rats dans la cage d'escalier du bâtiment de son appartement communal et les bagarres de rue avec les autres enfants. Il avait appris à canaliser sa soif de bagarre dans la maîtrise de la discipline du judo, cet art martial basé sur le principe subtil de déséquilibrer son adversaire en s'adaptant à son attaque. Il avait suivi de près les recommandations du bureau local du KGB sur le cursus qu'il devrait effectuer pour s'assurer d'être recruté dans les services de renseignement, et il avait étudié à la faculté de droit de l'université de Leningrad. Puis, une fois diplômé, en 1975, il avait travaillé pendant un temps au service de contre-espionnage du KGB de Leningrad, d'abord en tant qu'agent secret. Mais, quand il a finalement rejoint ce qui a été dénommé officiellement comme étant son premier poste, à Dresde, la gare où il est descendu lui a paru bien modeste, comparée au glamour de la gare de Berlin-Est, où environ un millier d'agents du KGB se pressaient pour saper la puissance « impériale » de l'ennemi.

Lorsque Poutine est arrivé à Dresde, il n'y avait que six agents du KGB en poste sur place. Il partageait son bureau avec un collègue plus âgé, Vladimir Oussoltsev, qui l'appelait Volodia, ou « petit Vladimir », et tous les jours, quittant l'appartement dans un immeuble quelconque dans lequel il vivait avec sa femme, Lioudmila, et d'autres agents du KGB, il emmenait ses deux petites filles au Kindergarten, l'école maternelle allemande. Une vie routinière et provinciale, loin de l'ambiance des romans d'espionnage de Berlin-Est à la frontière avec l'Ouest. Apparemment, il faisait du sport et échangeait des plaisanteries avec ses collègues de la Stasi, qui appelaient les visiteurs soviétiques les « amis ». Il avait de brèves conversations sur la culture allemande avec Horst Jehmlich, l'assistant spécial affable du chef de la Stasi de Dresde, qui était la personne attitrée pour régler toutes sortes de problèmes, le lieutenant-colonel qui connaissait tout le monde en ville et qui était chargé de gérer la sécurité des maisons et des appartements des agents et des informateurs, ainsi que de procurer des biens aux « amis » soviétiques. « Il s'intéressait beaucoup à certaines expressions idiomatiques allemandes. Il se passionnait vraiment pour l'apprentissage de ces choses-là », se rappelait Jehmlich. Il apparaît avoir été un camarade discret et prévenant : « Il ne se mettait jamais en avant. Il n'était jamais en première ligne », m'a-t-il dit. Il a été un mari et un père dévoué : « Il était toujours très gentil. »

Cependant, les relations entre les espions soviétiques et leurs collègues de la Stasi étaient parfois tendues, et Dresde était un endroit beaucoup plus paumé qu'il en avait l'air. Pour commencer, la ville elle était en première ligne du royaume de la contrebande qui a servi pendant longtemps de soutien vital à l'économie de la RDA. En tant que ville où se trouvait Robotron, le plus grand fabricant d'électronique d'Allemagne de l'Est, que ce soient des ordinateurs centraux, des ordinateurs personnels ou d'autres appareils, Dresde jouait un rôle central dans la guerre que menaient les Soviétiques et la RDA pour obtenir de manière illicite les plans et les composants des biens de haute technologie de l'Ouest. Elle était donc un rouage essentiel de la lutte âpre – mais perdante – du bloc de l'Est pour rivaliser militairement avec la technologie à l'innovation galopante de l'Ouest. Dans les années 1970, Robotron avait réussi à répliquer l'IBM de l'Ouest, et elle avait développé des liens très proches avec Siemens, située en Allemagne de l'Ouest. « L'essentiel de la contrebande high-tech de l'Allemagne de l'Est passait par Dresde », m'a révélé Franz Sedelmayer, un consultant en sécurité ouest-allemand qui a travaillé plus tard avec Poutine à Saint-Pétersbourg et qui, dans les années 1980, a démarré une entreprise familiale à Munich en vendant des armes à l'OTAN et au Moyen-Orient. « Dresde était un point central de ce marché noir. » C'était aussi un point central pour la Kommerzielle Koordinierung, un service du ministère du Commerce extérieur de l'Allemagne de l'Est qui s'occupait des opérations de contrebande pour les biens de haute technologie sous embargo de l'Ouest. « Ils exportaient des antiquités et importaient de la high-tech », m'a dit Sedelmayer. « Dresde a toujours été importante pour l'industrie microélectronique », m'a confirmé Horst Jehmlich. L'unité d'espionnage dirigée par Markus Wolf, le légendaire maître-espion de l'Allemagne de l'Est, « y était pour beaucoup », a ajouté Jehmlich. Il est resté cependant très évasif sur ce qu'ils faisaient exactement.

Herbert Kohler, le chef du renseignement extérieur de la Stasi de Dresde, était en même temps à la tête de son unité de renseignements généraux et technologiques, un signe qui montrait combien la contrebande des biens sous embargo était importante pour la ville. Depuis que l'Allemagne était coupée en deux entre l'Est et l'Ouest après la Deuxième Guerre mondiale, une grande partie du bloc de l'Est s'appuyait sur le marché noir et la contrebande pour survivre. Après les ravages de la guerre, les caisses de l'Union soviétique étaient vides, et à Berlin-Est, Zurich et Vienne, des groupes criminels travaillaient main dans la main avec les services de sécurité soviétiques dans la contrebande de cigarettes, d'alcool, de diamants et de métaux précieux. Contrebande et marché noir servaient à renflouer les réserves de cash des services de sécurité du bloc de l'Est. Initialement, le trafic au marché avait été vu comme une nécessité temporaire, les dirigeants communistes le justifiant comme un coup porté aux fondations du capitalisme. Mais, lorsqu'en 1950, l'Ouest s'est ligué contre le bloc soviétique pour lui imposer un embargo sur tous les produits high-tech qui pourraient être utilisés à des fins militaires, la contrebande est devenue un mode de vie. Les libres choix du capitalisme de l'Ouest et sa volonté de faire du profit ont nourri là-bas un boom du développement technologique. En comparaison, l'économie planifiée socialiste du bloc de l'Est restait au point mort loin derrière. Ses entreprises devaient se contenter de satisfaire aux plans de production annuels, ses ouvriers et ses scientifiques en étaient réduits à devoir se procurer les produits les plus basiques par des connexions informelles sur le marché gris. Isolé par le rideau de fer, le bloc de l'Est n'avait pour seul recours que la contrebande pour suivre les progrès très rapides du capitalisme de l'Ouest.

Le ministre est-allemand du Commerce extérieur a mis en place la Kommerzielle Koordinierung en nommant à sa tête le très bavard Alexandre Schalck-Golodkowski. Sa mission était de faire du trafic pour obtenir des devises fortes afin de financer les achats de la Stasi de produits technologiques sous embargo. La Koko, comme on l'appelait, agissait tout d'abord sous les ordres du service d'espionnage de la Stasi de Markus Wolf, mais elle est devenue ensuite une force autonome. Plusieurs entreprises ont été installées à travers l'Allemagne, l'Autriche, la Suisse et le Liechtenstein, dirigées par des agents de confiance, dont certains avaient plusieurs identités, qui rapportaient des devises fortes cruciales grâce aux contrats issus de la contrebande et aux ventes illicites d'armes au Moyen-Orient et en Afrique. Dans le même temps, les experts soviétiques s'efforçaient de suivre de très près ces activités. Le KGB avait accès à tous les plans et tous les produits high-tech sous embargo recueillis par la Stasi. Souvent, la Stasi se plaignait que la collecte de renseignements ne soit qu'à sens unique.

À l'époque où Poutine est arrivé à Dresde, l'Allemagne de l'Ouest devenait une source de plus en plus importante de produits high-tech. Le KGB ne s'était pas encore remis d'un revers majeur au début des années 1980 ; celui infligé par Vladimir Vetrov, un agent de la « Direction T » spécialisée dans l'acquisition de secrets scientifiques et technologiques de l'Ouest, qui avait proposé ses services à l'Ouest. Vetrov a donné les noms des 250 agents du KGB dits de ligne X, la contrebande technologique, basés dans diverses ambassades à travers le monde, ainsi que des milliers de documents qui ont conduit à un effondrement de l'espionnage industriel soviétique. Il en est résulté que 47 agents furent expulsés de France, tandis que les États-Unis ont commencé à développer un programme intensif de sabotage des réseaux d'approvisionnement illicite des Soviétiques.

Le KGB redoublait d'efforts en Allemagne, recrutant des agents dans des sociétés comme Siemens, Bayer Messerschmidt et Thyssen. Poutine était clairement impliqué dans ce processus ; il engageait des scientifiques et des hommes d'affaires qui pouvaient apporter une assistance à l'importation en contrebande de produits technologiques de l'Ouest vers le bloc de l'Est. Le statut de Robotron, en tant que plus grand producteur d'électronique d'Allemagne de l'Est, en faisant un aimant pour les hommes d'affaires de l'Ouest en visite. « Je sais que Poutine et son équipe travaillaient avec l'Ouest, qu'ils avaient des contacts à l'Ouest. Mais ils recrutaient principalement leurs agents ici. Ils approchaient les étudiants avant qu'ils partent à l'Ouest. Ils essayaient de les choisir et de savoir s'ils pouvaient être intéressants pour eux », m'a confié Jehmlich, le collègue de Poutine de la Stasi.

Cependant, Jehmlich était loin d'être au courant de toutes les opérations de ses « amis » du KGB, qui agissaient fréquemment à l'insu de leurs camarades de la Stasi lorsqu'ils recrutaient des agents, jusque dans la Stasi elle-même. Jehmlich, par exemple, affirmait qu'il ne savait pas que Poutine utilisait un faux nom pour des opérations sensibles. Mais de nombreuses années plus tard, Poutine a dit à des étudiants qu'à l'époque il avait utilisé « différentes techniques de pseudonymes » pour des opérations de renseignement extérieur. Un de ses associés à l'époque a dit que Poutine s'était donné le nom de « Platov », le nom d'emprunt qui lui avait été donné pour la première fois au centre d'entraînement du KGB. Un autre nom qu'il est censé avoir utilisé était « Adamov », qu'il avait pris alors qu'il était directeur du Pavillon de l'amitié germano-soviétique, dans la ville de Leipzig toute proche.

Un des agents opérationnels de la Stasi, Matthias Warnig, avec qui Poutine travaillait très étroitement, était un Allemand de petite taille et au visage rond. Il devait être partie prenante du régime de Poutine. Warnig faisait partie de la cellule du KGB montée à Dresde par Poutine « sous couvert d'une agence de conseil d'entreprise », m'a dit plus tard un ancien agent de la Stasi recruté par Poutine. À cette époque, Warnig était un as. On dit de lui que dans les années 1980, il avait recruté au moins vingt agents pour du vol de technologie liée aux missiles et aux avions militaires. Il avait rapidement gravi les échelons depuis son recrutement en 1974, devenant en 1989, chef adjoint de l'unité technologie et information de la Stasi.

Le plus souvent quand il sortait, Poutine aimait se rendre dans un petit bar à lumière tamisée du centre historique de Dresde, l'Am Thor, situé dans la vallée à quelques arrêts de tram de sa base du KGB, et, d'après une personne qui travaillait avec lui à l'époque, il y retrouvait certains de ses agents. Un des terrains de chasse pour les opérations était le Bellevue Hotel, sur la rive de l'Elbe. Comme c'était le seul hôtel de la ville ouvert aux étrangers, c'était un creuset important pour le recrutement de scientifiques et d'hommes d'affaires de l'Ouest en visite. Cet hôtel était la propriété du service tourisme de la Stasi, et ses grands restaurants, ses bars cosy et ses chambres chics étaient truffés de caméras et de mouchards. Les hommes d'affaires en visite étaient piégés avec des prostituées, filmés dans leur chambre puis incités à travailler pour l'Est sous la menace du chantage. « Bien évidemment, il était évident pour moi que nous utilisions des agents féminins pour ces missions. Tous les services d'espionnage font cela. Parfois, les femmes peuvent accomplir beaucoup plus que les hommes », m'a dit Jehmlich en riant.

Nous ne saurons peut-être jamais si Poutine a mené plus profondément sa traque à l'Ouest. Nous ne pouvons pas accorder trop de crédit aux témoignages autorisés de ses contemporains du KGB. Il n'a jamais affirmé lui-même avoir déjà eu recours à de telles pratiques, tandis que ses collègues, eux, aimaient raconter leurs longs voyages d'agrément « touristiques » dans les villes environnantes d'Allemagne de l'Est. Mais une des tâches du chef de Poutine était de recueillir des informations sur l'OTAN, le « principal adversaire », et Dresde était un important avant-poste pour recruter à Munich et au Bade-Wurtemberg, à 500 kilomètres de Dresde, deux régions accueillant des bases militaires américaines de l'OTAN. De nombreuses années plus tard, un banquier occidental m'a raconté l'histoire de sa tante, une princesse russe, Tatiana de Metternich, qui s'était mariée avec un aristocrate allemand et vivait dans un château, près de Wiesbaden, en Allemagne de l'Ouest, où l'armée américaine avait sa base principale. Elle avait dit à son neveu combien elle avait été impressionnée par un jeune agent du KGB, Vladimir Poutine, qui était venu lui rendre visite chez elle et qui s'était confié à elle religieusement, malgré son appartenance au KGB.

Tandis que Poutine opérait sous les radars, en arrière-plan, le sol se dérobait sous ses pieds. Des pans entiers de la direction du KGB étaient de plus en plus au fait des forces déclinantes de l'Union soviétique dans la bataille contre l'Ouest, et se préparaient discrètement à une phase différente. Les caisses soviétiques étaient vides, et dans la course à l'acquisition de la technologie de l'Ouest, malgré les efforts intensifs du KGB et de la Stasi, le bloc de l'Est était toujours en position de faiblesse, toujours plus à la traîne. À une époque où le Président américain Ronald Reagan avait annoncé son initiative de défense stratégique, une sorte de bouclier antimissile qu'on a appelé la « Guerre des étoiles », censé défendre les États-Unis contre une attaque de missiles nucléaires, le bloc soviétique se démenait encore plus pour accaparer la technologie de l'Ouest, ce qui ne faisait qu'aiguiser sa prise de conscience d'être loin derrière les États-Unis.

Depuis le début des années 1980, quelques membres progressistes du KGB avaient œuvré à la transformation de leur sort. Confortablement installés au sein de l'Institut d'économie mondiale et des relations internationales, à Moscou, ils ont commencé à travailler sur les réformes qui pourraient introduire certains éléments du marché dans l'économie soviétique afin de créer de la compétition, sans toutefois relâcher le contrôle d'ensemble. Quand Mikhaïl Gorbatchev a pris le poste de Secrétaire général du Parti communiste en 1985, ces idées avaient le vent en poupe. Gorbatchev a lancé les réformes politiques et économiques de la *glasnost* et de la *perestroïka*, qui visaient à réduire progressivement le contrôle de l'État sur le système politique et économique du pays. Dans tout le bloc de l'Est, des mouvements de protestation s'élevaient contre la répression des dirigeants communistes, et Gorbatchev incitait ses collègues du pacte de Varsovie à mettre en œuvre des réformes similaires qu'il présentait comme seul moyen possible de survie face à cette vague de mécontentement et de dissidence. Conscients qu'un effondrement pouvait néanmoins se produire, une petite poignée de progressistes du KGB commençaient à se préparer à un effondrement.

En 1986, comme s'il avait perçu un signal, Markus Wolf, le vénéré maître-espion de la Stasi, a démissionné, mettant fin à son règne à la tête de la très crainte unité de renseignement extérieur de l'Allemagne de l'Est, la Hauptverwaltung Aufklärung. Au sein de cette unité, où il était connu pour sa capacité à exploiter de manière implacable les faiblesses humaines afin de faire chanter des agents pour les amener à travailler pour lui, il avait mené d'une main de fer les opérations de la Stasi pendant plus de trente ans. Sous sa coupe, la HVA s'était insinuée profondément dans le gouvernement ouest-allemand et elle avait retourné de nombreux agents supposés travailler pour la CIA. Et là, il semblait soudainement avoir lâché tout ça.

Officiellement, il aidait son frère Konrad à écrire ses mémoires d'enfance à Moscou. Mais, en coulisse, il se préparait lui aussi au changement. Il s'est mis à travailler étroitement avec la faction progressiste de la *perestroïka* du KGB. Il tenait des réunions secrètes dans son somptueux appartement berlinois pour discuter d'une libéralisation progressive du système politique. Les réformes dont ils parlaient étaient similaires à celles de la *glasnost* que Gorbatchev avait initiées à Moscou, où des mouvements politiques informels étaient progressivement autorisés à exister et où les restrictions imposées aux médias s'assouplissaient. Cependant, bien que les discussions fussent centrées sur la démocratie et les réformes, pour les services de renseignement, le plan était toujours de garder le contrôle en sous-main. Plus tard, il s'est avéré que, durant toute cette période, Wolf avait secrètement continué d'être rémunéré par la Stasi.

Encore plus conscient des risques d'implosion du système communiste, le KGB a discrètement lancé l'opération Loutch au milieu des années 1980, pour se préparer à un potentiel changement de régime. Wolf en était tenu parfaitement au courant, mais son successeur à la tête du renseignement extérieur de la Stasi ne l'était pas. En août 1988, le KGB a envoyé un haut responsable, Boris Laptev, à l'imposante ambassade soviétique à Berlin-Est pour superviser cette opération. Officiellement, la mission de Laptev était de créer un groupe d'agents de terrain qui travailleraient en secret en parallèle avec le KGB officiel local pour infiltrer les groupes d'opposition d'Allemagne de l'Est. « Nous devions recueillir des informations sur le mouvement d'opposition et mettre des freins à tout développement de sa part, et aussi empêcher toute tentative de réunification allemande », a-t-il déclaré plus tard. Mais en fait, à mesure que les protestations anticommunistes s'élevaient et que la futilité de tels efforts devenait de plus en plus évidente, sa mission est presque devenue l'opposé de cela. Le groupe s'était davantage attaché à créer un nouveau réseau qui s'implanterait dans les second et troisième échelons des cercles politiques de la RDA. Ils recherchaient des agents qui pourraient continuer de travailler en immersion pour les Soviétiques, même dans une Allemagne réunifiée, n'ayant exercé aucune responsabilité de dirigeant avant l'effondrement.

Des signes nous montrent que Poutine figurait au nombre de ceux qui devaient participer à ce processus. À cette époque, il était un secrétaire du Parti, un poste qui faisait qu'il avait de fréquents contacts avec le chef de la SED[5] de Dresde Hans Modrow. Le KGB avait espéré pouvoir faire de Modrow le successeur du leader de longue date de l'Allemagne de l'Est, Erich Honecker ; il pensait même qu'il pourrait mener le pays à de modestes réformes

5. Die Sozialistische Einheitspartei Deutschlands, le Parti socialiste unifié d'Allemagne.

dans l'esprit de la *perestroïka*. Vladimir Krioutchkov, le chef des renseignements extérieurs du KGB, a rendu une visite spéciale à Modrow à Dresde en 1986.

Cependant, Honecker a refusé de se retirer avant l'effondrement final, forçant le KGB à redoubler ses efforts pour recruter des agents qui continueraient de travailler pour lui après la chute du bloc de l'Est. Krioutchkov a toujours insisté pour ne jamais rencontrer Poutine à l'époque, et a toujours nié que Poutine a joué un quelconque rôle dans l'opération Loutch, comme le fit Markus Wolf. Mais l'équivalent ouest-allemand du MI5, le Bundesverfassungsschutz, pensait le contraire et, plus tard, il a interrogé Horst Jehmlich pendant des heures sur les agissements et le rôle de Poutine à l'époque. Jehmlich pensait que Poutine l'avait trahi : « Ils essayaient de recruter des gens des second et troisième échelons de notre organisation. Ils s'adressaient à tous les organes du pouvoir, mais ils ne contactaient aucun des dirigeants ni des généraux. Ils faisaient tout cela dans notre dos. »

D'autres pans de la Stasi se préparaient eux aussi secrètement. En 1986, le chef de la Stasi Erich Mielke a autorisé le projet d'un groupe d'agents d'élite, les Offiziere im besonderen Einsatz, qui devait rester en place au cas où la SED viendrait à perdre soudainement le pouvoir. La phase la plus importante dans la sécurisation de l'avenir de la Stasi a commencé avec ses premiers déplacements de fonds *via* ses réseaux de contrebande à travers un maillage d'entreprises de l'Ouest, afin de se doter de réserves financières susceptibles de maintenir ses opérations après la chute du régime. Un haut responsable allemand a estimé que des milliards de marks ouest-allemands ont été détournés d'Allemagne de l'Est et réinjectés dans des sociétés-écrans à partir de 1986.

Le Dresde de Poutin était une plaque tournante de ces préparations. Herbert Kohler, le chef de la HVA de Dresde, était étroitement impliqué dans la création de certaines de ces sociétés-écrans – qu'on appelait les « sociétés opérationnelles » – qui devaient dissimuler leurs relations avec la Stasi et stocker de l'« argent noir » pour permettre aux réseaux de la Stasi de survivre à l'effondrement du régime. Kohler travaillait étroitement avec un homme d'affaires autrichien, Martin Schlaff, qui avait été recruté par la Stasi dans les années 1980. Schlaff était chargé de la contrebande de matériaux sous embargo destinés à la construction d'une usine de disques durs en Thuringe, près de Dresde. Entre la fin 1986 et la fin 1988, ses sociétés ont reçu plus de 130 millions du gouvernement de l'Allemagne de l'Est pour ce projet top secret, qui était un des projets les plus chers mis en œuvre par la Stasi. Mais cette usine n'a jamais été achevée. Beaucoup des matériaux ne sont jamais arrivés, tandis que des centaines de millions de marks destinés à l'usine, et en provenance d'autres arrangements illicites, disparaissaient dans les sociétés-écrans de Schlaff au Liechtenstein, en Suisse et à Singapour.

Ces transferts de fonds ont eu lieu à l'époque où Poutine était le principal agent de liaison à Dresde entre le KGB et la Stasi, et en particulier avec la HVA de Kohler. On ne sait pas très bien s'il a joué un quelconque rôle dans ces transferts de fonds. Mais, de nombreuses années plus tard, les liens entre Schlaff et Poutine sont devenus très clairs lorsque l'homme d'affaires autrichien est réapparu dans un réseau d'entreprises européennes qui étaient un des rouages essentiels des opérations d'influence du régime de Poutine. Dans les années 1980, Schlaff s'était rendu au moins une fois à Moscou pour des discussions avec des responsables soviétiques du commerce extérieur.

La plupart des choses que Poutine a faites durant ses années à Dresde restent embuées de mystère, en partie parce que le KGB s'est révélé beaucoup plus efficace que la Stasi pour détruire et transférer les documents avant l'effondrement. « Avec les Russes, nous avons des problèmes », m'a dit Sven Scharl, un chercheur aux archives de la Stasi à Dresde. « Ils ont presque tout détruit. » Dans les fichiers retrouvés à la Stasi concernant les activités de Poutine là-bas, seuls restent des fragments. Son dossier est très mince, et très consulté. Il y a le décret du 8 février 1988 du chef de la Stasi, Erich Mielke, de décerner la médaille de bronze du mérite de l'armée nationale populaire au major Vladimir Vladimirovitch Poutine. Il y a les lettres de Dresde du chef de la Stasi, Horst Böhm, souhaitant au camarade Poutine un joyeux anniversaire. Il y a le plan de table d'un dîner du 24 janvier 1989 en l'honneur du 71e anniversaire de la Tchéka, le nom originel de la police secrète soviétique. Il y a la photo marquant la visite de plus de quarante agents et militaires du KGB au musée d'histoire militaire

(Poutine est bien là, presque indistinct dans la masse grise des hommes). Puis il y a les photographies, découvertes seulement récemment, d'un Poutine rustre, l'air renfrogné dans une veste gris clair, chaussures claires en daim, tenant des fleurs et buvant lors d'une cérémonie de récompense de hauts gradés d'une unité de renseignement de la Stasi.

La seule trace d'une activité opérationnelle reliée à Poutine est une lettre qu'il a personnellement adressée à Böhm, demandant au chef de la Stasi une assistance pour réparer la ligne téléphonique d'un informateur de la police allemande « qui nous soutient ». La lettre est avare de détails, mais le fait que Poutine fasse directement appel à Böhm nous indique l'importance de son rôle. De fait, Jehmlich a confirmé plus tard que Poutine était devenu le principal agent de liaison du KGB avec la Stasi pour le compte du chef du bureau du KGB Vladimir Chirokov. Parmi les récentes découvertes se trouvait un autre document très révélateur : la carte d'identité de la Stasi de Poutine, qui lui donnait un accès direct aux bâtiments de la Stasi et lui facilitait la tâche pour le recrutement d'agents, parce qu'il n'avait pas à mentionner son appartenance au KGB.

De nombreuses années plus tard, quand Poutine est devenu Président, Markus Wolf et les anciens collègues du KGB de Poutine prenaient soin de bien souligner que Poutine n'était personne lorsqu'il travaillait à Dresde. Poutine était « un individu lambda », a déclaré un jour Wolf dans un magazine allemand, et que même les « femmes de ménage » avaient reçu la médaille de bronze qui lui avait été décernée. Le collègue du KGB avec qui Poutine partageait un bureau à son arrivée à Dresde, Vladimir Oussoltsev, qui s'est vu autorisé à écrire un livre sur cette époque, a largement souligné la futilité de leur travail, tout en ne révélant absolument aucun détail sur leurs opérations. Bien qu'il ait reconnu que lui et Poutine avaient travaillé avec des « illégaux », comme on appelait les agents dormants infiltrés, il a déclaré qu'ils passaient 70 % de leur temps à écrire des « rapports dénués de sens ». D'après ses dires, Poutine n'avait recruté que deux agents durant ses cinq années passées à Dresde, et, à un moment donné, il avait arrêté d'essayer d'en recruter d'autres parce qu'il avait réalisé que c'était une perte de temps. La ville était tellement paumée en province que « le fait même que nous soyons en service à Dresde en disait suffisamment long sur nos carrières qui n'avaient aucun avenir », a écrit Oussoltsev. Poutine lui-même a déclaré qu'il passait tant de temps à boire de la bière qu'il avait pris 12 kilos là-bas. Mais les photographies de lui à l'époque n'illustrent pas du tout une telle prise de poids. La télévision d'État russe a plus tard annoncé que Poutine n'avait jamais été impliqué dans quoi que ce soit d'illégal.

Cependant, un témoignage de première main suggère que la minimisation des activités de Poutine à Dresde ne servait qu'à couvrir une autre mission – une mission qui dépassait de beaucoup le cadre de la loi. Ce témoignage suggère que Poutine était en poste là, précisément parce que c'était un endroit paumé, loin des regards des espions de Berlin-Est, zone sur laquelle les Français, les Américains et les Allemands de l'Ouest avaient tous les yeux rivés. D'après un ancien membre de la Fraction Armée Rouge, un groupe d'extrême gauche qui déclarait l'avoir rencontré à Dresde, Poutine avait travaillé en soutien de membres de ce mouvement qui semait la terreur en Allemagne de l'Ouest dans les années 1970 et 1980 : « Il n'y avait rien à Dresde, rien du tout, excepté la gauche radicale. Personne ne se préoccupait de Dresde, ni les Américains ni les Allemands de l'Ouest. Il n'y avait rien là-bas. Excepté une chose : ces réunions avec ces camarades. »

*

Dans la bataille pour l'empire entre l'Est et l'Ouest, les services de renseignement soviétiques avaient déployé depuis longtemps ce qu'ils appelaient leurs propres « mesures actives » pour perturber et déstabiliser leurs adversaires. Enfermée dans la guerre froide, mais réalisant qu'elle se trouvait trop distancée technologiquement pour gagner quelque guerre que ce soit, depuis les années 1960 l'Union soviétique avait trouvé sa force dans la désinformation, en implantant de fausses rumeurs dans les médias pour discréditer les dirigeants de l'Ouest, en assassinant les opposants politiques et en soutenant des mouvements ou organisations de façade qui fomentaient des guerres au tiers-monde et qui sapaient l'Ouest en y semant la discorde. Parmi ces mesures, il y avait le soutien à des organisations terroristes. Au Moyen-Orient, le

KGB avait noué des liens avec de nombreux groupes terroristes marxistes, et notamment avec le FPLP, le Front populaire de libération de la Palestine, un groupe dissident de l'Organisation de libération de la Palestine qui a mené plusieurs détournements d'avions et des attentats à la bombe dans les années 1960 et 1970. Des documents top secret récupérés dans les archives du Politburo soviétique renseignent sur la profondeur de tels liens. Ils montrent que le dirigeant du KGB de l'époque, Iouri Andropov, a autorisé trois requêtes d'armes soviétiques de la part du chef du FPLP, Wadi Haddad, et décrivent Haddad comme un « agent digne de confiance » du KGB.

En Allemagne de l'Est, le KGB encourageait activement la Stasi à l'assister dans ses « activités politiques » au tiers-monde. En fait, le soutien au terrorisme international est devenu un des services les plus importants que la Stasi rendait au KGB. En 1969, la Stasi avait ouvert un camp d'entraînement clandestin à l'extérieur de Berlin-Est pour les membres de l'OLP de Yasser Arafat. L'unité de renseignement extérieur de la Stasi dirigée par Markus Wolf a beaucoup travaillé avec des groupes terroristes du monde arabe, dont Carlos Ramirez Sanchez, célèbre membre du FPLP, surnommé Carlos le Chacal. Les instructeurs militaires de la Stasi ont établi un réseau de camps d'entraînement terroristes au Moyen-Orient. Et lorsqu'en 1986, un agent du contre-espionnage de la Stasi, horrifié par le carnage qui commençait à s'abattre sur le sol allemand, a essayé d'enrayer le projet d'attentats à la bombe d'un groupe de Libyens qui avaient commencé à opérer à Berlin-Ouest, il a dû se rétracter sur ordre du chef de la Stasi Erich Mielke. « L'Amérique est notre ennemi juré, lui a dit Mielke. Nous devons nous concentrer sur la capture d'espions américains, et ne pas embêter nos amis Libyens. » Des semaines plus tard, une bombe a explosé à la discothèque La Belle à Berlin-Ouest, très appréciée des soldats américains, tuant trois militaires américains et un civil, et blessant des centaines d'autres personnes. Il est apparu plus tard que le KGB était au courant des activités des poseurs de bombes et savait exactement comment ils s'étaient procuré illégalement leurs armes à Berlin. Apparemment, tous les coups étaient permis dans le combat contre les « impérialistes » américains.

Un ancien général du KGB qui est passé dans le camp américain, Oleg Kalouguine, a plus tard appelé ces activités « le cœur et l'âme du renseignement soviétique ». L'ancien directeur du service de renseignement extérieur de la Roumanie, Ion Mihai Pacepa, qui est devenu l'agent de renseignement le plus haut gradé du bloc de l'Est à faire défection en faveur des États-Unis, avait été le premier à parler ouvertement des opérations du KGB avec des groupes terroristes. Pacepa a écrit comment l'ancien directeur du renseignement extérieur du KGB, le général Alexandre Sakharovski, lui avait souvent dit : « Dans le monde d'aujourd'hui, quand les armes nucléaires auront rendu les forces armées obsolètes, le terrorisme devra devenir notre arme principale. » Pacepa a également déclaré que le chef du KGB, Iouri Andropov, avait lancé une opération pour attiser les sentiments anti-israéliens et anti-américains dans le monde arabe. Dans le même temps, a-t-il dit, le terrorisme intérieur allait être lancé à l'Ouest.

L'Allemagne de l'Ouest vivait sous tension depuis que le mouvement d'extrême gauche la RAF[6] – aussi appelée le groupe Baader-Meinhof, d'après les noms de ses premiers dirigeants, Andreas Baader et Ulrike Meinhof – avait lancé ses attentats à la bombe, ses assassinats, ses kidnappings et ses braquages de banques à la fin des années 1960. Sous prétexte de renverser l'« impérialisme et le capitalisme monopolistique » du pays, ils avaient tué des industriels et des banquiers importants d'Allemagne de l'Ouest, dont le directeur de la Dresdner Bank en 1977, et posé des bombes dans des bases militaires américaines, tuant et blessant des dizaines de soldats. Mais à la fin des années 1970, quand la police ouest-allemande a réalisé une vague d'arrestations, la Stasi a fourni des refuges sûrs à l'Est aux membres du groupe. « Ils n'ont pas accueilli qu'un seul membre, mais une dizaine. Ils vivaient dans des lotissements de petites maisons mitoyennes et similaires dans les environs de Dresde, de Leipzig et de Berlin-Est », m'a raconté Franz Sedelmayer, consultant allemand en sécurité. La Stasi leur avait fourni de fausses identités et organisait aussi des camps d'entraînement. Pendant quatre ans, de 1983 à 1987, une de leurs membres, Inge Viett, avait vécu sous un faux nom dans la banlieue

6. Die Rote Armee Faktion, sigle allemand de la Fraction Armée Rouge.

de Dresde, jusqu'à ce qu'un de ses voisins se rende à Berlin-Ouest et y voie son visage sur une affiche d'avis de recherche. Elle était l'une des terroristes les plus recherchés d'Allemagne de l'Ouest, et qu'on appelait la « grand-mère du terrorisme ». Elle était accusée d'avoir participé à la tentative d'assassinat d'un commandant en chef de l'OTAN et du commandant en chef des forces américaines en Europe, le général Frederick Kroesen.

Initialement, après la chute du Mur, les autorités ouest-allemandes pensaient que la Stasi n'avait fourni que des refuges et de fausses identités aux membres de la RAF. Mais au fil des investigations des procureurs sur le rôle de la Stasi, ils ont trouvé des preuves d'une collaboration plus profonde. Leurs investigations ont mené à l'arrestation et à l'inculpation de cinq anciens agents du contre-terrorisme de la Stasi pour conspiration avec le groupe dans l'attentat à la bombe contre la base américaine de Ramstein en 1981, et tentative de meurtre sur le général Kroesen. Le chef de la Stasi, Erich Mielke, a été inculpé pour les mêmes motifs. Un ancien membre de la RAF est intervenu pour dire comment le groupe était fréquemment utilisé par la Stasi pour acheminer des armes à des terroristes dans le monde arabe. Un autre ancien membre a indiqué avoir travaillé dans les années 1980 en tant qu'officier traitant[7] pour le célèbre Carlos le Chacal, qui avait vécu pendant un temps sous la protection de la Stasi à Berlin-Est, où il vivait la belle vie dans les plus grands hôtels et casinos de luxe de la ville. Inge Viett a plus tard confié qu'elle avait participé à un camp d'entraînement en Allemagne de l'Est pour préparer l'attentat de 1981 contre le général Kroesen.

Mais au beau milieu du bouleversement qu'était la réunification allemande, il n'y avait aucune volonté politique d'aller dénicher les démons du passé de la RDA ni d'amener les hommes de la Stasi devant un tribunal. Le délai de prescription concernant les faits de collaboration avec la RAF a été jugé comme étant dépassé, et les charges ont été abandonnées. Le souvenir de leurs crimes s'est évanoui, tandis que l'implication du KGB avec la RAF n'a jamais fait l'objet de véritables enquêtes. Mais pendant ce temps, les Soviétiques avaient supervisé les opérations de la Stasi, avec des

7. Un officier traitant est un membre des services de renseignement, fonctionnaire civil ou militaire, chargé de recruter et de traiter avec des agents de renseignement.

agents de liaison à tous les niveaux de commandement. D'après un ancien membre de la RAF, le contrôle du KGB était si présent au plus haut niveau que « Mielche ne pouvait même pas péter sans demander d'abord la permission à Moscou. » « La RDA ne pouvait rien faire sans coordination avec les Soviétiques », a déclaré un ancien haut responsable transfuge de la Stasi.

C'est dans cet environnement que Poutine travaillait – et l'histoire que cet ancien membre de la RAF avait à raconter à propos de Dresde collait parfaitement avec cela. D'après lui, dans les années où Poutine servait en Allemagne de l'Est, Dresde est devenue un lieu de réunion pour la RAF.

Dresde a été choisie comme lieu de réunion précisément parce « qu'il n'y avait personne d'autre là-bas, a déclaré cet ancien membre de la RAF. À Berlin, il y avait les Américains, les Français et les Britanniques, tout le monde. Pour ce que nous avions à faire, il valait mieux se retrouver en province, pas à la capitale. » Une autre raison pour laquelle les réunions s'y tenaient était que Markus Wolf et Erich Mielke voulaient rester à distance de telles activités : « Wolf faisait très attention de ne pas être impliqué. La dernière chose que des gars comme Wolf et Mielche voulaient voir arriver, c'était d'être pris la main dans le sac à soutenir une organisation terroriste... On s'est réunis là-bas [à Dresde] environ une demi-douzaine de fois. » Lui et d'autres membres du groupe terroriste voyageaient en train en Allemagne de l'Est. Ils étaient accueillis par des agents de la Stasi qui les attendaient dans de grandes berlines Zil de fabrication soviétique, puis ils étaient conduits à Dresde où ils étaient rejoints, dans une maison sécurisée, par Poutine et un de ses collègues du KGB. « Ils ne nous donnaient jamais d'instructions directement. Ils nous disaient juste : "Nous avons entendu dire que vous planifiiez ceci, comment voulez-vous opérer ?" et ils faisaient des suggestions. Ils suggéraient d'autres cibles et nous demandaient de quoi nous avions besoin. Nous avions toujours besoin d'armes et d'argent. » Il était difficile pour la RAF de se procurer des armes en Allemagne de l'Ouest, donc ils remettaient une liste à Poutine et ses collègues. Finalement, cette liste finissait par se retrouver entre les mains d'un agent à l'Ouest, et les armes demandées étaient déposées dans un endroit secret à disposition des membres de la RAF.

Loin de jouer le second rôle qui lui avait été souvent attribué concernant ses années passées à Dresde, Poutine figurait parmi les meneurs dans ces réunions, affirmait l'ancien membre de la RAF, et l'un des généraux de la Stasi recevait ses ordres de lui.

Alors que la RAF semait le chaos à travers l'Allemagne de l'Ouest avec une série d'attentats à la bombe d'une rare violence, leurs activités étaient devenues un élément clé de la stratégie de déstabilisation de l'Ouest menée par le KGB, affirmait cet ancien membre du groupe terroriste. Et, tandis que la fin de règne du pouvoir soviétique et de la RDA approchait, il est possible que ces activités terroristes soient devenues une arme pour protéger les intérêts du KGB.

Un de ces attentats, possiblement imputable au KGB, s'est produit juste après la chute du Mur. Il était 8 heures 30 le 30 novembre 1989, et Alfred Herrhausen, le président de la Deutsche Bank, sortait de chez lui à Bad Homburg, près de Francfort, pour son trajet quotidien vers son lieu de travail. La première voiture d'un convoi qui en comportait trois s'avançait déjà sur la route de son itinéraire usuel. Mais, alors que la voiture d'Herrhausen prenait de la vitesse à la suite du premier véhicule, une bombe contenant 70 kilos d'explosifs transperça sa limousine blindée, le tuant sur le coup. Le détonateur qui déclencha l'explosion de la bombe fut activé quand la limousine passa devant un rayon infrarouge qui traversait la route. Cet attentat avait été orchestré avec une précision militaire, et la technologie employée était du dernier cri. « Cet attentat devait forcément bénéficier de moyens étatiques », m'a dit un expert du renseignement de l'Ouest. Plus tard, il est apparu que des agents de la Stasi avaient participé à des camps d'entraînement où des membres de la RAF avaient appris à manier les explosifs, les roquettes antichars et les détonateurs de bombes utilisant les rayons photoélectriques comme ceux utilisés lors de l'attentat d'Herrhausen.

Herrhausen était un géant des affaires ouest-allemandes, et un proche conseiller du chancelier ouest-allemand Helmut Kohl. Cet attentat est intervenu juste au moment où la réunification était soudainement devenue une réelle possibilité. C'était un processus dans lequel la Deutsche Bank pouvait se positionner pour tirer de gros bénéfices de la privatisation des entreprises d'État d'Allemagne de l'Est – et dans lequel la Dresdner Bank, où l'ami de Poutine et agent de la Stasi Matthias Warnig serait bientôt employé, allait devoir se battre avec la Deutsche pour le butin. D'après l'ancien membre de la RAF, l'attentat contre Herrhausen avait été organisé au profit d'intérêts soviétiques : « Je sais que cette cible venait de Dresde, et pas de la RAF. »

Pour cet ancien membre de la RAF, cette époque était aujourd'hui lointaine et révolue. Mais il ne pouvait s'empêcher de se souvenir avec regret qu'il n'était rien de plus qu'une marionnette dans les jeux d'influence des Soviétiques. « Nous n'étions rien de plus que les idiots utiles de l'Union soviétique, m'a-t-il dit dans un rictus. C'est là où tout a commencé. Ils nous utilisaient pour déstabiliser l'Ouest en y semant le chaos. »

Lorsque je l'interroge sur le soutien de la Stasi et du KGB à la RAF, une ombre recouvre le visage doux et calme d'Horst Jehmlich, l'ancien solutionneur en chef de la Stasi de Dresde. Nous sommes assis autour de la table de la salle à manger de l'appartement de la Stasi baigné de soleil où il vit depuis les années de la RDA, à deux pas du siège de la Stasi et de la villa du KGB. La fine porcelaine de Chine est de sortie pour le café, la table est recouverte de dentelle. Les membres de la RAF n'étaient envoyés en RDA que « pour les détourner du terrorisme, insiste-t-il. La Stasi voulait éradiquer le terrorisme et les empêcher de revenir à des actions terroristes. Ils voulaient leur donner une chance de se rééduquer. »

Mais quand je lui demande si c'était le KGB qui était en fait à la manœuvre, si c'était Poutine que les membres de la RAF rencontraient à Dresde, et si l'ordre de l'attentat contre Herrhausen aurait pu émaner de là, l'ombre sur son visage se renforce. « Je ne sais rien de tout cela. Quand c'était top secret, je n'étais pas au courant. Je ne sais pas si les services secrets russes sont impliqués. Si c'est le cas, alors le KGB a voulu empêcher qui que soit de le savoir. Ils disaient que c'était un problème allemand. Ils ont détruit beaucoup plus de documents que nous. »

Le récit de l'ancien membre de la RAF est presque impossible à vérifier. La plupart de ses camarades sont soit morts, soit en prison.

D'autres personnes supposées avoir été présentes lors de ces réunions ont disparu de la circulation. Mais un allié proche de Poutine au KGB a indiqué que de telles allégations étaient extrêmement sensibles, et il a insisté sur le fait qu'aucune connexion entre le KGB et la RAF, ni avec quelque groupe terroriste que ce soit, n'avait jamais été prouvée : « Et vous ne devriez pas essayer ! » a-t-il ajouté d'un ton ferme. Dans le même temps, cependant, son histoire sur la démission de Poutine des services de renseignement soulève une question troublante. D'après son ancien allié au KGB, Poutine n'était qu'à six mois d'être éligible à sa pension de retraite du KGB lorsqu'il a démissionné – à trente-neuf ans, il était plus jeune que l'âge officiel de la retraite pour son grade de lieutenant-colonel, qui est de cinquante ans. Mais le KGB accordait ses pensions à un âge précoce à ceux qui avaient rendu des services spéciaux en termes de risque, ou d'honneur, à la mère patrie. Pour ceux qui étaient en poste aux États-Unis, une année de service était considérée comme une année et demie. Pour ceux qui avaient purgé des peines de prison, une année de service en prison était considérée comme équivalant à trois années. Poutine était-il proche d'obtenir une pension précocement parce qu'une année de service comptait pour deux, en raison du risque élevé que représentait le fait de travailler avec la RAF ?

De nombreuses années plus tard, Klaus Zuchold, une des recrues de Poutine à la Stasi, a apporté des détails partiels de l'implication de Poutine dans d'autres opérations à l'époque. Zuchold, qui avait fait défection pour passer à l'Ouest, a déclaré à une publication allemande, *Correctiv*, que Poutine avait à un moment cherché à obtenir une étude sur les poisons mortels qui laissaient peu de traces, et qu'il projetait de compromettre l'auteur de cette étude en le piégeant avec du contenu pornographique. On ne sait pas très bien si cette opération a réellement vu le jour. Zuchold a également déclaré que les activités de Poutine incluaient un rôle en tant qu'officier traitant d'un néonazi célèbre, Rainer Sonntag, qui a été déporté en Allemagne de l'Ouest en 1987, qui est retourné à Dresde après la chute du Mur et qui a ravivé l'ascension de l'extrême droite. Au moment où j'ai cherché à approcher Zuchold pour l'interroger sur le travail supposé de Poutine avec la RAF, il avait disparu depuis longtemps et il ne répondait à aucune demande d'interview. D'après une personne proche du renseignement de l'Ouest, il était sous protection spéciale du Bundesverfassungsschutz.

*

Tandis que le travail qu'il effectuait avec les terroristes de la RAF pouvait lui servir de terrain d'entraînement pour des actions opérationnelles contre l'Ouest impérialiste, ce qui se produisit lorsque le Mur de Berlin tomba fut une expérience qu'il garderait en lui pendant les décennies à venir. Bien qu'il fût devenu encore plus évident que le bloc de l'Est ne tiendrait pas, que les troubles sociaux pouvaient le faire voler en éclats et que les retombées pourraient atteindre l'Union soviétique elle-même, Poutine et les autres agents du KGB à Dresde se sont empressés de sauver les réseaux en pleine tourmente due à la rapidité de l'effondrement.

En un instant, c'était fini. Il n'y avait soudain plus personne aux commandes. Les décennies de lutte et de jeux d'espions infiltrés semblaient révolues. La frontière n'était plus, anéantie par l'ébullition de la protestation qui couvait depuis tant d'années. Même s'il a fallu encore un mois aux protestations pour atteindre Dresde, quand elles sont arrivées, Poutine et ses collègues n'étaient que partiellement préparés. Tandis que la foule se pressait depuis deux jours aux portes du siège de la Stasi dans un froid glacial, Poutine et les autres hommes du KGB se barricadaient dans la villa. « Nous brûlions des papiers nuit et jour. Nous détruisions tout – toutes nos communications, toutes nos listes de contacts et de nos réseaux d'agents. J'ai personnellement brûlé une masse énorme de documents. Nous brûlions tellement de choses que notre poêle a explosé », a dit Poutine plus tard.

À l'approche de la soirée, quelques dizaines de manifestants sont partis en direction de la villa du KGB. Poutine et son équipe se sont retrouvés presque abandonnés par la base militaire soviétique toute proche. Quand Poutine a appelé des renforts pour protéger le bâtiment, les soldats ont mis des heures à arriver. Il a téléphoné au commandement militaire soviétique à Dresde, mais l'agent de service lui a répondu dans un simple haussement d'épaules : « Nous ne pouvons rien faire sans ordre de Moscou. Et Moscou reste silencieux. » Pour Poutine, c'était comme une trahison de tout ce pour quoi ils avaient travaillé : la phrase « Moscou reste silencieux » a résonné dans sa tête pendant longtemps. Un par un, les avant-postes de l'empire étaient abandonnés ; la puissance géopolitique de l'Union soviétique s'écroulait comme un château de cartes. « Ce truc de "Moscou reste silencieux", ça m'a donné d'un coup le sentiment que le pays n'existait plus. Qu'il avait disparu. Il était clair que le pays battait de l'aile. Et il était en phase terminale d'un mal incurable – une paralysie du pouvoir. L'Union soviétique avait perdu sa position en Europe. Bien qu'intellectuellement je puisse comprendre qu'une position bâtie sur des murs ne puisse pas durer, je voulais que quelque chose de différent s'élève à la place. Mais rien de différent n'a été proposé. C'était ça qui faisait mal. Ils ont juste tout balancé et sont partis », a dit Poutine plus tard.

Mais tout n'était pas perdu. Bien que l'intensité des protestations et la rapidité de l'effondrement qui s'ensuivit aient semblé avoir pris le KGB par surprise, certains de ses éléments, avec la Stasi, s'étaient préparés à ces jours-là. Une partie du KGB avait projeté une transition plus graduelle, dans laquelle ils auraient gardé un peu de contrôle et d'influence en coulisse.

Finalement, les agents du KGB à Dresde ont quand même réussi à faire en sorte que leurs homologues de la Stasi leur remettent une grande majorité de leurs fichiers concernant leurs opérations communes avec les Soviétiques avant que les manifestants fassent irruption dans les bureaux de leur siège. Le collègue de Poutine des premiers jours, Vladimir Oussoltsev, m'a raconté qu'un agent de la Stasi avait remis à Poutine les dossiers dans leur intégralité. « En quelques heures, il n'en restait plus rien que des cendres », m'a-t-il dit. Des kilomètres de documents ont été amenés à la base militaire soviétique toute proche et jetés dans une fosse, où il était prévu de les détruire au napalm, mais à la place, ils ont été brûlés avec de l'essence. Un lot de douze camions a été emmené à Moscou. « Les documents qui importaient le plus ont tous été acheminés à Moscou », a dit Poutine plus tard.

Lors des quelques mois suivants, alors qu'ils préparaient leur départ de Dresde, le tout-puissant directeur du service des agents illégaux du KGB, Iouri Drozdov, le légendaire agent chargé de superviser tout le réseau mondial d'agents dormants infiltrés, leur a fourni une couverture spéciale. Le chef du poste de Dresde, Vladimir Chirokov, a décrit comment Drozdov s'assurait d'être protégé de six heures du matin jusqu'à minuit. Et puis enfin, au beau milieu d'une nuit, Chirokov et sa famille ont été mis en sécurité de l'autre côté de la frontière polonaise par les hommes de Drozdov. Plus tard, un des anciens collègues de Poutine a dit à la journaliste Masha Gessen que Poutine avait rencontré Drozdov à Berlin avant qu'il rentre chez lui.

Les « amis » du KGB à Dresde ont disparu dans la nuit sans laisser de traces, abandonnant leurs collègues de la Stasi face à la colère de la population. C'était une pression qu'Horst Böhm, le chef local de la Stasi, semblait être incapable d'assumer. En février de l'année suivante, il s'est apparemment donné la mort alors qu'il était assigné à résidence. « Il ne voyait pas d'autre issue. Pour protéger sa maison, il a enlevé tous les fusibles puis il s'est empoisonné au gaz », m'a confié Jehmlich.

Deux autres chefs de service de la Stasi dans des régions avoisinantes ont été annoncés comme s'étant suicidés. Nous ne saurons peut-être jamais de quoi ils avaient si peur, car ils sont morts avant d'avoir pu répondre à quelque question que ce soit sur leurs rôles. Mais pour le KGB, bien qu'ils aient été forcés d'abandonner leurs postes, une partie de leur héritage est au moins restée intacte. Une partie de leurs réseaux, de leurs illégaux, sont restés cachés à l'abri des regards. Beaucoup plus tard, Poutine parlerait avec fierté de la façon dont son travail à Dresde avait pour l'essentiel consisté à gérer les « agents dormants » illégaux. « Ce sont des gens uniques, a-t-il déclaré. Tout le monde n'est pas capable d'abandonner sa vie, ceux qu'il aime, ses proches parents et de quitter le pays pendant tant et tant d'années pour se dévouer au service de la patrie. Seuls quelques élus y arrivent. »

Après avoir pris les rênes de l'Allemagne de l'Est en tant que Président par intérim, Hans Modrow, soutenu par les Soviétiques, a discrètement permis au service de renseignement extérieur de la Stasi, la HVA, de se dissoudre d'elle-même. D'innombrables avoirs ont ainsi disparu, tandis que des centaines de millions de marks ont été détournés par l'intermédiaire des sociétés-écrans de Martin Schlaff au Liechtenstein et en Suisse. Au milieu des réjouissances de la réunification, les voix des transfuges de la Stasi étaient rarement entendues. Cependant, quelques-unes ont percé. « Sous certaines conditions, certaines parties des réseaux pouvaient être réactivées, a déclaré un des transfuges. Personne à l'Ouest ne peut savoir de façon sûre si l'un de ces agents sera réactivé ou non par le KGB. »

*

Lorsque Poutine a quitté Dresde pour rentrer chez lui en Russie en février 1990, l'impact de la chute du Mur du Berlin continuait de se répercuter à travers l'Union soviétique. Les mouvements nationalistes étaient en plein essor et menaçaient de mettre le pays en lambeaux. Mikhaïl Gorbatchev était sur la défensive, forcé de céder toujours plus de terrain aux dirigeants démocratiques émergents. Le Parti communiste soviétique perdait progressivement son monopole sur le pouvoir et voyait sa légitimité de plus en plus remise en question. En mars 1989, presque un an avant le retour de Poutine en Russie, Gorbatchev avait accepté que se tiennent les premières élections libres de l'histoire soviétique des représentants du parlement, le Congrès des députés du peuple. Un groupe hétéroclite de démocrates s'est formé sous la houlette d'Andreï Sakharov, le physicien nucléaire qui était devenu une voix dissidente à autorité morale, et Boris Eltsine, à l'époque une étoile montante turbulente de la politique qui avait été évincée du Politburo à cause de ses critiques incessantes des autorités communistes. Ce nouveau groupe a gagné des sièges et a pu débattre pour la première fois face au Parti communiste. La fin de sept décennies de pouvoir communiste approchait à grands pas.

Dans ce tumulte, Poutine cherchait à s'adapter. Mais au lieu de gagner sa vie comme chauffeur de taxi, ou de s'engager dans la voie traditionnelle à la suite d'un retour à la maison après avoir effectué un service à l'étranger, reprendre un poste au Centre, comme on appelait le siège du service de renseignement extérieur du KGB à Moscou, il s'est embarqué dans une mission différente. Son ancien patron et mentor à Dresde, le colonel Lazar Matveev, lui avait ordonné de ne pas se montrer à Moscou, mais de rentrer chez lui à Leningrad. Là, il s'est retrouvé précipité dans une ville en pleine tourmente, où les élections du conseil municipal, libres là aussi pour la première fois sous les réformes de Gorbatchev, voyaient se creuser la vague montante des démocrates contre le Parti communiste. Pour la première fois, les démocrates menaçaient de renverser le contrôle de la majorité communiste. Au lieu de défendre la vieille garde contre l'ascension des démocrates, Poutine a cherché à s'agréger au mouvement démocratique de Leningrad.

Presque immédiatement, il a approché l'un de ses dirigeants les plus intransigeants, une nouvelle élue au Congrès des députés du peuple, la solide et courageuse Galina Starovoïtova. C'était une leader parmi les activistes pour les droits de l'homme, elle était connue pour son honnêteté sans compromission dans son combat contre les dysfonctionnements du pouvoir soviétique. Arrivée en tête des élections municipales, elle a donné un discours marquant qui a fait forte impression. Et Poutine, cet homme fluet aux yeux clairs que personne ne remarque, s'est approché d'elle et lui a dit combien il avait été impressionné par ses mots. Il lui a demandé s'il pouvait l'assister en quoi que ce soit – il pourrait même être son chauffeur. Mais, se méfiant d'une telle approche non sollicitée, Starovoïtova l'a apparemment repoussé de manière retentissante.

Au lieu de cela, son premier poste a été celui d'assistant du recteur de l'université d'État de Leningrad, où il avait étudié le droit dans sa jeunesse et où il avait été approché pour intégrer les rangs du KGB. Il devait surveiller les relations étrangères de l'université et garder un œil sur les étudiants étrangers et les dignitaires en visite. Au début, ça lui paraissait être une sévère rétrogradation par rapport à son poste à Dresde, un retour à un travail des plus routiniers qui consistait à faire des rapports au KGB sur les agissements des étrangers. Mais ce n'était qu'une question de semaines avant que ne lui échoie un poste au sommet du mouvement démocratique du pays.

Anatoli Sobtchak était le professeur de droit charismatique de l'université. Grand, érudit et élégant, il avait depuis longtemps remporté les suffrages des étudiants avec ses discours antigouvernementaux enrobés d'un ton savamment léger, et il gagnait en notoriété comme l'un des orateurs les plus exaltants du nouveau mouvement démocratique, taclant le Parti et le KGB en toute occasion. Il faisait partie du groupe des indépendants et des réformateurs qui ont pris le contrôle du conseil municipal de la ville après le vote de mars 1990 et, en mai, il avait été élu maire. Presque aussitôt, Poutine avait été nommé premier adjoint.

Poutine allait être le solutionneur de Sobtchak, sa liaison avec les services de renseignement, l'ombre qui veillerait sur lui en coulisse. Dès le départ, ce positionnement avait été orchestré par le KGB. « Poutine a été placé là. Il avait un rôle à remplir, m'a révélé Franz Sedelmayer, le consultant en sécurité allemand qui a travaillé plus tard avec lui. Le KGB a dit à Sobtchak : “Voici votre gars. Il veillera sur vous.” » Le poste à la fac de droit n'avait été qu'une simple couverture, m'a dit Sedelmayer qui pensait que Sobtchak lui-même travaillait depuis longtemps de manière officieuse pour le KGB : « La meilleure couverture pour ces gars c'étaient les études de droit. »

Malgré sa légitimité démocratique et ses discours enflammés contre les abus de pouvoir du KGB, Sobtchak comprenait très bien qu'il ne parviendrait pas à affermir son pouvoir politique sans le soutien d'une partie de l'*establishment*. Il était vaniteux et fougueux et, plus que tout, il voulait gravir les échelons. En plus d'engager Poutine, il avait également approché un membre important de la vieille garde de la ville et il lui avait attribué, comme premier suppléant au conseil municipal de Leningrad, un contre-amiral communiste de la flotte de mer du Nord, Viatcheslav Chtcherbakov. Les collègues de Sobtchak du mouvement démocratique de la ville qui avaient fait de lui leur leader furent horrifiés de ce choix. Mais, compromis pour compromis, Sobtchak se frayait son chemin vers le sommet. Au moment où les élections pour le poste de maire se sont tenues, en juin 1991, il faisait la course en tête et a été élu haut la main.

Quand, cet automne-là, un groupe représentant la ligne dure du Parti lança un coup d'État contre le dirigeant soviétique, Sobtchak s'est appuyé sur la vieille garde – en particulier Poutine et ses connexions avec le KGB. Mais il s'est retrouvé, lui et la ville, dans une attitude de provocation vis-à-vis de la tentative de putsch qui s'était faite sans effusion de sang aucune. Menacés par les compromissions de plus en nombreuses que Gorbatchev concédait aux démocrates qui aspiraient au changement, les fomenteurs du coup d'État avaient déclaré l'État d'urgence et annoncé qu'ils prenaient le contrôle de l'Union soviétique. Cherchant à empêcher que Gorbatchev conçoive un nouveau traité d'union qui donnerait aux dirigeants des républiques soviétiques contestataires le contrôle et la pleine possession de leurs ressources économiques, ils ont en fait pris Gorbatchev en otage dans sa résidence d'été de Foros, sur les rives de la mer Noire.

Mais à Saint-Pétersbourg – qui avait retrouvé son nom d'antan en lieu et place de Leningrad – comme à Moscou, les dirigeants démocrates de la ville se rebellaient contre le coup d'État. Tandis que les membres du conseil municipal assuraient la défense des bureaux des démocrates dans les halls dévastés du palais Marie, Poutine et Sobtchak ont sollicité le soutien du chef de la police locale et de soixante hommes des forces spéciales de la milice. Ensemble, ils ont persuadé le directeur de la société de la télévision locale de laisser Sobtchak s'exprimer en direct à l'antenne le premier soir après le coup d'État. Ce soir-là, dans son discours, Sobtchak a dénoncé les meneurs du coup d'État comme des criminels qui avaient électrisé les habitants de la ville, et il a amené ces mêmes habitants à sortir dans la rue par centaines de milliers le lendemain, où ils se sont amassés devant le palais d'hiver des Romanov pour manifester contre le coup d'État. Sobtchak a rassemblé la foule avec un puissant appel à l'unité et à la défiance, mais pour l'essentiel il laissait la mission la plus vitale et la plus difficile à ses adjoints, Poutine et Chtcherbakov. Lors de cette première soirée de tension du putsch, après son allocution télévisée, il s'est enfermé dans son bureau du palais Marie, tandis que Poutine et Chtcherbakov devaient négocier avec le directeur du KGB de la ville et le commandant de la région militaire de Leningrad pour s'assurer que les troupes de la ligne dure qui s'approchaient dans des chars n'entrent pas dans la ville. Le lendemain, pendant que Sobtchak s'adressait à la foule rassemblée sur la place du palais, les négociations de Poutine et Chtcherbakov perduraient. Et ce jour-là, lorsque les chars firent un arrêt brutal aux portes de la ville, Poutine disparut avec Sobtchak et une phalange des forces spéciales dans un bunker sous la principale usine d'armement de la ville, l'usine Kirov, où ils pouvaient poursuivre leurs pourparlers en toute sécurité avec les chefs du KGB et de l'armée par un système de communications cryptées.

Le lendemain matin, quand Poutine et Sobtchak sont sortis du bunker, le coup d'État était terminé. La tentative de prise de pouvoir des partisans de la ligne dure avait été vaincue. À Moscou, des unités spéciales d'élite du KGB avaient refusé l'ordre de faire feu sur la Maison-Blanche russe, où Boris Eltsine, à l'époque Président de la Fédération de Russie, avait rassemblé des dizaines de milliers de ses soutiens contre la tentative de coup d'État pour faire barrage aux réformes de liberté de Gorbatchev. Ce qui restait de la légitimité du Parti communiste était en lambeaux. Les dirigeants de la nouvelle démocratie de Russie étaient prêts à jouer les premiers rôles. Quelles qu'aient été ses raisons, Poutine les avait aidés à se placer dans une telle position.

Pendant toute cette période, fidèle à la méthode que lui avait enseignée le KGB, Poutine avait reflété à tous ses interlocuteurs leurs propres opinions, comme un miroir : d'abord à son nouveau patron, soi-disant démocrate, puis à la vieille garde du pouvoir en place, avec laquelle il avait aussi travaillé.

« Il changeait de couleur si vite que vous ne pouviez jamais savoir qui il était vraiment », m'a dit Sedelmayer.

2

Délit d'initié

« Ce dont nous avons discuté, c'est comment les forces les plus sombres n'abandonnent jamais. La Révolution française, la Révolution russe, toutes les autres, apparaissent d'abord comme une lutte libératrice. Mais elles se transforment très vite en dictatures militaires. Les héros des débuts ressemblent à des idiots, les voyous montrent leurs vrais visages, et le cycle (qui n'est pas le sens de la révolution) est achevé. »

Christian Michel

*

Moscou, 25 août 1989 – Il était tard dans la soirée lorsque Nikolaï Kroutchina marcha d'un pas lourd en poussant la porte de son appartement d'un complexe résidentiel très protégé réservé à l'élite du Parti. Tout juste quatre jours plus tôt, le 21 août, la tentative de coup d'État de la ligne dure du Parti cherchant à préserver le pouvoir soviétique avait échoué. Et maintenant, les institutions que Kroutchina avait servies durant la majeure partie de sa vie se démantelaient sous ses yeux. La soirée de la veille, il avait tenu une série de réunions de haut niveau avec le puissant dirigeant du département international du Comité central, Valentin Faline, et il avait l'air épuisé. La sentinelle du KGB près de son appartement a noté son regard abattu, sa réticence évidente à parler.

Les changements de ces quatre courts jours avaient été denses et rapides. Tout d'abord, le dirigeant pro-démocratique russe Boris

Eltsine avait signé un décret, diffusé en direct, suspendant le Parti communiste soviétique et mettant fin à des décennies de pouvoir hégémonique. L'attitude provocante d'Eltsine contre les leaders de la ligne dure, à l'initiative de la tentative de coup d'État, lui avait donné un évident ascendant. Il avait maintenant, et de loin, éclipsé Gorbatchev, qui se tenait timidement au bord du podium tandis qu'Eltsine s'adressait au parlement russe. Développant l'argumentaire que le Parti communiste était le responsable de ce coup d'État illégal, Eltsine ordonna que le siège tentaculaire et labyrinthique du Comité central du Parti communiste, sur la place Rouge, soit immédiatement placé sous scellés. Alors que le régime vivait ses derniers jours, les secrets du vaste empire financier de l'Union soviétique, un réseau qui s'étendait sur des milliers de bâtiments administratifs, d'hôtels, de datchas et de sanatoriums, aussi bien que sur des comptes en banque bourrés de devises fortes, et également sur des centaines, voire des milliers, de sociétés étrangères imbriquées en coentreprises, se trouvaient dans des dossiers disséminés dans des centaines de bureaux. À travers ces comptes bancaires et ces sociétés interconnectées, c'étaient les opérations stratégiques du Parti communiste à l'étranger – et celles des partis politiques alliés – qui avaient été financées. C'était la salle des machines du combat soviétique pour la suprématie face à l'Ouest. C'était l'empire que Kroutchina avait géré en tant qu'administrateur du Parti communiste depuis 1983. Sa mise soudaine sous scellés était comme un symbole de tout ce qui venait d'être perdu.

La femme de Kroutchina s'était couchée tôt ce soir-là, laissant son mari seul, pensa-t-elle, passer la nuit sur le canapé. Mais de bonne heure le lendemain matin, elle fut réveillée par quelqu'un qui frappait à sa porte. C'était la sentinelle du KGB. Elle lui a dit que son mari avait fait une chute mortelle de leur appartement au sixième étage.

Il n'y avait aucun signe apparent de lutte, et la sentinelle lui a dit qu'elle avait trouvé une note froissée sur le trottoir à côté du corps de Kroutchina. « Je ne suis pas un traître, je suis un lâche. S'il vous plaît, dites cela au peuple soviétique », était-il écrit sur cette note. Le KGB a immédiatement déclaré que sa mort était un suicide. Mais jusqu'à ce jour, personne ne sait exactement ce qui s'est passé – ou si quelqu'un le sait, il n'a pas manifesté le désir de le dire. Ceux qui étaient au centre des événements à cette époque, comme Victor Gerachtchenko, alors directeur de la banque centrale soviétique, préfèrent s'en tenir à l'explication laconique : « Il est tombé. » D'autres, comme Nikolaï Leonov, qui était à l'époque le puissant directeur du département analytique du KGB, affirment que Kroutchina a été victime d'une « profonde dépression » qui s'est déclenchée au moment de l'effondrement de l'empire.

Un peu plus d'un mois plus tard, la même chose est arrivée au prédécesseur de Kroutchina au poste d'administrateur du Comité central. Le soir du 6 octobre, Gueorgui Pavlov a fait une chute mortelle en tombant de la fenêtre de son appartement. Sa mort, à l'âge de quatre-vingt-un ans, a également été enregistrée comme un suicide. Onze jours après la mort de Pavlov, un autre haut responsable de la machine financière du Parti a fait une chute mortelle de son balcon. Cette fois, c'était le directeur de la section américaine du département international du Parti communiste, Dmitri Lissovolik. Encore une fois, cela a été enregistré comme un suicide.

Ce qui reliait ces trois hommes était une connaissance intime des systèmes de financement secrets du Parti communiste au moment où le KGB se préparait au passage à une économie de marché sous les réformes de la *perestroïka* de Gorbatchev. Le département immobilier que géraient Kroutchina et Pavlov était censé représenter la valeur de 9 milliards de dollars. Les experts occidentaux ont estimé que ces holdings étrangères valaient beaucoup plus. Cependant, dans les premiers jours après la chute du Parti communiste, les nouveaux dirigeants de la Russie ont été déconcertés en découvrant que les caisses du Parti étaient presque vides. Les rumeurs abondaient, selon lesquelles des responsables officiels, supervisés par Kroutchina, auraient détourné des milliards de roubles et d'autres devises à travers des coentreprises créées à la hâte dans les dernières années du régime. Les procureurs russes, originellement mandatés par Eltsine pour enquêter sur le rôle du Parti communiste dans le coup d'État du mois d'août, ont rapidement été réorientés vers ce qui était arrivé aux fonds du Parti.

Bien qu'Eltsine ait demandé que les bureaux du Comité central de la place Rouge soient mis sous scellés, Valentin Faline, le directeur du département international du Comité central, qui supervisait le financement des opérations à l'étranger, a immédiatement demandé à ses subordonnés de détruire des documents. Ce qui se trouvait dans ces archives aurait pu fournir des pistes sur les crimes du régime communiste et, le plus important, vers l'argent qui avait été détourné.

Les opérations les plus secrètes avaient été menées depuis la Salle 516, qui avait accueilli la section spéciale du département international pour la « technologie du Parti ». Elle était dirigée par Vladimir Ossintsev, un spécialiste des opérations occultes, qui conduisait les campagnes d'influence du Parti communiste visant à semer la discorde dans des pays où l'existence de ce parti était illégale, comme le Salvador, la Turquie, l'Afrique du Sud et le Chili. Quand, des mois plus tard, en octobre 1991, les procureurs russes ont enfin pénétré dans cette pièce, ils y ont trouvé des monceaux de rubans de papier déchirés épars sur le sol. Mais il restait des signes indiquant la durée pendant laquelle des agents opérationnels du Parti avaient activé des agents dormants infiltrés. Les procureurs ont trouvé des quantités de passeports étrangers et de visas de nombreux pays, des tas d'autres documents de voyage vierges et des tampons et visas officiels en attente de falsification. Il y avait un énorme album photo rempli d'images de gens de tous types et de toutes races, un choix de perruques et de barbes, et même un moule en caoutchouc pour de fausses empreintes.

Un des employés du département international, Anatoli Smirnov, s'était rebellé et avait sorti de là clandestinement tout ce qu'il avait pu. Les documents top secret qu'il avait réussi à dérober regorgeaient de détails sur des paiements de centaines de millions de dollars à des partis étrangers liés au Parti communiste. Un de ces documents, daté du 5 décembre 1989, fait état d'un ordre pour la banque d'État de l'Union soviétique de transférer 22 millions de dollars directement à Faline pour le Fonds international du Parti pour les organisations de gauche. Un autre, daté du 20 juin 1987, demande à la Gosbank, la banque centrale de l'URSS, de transférer 1 million de dollars au mandataire du Parti pour les affaires internationales pour approvisionner le Parti communiste français de fonds additionnels. Le transfert physique de l'argent vers la France devait être organisé par le KGB.

Pour Smirnov, le fait que le Parti pioche régulièrement dans les caisses de l'État pour financer son influence politique et ses opérations à l'étranger signifiait qu'un « crime était commis contre notre population ». Pour lui, une ligne rouge était franchie. C'était contre la loi soviétique. Les opérations du Parti devaient être financées par les dons de ses membres, non par les caisses de l'État.

Les procureurs russes ont calculé que dans la dernière décennie d'existence de l'URSS, plus de 200 millions de dollars avaient été transférés hors de l'Union soviétique pour financer des partis proches du communisme ; Smirnov, lui, estime que le montant total est beaucoup plus élevé. Les sommes transférées de façon bien plus dissimulée, pour des activités plus clandestines, restent inconnues.

Mais, à mesure que les procureurs défrichaient ce qui restait des archives du Comité central, ils ont trouvé des documents qui mettaient en lumière des myriades de montages secrets non officiels grâce auxquels des milliards de dollars semblaient avoir été détournés. Une de ces combines impliquait ce que les Soviétiques appelaient les sociétés « amies ». Ces sociétés étaient des entreprises de connivence au cœur d'un vaste système d'opérations au marché noir qui maintenaient le bloc de l'Est à flot. Beaucoup d'entre elles étaient impliquées dans la contrebande de produits technologiques sous embargo. Il y avait parmi elles un ensemble de sociétés-écrans que le haut responsable est-allemand du Commerce extérieur, Alexandre Schalck-Golodkowski, avait déployé en Allemagne de l'Est, en Autriche, en Suisse et au Liechtenstein. D'autres étaient impliquées dans la vente d'équipements cruciaux pour le pétrole, la puissance nucléaire et les industries manufacturières soviétiques, à des prix surgonflés, tandis que les profits étaient utilisés pour financer les activités du Parti communiste et d'autres mouvements de gauche en Italie, en France, en Espagne, au Royaume-Uni et ailleurs.

L'argent que le PCUS envoyait directement pour financer les activités de partis communistes n'était rien du tout comparé aux montants envoyés *via* les sociétés amies, m'a dit Antonio Fallico, un banquier italien entretenant des liens étroits avec le sommet de l'élite soviétique et, plus tard, avec le régime de Poutine.

Les donations officielles que le Parti communiste italien recevait annuellement de l'Union soviétique « n'étaient que d'environ 15 à 20 millions de dollars. Ce n'est même pas de la petite monnaie. Le véritable financement venait des intermédiaires. Toutes les entreprises italiennes qui voulaient faire des affaires en Union soviétique devaient donner de l'argent à ces sociétés... C'était une énorme source d'argent », m'a-t-il raconté. Une liste de quarante-cinq de ces « sociétés amies » a été dévoilée par les procureurs qui ont épluché les archives. Parmi les sociétés d'import-export les plus obscures, il y en avait au moins une dont le nom était bien connu : la Pergamon Press, de Robert Maxwell, une grande maison d'édition qui avait été pendant longtemps un canal pour la vente à l'Ouest de livres scientifiques soviétiques. Quelques jours avant que cette liste soit publiée, le corps de ce controversé ancien membre du parlement du Parti travailliste et magnat de la presse avait été retrouvé flottant dans l'océan Atlantique à proximité de son yacht.

D'après un ancien agent opérationnel du KGB qui a travaillé étroitement avec Poutine dans les années 1990, et d'après un autre homme d'affaires qui a travaillé avec ces « sociétés amies » durant la période soviétique, d'autres sociétés travaillant avec le régime soviétique et qui étaient restées sous les radars comptent dans leurs rangs des titans de l'industrie européenne tels que Fiat, Merloni, Olivetti, Siemens et Thyssen. Cet homme d'affaires, qui ne souhaite s'exprimer que sous le couvert de l'anonymat, m'a confirmé que sa société avait fourni des équipements militaires en les faisant passer pour du matériel médical : « Le matériel médical, c'était une façade. Derrière ça, l'entreprise produisait des équipements militaires très poussés. C'était la même chose avec Siemens et ThyssenKrupp. Ils fournissaient tous du matériel à double usage aux Soviétiques. Ces sociétés amies n'étaient pas que des sociétés-écrans, à la manière dont les choses fonctionnent aujourd'hui. C'étaient de grandes entreprises européennes. »

Le réseau de sociétés amies n'était pas seulement impliqué dans les importations. D'après un ancien assistant de Gorbatchev, certaines d'entre elles étaient engagées dans des opérations d'échange qui avaient lieu déjà depuis les années 1970 sous Brejnev. Par exemple, le monopole d'État sur les exportations de pétrole, Soyouznefteexport, s'était engagé dans un montage complexe pour échanger du pétrole contre des produits sous embargo. D'après un ancien associé de Soyouznefteexport, ce monopole, *via* des négociants, avait d'abord envoyé du pétrole vers d'énormes réservoirs en Finlande, où les origines de ce pétrole furent maquillées avant qu'un entrelacs d'intermédiaires le revende contre des produits technologiques ou d'autres biens sous embargo. Les exportations d'engrais, elles aussi, faisaient partie depuis longtemps de ces échanges.

Pour les procureurs russes qui menaient les investigations sur les finances du Parti, les traces de ces combines représentaient le plus fort signal d'alarme. Des fortunes non déclarées en pétrole, en métaux, en coton, en produits de l'industrie chimique et en armes avaient été déplacées hors de l'Union soviétique, soit à travers des montages résultant d'échanges, soit sous la forme de contrats d'exportation, et vendues à des prix bradés aux sociétés amies qui jouaient les intermédiaires à l'Ouest. Par ces contrats d'exportation, les sociétés amies achetaient des matières premières aux prix soviétiques, qui étaient fixés bas selon les règles de l'économie planifiée, ce qui leur permettait de faire de gros profits lorsqu'ils les revendaient aux prix du marché mondial : le prix du pétrole sur la place mondiale, par exemple, était à cette époque presque dix fois plus élevé que son prix sur le sol soviétique. Elles pouvaient ensuite dissimuler les fonds dans un dédale de comptes auprès de banques amies en Europe, telles que la Banco del Gottardo en Suisse, et dans des paradis fiscaux à l'instar de Chypre, du Liechtenstein, du Panama, de Hong Kong et des îles anglo-normandes. Les fortunes qu'elles faisaient pouvaient être redéployées pour les activités du Parti communiste à l'étranger et pour des actions de déstabilisation de l'Ouest. Mais le plus important, c'est que tout ce processus était supervisé par le KGB dont les associés géraient les sociétés amies et contrôlaient la plupart des postes du ministère soviétique du Commerce. « Les sociétés amies revendaient ce qu'elles avaient acquis aux prix du marché mondial. Les profits n'ont jamais été remis à l'Union soviétique. Tous les contacts avec ces sociétés amies étaient menés par le KGB », a écrit Valentin Stepankov, le procureur général chargé de superviser les investigations.

Le siphonnage des matières premières avait très vite accéléré dans les dernières années du régime soviétique. Plus tard, celui qui avait été un temps l'analyste économique du renseignement militaire soviétique, Vitali Chlikov, a déclaré qu'une grande partie de l'énorme stock militaire de matières premières – littéralement des montagnes d'aluminium, de cuivre, d'acier, de titane et d'autres métaux – qui devait faire en sorte que la machine militaire soviétique continue de fonctionner durant les décennies à venir, diminuait très rapidement au moment de l'effondrement l'Union soviétique. Toutefois, les procureurs n'ont trouvé que des bribes d'information. Il n'y avait quasiment aucune trace de ces contrats de matières premières.

Mais en cherchant dans le rebut des documents détruits, ces tonnes de papiers épars sur le sol, les procureurs ont trouvé un document vital qui avait l'air de pouvoir donner le début d'une clé de ce qui s'était passé dans les années crépusculaires du régime communiste. C'était un mémo daté du 23 août 1990, signé du secrétaire général adjoint de Gorbatchev, Vladimir Ivachko, et il demandait la création d'une « économie invisible » pour le Parti communiste. Les hauts dirigeants du Parti avaient bien évidemment vu qu'il fallait de toute urgence créer un réseau de sociétés qui protégeraient et camoufleraient les intérêts financiers du Parti au moment où les réformes de Gorbatchev précipitaient le pays dans le chaos. Le Parti devait investir ses devises fortes au capital de sociétés internationales gérées par des « amis ». Les fonds et associations d'entreprises auraient le « minimum de liens visibles ».

Un document encore plus parlant fut trouvé dans l'appartement de Nikolaï Kroutchina. Lorsque les enquêteurs sont arrivés après sa chute mortelle, ils ont trouvé un dossier sur son bureau. À l'intérieur, des documents qui évoquaient potentiellement un vaste réseau de mandataires gérant des fonds pour le régime. Un des documents, qu'ils ont rapporté avoir trouvé, avait des espaces blancs pour le nom, le numéro de membre du Parti et la signature du membre du Parti qui devait signer pour être reconnu comme un mandataire de confiance, un *doverennoe litso*, ou un gardien des fonds et des propriétés du Parti.

« Je soussigné _______________ membre du PCUS depuis ____, numéro du Parti ____, confirme par la présente ma décision consciente et volontaire de devenir un mandataire de confiance du Parti et d'effectuer les tâches que le Parti souhaitera m'attribuer à quelque poste et dans quelque situation que ce soit, sans révéler ma qualité de membre de l'institut des mandataires de confiance.

Je jure de préserver et de développer dans les intérêts du Parti les ressources matérielles et financières qui me seront confiées, et je garantis le retour de ces ressources à la première demande. Je reconnais que tout ce que je gagnerai résultant des activités économiques effectuées avec les fonds du Parti sera la propriété du Parti, et je garantis son transfert en tout temps et en tout lieu.

Je jure d'observer une stricte confidentialité sur ces informations, et de mener à bien les ordres du Parti qui me seront donnés par les individus autorisés à me les donner.

Signature du membre du PCUS _______________

Signature de la personne effectuant le service ___________ »

Les procureurs se sont démenés pour élucider ce que ce document pouvait signifier. Peu de dirigeants du Parti ainsi que d'autres membres de l'élite du Parti qu'ils ont questionnés leur ont révélé quoi que ce soit. La plupart ont déclaré qu'ils n'étaient pas au courant d'un tel dispositif. Cependant, l'équipe de procureurs a eu un coup de chance lorsqu'elle a rencontré Leonid Vesselovski, un ancien colonel de la direction du renseignement extérieur du KGB. Craignant une vague de répressions, Vesselovski s'est exprimé ouvertement sur la façon dont il avait été l'un des plus hauts agents opérationnels des renseignements extérieurs choisis pour aider à gérer et à dissimuler les propriétés et la fortune du Parti. Les agents du renseignement extérieur étaient recrutés pour leurs connaissances du fonctionnement des systèmes financiers de l'Ouest. Ils rendaient compte à Kroutchina, le directeur du département immobilier, aussi bien qu'à Vladimir Krioutchkov, le directeur du KGB, à Filip Bobkov, alors premier directeur adjoint du KGB, et à Vladimir Ivachko, le trésorier du Comité central.

Vesselovski, un spécialiste en économie internationale, avait été transféré de son poste au Portugal en novembre 1990 pour travailler sur le projet de création d'une « économie invisible » pour la fortune du Parti. C'est lui qui a proposé le système des « mandataires de confiance », les *doverenni litsa*, qui devaient se charger de conserver et de gérer les fonds au nom du Parti. Il avait préparé un ensemble de notes pour Kroutchina avec des propositions pour déguiser les fonds du Parti afin d'éviter leur confiscation. Ces stratagèmes consistaient notamment à investir ces fonds dans des œuvres de charité, des fonds sociaux, ou encore, anonymement, dans des actions ou des titres financiers. Cela devait être mené par le KGB.

« D'un côté, cela assurera un revenu indépendant de la future position du Parti. Et d'un autre côté, ces actions pourront être vendues à tout moment sur les places boursières, puis transférées dans d'autres sphères pour masquer la participation du Parti tout en gardant le contrôle. Afin de conduire de telles mesures, il y a un besoin urgent de mandataires de confiance qui pourront mener à bien les différents éléments de ce programme. Il serait possible de créer un système de membres secrets du Parti qui assureraient la continuité de son existence, quelles que soient les conditions de cette époque extrêmes », écrivait-il.

Dans une autre note, il suggérait la création d'un réseau de sociétés, dont des cabinets de courtiers et des sociétés de négoce, dans des paradis fiscaux tels que la Suisse, où les actionnaires seraient les « mandataires de confiance ».

Tout comme la Stasi, qui avait commencé à se préparer avant l'effondrement en transférant des fonds dans un réseau de sociétés-écrans, le KGB préparait le Parti à un changement de régime, pleinement conscient que son monopole du pouvoir devenait de plus en plus précaire. Pour certains agents opérationnels du réseau des renseignements extérieurs choisis pour cette manœuvre, quand ils ont reçu les ordres de Krioutchkov de commencer la création de sociétés privées, c'était un signal clair que la partie était terminée pour le régime communiste. « Dès que c'est arrivé, j'ai compris que c'était la fin », m'a confié Iouri Chvets, un cadre du KGB en poste à Washington jusqu'en 1987.

Cependant, après la tentative avortée du coup d'État d'août 1991, lorsque le Parti communiste de l'Union soviétique n'existait soudainement plus, ce qu'il advint des structures créées pour préserver sa fortune, ainsi que des hommes chargés de les gérer, était loin d'être clair. Pour les procureurs russes qui menaient les investigations, les documents retrouvés aux archives et dans l'appartement de Kroutchina n'esquissaient que les contours flous de ce réseau. Les chiffres et les agencements de ces montages, les mandataires de confiance, les *dorevenni litsa* qui géraient les fonds, les réseaux de sociétés et de cabinets de courtage demeuraient invisibles. Quand ils ont été interrogés plus tard sur ces documents, d'anciens membres du Politburo ont affirmé que l'effondrement s'était produit si rapidement et de manière si inattendue que personne n'avait eu le temps de mettre en œuvre les plans d'Ivachko pour cette « économie invisible ». Toutefois, les procureurs ont trouvé de nombreux signes indiquant que le projet avait été au moins partiellement activé et qu'il était en chantier depuis longtemps – et qu'il s'avérait être diligenté par le service de renseignement extérieur du KGB.

La carrière de Vesselovski n'était qu'une indication. Deux semaines avant la tentative de coup d'État du mois d'août, il avait démissionné de son poste et était parti en Suisse, où il a pris un poste dans une société de négoce nommée Seabeco. Cette société était l'incarnation même de la « société amie » soutenue par le KGB, et elle disposait d'énormes quantités de matières premières en provenance de l'Union soviétique. Elle était dirigée par un émigré soviétique, Boris Birchtein, qui dans les années 1970 était d'abord parti en Israël, puis au Canada, où il avait monté plusieurs coentreprises, dont une qui avait une figure de proue appartenant au renseignement extérieur soviétique. L'ombre du KGB jalonnait toute l'ascension de Seabeco. « Rien de tout cela n'aurait pu arriver sans le patronage du KGB », m'a dit Chvets. Interrogé, l'ancien directeur du KGB Vladimir Krioutchkov a reconnu que la société de négoce avait été créée pour être un canal pour les fonds du Parti communiste. Mais il a de nouveau affirmé que ces plans n'avaient jamais vu le jour – qu'ils n'en avaient pas eu le temps avant la chute du régime. Cependant, des signes révélateurs émergeaient de l'association continue entre Seabeco et le

KGB. Une conversation téléphonique enregistrée entre un associé de Seabeco et un dirigeant du service de renseignement extérieur russe avait fuité. Dans cet enregistrement, les deux hommes discutaient ouvertement du réseau commercial qu'ils avaient mis sur pied. Cet associé de Seabeco, Dmitri Iakoubovski, a déclaré publiquement que la Seabeco avait reçu des dizaines de millions de dollars pour financer les opérations du KGB en Europe.

Cependant, la moindre chance que les procureurs pouvaient avoir de suivre la piste de l'argent a semblé s'évaporer complètement lorsque Vesselovski a disparu de son poste en Suisse sans laisser de trace. Dépourvus du financement adéquat et n'ayant qu'une maigre trace écrite, les procureurs se sont bien vite heurtés à un mur. Sur le territoire russe, ils avaient pu suivre la trace du transfert de millions de roubles du département immobilier de Kroutchina vers plus d'une centaine de sociétés et de banques commerciales du Parti. Mais leurs tentatives d'en récupérer une quelconque partie sont tout simplement restées vaines.

Au milieu du chaos provoqué par l'effondrement de l'Union soviétique, le nouveau gouvernement Eltsine ne montrait que peu d'intérêt dans la récupération de ces fonds. Durant un bref moment, cela a semblé changer, lorsque Egor Gaïdar, le nouveau Premier ministre d'Eltsine, réformateur au visage rond, annonça en grande pompe que le gouvernement avait engagé l'entreprise Kroll, un cabinet de conseils et d'enquêtes financiers de top niveau mondial, pour le lancer sur la piste de l'argent du Parti. Mais, après plus d'un an à parcourir le globe à la poursuite des fonds disparus du Parti pour un contrat d'1,5 million de dollars, Kroll avait fait encore moins de progrès que les procureurs. Apparemment, il n'y avait rien à signaler. « Ils n'ont rien trouvé. Ils n'ont rien trouvé de plus que les comptes de quelques bureaucrates haut placés. Ils n'avaient rien de plus qu'un demi-million de dollars sur ces comptes », a déclaré Piotr Aven, le ministre qui a pris l'initiative d'engager Kroll au départ.

Il semble que le problème était que le gouvernement ne voulait pas que ces fonds soient retrouvés. La raison pour laquelle Kroll est revenu les mains vides, c'est qu'il n'a reçu absolument aucune assistance de la part du gouvernement russe. Le cabinet avait été empêché de travailler avec les procureurs russes. « Le gouvernement russe ne voulait pas que nous trouvions quoi que ce soit, donc nous n'avons rien trouvé. Tout ce que le gouvernement voulait faire, c'était utiliser notre nom dans une conférence de presse », a dit Tommy Helsby, un ancien président du conseil d'administration de Kroll qui avait travaillé sur l'enquête. Le gouvernement voulait seulement donner l'impression que de véritables recherches étaient en cours.

La tâche a été rendue encore plus difficile par le fait que, plutôt que transiter directement *via* des échanges bancaires, la majeure partie des avoirs de l'Union soviétique a transité à travers le commerce des matières premières *via* l'intermédiaire de sociétés amies comme Seabeco. D'après Helsby, un autre grand opérateur de ces transferts a été le très controversé Marc Rich, négociant en matières premières et fondateur de la société Glencore, basée à Genève.

Les agents opérationnels du renseignement extérieur du KGB qui avaient été derrière la création de ce montage détenaient dorénavant les clés des richesses cachées.

D'après Helsby : « À la fin, quand l'Union soviétique s'est effondrée, quand la musique s'est arrêtée, les hommes du KGB étaient les gars qui savaient où était l'argent. Mais à ce moment-là, ils étaient les employés d'un État soviétique qui n'existait plus. »

Cependant, certains d'entre eux s'accrochaient ; des fragments des réseaux du renseignement extérieur du KGB restaient en place. En coulisse, dans ce chaos, « certains d'entre eux continuaient de gérer cet argent pour le KGB », m'a confié Helsby.

Le soir où Nikolaï Kroutchina a fait sa chute mortelle a été le même soir où la fortune du Parti communiste a été transférée à une nouvelle élite – et une partie de cette fortune est allée directement dans les mains des agents opérationnels du service de renseignement extérieur du KGB. Une partie de ce cash a indéniablement été volée, détournée par les boss du Parti et par le crime organisé. Cependant, les agents opérationnels des renseignements extérieurs étaient les hommes qui contrôlaient les comptes lorsque Eltsine a renvoyé par décret le Parti communiste soviétique au rang de vestige de l'Histoire. Kroutchina était sans doute en proie à une grande déception en réalisant que les hommes qui avaient mis la main sur les fonds n'étaient plus sous son contrôle. Et il avait peut-être aussi été envoyé à la mort par ces mêmes hommes, pour s'assurer qu'il ne puisse jamais le dire.

« Kroutchina avait sans doute davantage peur qu'on lui demande où tous les avoirs étaient passés. Kroutchina a donné les ordres, mais là, il ne savait plus du tout où étaient les fonds. L'État était en train d'être détruit. Le KGB était en train d'être détruit. Et déjà, personne ne savait où étaient ces gars du KGB – ni qui ils étaient », m'a dit Pavel Vochtchanov, un ancien porte-parole d'Eltsine et journaliste qui passa de nombreuses années à enquêter sur la fortune volée du Parti.

*

Cette histoire de recherches de la fortune disparue du Parti par les procureurs a rapidement été oubliée dans le tumulte de l'effondrement. Mais ce que les procureurs ont trouvé a servi de modèle à tout ce qui devait se produire plus tard. Les systèmes de trafic, les sociétés amies et les mandataires de confiance sont devenus les schémas sur lesquels le régime de Poutine et ses opérations d'influence seraient basés. Le fait était qu'une partie de l'élite du renseignement extérieur du KGB avait commencé à se préparer à la transition vers une économie de marché depuis que l'ancien chef du KGB, Iouri Andropov, était devenu le dirigeant soviétique en 1982. Au début des années 1980, une poignée d'économistes soviétiques avaient commencé discrètement à discuter du besoin d'un passage à l'économie de marché, dénonçant à voix basse dans leur cuisine les défaillances chroniques de l'économie soviétique et publiant sous le manteau des traités sur le besoin de réformes. Dans le même temps, un petit groupe très soudé de l'élite du renseignement réalisait que l'économie soviétique était dans une spirale mortelle, qu'il était impossible de maintenir l'empire du bloc de l'Est, sans parler de mener des campagnes d'influence et de déstabilisation plus larges en Amérique du Sud, au Moyen-Orient, en Afrique et en Occident. « Si vous voulez mener une politique de grand empire, il vous faut avoir la capacité de dépenser d'énormes sommes d'argent. Rivaliser avec les États-Unis n'était pas dans nos moyens. C'était très coûteux et très difficile, peut-être même impossible », m'a dit une personne qui travaillait étroitement à l'époque avec des cadres dirigeants réformateurs du renseignement extérieur. Même les éléments progressistes au sein du KGB se préparaient à une possible transition en Allemagne de l'Est, ils se prononçaient pour des réformes en profondeur au sein même de l'Union soviétique.

L'économie soviétique voyait ses ressources lui échapper complètement au profit de la production militaire dans la compétition armée avec l'Ouest, aux dépens de toutes les autres choses. L'État communiste devait réussir, en théorie, à honorer son vœu socialiste de fournir à tous les travailleurs une éducation et une couverture santé libres et gratuites. Mais en pratique, l'économie planifiée ne fonctionnait tout simplement pas. Et à la place, il y avait un système corrompu dans lequel les gens ordinaires, que l'État communiste était censé protéger, vivaient largement dans la pauvreté. L'État communiste avait accès à beaucoup de ressources naturelles pour réaliser des montages commerciaux frauduleux, mais il ne développait pas l'industrie légère propre à produire des biens de consommation compétitifs. Il n'y avait pas de propriété privée, ni même une quelconque compréhension de ce qu'était le profit. Au lieu de ça, le gouvernement imposait des quotas à toutes les entreprises, contrôlait leurs gains et fixait les prix pour tout. Il n'y avait aucune motivation pour qui que ce soit, et le système ne fonctionnait tout simplement pas. Les prix des biens de consommation étaient fixes, à des niveaux incroyablement bas, et à cause de cela, il y avait des pénuries de tout – de pain, de saucisses et autres denrées alimentaires, mais aussi de voitures, de télévisions, de réfrigérateurs et même d'appartements. Ces pénuries généraient des queues et du rationnement, parfois durant des mois. Les accommodements informels et les pots-de-vin versés aux fonctionnaires étaient bien souvent le seul moyen de s'épargner des attentes de plusieurs semaines pour les biens les plus basiques – pour faire réparer ses chaussures, pour un lit d'hôpital, pour un cercueil ou pour un rite funéraire. Le pouvoir écrasant de la bureaucratie soviétique avait généré une corruption profonde du système, créant ainsi les conditions d'un marché noir florissant.

À la fin des années 1960, les trafiquants du marché noir, appelés les *tsekhoviki*, ont commencé à installer des usines clandestines dans lesquelles des pièces détachées et du matériel détournés d'usines d'État étaient utilisés pour produire des biens en dehors de l'économie régulée. De telles activités pouvaient être sanctionnées de dix années de prison ou davantage, mais, de manière grandissante, la production de ces usines devenait le seul moyen pour résoudre au moins en partie les défaillances du système planifié soviétique. Les spéculateurs sur les devises fortes arpentaient les halls des grands hôtels soviétiques réservés aux étrangers, tel l'Intourist, risquant des années de prison pour acheter des dollars aux touristes étrangers à un taux de change beaucoup plus avantageux pour le touriste que celui fixé par le pouvoir soviétique. C'était aussi un bon deal pour les spéculateurs. Dans le système soviétique de pénuries, celui qui avait accès à des devises fortes était le roi. Les dollars vous donnaient accès aux très achalandés magasins Beriozka, réservés à l'élite soviétique, où les étagères étaient remplies de produits alimentaires de qualité et d'objets de luxe en provenance de l'Ouest. On pouvait y acheter des vêtements, de la musique pop occidentale, tout ce qui était produit en dehors de l'économie soviétique, terne et stagnante. Tous ces produits pouvaient être ensuite revendus pour réaliser de juteux profits. Les pénuries de l'économie soviétique étaient si profondes que d'après Iouri Chvets, ancien agent opérationnel du renseignement extérieur du KGB, tout le monde était à vendre. Les directeurs d'usine maquillaient les comptes pour donner du matériel aux trafiquants du marché noir et touchaient en retour une part de leurs profits. Les forces de police fermaient les yeux sur les trafiquants de devises qui déambulaient dans les hôtels soviétiques contre de la menue monnaie et un accès au buffet de ces hôtels. Et au sommet de la pyramide, depuis les années 1970, l'élite du Parti prenait sa part des trafics et des échanges commerciaux. Tout cela contribuait à ruiner les efforts d'amélioration de la production. « L'Union soviétique n'arrivait même pas à produire une paire de collants ni une paire de chaussures. Les prostituées s'offraient une nuit pour un bas, puis une autre pour l'autre bas. C'était un véritable cauchemar », m'a dit Chvets.

C'étaient les membres du renseignement extérieur qui voyaient le plus clairement que le système devait changer. Ils étaient ceux qui pouvaient voyager et ils pouvaient donc voir l'économie de marché œuvrer à l'Ouest. Ils constataient comment le système socialiste échouait à rivaliser avec le progrès technologique du monde occidental. Parmi eux se trouvait le chef légendaire du renseignement militaire soviétique, Mikhaïl Milchtein, un homme de type Kojak, chauve, charpenté, avec d'épais sourcils. Il avait servi aux États-Unis durant des décennies puis était rentré à Moscou pour prendre la tête du service de renseignement à l'académie militaire soviétique. Dans les années 1970, il a rejoint l'Institut d'études des États-Unis et du Canada, un think tank qui travaillait étroitement avec le très influent département international de Faline, où il figurait parmi ceux qui travaillaient sur des façons de créer un rapprochement avec l'Ouest. Dans les couloirs de l'Institut, un élégant bâtiment prérévolutionnaire niché dans une étroite rue arborée derrière les artères principales de Moscou, Milchtein travaillait sur des propositions de désarmement avec d'autres associés de l'élite du renseignement extérieur soviétique. Alors qu'il cherchait des moyens de sortir de ce qu'il appelait « un cercle vicieux » de confrontation avec l'Ouest, il avait forgé des liens forts avec l'ancien secrétaire d'État américain Henry Kissinger.

De l'autre côté de la ville, reculé dans la banlieue sud, dans une tour gigantesque et sombre des années 1970, un groupe d'économistes de l'Institut de l'économie mondiale et des relations internationales connu sous le nom d'IMEMO a commencé à travailler sur des réformes qui contribueraient à relâcher le monopole de l'État soviétique sur l'économie. Parmi eux se trouvait Rair Simonian, un jeune économiste brillant d'une trentaine d'années qui était le fils d'un général de haut rang du renseignement militaire soviétique. Il travaillait en étroite collaboration avec son adjoint Andreï Akimov, un agent opérationnel des renseignements extérieurs qui serait placé plus tard à la tête de la banque de l'Union soviétique à Vienne, avant de devenir ensuite un des financiers les plus importants derrière le régime de Vladimir Poutine. Simonian a effectué des voyages de recherche en Allemagne de l'Est, où il a vu clairement tout le retard qu'avait pris l'économie soviétique. « C'était un autre monde », a-t-il déclaré.

Dès 1979, Simonian avait travaillé sur une réforme qui amènerait des capitaux étrangers dans l'économie soviétique par le biais de la création de coentreprises étrangères et soviétiques. C'était une mesure audacieuse qui éroderait le monopole soviétique sur tout le commerce extérieur, et qui s'est vu immédiatement mettre un veto de la part du directeur de l'Institut. Mais, lorsqu'un nouveau directeur a été nommé sous Andropov en 1983, « une vie complètement nouvelle » a commencé, a rappelé Simonian. Ce nouveau directeur était Alexandre Iakovlev, un ancien ambassadeur au Canada qui deviendrait le mentor de Gorbatchev et le parrain des réformes de sa *perestroïka*. Simonian travaillait également en étroite collaboration avec Evgueni Primakov, un agent opérationnel des renseignements extérieurs, très érudit, qui avait travaillé pendant des années sous couverture au Moyen-Orient en tant que correspondant pour le journal soviétique la *Pravda*. Il avait forgé des liens de proximité avec Saddam Hussein en Irak, et avec d'autres dirigeants dans le patronage du système soviétique. Durant les années 1970, Primakov a travaillé à l'IMEMO, où il a coopéré étroitement avec Milchtein à l'Institut d'études des États-Unis et du Canada. Il est devenu directeur de l'IMEMO quand Iakovlev a été promu au Politburo. Il dirigeait maintenant un des foyers de progressistes du renseignement extérieur. L'IMEMO est devenu une salle des machines pour les réformes de la *perestroïka*.

Sous Andropov, une nouvelle génération d'économistes était en formation. Jeune homme dans la vingtaine, Egor Gaïdar discutait avec Piotr Aven, aussi jeune que lui, de réformes de marché de grande envergure qu'ils pensaient être cruciales pour la survie du bloc soviétique. Au début des années 1980, ils travaillaient tous les deux dans un autre institut de recherche clé, l'Institut scientifique de recherches systémiques de l'Union soviétique, et ils appartenaient tous deux au cœur de l'élite soviétique. Le père d'Aven avait été l'un des universitaires les plus respectés du pays, tandis que Gaïdar avait travaillé sous couverture de la *Pravda* à Cuba, où il avait atteint le grade d'amiral. Fidel Castro et Che Guevara lui ont rendu visite chez lui, et son fils a grandi entouré de généraux soviétiques de haut rang. Gaïdar et Aven allaient jouer un rôle majeur dans les réformes d'économie de marché de la nouvelle Russie. « Toutes les réformes économiques de marché qui ont prévalu plus tard – de Gorbatchev aux plus jeunes réformateurs – ont germé dans les institutions créées par Andropov. Les premières réformes économiques ont été esquissées dans ces institutions », m'a dit Vladimir Iakounine, un allié proche de Poutine du KGB qui est devenu ensuite membre du gouvernement russe.

Une fois qu'Andropov a accédé au pouvoir, les factions progressistes du KGB, menées par la direction des renseignements extérieurs et la direction de la criminalité économique, ont commencé à expérimenter avec la création d'une nouvelle classe d'entrepreneurs qui opéreraient en dehors des restrictions de l'économie planifiée soviétique. Ils ont commencé avec les hommes du marché noir, les *tsekhoviki*. « La véritable *perestroïka* a commencé sous Andropov. Le message a été passé de fermer les yeux sur le marché noir. Sinon, il savait que le pays allait au-devant d'une grande famine », m'a raconté Christian Michel, un manager financier qui a géré des fonds pour le régime soviétique, puis russe, pendant plus d'une décennie. Anton Surikov, un ancien cadre opérationnel du renseignement militaire russe était d'accord avec les propos de Michel : « C'était la création consciente d'un marché noir. Il était impossible de travailler au marché noir sans avoir de relation au KGB et sans la protection du KGB. Sans eux, aucun business de l'ombre n'aurait été possible. »

Ce qui avait commencé comme de la corruption à l'intérieur du système est devenu la boîte de Petri[8] du KGB pour la future économie de marché, et une solution provisoire pour pallier les pénuries de l'économie dirigée. Les acteurs du marché noir se trouvaient principalement parmi les minorités ethniques de l'Union soviétique. Bien souvent, ils n'avaient pas le choix, leurs carrières ayant été bloquées à cause des préjugés de l'élite du Parti. « Les seules personnes qui se mettaient là-dedans étaient des personnes qui n'avaient aucune perspective dans le système soviétique normal, celles qui se heurtaient à un plafond de verre et qui ne pouvaient pas aller plus loin. C'étaient les minorités ethniques : les Géorgiens, les Tchétchènes, les juifs », a poursuivi Michel.

Les expérimentations du marché noir ont aussi marqué le début d'une soudaine accélération dans le transfert de l'immense richesse de l'Union soviétique à travers des sociétés amies associées au KGB. Ça a été le début du pillage de l'État soviétique. Ça a également été le début de ce qui est devenu une alliance mutuellement profitable entre le KGB et le crime organisé ; alliance qui s'est

8. Une boîte de Petri est une boîte cylindrique transparente peu profonde, en verre ou en plastique, munie d'un couvercle. Elle est utilisée en microbiologie pour la mise en culture de micro-organismes.

déployée en Suisse *via* la Seabeco de Boris Birchtein, à Vienne *via* la Nordex, et à New York par l'intermédiaire d'un négociant en métaux, du nom de Mikhaïl Tchernoï, et de son associé basé à Brooklyn, Sam Kislin. D'après ce qu'ont dit plus tard les services de renseignement suisses, Birchtein et le propriétaire de l'entreprise Nordex, Grigori Louchanski, étaient des émigrés soviétiques recrutés par le KGB pour transférer les richesses de l'État et du Parti à la veille de l'effondrement soviétique. Plus tard, Birchtein et Kislin devaient faire partie d'un réseau chargé de transférer de l'argent de l'ancienne Union soviétique vers l'Amérique, et – indirectement – vers l'empire financier de Donald Trump.

*

Tandis que Poutine était à Dresde, les progressistes du KGB à Moscou démarraient la deuxième étape de leur expérience du marché. Ils ont commencé à cultiver et à former leurs propres entrepreneurs en les recrutant dans les rangs des Jeunesses communistes, le Komsomol.

Leurs yeux se sont rapidement portés sur Mikhaïl Khodorkovski, un jeune Moscovite très déterminé, aux abords de la vingtaine, qui était l'adjoint du chef de sa section locale des Jeunesses communistes. Khodorkovski sortait d'une enfance passée dans un appartement communautaire dans le nord de Moscou, où il avait appris à un jeune âge les dangers d'une chute dans les failles de la société soviétique. L'autre famille qui partageait le deux-pièces de ses parents était pour lui une démonstration claire des nombreuses choses qui pouvaient mal tourner dans la vie : le père était un bolchévique à moitié fou qui se baladait dans l'appartement sans pantalon et qui effrayait la mère de Khodorkovski ; le fils était un ivrogne et la fille pratiquait le « plus vieux métier du monde », d'après les dires d'une des ex-compagnes de Khodorkovski. « Cette atmosphère l'a conduit à suivre le principe de Lénine : "Apprendre, apprendre et apprendre encore." Il a compris que si vous n'essayez pas de vous en donner les moyens en travaillant dur, vous n'irez nulle part ». Quand il était adolescent, sa famille a quitté cet appartement partagé, mais son atmosphère lui a laissé une trace durable. Ses parents étaient ingénieurs, et Khodorkovski a commencé à travailler à l'âge de quatorze ans. Il se faisait un peu d'argent en balayant le jardin après l'école. Lorsque nous nous sommes rencontrés, de nombreuses années plus tard, après son ascension météorique et sa chute tout aussi spectaculaire, il m'a dit que son ambition dans la vie était d'être directeur d'une usine soviétique, mais qu'il avait peur que la judéité de son père le freine.

À cette époque, Khodorkovski avait l'air d'un escroc de la rue, bien charpenté, vêtu d'un pantalon et d'une veste en jean, avec de grosses lunettes et une moustache noire. Mais sa très forte détermination l'a aidé à se hisser au sommet des Jeunesses communistes de sa localité, où il a commencé à organiser des soirées pour les étudiants de l'université de technologie chimique Dmitri Mendeleïev. Il a fait montre d'un tel sens entrepreneurial qu'il a rapidement été invité, par les plus hauts dirigeants des Jeunesses communistes de Moscou, à lancer une nouvelle initiative ambitieuse appelée « les centres des jeunes scientifiques », connus sous l'appellation NTTM. Ces centres devaient agir comme des intermédiaires pour les instituts de recherche de haut niveau de Moscou, afin de convertir les recherches en ressources financières et de fournir du matériel informatique. Ils devaient aussi avoir accès à une source de fonds potentiellement énorme, appelée *beznalitche.* Dans l'économie planifiée biaisée, façon Alice au pays des merveilles, de l'Union soviétique, les profits ne signifiaient rien, et tout – du coût des matériaux jusqu'aux prix des produits finis – était déterminé par les planificateurs de l'État. Tout ce que les entreprises d'État avaient à faire, c'était de suivre rigoureusement le plan annuel de production que leur donnait l'État. En conséquence, les usines n'étaient pas censées détenir plus de trésorerie dans leurs comptes que ce dont elles avaient besoin pour payer leur masse salariale. Mais, au lieu d'avoir de la trésorerie, elles avaient des unités de compte appelées *beznalitche*, des valeurs non numéraires. Le véritable numéraire, le rouble, n'existait qu'en si petites quantités qu'il en résultait qu'un vrai rouble pouvait équivaloir à dix fois le rouble *beznalitche.*

La loi soviétique interdisait à toute entreprise d'échanger des unités de compte non numéraires contre du numéraire. Mais, sous les réformes de Gorbatchev, les NTTM allaient avoir la permission d'échanger des *benzalitche* contre du vrai argent, en déplaçant tout simplement les fonds d'un compte à un autre. Cela a débloqué des masses énormes de capital et généré d'énormes profits. À ce moment-là, Khodorkovski avait fait équipe avec un diplômé en cybernétique, Leonid Nevzlin, un animal politique beau parleur, aux yeux verts perçants et à l'air débonnaire, et avec Vladimir Dubov, un employé de l'Institut des hautes températures de l'Académie des sciences de Moscou. Ils avaient reçu un coup de main venu du sommet. L'endroit où travaillait Dubov était l'un des instituts de recherche les plus secrets de l'Union soviétique, un complexe scientifique gigantesque profondément impliqué dans la recherche sur les armes laser et la course à la Guerre des étoiles. Son directeur, Alexandre Cheindline, leur a donné accès à 170 000 roubles *benzalitche*, d'une valeur de deux millions de roubles numéraires. Il ne leur a même pas demandé ce qu'ils allaient faire de cet argent.

Khodorkovski et ses associés sont passés à l'avant-garde d'un nouveau mouvement initié par les réformes de la *perestroïka* de Gorbatchev. Ils ont formé l'une des premières « coopératives » du pays, en fait, la première entreprise privée d'Union soviétique. Les lois révolutionnaires passées en 1987 permettaient à des entreprises privées de s'installer dans les secteurs où les pénuries se faisaient le plus cruellement ressentir – celui des biens de consommation et celui des services de cordonnerie et de lingerie. Un an après, ces lois ont été étendues pour permettre aux entrepreneurs d'exercer dans les secteurs les plus lucratifs d'Union soviétique, le commerce des matières premières. Khodorkovski et son équipe ont utilisé les roubles *benzalitche* de l'Institut des hautes températures de manière très profitable. Ils les ont échangés contre des devises fortes gagnées par des exportateurs de bois, puis ils ont utilisé cet argent pour importer des ordinateurs. Toutefois, leurs actions étaient pour partie dirigées d'en haut. L'économie soviétique avait désespérément besoin de la technologie de l'Ouest, son système informatique était largement à la traîne. Cependant, l'embargo de l'Ouest sur les produits de haute technologie rendait l'importation d'ordinateurs très compliquée. Khodorkovski et ses associés devaient utiliser les voies commerciales secrètes du KGB.

Thomas Graham, un ancien haut dirigeant pour la Russie du Conseil de sécurité nationale des États-Unis, m'a dit : « La nouvelle génération d'hommes d'affaires n'est pas sortie de nulle part.

Ils avaient des gens pour les aider. Il y avait certains éléments du gouvernement soviétique et de la direction du KGB qui comprenaient comment le monde occidental fonctionnait et qui avaient compris cette nécessité d'adaptation. »

Pour Christian Michel, devenu le gestionnaire de la fortune de Khodorkovski en 1989 : « Gorbatchev poussait en ce sens. C'était la politique officielle. Il y avait deux directions au KGB qui s'intéressaient spécifiquement à cela. L'une était celle du marché noir et de l'économie criminelle. La seconde était celle du service de renseignement extérieur, parce qu'elle comprenait mieux ce qu'il se passait que le reste du Politburo, et parce qu'elle avait accès à beaucoup d'argent. Elle voulait un meilleur retour sur ce qu'elle avait, donc elle l'a confié à des gens comme Khodorkovski et elle leur a dit : "Allez-y, à vous de jouer." »

Lorsque nous nous sommes rencontrés, Khodorkovski m'a précisé qu'il ne savait pas qu'il faisait partie d'une expérimentation du KGB. Il m'a affirmé qu'il était trop jeune, trop obsédé par sa volonté de réussir pour prendre conscience qu'il faisait partie d'un plan plus large. Mais pendant des années, m'a-t-il dit, ses activités n'étaient qu'un simple travail pour lui, et ce n'est qu'en 1993 qu'il a réalisé que les entreprises qu'il dirigeait pouvaient être considérées comme lui appartenant. Durant tout ce temps, il avait reçu des instructions : « Ils me demandaient : "Pourrais-tu fournir des ordinateurs ici, pourrais-tu fournir des ordinateurs là ? Pourrais-tu faire ceci, pourrais-tu faire cela ?" Ils avaient le droit de donner des ordres. Mais ils demandaient toujours. » (Cependant, il ne me disait pas qui étaient ces donneurs d'ordres.)

Des centaines de jeunes hommes d'affaires se sont mis à monter des coopératives. La plupart d'entre eux recherchaient à importer des ordinateurs ou à importer des biens de consommation. Mais ceux qui réussissaient le mieux, ceux qui exerçaient dans le commerce de matières premières ou dans le secteur bancaire, étaient ceux qui avaient les relations les plus puissantes. Un de ces hommes du marché noir issu du Komsomol était Mikhaïl Fridman, un jeune homme d'un peu plus d'une vingtaine d'années, exceptionnellement brillant et ambitieux, avec un visage rond et un air pugnace, et qui en fait avait été empêché d'aller étudier dans les meilleures universités de Moscou à cause des quotas, officieux, antisémites. Il était donc allé étudier à l'Institut de l'acier et des alliages de Moscou. Après son diplôme, au lieu de se centrer sur son travail d'ingénieur sans avenir à l'usine d'Elektrostal, il revendait des billets du Bolchoï aux prix du marché noir à des touristes candides. Il récoltait ainsi des dollars pour marchander d'autres biens, en coopérant toujours avec le KGB afin de garder ses bonnes grâces. Avec des amis, il a créé l'une des premières coopératives, Alpha-photo, qui au départ lavait des vitres, puis s'est mise à importer des ordinateurs, et est devenue ensuite l'une des premières sociétés à être autorisées à se développer sur le marché des matières premières. Cette entreprise a été renommée Alpha-Eco, et elle s'est solidement enracinée en Suisse. C'était l'une des toutes premières coentreprises soviéto-suisses. Rien de cela n'aurait pu se produire sans le patronage du KGB. « Tout se passait sous le contrôle soviétique », m'a dit un ancien membre du gouvernement très au fait des opérations de Fridman.

Le KGB a cherché à garder la main sur les exportations de matières premières, mais, après la loi de 1988 qui autorisait les coopératives à faire du commerce, sa tâche est devenue de plus en plus difficile. Les directeurs d'entreprises d'État se sont joints à la ruée vers l'or. Ils ont créé leurs propres coopératives pour exporter les énormes stocks de matières premières – d'aluminium, d'acier, de cuivre et d'engrais – qui se trouvaient dans les usines qu'ils dirigeaient. Ils ont fait main basse sur de la trésorerie industrielle en privatisant leurs entreprises de l'intérieur avant que quiconque ait jamais mentionné le mot privatisation. Bien que le KGB ait tenté de maintenir sa mainmise sur la plupart des matières premières stratégiques – le pétrole en particulier –, des pans entiers du commerce des matières premières sont rapidement devenus des foires d'empoigne. Les réformes de Gorbatchev avaient ouvert la boîte de Pandore. L'État soviétique se faisait piller et, le plus important, le pouvoir que le Parti communiste avait sur l'économie – et le pays lui-même – s'érodait à grande vitesse.

Une ligne de la loi sur les coopératives qui était passée inaperçue permettait la création d'entreprises financières ou bancaires – en d'autres termes, la création de banques. Khodorkovski a été parmi les premiers à le remarquer. Il est allé voir la banque d'État du logement, la Jilsotsbank, pour lui demander un prêt pour sa coopérative. Elle le lui a accordé, mais à la condition qu'il crée d'abord une banque. Une fois encore, il a reçu un coup de pouce amical d'en haut. La Jilsotsbank a accepté d'être un des fondateurs de sa banque qui a finalement été enregistrée sous le nom de Menatep Bank, et le directeur de l'Institut des hautes températures a rejoint son conseil d'administration. Khodorkovski a apporté du capital en provenance des profits du NTTM, et il s'est ensuite très vite accordé des prêts à lui-même pour financer son business d'import-export d'ordinateurs. Puis, il a trouvé une faille juridique qui lui permettait de mettre en place un commerce encore plus lucratif : l'échange de devises fortes. C'est à ce moment-là que ses affaires ont vraiment décollé. Il pouvait échanger des roubles contre des dollars au prix officiel fixé par l'État de 65 kopecks le dollar. Puis il revendait des ordinateurs à un prix équivalent à 40 roubles pour un dollar. Les bénéfices étaient énormes. La banque centrale soviétique a octroyé à la Menatep l'une des premières licences pour échanger des devises fortes, et très vite cette banque a transféré d'énormes sommes d'argent à l'étranger.

Les vannes s'étaient ouvertes pour le transfert de centaines de millions de dollars vers des comptes à l'étranger grâce à l'échange de devises fortes. La plus grande part de cette activité s'est déroulée juste au moment où le secrétaire général adjoint de Gorbatchev, Vladimir Ivachko, a approuvé le plan pour l'« économie invisible » pour la fortune du Parti, et où Leonid Vesselovski, du KGB, a proposé de créer le système des mandataires de confiance, les *doverenni litsa*. Pendant des années, la légende de Moscou a colporté que la Menatep Bank de Khodorkovski avait été un des principaux canaux de transfert des richesses du Parti communiste à l'étranger. Khodorkovski a toujours nié cela, mais au moins un directeur financier de Moscou et deux anciens cadres opérationnels du renseignement extérieur russe m'ont dit que Menatep était un rouage essentiel pour le transfert de l'argent du Parti. « Beaucoup d'argent du Comité central a été perdu. Je sais de source sûre que Khodorkovski a été un des acteurs de tout ça », m'a confié ce financier.

*

Gorbatchev a d'abord indiqué qu'il était terrifié devant le processus que ses réformes économiques avaient déclenché début 1989. Lui et son gouvernement proposaient de limiter les montants que les propriétaires des nouvelles coopératives pouvaient gagner. Le plan était qu'eux, et leurs travailleurs, puissent se payer eux-mêmes seulement une centaine de roubles par jour, tandis que le reste de l'argent qu'ils feraient resterait sur un compte spécial dans une banque d'État. Gorbatchev voulait clairement juguler le pillage de l'État soviétique : il apparaissait clairement que les caisses s'asséchaient. Mais cette proposition a reçu un retour de bâton immédiat. Un des propriétaires de coopératives, Artiom Tarassov, le premier millionnaire en roubles publiquement déclaré, a fait ouvertement campagne contre ce pillage et il a reçu le soutien de la moitié du Politburo, dont celui d'Alexandre Iakovlev et celui de l'ancien directeur du KGB Victor Tchebrikov. Gorbatchev avait toujours voulu une réforme graduelle, qui maintiendrait l'économie dans les limites de l'État socialiste. Mais là, dans cette ruée sur les richesses, l'unité de la direction du Parti volait en éclats, avec un fossé grandissant entre les progressistes et la vieille garde conservatrice. Un par un, les progressistes apportaient leur soutien à Boris Eltsine, cet opportuniste arriviste, ancien membre du Politburo, qui remettait de plus en plus en question les décisions de Gorbatchev – et les membres du KGB se joignaient secrètement à eux. Eltsine avait gagné une certaine audience en tant que leader à part entière sous les propres réformes politiques de Gorbatchev, d'abord quand il a été élu président du Soviet suprême, en 1990, et ensuite quand il a été élu Président de la Fédération de Russie lors de la première élection pour ce poste en juin 1991.

Les jeunes loups de la transition économique de la Russie, triés sur le volet, se ralliaient à Eltsine, tandis que les géants politiques réformistes, tel Alexandre Iakovlev, se rangeaient également derrière lui. Khodorkovski et son équipe ont financé une partie de la campagne présidentielle d'Eltsine, en gérant une partie de sa campagne médiatique et en forgeant des liens au cœur même de son administration.

*

Au moment où les cinq berlines Volga noires s'approchaient de la grille en fer forgé de la résidence d'été de Gorbatchev à Foros, sur la côte de la mer Noire, en cette soirée fatale du 18 août 1991, le Parti communiste de l'Union soviétique était déjà pratiquement fini.

Des pans entiers du KGB n'avaient jamais soutenu le coup d'État de la ligne dure. Les comploteurs avaient déclaré que le directeur du KGB, Vladimir Krioutchkov, était avec eux, mais Krioutchkov s'est mis en retrait de toute action décisive visant à éteindre les protestations contre le coup d'État. Le KGB n'a pas arrêté Eltsine lorsqu'il est revenu à Moscou du Kazakhstan, le lendemain du jour où les comploteurs ont pris le contrôle ; les membres de l'unité d'élite spéciale du KGB, le groupe Alpha, ne l'ont pas arrêté non plus lorsque, cachés dans des buissons à l'extérieur de sa datcha moscovite, ils l'observaient en train de réfléchir à ses prochaines actions. Au lieu de cela, Eltsine a pu frayer son chemin indemne jusqu'à la Maison-Blanche, le siège du pouvoir du parlement russe, où il a mené une contestation virulente contre le coup d'État, tandis que des dizaines de milliers de personnes affluaient pour le soutenir. Quand les comploteurs ont finalement donné l'ordre de prendre d'assaut la forteresse d'Eltsine l'après-midi du troisième jour du coup d'État, les hommes du groupe Alpha ont refusé d'ouvrir le feu sur la Maison-Blanche. Krioutchkov a annulé cet ordre lorsque trois hommes furent tués dans les premières heures de la matinée après qu'un groupe de protestataires s'était barricadé dans une rue adjacente devant l'approche des chars. Personne ne voulait que du sang soit encore versé.

Les progressistes du Parti et du KGB avaient clairement commencé à soutenir les leaders démocratiques, parce qu'ils ne voulaient pas que les torrents de cash se tarissent. « Une partie du KGB soutenait Eltsine. Ils voyaient Eltsine comme une alternative qui mettrait en œuvre les réformes pour une économie de marché », m'a dit Andreï Illarionov, un conseiller économique de Poutine des premières années de sa présidence.

Pour Rair Simonian, le jeune économiste proche du renseignement militaire et qui avait mené les réflexions à l'Institut de l'économie mondiale : « Les entreprises et les gens qui étaient à l'origine de la *perestroïka* ont décidé qu'ils devaient en faire plus.

C'est devenu un processus politique parce qu'il leur apparaissait clairement que sinon, leurs efforts iraient droit dans le mur. Gorbatchev est juste trop indécis. »

Pendant une longue période, les partisans de la ligne dure au sein du KGB ont poussé des cris d'alarme en avançant que l'effondrement du système soviétique était fomenté par des agents des États-Unis. Beaucoup d'entre eux étaient convaincus que les États-Unis avaient agi en exploitant les faiblesses intrinsèques du système et en soutenant les protestations pour l'indépendance dans tout le pacte de Varsovie – et il y avait une part de vérité là-dedans. Il se murmurait qu'Alexandre Iakovlev, le parrain des réformes de la *perestroïka* de Gorbatchev, était un agent placé au sommet du Politburo par la CIA pour démolir l'empire soviétique, et que Boris Eltsine était un valet à la solde des États-Unis. Mais la vérité est que la révolution qui achevait sept décennies de pouvoir communiste s'est faite presque sans effusion de sang parce beaucoup au sein du système ne voulaient pas que le Parti ni le socialisme survivent. « Le plus haut échelon de la *nomenklatura* soviétique a été balayé, et une partie des second et troisième cercles ont pris les rênes du pays. Ces personnes avaient réalisé qu'en se défaisant de l'idéologie, elles pouvaient vivre beaucoup mieux. Le pays s'est effondré parce que ces personnes des second et troisième échelons n'avaient aucun intérêt à ce qu'il survive. Elles avaient trouvé une façon de survivre beaucoup mieux dans le nouveau système », m'a expliqué Thomas Graham.

Finalement, lorsqu'il s'est produit, l'effondrement a été un délit d'initié. D'après un ancien cadre opérationnel, les hommes à la tête du renseignement extérieur du KGB avaient décidé de « faire exploser leur propre maison ».

Et quand les procureurs russes ont demandé que des recherches soient entreprises pour retrouver les richesses disparues du Parti communiste, ce sont les sentinelles de la direction du renseignement extérieur qui ont fait tout ce qu'elles ont pu pour les bloquer. À la tête de cette dissimulation se trouvait Evgueni Primakov, l'ancien directeur de l'Institut de l'économie mondiale qui avait discrètement été une force motrice derrière la volonté de réformer et qui, très rapidement après le coup d'État, serait nommé par Eltsine au poste de directeur du renseignement extérieur. « Primakov a sciemment saboté la seule tentative sérieuse d'élucider l'immense pillage qui avait anéanti la trésorerie de la Russie », m'a dit Richard Palmer, un chef de poste de la CIA pour l'ancienne Union soviétique au début des années 1990.

Pendant ce temps, Primakov et son proche associé, celui qui fut un temps directeur du renseignement militaire à l'Institut d'études des États-Unis et du Canada, Mikhaïl Milchtein, avaient travaillé sur des projets visant à mettre fin à l'affrontement de leur pays avec l'Ouest. Mais, sous couvert de l'émigration soviétique, ils avaient également envoyé un nouveau groupe d'agents à l'Ouest pour entretenir une partie des réseaux de l'argent caché du renseignement extérieur de la Russie. L'argent était acheminé à l'étranger et mis de côté pour un autre jeu, plus secret. Un cadre opérationnel du renseignement extérieur, Sergueï Tretiakov, a déclaré plus tard que des dizaines de milliards de dollars avaient été transférés pour maintenir les réseaux de renseignement extérieur du KGB. Des centaines de sociétés fictives et de coentreprises soviétiques avaient été créées durant l'année précédant le coup d'État. Certaines avaient été fondées par des émigrés soviétiques, d'autres par les émissaires du Komsomol triés sur le volet.

L'empire soviétique était peut-être perdu, mais les progressistes du renseignement extérieur savaient que la bataille contre l'Ouest était de toute façon insoutenable sous une économie dirigée. Pour eux, la fin de l'empire communiste ne signifiait pas la fin des hostilités, mais une opportunité de les poursuivre sous de nouveaux auspices.

Un nouveau jour

Dans l'après-midi du 19 août 1991, lorsque Boris Eltsine est sorti de la Maison-Blanche russe au beau milieu du coup d'État de la ligne dure du parti, clignant des yeux dans la lumière du soleil, le monde entier a vu en lui l'icône d'une ère nouvelle. Défiant le dispositif militaire qui encerclait la Maison-Blanche, Eltsine grimpa d'un pied ferme sur un des chars, serrant les mains des soldats qui maniaient leurs armes à son approche.

Dans les jours euphoriques qui ont suivi, le symbole du pouvoir surpuissant du KGB, une statue du père fondateur de la police secrète soviétique, Félix Dzerjinski, a été déboulonnée de son socle en face du siège du KGB, place Loubianka à Moscou. Les banquiers et les responsables gouvernementaux occidentaux se sont déplacés précipitamment en Russie pour conseiller le nouveau gouvernement d'Eltsine sur la création d'une économie de marché. Ce nouveau cabinet ministériel était partiellement occupé par de jeunes économistes brillants, dont Egor Gaïdar et Piotr Aven. La Russie allait intégrer les marchés de l'Occident et l'on saluait une nouvelle ère de coopération.

Bien qu'en octobre 1991 Eltsine eût signé un décret abolissant le KGB et le démantelant en quatre services intérieurs, sa décision de choisir Vadim Bakatine pour en prendre la direction dans les derniers mois avant son abolition fut un premier signe que le changement n'allait être que cosmétique. Bakatine était un outsider inexpérimenté qui avait brièvement servi en tant que ministre de l'Intérieur durant les dernières années du régime soviétique, et ses nouveaux camarades au KGB le surclassaient largement. Lui-même a reconnu devant la journaliste de Moscou, Evguenia Albats, qu'il avait peu de pouvoir sur ses employés, qu'il savait qu'ils le manipulaient et qu'ils faisaient de la rétention d'information vis-à-vis de lui : « Je suis absolument convaincu que quoi que les *Komitetchiki* ne veuillent pas que je sache, je ne le saurai pas », lui a-t-il dit. Et une fois que le KGB a été officiellement dissous, le puissant service de renseignement extérieur, désormais renommé SVR, est resté intact sous la gouvernance de Primakov. Même si des dizaines de milliers d'agents apparemment démoralisés ont démissionné du service pour se joindre à la ruée vers le monde des affaires, une partie du système est simplement passée dans la clandestinité. Comme Poutine avec Sobtchak, « ils restaient dans l'ombre. Ils ne se sont pas vraiment débarrassés de quoi que ce soit. Ils ont changé la façade et ils ont changé le nom, mais rien d'autre n'a changé », m'a confié un ancien intermédiaire pour le KGB ne souhaitant s'exprimer que sous le couvert de l'anonymat. Tandis qu'officiellement le budget du SVR avait subi des coupes claires, des sources de financement non officielles ont rapidement été trouvées.

Même si, dans le chaos de l'effondrement soviétique, le gouvernement russe éprouvait les plus grandes difficultés pour payer les retraites et les salaires des enseignants, des médecins et des autres fonctionnaires, le Premier ministre Egor Gaïdar parvenait à trouver des fonds pour maintenir des avant-postes stratégiques pour le renseignement extérieur. Un de ces paiements s'est élevé à 200 millions de dollars en 1992. Il a été versé au régime de Fidel Castro à Cuba pour que le service de renseignement extérieur de la Russie puisse continuer d'utiliser son poste de Lourdes d'écoutes illicites des États-Unis. Le paiement s'est effectué au moyen d'un montage complexe d'échanges de produits pétroliers contre des importations de sucre – exactement comme les montages frauduleux déployés par le KGB à travers les sociétés amies. Ce transfert de 200 millions de dollars s'est fait à une époque où le budget officiel de l'État pour l'année 1992 était de 148 millions de dollars. Plus tard cette même année, Gaïdar a détourné l'entièreté d'un prêt de 1 milliard de dollars du Fonds monétaire international dont le but était de stabiliser l'économie russe. Avec cet argent, Gaïdar a renfloué le plus important avant-poste financier du réseau de renseignement extérieur de la Russie, la banque d'État soviétique à Paris.

Pendant la première moitié des années 1990, le KGB est resté une force puissante en coulisse. Ses agents de terrain étaient encore partout, employés comme conseillers commerciaux ou gouvernementaux, ou bien comme responsables sécurité. Jusqu'en 1995, la plupart du secteur pétrolier est restée aux mains de l'État, ses exportations étant surveillées par les agents du KGB à l'étranger. « Vous les retrouviez virtuellement partout, dans toutes les entreprises, dans toutes les agences gouvernementales. À travers leurs réseaux, ils étaient beaucoup plus que de simples individus. Ces hommes du KGB contrôlaient les réseaux, et sans eux, rien ne se passait », m'a dit Christian Michel.

Au début, beaucoup de cadres opérationnels du KGB impliqués dans la mise en place de la transition de la Russie vers une économie de marché se sont mis à travailler avec les jeunes magnats qu'ils avaient aidé à mettre en place à travers les réformes de la *perestroïka* de Gorbatchev. Ils étaient surtout là pour prendre leur part mais, dans certains cas, ils avaient le contrôle. « Ils disaient : "Tu feras des bénéfices et tu nous les reverseras" », m'a dit Iouri Chvets, l'ancien agent opérationnel des renseignements extérieurs.

Mais, alors que les jeunes magnats gagnaient du pouvoir et des richesses sous les réformes vers une économie de marché lancées par le gouvernement d'Eltsine, ils ont progressivement commencé à éclipser leurs sponsors du KGB. Une nouvelle Russie était en train de vouloir émerger, dans laquelle les anciens membres du Komsomol devenaient les symboles fougueux du nouvel âge capitaliste. Khodorkovski et son équipe de Menatep ont même rédigé un manifeste, une harangue produite à 50 000 exemplaires, distribué dans la rue et qui proclamait les vertus de l'enrichissement : « Notre boussole, c'est le profit. Notre idole est sa majesté financière le capital. » Leur but était de « devenir milliardaires », et ils voulaient démontrer qu'il n'y avait rien de mal à devenir riche après des décennies durant lesquelles faire du profit était considéré comme un crime. Cependant, ils avaient bénéficié depuis le début d'un accès privilégié aux richesses.

Les réformes économiques du nouveau gouvernement de Gaïdar visaient à instaurer le marché en Russie aussi vite que possible – quelles qu'en soient les conséquences. Ils étaient encouragés par une équipe d'économistes américains d'Harvard menée par Jeffrey Sachs, qui espérait reproduire la réussite de ce qu'on a appelé en Pologne les réformes de la « thérapie du choc », là où deux ans plus tôt, une transition rapide vers une économie de marché avait été lancée avec succès. Mais en Russie, l'héritage de l'État soviétique pesait beaucoup plus lourdement. Les réformateurs de Gaïdar favorables au marché étaient en minorité, et le système corrompu dans lequel ils ont lancé les réformes n'a fait que distordre davantage l'économie. Seuls ceux qui avaient créé des banques dans les dernières années de l'Union soviétique, à l'instar de Khodorkovski, semblaient s'accommoder de cela. Ils pensaient qu'ils contribuaient à créer une nouvelle classe d'entrepreneurs, et ils semblaient prêts à faire tout ce qui pourrait aider à briser la mainmise de la vieille garde soviétique.

Quand du jour au lendemain le gouvernement Eltsine a libéré les prix, le 1er janvier 1992, levant des décennies de contrôle soviétique, les jeunes magnats ont fait de l'argent, tandis que la population et le gouvernement luttaient pour survivre. La libération des prix a déclenché une vague d'hyperinflation dévastatrice, tandis que les chaînes d'approvisionnement et de production luttaient pour surmonter les pénuries qui obéraient depuis longtemps l'économie soviétique. Contrairement à la Pologne, où l'inflation s'était aplanie après une explosion initiale, Gaïdar avait face à lui le rusé directeur de la banque centrale, Victor Gerachtchenko, qui avait autrefois travaillé au pinacle du réseau des banques soviétiques à l'étranger en finançant les opérations du KGB, et qui aujourd'hui continuait d'imprimer de la monnaie quoi qu'il arrive. Les prix des biens de consommation grimpaient de 400 %, parfois de beaucoup plus. Tandis que l'hyperinflation annihilait l'impact des dépenses du gouvernement et anéantissait le peu d'épargne qu'avait la population, Khodorkovski et les autres jeunes magnats étaient en mesure de se protéger face à la dévaluation de la monnaie. Ils avaient accès à la monnaie forte grâce à leurs banques, et ils ont été en mesure de rapidement transférer tous leurs roubles en dollars.

Ces magnats ont également bénéficié de la réforme de marché suivante prévue par le gouvernement Gaïdar, la privatisation des entreprises d'État. Les seules personnes ayant les fonds pour participer aux prétendues privatisations de masse appartenaient à une élite restreinte qui avait déjà pris le contrôle de la trésorerie des entreprises pendant les réformes de la *perestroïka* de Gorbatchev : les jeunes hommes d'affaires du Komsomol, les trafiquants du marché noir, les groupes du crime organisé, le KGB et les directeurs des administrations.

La privatisation, dans un temps d'hyperinflation, ne pouvait qu'aboutir à une plus grande concentration des richesses du pays aux mains de ce petit groupe, a déclaré Grigori Iavlinski, l'un des économistes les plus objectifs et intègres de Russie, qui s'était fortement prononcé pour des réformes plus graduelles. « Comment est-il possible de lancer une privatisation quand la monnaie s'est fait balayer en tant qu'institution ? Cela ne peut être qu'une privatisation criminelle. L'étape suivante fut une privatisation criminelle. »

Gleb Pavlovski, un ancien conseiller du Kremlin, m'a dit : « Quand Gaïdar a mis en route les premières privatisations, tout avait déjà été saisi. La plus grosse erreur de Gaïdar a été que lorsqu'il a commencé ses réformes, il a considéré que ce qu'il avait devant lui était encore l'économie soviétique de 1987. Mais l'économie soviétique n'existait déjà plus. » Le gouvernement Gaïdar avait cherché à garder le processus de privatisations ouvert à tous, en donnant aux ouvriers d'usine des bons pour prendre part aux ventes. Mais les ouvriers étaient souvent forcés d'échanger leurs bons contre de l'argent, ou même contre du pain, juste pour survivre à l'hyperinflation.

Les nouveaux magnats formés au Komsomol ont été les grands bénéficiaires quand le gouvernement Eltsine leur a donné accès à de grandes réserves de cash sans qu'ils aient eu à lever le petit doigt. Au lieu d'avoir sa propre trésorerie, le gouvernement a autorisé les banques des magnats, donc la Menatep de Khodorkovski et l'Alpha de Fridman, à détenir des fonds stratégiques du budget russe en dépôt. C'était une combine d'enrichissement rapide pour les heureux élus du régime Eltsine. Ils pouvaient rediriger des centaines de millions de dollars de fonds gouvernementaux vers des investissements à haut rendement, parfois même dans les ventes aux enchères des privatisations, tandis que le gouvernement était laissé dans l'attente de la récupération de ses fonds. Des programmes vitaux tels que les dépenses de défense ou l'aide aux citoyens en déshérence dans les friches industrielles du Grand Nord de la Russie étaient retardés ou simplement impayés, tandis que les nouveaux banquiers sans pitié flouaient le gouvernement avec des billets à ordre. Le gouvernement se faisait saigner à blanc tandis que les nouveaux loups de l'économie russe concoctaient des montages complexes pour éviter de payer des taxes ou des droits de douane.

Plus rapides et plus au fait des ficelles du marché que leurs maîtres d'hier au KGB, les jeunes magnats du Komsomol devenaient des sortes de monstres de Frankenstein. Ils ont eu tôt fait de courir plus vite que les hommes qui les avaient faits. Le véritable tournant s'est produit vers le milieu de l'année 1995, quand le contrôle de l'économie s'est vu transférer irrévocablement dans les mains de ces nouveaux magnats. La Russie entrait dans la dernière année avant les premières élections présidentielles post-soviétiques, et les caisses de l'État étaient vides. Les salaires et les retraites avaient des mois d'arriérés, et la cote de popularité d'Eltsine, à 6 %, était effroyablement basse. Les magnats craignaient un retour au communisme qui les délesterait de leur fortune et pourrait même les envoyer en prison. De manière encore plus prégnante, ils lorgnaient depuis longtemps avec avidité sur les bijoux de la couronne de l'industrie soviétique, les géants industriels de l'État. Ce qu'ils avaient acquis jusqu'ici n'était que de la menue monnaie en comparaison des vastes ressources qui demeuraient sous le contrôle de l'État.

Vladimir Potanine, le fils enjôleur d'un diplomate soviétique de haut rang, qui était devenu l'un des nouveaux banquiers majeurs du pays, a élaboré un plan tout à fait ingénieux. Il a proposé que les jeunes banquiers aident le gouvernement Eltsine en manque de cash par une série de prêts. Comme collatéral, les magnats prendraient des parts dans une petite sélection des plus grandes entreprises de la nation. Les magnats géreraient les entreprises et pourraient vendre leurs parts si le gouvernement ne pouvait pas rembourser les prêts. Quand l'idée a été émise la première fois, les observateurs extérieurs l'ont raillée en affirmant qu'elle ne marcherait jamais. Ils disaient que la corruption potentielle était bien trop grande, qu'il serait bien trop facile pour les banquiers de se revendre tout simplement leurs parts à eux-mêmes.

Mais ces jeunes magnats avaient des amis puissants au gouvernement Eltsine. Le premier d'entre eux était Anatoli Tchoubaïs, le vice-premier ministre aux cheveux roux et allié proche de Gaïdar qui avait été jusqu'ici l'architecte du programme de privatisation. Avec un fort soutien de la part de l'équipe d'économistes américains, Tchoubaïs avait eu l'intention de casser le monopole de l'État sur l'économie, quel qu'en soit le coût. Une part trop grande de l'industrie était encore aux mains de l'État, aux mains du KGB et de directeurs « rouges » de l'ère soviétique, tandis que la menace d'un retour au communisme semblait bien trop réelle. Si le gouvernement acceptait la proposition des banquiers, cela créerait du jour au lendemain une nouvelle classe majeure de propriétaires fonciers, et cela remplirait dans le même temps les caisses vides du gouvernement avec une proposition de prêts pour un montant de 1,8 milliard de dollars. Les magnats soutiendraient ensuite Eltsine jusqu'au bout contre les communistes pour préserver leurs nouvelles richesses. Tchoubaïs pensait que cela signerait la victoire finale des réformateurs libéraux sur les forces de la vieille garde.

Cependant, ce plan deviendrait un des péchés originels de la transition de la Russie vers le marché. Il a tout contaminé et a ouvert la voie à de constantes menaces sur la légalité des propriétés que les jeunes magnats ont acquises à cette époque. Il s'est inscrit dans les esprits comme les privatisations des prêts-contre-actions, un deal d'initiés qui transférait la richesse des ressources de la nation aux mains de jeunes banquiers à des prix bradés. Beaucoup plus agiles financièrement, et en capacité d'avoir accès à de plus grandes réserves de cash immédiatement disponible grâce à la croissance rapide de leurs banques et des dépôts gouvernementaux qu'elles détenaient, les jeunes magnats surclassaient leurs anciens maîtres du KGB. Les forces combinées du KGB et des anciens dirigeants soviétiques n'ont pu remporter que deux des ventes aux enchères d'actions de compagnies pétrolières : 5 % d'une société pétrolière appelée Lukoil, et 40 % de Surgutneftegaz, dont les gérants ont fait des pieds et des mains pour garder à l'écart les jeunes banquiers. L'aéroport le plus proche de la ville pétrolière de Sourgout, où la vente se tenait, était fermé, et des gardes armés formaient des barrages routiers sur les routes principales menant à la ville.

La plupart du reste de l'industrie soviétique est passée aux mains des jeunes banquiers, dans des ventes aux enchères notoirement vues comme étant truquées. Potanine a remporté le prix qu'il convoitait depuis longtemps – un actionnariat majoritaire dans le plus gros producteur mondial de nickel et d'aluminium, Norilsk Nickel, une usine tentaculaire au-delà du cercle polaire arctique dont les profits en 1995 étaient de 1,2 milliard de dollars. Il avait réussi cette acquisition en consentant un prêt de seulement 170 millions de dollars au gouvernement – et quand, comme attendu, le gouvernement toujours en manque de liquidités avait fait défaut sur le prêt après qu'Eltsine eut assuré sa victoire à l'élection, la voie était dégagée pour que Potanine remporte la mise lors de la vente aux enchères pour une somme légèrement supérieure au montant du prêt. Khodorkovski avait depuis longtemps ciblé Ioukos, un producteur de pétrole de Sibérie occidentale qui contrôlait certaines des plus grandes réserves de Russie. Il en a pris le contrôle après avoir prêté 159 millions de dollars au gouvernement pour une participation de 45 %, puis en payant un supplément de 150 millions de dollars d'investissement pour 33 % de parts supplémentaires. Un autre géant du pétrole, Sibneft, a été remporté pour 100 millions de dollars grâce aux efforts de Boris Berezovski, qui contrôlait déjà les ventes du plus gros producteur de voitures de Russie et qui présidait sa propre banque. La plupart de ces banquiers avaient à peine la trentaine, mais, avec l'aide de sympathiques responsables gouvernementaux qui géraient le déroulement des enchères, ils ont pu assurer les fondations de fortunes qui, en l'espace de quelques années, se chiffreraient en milliards, puis en dizaines de milliards de dollars. Berezovski a bientôt claironné qu'un groupe de sept banquiers contrôlait 50 % de l'économie de la nation.

Ces ventes aux enchères de prêts-contre-actions ont marqué un énorme basculement dans le contrôle de l'économie. Ça a été le moment où les magnats se sont transformés de simples banquiers en propriétaires des actifs les plus prisés du pays, avec un accès à certaines des sources de trésorerie les plus lucratives. « C'est à ce moment-là qu'ils ont commencé à se réinventer. Ils ont acquis de sérieux actifs. Ils sont devenus bien plus que des banquiers », m'a dit Christian Michel.

À la fin des années 1990, ces jeunes magnats étaient en train d'inverser l'héritage soviétique d'une production en chute libre, de dettes abyssales et de négligence. Mais, pour les membres des services de renseignement qui avaient contribué à créer ces milliardaires, les ventes aux enchères prêts-contre-actions ont été un moment qu'ils n'oublieraient ni ne pardonneraient jamais, et constitueraient l'épicentre de la revanche ultérieure du KGB. Avant cela, dans l'ombre, les hommes du KGB étaient restés en mesure de contrôler une grande partie de la trésorerie des richesses pétrolières du pays. Mais dorénavant, ils avaient été déjoués et pris de vitesse, et les rênes financières n'étaient presque plus entre leurs mains. « Quand [les jeunes magnats] ont pris le contrôle, ça a été le tournant. On a changé de paradigme », m'a dit Rair Simonian, l'allié de Primakov qui avait travaillé sur les premières réformes de la *perestroïka*.

Cependant, à cette époque les magnats du nouvel ordre russe ont vu leur nouvelle fortune leur monter à la tête. Ils étaient devenus très rapidement des oligarques qui avaient une influence considérable sur le gouvernement Eltsine affaibli. Les membres qui restaient de la vieille garde des services de renseignement qui avaient servi au gouvernement avaient été écartés, en disgrâce, dans la période préélectorale présidentielle, et les réformistes à l'occidentale comme Tchoubaïs avaient eu libre cours pour jouer les leaders d'opinion. Fraîchement auréolé du succès de son programme de ventes prêts-contre-actions, Potanine s'est vu attribuer le poste de vice-premier ministre d'Eltsine, tandis que Berezovski a été nommé secrétaire du Conseil de sécurité. Tchoubaïs est devenu le directeur de cabinet d'Eltsine. C'était l'apothéose de cette ère. Le pays, semblait-il, était à eux. Les forces du KGB semblaient disparaître à l'arrière-plan.

Mais, pour l'ancien cadre opérationnel des renseignements extérieurs Iouri Chvets, les oligarques « ont tous oublié envers qui ils ont une dette ». Dans cette course pour renforcer leurs positions, dans cette bataille pour accumuler plus de richesses, Khodorkovski et les autres n'ont pas remarqué qu'à proximité, à Saint-Pétersbourg, il y avait un refroidissement dans l'air. Les choses s'y passaient différemment. Là-bas, éloignées de la ruée vers l'or du boom économique de Moscou, les forces du KGB y exerçaient un contrôle beaucoup plus grand, dans une ville où l'économie était plus dure et plus sombre, dans une lutte acharnée pour l'argent.

3

« La partie émergée d'un iceberg »

SAINT-PÉTERSBOURG – Au sud-ouest de Saint-Pétersbourg, où le golfe de Finlande rejoint la mer Baltique, un enchevêtrement de grues et de conteneurs se dresse vis-à-vis d'élégantes façades de palais prérévolutionnaires de l'autre côté de la baie. Sur une petite île, des amas de ferrailles et des empilements de bois attendent les tankers tandis que de l'autre côté d'un chenal, les bâtiments de briques rouges, qui autrefois abritaient la douane et les entrepôts pour le compte des plus grands marchands prérévolutionnaires de la ville, sont encore debout, à moitié à l'abandon, parmi ces grosses machines. Plus loin vers l'ouest, une jetée en béton mène à un endroit appelé parfois « Golden Gates », une gigantesque installation en béton de stockage de pétrole qui marque l'avant-poste le plus stratégique de Saint-Pétersbourg, le terminal pétrolier qui a été le champ de bataille d'une des plus féroces guerres de bandits des années 1990.

Un archipel d'îles héberge le port maritime de Saint-Pétersbourg, et ses canaux ont depuis toujours été les hôtes de l'histoire tumultueuse de la Russie. Quand Pierre le Grand a fondé Saint-Pétersbourg, au début du XVIIIe siècle, il l'a fait dans l'espoir qu'elle accueille le plus grand port maritime de Russie, un lien vital entre le vaste territoire eurasien du pays et les marchés de l'Ouest. Des milliers de serfs ont travaillé dur et sont morts pour réaliser son souhait de palais baroques majestueux et d'élégants canaux sortant de marais boueux soumis au gel. Saint-Pétersbourg a toujours eu vocation à être une « fenêtre sur l'Ouest », une ville portuaire qui ferait sortir le pays de gré ou de force de son passé médiéval et asiatique, quel qu'en soit le prix.

Les navires transportant des cargaisons de textile, de thé, de soie et d'épices ont débarqué en nombre toujours plus grand en provenance des empires coloniaux de l'Occident, tandis que les richesses de la Russie impériale, le bois, les fourrures, le chanvre et la potasse partaient à l'export. Les marchands et les nobles de Saint-Pétersbourg prospéraient mais, alors que la population de la ville explosait, ses travailleurs étaient parmi les plus opprimés du monde. Les dockers chargeaient et déchargeaient les cargaisons des bateaux à dos d'homme, sans protections contre la glace ni les vents violents qui paralysaient le port durant la moitié de l'année. Quand en 1917 Vladimir Lénine a réuni les travailleurs de la ville pour renverser le gouvernement provisoire, les dockers étaient les premiers d'entre eux. Quand la ville, appelée Leningrad à l'époque, a été assiégée par les nazis lors de la Deuxième Guerre mondiale, le port maritime était en première ligne de luttes déchirantes pour survivre aux bombardements et à la famine.

Et quand la Russie a tressailli une fois de plus lors de sa troisième révolution du XXe siècle, le port de Saint-Pétersbourg avait encore une fois un rôle déterminant à jouer. C'est devenu le point zéro pour une alliance entre le KGB et le crime organisé qui devait étendre son influence à travers la Russie, et plus tard aussi sur les institutions et les marchés occidentaux. C'était le point de départ des alliances pour le « business » entre l'adjoint au maire de la ville, Vladimir Poutine, qui travaillait très étroitement avec le chef du crime organisé qui dirigeait ce « business », et le négociant de produits pétroliers qui s'était offert un monopole sur les exportations grâce à son terminal pétrolier. Les relations qui se sont forgées à ce moment-là, à travers un enchevêtrement élaboré d'opérations de troc et de contrats d'exportation, sont devenues le modèle selon lequel la Russie de Poutine serait gérée.

Au début des années 1990, le port était un des endroits les plus sombres d'une ville ravagée par les fusillades des gangs et de violentes rixes pour de l'argent. « L'histoire du port maritime est une sale histoire entachée par le crime », m'a raconté un ancien haut responsable du conseil municipal de Saint-Pétersbourg. Et, d'après un ancien membre du plus grand gang criminel local, le gang de Tambov : « Le port était totalement criminalisé. Il y avait beaucoup d'échanges de coups de feu. »

Ce gang, qui a fini par imposer sa loi, faisait partie d'un réseau du crime organisé et des hommes du KGB qui régnait sur Saint-Pétersbourg dans les années 1990, et Vladimir Poutine était au centre de ce réseau. Si, à Moscou, les forces du KGB étaient restées largement dans l'ombre, à Saint-Pétersbourg elles étaient beaucoup plus visibles. L'économie de Saint-Pétersbourg était beaucoup plus petite que celle de Moscou, la guerre de l'argent y était beaucoup plus féroce, et le bureau du maire avait des ramifications dans presque toutes les entreprises. La principale raison de la force de la présence du KGB à Saint-Pétersbourg était que le maire Anatoli Sobtchak n'avait que très peu d'intérêt pour la gestion de la ville au jour le jour. Il laissait cela à Poutine, qui gérait le Comité des relations extérieures, qui supervisait tout le commerce et une grande partie des entreprises de la ville, et à son autre adjoint, Vladimir Iakovlev, qui était chargé des affaires économiques de la ville.

Sobtchak et ses adjoints ont déplacé le bureau du maire du palais Marie, où le conseil municipal de Saint-Pétersbourg dirigé par les démocrates siégeait, aux bureaux labyrinthiques de l'institut Smolny, d'où le Parti communiste avait dirigé la ville depuis la prise de pouvoir de Lénine. La situation dont ils avaient hérité était dramatique. Les caisses de la ville étaient vides. Il n'y avait pas d'argent pour payer les importations, et les rayons des magasins se vidaient très vite. La production alimentaire locale était en piteux état. Les céréales pourrissaient sur le bord des routes à cause de l'inefficacité des fermes collectives, tandis qu'une série de mauvaises récoltes ne faisait qu'empirer les choses. Non seulement devaient-ils gérer la crise alimentaire, mais aussi l'explosion du crime. Dans le chaos de l'effondrement de l'Union soviétique, les institutions du pouvoir semblaient se dissoudre. Les gangs du crime organisé ont rempli le vide en rackettant les entreprises locales en échange d'une protection et en s'imposant dans les échanges commerciaux.

De son bureau derrière les majestueuses colonnes et la façade décolorée de l'institut Smolny, Sobtchak semblait incapable de gérer cette situation qui se détériorait. C'était un orateur brillant et convaincant, fier de sa prestance, mais ses relations avec les forces de l'ordre de la ville étaient tendues. « Sobtchak était un idiot. Il voulait porter les costumes les plus chics, et il pouvait donner des discours pendant des heures. Il adorait les attributs du pouvoir, et sa femme voulait vivre comme une aristocrate. Il aimait se déplacer en limousine, mais il fallait que quelqu'un fasse le boulot. Qui allait nettoyer la merde dans les rues et se coltiner les bandits ? » m'a dit un ancien cadre du KGB qui avait travaillé un temps avec Poutine à Saint-Pétersbourg.

Dans les forces de l'ordre, ils étaient peu à prendre ses appels téléphoniques. « L'ancien président du KGB de Saint-Pétersbourg n'allait même pas dans une pièce avec lui. Si vous vouliez lui expliquer comment fonctionne la sécurité, ça aurait été pareil que de lui parler de physique nucléaire. Mais avec Poutine, vous pouviez parler. Vous pouviez lui dire : "Volodia, la situation ici est comme ceci, et là-bas comme cela." Et quand il appelait la police pour régler des soucis, pour lui, on décrochait le téléphone », m'a confié cet ancien agent du KGB.

Sobtchak s'en est donc remis à Poutine, qui avait entretenu un réseau de relations avec le sommet du KGB de la ville : son ancien mentor à la très redoutée chasseuse de dissidents qu'était la 5e direction du KGB de Leningrad, Viktor Tcherkessov, était le nouveau directeur du FSB de Saint-Pétersbourg, l'agence qui a succédé au KGB. Poutine est devenu le référent pour les relations avec les forces de l'ordre. C'était « quelqu'un qui pouvait prendre le téléphone et dire : "Nous devons faire quelque chose, sinon ça va être un cauchemar." Il pouvait donner son approbation à un général qui avait géré des forces spéciales par le passé, qui pouvait lui dire comment gérer une situation et peut-être même lui apporter son soutien. C'étaient des gens qui avaient des relations. Le système s'était effondré, mais une partie était restée », a poursuivi l'ancien agent du KGB.

Ce qui est sorti du chaos et de l'effondrement – et de l'inefficacité de Sobtchak –, a été une alliance entre Poutine, ses alliés du KGB et le crime organisé qui a cherché à faire tourner la plus grande partie de l'économie de la ville en faveur de leurs propres intérêts. Au lieu d'imposer l'ordre pour le bien de la population de la ville, ils le faisaient principalement pour eux-mêmes. Par-dessus tout, l'effondrement signifiait pour eux une opportunité pour leur propre enrichissement – et, en particulier pour Poutine et ses alliés du KGB, une opportunité pour la création d'une caisse noire stratégique qui devait préserver leurs réseaux et sécuriser leur position pour les années à venir. Cette caisse noire avait ses racines dans les combines de troc des sociétés amies gérées par le KGB. Plus tard, elles se sont étendues au port maritime, puis au terminal pétrolier lui-même. Et c'était le gang de Tambov de Saint-Pétersbourg qui avait la mainmise sur tout ça. C'étaient des affaires qui, selon un ancien agent du FSB local, consistaient en « meurtres et braquages : le gang de Tambov avait les mains couvertes de sang. »

*

C'est vers la fin 1991 que Marina Salié a remarqué pour la première fois que quelque chose ne tournait pas rond. L'énergique militante démocrate, qui à un moment avait défié Sobtchak pour le leadership du camp démocrate à Saint-Pétersbourg, avait été chargée par le président du conseil municipal de résoudre la crise alimentaire. Vaillante géologue au milieu de la cinquantaine, avec des cheveux grisonnants et de profonds cernes sous des yeux déterminés, Salié était une militante infatigable. Cet automne-là, elle avait réussi à pousser la ville à introduire un système de cartes de rationnement. C'était la première fois que la nourriture était sous rationnement depuis la terrible famine lors du siège de Leningrad. Elle avait maintenant décidé de demander la mise en place d'un système d'échange qui permettrait à la ville d'échanger des matières premières contre l'importation de denrées alimentaires. Cela semblait être la seule façon de sortir de l'impasse. Un système avait déjà été mis en place au niveau fédéral pour gérer la crise que traversait le pays tout entier. Le gouvernement de Moscou avait commencé à établir des quotas qui permettaient l'exportation de quantités fixées de ressources naturelles détenues par des entreprises d'État, telles que des produits pétroliers, des métaux et du bois, en échange de denrées alimentaires. Mais, quand Salié a poussé le bureau du maire à solliciter les quotas d'exportations pour Saint-Pétersbourg, elle a eu vent de rumeurs selon lesquelles le Comité des relations extérieures de Poutine les avait déjà obtenus. « Quels quotas ? Où sont ces quotas ? Officiellement, personne n'en savait rien », a-t-elle dit plus tard à un journaliste. Quand elle a voulu obtenir plus d'informations du bureau du maire, personne n'a répondu à ses lettres. Elle a découvert que cet échange était en préparation depuis au moins début décembre, et personne n'en avait été informé. Le plus gros problème était que les importations de denrées alimentaires restaient introuvables. Alors que la ville entrait dans la nouvelle année, elle n'avait qu'un mois de réserve de nourriture devant elle.

Salié a lancé une enquête parlementaire exigeant des informations sur les contrats. Quand Poutine a fini par se plier à ces demandes du conseil municipal, les yeux et l'air provocant, il s'est présenté simplement avec deux pages de notes et a dit aux parlementaires que toutes les autres choses relevaient du secret commercial. Ce qu'il a dit au parlement différait grandement des documents que Salié a finalement été en mesure de récupérer du Comité d'État des douanes et d'autres fonctionnaires tandis que son enquête s'intensifiait.

Au moment où elle était parvenue à rassembler toutes les pièces du puzzle, il était clair que le Comité de Poutine avait distribué plus de 95 millions de dollars en licences d'exportation à un obscur réseau de sociétés-écrans, tandis que quasi aucune des importations de nourriture n'était arrivée. D'autres quotas d'exportation d'une valeur de 900 millions de dollars avaient été accordés par le gouvernement fédéral, dont un quota d'aluminium d'une valeur de 717 millions de dollars. Il était impossible de dire si Poutine était allé plus loin en distribuant les 900 millions de dollars de quotas supplémentaires à d'autres sociétés qui ont elles aussi disparu dans la manœuvre, car Salié n'a pu être en mesure d'accéder à quelque autre documentation. Mais elle pensait que oui.

Tandis que Salié et ses adjoints continuaient d'éplucher les documents, le scandale grandissait. Les douaniers et les représentants de Saint-Pétersbourg du ministère du Commerce extérieur avaient écrit à Poutine en lui reprochant d'avoir accordé des autorisations d'exportation en violation des lois régissant de tels contrats d'échange. Un avis d'expert commandé par le Comité de Salié a tiré la sonnette d'alarme en signalant que les sociétés impliquées étaient si obscures qu'elles pouvaient disparaître du jour au lendemain à l'issue de ces contrats d'échange. La plupart d'entre elles allaient recevoir d'époustouflantes commissions pour leurs services : de 25 à 50 % de la valeur des contrats, au lieu des 3 ou 4 % habituels. Une poignée de ces contrats permettaient aux sociétés d'acquérir des matières premières pour beaucoup moins cher que les prix du marché. Un quota accordé par Poutine permettait à une société, créée tout juste deux mois avant que l'échange soit entériné, d'acquérir 13,997 kilos de terres rares pour deux mille fois moins cher que le prix du marché mondial, lui permettant ainsi d'engranger d'énormes bénéfices lors de leur revente sur le marché mondial.

La combine que Salié avait découverte était presque identique aux pratiques déployées par les coentreprises du KGB aux derniers jours de l'Union soviétique, et qui avaient mené au détournement d'énormes quantités de matières premières d'entreprises d'État vers l'étranger. Achetées aux prix bas soviétiques, ces marchandises étaient revendues aux prix du marché mondial, générant ainsi d'énormes bénéfices qui, eux, restaient dans des comptes bancaires étrangers. À cette époque-là, toute société voulant exporter des matières premières devait recevoir une licence spéciale de la part du ministre du Commerce extérieur, dont les postes étaient principalement occupés par des associés du KGB. Quand le gouvernement russe a lancé une série d'échanges commerciaux visant à endiguer la crise humanitaire imminente à la suite de l'effondrement de l'Union soviétique, les contrats ont suivi un itinéraire similaire. Cependant, Poutine avait une permission spéciale pour attribuer ses propres quotas, licences et contrats pour les prétendus accords pétrole-contre-nourriture de la ville, court-circuitant ainsi les autorisations ministérielles. Il tenait cette permission du ministre du Commerce extérieur lui-même, Piotr Aven, le même économiste à lunettes qui avait travaillé en étroite collaboration avec Gaïdar sur les réformes au début des années 1980, et qui a ensuite protégé Poutine lorsque les accords pétrole-contre-nourriture ont été examinés de près.

Un des contrats que Poutine a signés a été octroyé à une coentreprise finno-soviétique appelée Sfinks. À la fin décembre 1991, cette coentreprise s'est vu attribuer un quota pour échanger du gazole, du ciment et de l'engrais contre 200 000 tonnes de graines de bétail. Une autre entreprise, une entité germano-soviétique appelée Tamino, a obtenu une licence pour échanger 500 tonnes de cuivre contre du sucre et de l'huile de cuisine. Djikop, la société qui a obtenu le contrat pour acquérir 13,997 kilos de terres rares à deux mille fois moins cher que le prix du marché, était codirigée par un des camarades d'université de Poutine et qui partageait avec lui la passion des arts martiaux. Interkommerts, dirigée par Guennadi Mirochnik, un criminel condamné par la justice qui avait participé à un montage qui avait détourné 20 millions de deutsche marks d'un fonds affecté à la relocation des forces armées soviétiques postées en Allemagne de l'Est, a quant à elle reçu des quotas de gazole. Plus tard, la femme de Poutine, Lioudmila, a dit à un ami qu'Interkommerts était liée à des Est-Allemands que son mari avait rencontrés à Dresde.

Ces contrats d'échange « ont été octroyés à ses amis. Ils devaient être attribués aux gens en qui Poutine avait confiance. Il n'y avait pas de procédure légale à l'époque, il était donc clair qu'ils seraient attribués aux gens qu'il connaissait personnellement, aux gens qu'ils pouvaient contrôler. Pour les ventes de produits pétroliers, c'était principalement en lien avec Kirichi. Ils avaient presque le monopole. C'était Timtchenko, Katkov, Malov », m'a dit Alexandre Beliaïev, à l'époque président du conseil municipal de Saint-Pétersbourg et qui supervisait les investigations de Salié.

Les hommes auxquels Poutine donnait ces contrats représentaient bien plus qu'un réseau d'amis. L'un d'eux, Guennadi Timtchenko, était un homme vif au sourire charmeur qui parlait couramment allemand et anglais, avec un soupçon de français. Lui et ses associés, Andreï Katkov et Evgueni Malov, avaient créé la Kinex, société pétrolière à Kirichi, lorsque Gorbatchev avait pour la première fois assoupli les règles du commerce en 1987, accordant à sept entreprises, dont la raffinerie de Kirichi, près de Leningrad, le droit d'exercer une activité commerciale en dehors du monopole soviétique. Tout ce que Katkov et Malov avaient fait à leurs postes précédents au ministère soviétique du Commerce extérieur avait été de tamponner et de classer des papiers pour des contrats d'exportation, et ils ont sauté sur cette chance de monter leur propre affaire. Pour Timtchenko, ça avait été une autre histoire. Sa biographie officielle nous dit qu'il avait travaillé comme ingénieur en chef au ministère du Commerce extérieur. Mais d'après trois personnes familières de ce sujet, il avait pris une route très différente. Il avait étudié l'allemand avec Poutine à l'Institut du Drapeau rouge du KGB avant que Poutine soit envoyé à Dresde et Timtchenko à Vienne puis à Zurich, où, d'après ce que deux anciens cadres du service de renseignement extérieur russe m'ont dit, il avait travaillé comme agent infiltré dans des entreprises commerciales soviétiques. Il est possible, d'après un troisième ancien agent s'exprimant dans le journal russe *Vedomosti*, qu'il ait été envoyé là-bas pour gérer des comptes bancaires servant à financer les réseaux d'illégaux du KGB. « Je n'exclus pas que Timtchenko ait connu Poutine à l'époque », m'a dit malicieusement un des anciens agents. Timtchenko a plusieurs fois nié tout lien avec le KGB, disant qu'une telle affirmation était fausse. Un banquier ayant des relations avec les services de renseignement a également indiqué qu'il avait eu des liens avec Poutine lors de ses séjours à Dresde.

Tandis que Timtchenko a préalablement nié que sa Kinex ait jamais été impliquée dans l'échange pétrole-contre-nourriture entaché de scandales, ajoutant plus tard que toutes les activités de ses entreprises étaient « transparentes et légitimes », un des anciens associés de Timtchenko m'a dit que son entreprise y avait participé, ce que m'ont confirmé deux autres associés. Ils ont précisé que toutes les denrées alimentaires qu'ils étaient chargés d'importer avaient été livrées à Saint-Pétersbourg. Mais dans l'ensemble, cet échange s'est avéré désastreux : seule une toute petite fraction de nourriture devant être importée a bel et bien été livrée. Et Salié supposait que les réseaux du KGB étaient préservés. Salié a dit à un ami qu'elle pensait que son enquête n'était parvenue qu'à montrer « la partie émergée d'un iceberg ». Ce qui se trouvait en dessous, pensait-elle, était une énorme structure qui avait ses origines dans les caisses noires du KGB à l'étranger, et ce montage d'échanges était destiné à maintenir ses réseaux.

Il s'avère que Salié avait probablement raison.

*

« Salié était complètement à côté de la plaque ! Tout cela est arrivé. Mais c'est absolument normal dans des échanges commerciaux. Comment pouvez-vous expliquer ça à une femme ménopausée comme elle ? » C'était en mai 2013, plus de vingt ans après cette combine, et Felipe Turover, un ancien cadre de la direction des renseignements extérieurs du KGB, racontait pour la première fois comment il avait aidé Poutine à monter le projet pétrole-contre-nourriture de Saint-Pétersbourg.

Nous étions assis au soleil à la terrasse d'un café de Boadillo del Monte, un petit bourg dans les collines environnant Madrid. Turover me disait que le projet, qui avait été présenté publiquement dans les années 1990 comme un mécanisme permettant des importations vitales de denrées alimentaires, avait en fait un tout autre objectif. Il n'avait jamais été question que la nourriture arrive. Il y avait des problèmes beaucoup plus importants à gérer : « Toutes ces conneries à propos du rapport de Marina Salié. C'était absolument hors sujet. La situation était celle d'un total effondrement. Il y avait un manque total de financement fédéral pour des projets, et Moscou ne faisait que boire et voler. Nous devions faire quelque chose pour que tout ne s'effondre pas. C'était comme un navire sans capitaine, et quand vous essayiez de prendre la barre, elle vous tombait des mains. Voilà à quoi ressemblait la situation. Si nous n'avions pas commencé à faire le boulot, alors Saint-Pétersbourg se serait noyé dans cette merde », m'a-t-il dit.

Charpenté comme un bodybuilder, le crâne rasé avec des lunettes de soleil, Turover avait un rire démoniaque et une mine d'or d'histoires à raconter sur l'effondrement de l'Union soviétique. Il faisait partie de l'élite du service de renseignement extérieur soviétique. Son père avait enseigné des langues à l'Institut du Drapeau rouge et avait travaillé comme traducteur pour Leonid Brejnev ; Giulio Andreotti, qui a exercé plusieurs mandats de Premier ministre en Italie, faisait partie de ses amis. À l'époque soviétique, Turover avait travaillé aux côtés de Vladimir Ossintsev, le légendaire *komitetchik* qui dirigeait ce qu'on appelait la division « Technologie du Parti » du département international du Comité central. Ils menaient des opérations occultes et géraient les agents illégaux au cœur même de ce pays où le parti communiste était interdit. Dans le chaos qui a suivi l'effondrement de l'Union soviétique, Turover avait pour tâche de trouver des moyens de payer les dettes dues aux « sociétés amies » au cœur des montages financiers clandestins du KGB et de ses opérations d'influence à l'étranger – et dont bon nombre d'entre elles procuraient du matériel de toute première importance, notamment pour les infrastructures du secteur de l'énergie, à l'Union soviétique à des prix majorés.

Le problème était que lorsque l'Union soviétique s'est effondrée, la Russie avait accepté de prendre en charge toutes les dettes extérieures des anciennes républiques soviétiques en échange de leurs propriétés à l'étranger, et qu'ensuite elle s'était déclarée en faillite. Un moratoire international avait été prononcé sur toutes les dettes extérieures de la Russie. Turover, qui devait passer outre tout ça afin de payer les sociétés amies sans que personne ne le sache, a déclaré que les contrats d'échange étaient en fait là pour ça. Finalement, il avait mis en place un moyen d'acheminer les paiements par l'intermédiaire d'une petite banque suisse à Lugano, comme le montrent des documents. « Nous ne pouvions pas dire que nous payions quelqu'un et que nous ne payions pas Philip Morris », m'a-t-il dit. « Ce n'était pas une petite affaire. Pour certaines choses, il fallait que nous payions sur-le-champ. Si nous ne payions pas le matériel pour des usines nucléaires, alors nous nous exposions à une catastrophe. Quand le pays a cessé d'exister, tout le monde a coupé les approvisionnements. »

D'après ses dires, Turover avait été envoyé à Saint-Pétersbourg pour aider Poutine à monter son propre système de remboursement des sociétés amies. L'une d'entre elles, m'a-t-il dit, était une entreprise italienne qui s'appelait Casa Grande del Favore, qui d'après lui faisait partie d'une poignée de sociétés d'ingénierie capables de réaliser les opérations délicates d'assainissement des myriades d'égouts des canaux de Saint-Pétersbourg : « Nous devions payer, car si le boulot n'était pas fait, tout Saint-Pétersbourg se serait retrouvé à baigner dans de la merde jusqu'au-dessus des armoires. » Il avait conseillé à Poutine de mettre en place l'échange pétrole-contre-nourriture, parce que, m'a-t-il dit : « Nous devions avoir des instruments opérationnels pour avoir la capacité de payer des gens rapidement. »

En fait, Turover était en train de reconnaître que, dès le départ, ce montage n'avait pas été envisagé pour importer de la nourriture, mais pour créer une caisse noire en devise forte pour la ville. Mais, en l'absence de toute surveillance, il n'y avait aucun moyen de dire si les fonds étaient effectivement utilisés pour rembourser les dettes dues aux sociétés amies, ou s'ils étaient acheminés vers des réseaux d'agents du KGB qui continuaient d'opérer à l'étranger. Turover affirmait qu'il n'y avait pas d'autre moyen d'opérer, parce que la banque d'État russe chargée des opérations étrangères, la Vnesheconombank, était dans un état d'effondrement. Tous ses comptes avaient été gelés le 1er janvier 1992, quand le gouvernement russe a annoncé qu'elle était à court de fonds. « C'était une pure nécessité. Il n'était pas possible d'honorer les dépenses de la ville d'une autre façon », a ajouté Turover. Tous les comptes en devises fortes officiellement reliés à l'hôtel de ville auraient été gelés, de même que les autres comptes saisis à la suite de la faillite soviétique : « S'ils avaient laissé l'argent sur les comptes de la ville, cela serait revenu au même que de le laisser à la VEB. Mais si vous aviez des fonds quelque part sur des comptes à l'étranger, au Liechtenstein, alors vous pouviez payer immédiatement. »

La banque centrale de Russie avait utilisé le même raisonnement quand elle a essayé d'expliquer un scandale qui a émergé plus tard dans les années 1990, lorsqu'il est apparu qu'elle avait transféré des dizaines de milliards de réserves de devises fortes *via* une petite société offshore à Jersey appelée Fimaco. Cette société avait été créée en 1990, peu de temps après qu'Ivachko avait ordonné la création de l'« économie invisible du Parti ». Le directeur de la banque centrale russe avait argumenté que ce transfert secret *via* Fimaco avait été nécessaire pour que les fonds ne soient pas saisis après que l'Union soviétique s'était déclarée en faillite, et pour rembourser les dettes du réseau bancaire soviétique international.

Cependant, il n'y a eu aucune surveillance sur ces transactions, et au lieu de payer les dettes, beaucoup ont suspecté que la majeure partie de cet argent a été utilisée pour approvisionner les réseaux étrangers du KGB. À bien des égards, les opérations Fimaco de la banque centrale et le montage de Poutine pétrole-contre-nourriture étaient de la même facture. Ils semblaient faire partie de l'argent noir du régime russe, et ils manquaient tellement de transparence qu'ils auraient aussi bien pu être utilisés comme caisse noire personnelle des dirigeants de la Russie. Turover insistait sur le fait que Poutine n'avait jamais rien volé de cette caisse noire qu'il avait contribué à créer par le biais de son montage pétrole-contre-nourriture. « Mais il a dépensé l'argent, bien sûr. Bien sûr qu'il a dépensé une partie de l'argent, et il a d'une certaine façon géré cet argent, parce qu'il avait besoin de voyager, de payer des hôtels, il avait probablement besoin de manger aussi. »

Essentiellement, ce qu'il avait créé était ce qu'on appelait en langage criminel russe un « *obchtchak* », le pot commun ou la caisse noire d'un gang criminel. C'était un modèle basé sur la remise de richesses à un réseau d'alliés très contrôlés, où la limite entre l'utilisation pour des opérations stratégiques et l'utilisation personnelle était toujours avantageusement floue. Ce modèle est devenu la base de la kleptocratie du régime de Poutine, et ensuite de ses opérations d'influence – et il était basé sur les réseaux clandestins et les systèmes de paiement du KGB.

Quant à Salié, elle a été mise à l'écart en tant que personnalité politique. Sobtchak a bloqué toute autre investigation sur les contrats pétrole-contre-nourriture de son jeune protégé. Au milieu des années 1990, elle est partie à Moscou où sa voix a été noyée dans le vacarme politique. Toutefois, elle a refait surface à la veille de l'élection de Poutine au poste de Président en publiant le premier article d'investigation approfondi sur ces contrats, l'intitulant : « V. Poutine – Le Président d'une oligarchie corrompue ! » Bien que ses révélations aient déclenché la fureur des libéraux, elles n'ont eu que peu d'impact sur le plan national. Peu de temps après les élections, elle s'est retirée dans la campagne profonde près de la frontière finlandaise, à des kilomètres de la ville la plus proche par une route cahoteuse. Seule une poignée de journalistes ont fait la route pour aller l'interviewer là-bas. Mais le montage, et son investigation le concernant, sont restés son obsession constante jusqu'au jour de sa mort, quelques semaines seulement après que Poutine a commencé son troisième mandant, en 2012. Elle savait qu'elle avait entraperçu dans ces contrats la véritable nature de son régime.

Le sous-marinier, le soldat, le négociant, l'espion

Les hommes du KGB qui ont pris le pouvoir à Saint-Pétersbourg avec Poutine avaient beaucoup plus l'esprit orienté vers le commerce que la génération qui les y avait précédés. Bien qu'ils aient déploré l'effondrement de l'Union soviétique, beaucoup des plus jeunes appartenant aux échelons intermédiaires des services de renseignement, comme Poutine, avaient vite adopté les principes du capitalisme et rejeté les dogmes du Parti communiste. Pour cette nouvelle génération, c'était le communisme qui avait provoqué la chute de l'empire, les laissant en plan en Afghanistan et les abandonnant en Allemagne de l'Est. « Pour eux, le communisme les avait trahis », m'a dit Andreï Illarionov, l'ancien conseiller économique présidentiel de Poutine. Ils étaient le produit des opérations que le KGB avait lancées dans les dernières années du pouvoir soviétique pour créer des réseaux de sociétés étrangères. Le secret qui entourait ces activités signifiait que depuis le départ, les méthodes des hommes du KGB des années 1980 ressemblaient à des opérations de blanchiment d'argent.

Une fois que l'opération pétrole-contre-nourriture a été terminée, les alliés de Poutine se sont orientés vers le port maritime, qui faisait partie initialement avec le terminal pétrolier et une flotte de navires d'une vaste holding d'État connue sous le nom de Leningrad Baltic Sea Fleet, ou BMP. Pour les hommes du KGB de Saint-Pétersbourg, la BMP était depuis longtemps un atout stratégique et la façon dont les hommes de Poutine ont mis la main dessus est inextricablement liée à l'alliance qui s'est forgée entre l'hôtel de ville de Poutine et le gang du crime organisé le plus notoire, le gang de Tambov. À l'époque soviétique, le KGB avait manœuvré les navires de la flotte comme des assistants commerciaux des capitaines. Ils connaissaient parfaitement leurs itinéraires commerciaux, leurs cargaisons, les contrebandes et l'argent qui devait en résulter. À son apogée, des centaines de bateaux quittaient Leningrad chargés de produits pétroliers, de métaux et de céréales, tandis que d'autres arrivaient d'aussi loin que l'Amérique du Sud chargés de fruits, de sucre et de biens issus de trafics, vitaux pour des opérations clandestines et pour l'argent. À cette époque-là, la BMP représentait la source de revenus la plus stratégique de la ville. Même en 1991, l'année de l'effondrement soviétique, ces bénéfices nets se comptaient en centaines de millions de dollars. Non seulement elle possédait près de deux cents bateaux de transport de fret et de passagers, mais elle contrôlait également tout le port maritime de Leningrad, dont son terminal pétrolier, ainsi que les ports voisins de Vyborg et de Kaliningrad. C'était le pilier de la richesse de la ville.

L'homme qui dirigeait la Baltic Sea Fleet à l'époque de la révolution d'Eltsine, Victor Khartchenko, était un libéral assumé qui, sous les réformes de la *perestroïka* de Gorbatchev, avait obtenu du gouvernement la permission de faire de l'entreprise son propre fief. Fort comme un char, la mâchoire carrée, Khartchenko était devenu de plus en plus indépendant. Il avait grandi dans un orphelinat pour devenir par la suite un des hommes d'affaires les plus respectés de la ville. En 1990, sous sa direction, la BMP est devenue une entreprise qu'il louait à l'État, ce dernier gardant 50 % de ses profits pour les réinvestir. Il avait gravi les échelons aux côtés d'Eltsine et, quand le régime communiste s'est effondré au lendemain du putsch raté d'août, il a viré de la flotte tous les hommes du KGB sans autre forme de procès.

Khartchenko se bâtissait une puissante base séparée juste au moment où les hommes du KGB de Saint-Pétersbourg voulaient dans la plus grande urgence garder le contrôle des sources de revenus. Dans le chaos de l'effondrement soviétique, et avec les gangs du crime organisé qui essayaient de se saisir d'une partie du port et du terminal pétrolier, cela leur a pris plus d'une année pour tenir leur revanche.

Une des premières actions s'est faite discrètement. En février 1993, tard dans la nuit, Victor Khartchenko rentrait chez lui d'une réunion avec Eltsine à Moscou à bord du train la Flèche rouge, lorsque la police a fait s'arrêter ce train juste aux abords de Saint-Pétersbourg. On l'a fait descendre du train, on l'a accusé d'avoir détourné 37 000 dollars de la Baltic Sea Fleet, et on l'a jeté en prison.

Khartchenko a été libéré sous caution quatre mois plus tard, mais il a été relevé de ses fonctions à la BMP. Les hommes du KGB ont installé à sa place leur propre directeur, ont vendu les navires de la flotte un par un et les ont transférés dans une myriade de sociétés offshore. Ce faisant, un des directeurs de la BMP a été tué par balles. « C'était une vraie attaque de mercenaires. Ils ont vendu les bateaux pour une bouchée de pain. Tout a disparu. Ils ont tout volé au pays », m'a dit un des associés de Khartchenko.

Les anciens associés de Khartchenko ont encore peur de parler de ce qui est arrivé à l'époque, ou même de dire qui était derrière cette attaque. Mais les empreintes des hommes du KGB local étaient partout. « Il fallait juste qu'ils nettoient leurs bottes et qu'ils mangent. Ils ne faisaient attention à personne. Ils ont pris la BMP et l'ont pillée », m'a dit un des associés.

Ce raid était un avant-goût des opérations qui allaient venir plus tard. Les hommes du KGB avaient soumis les forces de l'ordre à leur volonté de diriger le lien commercial le plus important de la ville. Khartchenko avait été écarté du poste de directeur de la BMP à un moment crucial. Au même moment, le port et le terminal pétrolier étaient démantelés de la Baltic Sea Fleet en des entités séparées, et privatisées par l'hôtel de ville de Poutine. « Ils ont retiré les murs du port des mains de la BMP », m'a dit un ancien associé de Khartchenko.

Le sous-marinier

Alors que la mairie commençait à privatiser une partie de ses parts du port maritime, Ilia Traber, un supposé mafieux de Saint-Pétersbourg que des procureurs espagnols ont plus tard qualifié d'associé du gang de Tambov, a été très prompt à réagir. Dès que la vente a commencé, ses hommes ont acheté des parts aux travailleurs du port qui les avaient reçues sous forme de coupons. Ce procédé a été violent. « Il y a eu d'énormes violations dans les privatisations du port. Mais tout cela a été couvert », m'a dit un ancien associé de Traber. Depuis le début, Traber semblait disposer d'informations autorisées. Sur le papier, l'État conservait 49 % des parts du port : 20 % à travers le ministère de la Propriété fédérale, et 29 % à travers la mairie de Saint-Pétersbourg. Mais un agent du service des biens de la mairie a fait perdre à cette dernière son droit de vote à hauteur de ses 29 % à cause d'une « faute » d'écriture, laissant Traber et ses associés libres de faire ce que bon leur semblait.

« Cette opération de rachat ne serait pas arrivée sans l'aide du bureau du maire », m'a dit un ancien agent du FSB de la ville. Après une série de luttes violentes, Traber, qui était devenu l'intermédiaire par excellence entre les hommes du KGB de Saint-Pétersbourg et le gang de Tambov, a également pris le contrôle du terminal pétrolier. Il était arrivé à Leningrad au début des années

1980 en tant qu'ex-officier de la flotte nucléaire sous-marine soviétique. Un homme trapu et costaud au cou épais et aux petits yeux resserrés. Il avait échoué dans un bar du centre-ville qui s'appelait le Jigouli, le repaire favori des voyous des rues de Leningrad et des marchands noirs en herbe. Traber y travaillait comme barman et gérant, et dans l'obscurité du bar, il a commencé à échanger des monnaies fortes, puis il s'est mis aux riches collections d'antiquités de la ville de l'époque tsariste. Il s'est vite approprié le marché, se gagnant le surnom d'« Antikvar ». À la fin des années 1980, il a sorti son affaire du marché noir pour l'exercer en pleine lumière. Il a monté le magasin d'antiquités le plus chic de l'avenue Nevski. Là, il a établi des liens avec le nouveau maire Anatoli Sobtchak et sa femme Lioudmila Naroussova, qui sont devenus des habitués. Cela a contribué à forger entre eux des liens d'amitié qui devaient durer bien après le mandat de maire de Sobtchak.

Traber avait toujours travaillé étroitement avec le KGB de la ville, sans l'aide duquel il ne lui aurait pas été possible de vendre des antiquités au marché noir. « Il était clair qu'il avait des liens très forts avec les forces de l'ordre de la ville », m'a dit un ancien haut responsable du parlement de Saint-Pétersbourg. Il était également « en cheville avec le gang de Tambov », m'a dit un ancien agent du FSB qui travaillait à Saint-Pétersbourg au service contrebande.

Le soldat

À cette époque-là, le gang de Tambov était en train de devenir le gang le plus puissant du crime organisé de la ville. Son chef, Vladimir Koumarine, avait fait un séjour en prison en 1991 à la suite d'une violente altercation avec un autre gang mafieux de la ville. Après qu'il était sorti de prison, avec l'aide de Poutine, de Traber et de ses hommes, le gang de Tambov a commencé à prendre le contrôle de tout le marché du carburant et de l'énergie de Saint-Pétersbourg. Les combats avec les gangs rivaux se sont poursuivis : en 1994, Koumarine a perdu un de ses bras dans un attentat à la bombe. Cependant, à cette époque-là il a créé la Compagnie des carburants de Saint-Pétersbourg, la PTK, qui a acquis le monopole de la distribution d'essence de la ville, tandis que Traber prenait le contrôle du port maritime et du terminal pétrolier pour le compte du gang de Tambov. (Plus tard, les procureurs espagnols ont décrit Traber comme étant le copropriétaire, avec Koumarine, de la PTK.) Koumarine était devenu si puissant qu'il était connu comme le « gouverneur de la nuit » de Saint-Pétersbourg. En fait, il était le côté sombre de la mairie.

Poutine semblait être au centre de toutes ces manœuvres, le meneur qui apportait tout le soutien logistique à partir du bureau du maire. Avec son adjoint et homme de confiance Igor Setchine, qui régnait derrière un pupitre dans une antichambre à côté du bureau de Poutine d'où il filtrait tous ceux qui entraient, c'était lui qui avait octroyé les licences qui avaient permis à Traber de prendre le contrôle du port et du terminal pétrolier. C'est lui qui a attribué à la PTK de Koumarine un contrat d'exclusivité de distribution d'essence aux ambulances, bus, taxis et voitures de police de la ville. Le premier signe de coopération avec le gang de Tambov est apparu à la fin de l'été 1992, quand son Comité des relations extérieures a enregistré une coentreprise germano-russe, la St. Petersburg Immobilien und Beteiligungs AG, ou SPAG, pour investir dans l'immobilier de la ville. Beaucoup plus tard, des procureurs allemands ont prétendu que la SPAG était utilisée pour du blanchiment de fonds illicites pour le compte du gang de Tambov, aussi bien que pour un cartel de drogue colombien. Durant son mandat d'adjoint au maire de Saint-Pétersbourg, Poutine a siégé au conseil consultatif de la SPAG. Le Kremlin a dit que cela n'avait été rien de plus qu'un des nombreux postes « honorifiques » qu'il a eus en tant qu'adjoint au maire. Mais un des cofondateurs de la SPAG a déclaré avoir rencontré Poutine cinq ou six fois pour discuter des affaires de la SPAG à Saint-Pétersbourg.

Le négociant

Pour Guennadi Timtchenko, le supposé ancien agent opérationnel du KGB qui apparemment connaissait Poutine depuis leur formation en espionnage à l'Institut du Drapeau rouge, l'accès au terminal pétrolier a toujours été la clé. Il se fait une fierté de ses pouvoirs de persuasion et, dans des interviews ultérieures, il a souvent expliqué son succès d'un hochement de tête et d'un clin d'œil en vantant sa capacité à vendre n'importe quoi à n'importe qui. Depuis l'enfance, il a fait partie de l'élite soviétique. Son père était un haut gradé des forces armées et il a passé quelques-unes de ses années d'enfance en Allemagne de l'Est. Sa connaissance de l'allemand l'a aidé à obtenir un travail dans le commerce extérieur soviétique et, d'après d'anciens associés, l'a fait gravir les échelons au sein du KGB pour lequel il est censé avoir travaillé sous couverture, en tant que représentant de commerce, à Vienne et en Suisse. Grâce à ses relations, il a fondé un partenariat avec un ancien cadre du KGB, Andreï Pannikov, un homme costaud au large sourire, avec des mains larges comme des assiettes. Pannikov avait étudié la finance offshore à l'Institut du commerce soviétique, puis, avec la bénédiction du directeur des renseignements extérieurs du KGB, Leonid Cherbachine, il avait créé la première coentreprise à avoir une licence pour l'exportation de produits pétroliers en dehors du monopole de l'État soviétique. La société de négoce de produits pétroliers de Timtchenko, la Kinex, a établi un partenariat avec la société de Pannikov, Urals Trading – et pendant un temps, à partir de 1990, Timtchenko a dirigé la branche d'Urals en Finlande. D'après un rapport des services de renseignement français, la société avait été initialement créée par le KGB dans les années 1980 pour faire partie d'un réseau de firmes servant au transfert d'actifs pour le compte du Parti communiste – une affirmation non reconnue par Timtchenko.

Même avec toutes leurs relations, pendant au moins deux ans, Timtchenko et Pannikov n'ont pas pu avoir accès au terminal pétrolier de Saint-Pétersbourg. Non seulement faisait-il partie du fief de Khartchenko mais, alors que le pouvoir de l'Union soviétique se fracturait, il devenait l'enjeu d'une guerre féroce entre les gangs de la ville. La société de négoce en produits pétroliers que Timtchenko avait cofondée avait facilement accès aux approvisionnements en tant que négociant interne de la raffinerie voisine de Kirichi, propriété de la compagnie pétrolière Surgutneftegaz. Mais, sans l'accès au terminal de Saint-Pétersbourg, elle était obligée d'exporter son pétrole par rail aux ports voisins d'Estonie et de Finlande, une voie beaucoup plus coûteuse.

Prendre le contrôle des exportations par le terminal de Saint-Pétersbourg était devenu si important que Timtchenko s'est tourné vers Poutine pour obtenir de l'aide. En janvier 1992, avec l'Urals Trading de Pannikov, Timtchenko a créé une coentreprise, nommée Golden Gates, avec le Comité des relations extérieures de Poutine. Ils avaient pour objectif de contourner le terminal existant, assailli par des gangs rivaux et sous le complet contrôle de Khartchenko, et de lever des fonds occidentaux pour construire un nouveau terminal, plus moderne.

C'était la première fois que des liens entre Poutine et Timtchenko se révélaient au grand jour. Pendant presque un an, Poutine a mené des discussions avec la banque française BNP Paribas pour une facilité de crédit, pour le nouveau terminal pétrolier, adossée aux exportations *via* Urals Trading. Mais les discussions se sont arrêtées net lorsqu'un des négociateurs clés, un ancien agent du KGB en poste à Paris, Mikhaïl Gandorine, est mort juste avant que le prêt soit approuvé. « C'était comme si on lui avait administré quelque chose. Il m'a appelé deux jours avant de mourir et il ne pouvait pas parler », m'a dit un ancien associé de Timtchenko impliqué dans ces tractations. Cet été-là, un autre membre du groupe Golden Gates, Sergueï Choutov, a été menacé et on lui avait demandé de rester à l'écart du projet.

Ce projet subissait de sévères attaques, avec les gangs mafieux de Saint-Pétersbourg, dont le gang de Tambov, qui se faisaient la guerre pour obtenir le contrôle des revenus du terminal existant. La pression était montée à un tel niveau que, d'après deux dirigeants de banques occidentales, Poutine avait éloigné ses deux jeunes filles d'Allemagne pour leur sécurité. Rien ne nous indique que Timtchenko ait eu une quelconque implication dans les luttes violentes qui ont accompagné la prise de contrôle de Traber du port et du terminal pétrolier. Mais, finalement, au lieu de construire un nouveau terminal, la route lui était grande ouverte pour obtenir un monopole sur les exportations avec le terminal existant.

Un ancien associé de Traber, un ancien partenaire de Timtchenko et un ancien associé du KGB ont déclaré que Timtchenko aurait, pour gagner un tel monopole, établi une sorte de relation de travail avec Traber. « Traber a toujours eu de bonnes relations avec Timtchenko. Le monopole que Timtchenko a gagné sur les exportations n'aurait été possible qu'avec de tels liens », m'a dit un des anciens associés de Traber. « Si vous devez exporter du pétrole par bateau et que le port est rempli de bandits, alors vous devez établir un accord. Il n'y a pas moyen d'opérer sans leur accord », m'a dit un ancien cadre du KGB qui a travaillé avec Poutine dans les années 1990.

Les avocats de Timtchenko ont déclaré que cette relation n'était rien de plus qu'une relation « commerciale de pleine concurrence », et que toute suggestion d'une quelconque implication de Timtchenko avec le crime organisé, la corruption ou quelque activité impropre ou illégale que ce soit à Saint-Pétersbourg, soit « *via* M. Traber ou d'une quelconque autre façon », était fausse et diffamatoire. En 2011, un représentant de Timtchenko a déclaré à Novaïa Gazeta que Timtchenko connaissait le copropriétaire de Traber concernant le port maritime et le terminal pétrolier, Dmitri Skiguine, mais que les hommes n'étaient pas engagés dans des projets commerciaux communs.

À la même époque, Timtchenko établissait un réseau de banquiers étrangers reliés au KGB pour financer ses opérations de négoce. D'abord, il y avait la Dresdner Bank, dirigée à Saint-Pétersbourg par un des anciens camarades de Poutine de la Stasi, Matthias Warnig, qui avait travaillé avec lui à Dresde dans une cellule du KGB. Puis, il y avait Andreï Akimov, qui avait travaillé avec Evgueni Primakov à l'Institut de l'économie mondiale avant de devenir le plus jeune dirigeant de la banque étrangère soviétique à Vienne où, l'année précédant l'effondrement soviétique, il a monté sa propre entreprise, IMAG, qui a été une source de financement pour Timtchenko.

Dans le même temps, Poutine apportait son aide en fournissant à Timtchenko les licences dont il avait besoin pour utiliser les équipements de stockage pétrolier au port maritime de Traber, et en contribuant à faciliter les arrangements d'approvisionnement entre la Kinex de Timtchenko et la PTK de Koumarine. Ce dernier, simultanément, a rejoint le conseil d'administration de l'entreprise qui assurait l'approvisionnement des deux entités, la raffinerie de Kirichi.

« Tout cela était très bien organisé. Poutine et ses gars assuraient le soutien de la mairie. Grâce à son passé au KGB, il pouvait apporter toute l'aide nécessaire pour la logistique. Tout ça, c'était une seule équipe », m'a dit Maxime Freidzon, copropriétaire d'une autre société de négoce de produits pétroliers de la ville.

L'alliance qui avait été conclue a ensuite adopté les traditions du KGB d'avant l'effondrement soviétique et les a appliquées dans la sphère commerciale. « D'aussi loin que je me souvienne, la symbiose entre les bandits et le KGB avait toujours existé. Le KGB avait travaillé avec les bandits sur le marché des devises et dans les réseaux de prostitution. C'étaient des sources d'information. C'était une symbiose naturelle : aucun d'entre eux n'avait de limites morales. Les bandits, c'était comme de l'infanterie pour eux. C'étaient eux qui allaient prendre tous les risques », m'a dit Freidzon.

L'intérêt de Poutine pour le port maritime et le terminal pétrolier semblait souvent plus direct que celui d'un fonctionnaire de l'État responsable des intérêts de la ville. L'alliance qu'il avait bâtie avec Ilia Traber et ses hommes allait même jusqu'à semer le trouble parmi les hommes d'affaires en visite. Quand l'un d'entre eux a été invité pour aider au financement du port, il a été précipitamment pris en charge à l'aéroport de Pulkovo et installé aussi sec dans une voiture blindée, accompagnée par la police et les gardes de Traber, à destination de la tanière de Traber. À son arrivée dans une ruelle, devant le grand portail d'une enceinte, il a été escorté devant des gardes en armes et des bergers allemands hargneux. Après avoir traversé plusieurs pièces ornées d'icônes, il est arrivé dans un cabinet intérieur où Traber l'attendait, en chaussons et survêtement, une grosse chaîne autour du cou au bout de laquelle pendait une énorme croix en or – la tenue des bandits de la ville. L'homme d'affaires n'avait aucun doute sur la personne qu'il rencontrait. « C'était comme dans les films. Mon cœur a cessé de battre lorsque je l'ai rencontré », m'a-t-il raconté.

La scène était loin de ce qu'il s'était imaginé lorsqu'il avait été invité à participer au financement du port par un fonctionnaire de la mairie. Mais après une discussion tendue avec Traber, il a reçu le hochement de tête d'approbation. Le lendemain, il a été emmené dans un environnement plus sain : le cabinet d'avocats d'un des partenaires d'affaires de Traber, Boris Chakirov. Il était situé en ville sur un des canaux les plus pittoresques de Saint-Pétersbourg. À cette réunion, étaient aussi présents un ancien agent du KGB qui était devenu un autre partenaire d'affaires de Traber, ainsi que Poutine et le responsable des propriétés communales Mikhaïl

Manevitch, et également un beau parleur d'une trentaine d'années nommé Dmitri Skiguine à propos duquel l'homme d'affaires allait apprendre qu'il était le copropriétaire du port avec Traber. Skiguine était la face acceptable du port, un geek aux manières policées, pratiquant avec aisance le langage de la finance internationale, un homme d'affaires discipliné qui faisait de l'alpinisme sur son temps libre et parlait l'anglais et le français. Son père, Édouard, était proche de Poutine, d'après les services de renseignement de Monaco. Mais, d'après deux des anciens partenaires d'affaires de Skiguine, il servait aussi de vitrine à un autre boss du crime de Saint-Pétersbourg, un ancien boxeur pugnace du nom de Sergueï Vassiliev, avec qui Traber avait conclu une paix fragile pour le contrôle commun du port, et plus tard pour celui de son terminal pétrolier.

L'alliance que la mairie de Saint-Pétersbourg avait conclue avec le gang de Tambov s'est profondément ancrée dans l'infrastructure de la ville. Avec l'aide des hommes de Poutine à la mairie, le port maritime est devenu une plaque tournante majeure du trafic de drogue en provenance de Colombie et à destination d'Europe de l'Ouest ; c'est ce qu'a déclaré plus tard l'ancien cadre du KGB Iouri Chvets devant un tribunal de Londres. Un des plus proches alliés de Poutine des services de renseignement de Saint-Pétersbourg, Victor Ivanov, avait aidé le gang de Tambov à prendre le contrôle du port, tandis que Poutine assurait sa protection du bureau du maire, a-t-il déclaré. (Ivanov a énergiquement démenti cette affirmation, mais d'autres signes ont montré que le port de Saint-Pétersbourg était un canal vital du trafic de drogue.)

Le contrôle du port est devenu si stratégique que lorsqu'en 1997, le chef du service des biens communaux Mikhaïl Manevitch a voulu récupérer les droits de vote que la mairie avait perdus sur ses 29 % de parts durant sa privatisation, il a été abattu par un sniper alors qu'il se rendait en voiture à son lieu de travail.

« Manevitch faisait tout son possible pour que tout cela revienne à l'État. Le moyen de pression qu'il avait, c'est qu'il pouvait refuser de prolonger la licence de location du port, y compris celle du terminal pétrolier. Et il l'a payé de sa vie », m'a dit un ancien associé de Traber. Viatcheslav Chevtchenko, ancien membre du parlement de Saint-Pétersbourg et allié proche de Manevitch, a déclaré à la police qui enquêtait sur le meurtre que, dans les derniers jours de sa vie, Manevitch avait été profondément troublé par la situation sur le port : « À sa demande, je suis allé deux fois sur le port et j'ai parlé au directeur du port. Je lui ai fait la proposition que la compagnie d'assurance anglaise, la Lloyds, vienne analyser la situation financière du port. Une semaine plus tard, deux des bandits de Traber sont venus me rendre visite et m'ont dit que si je revenais au port, on me trancherait la tête à coups de hache. »

Traber a refusé de me livrer son témoignage pour ce livre, disant que ces allégations n'étaient que purs « phantasmes et calomnies ». Trois mois à peine après le meurtre de Manevitch, les actionnaires du port ont accepté une prolongation du contrat de gestion à long terme du port à la nouvelle société de Traber, l'OBIP, propriété d'une fondation du Liechtenstein qui s'appelait Nasdor Incorporated. Plus tard, la seule personne qui ait jamais daigné s'exprimer en public sur le pillage de la Baltic Sea Fleet a été le maire de la ville au moment où ça s'est passé, Anatoli Sobtchak. Longtemps après la fin de son mandat de maire, il a écrit un article de journal dans lequel, pour la seule et unique fois, il a critiqué publiquement les actions du KGB local durant l'ère post-soviétique. « Les procureurs, le FSB et les policiers qui ont participé à cela devraient être poursuivis pour abus de biens sociaux et pour avoir causé d'énormes pertes au pays », écrivait-il. Quatre mois plus tard, il était mort. « J'ai peur que ce soit ce qui ait coûté la vie à Sobtchak », m'a confié un associé de Khartchenko.

Aux yeux des alliés de Poutine du KGB, les alliances qu'ils avaient établies alors étaient nécessaires car elles étaient la seule façon de restaurer un certain degré de contrôle dans le chaos de l'effondrement soviétique. Les gangs du crime organisé étaient les hommes d'infanterie dont ils avaient besoin pour contrôler les masses, les hommes de la rue – aussi bien que ceux qui étaient en prison, d'après un des associés de Poutine à l'époque. C'était une pratique typique du KGB, forgée dans le passé soviétique, quand Poutine, par exemple, avait dirigé des illégaux en Allemagne de l'Est. « Ils travaillaient avec les gens. Voilà ce qu'ils faisaient. Imaginez-vous que vous ayez besoin de calmer un groupe de mâles alpha. Si vous ne pouvez pas leur tirer dessus, c'est un travail terriblement difficile », m'a dit un ancien agent du KGB qui travaillait avec eux. Cependant, l'argument selon lequel il devait faire ça s'ils voulaient rétablir l'ordre était une autojustification de leur prise de pouvoir. Le projet pétrole-contre-nourriture avait été également conçu dans l'objectif affiché de sauver la ville – que ce soit pour faire venir de la nourriture ou bien pour payer des dettes. Mais tout ce qu'il a réussi à faire, ça a été de créer un réseau d'argent noir pour préserver le pouvoir et les réseaux du KGB.

Dans l'écheveau de ces relations, un autre fil mène à l'une des structures montées pour l'« économie invisible » du Parti communiste dans les derniers jours de son règne. C'est la banque Rossia, une petite banque de Saint-Pétersbourg qui a été un autre élément intermédiaire clé dans certains contrats d'échange pétrole-contre-nourriture. Comme beaucoup d'institutions et de sociétés créées par le Parti dans les derniers jours du régime, lorsque le putsch d'août 1991 a échoué et que le Parti communiste de l'Union soviétique a été interdit, le contrôle de la banque Rossia est passé sans faire de bruit entre les mains de représentants du KGB. Ses nouveaux actionnaires comprenaient un cadre du KGB et deux physiciens spécialistes des terres rares reliés au KGB. Ces terres rares étaient des matières premières si rares, et si stratégiques, que leur commerce ne pouvait être géré que par des membres du KGB.

L'espion

Quand Vladimir Iakounine, cadre du KGB, est revenu à Leningrad en février 1991, un an après Poutine, et après avoir été en poste sous couverture aux Nations Unies à New York, il a été choqué par les conditions qu'il a trouvées à son arrivée. Il passait d'une résidence confortable à New York, à la crasse d'une zone ouvrière de Leningrad où les luminaires publics n'étaient que rarement allumés et où sa femme revenait des courses en larmes parce que la seule chose qu'il y avait en rayon c'étaient des concombres marinés. « En substance, le pays qui m'avait envoyé travailler à l'étranger, et dans lequel j'ai grandi et où mes enfants étaient nés, avait cessé d'exister. Ainsi que ses valeurs – les valeurs sociales et morales – qui sont les bases fondamentales de toute société. Le pays tout entier avait sombré dans une certaine noirceur », m'a-t-il dit.

Il lui semblait que tout ce en quoi il croyait s'était effondré : « Nous avions été élevés dans un esprit de loyauté envers le Parti et envers le peuple. Nous croyions vraiment que nous faisions quelque chose d'utile pour notre pays et pour le peuple. » Mais, comme beaucoup au service de renseignement extérieur, il avait pu constater depuis longtemps que les dirigeants du Parti étaient en train d'échouer : « Personne ne savait comment gérer les problèmes grandissants… L'écart entre la réalité et le dogme idéologique amenait à ne plus avoir confiance en les dirigeants du pays. »

Bien que la défaite de l'empire et la défaite de la guerre froide, qui avait duré de longues décennies, aient heurté durement des hommes comme Iakounine, il a fait partie de ceux qui ont rapidement adopté le nouveau capitalisme de la Russie. Et, alors qu'il prétendait rêver des jours de sécurité, des valeurs morales qu'il pensait être la fondation du communisme, cela ne l'a pas empêché de sauter dans les affaires avant que l'Union soviétique se soit même effondrée, pour empocher de grosses sommes de cash, à la fois pour lui-même et, le plus important, pour contribuer à la préservation des réseaux du KGB.

Pendant quatre ans après l'effondrement soviétique, Iakounine est resté un agent des services de renseignement, il n'a jamais démissionné de son poste. Bien qu'il ait insisté sur le fait qu'il ne recevait pas d'ordres, il a reconnu que le but de son activité et de celle de ses associés avait été en partie de préserver ce qu'ils pouvaient : « Nous devions nous rediriger. Nous devions créer des entreprises commerciales qui gagneraient de l'argent… Nous faisions tous partie de ce processus. Les traditions de coopération et de communication restaient. »

Iakounine a rejoint des associés issus du prestigieux institut physico-technique Ioffe de Saint-Pétersbourg, institut dont il avait supervisé les relations internationales avant d'être envoyé à New York. Parmi eux, il y avait Iouri Kovaltchouk, trente-neuf ans à l'époque, qui était un des meilleurs physiciens de sa génération. Kovaltchouk avait un grand front et un regard de faucon. Il travaillait en étroite relation avec Andreï Foursenko ; à l'Institut Ioffe, tous deux avaient des postes d'adjoints sur le travail des technologies des semi-conducteurs déployées dans les lasers et les satellites. Cette ère était au cœur des intérêts particuliers du KGB, pour lesquels toutes sortes de systèmes de contrebande avaient été déployés pour contourner les embargos et pour voler la technologie occidentale (on pense que Iakounine avait travaillé sur la contrebande de technologie quand il était agent infiltré à New York). Grâce à leur expertise, Iakounine, Kovaltchouk et Foursenko ont obtenu des missions très lucratives : un contrat pour vendre un lot de terres rares, dont des isotopes rares et stratégiques utilisés dans les industries militaire et aérospatiale, ainsi que dans la technologie des semi-conducteurs. Ce contrat leur avait été attribué par un général du KGB, m'a dit Iakounine. Une fois qu'ils eurent mené à bien ce contrat, une des coentreprises qu'ils avaient créées, Temp, généra 24 millions de roubles de bénéfices. C'était une somme énorme à l'époque, et elle les aida à prendre le contrôle de la banque Rossia.

Dans les derniers temps qui ont précédé l'effondrement soviétique, les trois hommes avaient monté une série de coentreprises comme la Temp, tandis que le KGB accélérait les préparatifs pour la transition vers une économie de marché, et ils travaillaient déjà étroitement avec la Rossia. Iakounine m'a dit qu'à la suite du coup d'État raté d'août, ils avaient eu peur pendant un temps de ne plus pouvoir opérer quand leurs comptes à la Rossia ont été gelés, tout comme c'était le cas des propriétés du Parti communiste. Mais leurs relations, et l'argent qu'ils avaient perçu avec les terres rares, les ont sauvés. Des personnalités haut placées au Parti local et au KGB leur ont donné le feu vert pour prendre le contrôle de la Rossia et lui redonner vie. « Nous étions très bien connus dans les structures du Parti de la ville de Leningrad. Nous avions beaucoup de contacts et les gens nous faisaient confiance. Nous avons été autorisés à prendre des actions majoritaires dans la banque Rossia précisément parce que ces gens nous faisaient confiance et nous respectaient », m'a dit Iakounine.

Depuis le début, la Rossia avait été stratégiquement reliée au Comité des relations extérieures dirigé par Poutine. Ses bureaux se trouvaient dans l'institut Smolny, qui était devenu le quartier général du maire, et il s'est mis à jouer un rôle clé dans la création de l'*obchtchak*, le pot commun pour les hommes de Poutine. Les hommes d'affaires de la ville reliés au KGB, dont Iakounine, Kovaltchouk et Foursenko, continuaient de suivre presque religieusement les prescriptions du KGB édictées dans les jours crépusculaires du régime communiste, quand le commerce était régi à travers des coentreprises avec des entités étrangères. Toutes les coentreprises ont été créées avec l'approbation du Comité de Poutine, et la plupart devaient ouvrir des comptes à la Rossia. Dans un cas, des millions de dollars ont été détournés du budget de la ville, de comptes de la Rossia vers un réseau de ce type de sociétés reliées aux hommes de Poutine. L'argent avait été transféré *via* un fonds nommé Twentieth Trust. À un moment donné, ce système avait menacé d'entraîner Poutine dans une affaire pénale. Comme beaucoup de caisses noires créées par les hommes de Poutine, l'argent avait été redirigé vers des besoins stratégiques tels que le financement de campagnes électorales, et aussi pour des acquisitions personnelles comme des propriétés de luxe en Finlande et en Espagne pour les hauts fonctionnaires de la municipalité.

À mesure que Poutine et ses hommes du KGB renforçaient leur contrôle de l'économie de la ville, ils ont commencé à avoir des rêves bourgeois. Un transfert en particulier a servi à payer un séjour pour Poutine et le directeur du Twentieth Trust dans un hôtel cinq étoiles en Finlande. Ils y ont rencontré un architecte du gouvernement de Saint-Pétersbourg et ont vraisemblablement discuté des plans de construction d'un ensemble de datchas, d'après un officier de police chargé de l'enquête sur ce dossier. « Les Soviétiques rêvent tous d'avoir une datcha. Il faut bien comprendre que l'important n'était pas seulement de posséder une belle parcelle de terrain, mais qu'il s'agissait aussi d'avoir les bons voisins », m'a dit un associé de Poutine à cette époque.

La parcelle sur laquelle Poutine a jeté son dévolu pour passer ses week-ends en paix et en toute tranquillité était éloignée de Saint-Pétersbourg par une autoroute qui serpentait à travers les forêts et les lacs de Carélie. Près de la frontière finlandaise, une route non balisée menait à groupe de maisons en bois très confortables au bord du lac Komsomolskoe, réputé pour être un excellent site de pêche. Avant que Poutine emménage là-bas, la route n'était rien d'autre qu'une piste de terre. Mais peu après l'arrivée des nouveaux habitants, cette piste a été recouverte de bitume et dotée de lampadaires.

Les villageois, qui vivaient là paisiblement depuis des générations sur une bande de terre très convoitée au bord du lac, ont vu de nouvelles lignes électriques plus puissantes être installées, sans que, pour autant, aucune d'entre elles vienne alimenter leurs foyers. Bien au contraire, il leur a été demandé, un par un, d'aller emménager plus loin. Soit ils ont reçu de l'argent pour partir, soit on leur a fourni de nouvelles maisons plus à l'intérieur des terres. Leurs puissants nouveaux voisins ont construit d'imposants chalets de style finlandais sur de vastes étendues de terre. Ils ont formé un groupe qu'on a appelé la coopérative Ozero, et ils se sont accaparé les berges du lac, desquelles leurs anciens voisins se sont vus coupés par de nouvelles clôtures hautes. Lorsque les nouveaux venus organisaient des réceptions, les vieux habitants ne pouvaient que regarder les festivités et les feux d'artifice de loin. Ils ne s'avisaient pas protester. « Ma mère me disait une chose simple : ne combats pas les forts et ne fais pas de procès aux riches », m'a dit l'un d'entre eux. La seule habitante qui a essayé a perdu à toutes les étapes de son procès.

Les hommes qui ont emménagé au lac Komsomolskoe en même temps que Poutine étaient le sang bleu de ses connaissances au KGB. Principalement des actionnaires de la Rossia, donc Iakounine, Foursenko et Kovaltchouk. On pouvait tous les relier à Poutine bien avant l'époque de Saint-Pétersbourg. « C'étaient des gens qui étaient proches de Poutine précédemment. Ils n'étaient pas arrivés là par leur travail ou leur savoir – mais juste parce qu'ils étaient de vieux amis », m'a dit un ancien associé de Poutine.

Un principe qui a été étendu plus tard à travers tout le pays. Après l'accession de Poutine à la fonction présidentielle, lui et ses alliés du groupe Ozero ont commencé à se saisir de secteurs stratégiques de l'économie en créant un réseau très soudé de loyaux lieutenants – les mandataires de confiance – qui ont pris le contrôle des plus grosses sources de revenus du pays en en excluant toute autre personne. La banque Rossia devait être le cœur de l'empire financier derrière ce groupe, et elle devait étendre ses tentacules dans toute la Russie, et aussi au plus profond de l'Occident.

Ceux qui avaient travaillé avec Poutine au port maritime et au terminal pétrolier l'ont également suivi lorsqu'il s'est hissé au pouvoir. Timtchenko était le premier parmi eux, le premier concernant le travail de l'ombre, en tant que conseiller non officiel, d'après deux anciens associés. Puis, il est devenu le plus grand négociant de pétrole de la nation. Les hommes qui géraient le port de Saint-Pétersbourg sous les ordres de Traber allaient prendre en premier les plus hauts postes de direction au sein de Gazprom, le géant du gaz d'État, tandis que Poutine prenait le contrôle des actifs les plus importants et les plus stratégiques du pays. Puis, quand Poutine a pris ses premières décisions de reprendre l'industrie pétrolière de la nation des mains d'oligarques qui penchaient vers l'Occident, à l'instar de Khodorkovski, Timtchenko et Akimov faisaient partie du noyau dur qui en a bénéficié.

Mais à cette époque, dans les années 1990, lorsqu'ils en étaient à leurs tout débuts, il était difficile d'imaginer qu'ils iraient si loin. Les membres de la coopérative Ozero restaient très discrets, ils ne parlaient que très rarement à leurs anciens voisins qu'ils avaient fait partir des berges du lac. Cependant, après l'arrivée de Poutine à Moscou, les visites de week-end devinrent rares. Les maisons qu'ils avaient fait construire demeuraient vides, comme des fantômes au bord du lac. « C'était devenu trop petit pour eux, ici. Ils avaient des opportunités complètement différentes à Moscou », m'a dit un des voisins.

*

Lorsque Poutine a soudainement été nommé à une haute fonction au Kremlin, à Moscou à l'été 1996, un des généraux du KGB qui avaient veillé de près à sa carrière à Saint-Pétersbourg s'est dit satisfait de lui. « Il a commencé sa carrière de fonctionnaire en partant de zéro. Bien sûr, il a commis des erreurs. Les problèmes qui se sont présentés à lui étaient complètement nouveaux... Il n'y a que ceux qui ne font rien qui ne commettent pas d'erreurs. Mais à la fin de ses activités à Saint-Pétersbourg, Vladimir Vladimirovitch a beaucoup grandi », a déclaré plus tard Guennadi Belik à un journaliste.

Belik était un vétéran du service des renseignements extérieurs du KGB, et, à Saint-Pétersbourg il avait supervisé un réseau de sociétés de négoce de terres rares. Il avait été une sorte de mentor de Poutine lorsque ce dernier gérait l'économie de la ville, tandis que, d'après un allié proche, Poutine était aussi resté en contact avec l'ancien directeur du KGB Vladimir Krioutchkov. Cependant, bien que les hommes de Poutine aient dominé l'essentiel de l'économie de Saint-Pétersbourg, les sommes d'argent qu'ils manipulaient dans cette ville étaient minuscules comparées à ce que les jeunes magnats attirés vers l'Occident comme Khodorkovski engrangeaient à Moscou. Ils étaient très loin de l'action, alors que les nouveaux oligarques de l'ère Eltsine commençaient à dépecer le pays de toutes ses richesses industrielles. Pour beaucoup d'hommes du KGB de Saint-Pétersbourg, ce qui se passait à Moscou représentait l'effondrement de l'État russe. Vladimir Iakounine, quant à lui, voyait le pays être saisi par une cabale de membres corrompus de l'élite du Parti et par des hommes comme Khodorkovski qu'ils qualifiaient de « criminels ». Les hommes du KGB voyaient Eltsine comme un bouffon alcoolique, un cadre de second rang du Parti qui dansait au son de la chanson de l'Occident et qui bradait les entreprises stratégiques du pays pour une ritournelle à un gang d'hommes d'affaires avides et corrompus. « Des gens avaient donné leur vie. Ils avaient servi honnêtement et mis leur vie en danger. Et tout ce qu'ils ont eu, ça a été un doigt dans le cul de la part d'un connard bourré qui, au passage, n'était pas meilleur qu'un dirigeant local du Parti », m'a dit un ancien agent du KGB qui avait travaillé avec Poutine à Saint-Pétersbourg.

Bien que cela fût loin d'être évident à l'époque, le départ de Poutine pour Moscou fut le premier pas vers le changement de cette équation. En fait, sa promotion était intervenue à un moment où il aurait dû se retrouver hors-jeu. À l'été 1996, Anatoli Sobtchak venait de perdre sa campagne de réélection à la mairie de Saint-Pétersbourg. Poutine, son directeur de campagne, en était en partie responsable. Sobtchak avait perdu d'un cheveu : d'1,2 % – l'équivalent, d'après les dires de sa femme, Lioudmila Naroussova, des occupants d'un grand immeuble d'appartements. Des bruits ont circulé disant que la défaite de Sobtchak avait été organisée par Eltsine, qui voulait l'écarter, car le flamboyant et charismatique Sobtchak aurait pu être un obstacle pour la propre bataille d'Eltsine pour sa réélection au poste de Président quelques mois plus tard. Naroussova en était persuadée : « Il était devenu trop indépendant. Eltsine le voyait comme son concurrent, et par conséquent, ordre a été donné que les élections devaient être une farce. » Avant même le début de la campagne, Sobtchak a été la cible d'une enquête criminelle sur des allégations de corruption. Beaucoup pensaient que cela faisait partie des coups bas de campagne venus de la vieille garde des hommes des services de sécurité qui entouraient Eltsine.

Ces allégations ont indéniablement eu un impact sur le résultat de l'élection, et Poutine a démissionné de la mairie de Saint-Pétersbourg immédiatement après la défaite. Les spin doctors du Kremlin qui racontent l'histoire officielle de la carrière de Poutine ont toujours souligné sa loyauté envers Sobtchak en démissionnant, et le risque qu'il a pris en acceptant de se retrouver au chômage à cause de ses principes. Mais en fait, il n'avait plus de travail depuis moins d'un mois avant d'être invité à Moscou, initialement pour prendre un poste prestigieux de chef de cabinet du Kremlin. Il avait été aidé depuis lors par Alexeï Bolchakov, un dinosaure de la fondation de la défense de Leningrad, mais plus vraisemblablement du KGB, qui a fini par devenir vice-premier ministre d'Eltsine.

Bien que la nomination de Poutine fût bloquée de manière inattendue par Anatoli Tchoubaïs, le tsar de la privatisation à l'occidentale deviendrait bientôt le nouveau directeur de cabinet d'Eltsine, il n'était pas laissé à l'abandon. Bien au contraire, on lui a demandé de prendre la direction du légendaire service des Biens à l'étranger, qui avait hérité de toutes les grandes holdings outre-mer de l'Union soviétique après son effondrement – le commerce d'État et les missions diplomatiques, le réseau de dépôts de munitions et autres installations militaires, clandestines ou non. Bien que ce fût un vaste empire où beaucoup de choses avaient déjà été portées disparues, il représentait le cœur stratégique de la richesse impériale de la nation, et pour Poutine c'était effectivement une prestigieuse promotion.

C'était le début d'une étourdissante ascension. Moins de sept mois après son arrivée à Moscou, Poutine a été promu encore plus haut. Tout d'abord, il a été fait directeur du service du Contrôle, une institution centrale du pouvoir du Kremlin, où il était chargé de s'assurer que les ordres du Président soient appliqués dans les nations indisciplinées. « Ils n'ont pas simplement pris Poutine comme ça dans la rue. On savait à Moscou qu'il était un conseiller de Sobtchak, une personne influente à Saint-Pétersbourg... Je pense que son transfert était planifié », m'a dit un allié proche. Puis, un an plus tard, il a été promu premier directeur de cabinet adjoint chargé des régions, le troisième poste le plus puissant au Kremlin après celui de Président. Après seulement trois mois à ce poste, il a été nommé directeur du FSB, l'agence qui a succédé au KGB, pour toute la Russie. Il n'était que lieutenant-colonel à l'époque, et jamais quelqu'un d'autre qu'un général n'avait été directeur du FSB. Il paraît que les généraux du FSB ont été consternés, mais les alliés de Poutine ont maintenu que son statut de directeur de cabinet adjoint lui donnait un rang équivalent au grade de général. C'était juste en des termes civils, disaient-ils.

Le beau-fils d'Eltsine, Valentin Ioumachev, un bon garçon, ancien journaliste qui avait gravi les échelons pour devenir le directeur de cabinet d'Eltsine, affirmait que la miraculeuse ascension de Poutine n'était due qu'à ses exceptionnelles qualités. « Parmi mes adjoints, il était le plus fort. Il travaillait toujours brillamment. Il formulait ses idées avec exactitude. Il analysait les situations avec exactitude. J'ai toujours été très heureux d'avoir un tel adjoint », m'a-t-il dit. Mais pour les autres, qui l'avaient connu à Saint-Pétersbourg, l'ascension de Poutine était surréaliste. Certains de ses anciens associés se demandaient s'il n'avait pas été propulsé là par les généraux du KGB qui avaient parrainé sa carrière depuis le début. « Vous pourriez démontrer qu'on lui a d'abord donné la tâche d'infiltrer la communauté démocratique par son travail avec Sobtchak », m'a dit l'un d'eux. Quand Sobtchak n'a plus eu aucune utilité, Poutine a-t-il joué un rôle pour s'assurer qu'il perdrait ? « Il est tout à fait possible que Poutine ait suivi les ordres du Kremlin, et que, une fois sa mission terminée, il soit entré au Kremlin et qu'il soit devenu aussi important. Si vous supposez que le fait de liquider Sobtchak en tant que concurrent ait été une opération spéciale, alors tout s'éclaire », m'a dit l'ancien associé. Mais d'autres argumentent que Sobtchak était de toute façon devenu de plus en plus en controversé à Saint-Pétersbourg, principalement à cause de ce que beaucoup voyaient en lui être de l'arrogance. Il s'en fallut de peu qu'il fût réélu.

Quelle que soit la façon dont il est arrivé à ce poste, une fois que Poutine a endossé son rôle de directeur du FSB, il a très vite fait le ménage dans son passé à Saint-Pétersbourg. Un de ses plus grands ennemis de cette époque-là était Iouri Choutov, un ancien adjoint de Sobtchak qui s'était disputé avec Poutine et qui avait recueilli des dossiers compromettants sur lui – sur les contrats pétrole-contre-nourriture, sur les privatisations des actifs de la ville et sur ses liens avec le gang de Tambov. Peu de temps après la nomination de Poutine, Choutov a été arrêté sous la menace d'une arme. Il avait été depuis longtemps une figure très controversée, et des rumeurs sur ses liens avec la pègre de Saint-Pétersbourg allaient bon train. Cependant, une fois que Poutine est devenu le directeur du FSB, ces suspicions se sont transformées en poursuites judiciaires. Il a été accusé d'avoir commandité quatre meurtres et deux tentatives de meurtre. Bien qu'il ait été brièvement libéré par un tribunal local qui avait statué qu'il n'y avait aucune base légale pour des poursuites pénales, Choutov a rapidement été arrêté de nouveau et envoyé dans la colonie pénitentiaire la plus dure de Russie, connue sous le nom de Beli lebed, à Perm, dans les profondeurs de la Sibérie. Il n'en est jamais ressorti. Les dossiers qu'il avait collectés sur les liens de Poutine avec le gang de Tambov ont tout simplement disparu, et d'après Andreï Kortchaguine, un ancien haut fonctionnaire municipal qui avait très bien connu Choutov : « Il a été le premier et le seul véritable prisonnier politique. »

Un présage encore plus perturbant est apparu juste quatre mois après la nomination de Poutine au poste de directeur du FSB. Galina Starovoïtova, la même activiste des droits de l'homme, robuste et nature, aux cheveux bruns soyeux, que Poutine avait abordée après son retour de Dresde à Leningrad, a été tuée par balles dans l'entrée de l'immeuble de son appartement, un soir de novembre 1998. À l'époque elle était la chef de file démocrate, sa plus ardente militante anticorruption. Toute la ville a pleuré sa mort, la nation était en état de choc. De nombreux commentateurs ont relié son assassinat aux tensions des élections du parlement régional de Saint-Pétersbourg qui devaient se tenir le mois suivant. Mais un des anciens assistants de Starovoïtova, Rousslan Linkov, qui était avec elle au moment des coups de feu mais qui s'en est tiré avec la vie sauve, pensait qu'elle avait été tuée à cause de ses investigations sur la corruption. Une de ses plus proches amies, Valeria Novordskaïa, une autre figure démocrate, était convaincue que les hommes des services de sécurité de Saint-Pétersbourg avaient commandité son assassinat : « Ils agissaient clairement en coulisse. Ce sont eux qui tenaient la main des tueurs. » Un ancien partenaire d'Ilia Traber a dit que la plus grande menace qui planait sur Starovoïtova aurait pu venir des *siloviki* de Saint-Pétersbourg qui contrôlaient le port maritime, la flotte et le terminal pétrolier : « Elle avait un dossier sur le groupe de personnes qui contrôlaient le business du pétrole à Saint-Pétersbourg. Traber m'en a parlé. Il m'a dit : "Mais bon sang, pourquoi s'est-elle mise à fourrer son nez dans le business du pétrole ?" C'est pour ça qu'elle a été tuée. » Plus tard, un ancien agent du FSB qui avait enquêté sur sa mort m'a dit qu'il suspectait le gang de Tambov d'avoir organisé l'assassinat : « On avait bien compris qu'on n'irait nulle part dans cette enquête. »

Les événements qui accompagnaient l'ascension de Poutine étaient de mauvais augure, et le pays fonçait à toute allure vers une autre crise financière, mais personne, semblait-il, n'en percevait les signes avant-coureurs. La santé d'Eltsine déclinait, et si l'on doit accorder du crédit à au moins un témoignage, les généraux se préparaient à revenir. Un soir à Moscou, peu de temps après le krach financier d'août 1988 qui a dévasté l'économie russe, un petit groupe d'agents du KGB et un Américain se sont réunis pour un dîner privé. Parmi eux se trouvaient l'ancien directeur du KGB Vladimir Krioutchkov, Robert Eringer, un ancien chef des services de sécurité de Monaco qui avait été brièvement informateur pour le FBI, et Igor Preline, un assistant de Krioutchkov et ancien maître de conférences de Poutine à l'Institut d'espionnage du Drapeau rouge. D'après Eringer, Preline a dit aux autres invités que le KGB reviendrait bientôt au pouvoir : « Il a dit : "Nous connaissons quelqu'un. Vous n'avez jamais entendu parler de lui. Nous n'allons pas vous dire qui c'est, mais il est des nôtres, et quand il sera Président, nous reviendrons." »

4

Opération Successeur
« Il était déjà minuit passé »

*

« Tout le monde a oublié. Tout le monde pensait que la démocratie serait là. Tout le monde ne pensait qu'à ses intérêts personnels. »

Andreï Vavilov, ancien premier vice-ministre
des Finances du gouvernement Eltsine

*

Le plan A

MOSCOU – C'était l'été 1999, et un silence de mort s'était abattu sur le Kremlin. Dans les couloirs labyrinthiques du bâtiment administratif principal, le seul bruit qu'on entendait était le ronronnement régulier des moteurs électriques des cireuses qui polissaient les parquets. Au loin résonnait l'écho du claquement des talons d'un garde en patrouille dans les halls. Les bureaux, autrefois débordants de requérants faisant la queue pour obtenir une faveur, étaient maintenant désespérément vides, leurs occupants s'étaient repliés dans leurs datchas, loin de Moscou, où ils buvaient nerveusement du thé. « C'était comme un cimetière. C'était comme une société en faillite. Tout d'un coup, il n'y avait plus rien ni personne », m'a dit Pougatchev, le banquier du Kremlin qui avait également servi de conseiller à une succession de directeurs de cabinet du Kremlin.

Pour Pougatchev et les autres membres du premier cercle d'Eltsine, notoirement connu comme la « Famille », qui étaient les quelques occupants du Kremlin qui restaient, une nouvelle réalité pleine de tensions commençait. Eltsine faisait des allers-retours à l'hôpital depuis le mois d'octobre et, en dehors des murs du Kremlin, un coup d'État semblait se préparer. Pièce par pièce, les fondations du pouvoir d'Eltsine se voyaient démanteler, une conséquence de la désastreuse dévaluation du rouble de l'été passé et du défaut de paiement de 40 milliards de dollars de dettes du gouvernement. L'argent facile, le tout à volonté pour les quelques initiés qui avait défini les années du boom économique du passage à l'économie de marché, se terminait dans une faillite spectaculaire. Le gouvernement avait passé quatre ans à financer le budget du pays par de la dette à court terme, créant un système pyramidal dans lequel les seuls gagnants avaient été une poignée d'oligarques, les jeunes loups de l'ère Eltsine. Pendant un temps, les magnats avaient utilisé l'augmentation des taux d'intérêt sur les obligations du gouvernement et un taux de change fixe pour empocher le produit d'une mise sûre, tandis que la banque centrale brûlait ses réserves de devises fortes pour maintenir la stabilité du rouble. Tout avait crashé en août 1998, et encore une fois, c'est la population russe qui a fait les frais du carnage. Beaucoup de banques appartenant aux oligarques se sont effondrées pendant cette crise, mais, tandis qu'eux-mêmes avaient réussi à rediriger leurs fortunes offshore, l'épargne de la population générale a été balayée. Le Parlement, alors encore dominé par les communistes, était dans un état d'indignation générale. Acculé dans une posture défensive, Eltsine a dû se résoudre à nommer un Premier ministre issu des plus hauts échelons du KGB, Evgueni Primakov, l'ancien maître-espion qui avait dirigé le service des renseignements extérieurs et qui avait longtemps été une sentinelle des réseaux du KGB. Tenaillé par des problèmes de santé, son régime en lambeaux, Eltsine s'était retiré à la station balnéaire de Sotchi, sur la mer Noire. Dans le même temps, Primakov prenait dans son gouvernement des députés communistes dont le leader était l'ancien directeur de l'agence de planification de l'économie, le Gosplan. Eltsine se faisait régulièrement hospitaliser, et un assistant du Kremlin a doucement laissé entendre qu'il allait se mettre en retrait.

Un par un, les membres de la vieille garde communiste s'étaient installés sur des perches au sommet du gouvernement. Et maintenant qu'ils prenaient le contrôle du conseil des ministres, les scandales financiers autour de leurs adversaires appartenant à l'élite dirigeante d'Eltsine sortaient les uns après les autres. Le procureur général de la Russie, Iouri Skouratov, homme rondelet et affable, menait les accusations de corruption. Jusqu'au début de cette année, il avait plus attiré l'attention sur sa capacité à fermer les dossiers pénaux plutôt qu'à les ouvrir. Cependant, cette fois-là, dans le scandale général qui accompagnait l'effondrement financier du pays, il avait commencé à cibler la corruption au plus haut niveau. Tout d'abord, il avait lancé une diatribe contre la banque centrale. Dans une lettre au porte-parole communiste à la Douma, il ciblait la façon dont la banque avait secrètement transféré 50 milliards de dollars des réserves de devises fortes du pays *via* la Fimaco, l'obscure société offshore enregistrée à Jersey – une révélation qui a ouvert la boîte de Pandore des délits d'initiés et des fonds détournés à travers le marché de la dette publique.

En coulisse, plusieurs enquêtes beaucoup plus menaçantes étaient en cours. L'une d'entre elles était un dossier qui pouvait mener directement aux comptes de la Famille d'Eltsine. Elle était centrée sur Mabetex, une société peu connue basée à Lugano, ville des Alpes suisses près de la frontière italienne. Durant les années 1990, cette société avait gagné des milliards de dollars grâce à des contrats de rénovation du Kremlin, de la Maison-Blanche russe et d'autres projets prestigieux. Initialement, cette enquête lancée par Skouratov en tandem avec des procureurs suisses, était centrée sur des dessous-de-table apparemment versés à des intermédiaires proches de Pavel Borodine, le très jovial et terre à terre chef de parti sibérien qui avait régné au Kremlin sur le gigantesque service des Biens depuis 1993. Mais derrière tout ça se trouvait une affaire potentiellement plus grosse. Et ceux qui au Kremlin géraient les affaires à la place d'Eltsine ne le savaient que trop bien. « Tout le monde était tétanisé sur ce qui était en train de se passer. Personne n'osait venir au travail. Tout le monde tremblait comme des lapins », m'a dit Pougatchev.

Le travail préparatoire pour ce dossier avait été effectué discrètement. Une partie de la vieille garde, particulièrement ceux qui attendaient dans l'ombre des services de renseignement, était à la recherche de possibilités d'évincer Eltsine dès son arrivée au pouvoir. Ils regardaient depuis longtemps avec dégoût son ouverture à la démocratie, et lorsqu'il a appelé les régions de Russie à prendre autant d'autonomie qu'elles le pouvaient, ils ont vu ça comme faisant partie d'un complot de l'Occident pour affaiblir, et en définitive détruire, la Fédération de Russie. Toujours ancrés dans la pensée négative de la guerre froide, ils le voyaient comme étant au service du gouvernement américain. Ils aimaient à croire que le gouvernement avait aidé à l'installer pour détruire l'Union soviétique. Ils méprisaient son apparente sympathie avec le Président américain Bill Clinton, et ils pensaient que les réformes pour une économie de marché qu'ils avaient eux-mêmes mises en place, et qui avaient contribué à l'accession d'Eltsine au pouvoir, avaient été perverties pour créer un pouvoir oligarchique des *Semibankirchtchina* – les sept banquiers qui avaient surclassé leurs anciens maîtres du KGB pour prendre la main sur l'essentiel de l'économie. Ils n'accordaient aucune importance aux avancées démocratiques d'Eltsine : pour eux, il était un alcoolique perdu incapable de diriger le pays, tandis que la Famille d'Eltsine, dont sa fille Tatiana, son directeur de cabinet (et futur beau-fils) Valentin Ioumachev et divers autres acolytes de l'oligarque Boris Berezovski, était une alliance contre nature qui avait pris le pouvoir illégalement en sous-main et qui menait le pays tout droit à sa perte.

« Un certain groupe de gens ont compris que les choses ne pouvaient pas continuer comme cela. C'est la nécessité qui a été à l'origine de toute l'opération. Il n'y avait pas d'autre choix. Cela devait être fait. Eltsine était un grand alcoolique avec une grave addiction à la drogue. C'est un fait que le pays était dirigé par sa fille, par une bande d'idiots qui ne voyaient que leurs propres intérêts… Les gouverneurs désobéissaient au Kremlin. Les régions devenaient presque des pays indépendants. Nous devions nous débarrasser de cette racaille », m'a dit un des participants de ce complot, Felipe Turover, l'ancien agent du KGB qui avait travaillé avec Poutine sur le projet d'échange pétrole-contre-nourriture.

Turover a refusé de divulguer les noms des responsables des services de renseignement qui faisaient partie du complot visant à écarter Eltsine du pouvoir. Mais il était clair qu'ils souhaitaient le remplacer par Primakov, qui, en tant que maître-espion, était un des leurs. Dès le début, ce groupe a cherché des preuves liant directement Eltsine à la corruption financière, des preuves qui pourraient irrémédiablement disqualifier le Président et qui dépasseraient la vieille idée russe très répandue que les problèmes du pays étaient dus aux mauvaises décisions et à la corruption des courtisans, ces boyards qui entouraient le tsar, et non au Président lui-même. « Comme il avait été plébiscité pour être un grand démocrate, personne ne savait comment se débarrasser de lui. La seule voie claire était la voie légale. Il devait être clair pour la population que ce n'était pas le cas, que le tsar n'était pas bon ni sans reproche, et que les boyards n'étaient pas les méchants. Quand le Président est lui-même un voleur, alors tout est clair. Nous avions besoin d'avoir des éléments concrets », m'a dit Turover.

Turover était l'informateur qui avait découvert, et ensuite révélé, le matériel qui a constitué la base du dossier. De son poste privilégié, où il supervisait les paiements clandestins des dettes stratégiques durant l'ère soviétique, il avait collecté et passé au crible le Kompromat – le matériel compromettant – du financement interne du régime d'Eltsine pendant des années dans l'espoir que le bon moment finisse par se présenter. En tant qu'ami proche de l'ancien directeur du service des opérations clandestines du KGB pour le financement des opérations illicites à l'étranger, il avait fait partie des cadres du renseignement du KGB depuis les années 1980. Turover était le même agent des services de renseignement, plein d'humour, beau parleur, qui avait aidé Vladimir Poutine à mettre en œuvre l'échange pétrole-contre-nourriture à Saint-Pétersbourg au début des années 1980 – ce montage qui avait permis de créer une caisse noire pour Poutine et ses alliés du KGB. Il avait participé à la mise en place d'autres opérations clandestines qui, d'après ses dires, devaient assurer le paiement des dettes stratégiques de l'Union soviétique aux « sociétés amies », mais qui contribuaient, de façon quasi sûre, à la caisse noire du KGB.

Les documents montrent que nombre de ces opérations avaient été menées par l'intermédiaire de la Banque du Gothard, une petite banque en périphérie de Lugano, et dont Turover était un des conseillers. La Banque du Gothard avait été choisie parce que, d'après ce que m'a dit Turover : « Nous voulions une petite banque avec une très mauvaise réputation. » Elle avait été la branche outremer de la Banco Ambrosiano, la banque liée au Vatican et qui avait fait faillite dans un retentissant scandale dans les années 1980. Son directeur, Roberto Calvi, avait été retrouvé mort, pendu sous le pont Blackfriars à Londres. Et il s'avérait que de nombreux financements russes occultes transitaient par ses comptes, dont un réseau d'échange de matières premières qui ont permis de détourner des milliards de dollars.

C'était encore un signe que malgré toutes les tentatives de réformes d'Eltsine pour une économie de marché, malgré tous ses efforts pour bâtir une nouvelle Russie sur les décombres de l'effondrement soviétique, les vieilles habitudes des *Komitetchiki*, les hommes du KGB, continuaient de prévaloir en coulisse. Bien qu'Eltsine ait essayé de discipliner les rangs de son gouvernement avec les soi-disant « jeunes réformateurs » qui voulaient libérer l'économie russe du contrôle de l'État et gérer le pays selon les règles transparentes édictées par les institutions occidentales, le fonctionnement de l'économie restait biaisé en faveur des initiés proches de l'État et de la communauté des services de renseignement extérieur. C'est par ces manœuvres que la Famille d'Eltsine a été compromise, et c'était encore plus parlant que le coup porté aux libertés qu'Eltsine avait cherché à apporter à la Russie soit porté par un membre des renseignements extérieurs du KGB. Eltsine avait été impuissant à mettre aussi bien sa propre famille que son pays en dehors des pratiques du passé.

La Banque du Gothard a hébergé les comptes de Mabetex, l'obscure société suisse chargée des contrats de rénovation du Kremlin, et c'est là que sont apparus les liens avec Eltsine et sa Famille. Lorsqu'il a découvert ces liens, Turover a d'abord dit qu'il s'était opposé au fait de gérer des fonds reliés à Eltsine ou à sa Famille. « Puis j'ai arrêté, car je me suis dit que cela pourrait être pratique à l'avenir. »

Parmi les comptes de la Banque du Gothard qu'il gérait, Turover avait découvert des cartes de crédit pour Eltsine et sa Famille. Elles avaient été fournies par le fondateur de Mabetex, un Albanais kosovar pugnace nommé Behgjet Pacolli. Il avait travaillé dans le milieu de la finance et de la construction pour le régime soviétique depuis les années 1970. Pacolli, qui avait été un temps l'assistant du patron du Parti communiste yougoslave, était impliqué depuis longtemps dans des montages financiers d'argent noir par le biais de la vente au régime soviétique de matériel militaire à double usage sous embargo, m'a dit Turover. À première vue, les cartes de crédit ressemblaient à un pot-de-vin de Pacolli, payé directement dans les poches d'Eltsine et de sa Famille, tandis que le fait qu'elles soient payées à partir d'un compte d'une banque étrangère était une violation directe d'une loi interdisant aux fonctionnaires russes de détenir un tel compte. La fille d'Eltsine, Tatiana, était celle qui avait le plus dépensé. Son ardoise affichait entre 200 et 300 000 dollars par an. Un million supplémentaire avait apparemment été dépensé par Eltsine durant sa visite officielle à Budapest.

À l'aune des standards des scandales de corruption d'aujourd'hui qui se chiffrent en milliards de dollars, ces sommes sont presque risibles. Mais à cette époque-là, l'équation était tout autre. L'équilibre du pouvoir avait déjà rapidement changé de camp, passant du Kremlin à la Maison-Blanche de Primakov. La vieille garde et les communistes reprenaient la main. Au lendemain du krach financier, la popularité d'Eltsine était au plus bas, à 4 %. Le Parti communiste, qui restait en position de force à la Douma, avait inscrit au calendrier parlementaire des auditions de destitution afin de traduire Eltsine en justice pour tout ce qu'ils considéraient comme des fautes de son pouvoir erratique : la guerre désastreuse en Tchétchénie qui avait pris les vies de tant de soldats russes, la dissolution de l'Union soviétique et ce qu'ils prétendaient être le « génocide » de la population russe – les réformes pour passer à une économie de marché qui avaient entraîné une baisse drastique du niveau de vie et, pensaient-ils, provoqué la mort prématurée de millions de Russes. Les révélations à propos des cartes de crédit devaient être le coup de grâce. « Il était prévu que Primakov s'exprime au Conseil de la Fédération et dise aux sénateurs que le Président était un voleur », m'a dit Turover.

L'enquête menaçait aussi de se rapprocher dangereusement de sommes beaucoup plus grosses qui avaient été détournées par l'intermédiaire d'un exportateur de pétrole, l'International Economic

Cooperation, ou MES, qui détenait des comptes à la Banque du Gothard et qui était inextricablement mêlée aux contrats de reconstruction du Kremlin. La MES s'était vu attribuer des contrats du gouvernement russe pour vendre plus de 8 % du total des produits pétroliers du pays. En 1995, son chiffre d'affaires annuel approchait les 2 milliards de dollars. Elle était inactive depuis 1993, quand des membres de l'arrière-garde du gouvernement Eltsine avaient voulu prendre le contrôle du commerce pétrolier en réinstaurant un système d'exportateurs spéciaux, appelé *spetsexportery*, par le biais duquel les compagnies pétrolières devaient vendre leur pétrole. C'était un jeu d'initiés qui remplissait les poches d'un petit groupe obscur de négociants, pour la plupart proches des services de sécurité de l'administration Eltsine. La MES avait initialement été créée comme un moyen de financer la restauration de l'Église orthodoxe russe après des décennies de destruction et d'oppression sous le joug soviétique. Mais les milliards de dollars de brut que lui avait octroyés le gouvernement russe, libres de droits d'exportation, ont de loin surpassé les montants jamais dépensés pour la restauration de l'Église.

La MES était une sorte de version améliorée de la caisse noire du pétrole-contre-nourriture de Poutine. Aucune de ses opérations n'était transparente, et la différence entre ce qui était stratégique et ce qui pouvait être dépensé pour des besoins personnels et des pots-de-vin était devenue opportunément floue. Essentiellement, cela générait du cash utilisé pour s'assurer que les politiques iraient dans le sens d'une faction des hommes des services de renseignement au Kremlin qui soutenaient Eltsine. « Les autorités avaient toujours besoin d'argent. C'était comme s'il y avait un budget pour l'État. Mais si vous avez besoin de finances pour vous assurer que le vote du parlement aille dans un certain sens, vous n'allez pas prendre l'argent dans le budget de l'État », m'a dit Skouratov plus tard. Les activités de la MES étaient étroitement liées à Mabetex et au projet de reconstruction du Kremlin. Quand Pavel Borodine, le directeur du service des Biens du Kremlin, a initialement demandé au gouvernement de financer le projet de reconstruction du Kremlin, on lui a répondu que le budget n'avait aucun fonds. Il a donc demandé que des contrats pétroliers soient vendus par l'intermédiaire de la MES pour le financer. Mais les décrets qui attribuaient les quotas pétroliers à la MES – d'abord 2 millions de tonnes, puis 4,5 millions de tonnes – ont tous été classés. Aucun rapport sur ce qui s'est passé n'a jamais été publié. Et ensuite, comme si les ventes de pétrole *via* la MES n'avaient jamais été octroyées, le gouvernement a fait une annonce officielle expliquant qu'il allait financer la reconstruction du Kremlin en souscrivant 312 millions de dollars de prêt internationaux. La MES semblait avoir engrangé 1,3 milliard de dollars dans cette affaire de vente de pétrole, et personne ne pouvait expliquer où était passé l'argent.

Au beau milieu de tout ça se trouvait Pougatchev, le banquier du Kremlin qui fuirait plus tard à Londres, puis à Paris. Grand, très sociable, expert dans l'art des tractations secrètes, il avait fait équipe avec Borodine tandis que la banque qu'il avait cofondée, la Mejprombank, était le principal créditeur du service des Biens du Kremlin. À cette époque, le service des Biens était un domaine gigantesque. Il représentait des milliards de dollars de biens sous la gouverne de l'État à la suite de l'effondrement soviétique. Avec l'aide de Pougatchev, il a distribué des appartements et des datchas, des services médicaux et même des vacances aux membres du gouvernement Eltsine. C'était un réseau de parrainage dans le plus pur style soviétique et qui, selon toutes apparences, s'était étendu à la Famille d'Eltsine : Pougatchev m'a dit qu'il avait acheté un appartement pour Tatiana, la fille d'Eltsine, *via* la Mejprombank.

Les salaires des fonctionnaires étaient dérisoires comparés à ce qu'ils pouvaient se faire dans le boom de la transition de la Russie à l'économie de marché, et Pougatchev insistait sur le fait que ce que faisait le service des Biens était la seule façon pour que les représentants de l'État restent honnêtes et qu'ils n'acceptent pas les pots-de-vin. Mais, pour l'essentiel, ce service était la principale caisse noire du Kremlin, et il donnait à Borodine une position très puissante, dont la faculté de faire ou de briser des carrières. « Les gens faisaient la queue pour le voir. Si vous étiez ministre, vous n'obteniez rien si Borodine ne vous l'octroyait pas. Si vous aviez besoin d'un appartement, d'une voiture, ou de quoi que ce soit, vous deviez vous adresser à Borodine. Il avait énormément d'influence », m'a dit Pougatchev.

Cela dit, Pougatchev ne s'est pas épanché sur son implication avec la MES. Mais sa Mejprombank avait participé au financement de l'opération. De plus, il avait noué une profonde amitié avec le chef de l'Église orthodoxe russe, le patriarche Alexis II, car il avait travaillé en étroite relation avec lui depuis sa nomination. Pougatchev avait encouragé et suivi pas à pas le projet de reconstruction du Kremlin. Il était un adepte du système de financement byzantin du Président Eltsine, ce qui lui avait permis de se faire une fortune confortable. Il avait réussi à créer une branche financière de la Mejprombank à San Francisco au début des années 1990, et il passait une grande partie de l'année aux États-Unis. Son accès direct au système financier occidental lui donnait les faveurs des hauts responsables du gouvernement Eltsine. « Je pouvais leur expliquer comment fonctionnait le système financier occidental », m'a-t-il dit. Il louait la maison la plus chère de San Francisco, et il a acheté plus tard une villa recouverte de fresques dans le sud de la France, sur les hauteurs de la baie niçoise. Il était devenu proche de la Famille Eltsine, en particulier de sa fille Tatiana, lorsqu'il avait travaillé dans l'équipe qui avait œuvré à la réélection d'Eltsine en 1996. Il avait fait venir une équipe de spin doctors américains qui ont mis en route une campagne à l'américaine. Cela avait contribué à gonfler la cote de popularité d'Eltsine et de mettre l'accent sur la menace d'un retour du communisme.

Pendant ce temps, Pougatchev travaillait en étroite relation avec Behdjet Pacolli, le propriétaire de Mabetex. Il supervisait personnellement tout le projet de reconstruction du Kremlin, de la signature du contrat aux rénovations proprement dites, m'a-t-il dit. Depuis le début, cela avait été une opération pharaonique. Bien que, a-t-il précisé, il ait fait en sorte que le Kremlin obtienne le meilleur prix possible, il semble qu'aucune dépense n'ait été épargnée. Du bois de vingt-trois types d'arbres différents a été utilisé pour recréer les motifs ornés du parquet du Kremlin. Plus de cinquante kilogrammes d'or pur ont été achetés pour décorer les halls, ainsi que 662 mètres carrés de soie de la meilleure qualité pour couvrir les murs. Après des décennies de pouvoir communiste durant lesquelles tous les trésors de l'époque prérévolutionnaire – les parquets en mosaïque, les ornementations précieuses, les miroirs et les chandeliers en or – avaient été enlevés et remplacés par les décorations les plus simples, le Kremlin allait être transformé pour retrouver sa magnificence de l'ère tsariste. Deux mille cinq cents personnes travaillaient nuit et jour pour créer un palace digne du nouveau tsar de Russie. Le moindre détail devait passer sous la supervision de Pougatchev. Quand Eltsine a demandé pourquoi une urne avait été placée à l'extérieur de son bureau, d'un cinglant « On ne fume pas ici », Pougatchev l'avait immédiatement retirée. Et quand Eltsine a demandé pourquoi les nouveaux parquets grinçaient, il lui avait gentiment expliqué qu'il y avait des kilomètres de câbles en dessous pour les communications top secrètes du Kremlin.

Quand tout a été terminé, les dirigeants étrangers en visite ont été époustouflés. Le Président américain Bill Clinton et le chancelier allemand Helmut Kohl ont été ébahis quand on leur a montré les plafonds voûtés à feuilles d'or du hall sainte Catherine, avec tous ces chandeliers d'or. « Et ces gens nous réclament de l'argent ? » a fait remarquer Kohl.

La reconstruction avait coûté environ 700 millions de dollars, à une époque où la Russie recevait des milliards de dollars d'aide internationale censés aider le pays à survivre. Mais le financement qui avait été déboursé par l'État pour cette reconstruction était beaucoup plus élevé. Les quotas pétroliers que la MES avait reçus s'élevaient à un montant de 1,5 milliard de dollars, tandis qu'Eltsine avait signé un décret officiel pour 300 millions de dollars de prêts étrangers. Pougatchev s'était adressé au premier vice-ministre des Finances, Andreï Vavilov, pour approuver un supplément de 492 millions de dollars en garantie pour un programme de bons du Trésor pour le service des Biens du Kremlin – apparemment, il s'agissait encore d'un montage pour financer le programme de reconstruction. Rien de tout cela n'a été comptabilisé.

Pougatchev avait eu vent des cartes de crédit de la Famille Eltsine dès que Pacolli les avait fournies. « Je lui ai dit : "Pourquoi l'as-tu fait ?" Il s'est dit que s'il leur donnait ces cartes, il les tiendrait en laisse. Il savait que c'était frauduleux, que cela signifierait que le Président touchait des pots-de-vin. » Il m'a dit qu'il était également conscient que de plus grosses sommes avaient apparemment été remises à la Famille Eltsine. Plus tard, il est apparu que 2,7 millions de dollars avaient été transférés sur deux comptes de la Banque de New York aux îles Caïmans au nom de Leonid Diatchenko, qui était à l'époque le mari de la fille d'Eltsine, Tatiana. Un avocat de la société pétrolière qu'a dirigée plus tard Diatchenko a déclaré que ces fonds correspondaient à un travail qu'il avait effectué.

Et donc, quand par un matin froid de la fin janvier 1999, des procureurs suisses ont envoyé des hélicoptères et plusieurs douzaines de camions armés pour faire une perquisition dans les bureaux de la Mabetex de Pacolli à Lugano et qu'ils en sont repartis avec une montagne de documents, ça a été, pour le dire sobrement, un sacré choc. Pougatchev et Borodine ont été immédiatement informés par Pacolli, et la nouvelle s'est répandue comme un dard empoisonné jusqu'à la fille d'Eltsine, Tatiana, qui, en l'absence de son père, jouait le rôle non officiel de chef de l'État, et jusqu'à l'homme qui allait devenir plus tard son mari, Valentin Ioumachev, ou « Valia », comme on l'appelait affectueusement, et qui jusqu'à récemment avait été le directeur de cabinet du Kremlin. Pour Pougatchev, c'était une menace à cause de toutes les sommes qui avaient été blanchies par l'intermédiaire de la MES. Pour Tatiana et Ioumachev, cela pouvait mener aux sommes des cartes de crédit et, plus largement, aux sommes qui avaient été transférées sur des comptes offshore privés.

Discrètement, sans que personne n'en soit informé, le procureur général Skouratov avait ouvert une enquête criminelle sur le possible détournement de fonds pour la reconstruction du Kremlin *via* Mabetex. Durant les derniers mois où il avait travaillé dans l'ombre avec le bureau des procureurs suisses, jusqu'au moment de la perquisition, personne ne savait qu'il avait lancé une enquête. Il avait reçu une première liasse de documents sur ce dossier dans les semaines qui avaient suivi le défaut de paiement de 1998. Pour éviter qu'ils soient interceptés, la procureure suisse Carla del Ponte les lui avait envoyés par valise diplomatique à l'ambassade suisse à Moscou. Quelques semaines plus tard, vers la fin septembre, Skouratov a tenu une réunion secrète avec del Ponte. Il s'est envolé de Paris après une visite officielle pour la rejoindre à Genève. C'est là qu'il a rencontré Felipe Turover pour la première fois, cet informateur du KGB par qui tout avait commencé, qui avait très tôt fait une visite clandestine à Moscou pour témoigner officiellement. Seul le plus proche adjoint de Skouratov était dans la confidence. Il avait également consulté en secret le Premier ministre qui appartenait à la vieille garde du KGB, Evgueni Primakov. Mais dès que Skouratov a envoyé l'ordre de la perquisition à Lugano en janvier, le secret a été éventé. « Tous nos efforts pour assurer la confidentialité de ce dossier ont été réduits à néant. Selon la loi suisse, del Ponte devait montrer le mandat international de perquisition à Pacolli. Bien sûr, il avait immédiatement contacté Borodine », m'a dit Skouratov. Turover était lui aussi en colère par ce soudain dévoilement du secret : « Elle [del Ponte] n'était pas obligée de faire tant de bruit. Elle n'était pas obligée d'envoyer tous ces hélicoptères. C'était un signal à Moscou qu'ils avaient saisi tous les registres. »

Cette perquisition a marqué le moment où Pougatchev a commencé un jeu très tendu du chat et de la souris pour faire en sorte que le procureur Iouri Skouratov soit démis de ses fonctions de procureur et qu'il soit mis fin à cette affaire. C'est aussi à ce moment-là que Pougatchev – et la Famille Eltsine – a commencé la partie d'échecs pour sa propre survie, et qui a hissé Vladimir Poutine au pouvoir. Le point de basculement a été quand ils ont réalisé qu'ils étaient totalement assiégés.

« Cela ne leur a pris que quatre jours pour s'organiser », m'a dit Skouratov.

*

Quand Pougatchev se penche sur le passé, il dit qu'une partie de tout cela lui semble floue : les appels téléphoniques constants, les réunions qui s'étiraient jusque tard dans la nuit. Certaines dates se mélangent, ne lui reviennent qu'en fonction de l'époque de l'année, comment était le temps à travers la fenêtre. Mais les réunions, celles qui étaient importantes, il s'en souvient très précisément. Elles sont gravées pour toujours dans sa mémoire. D'autres sont inscrites dans des carnets de cette époque-là. C'étaient des jours où l'avenir de la Russie se décidait, où Pougatchev agissait si vite, dans la croyance qu'il avait de devoir contrer la menace d'une prise de pouvoir de l'alliance de Primakov avec les communistes

– aussi bien que de sauver sa propre peau et celle de la Famille Eltsine – qu'il n'a pas remarqué qu'en fait il contribuait au retour du KGB. L'histoire de Pougatchev est le récit indicible, de l'intérieur, de la façon dont Poutine est arrivé au pouvoir. C'est un récit que la Famille Eltsine n'a jamais voulu divulguer. À l'époque de la perquisition à Mabetex, l'étoile politique de Primakov était en pleine ascension, et l'alliance qu'il avait formée avec le puissant maire de Moscou, Iouri Loujkov, et d'autres gouverneurs régionaux menaçait déjà de tirer le rideau sur le régime d'Eltsine. Le dossier pénal de Skouratov pouvait leur procurer une arme encore plus puissante.

Pendant des années, Pougatchev avait développé son propre réseau au sein du bureau du procureur russe. Comme toute institution russe puissante, c'était un repaire de vipères, où les députés se bousculaient pour des postes et recueillaient des *kompromat* les uns sur les autres. L'allié privilégié de Pougatchev était Nazir Khapsikorov, le rusé directeur du propre service des Biens du procureur, une sorte de version miniature du service du Kremlin supervisée par Borodine. Avec le pouvoir d'attribuer des appartements et d'autres avantages aux procureurs, Khapsikorov, qui était un maître de l'intrigue, usait de la même faculté pour faire ou défaire les carrières dans le bureau du procureur que celle dont disposaient Borodine et Pougatchev au Kremlin. « En fait, c'était mon homme dans le bureau du procureur », m'a dit Pougatchev. « Il m'apportait toutes les informations. Il m'a dit qu'une révolte se fomentait contre Eltsine. Plus il m'a apporté une vidéo. Il m'a dit : "Skouratov est dessus avec des filles." » Pougatchev a relaté qu'au début il ne croyait pas Khapsikorov : une telle vidéo serait un *kompromat* ultime, suffisamment puissant pour coûter son poste à Skouratov et enterrer le dossier pénal Mabetex.

Pougatchev a rapporté la vidéo à son bureau, mais, peu expérimenté dans l'usage de la technologie, il a été dans l'incapacité de la faire lire par son appareil – il se perdait dans les boutons de réglage. Il a fini par demander de l'aide à ses secrétaires. Dès qu'elles ont réussi à lancer la vidéo, il a regretté de les avoir impliquées. Les images granuleuses du procureur général rondouillard qui s'ébattait nu sur un lit avec ce qui apparaissait être deux prostituées étaient une vision un peu gênante. Pougatchev s'est raclé la gorge, tout rouge. Cependant, ses secrétaires ont tout de même fait une copie de la vidéo. Pougatchev pense que ça a été un moment décisif. « Si nous n'en avions pas fait de copie, alors rien ne serait arrivé. L'histoire aurait été différente. Poutine n'aurait pas accédé au pouvoir », m'a-t-il dit.

Il a ajouté qu'il avait donné la vidéo originale à Valentin Ioumachev, le beau-fils et ancien directeur de cabinet d'Eltsine, qui occupait en fait le même poste en coulisse. Ioumachev devait la remettre à Nikolaï Bordiouja, un ancien général des gardes-frontières russes qui avait été nommé récemment directeur de cabinet du Kremlin à la place de Ioumachev. Bordiouja devait ensuite appeler Skouratov et lui parler de la vidéo, et lui dire que son comportement n'était pas en adéquation avec le service d'un procureur général.

Toujours enclin à exagérer son rôle, Pougatchev a affirmé que personne d'autre ne savait comment gérer la situation : « Ils tremblaient tous. » Bordiouja a maladroitement tenu la réunion avec Skouratov, qui a accepté de démissionner sur-le-champ. Puis Bordiouja lui a remis la vidéo, comme pour lui indiquer qu'entre amis tout cela devait être oublié.

Au lieu d'entériner l'éviction de Skouratov, cette réunion du 1er février au soir au Kremlin s'est transformée en une interminable impasse. Le poste de procureur général avait été protégé par des lois spéciales pour garantir soigneusement son indépendance. Pour que la démission de Skouratov soit ratifiée, elle devait être acceptée par le Conseil de la Fédération, la chambre haute du parlement. Mais à l'époque, beaucoup de sénateurs du Conseil s'étaient déjà alignés avec Primakov et le maire de Moscou Iouri Loujkov contre le Kremlin. Ils avaient l'intention de protéger Skouratov. Tandis qu'il avait disparu de la circulation depuis des semaines, apparemment pour recevoir des soins à l'hôpital clinique central, le conseil a décidé de soumettre sa démission au vote.

À ce moment-là, la Famille Eltsine était confrontée aux débuts d'un potentiel coup d'État. Quelques jours seulement après la perquisition de Mabetex en janvier, Primakov avait jeté le gant en défiant publiquement la mainmise d'Eltsine sur le pouvoir. Avec le soutien du parlement, il avait annoncé un pacte politique de non-agression, ostensiblement pour mettre fin à la tension montante entre la Douma, menée par les communistes, et le Kremlin.

La Douma devait accepter d'abandonner ses auditions de destitution et mettre de côté son droit constitutionnel à renverser le gouvernement avec une motion de censure, au moins jusqu'aux élections législatives à la fin de l'année. En retour, Eltsine abandonnerait son droit à dissoudre la Douma ainsi que le gouvernement de Primakov. Eltsine était scandalisé par cette proposition, qui avait été acceptée et annoncée sans qu'il en soit informé. « Comme tout ça s'était passé derrière son dos, il était absolument sidéré, m'a dit Ioumachev, qui demeurait à cette époque l'émissaire en qui il avait le plus confiance. La principale chose était que Primakov ne cachait déjà pas, aux gens qui travaillaient avec Eltsine, son intention de devenir le prochain Président. » Et pour ne rien arranger, Primakov avait aussi proposé qu'Eltsine bénéficie d'une immunité contre toute poursuite judiciaire ultérieure pour tout acte illégal qu'il aurait pu avoir commis durant ses huit années de pouvoir. C'était comme s'il pensait qu'Eltsine avait déjà accepté de se retirer.

Les frictions entre Primakov et la Famille Eltsine ont été immédiates. Primakov lui avait fait des frissons dans le dos quand, quelques heures avant que Skouratov soit convoqué au Kremlin pour qu'on lui dise de songer à démissionner à cause de la vidéo *kompromat*, il avait demandé que de la place soit faite dans les prisons russes pour y accueillir les hommes d'affaires et les dirigeants politiques corrompus. « Nous comprenions que s'il arrivait au pouvoir, il aurait en tête une construction complètement différente pour le pays », m'a dit Ioumachev. Et lorsque le lendemain, dans un dernier geste de défiance juste quelques heures avant l'annonce de sa démission, Skouratov avait envoyé les procureurs faire une perquisition à la compagnie pétrolière Sibneft, c'était une décision clairement prise contre eux. Il y avait depuis longtemps des suspicions de collusion entre Sibneft et la Famille Eltsine. On suspectait aussi cette compagnie d'avoir servi de base à Boris Berezovski, pour devenir le parfait oligarque initié. La Sibneft avait vendu du pétrole *via* deux sociétés de négoce : l'une d'entre elles, Runicom, appartenait à l'associé de Berezovski, Roman Abramovitch ; l'autre, une société plus obscure qui s'appelait Belka Trading, appartenait à Leonid Diatchenko. « La perquisition à Sibneft était très dangereuse pour la Famille Eltsine », m'a dit un proche associé de Berezovski. Voulant clairement limiter les dégâts, les membres de la Famille se sont distanciés de Berezovski, qui était devenu politiquement toxique pour eux.

Ioumachev avait déjà démissionné de son poste de directeur de cabinet en décembre. Il a déclaré qu'il avait pris cette décision lorsqu'il avait réalisé que Primakov visait la présidence, ce qui allait bien au-delà des limites de leur accord quand Eltsine l'avait nommé Premier ministre. Ils avaient voulu que Primakov soit un Premier ministre par intérim tandis que Ioumachev et Eltsine rechercheraient un candidat convenable pour prendre la présidence. « C'est ma responsabilité personnelle d'avoir fait venir Primakov. Et là, il agissait en totale violation de tous nos accords », m'a dit Ioumachev. Il y avait également la suggestion que le remplacement de Ioumachev au poste de directeur de cabinet par un homme des services de renseignement, Nikolaï Bordiouja, un officier des gardes-frontières, fasse partie d'une manœuvre visant à gommer quelques tâches gênantes de la Famille sous le pouvoir d'Eltsine.

Sergueï Pougatchev a déclaré qu'il avait pris sur lui d'essayer d'obtenir un accord en coulisse avec le Conseil de la Fédération, pour s'assurer que Skouratov sorte du paysage. Cependant, les gouverneurs de régions du Conseil, très puissants politiquement, faisaient corps autour de Primakov et Loujkov contre le Kremlin. Dans le même temps, les tensions toujours grandissantes concernant l'enquête de Skouratov commençaient à atteindre les plus hautes sphères du Kremlin. Horrifiés par ce qui pourrait en résulter, les hommes du Kremlin ont commencé à tomber les uns après les autres. Tout d'abord, Eltsine a été hospitalisé encore une fois, pour un ulcère hémorragique. Puis, Nikolaï Bordiouja a été admis à l'hôpital clinique central après avoir subi une attaque cardiaque. Il a été rejoint peu après dans ce même établissement par Pavel Borodine, le très terre à terre directeur du service des Biens du Kremlin et le point central de l'enquête sur Mabetex. Le Kremlin se vidait à vue d'œil, et dans ce vide apparent, Skouratov s'est remis au travail.

Le 9 mars, plus d'un mois après le départ supposé de Skouratov, le Conseil de la Fédération a finalement programmé un vote sur sa démission. Cependant, les efforts de Pougatchev pour s'assurer les voix des gouverneurs pour cette démission ont échoué. Le jour du vote, le 17 mars, Skouratov est arrivé de manière inattendue pour s'adresser au Conseil. Il a donné un discours cinglant, déclarant qu'il faisait l'objet d'attaques de puissants ennemis proches du Président russe, et appelant les sénateurs à rejeter sa démission. Ils ont voté contre sa démission à la quasi-unanimité.

Des rumeurs concernant une vidéo compromettante de Skouratov avaient déjà circulé dans les médias. Mais, piqués au vif par leur échec devant le vote, Ioumachev et le quasi-inconnu Vladimir Poutine, qui l'été précédent avait été nommé à la tête du FSB, ont pris les choses en main, m'a révélé Pougatchev. Ils ont remis une copie de la vidéo à une chaîne de télé fédérale, qui l'a ensuite diffusée à des millions de téléspectateurs dans le pays, sans se poser de plus de questions de décence vis-à-vis de Skouratov ni des sentiments de sa famille. Ils voulaient juste qu'il se retire. « Skouratov est un idiot. Nous voulions gérer ça décemment, mais il est monté sur ses grands chevaux », m'a dit Pougatchev.

C'est à ce moment-là que, d'après Pougatchev, il a véritablement remarqué Poutine pour la première fois. Le lendemain de la diffusion de la vidéo, Poutine a donné une conférence de presse commune avec Sergueï Stepachine, le ministre de l'Intérieur du pays, au cours de laquelle il a juré que cette vidéo était authentique. En comparaison à l'expression claire et directe de Poutine, Stepachine gardait les yeux rivés au sol, comme s'il était embarrassé de faire partie de ce spectacle. Pougatchev m'a dit que c'est à ce moment-là qu'il a commencé à voir en Poutine quelqu'un sur qui il pourrait compter. « Il parlait d'un ton très doux. Il avait l'air d'un héros de la télévision. C'était la première fois que je le remarquais. Personne d'autre ne pensait à lui à l'époque. Et je me suis dit qu'il passait très bien à la télé. Nous en ferons un Président. »

Malgré tout, Skouratov était toujours en poste, et la pression sur l'affaire Mabetex augmentait. Le 23 mars, tandis que la procureure suisse Carla del Ponte était de nouveau en visite à Moscou, les choses ont atteint un point d'incandescence. Skouratov a envoyé une équipe de procureurs pour saisir des documents au service des Biens de Borodine, et également dans les bureaux moscovites de Mabetex. La perquisition d'un procureur dans un bureau du Kremlin était sans précédent. La Famille – ainsi que

Borodine et Pougatchev – était en état de choc. La mise en scène était déjà inquiétante, cependant la vieille garde avait un autre point à faire valoir. Ce même jour, un éminent législateur communiste, Victor Ilioukhine, a encore fait monter la pression d'un cran, donnant une conférence de presse dans laquelle il prétendait avoir reçu des preuves selon lesquelles une partie des 4,8 milliards de dollars du prêt de sauvetage accordé à la Russie par le Fonds monétaire international au plus haut de la crise financière de 1998 avait été détournée vers des sociétés reliées à la Famille Eltsine, dont 235 millions de dollars *via* ce qui semblait être une banque australienne, la Bank of Sydney, vers une société détenue à 25 % par Leonid Diatchenko. La fureur médiatique était à son comble, avec des analystes politiques qui affirmaient ne plus être sûrs qu'Eltsine ait encore la capacité d'avoir le soutien de l'armée.

Pougatchev a déclaré qu'il était retourné au Conseil de la Fédération pour plaider en faveur d'un nouveau vote pour la démission de Skouratov. Mais l'ancien sénateur communiste qui le présidait lui a indiqué encore une fois qu'il avait des soutiens plus puissants ailleurs. Pougatchev est alors allé voir Loujkov, le maire de Moscou, dont la voix avait encore plus de poids avec les sénateurs de la chambre haute. Mais Loujkov essayait de faire monter le vote parlementaire contre le Kremlin depuis le coup de la crise financière du mois d'août. Il avait développé ses propres ambitions de pouvoir, d'après Ioumachev : « Loujkov travaillait activement dans le Conseil de la Fédération. Il disait aux dirigeants de régions : “Je serai Président et je vous donnerai ceci et je ferai cela pour vous. Nous combattons le Président, et pour nous, le procureur général est une ressource très puissante.” En fait, il y avait un combat pour la future présidence. » « Loujkov se vantait d'avoir 40 000 gars du ministère de l'Intérieur de Moscou, ainsi que le FSB local, derrière lui. Primakov et Loujkov travaillaient pour obtenir le soutien de dizaines de milliers d'hommes parmi les rangs intermédiaires de l'armée. Cela commençait à ressembler à un vrai coup d'État », m'a dit Pougatchev. Un magnat russe proche de Loujkov m'a dit que le poids politique du maire de Moscou avait grimpé en flèche : « Dans le contexte d'un Eltsine aux abois, il était clair qu'il était le nouveau centre du pouvoir. Les maréchaux et les généraux se tournaient vers lui. Ils venaient s'incliner devant le nouveau tsar. Ils venaient lui demander ses ordres. »

Pougatchev précise que ce qui s'est passé ensuite était motivé par les meilleures intentions. Il m'a dit qu'il ne pouvait pas laisser Primakov et son équipe accéder au pouvoir et remettre en question les libertés des années Eltsine, et qu'il avait senti la puanteur de la stagnation et de la corruption soviétiques dès que Primakov et son équipe étaient entrés à la Maison-Blanche : « La première chose qu'ils ont faite a été de demander des pots-de-vin. J'avais consenti tellement d'efforts pour m'assurer que les démocrates restent au pouvoir et que les communistes soient maintenus à l'écart », m'a-t-il dit, faisant référence à son activité durant la campagne de réélection d'Eltsine en 1996. « Vous devez comprendre que la Famille Eltsine, c'étaient des gens normaux. Ce n'était rien en comparaison de la corruption que vous voyez aujourd'hui. Mon idée était que tout cela ne s'effondre pas. » Mais les craintes concernant les mouvements d'argent que Skouratov poursuivait, et où cela pouvait mener, étaient de plus en plus lourdes.

Skouratov avait consacré sa matinée du 1er avril à remettre un rapport à Eltsine sur ce qu'il affirmait être des comptes illégaux de vingt-quatre Russes à la Swiss Bank. Le soir même, le Kremlin avait lancé une nouvelle tentative pour évincer Skouratov de son poste. L'adjoint de Skouratov, Iouri Tchaïka, et le procureur général militaire Iouri Demine ont été convoqués dans le bureau du directeur de cabinet du Kremlin, qui était alors un associé de Berezovski, un petit économiste barbu nommé Alexandre Volochine. Là, Volochine, en compagnie de Poutine, de Nikolaï Patrouchev, qui avait gravi les échelons du KGB de Saint-Pétersbourg avec Poutine et qui avait passé les quatre dernières années à des postes élevés au sein du KGB, et de Pougatchev ont décidé d'engager des poursuites pénales contre Skouratov, d'après les dires de Pougatchev. Ils voulaient qu'il soit suspendu pour ses ébats avec les prostituées.

Tchaïka et Demine étaient effrayés. Pour Pougatchev : « Ils ne comprenaient pas pourquoi ils étaient là. C'était comme une réunion d'aveugles et de sourds. Ils étaient tous les deux effrayés. "Comment pouvons-nous lancer des poursuites pénales contre un procureur général ?" ont-ils demandé. Ils regardaient qui était là à la réunion. Poutine n'était personne à l'époque, Patrouchev n'était personne. Ils nous ont regardés et ont pensé : “Nous voilà avec des outsiders, et ensuite on va nous accuser d’avoir organisé un coup d’État.” Je pouvais lire ces pensées sur leurs visages. J’ai compris ça en cinq minutes. Donc, je les ai pris à part individuellement. »

Pougatchev m’a dit qu’il était allé dans une salle de réunion en face du bureau de Volochine. Il a d’abord fait venir Tchaïka. « Je lui ai demandé : “Que voulez-vous pour ouvrir un dossier au pénal ?” Mais j’ai vu qu’il n’y avait aucune chance. Alors j’ai fait entrer Demine, et je lui ai demandé : “Êtes-vous prêt à être procureur général ?” » Voyant que ses offres de fortes récompenses et de promotion en retour d’une coopération avaient peu d’effet, Pougatchev leur a demandé au moins de lui expliquer en détail ce dont il aurait besoin pour ouvrir une affaire pénale. « Nous en avons parlé pendant six heures. Ils m’ont dit que seul un procureur général pouvait lancer des poursuites contre un procureur général. J’ai dit à Tchaïka : “Écoutez, vous êtes le premier adjoint et vous deviendrez le procureur général en exercice. Vous pouvez lancer des poursuites contre l’ancien procureur général.” Mais il m’a dit : “Non, le Conseil de la Fédération doit donner son accord pour cela.” Je lui ai dit que s’il ne s’agissait pas d’une affaire pénale, le Conseil de la Fédération n’aurait pas besoin de donner son accord. Et nous avons tourné en rond pendant des heures. J’ai compris qu’il n’était pas possible de trouver un terrain d’entente avec eux, que rien n’allait marcher. »

Il était déjà minuit passé et Pougatchev arrivait à court d’options. Il lui restait une voie. Au petit matin, il a appelé chez lui le chef du bureau du procureur de Moscou : « Je lui ai dit : “J’ai besoin de vous.” Il m’a dit : “Oui, Sergueï Viktorovitch, que voulez-vous ?” Je lui ai dit que je ne pouvais pas lui en parler au téléphone. Mais il m’a de nouveau demandé quel était le problème. Il m’a dit : “Il faut que vous me le disiez.” J’ai donc envoyé un de mes gars chez lui avec une note. » Toutefois, le procureur de Moscou ne souhaitait pas vraiment répondre en personne. Pougatchev pense que Tchaïka l’avait appelé pour le prévenir. Quand Pougatchev l’a rappelé un petit moment plus tard, il a conseillé à Pougatchev d’appeler plutôt le procureur en service de nuit.

Cet homme, c’était Viatcheslav Rosinski, un homme terne à lunettes qui était dans un état terrible ce soir-là. Il avait bu – sa fille s'était récemment suicidée par pendaison chez elle, et il souffrait encore de ce deuil. Néanmoins, Pougatchev a envoyé une voiture pour le faire venir au Kremlin. Tandis que Rosinski franchissait les portes du Kremlin en voiture, Pougatchev l'a décrit comme « (...) stupéfait. Il n'avait aucune idée d'où on l'amenait. Quand il est entré dans mon bureau, il s'est assis, ivre et déprimé. Il était au plus bas. Mais je lui ai dit : “Écoutez, c'est très simple. Vous pouvez ouvrir un dossier pénal contre le procureur général.” Je lui ai montré le procès-verbal » – qui bien sûr avait été préparé à l'avance. « Il m'a dit ce que je devais modifier. Et il l'a signé. »

Pougatchev a commencé à penser à ce qu'il pourrait lui offrir en retour. « Je lui ai dit que je pourrais le faire procureur général adjoint immédiatement. Mais il m'a dit : “C'est bon. Je ne veux pas de ça. Si c'est possible, j'aimerais être le procureur général de Moscou.” » Pougatchev lui a dit qu'il ferait en sorte que cela se produise. Bien qu'au final, il ne soit pas en mesure d'honorer cette promesse, ça n'avait pas d'importance. Ces poursuites pénales accusaient Skouratov d'avoir abusé de son pouvoir, et cela a entraîné sa suspension immédiate par Eltsine. Son autorité a été discréditée par le témoignage des prostituées de la vidéo qui ont affirmé avoir été payées par un parent d'un banquier et homme d'affaires poursuivi par Skouratov.

Pendant un temps, Skouratov a continué de se battre bec et ongles contre sa suspension. Il a dénoncé la vidéo comme étant un faux, et a affirmé que cette affaire pénale n'était qu'un coup politique monté de toutes pièces pour l'empêcher de mener ses enquêtes pour corruption au plus haut sommet du Kremlin. Il a déclaré qu'elle avait été lancée illégalement – et le bureau du procureur militaire de Moscou, désigné pour mener l'enquête, a été d'accord. Le Conseil de la Fédération a rejeté sa démission une nouvelle fois lors d'un second vote, même après que l'affaire criminelle a été lancée. Volochine, fraîchement nommé directeur de cabinet, a donné un discours désastreux, trébuchant et balbutiant dans ses notes tandis qu'il se faisait interpeller par les sénateurs. Cette seconde défaite du Kremlin a fait la une des journaux du lendemain qui signalaient la fin du pouvoir d'Eltsine. « Aujourd'hui, le 21 avril 1999, le pouvoir présidentiel de Russie s'est écroulé », a déclaré un gouverneur éminent.

Primakov et sa coalition de la Douma dominée par les communistes et des gouverneurs régionaux du Conseil de la Fédération – aussi bien que les hommes du KGB qui avaient poussé le dossier pénal Mabetex – voulaient voir de nouveau la Famille sur les rails. Mais à un moment donné, il apparaissait que les choses étaient allées trop loin. Pougatchev m'a dit qu'il avait essayé de faire peur à Loujkov et Primakov avec des menaces de disgrâce s'ils venaient à être poursuivis pour avoir encouragé un coup d'État, tout en s'accordant avec Ioumachev pour offrir à Loujkov le poste de Premier ministre, au cas où. Cependant, les manœuvres de Pougatchev n'auraient jamais rien apporté si Eltsine n'était pas revenu en force sur la scène politique.

Pendant des mois, Eltsine avait fait des entrées et sorties à l'hôpital, affaiblissant davantage sa position vis-à-vis de Primakov, qui, durant son absence, avait été vu comme ayant pris les rênes du pouvoir. Mais en avril, il avait recouvré toutes ses forces pour une confrontation finale. Juste trois jours avant que la Douma commence ses auditions de destitution, Eltsine, avec un instinct animal de survie et un penchant pour les paris politiques spectaculaires, décida que c'était le moment d'agir. Il convoqua Primakov au Kremlin et lui dit qu'il était viré. Il devait être remplacé par Sergueï Stepachine, le ministre de l'Intérieur, un allié proche d'Eltsine depuis les premiers jours du mouvement démocratique et l'un des tout premiers directeurs du FSB. Bien que les médias aient suspecté depuis longtemps Eltsine d'avoir mis à exécution une telle décision, cela a tout de même été un choc. Eltsine avait attendu jusqu'au dernier moment. « Il comprenait que s'il attendait trois jours de plus, il serait peut-être trop tard », m'a dit Pougatchev. « La Douma n'y était absolument pas préparée », m'a relaté Ioumachev. « Beaucoup de nos collègues au Kremlin ont considéré que c'était du suicide, que cela nous mettrait la Douma encore plus à dos. Mais en fait, c'est exactement le contraire qui s'est produit. Nous avions montré toute la force d'Eltsine. Il a viré avec un calme absolu cette puissante force qu'était Primakov, et la Douma a été complètement refroidie par une telle démonstration de force. » Primakov n'a rien pu faire, et sa démission a fait tomber le vent qui soufflait dans les voiles de la Douma. Au milieu des peurs qu'Eltsine dissolve le parlement, le vote pour la destitution s'est effondré quelques jours plus tard.

Le plan A du KGB avait échoué. « Dans cette configuration, Primakov aurait dû être Président. Durant le second vote du Conseil de la Fédération concernant Skouratov, il était censé monter à la tribune et dire : “Le Président est un voleur.” Il devait en présenter les preuves. Cela aurait suffi. Les auditions de destitution avaient déjà été programmées. Il lui aurait suffi de se présenter et de dire : “J'ai la légitimité du pouvoir pour mettre fin à tout cela.” Il avait toutes les preuves. Mais il n'a pas eu les couilles. Au dernier moment, il a craqué », m'a dit Turover en soupirant.

Bien que Skouratov se soit défendu d'avoir joué un quelconque jeu politique, qu'il cherchait seulement à mettre un terme à la corruption qui avait lieu au Kremlin, il avait également très bien compris que Primakov aurait pu mettre fin au pouvoir d'Eltsine : « Il y avait alors deux centres de pouvoir. D'un côté, il y avait le pouvoir législatif – le Conseil de la Fédération et le gouvernement de Russie, dirigés par Primakov et le bureau du maire de Moscou. Et puis, de l'autre côté, il y avait Eltsine au sommet du pouvoir, et la Famille. Et bien sûr, si le Conseil de la Fédération et Primakov s'étaient mis d'accord et avaient mis la pression, la Famille serait partie en rampant. Tout le monde aurait soutenu Primakov. Les services de renseignement l'auraient soutenu. La Famille se serait enfuie comme des cafards. Et Eltsine, pour raisons de santé, aurait transféré les pouvoirs présidentiels à Primakov, et le pays aurait été différent… c'est une personne très prudente. Peut-être qu'il n'était pas suffisamment résolu. Il ne s'est pas battu jusqu'au bout pour le pays. »

Le plan B

Evgueni Primakov avait toujours été un homme de consensus, un diplomate consommé qui n'aimait pas faire de vagues. Déjà dans sa soixante-dixième année, il s'est retiré un temps à l'arrière-plan, semblant concéder une défaite temporaire. Le Kremlin d'Eltsine avait, semble-t-il, gagné un peu d'air.

Cependant, si Primakov avait été le plan A du KGB pour reprendre le pouvoir, une autre opportunité était en attente. Que ce soit par coïncidence ou à dessein, une combinaison de menaces légales, de peurs, de rivalités et de pur calcul politique se sont rejoints et ont conduit à ce que le pouvoir russe tombe entre les mains d'une génération d'hommes du KGB beaucoup plus impitoyables. La Famille était restée bloquée dans la vision que Primakov ne pourrait être remplacé que par quelqu'un des services de renseignement. « Après Primakov, il n'était pas possible de nommer un libéral. Cela devait être quelqu'un que la Douma – et la société – verrait comme une figure forte, comme Stepachine, qui était un général », m'a dit Ioumachev.

Mais Sergueï Stepachine était probablement le plus libéral de tous les dirigeants des services de renseignement russes – il avait même rejoint le parti politique progressiste de la Douma, Iabloko. Malgré un passage au ministère de l'Intérieur à l'époque soviétique, il était historien de formation, et avait été longtemps proche d'Eltsine. Ils travaillaient ensemble depuis qu'Eltsine lui avait confié la direction d'une enquête fédérale sur le rôle du KGB dans le coup d'État avorté d'août. Pourtant, pour Ioumachev et Pougatchev, Stepachine n'avait jamais été rien de plus qu'un candidat intérimaire. D'après Pougatchev, Stepachine était *viali* – le mot russe pour « faible ». Il pensait que Stepachine n'était pas suffisamment déterminé pour faire les actions nécessaires pour les protéger : « Il me semblait qu'il était quelqu'un qui ferait des compromis avec les communistes. » Ioumachev a dit que lui aussi s'était mis à nourrir des doutes sur Stepachine. Ils étaient jaloux des relations étroites de Stepachine avec Anatoli Tchoubaïs, l'ancien directeur de cabinet du Kremlin et tsar de la privatisation qui était depuis longtemps leur rival pour l'affection d'Eltsine. Jusqu'à fin juin, une partie de la Famille d'Eltsine avait envisagé l'idée d'un autre candidat, Nikolaï Aksenenko, le ministre des Chemins de fer qui, pensaient-ils, défendrait plus fermement leurs intérêts. Mais Eltsine a rapidement nourri de l'inimitié envers lui.

À l'arrière-plan, Pougatchev m'a dit qu'il avançait depuis longtemps son propre candidat, l'homme qu'il pensait être le plus sûr, le plus loyal. Il soutenait Poutine, qu'il avait d'abord vu comme un potentiel successeur quand il avait appréhendé la vidéo de Skouratov avec les prostituées avec tant de sang-froid. Ils s'étaient rencontrés brièvement à Saint-Pétersbourg dans les années 1990, et ils avaient eu l'occasion de faire plus ample connaissance lorsque Poutine a été nommé adjoint de Borodine au service des Biens du Kremlin. Là, ils travaillaient ensemble tous les jours, m'a dit Pougatchev. La Mejprombank de Pougatchev a été impliquée dans une levée de fonds pour le service des Biens à l'étranger que Poutine dirigeait (bien que Pougatchev se soit refusé à spécifier exactement ce qu'avait fait la banque). De son bureau dans une petite pièce des anciens quartiers généraux du Comité central, sur la place Rouge, Poutine avait la tâche de retrouver la trace des innombrables biens à l'étranger dont la Russie avait hérité après l'effondrement de l'Union soviétique. Il y avait les palais des bureaux des représentants spéciaux du commerce à travers lesquels les ressources vitales de l'économie de l'URSS basée sur l'export avaient circulé. Il y avait les ambassades et les bases stratégiques militaires, les dépôts d'armes et les planques secrètes du KGB. Dans le chaos de l'effondrement, beaucoup de ces biens avaient été pillés par le KGB et le crime organisé. Ils devaient être inscrits au bilan du ministère des Affaires étrangères, mais aucun rapport n'avait jamais été fait. Le travail de Poutine était de ramener ces propriétés dans les registres, mais il n'est pas clair qu'il ait jamais réussi dans cette entreprise. Le service des Biens à l'étranger était au cœur des intérêts stratégiques du KGB et, tandis que Pougatchev affirmait que Poutine n'avait pas connaissance des manœuvres de caisse noire à travers Mabetex, ou la MES, le négociant en pétrole qui avait reçu des milliards de dollars dans des contrats d'exportations, il est loin d'être clair que cela ait pu être le cas.

Ils sont restés proches tandis que Poutine continuait son étourdissante ascension au Kremlin, tout d'abord comme directeur du service du Contrôle, et lorsqu'il a été nommé directeur du KGB en juillet 1998. Pendant ce temps, m'a raconté Pougatchev, Poutine avait été son protégé. Son charme résidait dans le fait qu'il l'avait connu comme quelqu'un à qui il pouvait donner des ordres : « Il était aussi obéissant qu'un chien. »

Initialement, prétendait Ioumachev, il n'avait pas du tout vu Poutine comme un candidat, et à la place il a poussé Aksenenko. Mais il avait toujours été conscient des capacités de Poutine. En tant que directeur de cabinet du Kremlin, il avait supervisé et approuvé chacun des moments clés de l'ascension de Poutine, et ils avaient forgé une relation proche. En mars 1997, Poutine était directeur de cabinet adjoint du Kremlin. Pourtant, il était toujours d'apparence modeste, m'a dit Ioumachev, et, contrairement à la plupart des autres responsables politiques, il n'était pas carriériste : « Parmi mes adjoints, il était l'un des plus forts. Il travaillait toujours brillamment. Mais à un moment, il est venu me voir et m'a dit qu'il voulait se retirer. Je lui ai demandé de ne pas s'en aller. Il m'a dit : "J'ai fait le tour de ce boulot. Je voudrais trouver quelque chose de nouveau." » Peu de temps après, en mai 1998, Ioumachev a promu Poutine au troisième poste le plus influent du Kremlin : premier directeur de cabinet adjoint chargé des régions, un rôle qui l'a mis en contact plus fréquent avec Eltsine. Et puis, juste deux mois plus tard, Ioumachev a mis Poutine de côté en le nommant à la tête du FSB.

C'était le premier signe de la confiance absolue de Ioumachev – et de la Famille – en Poutine. À cette époque-là, juste un mois avant la crise financière d'août 1998, des nuages s'amoncelaient déjà rapidement au-dessus du gouvernement Eltsine. Le pays était assiégé par une série de grèves de mineurs en réaction aux salaires impayés, grèves qui commençaient à se répandre aussi dans le secteur du nucléaire. Les mineurs bloquaient le Transsibérien, une artère vitale pour l'économie russe. Le prédécesseur de Poutine à la tête du FSB était vu comme un proche des communistes, et cet été-là, quand la grève a commencé à se répandre et que la menace d'une crise économique se profilait, tandis que le parlement commençait déjà à parler de destitution, il était de la plus haute importance pour le Kremlin d'avoir un homme à lui à la tête des services de renseignement. Le fait que Poutine n'était que lieutenant-colonel plutôt que général a été dissimulé, et il a été surnommé le premier directeur civil du FSB. Dans cet été de crises et d'obscurité, il s'en est sorti comme ça.

Ioumachev a affirmé qu'il avait toujours été convaincu des références démocratiques de Poutine. Ce qui l'a le plus frappé, m'a-t-il dit, c'était sa loyauté inébranlable envers son ancien patron et mentor, Anatoli Sobtchak, l'ancien maire de Saint-Pétersbourg. Un incident de novembre 1997 a été pour lui plus marquant que tous les autres : « La raison pour laquelle je l'ai fortement recommandé [au poste de directeur du FSB], c'était à cause d'un épisode lorsqu'il était directeur du service du Contrôle. Il est venu me voir et il m'a dit : "Sobtchak va être arrêté, et je dois le sauver." Il a ajouté : "Je dois le faire sortir du pays parce que les *siloviki* – les procureurs, le ministère de l'Intérieur et le FSB – devraient l'arrêter dans les deux ou trois prochains jours." Cela ne faisait absolument aucun doute pour lui et pour moi qu'il y avait 50 % de chances qu'il soit pris. Je lui ai dit : "Vladimir Vladimirovitch, vous comprenez que si vous êtes pris, vous perdrez votre poste, et qu'il est possible que vous ne retrouviez jamais plus de travail. Vous allez contre la loi." »

Poutine, néanmoins, a tenu bon. Il a affirmé que les poursuites contre Sobtchak étaient fabriquées de toutes pièces, qu'elles faisaient partie d'une campagne de diffamation lancée par la vieille garde des hommes des services de renseignement qui avaient devancé la candidature de Sobtchak pour sa réélection en 1996, parce qu'ils le détestaient idéologiquement. Puis, Sobtchak a été la cible d'une enquête criminelle sur des allégations de pots-de-vin. Mais ni Poutine, ni Ioumachev quand il m'a raconté cette histoire, n'ont parlé du risque que l'arrestation de Sobtchak puisse mener à Poutine lui-même. On ne savait où cela pouvait mener si une faction rivale en avait après lui.

Poutine s'était arrangé pour exfiltrer Sobtchak de l'hôpital un jour de vacances nationales, quand personne n'était sur le qui-vive. Il l'a évacué à bord d'un jet privé, dont un proche m'a dit qu'il appartenait à son allié proche Guennadi Timtchenko, le prétendu ancien agent opérationnel du KGB qui avait remporté le monopole des exportations avec le terminal pétrolier de Saint-Pétersbourg. Quand Poutine est revenu au Kremlin après une brève absence, Ioumachev a été profondément soulagé : « Pendant deux ou trois jours j'ai été partagé entre l'inquiétude et l'horreur, parce que cela aurait été un énorme scandale si le FSB ou le MVD [le ministère de l'Intérieur] avait pris Poutine et Sobtchak en train de traverser la frontière [russe]. Pour moi, il était important qu'une personne soit prête à sacrifier sa carrière pour la justice, et quand il est rentré, je l'ai dit à Boris Nicolaïevitch [Eltsine]. »

Ioumachev affirmait qu'un autre événement avait aussi imprimé sa marque sur sa perception de Poutine. Fin 1998, durant le mandat de Premier ministre de Primakov, Poutine avait appelé Ioumachev de sa voiture et lui avait dit qu'il venait de voir

Primakov et qu'il voulait se réunir d'urgence avec Ioumachev. Ce dernier m'a raconté la scène : « Lorsqu'il est arrivé, il m'a dit : "Il y a une situation très étrange. Primakov m'a appelé et m'a demandé à moi, en tant directeur du FSB, de commencer à mettre Iavlinski sur écoute." » Grigori Iavlinski était un dirigeant de l'opposition libérale, à la Douma. Il s'était exprimé sur la corruption au cabinet de Primakov. Primakov avait apparemment dit à Poutine qu'il avait besoin de lui pour le filer parce que, affirmait-il, Iavlinski était un espion américain. « Poutine m'a dit qu'il le lui avait refusé, parce que c'est absolument inacceptable. Il lui a dit que si le FSB revenait aux pratiques de l'époque soviétique lorsqu'il pourchassait les dissidents politiques, alors nous détruirions les services de renseignement. Il a dit que si Eltsine partageait la position de Primakov, il était prêt à démissionner. »

Aucun de ces sentiments ne s'accordait en aucune façon avec les activités de Poutine en tant qu'adjoint au maire de Saint-Pétersbourg, quand une alliance impitoyable entre le KGB et le crime organisé faisait la loi. Ils ne collaient pas non plus avec les activités de Poutine à Dresde, quand il dirigeait des illégaux à l'Ouest. Mais pourtant, Ioumachev affirmait l'avoir pris au sérieux. Encore aujourd'hui, après tout ce qui s'est ensuivi durant les vingt années de pouvoir de Poutine, Ioumachev m'a dit qu'il restait sur son opinion : « Je suis sûr à 100 % qu'il ne se jouait pas de moi. Cette fois-là, Poutine aurait vraiment démissionné, parce qu'il était férocement contre ça. Mais bien sûr, Boris Nicolaïevitch ne lui aurait jamais donné son aval. »

Ioumachev pensait qu'il n'y avait absolument aucune chance que les proclamations ardentes d'Anatoli en faveur de la démocratie ne finissent pas par déteindre sur Poutine. Cependant, il semblait ne pas connaître, ou ne pas vouloir connaître, les détails sur la façon dont Saint-Pétersbourg était vraiment dirigée.

Poutine était un maître dans l'art du recrutement. Au KGB, cela avait été sa spécialité, d'après un ancien associé proche. « À l'école du KGB, ils vous apprennent comment produire une impression agréable sur les gens avec qui vous parlez. Poutine a appris cet art à la perfection. Dans un petit cercle de gens, il pouvait être extrêmement charmant. Il pouvait charmer n'importe qui. Et en tant qu'adjoint, il était extrêmement efficace. Il menait rapidement à bien toutes les tâches, et avec créativité, sans trop s'inquiéter des méthodes », m'a dit un responsable opérationnel des services russes de renseignement extérieurs.

Si Ioumachev était naïf, alors, en cette année de pression intense et d'attaques de Primakov contre la Famille Eltsine, peut-être que Berezovski l'était aussi, cet oligarque rusé, beau parleur qui était devenu l'incarnation du délit d'initié dans les années Eltsine, quand une petite coterie d'hommes d'affaires négociait en coulisse pour des actifs de premier ordre et des postes gouvernementaux. L'ancien mathématicien avait fait sa fortune en menant des projets financiers pour AvtoVAZ, le fabricant de la Jigouli, cette voiture carrée qui symbolisait l'ère soviétique, à un moment où l'industrie automobile était imprégnée par le crime organisé. Il avait survécu à une tentative d'assassinat qui avait décapité son chauffeur. Pourtant, il avait quand même réussi à tracer sa route jusqu'au Kremlin. Il buvait le thé dans le bureau du chef des gardes du corps d'Eltsine, Alexandre Korjakov, et puis il avait su trouver les bonnes grâces du Président lui-même et de sa Famille. Dans le même temps, il cultivait des liens parmi les leaders séparatistes tchétchènes. Le club LogoVaz de Berezovski, dans une villa restaurée du centre-ville de Moscou, est devenu un centre informel pour la prise de décisions du gouvernement. En 1996, au sommet de leur pouvoir, les « jeunes réformateurs » et les oligarques du gouvernement Eltsine s'y réunissaient le soir pour fomenter des contre-coups d'État contre les tenants de la ligne dure.

Toutefois, en 1999, Berezovski était politiquement toxique. Ses relations avec les membres de la Famille Eltsine devenaient l'objet de critiques. Non seulement la perquisition de la plus grande entreprise pétrolière, Sibneft, qu'il avait aidé à créer, avait-elle menacé de révéler des contrats avec la société de négoce pétrolier de Leonid Diatchenko, à l'époque l'époux de Tatiana, la fille d'Eltsine, mais il y avait aussi l'enquête pénale sur ses opérations commerciales *via* Aeroflot, la compagnie aérienne nationale dans laquelle il détenait un nombre significatif de parts, et dont l'époux de la seconde fille d'Eltsine, Elena, était le président. La Famille cherchait à abandonner ses relations avec lui. Des rumeurs se faisaient jour selon lesquelles sa société de sécurité avait mis des micros dans les bureaux de la Famille et, en avril, il avait été exclu de son poste au Kremlin de secrétaire général de la Communauté des États indépendants, comme on appelait à l'époque l'alliance informelle des anciennes républiques soviétiques. Ioumachev, quant à lui, en avait assez d'avoir affaire à lui. « Il en avait assez que Berezovski lui dise qu'il ne comprenait pas. Ça a commencé à lui mettre les nerfs », m'a dit un associé de Berezovski. Ce dernier semblait avoir été lâché de toutes parts. Et donc, quand Vladimir Poutine est arrivé à la fête d'anniversaire de sa femme, Lena, début 1999, il a été profondément touché par ce geste de solidarité quand tous les autres lui montraient les crocs.

Le geste de Poutine a aidé à mettre de côté les scrupules à propos de son passé au KGB. Initialement, il avait surtout soutenu Aksenenko, le ministre des Chemins de fer, pour succéder à Eltsine – ses relations avec Poutine s'étaient clairement refroidies cette année-là après que Poutine, alors directeur du FSB, avait ordonné l'arrestation et, en mars 1999, la mise sous les verrous de l'officier du FSB qui était le plus proche de lui, Alexandre Litvinenko. Cependant, face à la constante menace d'arrestation, Berezovski a fini par se ranger derrière la candidature de Poutine. Plus tard, toujours un peu mythomane concernant l'étendue de son influence au Kremlin d'Eltsine, Berezovski se plaisait à proclamer que c'était lui qui avait contribué à installer Poutine au pouvoir, en proposant à Ioumachev à l'été 1998 de le nommer directeur du FSB. Il m'a dit qu'à ce moment-là, il avait tenu des réunions secrètes avec Poutine dans l'ascenseur de l'imposant siège du FSB à la Loubianka, où ils discutaient de la possibilité d'une candidature de Poutine à la présidence. Avant cela, les deux hommes ne s'étaient rencontrés que fugitivement, quand Berezovski était venu à Saint-Pétersbourg au début des années 1990 et que Poutine l'avait soutenu lors de l'inauguration de sa concession LogoVAZ. C'était une affaire liée à la mafia, et Berezovski devait bien savoir que Poutine était en cheville avec le crime organisé dans cette ville, d'après ce que m'a dit un associé de Berezovski : « Poutine l'a aidé dans tout ce qui concernait les ventes de voitures LogoVAZ à Saint-Pétersbourg. Cette affaire était une affaire de la mafia, un business de bandits, et à Moscou, Berezovski avait organisé tout ça avec l'aide des Tchétchènes et de la bureaucratie corrompue. À Saint-Pétersbourg, il a organisé ça avec l'aide de Poutine. Par conséquent, il comprenait tout de ses connexions et de sa situation. Ce n'était pas un enfant. »

Cependant, bien que Berezovski ait dû indéniablement jouer un très grand rôle dans la défaite de Primakov plus tard dans l'année, il ne connaissait pas aussi bien Poutine, ni n'avait travaillé aussi étroitement avec lui, que Pougatchev. Et d'après un de ses plus proches associés, Alex Goldfarb, il n'a jamais prétendu être celui qui avait présenté Poutine à Tatiana, ou à le suggérer comme remplaçant de Stepachine, ou bien comme successeur d'Eltsine.

*

Le moment où tout a changé est arrivé à la mi-juillet, pendant les grandes chaleurs de l'été moscovite, quand le Kremlin se vidait et que beaucoup, dont Eltsine, étaient partis en vacances. C'est alors que les procureurs suisses ont gratifié la Famille Eltsine d'un choc supplémentaire. Elle pensait pourtant que le dossier Mabetex avait été géré – Skouratov avait été suspendu pour plusieurs mois, après les poursuites pénales mises en œuvre par Pougatchev. Mais les Suisses étaient toujours très actifs – de même que les adjoints de Skouratov. Le 14 juillet, les procureurs suisses ont annoncé qu'ils avaient ouvert une procédure pénale pour blanchiment d'argent, sur des comptes bancaires suisses, de vingt-quatre Russes, dont Pavel Borodine, et ils prétendaient que les fonds pourraient avoir été obtenus par « corruption ou abus de pouvoir ». Lorsqu'on lui a demandé si la liste comportait Tatiana, un des magistrats suisses chargés de l'enquête a répondu : « Pas encore. » Il était clair qu'ils encerclaient leur sujet, et, d'après Pougatchev, un nouveau sentiment de panique s'est installé.

Les procureurs de Genève ont annoncé que leurs collègues russes menaient toujours leur enquête en parallèle. Pougatchev m'a dit que c'est à ce moment-là qu'il a décidé d'agir : « Nous avions besoin de quelqu'un qui soit capable de gérer tout ça. Stepachine n'allait pas le faire. Mais il y avait Poutine et le FSB, le Conseil de sécurité, Patrouchev. Il y avait toute une équipe. » Pougatchev s'est souvenu du calme de Poutine lorsqu'il s'était exprimé sur la vidéo de Skouratov, et il m'a dit qu'il avait pris la décision de le présenter à Tatiana, qui à cette époque était encore la principale voie d'accès au Président. Comme par enchantement, un jour plus tard le FSB de Poutine est entré en action. Il a ouvert une enquête pénale à l'encontre de l'entreprise de construction détenue par la femme de l'opposant politique d'Eltsine, le maire de Moscou Iouri Loujkov. Pougatchev avait d'abord cherché à miner l'opinion qu'avait Tatiana de Stepachine, en lui montrant comment, contrairement à Poutine, il avait échoué à défendre vigoureusement la vidéo de Skouratov avec les prostituées après sa diffusion à la télé. « Je lui ai dit : "Écoute, Tania. Il te faut une personne qui va te sauver. Stepachine va faire des compromis avec les communistes. Il va nous compromettre sous nos yeux. Regarde comment il est aujourd'hui." » Puis, il a dit qu'il était allé chercher Poutine dans son bureau du Conseil de sécurité du Kremlin pour l'amener à Tatiana. « Je lui ai dit que Poutine était une personne beaucoup plus clairvoyante. Il est jeune et il écoute attentivement. Stepachine n'écoute plus rien du tout. » Pougatchev a affirmé que plus tard, Ioumachev avait persuadé Tatiana d'aller voir son père et de le convaincre de faire le changement.

Ioumachev m'a cependant précisé que Pougatchev n'avait joué aucun rôle dans l'ascension de Poutine, tandis que l'affaire pénale en Suisse et l'enquête aux États-Unis n'avaient jamais posé aucune menace : « Bien sûr, c'était n'importe de quoi de dire que c'était dangereux. La seule pensée que j'ai eue – et Volochine partageait cette opinion, et Eltsine aussi – était que le pouvoir soit donné à une personne qui mentalement, idéologiquement et politiquement était exactement comme nous. Nous avions travaillé ensemble au Kremlin comme une équipe soudée. Il y avait une véritable compréhension mutuelle avec Poutine sur la façon dont le monde devait fonctionner, et dont la Russie devait fonctionner », m'a dit Ioumachev.

Ce sont les jours où tout s'est décidé. Le monde de Stepachine – et les chances pour un gouvernement plus libéral – a été balayé. Il n'y avait aucune raison pressante de risquer de remplacer Stepachine par Poutine, un fonctionnaire relativement peu connu, à moins que la Famille Eltsine ait besoin de quelqu'un qu'elle considérait comme plus loyal – et plus impitoyable – à cause du risque représenté par l'enquête de plus en plus pressante sur Mabetex. Ioumachev s'est efforcé de m'expliquer le changement avec les mêmes raisons bancales, par exemple que Stepachine était sous la coupe de sa femme. Il aimait raconter de longues histoires tordues sur les nombreux arguments qu'il avait émis à l'époque pour expliquer pourquoi ils avaient dû agir rapidement, avant qu'il soit trop tard pour remplacer Stepachine, qui n'était tout simplement pas l'élément adéquat. Cependant, aucune explication autre que la panique grandissante à cause de l'enquête suisse n'avait de sens. C'était la raison que la Famille Eltsine ne voulait surtout pas entendre, car elle révélait comment son empressement à se sauver elle-même était la cause fortuite de l'ascension de Poutine et la disparition de son monde. Elle avait besoin d'un gars solide pour protéger ses intérêts, et elle en a eu pour son argent. Dans son récit autorisé, Ioumachev n'accordait aucun crédit à tout cela. Pougatchev a été le narrateur qui s'écartait de la version officielle du Kremlin, et qui me semble avoir dit la vérité.

Au début, Eltsine avait hésité. Mais dans la dernière semaine de juillet, des rebelles tchétchènes ont commencé à monter des attaques armées à la frontière du Daguestan, la région montagneuse de la république séparatiste tchétchène, et Ioumachev prétendait que Stepachine avait du mal à appréhender cette situation. Avant qu'il effectue son premier voyage à Washington en tant que Premier ministre, le 27 juillet, il avait promis publiquement qu'il n'y aurait pas de nouvelle guerre contre la Tchétchénie. Mais, presque chaque jour de la semaine qui a suivi son retour, des affrontements ont éclaté à la frontière. Pendant le week-end, le 8 août, il y a eu une grande escalade dans les combats quand deux à trois cents insurgés tchétchènes armés ont pris le contrôle de deux villages du Daguestan. Les efforts d'Eltsine pour le garder comme Premier ministre s'avéraient vains. Déjà, à la dernière minute, Anatoli Tchoubaïs, qui avait travaillé en étroite collaboration avec Stepachine, avait presque fait dérailler les plans de Pougatchev et de la Famille Eltsine lorsqu'il avait eu vent qu'un remplacement était dans les tuyaux. Tchoubaïs a essayé de joindre Eltsine à sa datcha le week-end précédent l'annonce qui devait être faite pour l'en dissuader. Mais il n'est parvenu qu'à joindre l'agent de sécurité, qui a rapidement relayé sa demande à Pougatchev.

Furieux devant cette tentative de contrarier ses plans, Pougatchev m'a dit qu'il s'était assuré auprès de l'agent de sécurité qu'il ne parle jamais à Eltsine de cet appel de Tchoubaïs : « J'avais travaillé d'arrache-pied les huit derniers mois pour placer Poutine au pouvoir. J'avais fait de Poutine, cet illustre inconnu qui avait été le directeur du FSB, un véritable prétendant au pouvoir. J'avais géré et suivi le processus sans relâche. Et où était Tchoubaïs quand il devait gérer le scandale Mabetex ? Où était-il ? Qu'a-t-il fait ? Il avait complètement disparu », ragea-t-il.

Déjà, quand ils s'étaient tous réunis dans le bureau d'Eltsine de bonne heure ce lundi 9 août, Eltsine avait encore hésité, a ajouté Pougatchev. Stepachine refusait de se retirer sans un vote du parlement, et Eltsine avait quitté son bureau pour encore réfléchir. Et Pougatchev a ajouté : « Je me souviens de toute l'histoire. Stepachine a dit à Eltsine que Poutine n'était personne, qu'il ne ferait pas le poids. Mais tout avait déjà été décidé. C'était un des rares cas où Eltsine n'avait rien décidé lui-même. C'était une question de vie ou de mort. »

Lorsque, plus tard dans la journée, Eltsine a finalement fait l'annonce officielle, la nation a été stupéfaite par l'identité du nouveau Premier ministre. Poutine était un bureaucrate très peu connu, une figure grise qui apparaissait rarement dans les journaux. Les organes de presse du pays étaient bien en peine d'établir sa biographie. Ce qui a le plus choqué la nation a été qu'Eltsine l'a ouvertement désigné comme l'homme dont il espérait qu'il lui succéderait en tant que Président. À la télévision, il a fait l'annonce suivante : « J'ai décidé de nommer la personne qui, dans mon opinion, sera capable de consolider la société en s'appuyant sur les forces politiques les plus larges pour assurer la continuation des réformes de la Russie. Il sera capable d'unir ceux autour de lui, qui, dans le vingt et unième siècle, auront la charge de rénover la Russie en tant que grande nation. Cette personne est le secrétaire du Conseil de sécurité, le directeur du Service fédéral de sécurité, Vladimir Vladimirovitch Poutine. »

Poutine avait accompli le saut le plus vertigineux de son étourdissante carrière. Le parlement russe était en état de choc, même si la plupart des parlementaires pensaient qu'il n'était qu'un rien du tout qui pourrait être facilement battu plus tard, cela a contribué à écarter un vote pour le confirmer en tant que Premier ministre. À ce moment-là, Primakov était sorti de son oubli politique pour former une nouvelle alliance audacieuse avec Iouri Loujkov, le puissant maire de Moscou, en vue des élections législatives. Ioumachev m'a dit qu'en comparaison, « Poutine avait l'air d'un enfant ». Et beaucoup, au Kremlin, avaient peur qu'Eltsine soit allé trop loin en le désignant comme son successeur préféré. « Beaucoup de nos collègues considéraient catégoriquement qu'Eltsine n'aurait pas dû faire ça – parce que Poutine était un inconnu et qu'Eltsine n'avait que 5 % de soutien politique. Ils pensaient qu'après une telle annonce, Poutine ne gagnerait jamais », m'a dit Ioumachev.

Pour le monde extérieur, il semblait que la Famille Eltsine prenait un énorme risque. Mais d'autres plans étaient en cours. Une escalade de l'offensive militaire russe contre la Tchétchénie était déjà en discussion, a dit Stepachine plus tard. Le plus important, pour les bureaucrates et les spin doctors du Kremlin, était de transformer ce candidat à l'allure un peu gauche qu'on leur avait présenté en une force sur laquelle on pourrait compter. De prime abord, le matériel ne semblait pas très prometteur. Dans les réunions, les gens parlaient plus fort que lui. Le plan était de lui forger l'image d'un des héros de fiction les plus populaires de la télé de l'époque soviétique. Il devait être Max Otto von Stierlitz, un espion qui avait franchi les lignes ennemies pour infiltrer la chaîne de commandement de l'Allemagne nazie. Poutine serait le *Kandidat rezident*, le candidat espion, un patriote qui restaurerait l'État russe. Leur tâche principale était de le distinguer de la Famille Eltsine – pour que le public le voie comme un indépendant. Sa jeunesse, opposée au vieillissant et déclinant Eltsine, devait lui donner un avantage immédiat, tandis que les chaînes de télévision affiliées au Kremlin cherchaient à dresser le portrait de quelqu'un qui agissait de manière décidée contre l'incursion séparatiste au Daguestan. À l'arrière-plan, Berezovski a été parfaitement capable d'organiser une petite guerre victorieuse pour contribuer à pousser un peu plus l'accession de Poutine au pouvoir, m'ont dit deux de ses proches associés.

Dans l'urgence de la préparation de son ascension, Pougatchev n'avait pas prêté attention aux signaux indiquant la duplicité de Poutine. Ce mois de juillet, quand Pougatchev avait tenté de gérer les conséquences des poursuites pénales des procureurs suisses, en menant tard le soir des discussions au Kremlin avec Poutine,

Patrouchev et Volochine pour essayer de persuader le procureur général par intérim, Iouri Tchaïka, de se retirer au profit d'un allié encore plus loyal, Poutine avait apparemment joué un double jeu. Tchaïka avait initialement résisté, pour accepter ensuite quelques jours plus tard après des discussions à part avec Pougatchev, durant lesquelles il l'avait averti que la loyauté de Poutine au Kremlin n'était pas si claire que ça : « Avec Poutine, vous devez être très prudent. Lorsque vous vous êtes tous réunis au Kremlin et que vous avez essayé pendant six heures de me persuader de me retirer, quand nous en avons eu terminé, Poutine m'a raccompagné en dehors du Kremlin. Il m'a dit que j'avais raison de ne pas être d'accord. Il m'a dit que si j'avais accepté, cela aurait été un crime », m'a dit Tchaïka.

Mais Pougatchev a vite oublié l'avertissement de Tchaïka. Le scandale de Mabetex refusait toujours de s'éteindre malgré toutes les manœuvres et, à la fin août, quand tous les détails de l'enquête convergeant vers la Famille Eltsine ont éclaté au grand jour, la catastrophe s'est abattue. Le journal italien, le *Corriere della Sera*, a publié un article qui divulguait comment le propriétaire de Mabetex, Behdjet Pacolli, avait procuré des cartes de crédit à la Famille Eltsine et comment il avait couvert leurs paiements. Le journal relatait que les procureurs suisses suspectaient ces paiements d'être des pots-de-vin en retour du contrat de rénovation du Kremlin. Il nommait Felipe Turover comme étant le témoin central de ces affirmations.

La nouvelle a été un coup dur pour la Famille Eltsine. Jusqu'alors, elle seule – et les procureurs – savait jusqu'où l'enquête pourrait remonter. Pougatchev, encore une fois, s'est précipité pour intervenir. « Tania était absolument abasourdie quand l'article de presse a paru. Mais je lui ai promis que je le ferais disparaître », m'a dit Pougatchev. Il a invité la Famille Eltsine à ouvrir des comptes dans sa propre banque, la Mejprombank, puis il a dit aux médias que les cartes de crédit en question avaient été remises il y a des années, par l'intermédiaire de sa banque. Ce narratif était destiné à semer la confusion dans la presse et à évacuer les questions sur le fait qu'Eltsine ait contrevenu à la loi en détenant un compte dans une banque étrangère.

Aux yeux de Pougatchev, toute cette affaire était injuste. Eltsine, m'a-t-il dit, n'avait jamais compris ce qu'était l'argent. À une occasion, ivre, il avait demandé à son garde du corps en chef, Alexandre Korjakov, de lui acheter de la vodka, et il avait sorti une liasse de billets du coffre-fort de son bureau. C'était là, m'a dit Pougatchev, qu'il conservait les royalties des livres qu'il avait écrits avec Ioumachev. Eltsine avait sorti 100 dollars. « Il a demandé à Korjakov si c'était assez. Il n'avait aucune idée de ce que représentait l'argent ni de la valeur des choses. Il ne gérait jamais cela lui-même. » Très peu d'argent avait été dépensé sur la carte de crédit fabriquée au nom d'Eltsine – seulement pour une visite officielle à Budapest. Ses filles, cependant, avaient dépensé considérablement plus. « Tania pouvait dépenser 100 000 dollars par mois en fourrures », m'a dit Pougatchev. Mais aucun d'entre eux ne comprenaient ce qu'était une carte de crédit, ni comment ça marchait, ni ce que ça signifiait : « Ils sortaient avec ce petit bout de plastique et ils l'utilisaient pour acheter des choses. Ils ne comprenaient pas que quelqu'un devait payer pour ça. »

Ioumachev m'a dit qu'ils étaient persuadés que ces cartes de crédit étaient financées par les royalties d'Eltsine pour ses mémoires. Borodine, le directeur du service des Biens du Kremlin, le leur avait dit. Et il m'a dit : « Ils ont dépensé cet argent en toute sincérité en croyant qu'il provenait des royalties des livres. Mais je ne doute pas que cette stupidité de Borodine puisse être utilisée par toutes sortes de forces contre nous, dont Primakov et Skouratov. »

Les nuages qui s'approchaient à l'horizon devenaient de plus en plus gros, et la piste de l'argent avait le potentiel de mener encore plus loin. À la date anniversaire de la crise financière d'août 1998, le *New York Times* a fait éclater un autre scandale financier russe. Les agences d'investigation américaines enquêtaient sur des milliards de dollars suspectés d'avoir été l'objet de blanchiment *via* la Bank of New York par le crime organisé russe. Un mois plus tard, des rapports évoquant un lien avec la Famille Eltsine ont émergé. Les enquêteurs ont trouvé la trace d'un transfert de 2,7 millions de dollars vers deux comptes tenus par la Bank of New York aux îles Caïmans. Ces comptes étaient enregistrés au nom de Leonid Diatchenko. Plus tard, des documents du bureau des procureurs suisses ont montré qu'ils enquêtaient également sur un transfert beaucoup plus gros de la Banque du Gothard vers un compte possédé par Tatiana. Aucune charge n'a jamais été prononcée et Ioumchev a déclaré que toute suggestion que Tatiana ait jamais reçu de tels fonds n'était que « pur mensonge ».

Mais dans la tension et la précipitation pour se sortir des attaques, Pougatchev avait négligé un avertissement de l'ancien mentor de Poutine, Anatoli Sobtchak, qui lui avait dit qu'il faisait une énorme erreur : « Je me suis dit qu'il était peut-être jaloux. Mais, bien entendu, il savait tout. » Il avait oublié les propres scrupules de Berezovski lorsqu'il lui a dit : « Sergueï, c'est la plus grosse erreur de ta vie. Il vient d'un cercle vicié. Un *komitetchik* ne peut pas changer. Tu ne comprends pas qui est Poutine. » Il avait aussi oublié sa propre haine profonde du KGB, et comment il courait pour esquiver ses hommes, il y a longtemps, lorsqu'adolescent, il traficotait des devises fortes dans les hôtels pour touristes de Leningrad. Il avait oublié l'avertissement de Tchaïka, et personne – pas même Pougatchev – n'avait relevé que Poutine se réunissait fréquemment avec Primakov, qui était censé être l'ennemi juré, après qu'il avait été viré de son poste de Premier ministre. Il s'est avéré que Poutine avait emmené tous les plus hauts gradés du FSB à la datcha de Primakov, où ils lui ont porté un toast. De plus, en octobre de cette même année, Poutine était présent pour fêter le 70e anniversaire de Primakov et il a prononcé un discours élogieux.

Pougatchev et la Famille Eltsine avaient fermé les yeux sur tout cela. Ils voulaient par-dessus tout croire que Poutine était un des leurs. Cet été d'investigations de plus en plus intenses les avait poussés à chercher désespérément un successeur, parmi les hommes des services de sécurité, qui puisse les protéger. Tant bien que mal, ils ont fini par croire que Poutine était l'unique candidat qui en était capable. De plus en plus affaibli par la maladie, Eltsine semblait forcé d'y croire avec eux. Depuis que Primakov avait été nommé Premier ministre, au lendemain de la crise financière d'août 1998, la Famille Eltsine avait pensé qu'il n'y avait pas d'autre choix en dehors des *siloviki* pour le remplacer. Dans l'effondrement final, les idéaux libéraux et les jeunes réformateurs, parmi lesquels Eltsine avait un temps cherché son successeur, avaient terni. « Nous avons tellement mangé de liberté qu'elle nous a empoisonnés », m'a dit plus tard Ioumachev avec ironie.

Les belles paroles de Poutine sur le marché et les principes démocratiques avaient fait que la Famille pensait qu'il pouvait poursuivre leur voie. Mais l'élément le plus important de leurs calculs avait été l'opération « risque tout » d'évacuer son ancien mentor Anatoli Sobtchak hors de Russie et loin d'une menace d'arrestation. « Cette démonstration de loyauté avait compté... comme un facteur de poids dans le fait de le choisir », m'a dit Gleb Pavlovski, à l'époque conseiller et spin doctor du Kremlin. La Famille savait, beaucoup mieux que Stepachine, que Poutine était suffisamment déterminé pour enfreindre la loi si nécessaire afin de protéger ses alliés.

D'ailleurs, Pougatchev m'a dit que Poutine semblait loyal et obéissant. Il continuait de penser de lui qu'il le suivrait comme un chien, et il continuait de l'identifier aux croyances libérales et démocratiques de Sobtchak : « Mon sentiment est que s'il était proche de Sobtchak, alors il devrait être une personne avec des opinions libérales. Je n'ai pas étudié de près ce qu'il représentait. » Qui plus est, Poutine avait semblé réticent à prendre le poste de Premier ministre. Il avait dû lui forcer la main, m'a-t-il dit, et lui dire que cela n'était pas pour longtemps, juste le temps que la situation se stabilise.

Ce que Pougatchev ignorait, c'était que Poutine avait auparavant travaillé très étroitement avec un des principaux protagonistes dans la tentative de renversement du régime Eltsine. Il ne savait pas que Felipe Turover, l'agent du KGB derrière les fuites sur Mabetex et les comptes d'Eltsine, avec des relations au sommet du légendaire service des opérations noires du KGB, avait aidé Poutine à monter le projet pétrole-contre-nourriture à Saint-Pétersbourg.

Il n'avait jamais entendu le récit que m'a raconté Turover sur la façon dont, après que le garde du corps en chef d'Eltsine a prétendument donné l'ordre d'éliminer Turover quand son nom a fuité dans un journal italien cet automne-là, Poutine était parti voir son vieil associé, qui se trouvait alors à Moscou, pour lui parler de cet ordre et qu'il devait quitter le pays, vite : « Il m'a dit de partir parce qu'il avait un ordre du Président de m'éliminer. Il m'a dit que je pouvais partir avec sa garantie. »

Pougatchev ne savait pas que durant tout ce temps, Poutine avait joué sur les deux tableaux. « Il tenait toujours ses promesses. Il n'a jamais travaillé pour la Famille contre Primakov. Et il ne travaillait que de manière formelle contre Skouratov », m'a dit Turover.

Pougatchev ne se doutait pas non plus que Poutine puisse en quelque manière représenter un plan B du KGB, après l'échec de la prise de pouvoir de Primakov. Il a toujours déclaré qu'il voyait en Poutine quelqu'un qu'il pourrait contrôler. Il ne réalisait pas qu'il ait pu mentir à la Famille lorsqu'il lui montrait son soutien. Poutine « (...) les a trompés. La guerre est basée sur la tromperie. C'est la stratégie de Sun Tzu. Il a écrit *L'Art de la guerre* il y a 2 600 ans », m'a-t-il dit en faisant référence à l'ancien traité militaire chinois, avant d'ajouter : « Poutine a bien retenu ses leçons de judo. »

5

« Des jouets d'enfants dans des flaques d'eau boueuse »

Au lieu de tomber par ce qu'elle croyait être un coup d'État par des forces du passé communiste, ce qui a fait succomber la Famille Eltsine était en fait un coup d'État rampant des hommes des forces de sécurité. Assiégée de toutes parts, elle n'avait pas eu d'autre choix que de parvenir à un accord avec le KGB.

« Elle devait trouver une personnalité de compromis. Il y avait un énorme bataillon d'anciens et d'actuels agents des forces de l'ordre qui étaient tous encore en poste. Elle avait besoin d'une personne qui puisse faciliter les relations avec cette force après le départ d'Eltsine. Son régime était attaqué de tous côtés. Elle n'avait pas le choix. C'était une décision forcée basée sur le fait qu'elle craignait beaucoup que le départ d'Eltsine du pouvoir puisse mener à une vraie contre-révolution et la perte de tout ce qu'elle avait accompli avec tant d'efforts. C'était une question de sécurité et d'accords. Elle pensait que Poutine était une figure temporaire qu'ils pourraient contrôler. La seule personne qui était fermement contre était Tchoubaïs. Il avait peur que le passé de Poutine – ses services au KGB – fasse qu'il ne soit plus une marionnette manipulable aux mains de la Famille. Son intuition ne l'a pas démenti », m'a dit un ancien officier supérieur du KGB proche de Poutine.

Pendant une longue période, Poutine a été décrit comme le « Président accidentel » de la Russie. Mais ni son ascension à l'intérieur du Kremlin ni son accession à la présidence ne semblaient avoir un lien quelconque avec la chance. « Quand il est monté à Moscou, ils ont commencé à jauger son aptitude. Si, pour le monde extérieur, la Russie sous Eltsine était un pays qui changeait d'époque et où le pouvoir des services de renseignement avait été cassé depuis longtemps, à l'intérieur de la Russie, sous la surface, les hommes des services de sécurité étaient toujours une force avec laquelle il fallait compter. Au Kremlin d'Eltsine, et dans les postes de second rang dans les institutions et sociétés du pays, il y avait des représentants du KGB. Certains d'entre eux avaient même, dix ans auparavant, soutenu les efforts pour instaurer une économie de marché en Russie. Ils ne comprenaient que trop bien que l'Union soviétique ne pouvait pas rivaliser avec l'Ouest avec une économie planifiée. Ils avaient regardé dans l'ombre les réformes qu'ils avaient lancées devenir hors de contrôle sous le pouvoir d'Eltsine. Ils avaient largement été mis de côté tandis que les libertés de l'ère Eltsine menaient à une ascension toujours plus rapide des oligarques, qui, au milieu des années 1990, avaient dépassé leurs anciens maîtres du KGB. Ces libertés avaient créé un capitalisme de voleurs au sein duquel, au bout du compte, les hommes des services de renseignement avaient réussi à compromettre Eltsine et sa famille. Avec le crash du marché, leur moment était venu. Eltsine et sa famille étaient vulnérables, à cause des comptes de Mabetex et leurs affaires étroitement reliées à Berezovski, tandis que les hommes de l'ombre du Kremlin avaient planifié depuis longtemps une revanche étatiste.

« Les institutions dans lesquelles travaillaient les hommes de la sécurité ne se sont pas effondrées. Les réseaux personnels n'ont pas disparu. Ce dont ils avaient tout simplement besoin, c'était d'un individu qui puisse les réactiver et les coordonner. C'était l'avenir. Si ce n'avait pas été Poutine, ça aurait été quelqu'un d'autre comme lui », m'a dit Thomas Graham, l'ancien directeur pour la Russie du Conseil de sécurité nationale des États-Unis.

La caste plus large des hommes des services de sécurité en coulisse au Kremlin ne cherchait qu'à sécuriser les biens et les gains économiques qu'elle avait obtenus par le passage à l'économie de marché. À l'intérieur du Kremlin, la conviction qui prévalait était qu'après le chaos des années Eltsine, le nouveau Président, quel qu'il fût, devrait représenter une revanche étatiste, une revanche des perdants des années Eltsine – où les fonctionnaires, les enseignants, les docteurs et les policiers – avaient souffert le plus. « Nous recherchons la glu pour la coalition pro-Kremlin. Un style différent de politicien devait arriver au pouvoir, et terminer la transition post-soviétique », m'a dit Gleb Pavlovski, le conseiller et spin doctor du Kremlin à l'époque.

« Quoi qu'il arrive, c'était le KGB qui allait prendre en main le régime », m'a dit Andreï Illarionov, l'ancien conseiller économique présidentiel.

Si Primakov, en tant que plan A, représentait la menace d'une revanche de style communiste et le risque très réel qu'un ticket Primakov-Loujkov puisse impliquer qu'Eltsine et sa Famille passent le reste de leur vie derrière les barreaux, alors Poutine était le *silovik* censé les sauver, le charmeur qui avait passé son temps à assurer à la Famille qu'il était un progressiste, qu'il était un des leurs. « Poutine est un remarquable politicien, et il a mené une opération très réussie pour gagner la confiance de la Famille. Primakov était vu comme le principal ennemi pour Eltsine. Les hommes de la sécurité ont fait le bon calcul qu'Eltsine ne lâcherait pas le pouvoir comme ça », a ajouté Illarionov.

Mais dans la précipitation pour assurer sa position, la Famille Eltsine a remis les rênes à une faction de kagébistes plus jeunes, qui allaient s'avérer beaucoup plus féroces dans leur volonté de conquérir le pouvoir que n'importe qui parmi la génération de Primakov, ces hommes d'État d'âge plus mûr. Dans le brouhaha chaotique des intrigues et des guerres de clans du Kremlin – même au sein des services de sécurité –, elle remettait le pouvoir à un clan d'hommes de la sécurité qui avaient scellé leurs alliances dans les violentes batailles de Saint-Pétersbourg, qui étaient beaucoup plus affamés de pouvoir et qui ne s'arrêteraient devant rien pour montrer leur loyauté.

Les spin doctors du Kremlin travaillaient incessamment à dépeindre Poutine comme agissant de manière décidée contre les incursions tchétchènes au Daguestan. Cependant, durant le premier mois de son mandat de Premier ministre, la cote de popularité de Poutine est rarement montée. Il était encore très souvent décrit comme incolore. Il restait un obscur bureaucrate gris, tandis que la nouvelle alliance de Primakov avec Loujkov gagnait en force – un à un, les puissants gouverneurs de Russie rejoignaient ses rangs. Pendant ce temps, les nouvelles des investigations outre-mer faisaient retentir la sonnette d'alarme. Les révélations des enquêtes sur la Bank of New York, et la possibilité qu'elles mènent à la Famille Eltsine, étaient comme une bombe à retardement, et la nouvelle fracassante sur le lien entre l'enquête Mabetex et les cartes de crédit de la Famille Eltsine faisaient d'autant plus monter la pression. Quelque part, enfermés dans un coffre dans le bureau du procureur adjoint dans la majestueuse demeure de la rue Petrovka, se trouvaient des mandats d'arrêt, signés.

Il devait se produire encore une métamorphose cruciale.

Pougatchev m'a dit que c'était à cette époque qu'il avait proposé la mesure la plus audacieuse jusqu'à présent. Il a commencé à essayer de convaincre Tatiana et Ioumachev qu'Eltsine devait démissionner suffisamment tôt pour que Poutine puisse lui succéder avant la prochaine élection. C'était la seule façon de garder son siège à la présidence. « Nous ne serons pas en mesure de garder le pouvoir jusqu'aux prochaines élections l'été prochain. Le fait qu'Eltsine ait dit qu'il voulait qu'il soit son successeur ne va pas aider. Nous devons encore l'amener là-haut », leur a-t-il dit. Les discussions se sont poursuivies pendant des heures. Ioumachev, quant à lui, était convaincu qu'Eltsine ne serait pas d'accord : « Je lui ai dit que c'était une question de sécurité personnelle, de sécurité pour sa famille, et pour vous et pour chacun de nous. C'est une question pour l'avenir du pays. Mais il m'a dit : "Vous comprenez, il ne va jamais lâcher le pouvoir." »

À la fin, d'après Pougatchev, Ioumachev a dit qu'il irait voir Eltsine. Ils se sont séparés tard dans la soirée, et le lendemain, quand Pougatchev est revenu au Kremlin, il a dit qu'il avait un appel de Ioumachev : « Il m'a dit que la question avait été tranchée. » Toutefois, Ioumachev a précisé qu'aucune décision de cette sorte n'avait été prise à ce moment-là. La ligne officielle du Kremlin a toujours été qu'Eltsine, et lui seul, a décidé de se retirer avant la fin de son mandat, mais beaucoup plus tard, vers la fin de l'année.

Cependant, deux anciens dirigeants du Kremlin ont aussi indiqué que la décision avait été prise plus tôt que ça, et un des alliés du KGB proches de Poutine a noté que quelque chose de sérieux était en route. Vers la fin août, Poutine s'est retiré pour quelques jours dans sa chère datcha de la coopérative Ozero avec un de ses plus proches camarades. Il y est allé pour être seul, m'a dit cet allié proche. Il était plongé dans ses pensées et quelque chose pesait clairement sur lui.

Ce n'est seulement qu'après trois semaines de terreur et de tragédie que la perception du public de Poutine a changé. Les gros titres autour de l'affaire Mabetex ont été rejetés à l'arrière-plan, tandis que Poutine prenait les commandes et qu'Eltsine disparaissait du paysage.

*

Tard dans la soirée du 4 septembre 1999, une voiture piégée explose près d'un bâtiment d'appartements dans la ville de Bouïnaksk, au Daguestan, tuant soixante-quatre personnes, la plupart appartenant à des familles de militaires russes. Cet attentat a été vu comme une réponse à l'escalade de la lutte armée contre les rebelles tchétchènes, qui avaient lancé une nouvelle incursion au Daguestan le même week-end. Ils s'étaient emparés de plusieurs villages le lendemain du jour où Poutine, tout nouveau Premier ministre, avait déclaré la victoire des forces fédérales au Daguestan. Cela semblait être encore un rebondissement tragique des conflits sporadiques dans lesquels la Russie avait été forcée de s'engager depuis qu'Eltsine avait lancé la guerre contre les séparatistes tchétchènes en 1994.

Quand, juste quatre jours plus tard, une autre explosion a détruit la partie centrale d'un immeuble d'appartements dans une cité dortoir ouvrière en banlieue sud-est de Moscou, tuant quatre-vingt-quatorze personnes dans leur sommeil, le combat militaire russe dans le Caucase atteignit un degré supplémentaire dans l'escalade mortelle. Au départ, les enquêteurs ont déclaré que l'explosion aurait pu être due au gaz naturel. Il n'y avait que peu de familles dans ce bâtiment qui aient eu quelque chose à voir avec la république séparatiste tchétchène. Comment cette explosion pourrait-elle avoir un quelconque lien avec un affrontement militaire à près de 2 000 kilomètres de là ? Mais, un par un, sans toutefois présenter aucune preuve, les dirigeants de l'État ont commencé à dénoncer ces attaques à la bombe comme ayant été perpétrées par des terroristes tchétchènes. Les intervenants d'urgence avaient à peine terminé d'exhumer les derniers corps calcinés des décombres de ce qui avait été le 19 de la rue Gourianova lorsque, quatre jours plus tard, une autre explosion a complètement anéanti un immeuble de huit étages sur Kachirskoe Chosse au sud de Moscou. Cent dix-neuf personnes sont mortes. La seule trace de vie humaine qui restait, c'étaient des jouets d'enfants qui flottaient dans des flaques d'eau boueuse.

La panique s'est répandue dans Moscou. C'était sans précédent, depuis presque une décennie de cette guerre à répétition contre les rebelles séparatistes dans le sud, de voir le conflit gagner le cœur de la capitale. Tandis qu'à l'échelle nationale le sentiment d'urgence et de peur grandissait, les scandales financiers entourant la Famille Eltsine s'éloignaient des gros titres et des premières pages, et Vladimir Poutine était propulsé au premier plan. Cela a été le tournant où Poutine a pris les rênes des mains d'Eltsine. Soudainement, il était le commandeur en chef du pays, menant une campagne de bombardements aériens contre la Tchétchénie pour venger les attentats.

Ce qui s'est passé cet automne-là, tandis que le tribut payé à la suite des explosions des immeubles dépassait les trois mille morts et que le Kremlin lançait une minutieuse campagne de relations publiques, a été l'énigme la plus mortelle et la plus centrale de l'ascension de Poutine. Est-ce que les hommes de Poutine issus des services de sécurité auraient pu perpétrer des attentats à la bombe contre leurs propres concitoyens dans une tentative cynique pour créer une crise qui aurait assuré sa prise de pouvoir à la présidence ? La question a souvent été posée, mais les réponses ont été minces. Tous ceux qui ont été sérieusement impliqués dans les investigations sur le sujet sont morts ou ont été arrêtés de manière inexpliquée. Pourtant, sans les explosions et la campagne militaire concertée qui a suivi, il est impossible d'imaginer que Poutine ait jamais rallié le soutien suffisant pour rivaliser sérieusement avec Primakov et Loujkov. La Famille Eltsine serait restée empêtrée dans les enquêtes sur la Mabetex et la Bank of New York, et Poutine, par association en tant que successeur choisi par Eltsine, serait aussi tombé avec elle. Et là, comme par enchantement, il émergeait soudain, confiant et bien préparé. Il était le super-héros qui, le 23 septembre, avait lancé les attaques aériennes contre la capitale tchétchène, Grozny, tandis qu'Eltsine avait complètement disparu des radars. Poutine parlait au peuple russe dans le langage de la rue. Il jurait de « traquer les terroristes jusque dans les chiottes au fond du jardin », il se lâchait contre la république séparatiste en la traitant d'État criminel où des « bandits et des terroristes internationaux » sévissaient librement en traitant des Russes innocents en esclaves, en les violant et en les tuant. Pour les Russes, c'était comme un bol d'air frais. Comparé à un Eltsine malade et déclinant, ils avaient soudain un meneur à la tête de l'État. Dans une série de rencontres télévisées très flatteuses avec des dirigeants militaires au Daguestan, on voyait Poutine arriver en hélicoptère, prêt à l'action en pantalon kaki et veste légère. Il était montré solennel, portant un toast sous une tente avec les commandants militaires. « Nous n'avons pas le droit de montrer de la faiblesse une seule seconde, parce que si nous le faisons, cela voudra dire que tous ceux qui sont morts sont morts en vain », déclarait-il avec une ferme conviction. Il était présenté comme le sauveur du pays, un James Bond russe qui restaurerait l'ordre et l'espoir.

Cette campagne a été un véritable coup de fouet d'encouragement pour les Russes dont le sentiment de fierté nationale avait subi une humiliation. Cela a immédiatement distingué Poutine du chaos et de l'effondrement des années Eltsine. L'attaque aérienne massive tournait la page d'une décennie de frustration nationale qui avait monté d'un cran cette année-là avec l'incursion des forces de l'OTAN venues bombarder le Kosovo, dans l'ex-Yougoslavie, dans la sphère traditionnelle de la Russie. Tandis que les frappes aériennes se poursuivaient à l'automne, démolissant de plus en plus la Tchétchénie et tuant indistinctement des milliers de civils, la cote de popularité de Poutine explosait, passant de 31 % à 75 % fin novembre. Si cela avait été un plan, l'opération Successeur, comme on l'a connue plus tard, fonctionnait : une énorme majorité pro-Poutine s'était formée.

Cependant, de sérieux doutes concernant les explosions de Moscou sont survenus presque immédiatement. Le député communiste Victor Ilioukhine a été l'un des premiers à tirer la sonnette d'alarme en déclarant que le Kremlin pourrait être derrière les attentats à la bombe pour tenter de faire souffler un vent d'hystérie et de discréditer Loujkov. Pendant des mois, les rumeurs allaient bon train à Moscou. On disait que le Kremlin pourrait provoquer une crise comme prétexte d'annulation des élections. Le porte-parole de la Douma, Guennadi Seleznev, avait informé les législateurs qu'une autre attaque à la bombe avait eu lieu dans la ville de Volgodonsk, dans le sud de la Russie, trois jours avant qu'elle ait réellement lieu. Le plus grand signal d'alerte est apparu en fin de soirée le 22 septembre dans la ville de Riazan, à une centaine de kilomètres de Moscou, quand un résident a rapporté à la police locale qu'il avait vu trois individus suspects porter des sacs dans le sous-sol de l'immeuble de sa résidence. Au moment où la police est arrivée, les suspects étaient partis dans une voiture dont les plaques d'immatriculation avaient été partiellement recouvertes de papier. Des policiers sont allés inspecter les caves du bâtiment. Ils en sont sortis pâles et en état de choc : ils avaient trouvé trois sacs reliés à un détonateur et un minuteur. Tout l'immeuble a été rapidement évacué, ses résidents n'ont pas été autorisés à regagner leurs appartements avant le lendemain soir. La police a d'abord déclaré que des tests avaient démontré que les sacs contenaient des traces d'hexogène, un puissant explosif qui avait été utilisé dans les autres explosions d'appartements. Le responsable local du FSB a déclaré que le minuteur avait été réglé pour un déclenchement à 5 h 30 du matin, et il avait félicité les résidents pour avoir évacué les lieux alors qu'il ne leur restait que quelques heures pour ce faire.

Le FSB de Riazan et la police ont monté une très grosse opération pour traquer les apparents terroristes en bouclant toute la ville. Un jour plus tard, le 24 septembre, le ministre russe de l'Intérieur, Vladimir Rouchaïlo, a annoncé aux responsables des forces de l'ordre à Moscou qu'une autre attaque à la bombe visant des appartements avait été déjouée. Mais, tout juste une demi-heure plus tard, Nicolaï Patrouchev, ce directeur chevronné du FSB à la langue acérée qui avait travaillé en étroite collaboration avec Poutine au KGB de Leningrad, a déclaré à un journaliste de la télévision que les sacs n'avaient jamais rien contenu d'autre que du sucre, et que tout cet épisode n'avait été rien de plus qu'un exercice, un test de vigilance publique. En coulisse, Patrouchev était aussi déterminé qu'impitoyable, et ses nouvelles explications non seulement contredisaient Rouchaïlo, mais semblaient surprendre le FSB de Riazan qui, apparemment, était sur le point d'appréhender les hommes qui avaient déposé les sacs. Le résident qui avait originellement contacté la police a déclaré plus tard que la substance qu'il avait vue dans les sacs était jaune, avec une texture ressemblant plus à du riz qu'à du sucre – une description qui, d'après des experts, s'apparentait davantage à l'hexogène.

Ensuite, pendant des mois, les habitants de cet immeuble du 14 de la rue Novossiolov étaient en colère, confus et traumatisés par ces explications contradictoires. Plusieurs d'entre eux ont dit qu'ils ne croyaient pas que cela avait pu n'être qu'un simple exercice. Plus tard, un rapport est sorti disant que les forces de police avaient intercepté un appel téléphonique passé par les supposés terroristes en direction d'un numéro relié au FSB à Moscou. Si c'était vrai, cela commençait à signifier que Patrouchev avait déclaré que l'incident n'était qu'un exercice pour faire en sorte que l'enquête n'aille pas plus loin. Les autorités locales impliquées dans les investigations se sont barricadées. Elles ont refusé de s'exprimer devant la presse, sauf pour confirmer la ligne officielle qu'il s'agissait d'un exercice. Les experts en explosifs de la police qui avaient mené les tests initiaux ont été transférés vers une unité spéciale dont les employés n'ont pas le droit de parler à la presse. Les éléments de ce dossier ont été immédiatement classés.

Quelques années plus tard, en 2003, un ancien colonel du FSB courageux, Mikhaïl Trepachkine, qui a pris de gros risques en enquêtant sur les attaques à la bombe de Moscou, a été poursuivi pénalement et condamné à quatre ans de détention dans une prison militaire. Il a été arrêté juste quelques jours après avoir dit à un journaliste qu'un portrait-robot d'un des suspects de la première explosion, au 19 rue Gourianova, à Moscou, ressemblait à un agent du FSB qu'il connaissait. (Ce portrait-robot, basé sur la description d'un des témoins oculaires, un gérant d'immeubles, a plus tard été échangé contre celui d'un sujet plus convenable, un Tchétchène qui prétendait avoir été piégé. Le portrait-robot initial avait disparu des dossiers de la police.)

Si c'est vraiment le terrible secret derrière l'ascension de Poutine, c'était la première indication à faire froid dans le dos nous montrant jusqu'où les hommes du KGB étaient prêts à aller. Pendant des années, des questions se sont posées sur ces attaques à la bombe, tandis que les journalistes d'investigation ont produit à l'époque des récits exhaustifs sur tout ce qui s'était passé. Mais ils n'ont été accueillis que par un mur de déni de la part du Kremlin de Poutine. Cependant, une des premières fissures dans la version du Kremlin est récemment apparue. Un ancien fonctionnaire du Kremlin a déclaré avoir entendu Patrouchev parler directement de ce qui s'était à Riazan. Patrouchev était fou de rage un jour sur la façon dont le ministre de l'Intérieur Vladimir Rouchaïlo, un vestige des années Eltsine qui avait des liens étroits avec Berezovski, avait presque exposé l'implication du FSB dans les attentats à la bombe : ses hommes avaient été tout proches d'attraper les agents travaillant pour le FSB qui avaient déposé les explosifs. Rouchaïlo avait presque dévoilé toute l'opération en cherchant des informations compromettantes contre le FSB et Patrouchev. Le FSB avait été obligé de faire marche arrière et de dire que les sacs ne contenaient rien d'autre que du sucre pour empêcher toute investigation plus poussée.

Patrouchev n'avait apparemment exprimé aucun regret, seulement de la colère d'avoir été menacé avec cette mise en cause du FSB. L'ancien fonctionnaire du Kremlin a dit qu'il n'arrivait toujours pas à comprendre ce qu'il se souvenait d'avoir entendu : « Il n'y avait aucune nécessité de commettre ces attaques à la bombe. Les élections étaient jouées quoi qu'il arrive. » La machine de propagande du Kremlin était suffisamment puissante pour assurer la victoire à Poutine dans tous les cas. Mais Patrouchev, disait-il, « (...) voulait lier Poutine à lui et le couvrir de sang ».

Le porte-parole du Kremlin, Dmitri Peskov, a rejeté cette allégation en disant qu'elle était « complètement insensée ». Et jusqu'à aujourd'hui, Valentin Ioumachev insiste sur le fait qu'il n'a jamais pu y avoir de quelconque conspiration du FSB derrière les attentats à la bombe des appartements : « Je suis absolument sûr que c'est incorrect. Le pays ne voulait absolument pas d'une deuxième guerre en Tchétchénie. » La première guerre avait été tellement humiliante. La Russie, et son armée autrefois si glorieuse, avaient perdu tant de vies dans cette minuscule république que l'on distinguait à peine sur la carte, que « cela aurait été du suicide d'initier une guerre en Tchétchénie. Organiser des explosions dans des immeubles d'appartements afin de démarrer une deuxième guerre, cela aurait été détruire complètement l'avenir politique de la personne que vous vouliez soutenir », m'a dit Ioumachev. Toutefois, la campagne qu'a conduite Poutine a été très largement différente de la guerre menée par Eltsine qui avait fait perdre tant de vies. Elle a essentiellement consisté en des bombardements, plutôt qu'en des envois de troupes, et Poutine avait fait clairement la distinction dès le départ : « Cette fois, nous ne mettrons pas nos soldats sous le feu », a-t-il déclaré. Pavlovski, le spin doctor du Kremlin, a également nié qu'il ait pu y avoir un quelconque complot : « Les bombes des appartements nous ont semblé être électoralement avantageuses pour Loujkov. Mais soudainement, il a disparu du paysage… Ce septembre avec l'hexogène, le maire de Moscou a laissé passer sa chance de prendre le leadership. »

Mais Loujkov, le maire de Moscou, n'avait aucun pouvoir de commandement sur les bombardements aériens sur la Tchétchénie en représailles des attaques à la bombe. Bien qu'il fût soutenu par la chaîne NTV du magnat des médias Vladimir Goussinski, il n'aurait jamais été en mesure de mobiliser une machine de propagande comme la chaîne de télévision d'État, PTR, et l'ORT de Berezovski pour promouvoir servilement chacune de ses actions, comme le fit Poutine. Tous les contre-arguments du Kremlin semblaient faibles. Si les attaques à la bombe étaient un complot du FSB, ils auraient pu être effectués sans même la connaissance ni l'implication de la Famille Eltsine. Les hommes du KGB de Poutine auraient pu prendre cette initiative impitoyable d'eux-mêmes. « Nous pensions tous que c'était un acte de terreur. Nous ne pensions absolument pas que cela pouvait être autre chose », m'a dit une personne proche de la Famille Eltsine. Mais, s'il devait y avoir un complot du FSB, il allait beaucoup plus loin que les méthodes du KGB qui, depuis les années 1960, avait soutenu des groupes terroristes au Moyen-Orient et en Allemagne afin de déstabiliser et de diviser l'Ouest. Les groupes terroristes allemands manipulés par la Stasi et le KGB avaient fait sauter des militaires américains dans des boîtes de nuit de Berlin, ainsi que des banquiers allemands se rendant sur leur lieu travail, avec Vladimir

Poutine – à en croire le récit d'un ancien membre de la RAF – qui gérait des membres de ces groupes lorsqu'il était en poste à Dresde. Bien évidemment, diriger de telles tactiques contre les propres citoyens de la Russie était une tout autre affaire. « Je n'arrivais pas à croire, à l'époque, qu'un citoyen russe puisse être prêt à tuer un tel nombre de civils pour ses propres objectifs politiques. Mais aujourd'hui, bien que je ne sache pas s'ils y ont participé ou non, je sais une chose : c'est qu'ils sont vraiment capables de bien plus que cela », m'a dit un magnat russe qui avait été proche de Berezovski. « Peu importe la manière dont on regarde tout ça, il a commencé la campagne électorale avec les attaques à la bombe des appartements », m'a dit un responsable bancaire russe proche des renseignements extérieurs.

Poutine émergeait comme un leader d'une nouvelle génération, au langage dur. « La campagne a revêtu un masque dans le style d'une révolution de libération nationale. Voici un gars simple issu d'un appartement communal de Leningrad qui, au nom du peuple, allait prendre le Kremlin... La décision de Poutine de partir en guerre pour venger les attentats à la bombe a été spontanée, mais elle n'a pas détruit notre modèle. Elle correspondait à l'idée d'un nouveau régime fort », m'a dit Pavlovski.

*

Pendant longtemps durant les années qui ont suivi, Boris Berezovski, le mathématicien beau parleur qui avait été l'initié du premier cercle par excellence de l'ère Eltsine, a été hanté par les attentats à la bombe. Plus tard, en désaccord avec le Kremlin de Poutine et obligé de s'exiler à Londres, il avait multiplié les déclarations selon lesquelles le FSB était impliqué dans ces attentats.

Mais à cette époque-là, Berezovski était à bord du navire, et tandis que les élections législatives de décembre 1999 approchaient, il a mis de côté ses scrupules sur le passé de Poutine au KGB et s'est rangé solidement derrière la campagne de ce dernier. Malgré une hospitalisation pour une hépatite, il a mené une campagne médiatique dévastatrice à l'automne sur la chaîne de télévision fédérale ORT. Il a visé à détruire la réputation de Primakov et de Loujkov. Les deux hommes avaient formé une puissante alliance parlementaire qui s'appelait La Patrie-Toute la Russie, et les élections de la Douma devaient être un premier test crucial de sa force. De son lit d'hôpital, Berezovski appelait ORT tard le soir avec des instructions pour Sergueï Dorenko, un journaliste très populaire à la voix grave qui attaquait violemment Primakov et Loujkov dans des émissions hebdomadaires qui repoussaient même les frontières des habitudes de dénigrement des médias de guerre russes. Dans une de ses émissions, Dorenko a accusé Loujkov d'avoir touché 1,5 million en pots-de-vin de la part du maire corrompu d'une ville espagnole de bord de mer, tandis que sa femme, Elena Batourina, le plus grand magnat du BTP de Moscou, aurait transféré des centaines de millions à l'étranger *via* une chaîne de banques étrangères. Les soixante-neuf ans de Primakov n'étaient pas une condition adéquate pour devenir Président, avançait Dorenko dans une autre émission, à cause de l'opération de la hanche qu'il avait subie récemment en Suisse. Des images de sang et d'os d'une opération similaire réalisée à Moscou sur un autre patient ont été diffusées pour illustrer l'argument. Poussant plus loin ses attaques, Dorenko affirmait que lorsque Primakov était le directeur des renseignements extérieurs de la Russie, il aurait pu être impliqué dans deux tentatives d'assassinat contre le Président géorgien Edouard Chevardnadze. Ce programme a également diffusé presque en boucle des images de Skouratov avec les prostituées, afin de discréditer les gouverneurs régionaux qui avaient rejoint La Patrie-Toute la Russie et apporté leur soutien à Skouratov.

Berezovski, déchaîné comme jamais, a déclaré qu'il avait l'intention de détruire Primakov et Loujkov. Il a quitté l'hôpital un soir au début de l'automne pour rendre visite à un associé afin d'organiser la logistique de la campagne. « Il était complètement survolté. Il avait l'air d'un fou furieux. Il avait sur lui trois téléphones portables, comme d'habitude, et il parlait non-stop. Il n'arrêtait pas dire : “Je vais tous les casser en morceaux. Il ne restera rien d'eux” », m'a dit l'associé. Malgré l'augmentation régulière de la cote de popularité de Poutine, les risques demeuraient élevés. Les enquêtes criminelles lancées sous Primakov sur les contrats des entreprises de Berezovski étaient toujours en instance. Il était toujours sous la menace d'une arrestation.

Dorenko était un chien d'attaque médiatique extrêmement efficace, et doucement, le soutien à La Patrie-Toute la Russie a commencé à chuter. Cependant, les allégations contre Primakov et Loujkov apparaissaient très fades comparées aux scandales financiers de la Famille Eltsine, qui étaient commentés sur la chaîne rivale NTV, qui soutenait Primakov et Loujkov. Bien que Berezovski soit en train d'essayer de constituer un nouveau parti parlementaire pro-Kremlin, appelé Unité, en réponse à La Patrie-Toute la Russie, cela ressemblait davantage à une masse amorphe d'obscurs bureaucrates sans visages. À la mi-novembre, la cote de popularité d'Unité n'était que de 7 %, alors que celle de La Patrie-Toute la Russie était à 20 %.

Ça n'a été que lorsque Poutine a annoncé publiquement son soutien à Unité, à la fin novembre, que la cote du parti a commencé à décoller. Jusque-là, la couverture médiatique télévisée de l'action décisive de Poutine contre la Tchétchénie avait fait de lui un Midas politique, et en l'espace d'une semaine la cote de popularité d'Unité s'est envolée de 8 à 15 %. La Patrie-Toute la Russie était tombée à environ 10 %, malgré le soutien fort et continu en faveur de la personne de Primakov, tandis que les communistes étaient en tête avec 21 %. La cote de Poutine perçait le plafond à plus de 75 %. Même avec les efforts herculéens de Berezovski et de Dorenko, sans le soutien de Poutine à Unité, le Kremlin aurait pu perdre le parlement.

Le jour du vote, le 18 décembre, le vote en faveur d'Unité a été étonnamment élevé, à 23 %, juste un point derrière les communistes. Encore plus important, La Patrie-Toute la Russie de Primakov et Loujkov subissait une cuisante défaite avec seulement 12,6 % des voix. Ioumachev a déclaré que ça n'a été qu'à ce moment-là qu'Eltsine a été suffisamment convaincu du pouvoir de Poutine en tant que force politique montante pour prendre la décision de se retirer plus tôt afin de lui faciliter la succession. Il a précisé qu'Eltsine avait pris la décision tout seul, et que le rôle de Pougatchev avait été minime.

Dans les mémoires que Ioumachev a rédigés pour Eltsine, le Président russe raconte comment il avait convoqué Poutine pour lui dire sa décision de démissionner le 14 décembre, quatre jours avant l'élection. D'après Eltsine, Poutine avait été réticent à prendre le pouvoir. Eltsine a écrit qu'il avait dit à Poutine lors de leur rencontre ce jour-là : « Je veux démissionner cette année, Vladimir Vladimirovitch. Cette année. C'est très important. Le nouveau millénaire doit commencer avec une nouvelle ère politique, l'ère de Poutine. Vous comprenez ? » Eltsine a dit que Poutine était resté silencieux pendant un long moment avant de répondre : « Je ne suis pas prêt pour cette décision, Boris Nicolaïevitch. C'est un destin assez difficile. »

Mais ni le récit de l'apparente réticence de Poutine ni la décision d'Eltsine de démissionner seulement à la dernière minute ne coïncident avec l'histoire qui s'était déjà déroulée. Ce qu'ont raconté Pougatchev et les deux autres fonctionnaires du Kremlin, au sujet de cette décision de démission qui aurait été prise beaucoup plus tôt, ne colle pas non plus. Dans les mois qui ont précédé les élections parlementaires, Poutine avait déjà essentiellement pris le commandement de l'armée et de toutes les forces de l'ordre, dont les services de sécurité, tandis qu'Eltsine devenait progressivement invisible. Poutine n'aurait pas pu agir de manière aussi décidée ni aussi présidentielle qu'il l'a fait dans la campagne militaire contre la Tchétchénie s'il n'avait pas déjà reçu une certaine assurance qu'il allait devenir Président.

Même si Poutine avait été personnellement réticent à prendre la présidence, à cette époque il n'était qu'un membre d'un groupe d'hommes des forces de sécurité qui arrivaient au pouvoir. Quand il s'est adressé au FSB dans les derniers jours de 1999 pour la célébration annuelle des Tchékistes, l'ancien nom de la police secrète, il a clairement décrit leur ascendance : « Le groupe d'agents opérationnels du FSB travaillant en infiltration au gouvernement a accompli avec succès la première étape de sa tâche », a-t-il dit. Il a fait ce commentaire d'un ton impassible, mais il n'a pas pu s'empêcher d'avoir un petit sourire narquois à la fin de son discours. Si cela était censé être une plaisanterie, les profonds cernes sous les yeux de Poutine, son teint pâle et son apparence terne racontaient une tout autre histoire. Essentiellement, Poutine disait aux hommes des services de sécurité que le pays était finalement à eux.

Les remarques de Poutine sont passées inaperçues dans le paysage. Mais les hommes des services de sécurité au Kremlin qui le soutenaient se préparaient discrètement. Trois jours avant la fin de l'année, Poutine a publié un article sur un nouveau portail gouvernemental qui sonnait comme un manifeste pour les forces de sécurité. Intitulé « La Russie au tournant du millénaire », c'était la première fois qu'il exposait sa vision pour le pays.

Cet article signalait que Poutine projetait d'endosser le costume d'héritier de l'ère moderne d'Andropov. Il a exposé un programme pour une nouvelle ère du capitalisme d'État, dans laquelle la Russie fusionnerait la main ferme de l'État avec des éléments de l'économie de marché. Le but était de moderniser et d'augmenter l'efficacité en encourageant la croissance économique et une plus grande intégration dans l'économie mondiale, mais également de rechercher la stabilité et un pouvoir d'État fort. D'un côté, c'était un fort rejet du dogme communiste, que Poutine appelait « la route vers une impasse », qui avait coûté au pays un « prix exorbitant » et l'avait condamné à rester à la traîne des pays économiquement avancés. Mais cela annonçait également un rejet du chemin d'une démocratie libérale sur le modèle de l'Ouest qu'Eltsine avait autrefois recherché pour la Russie. Le pays devait trouver une troisième voie qui reposerait sur sa tradition d'un État fort. « Cela n'arrivera pas rapidement, si jamais cela arrive, que la Russie devienne la deuxième édition de, disons, les États-Unis ou la Grande-Bretagne, où les valeurs libérales ont de profondes traditions historiques. Pour les Russes, un État fort n'est pas une anomalie dont on devrait se débarrasser. Bien au contraire, ils le voient comme une source et le garant d'un ordre et l'initiateur de la principale force déterminante de tout changement », écrivait-il.

Dans l'effervescence des préparatifs les vacances du Nouvel An, la veille d'un nouveau millénaire, presque personne n'avait relevé. Seul un journal national a publié un commentaire sur l'article de Poutine. Sinon, personne d'autre ne l'a remarqué. Dans toute la Russie, les familles se précipitaient pour les achats de cadeaux de dernière minute. Des sapins se vendaient dans les squares enneigés des villes. Les rues grouillaient de monde comme d'habitude. Dans la plupart des foyers, les familles se réunissaient autour de la télévision pour le discours annuel de Nouvel An du Président. Mais cette année-là, aux douze coups de minuit, le passage au nouveau millénaire a commencé par un choc. Chancelant, le visage bouffi, s'exprimant pourtant avec dignité, Eltsine a annoncé à la nation qu'il démissionnait avant la fin de son mandat, et qu'il nommait Poutine comme Président par intérim. Il a fait cette annonce avec toute l'assurance et le côté théâtral qui avaient défini son tumultueux pouvoir. Sa décision avait été tenue secrète jusqu'au dernier moment. « J'ai entendu des gens dire plus d'une fois qu'Eltsine s'accrocherait au pouvoir aussi longtemps que possible, qu'il n'abandonnerait jamais. C'est un mensonge. La Russie devrait entrer dans le nouveau millénaire avec des hommes politiques nouveaux, de nouveaux visages, de nouvelles personnes qui sont intelligentes, fortes et énergiques, tandis que nous, ceux qui ont été au pouvoir pendant tant d'années, nous devons partir », a-t-il dit.

Mais Eltsine se retirait aussi avec une extraordinaire expression d'humilité, et en s'excusant pour la presque décennie de chaos qui s'était déployée alors qu'il cherchait à démanteler le régime soviétique, et pour son échec à finalement apporter pleinement la liberté à son pays : « Je veux vous demander pardon – pour les rêves qui ne se sont pas réalisés, et pour les choses qui semblaient faciles mais qui se sont révélées terriblement difficiles. Je vous demande pardon pour avoir échoué à justifier les espoirs de ceux qui ont cru en moi quand je leur disais que nous allions faire un bond, du gris du passé totalitaire rampant à la brillance d'un avenir prospère et civilisé. Je croyais en ce rêve. Je croyais que nous allions couvrir cette distance en un seul bond. Nous ne l'avons pas fait. »

C'était un cri poignant pour ce qui aurait pu se réaliser – et peut-être aussi prophétique pour ce qui était à venir. Il remettait un pays qui avait été ruiné par des crises économiques successives. Mais il le donnait à un homme qui avait été aidé dans son accession au pouvoir par un groupe d'hommes des services de sécurité qui croyaient que la réussite majeure de l'ère Eltsine – l'établissement de valeur démocratiques basiques – avait mené le pays au bord de l'effondrement. Quand Eltsine a remis la présidence à Poutine, les valeurs de la démocratie apparaissaient fortes. Les gouverneurs étaient élus. Les médias étaient très largement libres des interférences de l'État. Les chambres haute et basse du parlement étaient un forum critique de la politique du gouvernement. Mais ceux qui avaient soutenu l'ascension de Poutine pensaient qu'Eltsine avait mené trop loin les libertés du pays durement gagnées, et que, sous l'influence de l'Occident, il avait mis en danger un régime de non-respect des lois qui avait amené une oligarchie corrompue au pouvoir et mis l'État lui-même en vente. Au lieu de chercher à renforcer les institutions démocratiques pour contrôler les excès débridés des années Eltsine, ils avaient l'intention de démanteler la démocratie – tout simplement pour consolider leur pouvoir au service de leurs propres personnes.

Si Eltsine avait eu la moindre idée que Poutine était influencé par ce genre de pensée, qu'il était sur le point de faire revenir les aiguilles en arrière, vers l'écho lugubre du totalitarisme du passé, il luttait pour ne pas le laisser paraître. Mais surtout, il remettait le pouvoir au *komitetchik* qui était devenu le représentant adoubé des cadres du service des renseignements extérieurs qui avaient les premiers initié le changement de l'Union soviétique vers l'économie de marché, reconnaissant le besoin de changement pour survivre. Pour ces hommes, le saut de Poutine pour devenir le successeur d'Eltsine signifiait que la révolution qu'ils avaient initiée pour instaurer le marché en Russie pourrait être poursuivie et achevée. Les fragments de réseaux du KGB qu'ils avaient préservés à la suite de l'effondrement soviétique, tandis qu'ils suivaient les mémos du Politburo pour créer une économie cachée, étaient en position d'être ranimés et restaurés. L'effondrement financier sous Eltsine les avait mis dans une position forte pour reprendre le rôle de leader. Le programme de Poutine pour un État plus fort résonnait avec une population qui était devenue profondément désenchantée avec les excès du chacun pour soi de l'ère Eltsine. Les gens étaient éreintés après une décennie durant laquelle ils avaient été ballottés d'une crise financière à une autre tandis qu'une poignée d'hommes d'affaires proches du pouvoir avaient gagné des fortunes inimaginables. Avec la bonne chorégraphie, la route leur était ouverte. « L'ascension de Poutine était une conséquence naturelle des années 1990 », m'a dit un ancien haut responsable du gouvernement ayant des liens proches avec les services de sécurité.

Primakov et Loujkov ont fondu dans l'arrière-plan, cédant la voie à Poutine dès qu'Eltsine a annoncé qu'il démissionnait pour faire de Poutine le Président par intérim. Suivant la défaite de La

Patrie-Toute la Russie aux élections parlementaires, aucun d'eux n'a brigué la présidence. Au lieu de cela, ils ont mis de côté leur apparente ancienne rivalité et ont apporté leur soutien à Poutine. Primakov, l'ancien directeur du service des renseignements extérieurs russes qui avait été au cœur des efforts de l'Union soviétique pour la *perestroïka* et la fin de l'opposition idéologique avec l'Ouest, s'était mis en retrait pour un membre de la nouvelle génération du KGB. Ce faisant, il laissait la place à un groupe qui serait plus enclin à terminer la transition de la Russie vers un capitalisme d'État qui s'implanterait profondément dans les marchés internationaux. Les hommes de Poutine ne seraient pas entachés, comme Primakov l'aurait été par son passé communiste, qui influençait encore profondément ses opinions et ses actions malgré son rôle dans la transition initiale de la Russie. Ils faisaient partie d'une génération beaucoup plus commerciale qui aimait initialement se décrire comme progressiste. Ils étaient plus jeunes, et les vieux généraux au sommet du service des renseignements extérieurs de la Russie pensaient toujours qu'ils pourraient les contrôler. Pourtant, Primakov passait le relais à un groupe qui était beaucoup plus impitoyable que le sien, qui ne s'arrêterait devant rien pour consolider sa propre ascension vers le pouvoir.

Bien que Primakov aurait tout aussi sûrement cherché à restaurer le pouvoir de l'État russe et le pouvoir du KGB, il n'aurait pas eu à surmonter la désolation criminelle de Saint-Pétersbourg dans les années 1990. Il n'avait pas fait partie de la fusion du KGB et du crime organisé qui avait implacablement pris le pouvoir sur le port maritime de la ville et sur son industrie pétrolière, qui s'était partagé le butin de la privatisation, les biens de la ville, avec le gang de Tambov, et qui avait ensuite blanchi l'argent. Il n'avait pas fait partie de la jeune génération du KGB qui avait fait son chemin dans les années 1980 en acheminant de l'argent et de la technologie *via* les systèmes de l'Ouest, en combinant les réseaux du KGB avec une approche capitaliste féroce. C'était un aîné, un homme d'État de principes de la guerre froide, bien au-dessus de la chasse aux actifs des années 1990. Il n'avait pas été comme les hommes de Poutine, laissés pour compte lors du démantèlement des années 1990 et avides de s'emparer d'une part des richesses de la nation.

Les conséquences de la décision de la Famille Eltsine de soutenir Poutine, pour échapper aux attaques des procureurs et de Primakov, allaient se faire sentir en Russie, et dans le monde entier, pendant les décennies à venir. Nous ne saurons jamais ce qui serait arrivé si Primakov avait pris la présidence. Mais il est raisonnable de dire que sa version d'une revanche du KGB n'aurait jamais duré aussi longtemps que celle de Poutine ni qu'il aurait agi de manière aussi impitoyable sur la scène internationale. Son attachement à l'ère communiste aurait fait de lui une cible pour un retour de manivelle. Il aurait eu l'air d'un dinosaure du passé, tandis qu'une présidence Stepachine aurait été beaucoup plus tempérée, et moins susceptible de voir les libertés reculer comme ce fut le cas sous le régime de Poutine.

*

En acceptant de se retirer avant la fin de son mandat, Eltsine ouvrait la voie à un relâchement immédiat de certaines avancées démocratiques de son pouvoir. Il avait fait de l'élection de Poutine en tant que Président presque un *fait accompli*. En tant que Président par intérim, Poutine avait toute la puissance de l'administration derrière lui, et il pouvait presque utiliser le budget de la nation à volonté. À la veille de l'élection, qui devait avoir lieu le 26 mars, il avait signé un décret augmentant les salaires des enseignants, des docteurs et autres fonctionnaires de 20 %. Personne ne doutait de sa future victoire.

Il n'avait presque pas eu besoin de faire campagne, et il a traité tout le processus de l'élection avec dédain. « Même dans mes pires rêves, je ne pourrai jamais imaginer prendre part à une élection. Cela m'apparaît comme une chose honteuse... Vous devez toujours promettre plus que votre adversaire pour vous donner un air victorieux. Je n'aurais jamais imaginé devoir faire des promesses en sachant à l'avance que de telles promesses ne pourraient être tenues. Fort heureusement, la façon dont s'est déroulée cette campagne m'a permis d'éviter cela. Je n'ai pas eu à décevoir une grande partie de la population », a-t-il déclaré à un journaliste le soir de l'élection.

Il a refusé de prendre part à des débats télévisés avec les autres candidats – le solide leader communiste Guennadi Ziouganov et l'ardent nationaliste Vladimir Jirinovski du Parti libéral-démocrate –, deux candidats qui avaient déjà perdu face à Eltsine en 1996, et qui avaient encore moins de chances contre Poutine. Il a esquivé les clips télévisés dans le style occidental ainsi que les événements agités qui avaient marqué la campagne d'Eltsine. « Ces vidéos sont de la publicité. Je ne veux pas, au cours de ma campagne pour l'élection, me retrouver à me demander, de Tampax ou de Snickers, lequel des deux est le plus important », a-t-il dit d'un rictus méprisant.

Le fait était qu'à l'époque, Poutine n'aurait sans doute pas survécu à un débat télévisé. Il n'avait jamais joué le rôle d'un politicien public. Mais on lui a donné une porte de sortie facile. Au lieu de faire campagne, son rôle de Président par intérim signifiait qu'il bénéficiait d'une couverture médiatique servile à la télévision, qui le décrivait comme le leader résolu de la nation. Il était montré sillonnant le pays à la visite de ses usines, et fonçant en Tchétchénie à bord d'un avion de chasse Soukhoï. Toutes ces activités, a précisé son staff de campagne, faisaient partie de son planning de travail et n'avaient rien à voir avec la campagne électorale. Ces tactiques ont touché un électorat désabusé par la mise en scène et la théâtralité politique d'Eltsine. Il voulait tout simplement un chef. Les rivaux de Poutine étaient loin derrière, figures marginales hors sujet dans une élection qui est rapidement apparue comme étant courue d'avance. Deux jours avant le vote, Poutine et Loujkov sont apparus ensemble sur un site de Moscou en construction, affichant leur trêve à la vue de tous.

Le Kremlin avait été servi à Poutine sur un plateau. « C'était comme un cadeau de Noël. Vous vous réveillez le matin et soudain, c'est là. Il n'y a pas eu véritablement d'élection, et tout le système avait déjà été construit », m'a dit Pougatchev.

Mais dans l'urgence qu'il y avait à hisser Poutine au pouvoir, un signe inquiétant était passé presque inaperçu. Il a commencé sa campagne par un adieu à l'homme qui avait été son mentor, qui l'avait défini comme un progressiste et un démocrate aux yeux de la Famille Eltsine. Anatoli Sobtchak, l'ancien maire de Saint-Pétersbourg, était mort subitement juste au moment où la campagne électorale devait officiellement commencer. Il était revenu en Russie de son exil forcé à Paris peu de temps avant que Poutine soit nommé Premier ministre l'été précédent. Les poursuites pénales l'accusant d'avoir touché des pots-de-vin durant son mandat de maire avaient été abandonnées, possiblement à l'instigation de Poutine. Et maintenant que son ancien protégé était propulsé pour devenir le dirigeant du pays, il n'avait plus à s'inquiéter du fait que ses poursuites puissent revenir le hanter. Vu de l'extérieur, il a apporté son soutien à la campagne de Poutine. Mais d'après Pougatchev, Sobtchak l'avait averti qu'il faisait une erreur en poussant la candidature de Poutine, et en novembre 1999, il a fait une rare saillie contre le FSB de Saint-Pétersbourg et d'autres forces de l'ordre pour leur prise en main agressive de la Baltic Sea Fleet, en déclarant que ceux qui étaient derrière sa faillite devraient être en prison. C'était la première fois qu'il critiquait les forces de l'ordre post-soviétiques de la ville, et il ne l'a plus jamais refait.

Le jour de sa mort, le 20 février 2000, il était accompagné d'une figure du monde souterrain de la Russie, des liens obscurs entre les services de sécurité et le crime organisé. C'était Chabtaï Kalmanovitch, un agent opérationnel du KBG qui avait fait cinq ans de prison en Israël en 1988 pour des faits d'espionnage à la solde des Soviétiques et qui, à sa libération, avait noué des liens forts avec les chefs du gang du crime organisé le plus puissant de Russie, Solntsevskaïa. Kalmanovitch avait été un partenaire proche d'un importateur de fruits sud-américains *via* le port maritime de Saint-Pétersbourg et, d'après un ancien élu de la ville, il faisait également de la contrebande avec l'Amérique du Sud. Pour la veuve de Sobtchak, Kalmanovitch était un ami de la famille. Mais pour le FBI, il était « un puissant associé de l'organisation Solntsevskaïa… C'est un millionnaire russe émigré… lié à d'anciens agents du KGB et à des dirigeants gouvernementaux de haut niveau, russes, israéliens, et d'autres gouvernements du monde entier. »

Le port maritime de Saint-Pétersbourg semblait toujours hanter Sobtchak partout où il allait. Quand il a vécu à Paris, un de ses voisins était Ilia Traber, un des membres dirigeants du gang de Tambov, qui contrôlait le port maritime et qui avait sympathisé avec Sobtchak au début des années 1990, lorsqu'il faisait dans la revente d'antiquités. Et quand il est mort, c'était comme si Kalmanovitch avait encore une fois emmené le port maritime avec lui. Ce jour-là, se plaignant de douleurs à la poitrine, Sobtchak était rentré de bonne heure à sa chambre d'hôtel à Kaliningrad, où il descendait quand il donnait des cours magistraux à l'université locale. Une heure et demie plus tard, il était retrouvé inconscient par « la personne qui était dans la chambre voisine de la sienne ». Sa porte avait été déverrouillée. Pour une raison inconnue, il s'est passé trente minutes avant qu'une ambulance soit appelée, et au moment où elle est arrivée, dix minutes plus tard, Sobtchak était mort. C'est Kalmanovitch qui l'a trouvé, a déclaré la veuve de Sobtchak.

Au début, les autorités locales avaient ouvert une enquête pour empoisonnement, mais elles ont annoncé plus tard que Sobtchak était mort de cause naturelle. Il avait déjà eu une crise cardiaque par le passé. Mais certains associés se demandent toujours s'il n'en savait pas trop pour le confort des hommes de Poutine. Sobtchak avait une connaissance intime de certains des trafics les plus obscurs de Saint-Pétersbourg : le projet pétrole-contre-nourriture, le blanchiment d'argent pour le gang de Tambov *via* la société immobilière SPAG, les privatisations et la dissolution de la Baltic Sea Fleet qui ont amené la prise de pouvoir de Traber sur le port maritime et le terminal pétrolier. Personne n'avait été en mesure d'expliquer pourquoi une ambulance n'avait pas été appelée immédiatement après qu'il avait été découvert inconscient. « Je ne crois pas qu'il soit mort de sa belle mort. Il en savait trop là-dessus. Bien sûr, ils se sont débarrassés de lui, mais ils sont trop malins pour avoir laissé des traces », m'a dit un ancien associé de Traber.

Poutine avait réconforté la veuve de Sobtchak, Lioudmila Narussova, alors qu'elle pleurait, dans le palais de Tauride où le corps de son époux était exposé. Il a critiqué publiquement ceux qui avaient poursuivi Sobtchak pour des allégations de corruption, déclarant que dans la mort il avait été une victime de persécutions. Naroussova, une blonde glamour qui deviendrait plus tard une femme politique en tant que sénatrice au Conseil de la Fédération, la chambre haute du parlement, avait l'air de s'accrocher à l'idée que Poutine était toujours resté loyal à son mari. Cependant, juste une fois, des années plus tard, elle s'est autorisée à émettre des doutes sur sa mort. C'était en novembre 2012, peu de temps après que sa carrière de sénatrice a connu une fin abrupte lorsqu'elle s'est soudain vu retirer l'investiture de candidate à sa propre réélection. Tandis que le pouvoir de Poutine éradiquait tous les vestiges de la liberté parlementaire, elle était devenue trop franche et trop critique. Le processus de son éviction, et la répression qu'elle avait vue imposée aux politiques du pays, avaient « brisé certaines illusions », a-t-elle dit à un journaliste. Elle a précisé qu'elle connaissait Poutine comme étant « une personne absolument honnête, décente et dévouée », mais elle a ajouté qu'elle était « dégoûtée » par ceux qui l'entouraient. Quand son mari est mort, elle a fait procéder à une autopsie parallèle. Cette autopsie a conclu qu'il était mort par arrêt du cœur, a-t-elle dit. Cependant, Naroussova n'a pas dit comment cela s'était produit exactement – seulement que les tests avaient détecté que cela n'était pas dû à une crise cardiaque. « Les lésions sur son cœur étaient d'anciennes lésions datant de la crise cardiaque qu'il avait subie en 1997. Pourquoi son cœur s'est arrêté ? Ça, c'est une autre question », a-t-elle dit au journaliste. Elle a déclaré qu'elle connaissait la réponse, mais elle a dit qu'elle ne pouvait pas la divulguer car elle craignait pour la vie de sa fille : « Je sais de quoi ces gens sont capables, ces gens qui ne veulent pas entendre une seule parole de vérité. Tous les documents sont dans un coffre à l'étranger. Même si quelque chose m'arrive, ils seront toujours là. » Quand on lui a demandé ce qu'elle voulait dire par « ces gens », elle a dit : « Certains d'entre eux sont au pouvoir. » Elle n'a jamais répété cette allégation.

*

Après sa nomination au poste de Président par intérim, Poutine a commencé doucement à se débarrasser de ses oripeaux de Saint-Pétersbourg pour s'ajuster à sa nouvelle vie. Pendant un temps, Eltsine et sa famille sont restés dans le grand complexe de présidentiel Gorki-9 dans les bois à l'extérieur de Moscou, et Poutine, qui vivait toujours dans la datcha d'État du Premier ministre, avait besoin d'une résidence présidentielle. Pougatchev l'a emmené en voiture pour lui montrer trois résidences d'État de l'époque soviétique qui étaient libres. Une était trop proche de la route, une autre ne convenait pas du tout. Mais la troisième, une vaste demeure construite au XIXe siècle, avant la Révolution, semblait convenir. Pour Pougatchev, cette résidence, nommée Novo-Ogariovo, avait une signification historique et spirituelle. Au tournant du siècle, elle avait été la résidence du grand-duc Serge Alexandrovitch de Russie, un fils du tsar Alexandre II, et de sa femme Élisabeth Feodorovna. Dans le tumulte de ces années prérévolutionnaires, un attentat à la bombe avait pris la vie du très conservateur grand-duc qui avait été gouverneur de Moscou. Sa femme avait discrètement recueilli ses membres et d'autres parties de son corps dans la rue. Elle se fera ensuite nonne et vouera sa vie aux nécessiteux. Après que les bolchéviques ont pris le pouvoir, elle a été assassinée en étant jetée vivante dans un puits de mine. Elle a été canonisée par l'Église orthodoxe et est invoquée sous le nom de sainte Élisabeth de Russie. Aux yeux du croyant orthodoxe Pougatchev, Novo-Ogariovo avait la signification d'une relique religieuse du passé tsariste. Cependant, pour Poutine, cette bâtisse, construite dans le style néo-gothique d'un château écossais, avec une immense pelouse qui s'étendait jusqu'à la Moskova, avait un tout autre attrait : elle avait une piscine de 50 mètres. Quand il l'a vue, « ses yeux se sont écarquillés. J'ai compris qu'il n'aurait pas besoin d'autre chose dans la vie. Je me suis dit que ce seraient les limites de ses rêves », m'a dit Pougatchev.

Pougatchev, qui apparemment continuait de croire que Poutine était sous sa coupe, pensait qu'il serait facile de l'impressionner avec les attributs de la vie présidentielle : « Avant l'effondrement de l'Union soviétique, il avait vécu la plupart de sa vie dans des appartements communaux. Il avait quarante ans avant de commencer à travailler dans le bureau du maire. » Il vivait et il avait grandi dans un appartement communal exigu à Leningrad, et avant d'être envoyé à Dresde par le KGB, lui et sa femme Lioudmila avaient continué de vivre dans un appartement communal à Leningrad. « Liouda ne pouvait utiliser la cuisine qu'entre 15 heures et 17 heures. Pouvez-vous imaginer en arriver là après avoir vécu comme ça ? » m'a dit Pougatchev.

La résidence de Novo-Ogariovo avait été rénovée à l'époque soviétique pour servir de maison d'hôtes pour les délégations gouvernementales étrangères. Une seconde maison, une copie de la première, a été construite à proximité, derrière une orangerie, pour y tenir les réceptions du Comité central. Les dirigeants des républiques soviétiques s'y étaient réunis pour travailler sur le nouvel accord de l'Union, historique, de Gorbatchev, cette réforme fatale des relations entre les républiques soviétiques qui avait été l'une des causes du coup d'État de 1991. Pougatchev voyait qu'au-delà des rénovations mineures, tout ce dont avaient besoin les Poutine pour y emménager, c'était d'une palissade suffisamment haute.

Pougatchev semblait continuer de penser que Poutine était un dirigeant à contrecœur. Poutine se définissait lui-même comme un « employé gérant » et semblait convaincu que ses jours au pouvoir n'excéderaient pas quelques années. Dès le début de sa carrière à Saint-Pétersbourg, depuis l'époque de sa première interview avec Igor Chadkhan, il s'était toujours dépeint comme un « serviteur de l'État ».

Le soir du 26 mars 2000, quand les résultats de l'élection présidentielle sont tombés, Poutine semblait complètement hébété par son élévation soudaine. Même quand son score a passé la barre des 50 %, nécessaires à la victoire, au premier tour, il est apparu intimidé par la tâche qui l'attendait. « Tout le monde a le droit de rêver. Mais personne ne devrait s'attendre à des miracles. Le niveau des attentes est vraiment très élevé... les gens sont fatigués, la vie est dure et ils attendent du changement pour du meilleur... Cependant, je n'ai pas le droit de dire qu'à partir de maintenant des miracles vont se produire », a-t-il déclaré à son QG de campagne devant un parterre de journalistes.

Mais en coulisse, dans la datcha d'Eltsine à l'extérieur de Moscou, la fille d'Eltsine, Tatiana, fêtait déjà l'événement. Des images filmées par Vitali Manski pour un documentaire montrent la famille Eltsine réunie pour dîner autour d'une majestueuse table en chêne. Quand les voix de Poutine ont dépassé les 50 %, la fête a commencé. Le champagne s'est mis à couler. Tatiana mène le bal en sautant presque de joie. « Nous pouvons déboucher le champagne – à petites gorgées ! sourit-elle. On a gagné ! » Mais Eltsine lui-même semblait mal vivre la perte du pouvoir et la potentielle perte de son héritage. Bouffi et diminué par la maladie, il avait l'air d'avoir du mal à saisir ce qu'il se passait. « Papa, es-tu content ? … Tu as tout fait. Tu as regardé cette personne et tu as vu qu'elle était bien. »

Mais ce soir-là, quand Eltsine a appelé son successeur pour le féliciter, il a reçu l'insulte ultime. L'homme à qui il avait remis la présidence était trop occupé pour prendre son appel. Il n'était déjà plus personne, un vieil homme qui s'exprimait avec peine, le téléphone dans une main tremblante. Par contraste, le soulagement de Tatiana était clair. Plus tard dans la soirée elle souriait et prenait Ioumachev dans ses bras au QG de campagne de Poutine, où les vestiges de l'ère Eltsine – Volochine, Pavlovski, Tchoubaïs – fêtaient la victoire avec quelques hommes de Poutine des services de sécurité de Saint-Pétersbourg. Cette victoire était aussi la leur.

La Famille Eltsine se sentait en sécurité avec la croyance que Poutine protégerait son intégrité et sa fortune des attaques. Quand Eltsine avait accepté de se retirer avant terme, en coulisse elle avait fait un pacte avec son successeur, d'après un allié proche de Poutine et ancien haut responsable du gouvernement. Une des premières décisions de Poutine en tant que Président par intérim a été de produire un décret qui garantissait à Eltsine l'immunité en cas de poursuites judiciaires. Cependant, un arrangement plus large avait également été scellé. « Les négociations qui ont accompagné l'ascension de Poutine et le départ d'Eltsine concernaient les biens. Le sujet de ces négociations, c'étaient les biens, non pas la structure de la société… Tout le monde l'a oublié. Tout le monde pensait qu'il y aurait la démocratie. Tout le monde ne pensait qu'à ses intérêts personnels », m'a dit Andreï Vavilov, premier adjoint au ministre des Finances à l'époque.

Cet arrangement devait garantir à la Famille Eltsine l'immunité en cas de poursuites et préserver son empire financier ainsi que celui de ses acolytes, au premier rang desquels figuraient les grandes entreprises détenues par l'associé d'affaires de Berezovski, Roman Abramovitch, longtemps qualifié dans les médias d'ami de la Famille Eltsine. Les entreprises impliquées comprenaient la Sibneft et le géant de l'aluminium Roussal, créé juste avant que Poutine prenne la présidence et lui permette de prendre le contrôle de plus de 60 % de l'industrie de l'aluminium russe – un symbole fort de la continuation du pouvoir de la Famille. Cet arrangement accordait également à la Famille Eltsine et à ses affiliés le droit de continuer à diriger l'économie durant le premier mandat de Poutine, m'a dit le proche allié de ce dernier.

Néanmoins, Ioumachev a démenti qu'un tel accord ait jamais eu lieu. Le décret produit par Poutine garantissant l'immunité à Eltsine ne faisait aucune mention de la Famille Eltsine, avançait-il, tandis que la Famille n'avait aucune entreprise à préserver. Quant à la constitution du gouvernement : « Poutine était absolument libre de choisir qui il voulait. Il pouvait virer tout le monde. » La seule raison derrière l'accession au pouvoir de Poutine, affirmait-il, était qu'Eltsine croyait en son adhésion à la démocratie. Pougatchev, lui aussi, a parlé d'un moment curieux. Il a précisé qu'il s'était mis d'accord avec Ioumachev et Tatiana qu'ils quitteraient le pays et laisseraient à Poutine les mains libres pour gérer les choses comme il le voudrait. La seule chose dont ils avaient besoin, c'était la garantie d'immunité, croyait-il. Mais Poutine avait changé d'avis à la dernière minute, lorsqu'ils s'étaient réunis à sa datcha juste après l'élection pour fêter la passation de pouvoir formelle, et il a affirmé que la Famille et ses hommes au gouvernement allaient rester : « Je ne comprenais pas cela. Il avait parlé tout le temps de la nécessité d'un État propre. Mais là, il leur a dit : “Nous devrons le faire tous ensemble. Nous sommes une équipe.” »

Malgré cette apparente volte-face, Pougatchev comprenait néanmoins qu'un changement de régime était en cours. Les hommes de Poutine, les hommes du KGB, arrivaient au pouvoir, et il travaillait à s'attirer leurs bonnes grâces. « En tous les cas, il était clair que les hommes des forces de l'État – les hommes des services de sécurité et les espions, connus sous le terme de *siloviki* – arrivaient au pouvoir », m'a-t-il dit.

Pour beaucoup, dont l'associé de Khodorkovski Leonid Nevzlin, après tout ce qui a suivi, le fait que la Famille Eltsine puisse avoir conclu un pacte avec des gens comme Poutine reste toujours d'une grande perplexité : « Alors qu'ils avaient toutes les sources d'information sous leur contrôle, comment ont-ils pu l'amener au Kremlin ? C'était déjà un gars de la mafia à Saint-Pétersbourg. Comment ont-ils pu en faire leur successeur ? »

DEUXIÈME PARTIE

6

La garde rapprochée qui l'a façonné

Vladimir Poutine avançait seul sous les voûtes du grand palais du Kremlin. Il semblait écrasé par la majesté de la cérémonie d'investiture présidentielle. Le visage solennel, léger sourire, yeux baissés, et la démarche un brin hésitante, il portait un costume sombre qui ressemblait beaucoup à l'uniforme de l'employé de bureau lambda. On l'avait entraîné à passer inaperçu, à se fondre dans la masse. Mais aujourd'hui, des trompettistes en uniforme impérial blanc et or annonçaient son arrivée et des serviteurs de l'État qui se pressaient dans les salles aux murs recouverts d'or du palais applaudissaient chacun de ses pas sur l'interminable tapis rouge sous les étincelantes lumières de la salle Andreyevsky.

Nous étions le 7 mai 2000. Le *kandidat rezident* venait d'arriver au Kremlin. L'ancien officier du KGB qui, huit mois plus tôt, n'étaitqu'un de ces bureaucrates sans visage, était sur le point de devenir le président de la Fédération de Russie. L'or sur les murs et les lustres trahissait la volonté des hommes du KGB à voir renaître la Russie impériale et les contrats illicites de Mabetex grâce auxquels le Kremlin avait acquis une grandeur jamais vue jusque-là – et Poutine avait accédé au pouvoir.

On n'avait jamais vu une telle splendeur pendant une investiture au Kremlin – c'était la première fois que les salles du palais récemment restaurées étaient ouvertes pour une cérémonie officielle – et jamais dans l'histoire du pays il n'y avait eu de passation de pouvoir pacifique entre un Président et son successeur. La pilule a dû être amère pour Boris Eltsine d'être entouré du luxe qui avait causé sa perte. Mais il est resté stoïque, le buste droit même s'il a eu un peu de mal à contenir son émotion pendant qu'il louait la liberté durement acquise du pays. « Nous pouvons être fiers que cette passation se fasse dans le calme, sans révolution ni putsch, dans le respect et la liberté », a-t-il déclaré. « Cela n'est possible que dans un pays libre, un pays qui a non seulement cessé de craindre les autres mais aussi de se craindre lui-même... Cela n'est possible que dans une nouvelle Russie, un pays dans lequel nos concitoyens ont appris à vivre et à penser librement. Nous avons écrit l'histoire de la nouvelle Russie en repartant sur de bonnes bases... Nous avons traversé beaucoup d'épreuves difficiles, surmonté beaucoup de difficultés. Mais aujourd'hui, nous avons tous quelque chose dont nous pouvons être fiers. La Russie a changé. Elle a changé parce que nous avons su prendre soin d'elle... et défendre avec force notre plus grande réussite – la liberté... Nous avons évité au pays de sombrer dans la dictature. »

Les mots d'adieu d'Eltsine ressemblaient presque à un avertissement. Mais l'homme qui reprenait le flambeau ce jour-là était résolu et concentré et lorsqu'il a pris la parole, il a évoqué un État russe restauré dans lequel toute l'histoire du pays – aussi brutale soit-elle – devait être honorée et préservée. Bien qu'il ait fait semblant de respecter les réalisations démocrates de la Russie, l'idée maîtresse de son discours était aussi différente de celle d'Eltsine que la nuit du jour : « L'histoire de notre pays s'inscrit sur les murs du Kremlin depuis des siècles. Nous n'avons pas le droit d'être "les Ivan qui ne se souviennent pas de leur naissance". Il ne faut rien oublier. Nous devons connaître notre histoire telle qu'elle est et en tirer des leçons et toujours nous souvenir de ceux qui ont créé l'État russe et défendu ses valeurs, qui en ont fait un grand et puissant État. Nous préserverons cette mémoire et ce lien à travers le temps... et tout le meilleur de notre histoire, nous le transmettrons à nos descendants. Nous croyons en notre force, nous sommes persuadés que nous pouvons vraiment transformer notre pays... Je peux vous assurer que dans mes actions, je ne serai guidé que par les intérêts de l'État... Je considère qu'il est de mon devoir sacré d'unir le peuple russe, de le rassembler autour d'objectifs et de tâches précis et de ne pas oublier, chaque jour et chaque minute qui passe, que nous avons une Patrie, un peuple et qu'ensemble nous avons un avenir commun. »

Aux premiers rangs de ceux qui l'ont applaudi ce jour-là, il y avait les membres de la Famille Eltsine qui avaient contribué à son accession au pouvoir. Le premier d'entre eux était Alexander Volochine, l'ancien brillant économiste qui avait été chef de cabinet d'Eltsine. À côté de lui, il y avait Mikhaïl Kasyanov, à la voix rauque et au torse bombé, un autre héritier d'Eltsine qui avait gravi les échelons pour devenir ministre des Finances, en charge de la gestion des paiements des dettes extérieures stratégiques de la Russie et qui avait été nommé Premier ministre par intérim lorsqu'Eltsine avait remis les rênes à Poutine le soir du Nouvel An. Comme signal du pacte de continuité que Poutine avait conclu avec la famille d'Eltsine, son premier acte en tant que Président avait été de reconduire Kasyanov au poste de Premier ministre. Un peu plus tard, en mai, Volochine faisait son retour au Kremlin en tant que chef de l'administration présidentielle.

Mais cachés et noyés dans la masse des fonctionnaires qui se pressaient dans la salle Andreyevsky, il y avait les hommes du KGB qui avaient effectué le voyage depuis Saint-Pétersbourg dans les valises de Poutine. À cette époque, on les voyait et on les entendait rarement. C'étaient des *siloviki* qui, d'abord en union avec les fonctionnaires d'Eltsine puis plus tard en toute indépendance, ne manqueraient pas de montrer les crocs et de se faire remarquer. Quelques jours après l'inauguration, ils enverraient un signal fort indiquant que la décennie de liberté dont Eltsine était si fier touchait à sa fin.

Parmi eux, il y avait des hommes d'affaires liés au KGB comme Iouri Kovaltchouck, l'ancien physicien qui était devenu le plus grand actionnaire de la banque Rossia, la banque de Saint-Pétersbourg créée par le Parti communiste au crépuscule de l'Union soviétique. Il y avait aussi Guennadi Timtchenko, le soi-disant ancien agent du KGB qui avait travaillé en étroite collaboration avec Poutine pour contrôler les exportations de pétrole de la ville. Ces hommes s'étaient enrichis au prix d'une lutte féroce au sein de l'économie de Saint-Pétersbourg et ils lorgnaient désormais sur les richesses de Moscou. Également dissimulés parmi les foules sans visage, il y avait un réseau d'alliés peu connus de Poutine qui avait servi avec lui au KGB de Leningrad et qu'il avait fait venir comme adjoints lors de sa nomination en tant que chef du FSB en juillet 1998. Peu de gens y avaient prêté attention.

Parmi eux, il y avait Nikolai Patrouchev, l'agent grincheux et expérimenté qui, d'après un ancien fonctionnaire du Kremlin, avait fulminé d'avoir été pris en flagrant délit dans le complot d'attentat à la bombe visant l'appartement de Ryazan. Patrouchev avait remplacé Poutine à la tête du FSB lorsque celui-ci avait été nommé Premier ministre et il été resté en poste pendant l'intégralité des deux premiers mandats de Poutine. Il avait occupé plusieurs postes importants au sein du FSB à Moscou depuis 1994, bien avant que Poutine ne commence son ascension. Âgé d'un an de plus que Poutine, ils avaient travaillé ensemble au sein de la division de contre-espionnage du KGB de Leningrad à la fin des années 1970. Lorsque Poutine avait été nommé maire adjoint de Sochak, Patrouchev dirigeait la division contrebande du nouveau FSB de Saint-Pétersbourg, juste au moment où le groupe d'anciens hommes du KGB de Poutine commençait à prendre le contrôle du principal canal de transport des marchandises de contrebande de la ville – la flotte de la mer Baltique et le port maritime stratégique.

Patrouchev fut bientôt transféré à Moscou, où il se hissa rapidement au sommet du FSB. Homme du KGB porté sur la boisson, il avait une forte éthique capitaliste pour amasser des richesses et la grande ambition de restaurer l'empire russe. « C'est un gars assez simple, un Soviétique de la vieille école. Il veut l'Union soviétique mais avec le capitalisme. Pour lui, le capitalisme est l'arme qui permettra de restaurer la puissance impériale de la Russie », a déclaré un de ses proches.

Des propos confirmés par un autre proche de Poutine : « Il a toujours eu des opinions indépendantes très fortes. » Patrouchev a toujours été un visionnaire, un idéologue de la reconstruction de l'empire russe. « Il a une forte personnalité. C'est lui qui croit vraiment à la reconstruction de l'empire. C'est lui qui a mis toutes ces idées dans la tête de Vladimir Vladimirovich », a déclaré un de ses proches. Mais si Patrouchev connaît bien les textes fondateurs de l'ambition géopolitique russe, c'est un agent impitoyable et implacable qui ne reculera devant rien pour arriver à ses fins. Il est incapable de prononcer une phrase sans jurer et si vous ne jurez pas vous aussi, il ne vous respecte pas. « Il ne comprend rien d'autre », a déclaré un de ses proches. « Il est incapable de parler ou de se conduire autrement. En arrivant dans une réunion, il hurlera : “Eh bien, bande d'enfoirés, qu'est-ce que vous avez encore foutu ?” » D'après l'autre proche de Poutine, Patrouchev a toujours été un dur alors que Poutine était, au départ, plus libéral que lui. Selon le proche de Patrouchev, il s'est toujours considéré plus intelligent et plus rusé que Poutine : « Il n'a jamais considéré Poutine comme son patron. Patrouchev a mené une vendetta contre les rebelles dans la république séparatiste tchétchène – il déteste les “Chech” et tous ceux qui travaillent avec eux, pour se venger. » Parmi les *siloviki* peu remarqués qui applaudissaient l'investiture de Poutine dans la salle Andreyevsky, il y avait également Sergueï Ivanov ex-agent de renseignement du KGB qui avait fait une partie de sa carrière à l'étranger. Derrière ses manières courtoises et sa maîtrise de l'anglais se dissimulaient une langue acérée et un comportement parfois brutal. Lui aussi avait travaillé en étroite collaboration avec Poutine au sein du KGB à Leningrad, dans la même pièce miteuse au siège du KGB au Bolchoï, un bloc monolithique de granit sur Liteyny Prospekt, pendant deux ans, jusqu'à ce qu'Ivanov soit promu et muté à l'étranger – bien avant que Poutine n'arrive à l'Institut du Drapeau rouge. Ivanov a servi en Finlande, et peut-être au Royaume-Uni, avant de devenir résident en chef à l'ambassade du Kenya après la défection d'un espion au Royaume-Uni qui avait fait sauter sa couverture. Dans les années 1990, il avait travaillé directement sous les ordres de Primakov en tant que chef adjoint du bureau européen du service du renseignement étranger, le SVR, devenant le plus jeune général depuis l'effondrement de l'Union soviétique. Lorsque Poutine devint directeur du FSB, il nomma Ivanov et Patrouchev sous-directeurs. Lorsqu'il devint Premier ministre, Ivanov fut nommé secrétaire du Conseil de sécurité russe, aujourd'hui le deuxième poste le plus puissant du Kremlin. Il gagna en influence sous le régime de Poutine.

Dans la masse grise des hommes à l'allure discrète, il y avait également Victor Ivanov, un officier moustachu du KGB de la vieille école qui ne voyait le monde qu'à travers le prisme de la guerre froide. Âgé de deux ans de plus que Poutine, il avait été ouvrier du Parti avant d'être recruté par le KGB de Leningrad. Il a rejoint ses rangs peu de temps après Poutine et il a gravi les échelons pendant près de vingt ans au sein du département des ressources humaines du KGB avant de prendre la direction de la division de la répression de la contrebande du FSB de Saint-Pétersbourg, prenant la suite de Patrouchev à ce poste important lorsque les hommes d'Ilia Traber prenaient le contrôle du port maritime. Selon un ancien collègue de la division de la répression de la contrebande du FSB, Ivanov était connu pour ne jamais lever le petit doigt contre la contrebande : « Ses mots préférés étaient "plus tard" et "pas maintenant". » Dans une note de renseignement, un ancien officier supérieur du KGB a émis l'idée qu'il y avait peut-être une très bonne raison à l'inactivité d'Ivanov : il avait aidé le groupe Tambov (dont Traber faisait partie) à reprendre le port maritime lorsqu'il servait de plaque tournante au trafic de drogue entre la Colombie et l'Europe occidentale. Le rapport, qui a ensuite été diffusé devant un tribunal de Londres et a suscité de forts démentis d'Ivanov, affirmait également que Poutine avait fourni une protection à Ivanov pendant toute la période où ce dernier était en fonction à Saint-Pétersbourg.

Lorsque Poutine devint directeur du FSB, il a immédiatement nommé Ivanov sous-directeur et lorsqu'il est arrivé à la présidence, il l'a nommé sous-directeur de son administration. Son travail consistait à surveiller tout le monde de près et selon un de ses proches, il a une « mémoire phénoménale » et il connaît les petites manies de chacun. Une fonction décrite de façon beaucoup moins charitable par Iouri Shvets dans son rapport. Le travail des ressources humaines, disait-il, consistait à collecter des informations préjudiciables sur des collègues et à les utiliser pour détruire leurs carrières : « Partout où Ivanov a travaillé, il dressait délibérément les gens les uns contre les autres, créant ainsi un environnement hostile dans lequel il pouvait dominer en résolvant les conflits qu'il avait générés. Il comprend parfaitement l'équilibre des forces autour de lui. »

Mais c'est peut-être Igor Setchine qui est le plus proche du nouveau Président. De huit ans le cadet de Poutine, il l'avait suivi comme une ombre depuis sa nomination comme adjoint au maire. Il avait été son secrétaire, debout comme une sentinelle derrière un podium dans l'antichambre qui menait au bureau de Poutine dans le quartier général du Smolny, un gardien féroce pour tous.

Il contrôlait l'accès à Poutine ainsi que l'ensemble des documents transmis à Poutine. Tous ceux qui avaient besoin de la signature de Poutine pour créer une entreprise devaient d'abord passer par Setchine. Lorsqu'un homme d'affaires à Saint-Pétersbourg avait besoin de la signature de Poutine pour créer une joint-venture avec une entreprise néerlandaise spécialisée dans le négoce du charbon et des produits pétroliers, ses amis s'arrangeaient pour qu'il rencontre Poutine. Après en avoir discuté, Poutine demandait à l'homme d'affaires d'aller voir son secrétaire, Igor Setchine, en lui disant : « Il vous dira quels documents apporter et je signerai. » « J'ai quitté le bureau et je suis allé voir Setchine, en pensant qu'il s'agissait d'une formalité », se souvient l'homme d'affaires Andrei Korchagin. « Je me demandais juste pourquoi le poste de secrétaire était tenu par un homme et non par une femme comme c'était généralement le cas. À cette époque-là, nous étions très méprisants envers les fonctionnaires. Nous avons commencé à parler des documents dont j'allais avoir besoin et puis Setchine a soudain écrit quelque chose sur un morceau de papier. Il m'a dit : "Et apportez..." en me montrant ce qu'il avait écrit, 10 000 dollars, sur le papier. Cela m'a rendu fou. Je lui ai dit : "Quoi ! Vous avez complètement perdu la tête !" Mais il m'a répondu : "C'est comme cela que nous faisons les affaires ici." Je l'ai envoyé promener mais tout était dit : nous n'avons jamais enregistré l'entreprise. À l'époque, les choses étaient très différentes. Je n'avais aucune idée de qui était Setchine. C'est ainsi qu'ils collectaient des petits pots-de-vin. »

Setchine faisait toujours office de barrière devant son patron. Il organisait des réunions pour ceux qui voulaient le voir, a déclaré un ancien proche de Poutine. Même lorsqu'une réunion avait déjà été inscrite au calendrier, Setchine disait qu'elle devait être organisée par lui : « C'est comme cela qu'il prenait le contrôle de la relation. Et si quelqu'un ne suivait pas les ordres de Setchine, il devenait son ennemi, un ennemi qui devait être détruit. »

Setchine a longtemps servi dans le KGB, selon deux de ses proches. Il avait été recruté à la fin des années 1970 lorsqu'il étudiait les langues étrangères à l'université d'État de Leningrad et il avait été invité à déposer des rapports sur ses camarades, selon un de ses proches. Les parents de Setchine avaient divorcé lorsqu'il était jeune. Il avait travaillé dur pendant ses études, mû par une volonté acharnée de réussir, pour échapper à la misère qu'il avait connue pendant son enfance dans les faubourgs sinistres de Leningrad. « Il en voulait au monde entier. Il avait toujours un complexe d'infériorité », a déclaré un ancien fonctionnaire du Kremlin qui le connaissait bien. « Il venait d'un quartier vraiment pauvre de Leningrad, mais le département des langues de l'université dans laquelle il était inscrit était rempli d'enfants de diplomates. »

Les missions de Setchine pour le KGB étaient toutes clandestines, elles n'ont jamais été mentionnées dans sa biographie officielle. Selon cette dernière, il avait été envoyé pour travailler comme traducteur, d'abord au Mozambique, où sa connaissance du portugais était requise pendant qu'une guerre civile faisait rage et que l'armée soviétique entraînait et équipait une armée nationale. Il avait ensuite été envoyé, à nouveau officiellement comme traducteur, en Angola où l'armée soviétique, jouant encore au grand jeu de la guerre froide en Afrique, conseillait et équipait les rebelles dans une autre guerre civile. À son retour, il a obtenu un poste à l'université d'État de Leningrad, où il a rencontré et travaillé avec Poutine pour superviser les relations internationales et, plus tard, au conseil municipal, pour encadrer ses relations avec les villes étrangères jumelées, tout en restant tout du long un agent clandestin du KGB. Il est resté proche de Poutine depuis, se comportant toujours en serviteur obséquieux, portant ses bagages chaque fois qu'il voyageait, le suivant à la trace où qu'il aille. Il a été son adjoint au département des Biens étrangers du Kremlin, il a travaillé dans le même petit bureau de l'ancien siège du Comité central avant d'accéder à des postes plus élevés dans l'administration lorsque la carrière de Poutine décolla en flèche. Lorsque Poutine est devenu Président, il a nommé Setchine sous-directeur de son administration. Mais derrière ses manières serviles se cachaient une volonté implacable de tout contrôler et un goût immodéré pour les complots. Et, comme le disaient deux de ses proches, il détestait son maître et lui en voulait.

Pendant que Setchine cherchait à instiller tranquillement et imperceptiblement des pensées dans l'esprit de Poutine, Poutine le considérait comme une ombre, un simple serviteur de son régime, rien de plus. « Il le voyait toujours comme le type qui portait ses bagages, a déclaré un ancien fonctionnaire du Kremlin proche des deux hommes. » Poutine a toujours à l'esprit le rang et la position de chacun. Au début de leurs carrières au Kremlin, au milieu des années 1990, le chef des Biens du Kremlin, Pavel Borodin, a fourni des appartements aux deux hommes dans le centre de Moscou. Mais il y a eu un problème lorsque Poutine s'est rendu compte que celui de Setchine était plus grand que le sien. Setchine a invité Poutine dans son nouvel appartement peu de temps après leur arrivée et il le lui a fait visiter, en lui montrant les vues sur Moscou. Poutine a demandé la superficie de l'appartement. Après avoir vérifié sur les documents, Setchine lui a répondu 317 mètres carrés. Poutine a tout de suite fait remarquer : « Le mien n'en a que 286. ». Il a félicité Setchine avant de s'en écarter, comme si Setchine lui avait volé quelque chose ou l'avait cyniquement trahi. « Poutine a un problème de jalousie », déclara l'officiel au courant de l'incident. « Il faut bien le connaître pour comprendre ce que cela signifie. Igor m'a dit qu'à cet instant, il avait compris que tout était dit et que lorsque Poutine lui avait dit “Félicitations”, il voulait, en fait, l'abattre, froidement, d'une balle dans la tête. Il m'a dit qu'il ne lui avait pas parlé pendant plusieurs semaines après cet incident. C'était une affaire tellement banale, infime... Mais Poutine a de tels complexes. Il vaut toujours mieux, quand on le voit, lui dire à quel point tout va mal. Igor a appris à le faire très vite. »

C'est très révélateur de la mentalité de Poutine, de la rapidité avec laquelle il serait offensé par les affronts perçus dans les années à venir. Comme Setchine, il s'était, lui aussi, élevé en partant d'un milieu marqué par la pauvreté, des bas-fonds de Leningrad, où il avait dû se battre pour se faire respecter. Comme une colère mal digérée, la marque d'un complexe d'infériorité était toujours là.

Victor Tcherkessov est le dernier du groupe très uni des anciens du KGB de Leningrad que Poutine a amenés avec lui au Kremlin. Tcherkessov a dirigé le FSB de la ville depuis la nomination de Poutine au poste d'adjoint au maire. Âgé de deux ans de plus que Poutine, il avait occupé des postes importants au KGB de Leningrad pendant près de huit ans et avait été le supérieur de Poutine avant que celui-ci ne soit envoyé étudier à Moscou. Pendant les dernières années du régime soviétique, Tcherkessov avait dirigé l'une des divisions les plus violentes du KGB, celle qui enquêtait sur les activités des dissidents. Mais après l'effondrement du régime, il a adopté le nouveau capitalisme fantôme qui gouvernait Saint-Pétersbourg, faisant office de lien vital entre la mairie, les services de sécurité et le crime organisé. Il a été un acteur clé de la prise de contrôle par le groupe Tambov de la flotte de la mer Baltique et du port maritime, et Poutine l'a toujours traité avec le plus grand respect. « Il était un haut responsable lorsque Poutine n'était personne », a déclaré un proche des deux hommes. « Il fait partie du cercle le plus proche. Il appartient à l'élite. » Lorsque Poutine a été nommé Premier ministre, il avait l'intention de proposer Tcherkessov pour le remplacer en tant que chef du FSB mais Patrouchev avait fait en sorte d'être nommé à sa place. On avait dit à Ioumachev qu'il ne devait pas exaucer tous les souhaits de Poutine, qu'il devait y avoir des contrepoids. Tcherkessov avait été nommé sous-directeur à la place.

*

Pendant les premières années de la présidence de Poutine, ces hommes du KGB de Leningrad, les *siloviki*, partageaient bon an mal an le pouvoir avec les rescapés du régime Eltsine. Ils ont regardé et appris comment Volochine, le rusé chef d'état-major du Kremlin que Poutine avait maintenu en place, aidait à faire en sorte que ce dernier hérite d'une « machine bien huilée ». Volochine était le principal représentant de la Famille au Kremlin, un libéral en économie mais un étatiste en politique. Il faisait partie de ceux qui avaient aidé à organiser le transfert de pouvoir au KGB. Économiste, il était diplômé de l'Académie du commerce extérieur – qui avait toujours été associée à la Première direction générale, la division du renseignement étranger du KGB – et puis il avait été directeur adjoint de son Centre pour la recherche concurrentielle pendant la *perestroïka*. Plus tard, Poutine a dépêché Volochine, qui parlait couramment l'anglais, comme envoyé spécial pour discuter de questions militaires avec les principaux généraux des États-Unis. Au début, il s'est avéré être un allié vital pour les *siloviki* en aidant Poutine à repousser les ennemis politiques.

Volochine avait aussi travaillé en tandem avec l'autre figure de proue rescapée de l'ère Eltsine, Mikhaïl Kasyanov, que Poutine avait reconduit comme Premier ministre. Ayant eu la charge de la dette extérieure dans son précédent poste de premier vice-ministre des Finances, Kasyanov était plongé dans les accords de dettes troubles qui étaient au cœur du financement parallèle du régime. Bien qu'il ait été un libéral économique pro-occidental, il était considéré comme une personne sûre. Mais il personnifiait les années Eltsine, un homme affable doté d'une voix profonde ayant la réputation – fermement démentie – d'avoir graissé les roues dans les coulisses, ce qui lui avait valu le surnom de « Misha deux % ».

Conformément au discours relativement pro-marché qu'il avait utilisé pour gagner la confiance de la Famille Eltsine et à son manifeste en tant que Président, Poutine a annoncé une série de réformes libérales qui lui ont valu les éloges des économistes du monde entier et ont convaincu les investisseurs de ses références sur le marché. Il a introduit l'un des taux d'imposition sur le revenu les plus compétitifs au monde, un taux fixe de 13 % qui, d'un seul coup, a éliminé bon nombre de problèmes de non-paiement qui avaient miné le régime d'Eltsine. Il s'est lancé dans des réformes agraires qui ont permis d'acheter et de vendre des propriétés privées, levant un autre frein majeur à l'investissement. Comme conseiller économique présidentiel, il avait engagé Andrei Illarionov, considéré par beaucoup comme l'un des économistes libéraux les plus respectueux des principes du pays. Dans le contexte des mouvements favorables au marché, les prix du pétrole – dont dépendait une si grande partie du budget russe – ont finalement commencé à augmenter. Et, soutenu par l'afflux massif, le gouvernement de Poutine a commencé à rembourser les énormes dettes sur les fonds que l'administration Eltsine avait empruntés au FMI. L'instabilité et le chaos des années Eltsine semblaient enfin toucher à leur fin.

Le monde a également été encouragé par les tentatives de Poutine de se rapprocher de l'Occident. L'une de ses premières actions en tant que Président a été de fermer la station d'écoute de Lourdes à Cuba, que Yego Gaidar avait tant lutté pour maintenir. Il a cherché à établir une relation étroite avec le Président américain George W. Bush et a été le premier dirigeant mondial à appeler et à exprimer ses condoléances après les attentats du 11-Septembre 2001. Il a même défié l'avis de son propre ministre de la Défense de l'époque – Sergueï Ivanov – et a permis aux États-Unis d'accéder à des bases militaires en Asie centrale à partir desquelles ils pourraient lancer des attaques sur l'Afghanistan voisin. Le passé de Poutine au KGB a été relégué au second plan et George W. Bush disait que lorsqu'il regardait profondément dans ses yeux, il voyait un « sens à son âme ».

Mais tout cela a été de courte durée. Les premiers jours de la présidence de Poutine semblent être désormais une période de vœux pieux et de grande naïveté. Selon Pougatchev, les tentatives de rapprochement avec l'Occident n'ont pas été faites par générosité mais parce que Poutine attendait quelque chose en retour. Et lorsqu'en juin 2002, George W. Bush, après avoir été courtisé pendant des mois par Poutine, a annoncé que les États-Unis se retiraient unilatéralement du traité sur les missiles antibalistiques, un accord clé sur l'armement datant de la guerre froide, Poutine et ses conseillers se sont sentis trahis. Le retrait du traité permettrait aux États-Unis de commencer à tester un système de défense antimissile qu'ils proposaient d'installer dans les anciens États du pacte de Varsovie. Les États-Unis ont affirmé qu'il était destiné à se défendre contre les missiles iraniens, mais l'administration de Poutine a considéré qu'il visait directement la Russie. « Il est clair que le bouclier antimissile ne peut être dirigé contre aucun autre pays que la Russie », avait déclaré Volochine à des journalistes. « Les autorités américaines, disait-il, ont des relents de la guerre froide dans la tête. » Dans le même temps, l'OTAN poursuivait son avancée impitoyable vers l'Est. Les assurances données par une série de dirigeants occidentaux à Gorbatchev qu'il n'y aurait pas d'expansion vers l'Est étaient foulées aux pieds. La dernière année du règne d'Eltsine avait vu l'OTAN avaler la Pologne, la Hongrie et la République tchèque. En novembre 2000, l'OTAN invita sept autres pays d'Europe centrale et orientale à adhérer. Il semblait au Kremlin que les États-Unis leur jetaient la domination de l'Occident en pleine figure.

Dès le début, derrière l'apparition de l'économie libérale, il y a eu une forte lame de fond visant à renforcer le contrôle de l'État. Les premières réformes de Poutine visaient, en fait, à établir un régime du type Augusto Pinochet, où la réforme économique serait poussée avec la « puissance totalitaire » d'un État fort. Presque aussitôt qu'il a été élu, Pyotr Aven, l'économiste à lunettes qui avait d'abord été formé avec Gaidar puis dans un institut d'économie lié au KGB en Autriche, avait appelé Poutine pour qu'il gouverne le pays comme l'avait fait Pinochet au Chili. Aven était l'ancien ministre des Échanges économiques et commerciaux avec l'étranger qui avait protégé Poutine et approuvé les projets pétrole-contre-nourriture de Saint-Pétersbourg et qui avait engagé le cabinet d'enquête international Kroll pour retrouver l'or du Parti disparu, sans lui donner accès aux informations dont disposaient les procureurs russes. À cette époque, il s'était associé à Mikhaïl Fridman, l'un des jeunes *komsomols* cultivés par le KGB pour devenir les premiers entrepreneurs du pays. Aven était président de l'Alfa Bank de Fridman qui constituait le noyau de l'un des plus grands conglomérats industriels financiers de Russie avec des participations dans le pétrole et les télécoms. Au centre du réseau financier du groupe Alfa, siégeait le directeur de l'une de ses principales sociétés holding à Gibraltar, Franz Wolf, le fils de Markus Wolf, l'ancien impitoyable directeur du renseignement de la Stasi. Selon toutes les apparences, Fridman et Aven honoraient et préservaient les relations avec le KGB. Poutine – Aven le laissait clairement entendre – était désormais en mesure d'achever la transition du marché russe comme Andropov l'avait prévu, avant que le processus ne devienne incontrôlable.

Les signes que Poutine cherchait à se tailler un autre type de pouvoir étaient là dès le départ. Les optimistes ont d'abord espéré qu'il se livrait à un numéro de funambule, en cherchant à contrebalancer le flanc relativement libéral et relativement pro-occidental de la Famille Eltsine de son régime avec les hommes de la sécurité de Saint-Pétersbourg. Mais l'influence des hommes du KGB a commencé à prévaloir sur tout le reste. Leur vision du monde était ancrée dans la logique de la guerre froide et, peu à peu, elle a également fini par définir et modeler Poutine. Cherchant à restaurer la puissance de la Russie, ils considéraient que les États-Unis recherchaient éternellement l'éclatement de leur pays et l'affaiblissement de sa puissance. Pour eux, l'économie devait être exploitée comme une arme d'abord pour restaurer le pouvoir de l'Etat russe – et eux-mêmes en tant que dirigeants du KGB – et puis contre l'Occident. Poutine avait, dans une certaine mesure, conservé une partie de l'influence du libéral Sobchak. Mais au bout du compte, avait déclaré Pougatchev, « la garde rapprochée l'a façonné. Il est devenu un autre homme. Il a été déçu par les États-Unis et il voulait tout simplement devenir riche. C'est la garde rapprochée qui l'a poussé à rétablir l'État. »

Le chef du FSB, Patrouchev, en particulier, avait cherché à lier Poutine au clan de la sécurité du KGB et à ses vues sur la guerre froide. Il avait été plus haut placé que Poutine au sein du FSB, occupant des postes de haut niveau dans les services de sécurité de Moscou pendant la majeure partie des années 1990 et lorsque Poutine avait été élevé d'abord au poste de directeur du FSB puis à la présidence, il était sceptique et croyait pouvoir le manipuler. « Il a toujours été le plus résolu. Poutine n'était rien comparé à lui », a déclaré une personne à l'intérieur du Kremlin. Patrouchev voulait lier Poutine à la présidence afin qu'il ne puisse jamais s'éloigner. Il avait commencé à le faire dès le début de la candidature de Poutine à la présidence avec les attentats à la bombe qui avaient conduit à la guerre de Tchétchénie. Mais pendant la première année, les proches d'Eltsine n'ont pas semblé conscients de ce volet des antécédents de Poutine – ou bien, croyant que leur propre position avait été assurée, ils ont préféré l'ignorer.

Pendant tout ce temps, Pougatchev agissait dans l'ombre, veillant sur son protégé tel un faucon, tentant de contrebalancer l'influence des forces opposées – les proches d'Eltsine et les hommes de la sécurité – sur le Président. Il tenta de protéger Poutine des tentatives de corruption, a-t-il dit, au lieu de payer tout ce dont il avait besoin lui-même. Au cours de la première année au pouvoir de Poutine, Pougatchev a déclaré avoir dépensé 50 millions de dollars pour répondre à tous les besoins de la famille de Poutine, jusqu'à acheter les couverts qu'ils utilisaient chez eux. Il a acheté des appartements pour les procureurs afin de s'assurer qu'ils étaient sous le contrôle du Président – et du sien. Il a insisté sur le fait que cela était essentiel pour s'assurer que le Président et ses procureurs ne soient pas corrompus : « Il y avait toujours des gens qui lui proposaient de prendre de l'argent pour ceci ou pour cela. La plupart du temps, cela se faisait par l'intermédiaire de Iouri Kovaltchouck », a-t-il dit, faisant référence à l'allié de Saint-Pétersbourg qui avait repris la banque Rossia, la principale cagnotte des alliés de Poutine à Saint-Pétersbourg. Pougatchev a affirmé qu'il essayait de mettre un terme à cette époque-là, lorsque les oligarques des années Eltsine croyaient contrôler le Kremlin en faisant des « dons » aux fonctionnaires du Kremlin – sans se rendre compte, peut-être, qu'en gros, il faisait exactement la même chose.

« J'essayais juste de m'assurer que cela n'arrivait pas. Les règles devaient changer », a-t-il déclaré.

*

Lorsque Poutine a pris la présidence, la puissance des oligarques de l'ère Eltsine était encore forte. Les hommes d'affaires moscovites qui avaient été propulsés par les premières expériences de marché de l'époque de la perestroïka avec le soutien du KGB s'étaient alors libérés depuis longtemps de leurs anciens maîtres pour émerger au sommet du pouvoir russe. Ils avaient pris le contrôle d'une partie considérable de l'économie du pays lorsqu'ils avaient profité de la vulnérabilité d'Eltsine à la veille des élections de 1996 et qu'ils l'avaient persuadé de remettre les joyaux de la couronne de l'industrie nationale. Le programme de prêts contre des actions avait réuni presque 50 % des richesses de la Russie dans les mains de sept hommes d'affaires tandis qu'Eltsine était de plus en plus dépendant et faible. Il avait dépendu, en partie, des fonds des oligarques pour assurer sa réélection en 1996 et ils s'étaient habitués à un rôle où non seulement ils soutenaient, mais dictaient certaines des règles du régime.

On estime que 20 milliards de dollars en espèces ont afflué sur des comptes bancaires en Occident chaque année depuis 1994, tandis que les coffres du gouvernement Eltsine étaient exsangues. Les fonds que les oligarques comme Khodorkovski et Berezovski avaient fait disparaître à l'étranger avaient affaibli l'État russe à un degré tel que les hommes du KGB de Poutine ont affirmé que le pays était au bord de l'effondrement. Dans les années 1990, les arriérés de salaire avaient augmenté tandis que presque tout le monde évitait de payer ses impôts. La Russie s'était profondément endettée auprès d'institutions occidentales telles que le FMI et la Banque mondiale et les 40 milliards de dollars de défaut de paiement, dont plus du tiers concernait des créanciers étrangers, avaient affaibli encore plus les finances du pays. Pour les hommes du KGB, les libertés politiques qu'Eltsine avait accordées aux régions avaient amené le pays encore plus près du bord du gouffre. Au milieu du tumulte politique qui a marqué la dernière année d'Eltsine, certains gouverneurs régionaux avaient refusé de transférer une partie de leurs recettes fiscales au gouvernement fédéral. « Nous avons vu comment le pays se désintégrait », a dit Sergueï Bogdanchikov, un proche de Poutine qui avait été à la tête de la seule compagnie pétrolière d'État qui restait, Rosneft, et avait également été proche de Primakov. « Ce que Poutine a pris en charge n'était rien de plus que des fragments de l'État. Les choses étaient allées si loin que certains gouverneurs parlaient d'introduire leur propre monnaie... Sans Poutine et si deux ou trois années supplémentaires s'étaient écoulées, nous n'aurions jamais eu la Fédération de Russie. Nous aurions eu des États séparés comme dans les Balkans. L'effondrement ne faisait absolument aucun doute pour moi. »

Les hommes du KGB observaient attentivement la situation depuis longtemps. Vladimir Iakounine, l'ancien officier supérieur du KGB qui avait effectué plusieurs opérations clandestines aux Nations unies à New York et qui avait repris la banque Rossia à son retour à Leningrad, avait préparé une étude sur la propriété de l'économie russe qui avait découvert qu'en 1998-99, presque 50 % du produit intérieur brut de la nation était réalisé par des entreprises détenues par seulement huit familles. « Si les choses restaient en l'état, elles contrôleraient bientôt plus de 50 % », dit Iakounine aujourd'hui, presque vingt ans plus tard. « Tous les bénéfices allaient dans des poches privées. Aucun impôt n'était payé. C'était du pillage pur et simple. Sans une plus grande implication de l'État, il était évident, pour moi, que c'était un chemin qui ne conduisait nulle part. » Iakounine, qui avait été proche de Poutine depuis qu'ils avaient partagé l'enceinte de la datcha d'Ozero, disait qu'il avait remis le rapport avec ses commentaires à Poutine peu après son accession à la présidence.

Mais pour les hommes du KGB de Poutine, les transferts d'argent liquide par les oligarques de l'ère Eltsine vers l'Occident fournissaient un bon argument pour renforcer leur propre pouvoir. Ils pourraient prétendre que la domination des oligarques constituait une menace pour la sécurité nationale même si c'était surtout une menace pour leurs propres positions. Ils se considéraient comme les gardiens sacrés de la restauration de la Russie en tant que puissance impériale et ils croyaient que la résurgence de l'État et leur propre destin étaient inextricablement – et commodément – liés.

Peu après l'investiture de Poutine, se souvient Iakounine, Zbigniew Brzezinski, le conseiller américain à la sécurité nationale de l'époque de la guerre froide, s'était moqué en discutant de l'argent détenu sur des comptes à l'étranger par l'élite russe. Si tout cet argent était sur des comptes en Occident, a-t-il dit, alors à qui appartient cette élite ? Celle de Russie ou bien celle de l'Occident ? Les propos de Brzezinski avaient fait sursauter les hommes du KGB. C'était d'autant plus exaspérant d'entendre ces mots dans la bouche d'un soldat de la guerre froide, de celui qu'ils considéraient comme l'un des architectes des actions menées par l'Occident pour démanteler le régime soviétique.

Aucun des arrangements des oligarques n'avait paru plus odieux aux hommes du KGB que les milliards qui passaient par Valmet, le fonds offshore codétenu par le conseiller de Khodorkovski, Christian Michel. Avec des succursales à Londres, Genève et l'île de Man, il gérait les comptes bancaires étrangers du Menatep Group de Khodorkovski, ainsi que le négociant suisse en pétrole Runicom, qui exportait du pétrole de Sibneft, la grande société pétrolière russe créée par Boris Berezovski et Roman Abramovitch. Khodorkovski et Berezovski étaient deux des oligarques les plus indépendants et, à bien des égards, Valmet en était venu à représenter le nouvel ordre post-guerre froide, dans lequel les États-Unis régnaient en maîtres et l'argent russe des oligarques alors indépendants s'enfuyait vers des comptes bancaires occidentaux. Ce statut a été souligné lorsque l'une des banques les plus anciennes et les plus vénérables des États-Unis, la Riggs National Bank de Washington, a acheté une participation de 51 % dans Valmet. La banque, qui pendant des décennies avait détenu les comptes des ambassades américaines à travers le monde, cherchait à se développer en Europe de l'Est et en Russie et Valmet était son vecteur pour y parvenir. Le symbolisme de la victoire de l'Occident dans la guerre froide était profondément ancré. Le chef des opérations bancaires internationales de Riggs était un ancien ambassadeur des États-Unis auprès de l'OTAN, Alton G. Keel, qui considérait qu'il avait pour mission d'aider à « favoriser l'entreprise privée dans des climats auparavant hostiles ». Christian Michel, quant à lui, libertaire avéré, était convaincu que les opérations Valmet de Riggs permettaient de tenter de libérer les entrepreneurs russes de la lourde main de l'État russe. Et lorsque le Menatep de Khodorkovski a également pris une participation dans le Valmet de Riggs, Michel a estimé que cet investissement représentait « un merveilleux symbole du nouvel ordre mondial dont le Président Bush père était si fier... La plus ancienne banque américaine et une future banque russe partageant le capital de Valmet. Je pensais que c'était un coup d'État. »

Mais aux yeux des hommes du KGB de Saint-Pétersbourg et des généraux qui les soutenaient, le rapprochement Riggs-Menatep était un symbole de l'ère Eltsine : un capitalisme gangster soutenu par l'Occident dans lequel les oligarques comme Khodorkovski avaient pu imposer leur volonté au gouvernement. Ils considéraient Anatoly Chubais, l'architecte du programme de privatisation de la Russie, notamment, comme un larbin de l'Occident.

Dans la mentalité de guerre froide des hommes du KGB, pour lesquels presque chaque action faisait partie d'un jeu à somme nulle, les économistes américains qui ont afflué en Russie pour conseiller Chubais devaient être des agents de la CIA, déterminés à détruire ce qui restait de l'industrie russe, car, avec leur aide, elle passait entre des mains privées, tandis que l'industrie de la défense était démantelée pièce par pièce. Le KGB avait cherché à garder le contrôle des flux de trésorerie industriels, mais sous la surveillance de Chubais, les entreprises de la nation avaient été démantelées et transférées à des mains indépendantes. Les États-Unis envoyèrent des hauts responsables de la CIA en Russie pour aider à négocier le processus de privatisation, raconte un proche de Poutine qui, plus de vingt ans après le début du programme de privatisation de Chubais, sort encore de ses gonds à sa seule évocation. « Ils ont profité de ce processus pour s'enrichir. Ils n'avaient pas le droit de gagner de l'argent avec cette privatisation. »

Pour toutes ses déclarations sur le soutien à la transition de la Russie vers une économie de marché, Poutine avait en effet clairement exprimé ses sentiments à l'égard des oligarques dès le début de sa campagne électorale. Le premier indice est arrivé fin février lorsqu'il a répondu à une question d'un collaborateur qui voulait savoir à quel moment il allait « liquider » les « sangsues » – c'est-à-dire les oligarques – qui s'étaient attachés au pouvoir. Il a répondu que son régime devait faire plus que « simplement les détruire » : « Il est extrêmement important de créer des conditions égales pour tous afin que personne ne puisse s'accrocher au pouvoir et utiliser ces avantages pour lui-même... Pas un seul clan, pas un seul oligarque... tous devraient être à égale distance du pouvoir. » L'avertissement suivant est tombé une semaine avant l'élection lorsqu'il déclara à une radio de Moscou qu'il voulait éliminer les oligarques : « Une telle classe d'oligarques cessera d'exister... À moins d'assurer des conditions égales pour tous, nous ne pourrons pas sortir le pays de son état actuel. »

De telles déclarations, bien sûr, ont été acclamées par une population fatiguée des excès des années Eltsine et nourrie quotidiennement d'histoires de corruption par des médias relativement libres qui était utilisés par leurs propriétaires, des magnats indépendants, pour battre leurs adversaires. Poutine faisait écho à la première ligne tracée par Primakov lorsqu'il avait appelé à libérer de l'espace dans les prisons du pays pour les hommes d'affaires et les fonctionnaires corrompus.

Mais alors que la déclaration de Primakov avait fait trembler tous les proches d'Eltsine, lorsque Poutine a fait de tels commentaires, ils semblaient inconscients. Il était leur agent au Kremlin et ils étaient sûrs qu'il ne les toucherait jamais. « La garde rapprochée et les oligarques pensaient qu'il était une figure temporaire et ils pensaient vraiment qu'ils pouvaient le contrôler, a déclaré un proche de Poutine. Avant l'élection présidentielle, un oligarque était apparemment allé voir Poutine à la Maison-Blanche, le siège du gouvernement russe où il gardait toujours son bureau et il lui avait dit sans équivoque qu'il devrait savoir qu'il ne serait jamais élu sans leur soutien et qu'il devait donc comprendre comment se comporter. Poutine avait à peine cligné des paupières et avait simplement répondu : “Nous verrons.” Il n'a chassé personne de son bureau. Mais bien sûr, il jouait avec eux. Ils l'ont absolument sous-estimé. »

Boris Berezovski était probablement l'oligarque qui est allé voir Poutine. À l'époque, il semblait être le seul à commencer à se demander s'ils n'avaient pas commis une erreur fatale. Après en avoir terminé avec ses tentatives pour détruire le tandem Primakov-Luzhkov, il était parti en vacances à Anguilla avec une nouvelle petite amie pendant la plus grande partie de la campagne présidentielle. À son retour, il avait clairement été bouleversé par les changements qu'il avait vus. « Il est revenu de vacances et il s'était produit quelque chose qu'il n'aimait pas », a déclaré un de ses proches. « Il était allé voir Poutine pour se mettre d'accord avec lui sur celui qui serait Président en 2004. Il a proposé que Poutine ne soit Président que pendant quatre ans pendant que lui, Berezovski, travaillerait à la création d'un parti d'opposition. Il voulait qu'il y ait une vraie démocratie. » Mais si cette conversation a eu lieu, elle ne s'est manifestement pas bien passée. Quelques jours avant l'investiture de Poutine, le journal *Kommersant* de Berezovski a sonné l'alarme avec un article divulguant ce qui, selon lui, étaient les plans d'une fusion du Kremlin avec le FSB, dans le but de museler les partis d'opposition, tous les critiques et la presse libre. Bien qu'une telle fusion n'ait jamais eu lieu formellement, les plans décrits dans l'article semblent maintenant sinistrement prémonitoires. L'arrivée de Poutine au pouvoir équivalait, bien sûr, à la prise de contrôle du Kremlin par le KGB. Les deux entités devaient vraiment fusionner. C'était comme si Berezovski avait soudain pris conscience de l'ampleur de son erreur. « Le nouveau Président, s'il veut vraiment assurer l'ordre et la stabilité, n'a pas besoin d'un système politique autorégulateur », disait le projet présumé du Kremlin. « Il a plutôt besoin d'une structure politique dans son administration qui puisse clairement contrôler les processus politiques et sociaux au sein de la Fédération de Russie. Le potentiel intellectuel, personnel et professionnel du FSB devrait être mis à contribution pour contrôler le processus politique. Le FSB serait utilisé pour limiter les dégâts lorsque des informations divulguées ne serviraient pas l'intérêt du Président ou de son entourage. »

Le Kremlin nia que de telles propositions aient été en discussion. Mais quatre jours seulement après l'investiture de Poutine, la première phase du plan semblait être mise en œuvre. Elle visait clairement à mettre les médias au pas. Des commandos de police masqués armés d'armes automatiques ont envahi les bureaux de Vladimir Gusinsky, le magnat qui possédait l'empire Media Most, qui comprenait la chaîne de télévision NTV, la critique la plus virulente de Poutine. NTV était la seconde chaîne la plus populaire de Russie et Gusinsky n'avait jamais eu peur de l'utiliser à des fins politiques, l'affectant au soutien du bloc de la patrie de Luzhkov lors des élections législatives. La chaîne avait également fait entendre sa position véhémente en faveur de l'indépendance, en enquêtant sur la guerre en Tchétchénie de Poutine. À la veille de l'élection présidentielle, elle a diffusé une discussion aux heures de grande écoute sur l'incident suspect à Riazan et s'est ouvertement demandé si le FSB était derrière l'attentat à la bombe perpétré contre l'appartement. Son émission satirique hebdomadaire *Kukly*, ou « Marionnettes » était une épine constante fichée dans le pied de Poutine. Plusieurs fois, elle l'a dépeint avec ironie comme un nain disgracieux d'un comte de E.T.A. Hoffman nommé Tsaches qui avait hérité d'un royaume tout fait de grandes richesses sans qu'il ait besoin de faire le moindre effort.

L'assaut sur Gusinsky n'a pas été le seul signal fort des nouveaux maîtres du KGB du Kremlin au cours des premiers jours du règne de Poutine. Dix jours après son investiture, Poutine dévoilait de nouveaux plans de grande envergure pour limiter les pouvoirs des gouverneurs régionaux russes – des mesures clairement destinées à garantir que les gouverneurs élus ne s'uniraient plus jamais contre le Kremlin comme ils l'avaient fait au nom de Luzhkov et Primakov. La législation proposée supprimerait les sièges des gouverneurs au Conseil de la Fédération, la chambre haute du parlement où ils s'étaient retranchés pendant si longtemps pour bloquer la destitution de Skuratov en tant que procureur général, devenant essentiellement une force politique indépendante. La suppression des sièges des gouverneurs leur retirerait leur immunité contre les poursuites, tandis que les mesures proposées permettraient également au Président de révoquer tout gouverneur régional contre lequel une enquête pénale aurait été ouverte, une décision visant clairement à s'assurer qu'ils ne s'éloignent plus jamais de la ligne du Kremlin. Pour ajouter un élément supplémentaire au contrôle du Kremlin, Poutine proposa également sept plénipotentiaires nommés par le Kremlin – sorte de super gouverneurs – qui superviseraient sept régions du territoire. Sept généraux de l'armée et du FSB ont été rapidement nommés aux postes.

Pour Berezovski, cette législation représentait un démantèlement dangereux des acquis démocratiques de l'ère Eltsine. Le 31 mai, il écrivit une lettre ouverte pour protester contre les propositions qui constituaient une « menace pour l'intégrité territoriale et la démocratie de la Russie ». La lettre a fait la une de presque tous les journaux de Moscou, tandis que la chaîne de télévision ORT, contrôlée par Berezovski, lui offrait la une au journal du soir. Un de ses amis, un magnat des affaires qui avait toujours été proche des hommes de la sécurité, en particulier de Primakov, l'a averti qu'il ferait mieux de se calmer : « Je lui ai dit : “Ça suffit, Borya. Qu'est-ce que tu fais ? Ton homme est devenu Président. Que veux-tu de plus ?” Mais Berezovski avait répondu : “C'est un dictateur.” Il a vu que c'était un dictateur avant tout le monde. »

Mais à l'époque, Berezovski était le seul canari dans la mine de charbon, mettant en garde contre la fin de la démocratie. Des fonctionnaires proches de la Famille Eltsine qui dirigeaient le Kremlin, à savoir le chef d'état-major Alexandre Volochine et son adjoint au visage de bébé, Vladislav Surkov, avaient été parmi les grands artisans du projet de mise au pas des gouverneurs de région. En coulisse, ils avaient également apporté leur soutien aux plans visant à freiner les médias. C'était comme s'ils se vengeaient des forces qui avaient failli les envoyer en prison et leur avaient causé tant d'angoisses, douze mois plus tôt seulement. Ioumachev insista sur le fait que lorsque Poutine avait soulevé la question avec lui, il lui avait dit que toute attaque contre NTV allait à l'encontre de la liberté d'expression. Mais ni lui ni Volochine n'ont rien fait pour arrêter ce qui allait devenir une campagne visant à placer les chaînes de télévision sous le contrôle de l'État, tandis que Volochine y participait activement. « Poutine m'a dit que la réputation d'Eltsine serait entachée dans les livres d'histoire », se souvient Ioumachev. « Il a dit que tous les livres parleraient de la Famille et que ce serait un mensonge l'un après l'autre, à cause de

NTV. Poutine a dit : “Pourquoi devrais-je supporter ça ? Pourquoi devrions-nous leur permettre de discréditer le régime ? Pourquoi devrais-je supporter ça s'ils mentent tous les jours ?” Je lui ai dit que la liberté d'expression était l'institution la plus importante du pouvoir. Nous devons nous en souvenir. Mais il a répondu que cela ne devrait jamais être toléré lorsque le régime est faible. Cela peut l'être lorsque le régime est fort, mais s'il est faible, on ne peut jamais le digérer. Et puis, il a agi comme il l'estimait nécessaire. »

La façon dont Poutine avait dirigé la conversation était une manipulation typique du KGB : il attisait l'antipathie viscérale de la Famille Eltsine vers NTV après avoir été soumis à ses projecteurs impitoyables sur les scandales de corruption qui l'avaient harcelée et humiliée l'année précédente, pour la forcer finalement à la passation précipitée du pouvoir. Il exploita ses craintes quant à l'impact que cela aurait sur son héritage pour la manipuler afin qu'elle soutienne une attaque contre la chaîne. « Il considérait qu'il s'agissait d'une société de télévision qui n'était pas impliquée dans l'information, mais dans le lobbying pour les intérêts de son propriétaire », a dit Ioumachev. « Il a dit : “Ils ont été attrapés. Ils ont contracté un emprunt auprès de l'État.” Il avait ajouté : “S'il n'y avait pas de prêt, je ne les aurais pas touchés. Mais ils ont été compromis et donc, nous devons l'utiliser.” »

L'attaque contre Media Most de Gusinsky a été le début d'une campagne tous azimuts du Kremlin de Poutine, de Volochine et des responsables de la Famille Eltsine inclus, contre de nombreux oligarques de l'ère Eltsine. C'était le lancement des mesures prises par Poutine pour éradiquer les défis à son pouvoir. Tout ce qu'il fallait, c'était qu'une cible soit compromise d'une manière ou d'une autre – et maintenant que les hommes de Poutine avaient pris le contrôle du dispositif d'application de la loi, il n'était pas difficile de trouver quelque chose à quoi s'accrocher après la transition tumultueuse des années Eltsine.

Ce qui a suivi cet été-là, ce fut une série bien planifiée d'opérations coordonnées visant à effrayer les magnats de la politique qui ont été menées avec la précision du KGB. Tout d'abord, moins d'un mois après l'attaque sur Media Most, Gusinsky a été jeté en prison. Bien qu'il n'ait été détenu que trois nuits dans la tristement célèbre prison de Butyrka à Moscou, accusé d'avoir détourné

10 millions de dollars de l'État, pour les oligarques qui s'étaient habitués à leur statut quasi intouchable sous le règne d'Eltsine, l'impensable s'était produit. Gusinsky, un personnage bavard et plus grand que nature, avait toujours su utiliser ses médias pour critiquer les autorités et s'en tirer sans encombre. Les magnats se sont unis pour envoyer une lettre commune pour protester contre l'arrestation de Gusinsky, la qualifiant d'« acte de vengeance (...) contre un opposant politique ». Mais si l'un d'entre eux songeait à se rebeller contre le nouveau régime, ils allaient bientôt recevoir un nouvel avertissement. Une semaine plus tard, les procureurs de Moscou déposaient une plainte pour contester la privatisation de Norilsk Nickel, le producteur tentaculaire de 1,5 milliard de dollars de nickel qui avait été vendu pour seulement 170 millions de dollars lors des enchères controversées de prêts contre actions à Vladimir Potanin, l'architecte du plan de privatisation. Igor Malashenko, le premier vice-président du Media Most de Gusinsky, a averti que la plainte indiquait que tout homme d'affaires impliqué dans la privatisation « pourrait être jeté en prison demain (...). Un nouvel ordre est en train de se créer dans le pays ce qui, aux yeux de la nouvelle direction, signifie que tout doit être sous le contrôle du Kremlin. »

Comme pour souligner davantage l'arrivée d'un nouveau régime sous lequel aucun des empires des magnats n'était à l'abri, au début du mois de juillet, les hommes de Poutine ont lancé trois autres attaques en l'espace de deux jours. Ils ont d'abord ciblé Lukoil, le vaste conglomérat énergétique détenu et géré par un fonctionnaire rusé de l'ère soviétique originaire d'Azerbaïdjan, Vagit Alekperov, l'accusant d'avoir falsifié des remboursements d'impôts. Puis ils ont à nouveau attaqué Media Most de Gusinsky, et, pour la première fois, sa chaîne de télévision NTV. Le lendemain, c'était au tour d'un autre puissant symbole du capitalisme de l'ère Eltsine, le tentaculaire AvtoVAZ, le plus grand constructeur automobile du pays, qui était contrôlé par des associés de Berezovski. Le chef de la police fiscale affirmait que l'entreprise s'était soustraite à des impôts s'élevant à plusieurs centaines de millions de dollars.

La panique dans le milieu des affaires atteignait son paroxysme. Le jour même où la police fiscale envahissait Avto VAZ, Poutine accordait une interview à la télévision justifiant les attaques et jurant de rendre justice à ceux qui avaient fait fortune dans les « eaux boueuses » après l'effondrement soviétique. « Nous ne pouvons pas confondre démocratie et anarchie », avait-il prévenu. « En russe, nous avons un dicton à propos de la capture de poissons dans les eaux boueuses. Il y a des pêcheurs qui ont déjà pêché beaucoup de poissons et qui aimeraient conserver le système tel qu'il est. Mais je ne pense pas que cet état de fait soit apprécié par notre peuple. » Le lendemain, il accorda une interview à un journal dans laquelle il affirma que les récentes initiatives n'indiquaient pas un retour à un État policier. Mais il ajouta que les entreprises devraient respecter les « règles du jeu » – en particulier maintenant qu'il avait présenté le nouveau taux d'imposition forfaitaire de 13 % qui était censé soutenir les efforts de libéralisation.

C'était une tactique que le KGB utilisait pour détourner l'attention et la machinerie bien huilée du Kremlin se mettait en branle au service de Poutine. La machine de propagande du Kremlin et les forces de l'ordre travaillaient main dans la main et les magnats, prêts à tout pour comprendre les nouvelles règles du jeu, imploraient de le rencontrer. Khodorkovski a discrètement averti que n'importe lequel d'entre eux pouvait enfreindre les lois post-soviétiques car elles avaient été écrites de manière contradictoire et le pouvoir judiciaire était faible. Berezovski, à nouveau, était le seul à protester. Il avait bruyamment démissionné de son poste de député, déclarant lors d'une conférence de presse pleine à craquer qu'il ne voulait pas participer au « démantèlement de la Russie et à l'imposition d'un régime autoritaire ». Sa position était un cri de ralliement désespéré pour les autres magnats de Moscou. Mais il est venu beaucoup trop tard.

Lorsque vingt et un des magnats les plus puissants ont rencontré Poutine fin juillet, la rencontre autour de la table ovale de la magnifique salle Ekaterinovsky était très différente des réunions secrètes chaleureuses qu'ils avaient eues avec Boris Eltsine. C'était une affaire formelle et une réprimande publique. Les commentaires de Poutine ont été retransmis à la télévision et tout le pays l'a vu dire aux magnats qu'ils ne devaient s'en prendre qu'à eux-mêmes pour la vague de perquisitions de la police fiscale et d'enquêtes criminelles : « Vous devez vous souvenir que vous avez vous-mêmes formé cet État à travers les structures politiques et quasi politiques que vous contrôliez. » Citant un dicton folklorique russe, il avait poursuivi : « Cela ne sert à rien d'accuser le miroir si vous avez une sale tête. » À la fin, alors qu'il les rassurait en disant qu'il n'annulerait pas les privatisations des années 1990, il les avait exhortés à soutenir son programme économique et à cesser d'utiliser leurs médias pour « politiser » les enquêtes judiciaires contre les grandes entreprises. Après le départ des caméras de télévision, il leur a expliqué les nouvelles règles du jeu. Ils devraient rester en dehors de la politique. Deux des magnats brillaient par leur absence : Berezovski et Gusinsky, qui avaient tous les deux publiquement dénoncé la politique de Poutine et utilisé leurs empires médiatiques pour faire de même.

Mais un autre brillait par sa proximité. À droite de Poutine, lui chuchotant de temps en temps à l'oreille, il y avait Sergueï Pougatchev. Tandis que les autres tremblaient, il semblait imperturbable. À cette époque-là, alors que Poutine s'adaptait à son nouveau rôle, les deux hommes discutaient ensemble plusieurs fois par jour. Plus tard ce jour-là, à la suggestion de Pougatchev, Poutine a accueilli les oligarques pour une autre réunion, loin des caméras de la télévision, qui était riche en symbolisme. Pougatchev avait persuadé Poutine de les rencontrer dans des circonstances plus informelles pour leur démontrer qu'il ne voulait pas faire la guerre. Mais le cadre choisi par Poutine pour le barbecue « convivial » se voulait aussi un signal sans équivoque. Cachée dans les bois à la périphérie de Moscou, la datcha de Staline était restée presque intacte depuis le jour de sa mort en 1953. Les téléphones sur lesquels le dictateur aboyait des ordres étaient restés en place. Le canapé sur lequel il préférait dormir au lieu de se coucher était toujours dans son bureau. Le temps semblait s'être arrêté depuis que Staline y avait passé des jours et des nuits à dresser des listes d'ennemis parmi l'élite du pays. Les oligarques avaient été invités à l'endroit d'où Staline avait ordonné l'envoi de milliers de personnes à la mort dans ce qui est devenu connu sous le nom de Grande Purge. Poutine était vêtu d'un tee-shirt et d'un jean et il essayait de paraître détendu et accessible. Il n'avait jamais vu beaucoup de magnats à la télévision, avait déclaré Pougatchev, et il était toujours désireux de savoir comment se comporter devant eux. Mais si Poutine était mal à l'aise, les magnats l'étaient encore plus. Personne n'allait défier le nouveau Président là-bas. « Il suffisait qu'il les laisse partir », se souvient Pougatchev.

Pendant tout ce temps, ce dernier opérait en coulisse. À cette époque, alors que les autres oligarques faisaient face à des perquisitions et à la police fiscale, il croyait commander tout ce qu'il surveillait. Il avait installé son homme comme Président et un allié comme chef du FSB. Il avait personnellement amené le nouveau chef du Service fédéral des impôts, Guennadi Bukayev, un associé du Bashkortostan où il avait des intérêts dans le secteur pétrolier. Il avait aidé à nommer Vladimir Ustinov au poste de procureur général, alors qu'il cherchait à faire annuler l'enquête sur Mabetex. Pougatchev aimait croire qu'il les contrôlait tous. À travers sa Mezhprombank, il distribuait de l'argent à gauche et à droite. Un appartement pour Ustinov ici, un appartement pour son adjoint là. D'autres magnats faisaient la queue pour travailler avec lui. « Ils venaient constamment vers moi et disaient : "Attaquons ce gars et reprenons l'entreprise." » Il riait avec une profonde nostalgie de ces jours-là. Même Roman Abramovitch, le négociant en pétrole apparemment timide et portant une barbe de plusieurs jours, qui avait commencé comme protégé de Boris Berezovski, s'inclina devant lui : bien plus tard, Abramovitch se plaindrait auprès d'un autre magnat qu'il avait dû tout accepter avec Pougatchev à ce moment-là. Un journal de Moscou avait salué Pougatchev comme étant le nouveau « favori » du Kremlin, tandis que d'autres l'appelaient le nouveau cardinal gris, qui, avec les hommes du KGB de Poutine de Saint-Pétersbourg, prenait en charge les flux financiers. Il était considéré comme un idéologue derrière la nouvelle politique consistant à maintenir les oligarques « à égale distance du pouvoir », une idée qu'il n'admettrait jamais maintenant, mais à laquelle il semblait alors souscrire, tant qu'il était au-dessus de tout le monde.

Tandis que certains oligarques, comme Pougatchev et Abramovitch, étaient nettement plus égaux que d'autres, les principales menaces contre le pouvoir de Poutine ont été éliminées une par une. Quelques jours avant que le Kremlin de Poutine rencontre les magnats de Moscou, Gusinsky avait reçu une offre qu'il ne pouvait pas refuser. Le nouveau ministre en charge des médias de Poutine, Mikhaïl Lesin, lui a dit qu'il devrait accepter de vendre son empire Media Most au monopole du gaz contrôlé par l'État, Gazprom, pour 473 millions de dollars de dettes et 300 millions de dollars de trésorerie ; sinon, il risquait la prison. Les dettes, sur lesquelles Poutine s'était penché au cours de sa conversation avec Ioumachev, étaient principalement dues au géant gazier d'État et Media Most était en retard sur ses paiements. Gusinsky avait rapidement accepté – il ne voulait plus risquer de passer des nuits dans la prison décrépite de Butyrka. Au moment où les magnats se réunissaient au Kremlin, les procureurs annonçaient qu'ils avaient abandonné toutes les charges retenues contre Gusinsky.

Mais peu de temps après, Gusinsky fuyait le pays pour réapparaître plus tard en disant qu'il avait été forcé de signer l'accord sous la contrainte, pratiquement « sous la menace d'une arme ». Par conséquent, avait-il dit, il revenait sur sa parole. Lorsque la nouvelle de l'accord était apparue pour la première fois, l'élite du pays avait été choquée. C'était le premier signe qui indiquait jusqu'où le régime de Poutine était prêt à aller pour acquérir le contrôle des réseaux de médias indépendants. Les hommes de Poutine utilisaient le système de la justice pénale comme une arme de « chantage grossier » pour imposer une prise de contrôle. Pour eux, de telles tactiques étaient normales.

Mais pour Poutine, la confrontation finale avec les magnats des médias était encore à venir. Dès le début, le Kremlin avait concentré ses efforts sur eux. Poutine était devenu obsédé par le pouvoir des médias, sachant trop bien comment, avec l'aide de la chaîne de télévision de Berezovski, il était passé du statut d'un moins-que-rien à celui du leader le plus populaire du pays. Il était conscient que, sans le contrôle des chaînes de télévision fédérales du pays, cela pouvait changer à tout moment.

Plus que n'importe lequel des autres magnats, Boris Berezovski représentait l'archétype de l'oligarque de l'ère Eltsine pour les hommes de Poutine, par lequel il était vilipendé, détesté et craint à parts égales. Il était la quintessence du délit d'initié des années Eltsine lorsqu'une petite coterie d'hommes d'affaires négociait, dans les coulisses, des actifs de premier ordre et des postes gouvernementaux. Les liens qu'il avait cultivés avec les dirigeants séparatistes de Tchétchénie le rendaient odieux aux yeux des hommes du KGB – en particulier Patrouchev qui détestait toute personne liée aux Tchétchènes. Berezovski avait soutenu le chef séparatiste Aslan Maskhadov et aidé à établir un accord de paix après la désastreuse première guerre tchétchène d'Eltsine au cours de laquelle des milliers de soldats russes – et bien d'autres civils tchétchènes – avaient perdu la vie. Le marché accordait à Maskhadov une large autonomie pour une république qui, aux yeux des hommes du KGB de Poutine, était devenue un trou noir qui engloutissait les troupes et les fonds. Berezovski avait su trouver un terrain d'entente avec les seigneurs de guerre tchétchènes pourtant en conflits perpétuels les uns avec les autres pour gagner de l'argent en négociant la libération des otages mais aussi en profitant de la guerre. « C'est un criminel de guerre. Il a volé le peuple », prétendait un associé de Poutine. « Tout ça – la guerre, les seigneurs de guerre tchétchènes – c'était l'œuvre de Berezovski. »

Mais surtout, les hommes de Poutine craignaient le pouvoir des médias qu'il dirigeait. Même si sa chaîne de télévision ORT était, sur le papier, contrôlée par l'État qui détenait une participation de 51 %, Berezovski, qui détenait le reste et y avait installé ses alliés, en était *de facto* le dirigeant.

Début août, Berezovski était entré dans l'opposition pure et simple au nouveau régime. Le lendemain, après un attentat terroriste à la bombe dans un passage souterrain dans le centre de Moscou, faisant sept morts et quatre-vingt-dix blessés, il a tenu une conférence de presse pour annoncer qu'il créait un bloc d'opposition pour combattre ce qu'il a appelé l'autoritarisme croissant de Poutine. Il a averti que d'autres explosions de ce type pourraient se produire si le Kremlin poursuivait ses pressions « redoutables » pour détruire les rebelles en Tchétchénie.

Grâce aux liens que Berezovski entretenait avec les rebelles tchétchènes, il semblait lancer un défi au régime de Poutine.

Lorsque la catastrophe a frappé plus tard ce mois-là, laissant Poutine face à la première crise majeure de sa présidence naissante, il devenait plus urgent pour les hommes du Kremlin de pousser Berezovski hors du jeu médiatique. Une des torpilles d'un sous-marin nucléaire, le *Kursk*, avait explosé à son bord. Le navire et son équipage avaient sombré. Berezovski avait utilisé toute la puissance de sa chaîne de télévision, ORT, pour critiquer la façon dont Poutine gérait cette catastrophe. Il y eut six jours de confusion pendant lesquels il ne fit aucune déclaration sur l'accident et resta caché dans sa résidence d'été près de Sotchi, sur la côte de la mer Noire, n'apparaissant – sur les images diffusées par ORT – qu'en train de faire du jet ski. Poutine n'a pas dit un mot pendant que la marine publiait, durant plusieurs jours, des informations contradictoires sur les événements. Une confusion qui dura plusieurs jours après l'annonce du naufrage du sous-marin. Les familles de l'équipage étaient au désespoir. Un semblant d'opération de sauvetage avait été organisé mais la Russie avait d'abord refusé les propositions d'aide émanant de la communauté internationale parce qu'elle craignait des divulgations sur l'état de son parc nucléaire.

Il manquait encore d'expérience à la tête d'un état malgré ses années passées à gérer les espions dans la lutte contre l'Occident et son action militaire résolue en Tchétchénie, Poutine a d'abord été paralysé par la peur, a confié un de ses proches. « Il était stupéfait. Il est devenu tout blanc. Il ne savait pas comment gérer cette crise. Il a donc essayé d'éviter de s'en occuper. Nous avons tout de suite su qu'une torpille avait explosé... Nous étions persuadés dès le début que tout le monde était mort. Poutine ne savait tout simplement pas comment gérer cet événement et lorsque tout le monde est arrivé en disant : "Que voulez-vous que nous fassions, lancer une opération de sauvetage, déclarer la guerre aux États-Unis (selon une des allégations, le *Kursk* était entré en collision avec un sous-marin américain) ?" il avait joué la montre. Même si nous pensions que tout l'équipage était mort, nous avons lancé l'opération de sauvetage et il y a eu toutes ces histoires de cris plaintifs des sous-mariniers qui frappaient sur les murs. Les Norvégiens et d'autres appelaient pour proposer leur aide. Mais il ne voulait pas qu'ils découvrent que tout le monde était mort. Il a donc refusé leur aide – ce qui bien sûr n'a fait qu'aggraver la situation. Tous les mensonges n'ont fait qu'empirer les choses. »

Le septième jour, Poutine est rentré tranquillement à Moscou. Mais ce n'est que trois jours plus tard qu'il est apparu en public. Après avoir subi beaucoup de pressions de ses conseillers, il s'envola pour Vidyayevo, une ville militaire fermée située au-dessus du cercle polaire arctique qui était le port d'attache du *Kursk* dans laquelle les proches éplorés de l'équipage s'étaient réunis quelques jours plus tôt, entretenant le vain espoir de recevoir de bonnes nouvelles. L'espoir avait depuis longtemps laissé la place au chagrin, à la colère et au désespoir. La veille, les autorités russes avaient enfin reconnu la mort des 118 membres de l'équipage. Poutine avait déjà subi de vives critiques dans les médias pour son inaction. L'ORT de Berezovski avait mené la charge, interviewant des proches en deuil qui accusaient Poutine d'avoir manqué d'initiative. Poutine explosa de rage devant les images et affirma que ses agents de sécurité lui avaient remis un rapport selon lequel les femmes qui apparaissaient à l'écran n'étaient pas des épouses ou des proches, mais des prostituées engagées par Berezovski pour le discréditer.

Mais lorsque Poutine arriva à Vidyayevo, il se retrouva confronté à une colère bien réelle. Les épouses et les proches se déchaînèrent contre lui. La fureur dépeinte sur la chaîne de Berezovski était authentique : il était hors de question de laisser entendre que tout cela avait été mis en scène. La réaction initiale de Poutine révélait une nouvelle fois sa profonde paranoïa et son manque d'empathie. Il parla avec eux pendant trois heures, tâchant d'apaiser leur fureur. Il leur a dit qu'il était prêt à assumer la responsabilité de tout ce qui s'était passé dans le pays au cours de ses cent jours de présidence mais il leur a également dit qu'il ne pouvait pas en faire autant pour les quinze années précédentes : « Pour cela, je suis prêt à m'asseoir à côté de vous et à poser ces mêmes questions aux autres. » Il imputa l'opération de sauvetage ratée à l'état lamentable et pitoyable de l'armée qui avait été laissée à l'abandon avec peu de ressources financières sous le régime d'Eltsine.

Mais surtout, il rejeta la faute sur les magnats des médias. En ciblant clairement Berezovski et Gusinsky, il les a accusés d'être à l'origine de la déliquescence de l'armée parce qu'ils avaient volé le pays et cherchaient à présent à marquer des points sur la scène politique en profitant de la tragédie : « Il y a des gens à la télévision aujourd'hui qui au cours des dix dernières années, ont détruit l'armée et la flotte, dans lesquelles des gens meurent maintenant... Ils ont volé de l'argent, ils ont acheté les médias et ils manipulent l'opinion politique. »

Au bout du compte, Poutine sembla avoir gagné la partie avec les proches des victimes. Mais ses commentaires traitant les magnats des médias de voleurs ayant affaibli l'État montraient la mort de tout espoir pour Berezovski ou Gusinsky de conserver leurs médias indépendants. Une fois encore, l'associé de Berezovski qui conservait des liens avec les services de sécurité avait réprimandé son ami et lui avait conseillé de faire machine arrière. « Je lui ai dit : "Borya, pourquoi est-ce que tu le déstabilises et pourquoi ne lui donnes-tu pas une chance ? Comment peux-tu lui reprocher cet accident avec le sous-marin ?" Mais Berezovski continua ; il craignait la montée de l'état du KGB et voulait tout faire pour lui porter atteinte. Après l'épisode du *Kursk*, Volochine a annoncé à Berezovski qu'il n'était plus propriétaire de ORT ; puisqu'il avait été découvert qu'il utilisait la chaîne pour "œuvrer contre le président". » Ensuite, selon Berezovski, il lui a dit qu'il devait abandonner ses parts d'ici deux semaines sans quoi il rejoindrait Gusinsky à Butyrka. Il considéra cela comme un ultimatum qui conduirait à « la fin de l'information télévisée en Russie » qui serait remplacée par la propagande télévisée contrôlée par les conseillers du Kremlin. Pendant quelque temps, il joua à un jeu dangereux, au chat et à la souris avec le Kremlin en annonçant qu'il avait cédé ses parts dans ORT en fiducie aux journalistes de la chaîne, tout en proclamant qu'il ne laisserait pas tomber le pays dans un gouffre autoritaire.

Malgré toute la clairvoyance de Berezovski, les rescapés d'Eltsine au Kremlin travaillaient de concert avec Poutine et les forces de l'ordre.

La machine du Kremlin était unie contre Berezovski et Gusinsky. Ils n'avaient aucune chance. Gleb Pavlovsky, le conseiller en communication qui avait conçu une partie de la propagande derrière la campagne électorale de Poutine, avait mis au point une nouvelle « doctrine de la sécurité de l'information » pour le Kremlin qui, a-t-il dit, permettrait au gouvernement de supprimer les « courtiers d'informations fantômes » comme Gusinsky et Berezovski, qui « menaçaient gravement les intérêts nationaux du pays ».

À la mi-octobre, les procureurs ont rouvert leurs affaires sur des allégations selon lesquelles il aurait détourné des centaines de millions de dollars *via* des sociétés suisses d'Aeroflot, la compagnie aérienne de l'État russe dont il possédait des parts. La pression est devenue insupportable. Lorsque les procureurs ont annoncé, le 13 novembre, qu'ils le convoquaient pour un interrogatoire et qu'ils étaient prêts à l'inculper, Berezovski a fui la Russie en déclarant qu'il ne reviendrait jamais. « Ils m'ont obligé à choisir entre devenir prisonnier politique ou émigré politique », a-t-il déclaré dans un communiqué depuis un endroit qu'il a tenu secret.

Les mêmes méthodes ont été utilisées contre Gusinsky qui avait été convoqué pour un interrogatoire le même jour. Mais, lui aussi, était parti depuis longtemps. Il s'était enfui hors de portée des procureurs dans sa villa en Espagne peu de temps après avoir signé l'accord de cession de ses parts dans Media Most en juillet. Il avait alors renié l'accord, prétendant qu'il avait été signé sous la contrainte en échange d'une garantie de sa liberté. Mais il n'a pas pu échapper au long bras des procureurs russes. Ils l'ont accusé par contumace d'avoir présenté ses actifs dans Media Most sous un faux jour lorsqu'il avait accepté des prêts de Gazprom et ils ont lancé un mandat d'Interpol pour son arrestation.

Même en exil, la pression est devenue trop forte pour les deux hommes. En février 2001, sur l'insistance de Volochine, Berezovski a vendu ses parts dans ORT à Roman Abramovitch qui avait abandonné son ancien partenaire pour devenir un pont financier entre la Famille Eltsine et les hommes de Poutine et qui s'est empressé de vendre les actions à l'État. En avril, cette année-là, Gazprom a pris le contrôle de la NTV de Gusinsky, en déclenchant un coup d'État dans la salle de rédaction en réclamant un prêt de 281 millions de dollars qu'il avait consenti à Media Most.

Poutine et ses hommes utilisaient les tactiques qu'ils avaient utilisées à Saint-Pétersbourg quand il leur avait suffi pour s'emparer du port de la ville et de la flotte de la mer Baltique, de faire jeter son directeur en prison. Mais à ce stade précoce de leur domination, ils n'auraient pas pu faire grand-chose sans l'aide des rescapés d'Eltsine au Kremlin. « C'étaient eux (les proches de Eltsine) qui ont imaginé les stratagèmes pour mettre tous les médias entre les mains de l'État, ce qui a provoqué la destruction concrète de tous les médias indépendants », a déclaré Leonid Nevzlin, l'ancien magnat de Menatep qui surveillait de près les événements en coulisse. « Ils ont tout donné à Poutine... Nous aurions dû prévoir l'issue de tout cela pendant la première année du règne de Poutine. Mais nous voulions continuer de regarder à travers des lunettes roses parce que tous les autres secteurs de l'économie semblaient bien fonctionner. »

Derrière le rideau du magicien du Kremlin, derrière la démonstration de force, Poutine était encore nerveux, si on en croit Pougatchev. En janvier 2001, avant le rachat de NTV par Gazprom, il avait invité les meilleurs journalistes de la chaîne au Kremlin pour tenter de les rassurer sur les intentions de l'État. Il était visiblement nerveux avant d'entrer dans la bibliothèque du Kremlin pour les saluer, se souvient Pougatchev. « Il avait peur avant la réunion. Il ne voulait pas entrer et parler avec eux. J'ai dû lui expliquer ce qu'il devait dire. Ils étaient la crème de l'intelligentsia de Moscou, des personnalités connues. »

Poutine était si anxieux qu'il a pris une des journalistes à part dans une pièce séparée et il lui a demandé ce qu'elle voulait entendre, a dit Pougatchev. Pendant ces quatre dernières années, Svetlana Sorokina avait été le visage du talk-show politique le plus populaire de NTV, *Glas Naroda*, ou *La Voix du Peuple*. « Il lui a dit : "Vous et moi, nous sommes tous les deux de Saint-Pétersbourg, nous avons cela en commun, dites-moi comment vous voudriez que ce soit" », a dit Pougatchev. Les autres journalistes, qui attendaient à l'extérieur, croyaient que Poutine avait fait cet aparté avec Sorokina pour les prendre à contre-pied, pour leur couper l'herbe sous le pied. Mais Pougatchev a affirmé que c'était parce qu'il n'avait pas la moindre idée de ce qu'il devait dire. C'était également une tactique classique pour recruter des alliés. Au moment où Poutine entrait finalement dans la bibliothèque lambrissée du Kremlin pour saluer les journalistes, tel un caméléon, il avait absorbé la personnalité de Sorokina et était capable de leur dire exactement ce qu'ils voulaient entendre. C'était une autre opération du KGB. Au cours des trois heures et demie suivantes, il a cherché à les assurer des bonnes intentions du Kremlin. Le combat, leur avait-il dit, ne concernait que Gusinsky. Il ne voulait pas que l'équipe rédactionnelle de la chaîne change. Il accueillerait un investisseur étranger au sein de la chaîne. Il voulait qu'ils conservent leur indépendance éditoriale. Gazprom, leur avait-il assuré, n'était pas l'État. Quant aux procureurs, qui portaient désormais leur attention sur les relations financières des journalistes au niveau individuel avec Gusinsky, il ne pouvait pas les contrôler – ils étaient hors de son autorité.

« Nous avons découvert ce jour-là que le bureau du procureur est une organisation absolument indépendante, Poutine l'a dit plusieurs fois », comme s'en souvient Victor Shenderovich, un des journalistes présents, qui avait du mal à croire ce qu'il avait entendu. « Il a dit qu'il était prêt à nous aider et qu'il considérait que certaines des actions des procureurs étaient excessives. » Poutine leur a dit : « Vous ne me croirez pas, mais je ne peux rien faire. Voulez-vous que je revienne à l'époque de la législation téléphonique ? » Une référence à la façon dont le Politburo soviétique avait dicté des jugements depuis les hautes sphères aux tribunaux et aux procureurs.

C'était une représentation spéciale, qui ressemblait à beaucoup d'autres qu'il ferait plus tard dans son insistance à respecter le statut officiel et juridique des institutions tout en masquant les véritables luttes de pouvoir. Il est le plus fort pour assumer la personnalité et les préoccupations des autres. C'est une stratégie qu'il a perfectionnée à Dresde. « Il est comme un miroir », a dit Pougatchev. « Il dit tout simplement aux gens ce qu'ils veulent entendre. »

Les journalistes ont, néanmoins, quitté le Kremlin avec un sentiment d'inquiétude. Comment pouvaient-ils croire ce qu'ils venaient d'entendre ? Et lorsque Gazprom a mis en place une nouvelle administration début avril, au motif que Gusinsk ne s'était pas acquitté de ses dettes, ils ont organisé un sit-in pour garder le contrôle de la station et ils ont continué à diffuser des reportages critiquant le Kremlin comme s'ils espéraient encore à moitié que Poutine avait pensé ce qu'il avait dit.

Mais tôt le matin du onzième jour de leur sit-in, les véritables intentions de Poutine sont devenues limpides. Il n'avait rien voulu dire de ce qu'il avait annoncé à propos de la préservation de l'indépendance éditoriale de la chaîne. Des hommes de la sécurité sont entrés discrètement dans le bâtiment à 4 heures du matin et ont remplacé le service de sécurité de la chaîne. Les journalistes arrivant au travail ce matin-là n'étaient autorisés à entrer que s'ils juraient fidélité à la nouvelle direction. Les journalistes chevronnés ont démissionné en masse pour protester contre les méthodes fortes qui leur ont arraché leur indépendance durement acquise. « Un coup d'État larvé est en train de se dérouler dans le pays », annonçait Igor Malashenko, un cofondateur de la chaîne. « Cette opération va dans le même sens que ce qui s'est passé au moment de la tentative de putsch en août 1991 et elle est menée par les mêmes personnes, des membres des services secrets. » « Nous sommes tous coupables parce que nous avons laissé le KGB reprendre le pouvoir », a dit Sergueï Kovalyov, un éminent militant des droits de l'homme, aux journalistes.

Le Kremlin de Poutine avait repris le contrôle des ondes. Les médias en roue libre des années Eltsine n'étaient plus.

7

« *Opération Énergie* »

Loin à l'est de Moscou, au-delà des montagnes de l'Oural, où la forêt de bouleaux cède la place à une taïga de sapins et de marais, se trouve la vaste plaine du bassin pétrolier de la Sibérie occidentale. Depuis que les géologues soviétiques y ont découvert d'énormes réserves de pétrole et de gaz dans les années 1960, la région a été la force derrière les ambitions mondiales de l'empire soviétique. C'était la clé de la puissance impériale du pays.

Les ingénieurs, foreurs et géologues qui ont développé le territoire presque désert avaient été salués comme de véritables héros soviétiques. Ils avaient combattu la glace et les températures négatives de l'hiver pour construire des plateformes de forage et des pipelines sur un terrain qui se transformait en lacs infranchissables et en tourbières infestées de moustiques pendant les mois d'été. Leurs travaux ont contribué à transformer durablement l'Union soviétique en une puissance économique qui, à la fin des années 1980, est devenue le plus grand producteur mondial de pétrole et de gaz. Cependant, la production s'est vue augmentée de manière imprudente pour répondre aux exigences toujours plus grandes du Politburo. Les puits étaient inondés d'eau pour expulser le pétrole qui a aidé à alimenter le complexe militaro-industriel vorace de l'Union soviétique. Les deux tiers de l'intégralité de la production pétrolière soviétique sont sortis de ce bassin pétrolier. C'était le joyau d'un système soviétique qui détenait à lui seul presque 40 % des réserves mondiales de gaz et 12 % des réserves de pétrole en dehors du Moyen-Orient.

La majeure partie des extractions de pétrole et de gaz était vendue sur le marché intérieur à des prix bas fixes, subventionnant ainsi la production de masse de chars et d'autres armes afin d'armer l'empire soviétique contre l'Occident. Mais les exportations de pétrole étaient plus stratégiques : elles étaient l'or noir sur lequel reposait la portée mondiale de l'empire soviétique. L'économie de la république est-allemande était principalement financée par la vente de pétrole et de gaz soviétiques à une fraction des prix du marché mondial et le reste du bloc de l'Est a été soutenu par des accords similaires.

Les exportations de pétrole en particulier étaient jalousement surveillées par le KGB. L'exportateur de pétrole Soyuzneftexport, monopole de l'état soviétique, réalisait des bénéfices à partir de la différence entre les prix soviétiques et mondiaux, six fois plus élevés. Ces bénéfices ont ainsi contribué à remplir les caisses de l'empire soviétique en devises fortes pour ensuite injecter des fonds au Moyen-Orient et en Afrique, attiser les conflits armés et les soulèvements et financer des mesures actives pour perturber l'Occident.

Lorsque l'Union soviétique s'est effondrée et que la chaîne de commandement du ministère du Pétrole s'est brisée, l'industrie pétrolière s'est d'abord scindée en quatre sociétés de production distinctes en intégration verticale, sous une seule autorité : Lukoil, Yukos, Surgutneftegaz et, pendant un temps, Rosneft. Même si elles étaient encore théoriquement contrôlées par l'État, elles ont été pour la plupart reprises par les directeurs, les « généraux du pétrole », qui les avaient dirigées à l'époque soviétique, tandis que les groupes criminels organisés, se déchaînant dans les grandes villes régionales de Russie, essayaient de s'imposer en force. Un effondrement généralisé de la production fut inévitable, les champs pétrolifères de la Sibérie occidentale ayant été largement épuisés par des décennies de mauvaise gestion soviétique. Dans la première moitié des années 1990, les membres de la branche de renseignement étranger du KGB, tapis dans l'ombre, ont conservé le contrôle de la majorité des exportations de pétrole. Les producteurs avaient reçu l'ordre de vendre jusqu'à 80 % de leur production à l'État au prix bas fixé en interne, ce qui a ensuite permis un système de *spetsexportery*. Ces exportateurs spécialement désignés, dans les faits des proches alliés du KGB ou du crime organisé, récoltaient la différence par rapport au prix mondial. Les fonds engendrés alimentaient la caisse noire du KGB et du Kremlin – pour financer les campagnes électorales et s'assurer que les votes parlementaires aillent dans le sens du Kremlin – ou étaient simplement pillés.

Lorsque les secteurs les plus stratégiques et les plus lucratifs de l'industrie soviétique ont été bradés au milieu des années 1990 dans le cadre des ventes aux enchères de prêts contre actions, bon nombre de ces filons d'or pour les réseaux du KGB sont passés entre des mains privées. Des entreprises comme Yukos et Sibneft, un producteur de pétrole voisin de l'ouest de la Sibérie, ont été vendus aux jeunes banquiers proches du gouvernement Eltsine, à Khodorkovski ainsi qu'au partenariat formé par Berezovski et Abramovitch, pour seulement 300 millions de dollars et 100 millions de dollars chacun. L'accès au capital que les jeunes magnats ont obtenu grâce à la gestion par leurs banques des comptes du Trésor public les a aidés à prendre le dessus dans la bataille pour les ressources du pays. Impossible pour les agents du KGB de s'aligner en allongeant de telles sommes.

Les conséquences ont eu l'effet d'un séisme. Malgré les tarifs mondiaux peu élevés à cette époque, le pétrole représentait encore une grande partie des revenus d'exportation du pays. Les hommes de Khodorkovski ont créé leurs propres réseaux commerciaux pour Yukos dès qu'ils ont repris l'entreprise en 1996. Les bénéfices ont été cachés dans les comptes offshore privés du groupe Menatep de Khodorkovski, hors de portée de l'État russe, tandis que Menatep trouvait des failles dans les lois afin de minimiser les paiements d'impôts. L'équilibre des pouvoirs se déplaçait de manière décisive vers les magnats de l'ère Eltsine. Leur privatisation des flux de trésorerie d'exportation de pétrole a tout changé. Cela transforma les semblables de Khodorkovski et Berezovski en oligarques à part entière, capables de soudoyer les hommes d'Eltsine et de cumuler les votes parlementaires en leur faveur. Selon un ancien officier du KGB devenu négociant en pétrole, Andrei Pannikov, le morcellement du commerce du pétrole en propriété indépendante constituait une menace pour l'intégrité de l'État russe. Selon lui, cela n'aurait jamais dû arriver : « Je n'aurais jamais détruit le monopole d'État. J'aurais conservé tout le commerce d'exportation entre ses mains. »

Pour Poutine et ses hommes du KGB, c'était un sujet qui a, bien sûr, retenu immédiatement toute leur attention. Les prix mondiaux du pétrole ont commencé à monter en flèche peu de temps après que Poutine a été nommé successeur d'Eltsine, au cours de l'été 1999. Khodorkovski, l'ancien étudiant en chimie studieux et à la voix calme et posée qui dirigeait des clubs et discothèques pour le Komsomol, annonçait au milieu de l'année 2002 une fortune personnelle de 7 milliards de dollars, et ce grâce à sa participation de 36 % dans le groupe Menatep. Une fortune colossale qui avait fait un bond depuis l'époque où Menatep avait acquis Yukos pour 300 millions de dollars lors des enchères de prêts contre des actions en 1995, alors que Yukos était endetté jusqu'au cou. Khodorkovski est ainsi devenu officiellement l'homme le plus riche de Russie, à une époque où le budget total de l'État russe était de 67 milliards de dollars et la capitalisation boursière de la plus grande entreprise russe contrôlée par l'État, Gazprom, était de 25 milliards de dollars.

Khodorkovski et ses associés dans Menatep avaient été les premiers magnats russes à divulguer publiquement leurs intérêts commerciaux. La plupart des oligarques dissimulaient leurs propriétés derrière un réseau de sociétés-écrans, craignant toujours les représailles de l'État après la controverse des privatisations des années 1990. Khodorkovski sortait du bois en partie parce que l'arrivée spectaculaire de Poutine à la présidence était censée être annonciatrice d'une législation sur la transition chaotique du marché du pays, une sécurisation des acquis des années 1990. C'était l'une des raisons pour lesquelles Poutine avait obtenu un si large soutien, surtout de la part des proches d'Eltsine. Même s'il avait impitoyablement éliminé les magnats des médias, Poutine n'avait donné aucune indication quant à sa volonté d'augmenter la propriété de l'État n'importe où ailleurs. Et même s'il avait souvent menacé de mettre les oligarques au pas, il avait insisté sur le fait qu'il n'annulerait pas les privatisations des années 1990. Il semblait qu'avec la déclaration de Khodorkovski, la Russie progressait encore sur la voie d'une économie de marché plus mature et plus développée. Le mouvement a été salué comme une percée en faveur de la transparence, mais c'était peut-être aussi le pari de Khodorkovski sur le pouvoir du marché pour le protéger. Il misait sur l'exploitation selon les règles du jeu du marché occidental.

Mais pour les *siloviki* qui avaient accédé au pouvoir avec Poutine, le nouveau statut de Khodorkovski comme étant l'homme le plus riche du pays – opérant en dehors de leur contrôle – était un nouveau signal d'alarme. Ils attendaient dans l'ombre depuis l'effondrement soviétique, nourrissant l'ambition de restaurer la puissance de la Russie. L'ascension de Poutine à la présidence, par sa tromperie subtile et ses promesses aux proches d'Eltsine, devait être la première étape vers la réalisation de cet objectif. Les hommes du KGB avaient toujours considéré l'industrie pétrolière du pays comme une devise financière dans les jeux de pouvoir géopolitiques. Selon eux, la prise de contrôle des ressources pétrolières de la Russie allait être cruciale à la fois pour assurer leur propre position au pouvoir et pour restaurer la position de la Russie face à l'Occident. Et s'ils pouvaient se remplir les poches au passage...

La question était de savoir comment ils allaient s'y prendre. Contrairement aux communistes, la nouvelle génération des *siloviki* – des gens issus des rangs du KGB, l'entité même qui avait initié les réformes du marché – n'allait jamais annoncer une campagne de renationalisation : elle s'était toujours prononcée en faveur du marché. Mais elle visait à utiliser et à déformer le marché comme une arme. Elle voulait établir une forme de capitalisme quasi étatique qui favoriserait son propre pouvoir.

L'industrie du gaz posait une équation beaucoup plus simple que le secteur pétrolier. Contrairement au pétrole, il avait été préservé presque dans son intégralité en tant que vaste monopole contrôlé par l'État. Gazprom, le géant du gaz d'État, était l'atout le plus stratégique du pays. Assis sur les plus grandes réserves de gaz de la planète, c'était le premier producteur mondial de gaz qui générait la plus grande source de revenus du pays. Non seulement il fournissait de la chaleur et de la lumière aux maisons russes, mais envoyait également à l'Europe 25 % de ses besoins en gaz. Principal fournisseur d'une grande partie de l'Europe centrale et orientale, ainsi que de l'Ukraine et la Biélorussie, il pouvait être utilisé comme un outil d'influence politique, tandis que ses vastes réserves de liquidités et ses actifs financiers offraient une multitude d'opportunités aux hommes de Poutine. Sous Eltsine, la direction de Gazprom avait largement pris le contrôle de l'entreprise, faisant d'elle son propre fief. Mais Poutine a fait de leur remplacement par ses propres alliés l'une de ses priorités, lançant une purge radicale après que les enquêtes des actionnaires ont montré que les dirigeants de l'ère Eltsine avaient siphonné une série de gisements de gaz et d'autres actifs de Gazprom au profit d'entreprises qui leur étaient liées. Les hommes qu'il nomma à leur place avaient tous occupé des postes de direction au port maritime de Saint-Pétersbourg, l'atout stratégique sur lequel les *siloviki* de Poutine avaient mis la main, tout en se faisant les dents en s'associant au groupe du crime organisé de Tambov. C'était le premier signe qui indiquait que l'alliance ainsi nouée reprendrait des actifs à l'échelle fédérale. Petit, moustachu, Alexei Miller avait été l'adjoint de Poutine au comité des relations étrangères du bureau du maire de Saint-Pétersbourg puis directeur au port maritime. Âgé de trente-neuf ans, il devint le nouveau directeur général de Gazprom.

L'industrie pétrolière privée allait poser un défi beaucoup plus difficile. À Saint-Pétersbourg, les *siloviki* avaient pu facilement faire plier les forces de l'ordre de la ville à leur volonté pour repousser les rivaux. Mais s'attaquer aux oligarques de Moscou était une tout autre affaire. Le pouvoir qu'ils avaient exercé à travers le FSB était très étendu, mais les partisans de Poutine n'avaient pas encore consolidé leur contrôle sur l'ensemble du système d'application de la loi, et les magnats de Moscou étaient des personnalités établies, bien connues en Occident, qui avaient construit des entreprises cotées sur les marchés occidentaux. L'enjeu, c'était la capacité du pays à attirer des investissements extérieurs ; Poutine, pragmatique, l'avait compris. Cette capacité était vitale pour accélérer la reprise économique de la Russie après l'effondrement des années 1990.

Les *siloviki* ont mis en place doucement mais sûrement l'« Opération Énergie ». Les proches d'Eltsine ont continué à se sentir en sécurité dans leur conviction que Poutine était un homme du marché. Pour eux, il était le Président en formation, continuant d'apprendre les ficelles du gouvernement. Au cours de la première année de son règne, il a suivi des cours intensifs d'anglais. Il a aussi appris à lire rapidement des piles de documents et s'est instruit sur l'administration et l'histoire de l'État russe avec l'aide d'un banquier de niveau supérieur lié au KGB qui connaissait bien la question, et qui disait : « Le système de préparation des dirigeants s'est effondré. »

Les proches d'Eltsine croyaient toujours fermement à la loyauté de Poutine et à son obéissance envers eux. Il semble qu'ils croyaient aussi qu'ils dirigeaient la majeure partie de l'économie pour le premier mandat de Poutine, tandis que Poutine semblait indiquer, dans les premiers jours, qu'il n'avait pas l'intention de faire un autre mandat. Les proches se sentaient tellement rassurés et étaient tellement ignorants des ambitions des hommes du KGB de Saint-Pétersbourg envers l'industrie pétrolière qu'ils ont commencé à élaborer des plans pour privatiser la dernière grande compagnie pétrolière d'État, Rosneft. Roman Abramovitch lorgnait depuis longtemps sur l'entreprise – lui et Berezovski avaient espéré la fusionner avec Sibneft quand sa privatisation avait été envisagée pour la première fois, en 1997. Maintenant qu'ils croyaient avoir assuré leur avenir, a dit Pougatchev, Volochine avait même préparé un décret pour la privatisation de Rosneft qui n'attendait que la signature de Poutine. En coulisse, Abramovitch avait discrètement fait pression pour faciliter le processus. Une collection de beaux costumes et de chaussures italiennes était soudainement apparue accrochée dans le couloir de la résidence de Poutine à Novo-Ogarevo, offerte par Abramovitch, selon Pougatchev. « J'ai dit : "Volodya, peux-tu me dire pourquoi tu veux tout cela ? Tu es le Président de l'un des plus grands pays du monde. Tu peux sûrement avoir tes propres costumes ! Tu ne veux pas de ces pots-de-vin. Ils demanderont quelque chose en retour." »

Pour Pougatchev, les propositions d'Abramovitch avaient constitué le coup de grâce (le porte-parole d'Abramovitch dément que ceci ce soit jamais passé). Pougatchev pensait qu'il était essentiel de conserver la dernière compagnie pétrolière de l'État hors d'atteinte de la Famille. Alors que sa position évoluait en raison de son rôle dans la propulsion de Poutine au pouvoir, il avait commencé à évoluer avec fluidité entre les alliances avec les hommes du KGB de Saint-Pétersbourg de Poutine et les proches d'Eltsine, en fonction de l'impératif politique, gardant souvent ses véritables allégeances cachées. Mais à cette occasion, il a commencé à se tourner résolument vers les *siloviki*. « Ils avaient invité le Président à la datcha de Volochine. Ils l'ont appelé. C'était absolument inapproprié », se souvenait-il. « J'ai dit : "Pourquoi allez-vous là-bas ? Pourquoi est-ce que cela devrait être privatisé, à quoi vous pensez ? Il n'y a pas d'argent dans le budget. Sans Rosneft, comment comptez-vous vivre, d'où allez-vous tirer votre salaire ?" »

Au second plan, les *siloviki* de Saint-Pétersbourg construisaient déjà leur propre défense pour garder Rosneft hors des mains privées. Derrière le dos des proches d'Eltsine, ils avaient discrètement mis en place un système de gouvernement parallèle, selon un banquier-conseil proche des services de sécurité. Collègue loyal de Poutine au KGB de Saint-Pétersbourg, Igor Setchine dirigeait le processus et avait été nommé chef adjoint de son administration. Plus profondément dans les coulisses, selon le banquier-conseil se trouvait Guennadi Timtchenko, l'ancien agent présumé du KGB et proche allié de Poutine du terminal pétrolier de Saint-Pétersbourg. À cette époque-là, selon le banquier, Timtchenko était l'un des opérateurs les plus influents de l'entourage de Poutine : « Il est devenu immédiatement puissant dès que Poutine a été nommé Président. Mais Poutine le tenait hors de vue de tous. » « Il était comme l'homme invisible. Il n'a jamais été vu », a dit une autre personne proche de Poutine. Timtchenko, par l'intermédiaire de ses avocats, a déclaré que toute suggestion sur son implication dans un projet visant à créer un système parallèle de gouvernement était « complètement fausse au point d'être absurde ». Timtchenko ne « s'est tout simplement jamais impliqué dans des questions politiques, ni discuté de questions politiques avec M. Poutine ou l'un de ses collaborateurs ou ministres. »

L'une des premières tâches de ce groupe a été de s'assurer que Poutine soit élu pour un second mandat, peu importe si lui-même était déjà convaincu que c'était ce qu'il voulait ou non. Pour y parvenir, ils devaient renforcer leur position au pouvoir. « Leur tâche consistait à mettre la main sur davantage de trésorerie, a dit le banquier. Ils craignaient que les proches, Abramovitch, ne contrôlent certains secteurs de l'économie. »

Pendant ce temps, en arrière-plan, une caste plus large d'hommes du KGB dressait depuis longtemps des listes de cibles dans le secteur pétrolier. En tête de liste, Surgutneftegaz, le producteur de pétrole de Sibérie occidentale, dirigé par Vladimir Bogdanov, son directeur depuis l'époque soviétique. Mais Bogdanov et Surgutneftegaz avaient déjà établi une relation étroite avec les hommes du KGB de Poutine par l'intermédiaire de Timtchenko, dont le propre négociant en pétrole avait un quasi-monopole sur les exportations de la raffinerie Kirishi de Surgut. « Timtchenko a conduit Bogdanov au Kremlin pour rencontrer Poutine pour le thé, a dit le banquier-conseil lié aux services de sécurité. Là, Bogdanov a dit à Poutine : "C'est votre entreprise. Je suis votre homme, en tous les cas. Dites-moi simplement comment dépenser l'argent." »

Les *siloviki* avaient alors jeté leur dévolu sur Lukoil, à l'époque la plus grande entreprise pétrolière russe. Celle-ci avait été établie à partir de trois unités pétrolières de Sibérie occidentale par l'ancien vice-ministre soviétique du Pétrole et du Gaz, Vagit Alekperov, lorsque l'Union soviétique s'était effondrée. Alekperov était un Azéri plein de ruse qui avait été l'un des pères fondateurs du découpage de l'industrie pétrolière russe. Il avait toujours été proche des réseaux de renseignement russes – Lukoil avait initialement vendu du pétrole via Urals Trading, le négociant en pétrole créé par l'ancien officier du KGB et partenaire de Timtchenko, Andrei Pannikov – et il n'a pas fallu longtemps avant que les hommes de Poutine ne mettent Lukoil au pas.

La première salve contre Lukoil a été tirée au cours de l'été 2000, au milieu de la première vague d'enquêtes du Kremlin sur les oligarques. La police fiscale a déclaré avoir ouvert une enquête pénale sur la fraude fiscale présumée d'Alekperov. Selon elle, cette fraude faisait partie d'une enquête à l'échelle de l'industrie qui a ensuite prétendu avoir découvert un total de 9 milliards de dollars d'évasion fiscale à travers des zones offshore spéciales créées à l'intérieur de la Russie. Mais ce n'est qu'en septembre 2002 que la pression sur Lukoil a vraiment commencé à monter. Tôt un matin de ce mois-là, le premier vice-président de Lukoil, Sergueï Kukura, a été kidnappé par des hommes vêtus d'uniformes de police avec des masques. Ces derniers les avaient apparemment immobilisés, lui et son chauffeur, en leur injectant de l'héroïne avant de leur passer des sacs sur la tête. Kukura n'était réapparu que treize jours plus tard, apparemment sans savoir qui était derrière l'agression. Quatre mois plus tard, la police russe a mystérieusement suspendu son enquête sur l'enlèvement. Une semaine plus tôt, le gouvernement avait annoncé que Lukoil avait accepté de payer 103 millions de dollars en arriérés d'impôts – exactement le montant que le gouvernement prétendait avoir perdu à cause des opérations de Lukoil *via* les zones offshore internes.

Si Alekperov et Lukoil étaient parvenus à une sorte de compromis avec le nouveau gouvernement de Poutine, comme avec Surgut, il n'y avait pas besoin d'une prise de contrôle formelle par l'État. Plus tard, un cadre supérieur du secteur pétrolier m'a dit qu'Alekperov avait accepté de détenir une partie de sa participation au nom de Poutine, partie d'un système de façade pour le Kremlin qui devait s'implanter dans les industries les plus stratégiques de la Russie. (Lukoil nie qu'un tel système soit en place).

Mais alors que Lukoil semblait se plier rapidement à la volonté des nouveaux maîtres, une grande partie de la production pétrolière demeurait encore loin de la portée du Kremlin. Avec l'intention de rectifier le tir, les *siloviki* se dirigeaient vers un affrontement qui allait constituer le moment décisif du règne de Poutine. Le visage de l'industrie pétrolière russe allait changer et faire basculer définitivement le pays vers une forme de capitalisme d'État de connivence dans lequel les flux de trésorerie stratégiques ont été détournés vers des alliés proches. Le pouvoir des hommes du KGB de Poutine serait renforcé, aidant à forger leur retour en tant que force sur la scène mondiale. Ce conflit allait également faire tomber l'homme d'affaires le plus riche de Russie et renverser l'ensemble du système judiciaire russe.

De tous les oligarques de Moscou, Mikhaïl Khodorkovski était celui qui cherchait le plus activement à intégrer son entreprise à l'Ouest, courtisant le plus ouvertement les investisseurs et les dirigeants occidentaux pour obtenir un appui. Il ouvrait la voie en essayant d'instiller les méthodes de gouvernance d'entreprise occidentales et la transparence dans son entreprise, après des années à avoir été un mauvais garçon de la scène commerciale darwinienne de la Russie. Le conflit qui s'est déroulé alors que les *siloviki* de

Poutine se battaient pour arracher le contrôle de Khodorkovski sur les champs pétrolifères de Sibérie occidentale de Yukos était à la fois un choc de visions pour l'avenir de la Russie et une bataille pour l'empire. Il s'agissait de définir la résurgence impériale de la Russie et l'action menée par Poutine pour rétablir son pays en tant que force indépendante contre l'Occident. Mais c'était également un choc profondément personnel. Il trouve ses racines dans un conflit de la fin des années 1990, lorsque Khodorkovski avait supprimé l'un des derniers réseaux de caisses noires aux alliés les plus proches de Poutine, qui avaient autrefois été au cœur des opérations du KGB pour transférer des fonds du Parti communiste vers l'Occident.

La prise de contrôle de Khodorkovski sur VNK, ou Eastern Oil Company, a été l'une des dernières grandes privatisations de l'industrie pétrolière des années 1990. La voir saisie sous leur nez a été le coup de grâce pour les hommes de Poutine. « Ce fut le premier conflit entre le groupe de Poutine et Yukos, et le plus grave, a dit Vladimir Milov, un ancien vice-ministre russe de l'Énergie. C'est là que tout a commencé. »

*

Bien longtemps après cette affaire, nous sommes assis dans la salle de conférence lambrissée de son bureau de Londres qui surplombe les feuilles mortes de Hanover Square. Après une peine de dix ans de prison et un exil forcé loin de son domicile, Mikhaïl Khodorkovski prétend qu'il n'était pas au courant à l'époque des liens entre VNK et les hommes du KGB de Poutine. « Si j'avais su combien VNK était une structure dans laquelle le FSB avait des intérêts, je n'aurais probablement pas pris le risque d'y aller », a-t-il dit. Comme si c'était une habitude qu'il ne pouvait pas rompre, il est vêtu d'une simple veste matelassée, semblable à celles qu'il avait été obligé de porter dans la prison sibérienne,

C'est à la fin des années 1990 que Khodorkovski a atteint le sommet de la transition tumultueuse de la Russie vers le marché – et VNK était l'un des derniers fleurons de l'industrie pétrolière russe. Lors de sa privatisation en 1997, la vente avait été annoncée comme une rupture nette avec les accords controversés de prêts à prix réduits contre des actions. L'entreprise, établie à partir des champs pétrolifères de Tomskneft entourant l'élégante ville universitaire de Sibérie centrale de Tomsk et la raffinerie de pétrole d'Achinsk, devait être mise en vente pour 1 milliard de dollars au moins. Soit près de dix fois plus que les ventes de prêts contre actions de Yukos et Sibjeft avaient levées un an auparavant. Anatoli Tchoubaïs, le tsar de la privatisation aux nerfs d'acier, était déterminé à montrer au monde que la Russie se transformait en une véritable économie de marché fondée sur des règles. Il voulait que VNK soit vendu à sa vraie valeur marchande.

Le seul problème, c'était que les hommes qui dirigeaient l'entreprise semblaient penser que Tchoubaïs le leur avait promis. Après avoir vu une grande partie du reste de l'industrie pétrolière russe être engloutie par les magnats indépendants, VNK était censé être le prix de consolation pour les hommes du KGB en coulisse. Cela leur avait servi de source de revenus, un *obschak*, depuis sa création en 1994. Une grande partie de ses exportations de pétrole avait été dirigée par des sociétés liées à une entité autrichienne peu connue, l'IMAG, dont le directeur était un officier supérieur du renseignement étranger et ancien dirigeant de la branche bancaire étrangère de l'URSS en Autriche, la Donau Bank, jusqu'à l'effondrement soviétique. Akimov a été le plus jeune directeur de banque soviétique lorsqu'il dirigeait la Donau Bank à l'âge de trente-quatre ans, ayant été nommé juste au moment où le KGB commençait à mettre en place des plans pour siphonner la richesse du Parti communiste en passant par des comptes bancaires étrangers alors que Vienne était depuis longtemps une porte d'entrée stratégique pour les fonds soviétiques vers l'Occident.

Les connexions d'Akimov dans les réseaux de renseignement étrangers de la Russie étaient larges. À ses côtés comme adjoint à l'IMAG, on trouvait un économiste qui avait aidé à développer les premières réformes de la *perestroïka* sous Primakov à l'Institut de l'économie mondiale, la ruche des agents du renseignement étranger. Cet homme, c'était Alexander Medvedev, et il allait devenir le plus proche confident d'Akimov, tandis que l'IMAG allait se muer en l'une des premières sources de financement des opérations commerciales de Timtchenko.

Akimov avait été tellement convaincu du succès de la vente de VNK qu'il avait fait nommer Medvedev au poste de vice-président de VNK en charge des finances avant la vente. Pour l'IMAG, des centaines de millions de dollars de contrats pétroliers étaient en jeu. Depuis sa création, VNK avait vendu la majeure partie de son pétrole par l'intermédiaire d'un opérateur, East Petroleum Ltd, enregistré près des bureaux de l'IMAG et géré par un autre proche associé d'Akimov, Evgueni Rybin.

Lorsque la participation de 84 % de l'État dans VNK a été mise aux enchères et que Khodorkovski a décidé d'enchérir, il se dirigeait vers un nid de frelons. Avec l'aide d'un banquier américain, Charlie Ryan, qui avait été associé de Poutine depuis qu'il avait fait un passage à la Banque européenne pour la reconstruction et le développement à Saint-Pétersbourg au début des années 1990, Akimov était déterminé à gagner, quel que soit le prix. Les deux hommes savaient dès le départ que Khodorkovski enchérissait contre eux. « Nous avons décidé d'acheter VNK a dit Ryan. Sacha Medvedev, Andrei et moi allions organiser l'appel d'offres avec les fonds nécessaires. »

Mais la vente s'est transformée en une confrontation meurtrière entre Khodorkovski et les hommes d'Akimov. Ce qu'il en a résulté était presque aussi opaque que les prêts pour les actions. La participation de 84 % de l'État dans VNK devait être vendue en deux parties : une participation de 50 % moins une action par le biais d'une vente aux enchères au comptant ; et le reste *via* un appel d'offres d'investissement. Mais la première partie de la vente s'est déroulée à huis clos, sans être assujettie à aucun examen, tandis que la seconde a fini par être annulée car il n'y avait qu'un seul enchérisseur, une société-écran représentant le Yukos de Khodorkovski.

Au lieu d'établir une nouvelle norme de transparence, la vente a fini par paraître aussi truquée que les privatisations qui avaient précédé. Le gouvernement annonça que le Yukos de Khodorkovski avait remporté l'enchère au comptant avec une offre de 775 millions de dollars pour une participation de 45 %. Il avait déjà acheté 9 % supplémentaires sur le marché libre, ce qui lui donnait une participation majoritaire. Yukos avait accepté de payer bien plus que n'importe qui avait offert dans l'une des privatisations qui avaient eu lieu précédemment, mais selon Ryan, Khodorkovski avait encore faussé le résultat en sa faveur, ne laissant aucune chance à l'équipe d'Akimov. Ryan déclara que les hommes de Khodorkovski avaient menacé Akimov et son équipe puis, entre la première et la seconde enchère, ils avaient payé une section des services secrets russes pour perquisitionner le Fonds des biens fédéraux, qui organisait la vente. Pendant la perquisition, ils avaient ainsi saisi des documents relatifs à l'offre d'Akimov et ensuite truqué le résultat, affirmait Ryan. « Ils ont vu nos informations et ils ont su que nous allions enchérir plus. Ensuite, ils ont essayé d'emprunter plus d'argent, garanti par leurs propres exportations de pétrole, y compris par les exportations de VNK, avant même d'avoir pris le contrôle de l'entreprise. Khodorkovski et son équipe ont pu amasser plus d'argent qu'Akimov et ils ont remporté la meilleure offre. Ils n'ont jamais eu l'intention de participer à la deuxième vente aux enchères. »

Khodorkovski a nié avoir été impliqué dans de telles actions. S'est ensuivie une bataille prolongée sur les exportations de VNK, que l'équipe d'Akimov s'était engagée à vendre par l'intermédiaire d'East Petroleum, dirigé par Evgueni Rybin, pendant les vingt prochaines années, comme une défense supplémentaire pour que les flux de trésorerie de l'entreprise ne tombent pas entre des mains extérieures. Khodorkovski refusa de continuer ce contrat et le bras de fer s'est intensifié au-delà de la salle de conférence, dans la salle d'audience puis dans la rue. Deux actions ont été intentées contre la vie de Rybin. La première a eu lieu tard un soir où il neigeait en novembre 1998, lorsqu'un homme armé lui a tiré dessus dans une rue de Moscou. La seconde s'est produite en mars de l'année suivante lorsqu'une bombe a explosé et tué le chauffeur de Rybin. Ébranlé, Rybin a fui la Russie et s'est caché pendant les cinq années suivantes.

Akimov et ses hommes ont été blessés et profondément humiliés par la prise de contrôle de Khodorkovski sur VNK. L'histoire du combat engagé pour l'entreprise a été peu remarquée pendant le chaos qui a suivi la crise financière d'août 1998, mais elle définissait la bataille à venir pour le secteur pétrolier de la Russie. À partir de là, Akimov était déterminé à se venger. Et même s'il se cachait à Vienne, Rybin a commencé à recueillir des informations compromettantes sur le groupe Menatep de Khodorkovski et à les transmettre aux forces de l'ordre russes, surtout aux officiers amis du FSB.

Au début, les efforts de Rybin ont semblé ne mener nulle part. Mais après l'arrivée de Poutine au pouvoir, le climat a changé. Setchine et l'un des associés d'Akimov ont commencé à mener une campagne pour convaincre le Président que Khodorkovski mettait en danger son emprise sur le pouvoir, selon un banquier-conseil connaissant le sujet. Rybin avait également recruté Egor Ligachev, un membre éminent de la vieille garde du Politburo, qui avait été législateur dans la région de Tomsk en Sibérie où se trouvaient les gisements de pétrole de VNK. Ligachev a transmis un message dur à Poutine : Khodorkovski mettait en danger l'existence de son régime ; ses hommes contrôlaient tous les flux financiers du pays et bientôt, ils auraient plus d'argent que l'État lui-même – il avait déjà acheté plus de la moitié des fonctionnaires de l'État au pouvoir.

Un message qui a eu un fort impact sur Poutine tandis qu'il cherchait à renforcer son pouvoir contre des bandes rivales. Mais malgré les manœuvres adverses, il a d'abord été réticent à suivre les appels qu'on lui faisait pour s'attaquer à Yukos. L'entreprise était trop grande et trop bien ancrée sur les marchés occidentaux – cela semblait être une tâche trop compliquée, a dit un banquier haut placé proche des services de sécurité. C'était l'entreprise la plus connue et la plus cotée du pays. Elle était devenue un symbole du progrès du marché russe.

Le retrait n'aurait peut-être jamais eu lieu sans le propre comportement de Khodorkovski. Au lieu de se plier à la volonté du Kremlin, comme Lukoil et Surgutneftegaz l'avaient fait auparavant, Khodorkovski n'a cessé de faire monter les enchères jusqu'à ce que cela devienne une bataille pour savoir qui dirigerait la Russie et la direction que prendrait le pays. Il était prêt à parier sa vie que les hommes de Poutine n'oseraient pas l'arrêter : il pensait qu'ils n'étaient pas assez forts, et qu'ils ne risqueraient pas la transition précaire de la Russie vers le marché. À bien des égards, c'était tout à fait lui. « Il s'est mis à bâtir son empire comme un forcené, se souvient son conseiller Christian Michel. Seule une balle pouvait l'arrêter. »

*

Khodorkovski lui-même reconnaît qu'il est un *adrenalinschik*, un accro à l'adrénaline, avec une perception du risque très réduite. Il en avait pris conscience pour la première fois plusieurs années avant la bataille de Yukos, lorsqu'il était étudiant en chimie à l'institut Mendeleïev de Moscou, spécialisé dans les matières explosives. « Je suis quelqu'un qui, pour une raison que j'ignore, n'éprouve pas le sentiment de la peur », m'a-t-il dit avec un sourire ironique dans un bar en sous-sol à Zurich peu de temps après sa libération de dix ans de prison. « Je n'ai jamais ressenti de danger à fabriquer une bombe ou à en tenir une. Mon passe-temps favori a toujours été l'escalade sans aucun équipement de sécurité. Ce n'est pas parce qu'en quelque sorte, j'avais surmonté ma peur, c'est parce que je n'en avais pas. Toutes ces années en prison, j'ai dormi absolument profondément. Même s'il arrivait que je me fasse attaquer avec un couteau, je retournais à ma couchette et je me rendormais paisiblement. Même pour moi, c'était parfois bizarre à comprendre, quand les gens me demandaient si je savais que derrière mon dos, il pouvait y avoir un couteau. Je n'avais pas peur, tout simplement. »

La première fois que Khodorkovski a entendu qu'il pouvait être en danger, c'était vers le milieu de l'année 2002. Lukoil était déjà sous le feu de l'ennemi et les anciens hommes du KGB qu'il employait dans son propre service de sécurité l'ont prévenu que le FSB avait lancé une opération, « Opération Énergie », afin de recueillir des informations compromettantes sur les géants de l'énergie du pays. Dans le cas de Yukos, disaient-ils, l'objectif était les opérations de l'entreprise avec les actions de VNK. Mais Khodorkovski partait du principe que ce n'était rien de plus qu'une opération ordinaire pour rechercher des informations susceptibles de mettre au pas les barons du pétrole. « Ce n'était pas la première opération de ce genre et nous ne pensions pas que c'était si radical », a-t-il dit quand nous nous sommes rencontrés en sécurité dans son bureau sur Hanover Square.

En 2002, Khodorkovski dévoilait sa fortune de 7,6 milliards de dollars grâce à sa participation de 36 % dans Menatep. Il était devenu, toutes proportions gardées, un symbole de transparence parmi les règles byzantines qui régissaient encore la majeure partie du climat des affaires en Russie à l'époque. Il pariait son entreprise et son avenir sur l'intégration de la Russie à l'Occident. Cela ne faisait que trois ans qu'il avait représenté la quintessence du capitalisme sauvage des voleurs de l'est de la Russie, accusé de violer les droits des actionnaires minoritaires occidentaux. Mais maintenant, il cherchait une légitimation et une protection pour l'avenir sur les marchés occidentaux tout en ouvrant la voie à de meilleures normes de gouvernance d'entreprise à l'occidentale chez Yukos.

Il était toujours aussi fort et motivé que lorsqu'il s'était lancé en affaires au sein du Komsomol. Mais il avait troqué ses grosses lunettes à verres épais du milieu des années 1990 pour des lunettes de créateur légères qui semblaient, dans leur clarté, représenter sa nouvelle volonté de transparence. Bien qu'il soit toujours vêtu simplement de jeans et de pulls à col roulé sombres, les cheveux noirs abondants qu'il avait portés dans les années 1990 étaient maintenant coupés court et avaient viré au gris acier, tandis que sa moustache avait disparu depuis longtemps. Il avait embauché une série de cadres occidentaux pour superviser les finances et la production chez Yukos, menant un revirement à l'échelle de l'industrie qui avait finalement aidé à rétablir la production des champs pétrolifères de Sibérie occidentale à ses niveaux d'avant l'effondrement soviétique. À tous les niveaux, les plus grosses entreprises pétrolières privées embauchaient des fabricants d'équipements de forage occidentaux, perfectionnant leurs techniques et recrutant des comptables occidentaux. Yukos produisait alors davantage de pétrole que le Koweït.

Tandis que Khodorkovski était acclamé en Occident pour sa transformation et que le cours de l'action de Yukos continuait de monter en flèche, il renforçait encore son engagement avec l'Occident. Il dégusta de bons vins et dîna avec l'élite de Washington et lança une organisation philanthropique, Open Russia, qui comptait Henry Kissinger et un ancien ambassadeur américain en Russie au conseil d'administration. Il envoya un pétrolier précurseur rempli de pétrole brut au Texas, la première cargaison de pétrole russe jamais envoyée directement sur les côtes américaines et commença à faire pression pour qu'un pipeline soit construit, indépendant de l'État russe, du port de l'extrême nord de la Russie à Mourmansk vers les États-Unis.

Toutes ces activités n'ont fait que contrarier encore davantage les hommes du KGB de Poutine. Le flirt de Khodorkovski avec l'Ouest était un défi direct à leur autorité, tandis que son lobbying auprès des autres barons du pétrole privés pour qu'ils se regroupent et construisent des oléoducs privés était une menace encore plus grande. Le système d'oléoducs avait toujours été la chasse gardée de l'État russe, et en accorder l'accès était considéré comme l'un des rares leviers stratégiques dont disposait encore le gouvernement pour tenir en échec les barons du pétrole. Début 2003, alors que les hommes de la sécurité de Poutine commençaient à intensifier leurs plans de vengeance, Khodorkovski admettait en privé qu'il pourrait avoir un problème. Un matin sombre de février, nous étions assis sous la lumière tamisée de son bureau caverneux, situé dans la carcasse de béton aux allures de forteresse sur l'une des principales artères de Moscou qui servait de quartier général à Menatep. D'une voix tranquille, il affirmait qu'il devenait clair qu'« un groupe de personnes au Kremlin voulait prendre (s)on entreprise ». Ces hommes voulaient à nouveau voir si les entreprises publiques pouvaient être plus efficaces que les entreprises privées, avait-il dit. Mais il insistait – il était certain, en fait – sur le fait que Poutine ne laisserait jamais cela se produire, qu'il était sincère quand il s'était engagé à ne pas annuler les privatisations des années 1990. « Poutine tient parole, avait-il dit. Je ne suis absolument pas inquiet. »

L'ambiance de ce matin gris sombre de février démentait la tension et les préparatifs de fond pour la bataille à venir. Khodorkovski espérait toujours clairement que malgré son passé au KGB, Poutine avait une autre facette de sa personnalité, celle qui avait été nourrie par son travail à Saint-Pétersbourg avec le libéral et démocrate Sobtchak. Et quelques semaines plus tard seulement, c'était comme si Khodorkovski se préparait à se battre pour voir le meilleur côté de Poutine lorsqu'il décida de faire directement appel à lui. Il avait déjà prévenu le mois précédent que la Russie se trouvait à la croisée des chemins, que le pays pouvait soit emprunter la voie de la bureaucratie d'État, comme en Arabie Saoudite où la moitié du budget était consacrée aux salaires des bureaucrates de l'État, soit il pouvait prendre le chemin des économies occidentales, de l'augmentation de la productivité et des sociétés post-industrielles avec des secteurs de services en plein essor. Lorsque les oligarques russes se sont réunis plus tard en février pour leurs réunions désormais régulières avec Poutine autour de la vaste table ovale de la salle Ekaterinsky, Khodorkovski a décidé de poser la question de la participation progressivement croissante de l'État à l'économie, de manière plus brutale encore.

Il avait décidé de faire un point sur la corruption d'État et il commença avec une présentation PowerPoint audacieusement intitulée « Corruption en Russie : un frein à la croissance économique ». Il affirma que le niveau de corruption dans le pays avait atteint 10 % du PIB, soit 30 milliards de dollars par an, en même temps que les recettes fiscales annuelles étaient estimées à environ 30 % du PIB. Pourquoi, avait-il demandé, les étudiants faisaient-il la course pour se qualifier comme fonctionnaires du service des impôts russe, où le salaire officiel n'était que de 170-150 dollars par mois, alors que beaucoup moins voulaient devenir ingénieurs pétroliers, dont les salaires étaient quatre fois plus élevés ? « Cela pourrait conduire à certaines réflexions », a-t-il dit en jetant un coup d'œil au Président assis de l'autre côté de l'immense table. Puis il a soulevé la question d'une manière encore plus significative, portant son attention sur un accord dans lequel le géant pétrolier public Rosneft avait réalisé sa première grande acquisition de ces dernières années, payant 600 millions de dollars pour racheter une compagnie pétrolière, Severnaya Neft, qui reposait sur d'immenses réserves dans l'extrême nord de la Russie. Les compagnies pétrolières privées l'observaient depuis des mois, mais Rosneft l'avait emporté sur elles, payant le double de l'évaluation acceptée. La question était, comme le suggérait Khodorkovski, de savoir où étaient passés les 300 millions de dollars de trop-perçus. Une enquête devait être ouverte, a-t-il dit au Président, afin de déterminer la raison du trop-perçu. Des rumeurs avaient circulé depuis des semaines selon lesquelles la différence correspondait à un pot-de-vin empoché par les fonctionnaires.

Le pari de Khodorkovski s'est retourné contre lui. Il avait touché l'un des nerfs les plus vifs de Poutine. La discussion fut retransmise en direct à la télévision et même si Poutine souriait, il était clairement en colère. « Rosneft est une entreprise étatique qui devrait augmenter ses réserves, avait dit Poutine. Certaines autres entreprises, par exemple Yukos, ont un excédent de réserves et la façon dont elle les a acquises sera l'un des sujets dont nous discuterons aujourd'hui, y compris les questions du non-paiement des impôts... Je vous renvoie la balle ! »

« Lorsque j'ai vu cela à la télévision, j'ai compris que c'était la fin pour nous », a dit le chef analyste de Khodorkovski, l'ancien général du KGB Alexei Kondaurov. « Nous n'en avions pas discuté avant. Lorsqu'il est sorti après la réunion, j'ai dit : "Mikhaïl Borisovich, pourquoi n'avez-vous pas pu donner la présentation de la corruption à quelqu'un d'autre ?" Il a répondu : "Comment pouvais-je donner ça à quelqu'un d'autre ? Il y a si peu de combattants parmi nous." Et donc, nous avons commencé à avoir des problèmes. Je savais qu'il [Poutine] ne le lui pardonnerait jamais. C'étaient les hommes de Poutine qui avaient pris les 300 millions de dollars. »

Si les hommes du KGB de Poutine avaient empoché 300 millions de dollars de pots-de-vin, c'était là leur première grosse affaire depuis son accession à la présidence qui leur avait permis de s'enrichir. L'accord avait été structuré par l'un des propriétaires initiaux de Severnaya Neft, Andrei Vavilov, un ancien ministre adjoint des Finances, qui a reconnu qu'il ne possédait pas tout. (Sur le papier, Severnaya Neft appartenait à six entreprises obscures). Selon une personne familière du dossier, Vavilov avait rendu l'argent à Poutine par l'intermédiaire du président de Rosneft, Sergueï Bogdanchikov. Lorsque nous en avons parlé, Vavilov a nié l'existence de pots-de-vin tout comme le Kremlin qui a également vivement réfuté toute irrégularité.

Mais à en juger par la réaction de Poutine, Khodorkovski avait touché un point sensible. Pour Poutine, il était impensable pour Khodorkovski de le défier ouvertement sur l'affaire. Il en voulait profondément à l'allégation de corruption alors que, rétrospectivement, Khodorkovski avait acquis sa fortune, en particulier Yukos, d'une manière corrompue.

Khodorkovski avait ouvert la porte encore plus grand pour que le Kremlin s'attaque à sa richesse. Mais il avait lancé un défi en partie parce qu'il n'avait pas le choix. L'accord de Severnaya Neft, qui avait renforcé la portée de Rosneft, indiquait que les règles du jeu évoluaient considérablement en faveur de l'État, remettant en cause tout le modèle économique de Khodorkovski. « Il a compris qu'agir autrement n'était pas possible, a dit Kondaurov. Il ne pouvait pas développer son entreprise autrement. Alors, il a joué le tout pour le tout. Il a tout parié. Il a compris que dans tous les cas, en allant plus loin, il ne pouvait qu'aller dans une impasse. »

Dès ce moment, Khodorkovski semblait mettre tous ses pions sur la table. Il accéléra l'expansion de son empire, conduisant un accord de 36 milliards de dollars qui fusionnerait Yukos avec le Sibnet d'Abramovitch, créant le quatrième producteur mondial de pétrole et le second en termes de réserves. L'accord fut annoncé sans prévenir fin avril, sous une rafale de projecteurs dans l'élégante entrée du nouvel hôtel haut de gamme de Moscou, le Hyatt, juste au coin du siège du FSB de Lubyanka. Khodorkovski croyait peut-être que la fusion lui fournirait une couche supplémentaire de protection, alors qu'il rejoignait son entreprise avec les proches d'Eltsine. Mais aujourd'hui, son associé Leonid Nevzlin croit qu'Abramovitch lui tendait un piège en cherchant à prendre le contrôle de Yukos par le biais de la fusion pour ensuite évincer Khodorkovski.

Khodorkovski a continué malgré tout. Il a intensifié sa volonté d'intégration avec l'Occident, lançant des pourparlers historiques en coulisse sur la vente d'une participation dans la fusion YukosSibneft à une compagnie pétrolière américaine, ExxonMobil ou Chevron. Ce serait encore une autre couche de protection pour Yukos, le gardant hors de portée de l'État russe. Trois mois auparavant seulement, un autre groupe d'oligarques conduit par Mikhaïl Fridman du groupe Alfa, lui aussi ancien membre du Komsomol, avait conclu un partenariat révolutionnaire de 6,75 milliards de dollars avec British Petroleum, en vertu duquel l'entreprise britannique prendrait une participation de 50 % dans sa société pétrolière Tyumen, la TNK. Il semblait tout naturel que YukosSibneft suive. Au début, Poutine a semblé s'amuser des négociations. Selon une personne proche du dossier, il nourrissait de grandes ambitions qu'avec l'aide de prêts des banques de l'État russe, YukosSibneft prendrait le contrôle de l'un des géants de l'énergie américains.

Mais tandis que Fridman et son associé Pyotr Aven, ex-collaborateur de Poutine sur les contrats pétrole-contre-nourriture de

Saint-Pétersbourg, gardaient profil bas et faisaient tout pour afficher leur loyauté envers le régime de Poutine, Khodorkovski a de son côté commencé à accélérer ses activités en politique. Il a versé des fonds par le biais de sa fondation Open Russia dans diverses activités philanthropiques cherchant à enseigner aux jeunes adolescents russes les principes de la démocratie lors de camps de jeunesse annuels ainsi que dans l'école qu'il avait créée à l'extérieur de Moscou pour les enfants de militaires russes tués au combat. Peu de temps avant l'annonce de la fusion entre Yukos et Sibneft, il a précisé ses ambitions politiques personnelles, disant au monde qu'il voulait quitter la barre de Yukos quand il atteindrait son quarante-cinquième anniversaire. Ce serait en 2007, juste avant les élections présidentielles prévues en 2008. Il semblait signaler son intention de se présenter.

Khodorkovski était aussi depuis longtemps en pourparlers avec des leaders parlementaires à propos de la transformation de la Russie en une république parlementaire, une décision qui effacerait ce que de nombreux critiques considéraient comme le défaut fatal du système politique du pays : la surconcentration du pouvoir entre les mains du Président. Ce système qui permettait au Président de diriger essentiellement le pays par décret, avait basculé en faveur du Président après la violente confrontation d'Eltsine avec le parlement en 1993. Le passage à une république parlementaire priverait le Président des pouvoirs exécutifs clés et transférerait l'autorité au Premier ministre, élu par le parlement. Khodorkovski insiste maintenant sur le fait que ces pourparlers se sont poursuivis sous les yeux de Poutine et avec son consentement. Il affirme ainsi qu'ils ne visaient pas à réduire le pouvoir de Poutine, mais à construire un système plus équilibré après sa démission en 2008 après deux mandats, ce qui à l'époque était considéré comme la limite constitutionnelle. Mais pour beaucoup, Khodorkovski était poussé par une mégalomanie croissante ; il lorgnait sur le rôle de Premier ministre pour lui-même.

Comme nombre de magnats des affaires en Russie, Khodorkovski finançait des partis politiques à la Douma. Un financement activement encouragé par Alexander Volochine, le chef de cabinet du Kremlin, et son adjoint Vladislav Surkov, dans l'espoir que cela contribuerait à faire des communistes davantage un parti de la bourgeoisie de gauche. Cependant, l'on commençait à s'inquiéter de voir que Khodorkovski allait trop loin. Il versait des dizaines de millions de dollars pour financer les communistes et deux partis libéraux, Yabloko et l'Union des forces de droite. Deux des plus hauts dirigeants de son groupe Yukos étaient en tête de la liste des candidats du Parti communiste, tandis que l'un de ses plus proches associés, Vladimir Dubov, un associé fondateur du groupe Menatep, avait déjà remporté les élections en décembre 1999 et dirigeait la puissante commission parlementaire sur la fiscalité.

L'influence que Khodorkovski exerçait au parlement commençait à défier le pouvoir du Kremlin. La situation n'a été que trop fortement soulignée en mai 2003, lorsque le magnat est parvenu à obtenir suffisamment de votes parlementaires pour bloquer les actions menées par le Kremlin en vue de réformes fiscales radicales du secteur pétrolier ; des réformes qui visaient pour la première fois à restructurer l'économie russe en l'éloignant de sa dépendance excessive aux revenus pétroliers. La hausse rapide des prix mondiaux du pétrole – de 12 dollars le baril en 1998 à 28 dollars en 2003 – avait contribué à renflouer rapidement les caisses de l'État et rembourser la dette extérieure. Mais la hausse du prix du pétrole accentuait également la dépendance de la Russie vis-à-vis des revenus pétroliers et gaziers pour équilibrer son budget et pour sa croissance économique. En 2003, la production de pétrole et de gaz représentait 20 % du PIB de la Russie, 55 % de la totalité de ses recettes d'exportation et 40 % des recettes fiscales totales. Le Fonds monétaire international a produit un rapport qui montrait que la Russie était devenue cinq fois plus dépendante des prix mondiaux du pétrole en 2003 qu'elle ne l'était avant la défaillance d'août 1998 – lorsque la précarité de la dépendance du pays vis-à-vis du prix mondial du pétrole était devenue bien trop évidente. Si les prix du pétrole retombaient au niveau de 12 dollars le baril observé pour la dernière fois en 1998, la Russie pouvait perdre 13 milliards de dollars de recettes budgétaires, soit l'équivalent de 3 % de son PIB, a dit le FMI.

La dépendance globale de la Russie à l'égard des prix mondiaux de l'énergie qui échappait à son contrôle avait depuis longtemps poussé l'aile la plus libérale du gouvernement de Poutine à chercher de portes de sortie. Au cours des années Eltsine, le gouvernement était trop occupé à passer de crise en crise pour réduire la dépendance de la Russie aux revenus pétroliers et gaziers – il avait besoin de toutes les sources de revenus qu'il pouvait obtenir alors qu'il se démenait pour percevoir les impôts. Mais maintenant que les prix du pétrole montaient en flèche, la faction libérale au gouvernement – menée par Alexei Kudrin, le ministre des Finances qui avait servi sous Sobtchak avec Poutine à Saint-Pétersbourg, et German Gref, le ministre de l'Économie qui avait aussi travaillé à Saint-Pétersbourg comme directeur des biens fédéraux – pouvait enfin chercher à utiliser la situation plus stable et les revenus en plein essor pour restructurer l'économie. Dès février 2003, Gref a annoncé des mesures pour augmenter plus encore les prélèvements fiscaux sur les gains exceptionnels de l'industrie pétrolière, afin d'injecter ensuite les investissements de l'État dans les secteurs de la haute technologie et de la défense.

Le gouvernement cherchait à augmenter la fiscalité de l'industrie pétrolière en prélevant des taxes à l'exportation plus élevées couplées à une redevance. Mais Khodorkovski a résisté aux redevances jusqu'au bout. En mai, lorsque ses hommes au Parlement sont parvenus à vaincre l'une des premières tentatives du gouvernement pour l'imposer, les libéraux au sein du gouvernement de Poutine – Gref et Kudrin – l'ont pris personnellement. Jusque-là, selon un banquier-conseil proche de Kudrin, ils avaient cherché à défendre Khodorkovski de l'appétit croissant des hommes de la sécurité étatique visant à l'attaquer. Non seulement avait-il sapé leurs plans, mais il avait également compromis leurs arguments dans sa défense. « Il était devenu un investisseur majeur au sein de la Douma, a dit ce banquier. Il finançait la moitié de la Douma. Dire qu'il n'était pas une menace, c'était parfaitement ridicule, et tout le monde le savait. L'accord qu'il avait mis en place pour faire voter l'augmentation de la pression fiscale était soutenu non seulement par une coalition de députés favorables aux entreprises, mais aussi par des communistes purs et durs, des nationalistes antisémites acharnés, des libéraux et des conservateurs. On n'avait jamais vu autant de personnes aussi différentes voter ensemble contre une augmentation d'impôts. Kudrin l'a appelé et lui a dit : “Misha, tu fais n'importe quoi. Tu n'es pas censé acheter les organes de l'État. Il y a des gens qui veulent augmenter les impôts à 90 %. Tu aurais dû accepter le marché." Mais vous savez ce qu'il a dit à Kudrin ? "Tu te prends pour qui ? Va te faire voir. Je te ferai éliminer." »

Du point de vue de Gref et Kudrin, la situation devenait insoutenable. Comme l'affirmait le banquier, Khodorkovski a rendu les choses encore plus compliquées lorsque, jubilant après le vote, il a commencé à appeler les futurs candidats au poste de Premier ministre et à leur dire qu'ils devraient être d'accord avec lui. « Il leur a dit que le vote était une démonstration objective de son contrôle sur la Douma. Il a dit qu'il avait maintenant le droit de choisir le prochain Premier ministre. »

Khodorkovski nie avoir jamais passé de tels appels. Mais quelques semaines plus tard, un rapport a été publié dans les médias affirmant qu'il était à la tête d'un groupe « dangereux » d'oligarques pro-occidentaux cherchant à saper le régime présidentiel. Leur objectif, selon le rapport, était d'acheter le pouvoir majoritaire au Parlement et de transformer le pays en une république parlementaire où le Président ne jouerait qu'un rôle honorifique. Le rapport, qui décrivait presque exactement les actions récentes de Khodorkovski, visait clairement à justifier davantage la paranoïa des hommes de Poutine. Il qualifiait les actions du groupe d'oligarques d'« antinationales ». Leurs propriétés étaient enregistrées dans des zones offshore afin de les protéger contre l'État russe : « On peut dire que les oligarques font appel aux ressources d'autres États comme garanties de leurs intérêts politiques et économiques en Russie. Ayant réalisé la privatisation des principaux actifs de l'économie nationale, ils passent maintenant à la privatisation du pouvoir politique en Russie. »

Le rapport reflétait exactement l'état d'esprit des hommes de Poutine et, selon son auteur et un banquier-conseil proche du service de sécurité, il reflétait également ce qu'ils avaient entendu lorsqu'ils avaient mis sur écoute les téléphones et les bureaux de Khodorkovski et de ses associés. « Beaucoup de ceux qui sont en prison aujourd'hui sont là parce que les hommes de la sécurité ont entendu exactement ce qu'ils pensaient d'eux. Ils entendaient comment ils les insultaient », a dit Stanislas Belkovsky, un analyste politique renommé et coauteur du rapport.

Bientôt, Poutine a également commencé à faire comprendre ce qu'il ressentait. Plus tard en mai, il a convoqué Khodorkovski, Abramovitch et plusieurs de leurs lieutenants clés à un dîner privé dans la salle de réception lambrissée de chêne de sa résidence de Novo-Ogarevo. D'après l'un des participants, au cours du repas ils ont discuté de l'accord Exxon/Chevron, mais lorsqu'ils sont passés au cognac très raffiné, Poutine a ordonné à Khodorkovski d'arrêter de financer les communistes. Il s'y opposait, disant qu'il avait accepté le financement de Volochine et Surkov, le chef de cabinet et son adjoint, mais Poutine lui a dit : « Laissez tomber. Vous avez une grande entreprise, vous avez beaucoup de choses à faire. Vous n'avez pas le temps pour ça. » Khodorkovski a continué à se braquer, disant qu'il ne pouvait pas empêcher les autres actionnaires de Yukos de financer qui ils voulaient, même si lui-même arrêtait de financer le Parti communiste. Il a dit : « Si nous sommes une entreprise ouverte et transparente, je ne peux pas empêcher les actionnaires et les employés de suivre une certaine ligne politique. » Il tenta d'expliquer à Poutine que les projets sociaux et le soutien à la démocratie en Russie étaient tout aussi importants pour lui que l'entreprise.

La conversation s'est terminée brusquement et les invités sont partis. Mais Poutine n'allait pas en rester là. Alors qu'il se préparait à quitter la Russie plus tard en juin pour l'honneur, le faste et la cérémonie d'une visite d'État au Royaume-Uni, sa première en tant que Président, où il devait être fêté par le Premier ministre Tony Blair et la reine, il a livré le premier signe des ennuis à venir. Lors d'une conférence de presse annuelle, il a fustigé les barons des affaires pour avoir bloqué les réformes au Parlement visant à augmenter la pression fiscale sur l'industrie de l'énergie. Même s'il n'a pas mentionné Khodorkovski par son nom, son allusion était sans équivoque. « Nous ne devons pas permettre à certains intérêts commerciaux d'influencer la vie politique du pays dans l'intérêt de leur groupe », avait-il dit. Pour la première fois, Poutine s'était également prononcé publiquement contre la réforme du système politique pour transformer le pays en une république parlementaire. C'était hors de question, avait-il dit, voire « dangereux ».

Tout le monde connaissait l'identité de la personne visée par les déclarations de Poutine. Et tandis qu'il était à l'étranger, assistant à un banquet étincelant à Buckingham Palace et signant l'accord entre BP et TNK, que Blair a salué comme un signe de la « confiance à long terme du Royaume-Uni dans la Russie », l'appareil d'État est entré en action. Orchestrée de manière à donner l'impression que cela n'avait rien à voir avec Poutine, les procureurs russes franchissaient tranquillement la première étape fatidique de l'attaque contre Yukos. Ils ont commencé par mettre le chef de la sécurité de l'entreprise, Alexei Pichugin, en état d'arrestation. Puis, le jour du quarantième anniversaire de son patron Khodorkovski, ils l'ont accusé du meurtre d'un couple marié qui, selon eux, avait tenté de le faire chanter suite à son ordre présumé d'assassiner un autre employé de Menatep. La menace du Kremlin n'aurait pas pu être plus forte. Mais l'arrestation de Pichugin aurait pu passer inaperçue s'il n'y avait pas eu cette interpellation beaucoup plus médiatisée une semaine plus tard. Platon Lebedev, blagueur et bras droit de longue date de Khodorkovski, président du groupe Menatep et l'homme derrière une grande partie de ses affaires, a été arrêté. Tout à coup, le monde de Khodorkovski s'écroulait.

Lebedev a été hissé hors de son lit d'hôpital avec des menottes aux poignets, accusé d'avoir détourné une participation de 20 % dans Apatit, le géant des engrais qui fut la première grande entreprise privatisée par Menatep. La nouvelle de l'arrestation a été diffusée partout dans les journaux et 2 milliards de dollars ont été effacés de la capitalisation boursière de Yukos en l'espace d'une journée. En arrière-plan, un autre dossier pénal lié à la privatisation de VNK a été ouvert, et un autre cadre supérieur de Yukos était interrogé. L'offensive contre Yukos avait commencé.

Cet été-là, les gros titres ont continué sans relâche. Les actions de Yukos ont été matraquées alors que les procureurs intensifiaient leurs enquêtes. Fin juillet, quatre jours après le retour de Khodorkovski d'un voyage aux États-Unis pour obtenir le soutien des investisseurs, les procureurs ont annoncé l'ouverture de quatre autres enquêtes criminelles distinctes pour meurtre et tentative de meurtre par Pichugin. Les annonces ont fait remonter à la surface les pires cauchemars de Khodorkovski. À l'étude, il y avait non seulement les attaques contre Evgueni Rybin au sujet des actions de VNK, mais aussi l'assassinat du maire de Nefteyugansk, la ville pétrolière de Sibérie occidentale où Yukos avait son siège. Le maire, avec lequel Khodorkovski avait été engagé dans un conflit après que Menatep avait pris le contrôle de Yukos, avait été abattu alors qu'il se rendait au travail le matin de l'anniversaire de Khodorkovski. Les rumeurs s'étaient rapidement répandues selon lesquelles il avait été tué par un subalterne zélé qui voulait offrir un cadeau d'anniversaire à Khodorkovski. Yukos s'apprêtait à scinder les sociétés de service qui employaient presque 30 000 employés de Nefteyugansk dans sa principale unité de production tandis qu'elle cherchait à rationaliser des flux de trésorerie, et le maire avait personnellement protesté dans une lettre adressée à Eltsine contre la chute des impôts de la ville après la prise de contrôle de Yukos. Des milliers de citoyens de la ville sont descendus dans les rues pour accuser ouvertement Khodorkovski d'avoir ordonné sa mort. Mais selon un journaliste du *Financial Times* qui lui a parlé peu de temps après, Khodorkovski semblait véritablement troublé par le meurtre.

Khodorkovski nia avec véhémence toute implication personnelle ou de l'un de ses associés dans les meurtres et tentatives de meurtre. Dans le cas du maire de Nefteyugansk, ses avocats ont pointé du doigt de dangereux groupes criminels tchétchènes qui avaient la mainmise sur certaines des exportations de Yukos jusqu'à ce que les hommes de Khodorkovski les expulsent. Et plus tard, lorsque les antécédents des hommes du KGB que Khodorkovski avait combattus pour VNK sont devenus évidents, l'un de ses proches a laissé entendre que les meurtres avaient en fait été organisés par les soutiens du KGB de VNK, afin d'essayer de ternir le nom de Khodorkovski.

Khodorkovski a cherché refuge et protection auprès des États-Unis. Immédiatement après l'arrestation de son principal lieutenant Lebedev, il est allé directement à l'ambassade des États-Unis. Devant les drapeaux et la bannière étoilée exposés pour le jour de l'Indépendance, il a insisté auprès des journalistes sur le fait qu'il ne pensait pas que le conflit entre lui et le gouvernement pourrait durer. Peu de temps après, il a assisté à une conférence à Sun Valley, dans l'Idaho, où il fraternisa visiblement avec des gens comme Bill Gates et Warren Buffet. À son retour à Moscou, il a de nouveau cherché à faire monter les enchères, déclarant à la télévision nationale que toute poursuite de l'attaque contre son entreprise conduirait à une recrudescence de la fuite des capitaux depuis la Russie, que cela ruinerait le climat d'investissement et la ferait revenir en arrière, à l'époque du totalitarisme.

Mais les ouvertures de Khodorkovski vers les États-Unis n'avaient fait que contrarier davantage le Kremlin. En septembre, alors qu'il se préparait pour une grande visite aux États-Unis où il devait s'entretenir à Camp David avec le Président George W. Bush, Poutine a eu un message dur pour ceux qui pensaient qu'il pouvait retenir les procureurs. Ces affaires concernaient des meurtres, avait-il ostensiblement dit aux journalistes américains. « Dans un tel cas, comment puis-je m'impliquer dans le travail des procureurs ? » avait-il demandé.

Si Khodorkovski a jamais eu un jour la moindre chance d'échapper à toute la force de la campagne du Kremlin, le coup de grâce pour Poutine est arrivé lors de sa visite en Amérique. Invité à la Bourse de New York où il s'est adressé à des dizaines de dirigeants américains de premier plan, il a confirmé l'attachement de la Russie à une économie de marché dans laquelle aucune privatisation ne serait annulée. En marge, il avait rencontré en privé le directeur général d'ExxonMobil, Lee Raymond, l'imposant natif du Middle West, qui avait mené Exxon lors de sa fusion avec Mobil pour en faire la plus grande entreprise du monde, d'une valeur de 375 milliards de dollars. Connu pour son style agressif, Raymond n'avait pas mâché ses mots avec Poutine, lui disant qu'il voulait par la suite acquérir le contrôle de YukosSibneft, après la première étape d'un accord dans lequel Exxon achèterait une participation minoritaire.

Poutine était complètement abasourdi. Il n'avait jamais évoqué de scénario dans lequel un géant américain de l'énergie pourrait prendre le contrôle de réserves russes avec Khodorkovski ou Abramovitch. Il avait eu l'impression que l'idée était qu'Exxon ou Chevron prenne une participation minoritaire, tandis que YukosSibneft prenait également une participation dans l'un des géants américains de l'énergie. « Pour Poutine, l'échange d'actions était important, a dit une personne au courant des négociations. Cela aurait été un pont énergétique entre la Russie et les États-Unis. » Mais tandis que la pression sur Yukos avait augmenté cet été-là, les actionnaires avaient poussé pour qu'une vente soit rapidement conclue. Ils voulaient tout encaisser plutôt que d'échanger des actions.

Pour Poutine, la vente d'une participation majoritaire dans YukosSibneft à ExxonMobil était absolument hors de question. Il ne pouvait pas approuver la vente du contrôle des réserves stratégiques de la Russie aux États-Unis. Cela allait à l'encontre de tout ce que les hommes du KGB défendaient dans leur tentative de restaurer la puissance impériale de la Russie. Fridman et Aven auraient pu être autorisés à conclure un partenariat à 50/50 avec BP mais contrairement à Khodorkovski, ils étaient restés absolument fidèles au Kremlin, et ils faisaient tout pour rester aux commandes de l'entreprise commune TNK-BP.

Lee Raymond est arrivé à Moscou tout juste une semaine plus tard, apparemment avec l'espoir de conclure l'affaire. Ce jour-là, le *Financial Times* diffusait en première page l'information selon laquelle Exxon était en pleins pourparlers pour acquérir une participation de 40 % dans YukosSibneft pour 25 milliards de dollars qui pourrait ensuite dépasser les 50 %. Mais à la place des poignées de main et des toasts, Raymond a été accueilli par la nouvelle selon laquelle plus de cinquante enquêteurs armés de mitrailleuses et vêtus de gilets pare-balles perquisitionnaient des endroits liés à Yukos dans Moscou, y compris les habitations de certains des partenaires les plus proches de Khodorkovski, les autres principaux actionnaires de Menatep – qui vivaient ensemble dans une enceinte gardée derrière une haute clôture métallique à l'extérieur de Moscou, dans le village d'élites de Zhukovka. Parmi ces actionnaires, on trouvait le nom de Lebedev, qui était déjà en prison. Lorsque Khodorkovski reçut un appel de sa femme pour l'informer que la police s'était regroupée devant la porte, il s'est empressé de présenter ses excuses à Raymond et il est parti.

Le signal du Kremlin n'aurait pas pu être plus clair. ExxonMobil n'allait jamais obtenir son accord. Lorsque Khodorkovski a reçu l'appel de sa femme, lui et Raymond avaient assisté à une conférence organisée par le Forum économique mondial, au cours de laquelle Poutine devait prononcer un discours d'ouverture. Mais pendant que Khodorkovski se précipitait chez lui pour sécuriser sa maison contre les perquisitions, tout ce que Raymond pouvait faire, c'était avertir la conférence que la Russie ne devrait pas restreindre « artificiellement » tout investisseur si elle voulait participer aux marchés mondiaux. Comme s'il était parfaitement inconscient des perquisitions, Poutine a continué à insister auprès des investisseurs sur le fait qu'il faisait tout ce qu'il pouvait pour éliminer les obstacles à l'investissement. C'était typique du double langage qu'il avait employé depuis qu'il avait commencé son ascension au pouvoir. Il faisait l'éloge du marché, tandis que dans les coulisses, ses hommes de la sécurité faisaient tout ce qu'ils pouvaient pour prendre le contrôle pour eux-mêmes.

Pourtant, Khodorkovski refusait de reculer. Il annonça qu'il était prêt à aller en prison, si c'était ce qu'il fallait faire pour défendre son entreprise. Il ne quitterait pas le pays et n'abandonnerait pas le combat. En privé, cependant, il cherchait désespérément une issue, en allant même voir Pougatchev, son ancien rival des années 1990 qui était alors proche des hommes de la sécurité de Saint-Pétersbourg, pour l'interroger sur les motivations du Kremlin. Après s'être renseigné, Pougatchev avait un message sans ambiguïté pour lui. S'il voulait rester libre, il devait quitter le pays. Sinon, lui avait-il dit, il irait en prison. Khodorkovski a répondu qu'il ne le croyait pas. Le Kremlin n'oserait pas l'arrêter – et s'il le faisait, les États-Unis interviendraient pour le défendre.

C'était un signe de son orgueil, sa surestimation des efforts déployés par les États-Unis pour protéger un oligarque qui avait cherché à établir des ponts avec eux.

*

Dans un geste de défi, Khodorkovski était en train de visiter la Sibérie lors d'un voyage d'affaires lorsque c'est arrivé. Les procureurs l'avaient convoqué la veille pour un interrogatoire, mais il était loin de Moscou. Peu avant l'aube du samedi matin 25 octobre 2003, son jet privé a atterri sur une piste d'atterrissage à Novossibirsk pour faire le plein lorsqu'une escouade de commandos armés du FSB est montée de force à bord. Khodorkovski était en première classe lorsqu'ils ont fait irruption en criant : « FSB ! Posez vos armes ! Ne bougez pas sinon nous tirons ! » Il fut arrêté pour fraude à grande échelle et évasion fiscale et le soir, il se retrouvait dans la célèbre prison de Matrosskaya Tishina à Moscou.

Ce fut le moment où le cours politique et économique de la Russie se détourna irrévocablement d'une intégration mondiale menée par l'Occident pour suivre sa propre voie et se diriger vers une collision avec l'Occident. C'était le point de non-retour pour le groupe des forces de sécurité étatistes qui avait fait pression, comploté et qui avait finalement convaincu Poutine qu'il n'y avait pas d'autre moyen d'assurer la résurgence de l'État russe – et leur propre poids financier. Mais c'était un territoire inexploré autant pour eux que pour le pays. Alors que peu s'attendaient à ce que les choses aillent si loin, beaucoup dans le monde des affaires espéraient qu'il y avait un moyen de revenir en arrière, que Khodorkovski pourrait être libéré et que les deux parties pourraient se calmer. Même Pougatchev a déclaré que l'attente reposait depuis longtemps, même parmi certains des *siloviki*, sur le fait que Khodorkovski et ses associés accepteraient de verser à Poutine et à ses hommes une somme d'argent importante pour faire disparaître les accusations. « Tout le monde s'attendait au pot-de-vin, dit-il, parce que personne n'était vraiment préparé. Personne ne savait quoi faire de l'entreprise. Ils n'avaient aucune expérience de la gestion des choses à l'époque. »

L'arrestation de Khodorkovski mit toute la communauté des affaires en état de choc. Il était l'homme le plus riche du pays, le plus éminent promoteur du marché, l'homme qui avait été sur le point de conclure l'affaire du siècle – la vente de son entreprise pour 25 milliards de dollars, sept ans seulement après qu'il l'avait achetée pour 300 millions. S'il pouvait être abattu, cela pouvait arriver à n'importe lequel d'entre eux. Le jour où Khodorkovski a été arrêté, les membres éminents de l'Union russe des industriels et des entrepreneurs, qui était devenue l'organe principal officiel des oligarques pour leur représentation, se sont rassemblés pour une réunion d'urgence à l'hôtel Baltschug de Moscou. Beaucoup d'entre eux avaient trop peur pour parler directement à la presse, mais ensemble, ils ont écrit une lettre timide et hésitante à Poutine pour condamner l'arrestation et demander une audience avec lui : « Seule la position claire et sans ambiguïté du Président russe Vladimir Poutine peut améliorer la situation. Son absence rendra irréversible la dégradation du climat des investissements et fera de la Russie un pays défavorable à ceux qui développent leurs entreprises. » Anatoli Tchoubaïs, le tsar de la privatisation et auteur des réformes libérales russes, a poussé le message un peu plus loin. Lors d'un entretien télévisé ce week-end-là, il a averti que l'arrestation de Khodorkovski et le manque de clarté sur la possibilité que d'autres chefs d'entreprise puissent être les prochains pourraient conduire à une scission « incontrôlable » de l'élite qui pourrait attirer l'ensemble de la société dans son sillage.

Mais Poutine n'allait pas reculer maintenant. Même s'il a toujours nié toute implication dans l'arrestation de Khodorkovski, de telles choses ne s'étaient pas produites sans une incitation manifeste venue d'en haut. Surtout, l'arrestation de Khodorkovski a montré qu'il n'avait pas saisi un principe fondamental du régime de Poutine que d'autres oligarques – grâce à son expérience – n'ont que trop bien compris plus tard. « Lorsque vous achetez en Russie une grande compagnie pétrolière pour 150 millions de dollars avec l'aide de dépôts du ministère des Finances, vous devez ensuite jouer selon les règles russes », a dit Dmitri Gololobov, un avocat qui avait déjà travaillé avec Khodorkovski, mais qui avait fini par se retourner contre lui. « Vous ne pouvez pas dire que vous êtes le propriétaire légitime. La privatisation n'avait pas créé de propriété légitime. Les autres oligarques l'ont bien compris. Aucun d'entre eux n'a affirmé qu'il était réellement propriétaire de l'entreprise. Ils avaient compris qu'ils n'étaient que des détenteurs. »

Cette façon de penser allait à l'encontre de tout ce que Poutine avait prétendu défendre lorsqu'il s'était présenté. C'était une tromperie enracinée dans la conviction du KGB que c'étaient eux qui avaient fait les magnats lorsque la Russie avait commencé sa transition vers le marché, et que tout ce que les nouveaux milliardaires avaient gagné leur appartenait. Ce qui était arrivé à Khodorkovski était une vengeance pour les années 1990, lorsque le KGB avait été contraint d'attendre sur la touche, mis de côté par l'essor grandissant des magnats de Moscou pro-occidentaux. « Ce qui se passe maintenant avec Poutine, c'est la revanche du KGB, a dit un ancien officier supérieur du renseignement militaire à l'époque. Le KGB a créé l'oligarchie et ensuite, il a dû la servir. Maintenant, ils ont leur revanche. »

La bataille a atteint un point où le KGB a estimé qu'il pouvait justifier sa saisie d'actifs en se disant qu'il empêchait la cession des actifs pétroliers les plus riches du pays à l'Occident. « Yukos avait l'intention de céder la plus grande partie de ses actifs à l'Occident, a affirmé l'un de leurs membres. La capitalisation que [Khodorkovski] a construite comme l'éclair et tous ces actifs auraient circulé à l'étranger par le biais de fausses sociétés offshore. Si nous n'avions pas arrêté cela, nous n'aurions pas gardé le contrôle de notre industrie pétrolière et gazière. Nous serions devenus pour longtemps les serviteurs des industriels occidentaux. »

Et donc, au cours des journées qui ont suivi l'arrestation de Khodorkovski, le reste des milliardaires du pays a regardé avec horreur les procureurs saisir sa participation de 15 milliards de dollars dans YukosSibneft. Poutine leur a fermement dit qu'il n'y aurait pas de discussion sur l'arrestation et la bourse est tombée en chute libre. Le lundi qui a suivi l'arrestation, Poutine a répondu brusquement et sans équivoque à l'appel à la clarté des oligarques : « Il n'y aura pas de réunions ou de négociations sur les activités des forces de l'ordre, tant que ces agences respectent la loi russe. Tout le monde devrait être égal devant la loi, quel que soit le nombre de milliards de dollars qu'une personne possède sur son compte personnel ou celui de son entreprise. Sinon, nous n'enseignerons ni ne forcerons personne à payer des impôts et à vaincre le crime organisé et la corruption. »

C'était une ère nouvelle. Poutine avait écarté une grande partie de l'indécision qui avait marqué les deux premières années de sa présidence. Les nouveaux maîtres du Kremlin étaient prêts à se partager les atouts stratégiques du pays. Il n'était plus question de revenir en arrière, ni pour Poutine, ni pour ses hommes.

8

Un réveil impérial par la terreur

Comme un nœud à trois éléments

Au début de sa présidence, Vladimir Poutine était apparu sous les traits d'un leader réticent. Lorsqu'il avait été catapulté au pouvoir, il avait dit à Boris Eltsine qu'il n'était pas prêt à exercer ces fonctions et s'était décrit aux yeux des membres de la Famille d'Eltsine comme un directeur qui est recruté, suggérant par là qu'il n'exercerait que pendant quelques années. Quand l'actualité le frappait, comme lors du naufrage du sous-marin *Kursk*, il se renfermait sur lui-même, se montrait incapable d'agir, et affichait parfois un visage aussi blanc qu'un linge. Mais maintenant qu'il avait ordonné l'arrestation de l'homme le plus riche de Russie, il n'était plus possible de revenir en arrière. Même s'il l'avait voulu, il ne s'en sentait pas capable. Son entourage proche en particulier, les *siloviki* qu'il avait amenés avec lui de Saint-Pétersbourg, l'ont pressé de rester. « Ils lui faisaient peur, a dit Pougatchev. Ils lui disaient : "Personne ne vous pardonnera pour Yukos, pour le rachat de NTV. Si vous allez à l'Ouest, ils vous arrêteront tout de suite." » Maintenant qu'ils avaient goûté au pouvoir, les hommes du KGB ne comptaient pas se retirer. Ils préparaient une nouvelle prise de contrôle du pays ; après la réélection de Poutine en 2004, ils seraient libérés de certains des accords qu'il avait conclus avec les proches d'Eltsine lorsqu'ils les avaient remplacés.

Poutine avait éliminé les magnats des médias Vladimir Gusinsky et Boris Berezovski. Les premières réformes lancées par son administration avaient considérablement réduit le pouvoir des gouverneurs régionaux par la création de « super régions » dirigées par des chefs plénipotentiaires nommés par le Kremlin. De telles mesures

– dirigées par Dmitri Kozak, un ancien officier du renseignement militaire et procureur de Saint-Pétersbourg – avaient renversé les politiques des années Eltsine, lorsque le Président avait ordonné à ses gouverneurs de « prendre autant de libertés que vous le pouvez ». Les libéraux et les anciens magnats des médias ont mis en garde à propos de la revanche du KGB et de l'emprise de plus en plus autoritaire du Kremlin. L'arrestation de Khodorkovski et la saisie de sa participation dans YukosSibneft avaient provoqué des secousses dans le marché boursier et dans le monde des affaires. Mais Poutine et le Kremlin ont cherché à le présenter comme un cas isolé, la punition à l'encontre d'un oligarque voyou qui était allé trop loin. Le reste du pays se délectait des avantages d'une flambée des prix du pétrole qui était passé de 12 à 28 dollars le baril depuis l'arrivée de Poutine au pouvoir. Reflétant l'approbation publique de la fin du chaos des années 1990 et des mesures qu'il prenait pour remettre les oligarques à leur place, la cote de Poutine a avoisiné les 70 % tout au long de son premier mandat.

Tous les signes étaient réunis pour qu'il entre dans un second mandat. Mais le rachat de NTV et l'arrestation de Khodorkovski ne constituaient pas les seuls événements qui avaient marqué son premier mandat de controverse – et selon un rapport interne jamais révélé, certains membres influents des *siloviki* cherchaient à ne rien laisser au hasard. Le soir du mercredi 23 octobre 2002, au moins quarante combattants armés tchétchènes ont pénétré dans le théâtre de Dubrovka, dans la banlieue de Moscou au sud du Kremlin, tirant en l'air avec des fusils d'assaut tandis que des danseurs de claquettes défilaient sur la scène pour l'ouverture du deuxième acte d'une nouvelle comédie musicale populaire russe, *Nord-Ost*. Près de neuf cents spectateurs, membres d'une classe moyenne qui commençait à prospérer dans la Russie de Poutine, étaient là pour voir un spectacle qui rendait hommage à la bravoure des Soviétiques pendant le siège de Leningrad au cours de la Seconde Guerre mondiale. Les Tchétchènes ont procédé au câblage du bâtiment avec des explosifs. Des femmes accompagnant les preneurs d'otages, connues sous le nom de « Veuves Noires » et vêtues de hijabs noirs et ce qui semblait être des ceintures d'explosifs, se tenaient au milieu du public terrifié pendant que les combattants bouclaient l'auditorium.

Le siège qui s'est déroulé sur les trois jours suivants ne fut pas loin d'être le pire cauchemar de Poutine. Les combattants tchétchènes, menés par Movsar Barayev, le neveu de l'un des rebelles les plus notoires de Tchétchénie, réclamaient la fin de la guerre de la Russie dans leur république qui durait depuis les attentats à la bombe de 1999 et qui avaient favorisé l'arrivée de Poutine au pouvoir. Ils donnaient sept jours à la Russie pour retirer ses troupes ou ils feraient sauter le bâtiment. Le soir où la nouvelle du siège est tombée, les opposants politiques et les responsables de la sécurité se sont rassemblés devant le théâtre dans l'obscurité et sous la pluie froide, choqués que cela ait pu se produire à moins de cinq kilomètres du Kremlin. Comment tant de rebelles, armés jusqu'aux dents avec des explosifs, avaient pu entrer dans le théâtre, apparemment au vu et au su de tout le monde ?

Pendant les trois jours qui ont suivi, Poutine n'a pas bougé de son bureau au dernier étage du Kremlin, pris de panique face aux événements qui devenaient incontrôlables dans le monde en bas. Alors qu'il cherchait une issue à la crise, il annula un voyage prévu au Mexique où il devait rencontrer des dirigeants mondiaux, y compris le président des États-Unis, George W. Bush. Les preneurs d'otages ont permis à des personnalités russes d'entrer dans le théâtre pour négocier, dont un député et un chanteur connu, Iosig Kobzon, des politiciens de l'opposition libérale et une journaliste, Anna Politkovskaya, réputée pour ses reportages courageux sur la guerre en Tchétchénie. Bien qu'ils aient obtenu la libération de plusieurs otages, notamment des enfants et des citoyens étrangers, les assaillants ont refusé de revenir sur leur demande pour la fin de la guerre.

Le troisième soir du siège, une équipe de NTV a été autorisée à enregistrer une interview avec Barayev. « Notre objectif – que nous avons déclaré plus d'une fois – est d'arrêter la guerre et de faire sortir les troupes », a-t-il dit. Une femme preneuse d'otages portant apparemment une ceinture explosive a dit au journaliste : « Nous suivons le chemin d'Allah. Si nous mourons ici, ce ne sera pas fini. »

Encore une fois, Poutine était paralysé par la peur. Les assaillants avaient clairement indiqué qu'ils tueraient les otages et feraient sauter le bâtiment si les forces de sécurité tentaient d'intervenir, et il y avait déjà eu des morts : deux civils et un colonel du FSB cherchant à entrer dans le théâtre avaient été abattus.

Les services de sécurité russes sont finalement intervenus juste avant l'aube du samedi 26 octobre. Afin d'éviter que les preneurs d'otages ne déclenchent les explosifs, un gaz a été libéré dans l'auditorium par le système de ventilation du théâtre. Mais bien qu'il ait assommé les otages et certains des combattants tchétchènes, le gaz a également tué de nombreux otages. Les services d'urgence étaient aussi mal équipés que préparés pour s'occuper des personnes encore en vie qui avaient été allongées sur le bord de la route, certaines vomissant, certaines inconscientes, d'autres s'étouffant avec la langue. Quatre-vingt-dix minutes se sont écoulées avant qu'elles ne soient emmenées à l'hôpital pour y être soignées. S'attendant à trouver un bain de sang à la suite d'explosions et de coups de feu, 80 % des ambulances qui sont arrivées sur les lieux étaient équipées uniquement pour traiter les blessures traumatiques et non les effets du gaz. À la fin du jour suivant, le nombre de morts parmi les otages était d'au moins 115. Deux seulement avaient été tués par balles. Les autres étaient morts des effets du gaz.

Pendant un certain temps, Poutine a fait face à un tollé sur la gestion du siège. Comment cela avait-il commencé ? Pourquoi les secours n'avaient-ils pas été correctement informés de la nature du gaz ? Selon plusieurs témoins qui avaient survécu à l'attaque, le gaz s'était infiltré dans l'auditorium depuis le dessous de la scène, assommant les ravisseurs les plus proches, mais s'infiltrant dans le hall suffisamment lentement pour que certains d'entre eux remarquent une odeur caustique et un gaz d'aspect vert. Face à la pression croissante pour identifier le gaz, le ministre russe de la Santé a finalement affirmé qu'il s'agissait d'un dérivé aérosol du fentanyl anesthésique, un opioïde puissant généralement utilisé comme analgésique qui, a-t-il dit, « ne peut pas en soi être qualifié de mortel ». La raison pour laquelle les otages étaient morts, a-t-il affirmé, c'était parce qu'ils avaient été affaiblis par trois jours de stress intense, la déshydratation et la faim. Dans le rapport final des procureurs de Moscou, qui a été rendu public un an plus tard, le gaz n'était désigné que comme une « substance chimique non identifiée ».

Ce qui s'est passé au Kremlin la nuit où le théâtre a été pris d'assaut a été verrouillé depuis sous le sceau du secret. Mais aujourd'hui, un insider impliqué dans les discussions du Kremlin à l'époque a entrouvert la boîte de Pandore. Il a affirmé que ce qui s'était passé n'était rien d'autre que le dénouement mortel d'un complot qui ne s'était pas déroulé comme prévu. Dans son récit des événements, l'attaque du théâtre avait été planifiée par Nikolai Patrouchev, le chef hargneux du FSB, pour mieux ancrer Poutine à la présidence. Il n'était conçu que comme un faux exercice qui renforcerait l'autorité de Poutine lorsqu'il y mettrait fin avec succès et augmenterait le soutien à la guerre en Tchétchénie qui commençait à s'essouffler. Patrouchev, raconte cette personne, a dit à Poutine que les mercenaires n'étaient pas armés de vraies bombes et qu'une fois que le siège serait terminé, ils auraient été transportés par avion en Turquie sous la protection du FSB, pendant que Poutine deviendrait un héros, le seul dirigeant mondial qui avait mis fin à une prise d'otages sans qu'il n'y ait aucune mort civile à déplorer – ce qui lui permettrait alors de resserrer son contrôle sur la Tchétchénie.

Mais tout s'est effondré dès le premier jour du siège, lorsqu'un des Tchétchènes a abattu un civil qui essayait de pénétrer dans le théâtre. Poutine a paniqué, selon cet insider : « Tout est devenu incontrôlable. Personne ne savait à qui ou en quoi faire confiance. » Au moment où les forces de sécurité se préparaient à prendre d'assaut le bâtiment, la prise d'otages était traitée comme s'il s'agissait d'un véritable acte de terrorisme. Igor Setchine, le collègue du KGB de Saint-Pétersbourg le plus proche de Poutine, a été appelé pour aider à faire face à la situation. Connaissant la tendance de Setchine à l'excès de zèle, Patrouchev l'a encouragé, a raconté l'ancien responsable au courant des discussions. « Il lui a dit : “Igor, vous avez une expérience militaire. Aidez-nous à gérer tout ça.” » D'après ce récit, l'idée d'utiliser le gaz venait de Setchine. Il avait parlé avec un ancien commandant des troupes de guerre chimique de la Russie qui lui avait dit que le gaz était ancien, et qu'il y avait une chance pour qu'il ne soit pas efficace. « Setchine m'a dit qu'il leur avait donc ordonné d'utiliser dix fois la dose habituelle », a dit l'ancien fonctionnaire qui prétend que, horrifié par la façon dont les événements se déroulaient,

Poutine avait signé une lettre de démission. Mais il était déjà trop impliqué et il s'est entendu dire qu'il devait rester. Patrouchev, semblait-il, avait quitté la planification de l'attaque et la réponse des forces de sécurité la concernant, délibérément ambigüe. Des effusions de sang et des pertes de vie lieraient également Poutine à la présidence. « Tout était organisé pour que Poutine reste pour un second mandat. » Si quelque chose se passait mal, il faudrait le traîner encore plus loin. « Si Poutine avait été remplacé, cela aurait été la fin pour Kolya Patrouchev. Alors il a arrangé ça en le couvrant de sang. »

Dmitri Peskov, le porte-parole du Kremlin, a rejeté les propos de l'initié comme étant « une foutaise totale », disant qu'il « ne savait rien du tout ». Il est sans doute impossible de vérifier tout cela complètement. Seul un tout petit cercle de personnes au sommet du pouvoir connaît la véritable nature de ces événements et leur déroulement, mais l'ancien officiel qui m'a donné cette version était suffisamment proche pour être lui aussi au courant. S'il n'y avait pas eu ce rapport des procureurs de Moscou passé quasiment inaperçu un an après le siège, son récit pouvait facilement être rejeté comme une autre de ces théories du complot qui ont émergé à propos de la prise de décision à huis clos du Kremlin, surtout après le brouillard dans lequel a baigné l'attentat contre l'immeuble d'appartements. Mais lorsque les procureurs ont finalement terminé leur enquête, ils ont découvert que les deux principales bombes placées à l'intérieur de l'auditorium étaient essentiellement fausses. Il y avait au moins une partie de l'histoire de cet insider qui sonnait vrai. « Les bombes n'avaient pas été préparées pour être utilisées : les détonateurs n'étaient pas alimentés, disait le rapport. Il n'y avait pas de piles... Les bombes se sont avérées être des munitions à blanc. » Il en a été de même pour les ceintures d'explosifs portées par certaines femmes, ainsi que d'autres engins explosifs. Nombre des femmes qui portaient les ceintures avaient été présentes avec les otages dans l'auditorium, mais plutôt que de déclencher les appareils comme elles avaient menacé de le faire, elles se sont évanouies à cause du gaz. Et puis, au lieu de les interroger pour aller au fond du complot terroriste, les services de sécurité russes les ont toutes abattues.

Même s'il avait fallu cinq à dix minutes pour que le gaz fasse effet, ont conclu les procureurs, les terroristes n'avaient fait exploser aucune des bombes. Est-ce qu'il aurait pu être possible qu'ils n'aient jamais eu l'intention de faire sauter quoi que ce soit, et que l'utilisation du gaz ait entraîné une perte de vies inutile ? Des sources anonymes du FSB et du ministère de l'Intérieur ont déclaré au *Kommersant*, apparemment le seul journal russe à avoir rendu compte des conclusions des procureurs, que les terroristes eux-mêmes avaient ordonné le retrait des détonateurs, parce qu'ils craignaient des explosions accidentelles. Mais la politicienne libérale Irina Khakamada, qui était entrée dans le bâtiment pour des négociations, a également exprimé des doutes à propos du siège : « J'en suis venue à croire que ce n'était pas dans les plans des terroristes de faire sauter le théâtre du centre-ville et que les autorités n'étaient pas intéressées par la libération de tous les otages. Mais le chef de l'administration présidentielle m'a ordonné d'un ton menaçant de ne pas me mêler de cette histoire. »

Des questions se sont également posées à propos de certains des terroristes impliqués. Leur chef présumé, Movsar Barayev, aurait été arrêté par les autorités deux mois seulement avant. Comment a-t-il fait pour passer de son statut de prisonnier à sa participation à l'attaque ? Il en a été de même pour l'une des prétendues kamikazes dont la mère l'a identifiée à partir d'images télévisées du siège. Les autorités auraient-elles pu être impliquées dans leur transfert de la prison au théâtre ?

Ce n'était pas la première fois qu'un attentat terroriste en Russie laissait subsister des questions sur l'implication des services de sécurité, les exemples précédents les plus notables étant les attentats à la bombe perpétrés contre des immeubles d'appartements qui ont contribué à stimuler la montée de Poutine au pouvoir. Mais dans ce cas-là, l'attaque a suscité beaucoup moins de controverse. La plupart des questions tournaient autour de l'utilisation du gaz, et les conclusions des procureurs sur les bombes factices ont été enterrées à la fin du reportage du *Kommersant*, ce qui a conduit à la rafle d'un groupe terroriste présumé préparant d'autres attentats.

Au lendemain du siège, les questions sur son déroulement ont été largement écartées et une bonne partie de la population a simplement poussé un soupir de soulagement à l'idée que le nombre de morts n'ait pas été plus élevé. Poutine a été félicité par les dirigeants internationaux et les politiciens locaux pour sa gestion de la situation. Sa cote a atteint son plus haut niveau depuis son élection. Au lieu de faire face à un remaniement pour avoir permis à un groupe de terroristes armés d'entrer dans le centre de Moscou, les services de sécurité russes ont été récompensés par une augmentation de leur financement. Et l'attaque permit aux hommes de Poutine d'intensifier leur action militaire en Tchétchénie, annulant les plans de réduction des effectifs. D'innombrables Tchétchènes ont commencé à disparaître de chez eux lors de raids nocturnes et la pression qui augmentait sur le Kremlin pour entamer des pourparlers de paix avec le dirigeant tchétchène Aslan Maskhadov est tombée du jour au lendemain. Encore une fois, il y avait un soutien public pour la guerre et Maskhadov avait été complètement discrédité. Les autorités russes l'ont accusé d'être à l'origine de l'attentat, mais elles n'ont jamais présenté aucune preuve, à part une vieille cassette vidéo de menaces d'une nouvelle offensive. Maskhadov lui-même a nié toute implication. Le siège a également offert au Kremlin l'occasion de dépeindre sa guerre en Tchétchénie comme s'apparentant à la guerre de l'Occident contre le terrorisme. Une tentative pour établir des liens entre les rebelles tchétchènes et les militants islamistes de l'étranger avait déjà commencé dans les mois précédant l'attaque, et le siège a renforcé un peu plus encore cette perception : Al Jazeera a diffusé une vidéo de personnes qui, selon elle, étaient des complices des Tchétchènes devant des banderoles proclamant « Dieu est grand » en arabe, tandis que Poutine qualifiait l'attaque de « manifestation monstrueuse du terrorisme » planifiée par des « centres terroristes étrangers ». Dans les mois qui ont suivi, les États-Unis ont commencé à changer leur vision des forces rebelles tchétchènes, en désignant trois groupes impliqués dans le siège comme des organisations terroristes liées à Al-Qaïda, tandis que Maskhadov n'était plus considéré comme un modéré. « Notre politique sur la Tchétchénie s'est rapprochée de la Russie, a déclaré un haut diplomate américain peu après l'attaque. Cette attaque a considérablement nui à la cause tchétchène. »

*

Si les hommes du KGB de Poutine cherchaient à le lier à la présidence, à moins d'événements terribles comme l'attaque de Dubrovka, en vérité il commençait de toute façon à s'habituer à la fonction. « Il avait commencé à aimer ça – le côté cérémoniel, le G8, la reconnaissance », a dit Pougatchev. Il était salué par son entourage comme étant le sauveur de la Russie. Il avait sauvé le pays d'un certain effondrement, disaient-ils, de l'emprise des oligarques et de la puissance destructrice de l'Occident. Même ceux qui avaient autrefois servi au-dessus de lui au sein du KGB se prosternaient maintenant devant lui. Un jour, au début de son premier mandat, lorsque Poutine a réuni un petit cercle d'amis pour son anniversaire, l'un de ses anciens patrons à Dresde, Sergueï Chemezov, a trinqué à son ascension au pouvoir. « C'était une personne très proche qui, dans une vie antérieure, avant que Poutine ne devienne Président, était plus âgée et plus haut gradée que lui et que Poutine respecte, a dit Pougatchev. Il lui a dit : "Vladimir Vladimirovitch, je veux lever mon verre. Vous savez que beaucoup de temps s'est écoulé depuis que j'ai entendu pour la première fois que vous étiez le Président, mais le sentiment que j'avais alors reste encore en moi. Je pensais que c'était comme si le soleil se levait sur la Russie... Maintenant je comprends que cent pour cent de la population partage ce sentiment avec moi." » Pour Pougatchev, le discours était grinçant. Il l'avait interrompu, voulant continuer à discuter de la situation politique, de toutes les tâches monumentales à venir. Mais Poutine, disait-il, lui avait lancé un regard noir et lui avait dit de laisser son ami finir son discours. « Il l'a regardé droit dans les yeux et lui a dit qu'il était un don de Dieu. Il lui a dit que Dieu avait donné au pays un dirigeant qui met fin aux grandes souffrances du peuple russe. C'était un type qui le connaissait depuis quinze ans et qui était son patron... C'était la première fois que je voyais ça... C'était comme ça depuis le début, presque dès le premier jour. C'est une personne extrêmement vaniteuse. Pour poser une question à Poutine, il devint d'usage de le flatter longuement d'abord. Setchine savait très bien le faire. Il lui disait en s'inclinant profondément : "Vladimir Vladimirovitch, je me souviens comment vous avez fait cela et avez transformé le monde." Lorsque j'ai entendu tout cela pour la première fois, j'ai cru que j'étais à l'hôpital psychiatrique. On lui disait des choses du genre : "Vous avez bouleversé la quintessence de l'humanité. Vous êtes quelqu'un d'étonnant." »

Peu à peu, les prosternations constantes sont montées à la tête de Poutine. Commençant à croire en ses pouvoirs de nouveau tsar, il s'est enhardi à prendre des décisions plus dures et plus autoritaires, y compris affronter Khodorkovski et ses hommes. « Toute l'oligarchie se prosternait devant lui, lui offrait ceci et cela, et venait lui demander la permission pour la moindre chose, a dit Pougatchev. Et il aimait vraiment ça. D'une certaine façon, c'est entré dans sa tête. C'était un processus latent. Il avait toujours eu ces tendances, mais à un moment donné, il a changé et cette foi magnifique qui le poussait à se voir comme tsar a pris le dessus. »

Si au début Poutine avait partagé l'appareil d'État avec les représentants des proches d'Eltsine, une fois que Khodorkovski a été arrêté, l'appareil d'État est devenu le sien à part entière. Sous le choc de la tournure prise par les événements en plus d'être tenu dans l'ignorance, Alexander Volochine, le rusé survivant d'Eltsine qui avait servi comme chef d'état-major du Kremlin depuis mars 1999, a démissionné. Volochine avait échangé plusieurs fois avec Poutine à propos de la bataille judiciaire contre Khodorkovski, mais jusqu'au dernier moment, il avait considéré qu'elle pouvait être contenue : « Honnêtement, je ne pensais pas qu'ils le mettraient en prison. Je pensais qu'il s'agissait d'une sorte de malentendu. À l'évidence, c'était une campagne et cela sentait mauvais. Je considérais que c'était néfaste pour le développement du pays. » Poutine l'a remplacé par son homme à lui, un collègue de Saint-Pétersbourg : Dmitri Medvedev, un avocat discret qui avait travaillé sur des questions juridiques pour Poutine, notamment pour contenir les retombées du scandale pétrole-contre-nourriture. Il avait la réputation d'être une personne rigoureuse et zélée, mais également d'être timide. Plus important encore, il avait été pratiquement élevé par Poutine lorsqu'il était entré dans l'administration de Saint-Pétersbourg, à seulement vingt-cinq ans. « Poutine a élevé Medvedev », a dit Valery Musin, qui avait également agi à titre de conseiller juridique à la mairie de Sobtchak. « Medvedev a toujours considéré Poutine comme quelqu'un auprès duquel il pouvait apprendre. »

Le survivant le plus influent de l'ère Eltsine venait d'être remplacé par un béni-oui-oui de Saint-Pétersbourg, avec un peu plus de trois ans d'expérience au Kremlin en tant que chef de cabinet adjoint. Le jour même où la nomination de Medvedev a été annoncée, les *siloviki* de Saint-Pétersbourg faisaient savoir plus fort que jamais quelles étaient leurs intentions. Les procureurs ont annoncé qu'ils avaient gelé 15 milliards de dollars d'actions de Yukos, les 44 % que Khodorkovski détenait indirectement dans le collectif YukosSibneft, afin de l'empêcher de les vendre. Sous le choc, le marché a perçu cette décision comme un signe clair que les *siloviki* n'avaient pas seulement l'intention d'arrêter Khodorkovski, mais aussi de s'emparer de Yukos lui-même. En outre, cette décision était considérée comme la fin des oligarques de l'ère Eltsine, pour la Famille, dont les intérêts avaient été soigneusement mis en balance avec ceux des *siloviki* pendant près de quatre ans. Juste au cas où quelqu'un se poserait encore la question, Alexei Kudrin, le ministre des Finances relativement libéral de Poutine, a rendu les choses plus claires encore en saluant publiquement le départ de Volochine comme marquant la fin de l'ère Eltsine. « Byzance, c'est fini ! a-t-il proclamé. Avec tout le respect que je dois à Alexander Volochine, je tiens à souligner que son départ coïncide avec la fin de l'époque Eltsine... Les oligarques sont revenus dans un environnement d'affaires dans lequel vous ne pouvez réussir que si vous jouez franc jeu. »

C'était comme si l'appareil du gouvernement parallèle sur lequel Setchine et d'autres avaient travaillé tranquillement dans les coulisses se déployait lentement. Une campagne de relations publiques a été lancée. Le jour même où les actions de Yukos étaient saisies et Medvedev nommé chef d'état-major du Kremlin, Poutine était en réunion avec les dirigeants de certaines des plus grandes institutions financières du monde, dont CitiGroup, Morgan Stanley et ABN Amro. Pour l'aider à relayer ses intentions, il pouvait compter sur Charlie Ryan, le responsable américain du courtier en place United Financial Group qui avait travaillé avec Poutine depuis Saint-Pétersbourg au début des années 1990. Depuis le début, Ryan avait été un intermédiaire essentiel pour les messages du Kremlin de Poutine à la communauté financière mondiale et au reste du monde. Poutine déclara aux investisseurs que la campagne Yukos ne laissait présager en aucun cas une attaque plus large contre les entreprises privées. La saisie des actions n'était pas une confiscation, mais elle ne visait qu'à couvrir les dettes. La campagne n'était rien d'autre que l'imposition de l'État de droit. Dans une certaine mesure, les banques mondiales – dont certaines, y compris Citibank, détenaient des milliards de dollars d'exposition à la dette de Yukos – ont été convaincues. Elles ne sont pas intervenues dans les prêts. Si elles l'avaient fait, les pires prédictions de Khodorkovski sur l'effondrement de l'économie qui en résulte auraient pu se réaliser. Le pouvoir avait basculé au Kremlin et les hommes de Poutine construisaient déjà un système de communication avec la finance mondiale, dont les titans seraient un jour à genoux pour les centaines de milliards de dollars d'actifs sous le contrôle de Poutine.

Si le départ de Volochine a marqué un transfert de pouvoir des proches d'Eltsine vers les *siloviki* de Poutine à Saint-Pétersbourg, les élections parlementaires un peu plus d'un mois plus tard ont encore renforcé leur pouvoir politique. Les partis libéraux pro-occidentaux avaient gardé un point d'appui essentiel au parlement tout au long de l'ère Eltsine, à travers l'Union des forces de droite d'Anatoli Tchoubaïs et le Yabloko de Grigory Yavlinsky. Mais ils ont été mis en déroute lors de l'élection de décembre 2003. Les chaînes de télévision maintenant monopolisées par l'État les ont chassés des ondes tandis que le Kremlin soutenait un parti de la nouvelle génération Poutine, le groupe nationaliste Rodina, qui avait été largement couvert par la télévision d'État. Ses dirigeants, Sergueï Glazyev et Dmitri Rogozin, ont annoncé un cap fermement étatiste qui correspondait à la nouvelle humeur du Kremlin de prendre les bénéfices des oligarques et de les rendre à l'État : « Rendez la richesse de la nation au peuple ! » était l'un des slogans du parti. Cela correspondait exactement à l'ambiance du moment, alors que les chaînes de télévision d'État rediffusaient sans cesse la nouvelle de l'arrestation de Khodorkovski. L'Union libérale des forces de droite et Yabloko n'avaient aucune chance. Ils n'ont pas réussi à franchir la barrière des 5 % pour détenir des sièges à la Douma tandis que Rodina sortait de nulle part pour remporter 9 % des voix. Le parti pro-Kremlin Russie unie, qui avait été créé quatre ans plus tôt comme un vecteur qui aiderait à porter Poutine au pouvoir, a obtenu une majorité parlementaire absolue, même s'il avait fait une campagne presque dépourvue de tout contenu en dehors de la loyauté témoignée envers le président. Les communistes, entre-temps, le grand ennemi de l'ère Eltsine, se sont immiscés avec seulement 12,6 % des voix.

Il était clair que les mains de Poutine allaient être libérées pour mener la politique qu'il voulait désormais mener. Il n'y aurait pas de contre-pouvoir de la part des libéraux. Les partis pro-Kremlin avaient une majorité claire et écrasante. La Russie était entrée dans l'ère d'un Parlement qui approuvait sans discussion. Dans un tel environnement, l'élection de Poutine pour un second mandat à la présidence semblait presque inéluctable. Sa cote s'élevait à plus de 70 %. Mais même alors, lui et ses hommes n'ont rien laissé au hasard.

*

Depuis que l'associé de Khodorkovski, Platon Lebedev, avait été arrêté en juillet, la tension montait entre Poutine et Mikhaïl Kasyanov, le Premier ministre d'un tempérament sociable et dernier survivant d'Eltsine au pouvoir. Kasyanov avait été un ministre des Finances de l'ère Eltsine et ses liens avec ses proches étaient anciens et profondément ancrés. Lorsque Poutine était arrivé au pouvoir, Roman Abramovitch avait insisté sur sa nomination au poste de Premier ministre, pour les représenter. C'était un ancien banquier proche des services de sécurité. (Le porte-parole d'Abramovitch dément ces dires). Kasyanov n'était guère enclin à assumer le rôle, qu'il considérait comme dangereux. Il s'était habitué à sa position confortable au ministère des Finances où il était vice-ministre chargé de la dette extérieure. Être propulsé au centre de ce qui apparaissait comme une transition de pouvoir précaire, répondant à la fois à la Famille et à Poutine, ne faisait pas partie de ses ambitions. Mais il s'était laissé convaincre et, peu à peu, il s'était habitué à son nouveau rôle. « Pendant trois ans et demi, j'ai considéré que nous étions les bonnes personnes, au bon endroit, faisant le bon choix, a-t-il dit. Mais lorsqu'ils ont jeté Lebedev en prison et qu'un certain nombre d'autres scandales sont sortis, j'ai compris que c'était la fin. »

Le gouvernement de Kasyanov a dirigé les réformes économiques apparemment libérales du premier mandat de Poutine, dont la réduction de l'impôt sur le revenu à un taux forfaitaire de 13 % et les réformes agraires ambitieuses pour, enfin, permettre la privatisation des terres. En tant que Premier ministre, il avait également dirigé les pourparlers avec Lee Raymond chez Exxon à propos de la vente potentielle de YukosSibneft à ExxonMobil. « À cette époque-là, nous entretenions des relations pacifiques avec les États-Unis. Les relations avec Bush et le vice-président Cheney étaient bonnes. Je parlais tout le temps avec Cheney à propos des actifs énergétiques. Nous avons entretenu une grande coopération après la tragédie du 11 septembre et sur le passage vers l'Afghanistan, nous avions un canal de coopération entre les deux gouvernements... S'il y avait eu un échange d'actifs entre Yukos et ExxonMobil, l'ensemble du secteur énergétique aurait été différent. Il aurait été beaucoup plus libéral. »

Mais à partir de 2003, de nombreux affrontements ont commencé à ponctuer la relation entre Kasyanov et les hommes du KGB de Poutine. Au début, les conflits étaient centrés autour de Gazprom. Poutine avait installé son homme à lui, Alexei Miller, à la tête du géant gazier de l'État et il commençait à l'utiliser comme un moyen de faire étalage de la force du Kremlin et d'exercer un contrôle sur les anciens États soviétiques que la Russie aimait appeler de manière possessive ses « proches de l'étranger ». Sous les ordres de Poutine, Gazprom devenait beaucoup plus dur quant au paiement de ses livraisons de gaz à la Biélorussie et à l'Ukraine, alors que le Kremlin cherchait à forcer les anciennes républiques soviétiques à rentrer dans le rang.

Néanmoins, Kasyanov a poursuivi une réforme de Gazprom qui avait été poussée par les libéraux au gouvernement depuis les années Eltsine : libéraliser le marché du gaz et scinder Gazprom en unités de production et de transport, séparant ses sociétés de production de gaz de son réseau de canalisations. Cela avait longtemps été considéré comme une réforme essentielle pour stimuler la concurrence dans l'économie. Mais maintenant que les hommes de Poutine consolidaient leur emprise, elle était repoussée indéfiniment de l'ordre du jour, et ce jusqu'au moment même où Kasyanov avait cru qu'il allait pouvoir annoncer la réforme capitale. En ce mois de septembre, la presse s'était rassemblée pour une réunion de cabinet où la réforme du gaz était le premier point à l'ordre du jour, lorsque Kasyanov avait reçu un appel de Poutine. « Il m'a dit : "J'insiste pour que vous supprimiez ce point de l'ordre du jour", s'est souvenu Kasyanov. Nous étions si près. Nous étions même en avance sur l'Europe sur ce point. Nous étions prêts. Mais Poutine m'a appelé quelques minutes juste avant. »

La position de Kasyanov devenait intenable. Lorsque Khodorkovski a été arrêté un mois plus tard, Kasyanov était l'un des deux seuls hauts responsables russes à avoir osé s'y opposer. Mais lors d'une réunion du cabinet, devant tout le monde, Poutine lui a ordonné directement d'« arrêter l'hystérie ». « C'était une sorte d'avertissement à mon encontre », a dit Kasyanov. Imperturbable, il s'exprima néanmoins de nouveau en public lorsqu'en janvier 2004, le ministère des Impôts a confirmé des allégations de longue date selon lesquelles il faisait payer rétroactivement à Yukos 3 milliards d'arriérés d'impôts pour 2000. Kasyanov déclara au journal *Vedomosti* qu'il était injuste que les lois fiscales soient appliquées rétroactivement. Rien de tout cela ne semblait bon pour l'État de droit, a-t-il déclaré.

Kasyanov était presque la seule voix au pouvoir à dénoncer l'emprise de Poutine sur le secteur de l'énergie. Même s'ils étaient toujours en bons termes, Poutine s'adressait à Kasyanov avec toujours plus de froideur et de méfiance, comme s'il pouvait à peine supporter de le regarder. Et puis, à la mi-février, lorsque les températures s'élevaient à moins vingt-quatre, Gazprom a pris sa toute première mesure pour couper l'approvisionnement en gaz d'un voisin, dans ce cas, la Biélorussie, et la tension entre les deux hommes a dégénéré en confrontation pure et simple. Gazprom avait été enfermé dans des négociations difficiles avec la Biélorussie sur la fin des prix du gaz subventionnés pour l'ancienne république soviétique et sur la prise d'une participation dans son réseau de transport de gaz. Le géant gazier russe menaçait depuis longtemps de couper l'approvisionnement pour renforcer les négociations, mais Kasyanov avait obstinément résisté au mouvement. « J'avais interdit à Miller [le PDG de Gazprom] de couper le gaz à la Biélorussie. À Minsk, il faisait moins vingt-cinq. Mais un matin de la mi-février, j'ai reçu un appel des Premiers ministres de Pologne et de Lituanie et ils m'ont dit : "Nous n'avons pas de gaz." Personne ne me l'avait dit. Nous avons eu un scandale public. » Miller lui a dit qu'il avait agi sur les ordres de Poutine. « Nous nous sommes criés dessus et sur Poutine. Tous les autres ministres étaient prêts à se glisser sous la table. » Poutine en avait assez. Un peu plus de dix jours plus tard, Kasyanov était licencié. « La situation a empiré à cause de lui, a dit Kasyanov. Khodorkovski, Exxon, la réforme du gaz, la Biélorussie et l'Ukraine. Et j'étais à l'origine de ce scandale. Il ne pouvait plus me supporter. »

La scène se passe deux semaines à peine avant les élections présidentielles et tout le monde s'attendait à ce que Poutine apporte des changements à son gouvernement après le vote. Mais lui et ses hommes ne laissaient rien au hasard. Maintenant qu'ils prenaient des mesures pour cimenter leur emprise sur le pouvoir, ils ne pouvaient pas se permettre d'accidents de parcours. Selon la constitution, si quelque chose arrivait à Poutine, le Premier ministre prendrait la suite pour gérer le pays.

Dans une course électorale qui n'était en fait pas du tout une course, Poutine avait éliminé le dernier élément à risque, le dernier survivant des années Eltsine au pouvoir capable de le défier. Pour remplacer Kasyanov, il désigna Mikhaïl Fradkov, un technocrate peu connu qui avait travaillé dans l'ombre de l'establishment de la sécurité pendant des décennies. Avant sa nomination, il occupait le poste de représentant spécial de la Russie auprès de l'Union Européenne et peu de gens avaient jamais entendu son nom. Mais il avait prouvé qu'il était un allié de confiance pour les hommes du KGB de Poutine, travaillant depuis le début des années 1980 comme un rouage clé dans les opérations stratégiques du commerce extérieur, notamment avec les soi-disant entreprises amies soutenant le régime soviétique depuis l'étranger. À l'époque du programme pétrole-contre-nourriture de Saint-Pétersbourg, il avait été ministre délégué des Relations économiques extérieures. En tant qu'homme de Pyotr Aven à Saint-Pétersbourg, il avait approuvé les contrats que Poutine avait distribués au petit cercle d'alliés et d'entreprises amies et qui avaient finalement créé une réserve stratégique d'argent noir pour Poutine et les hommes de la sécurité de la ville.

Même après son licenciement sans cérémonie, Kasyanov continuait de penser que la trajectoire de Poutine pouvait être changée. Il lui était difficile de comprendre que tout le chemin parcouru par la Russie depuis l'effondrement soviétique était en train de s'inverser. « Même après avoir quitté le gouvernement, pendant encore six mois, j'ai cru que Poutine s'était trompé, que tout cela pouvait être corrigé et que cela serait corrigé. Ce n'est que plus tard – après l'attente terroriste de Beslan – que j'ai compris que tout cela était prévu pour changer le système politique dans son intégralité. »

*

Les élections présidentielles de mars se sont à peine inscrites dans la conscience publique. Poutine a facilement gagné avec plus de 71 % des voix. Les principaux adversaires politiques de l'ère Eltsine, Guennadi Zyuganov, le chef du Parti communiste et Vladimir Zhirinovsky du parti nationaliste libéral démocrate n'ont même pas pu rassembler l'enthousiasme nécessaire pour se tenir debout. Ils ont nommé des mandataires pour les remplacer et le candidat communiste, le peu connu Nikolai Kharitonov, est arrivé loin derrière avec 13 % des voix. L'affrontement n'a pas eu lieu. Malgré tout, le Kremlin a laissé peu de place au hasard. La télévision d'État a accordé un temps d'antenne quasi nul aux candidats de l'opposition : Kharitonov a calculé que ses rencontres avec les électeurs n'avaient été diffusées que pendant quatre minutes et cinquante secondes, par rapport à la couverture globale dont Poutine avait bénéficié. Les hommes du KGB de Poutine ont bientôt occupé tous les postes les plus influents au sein du gouvernement. Ils entamaient un second mandat au pouvoir sans les freins et les contrepoids des éminences grises de l'ère Eltsine.

La seule personne à s'être opposée au second mandat de Poutine, c'était sa femme, Lioudmila. Native d'un village délabré de Kaliningrad, son père buvait beaucoup et il lui avait été difficile de s'adapter à l'examen minutieux et aux pièges de la vie présidentielle. « Elle a voulu le quitter lorsqu'il lui a dit qu'il briguait un second mandat », a raconté Pougatchev, qui était devenu proche d'elle et restait souvent assis dans la cuisine de la résidence présidentielle pendant des heures en attendant le retour de Poutine avec elle. « Elle disait qu'elle avait accepté quatre ans, pas plus que ça. Il a dû la persuader de rester. Ce serait mauvais pour le scrutin. Il ne pouvait pas se présenter à la présidence en même temps qu'elle essayait de divorcer. Elle buvait beaucoup. »

Il avait été difficile pour Lioudmila de s'adapter aux absences constantes de Poutine. Tout au long de sa carrière, il avait passé de longues heures au travail, mais maintenant, elles s'étendaient de plus en plus à l'infini. Comme si sa présence l'embarrassait, Poutine gardait ses distances, l'emmenant de moins en moins en visite officielle et en voyage. Lorsqu'il rentrait chez lui, souvent au milieu de la nuit, il s'asseyait en pantoufles pour regarder des comédies fades à la télévision plutôt que de passer du temps avec sa femme.

Pendant tout ce temps, Pougatchev a observé la montée en puissance des hommes du KGB avec un léger sentiment de malaise. Dans les années 1980, il avait combattu le KGB dans sa ville natale de Leningrad. À l'époque, il avait été trader au marché noir dont l'ennemi juré était le KGB, qui cherchait à l'arrêter et le menaçait de prison. Mais il avait aussi appris à acheter des fonctionnaires du KGB. Et maintenant, il fréquentait les nouveaux hommes au pouvoir, les invitant souvent chez lui, ayant des relations cordiales avec Vitya Ivanov et Igor Setchine. Il était devenu sénateur au Conseil de la Fédération. Mais il était toujours considéré comme une éminence grise en coulisse. Pendant un temps, il a gardé son bureau au Kremlin, en face du chef de cabinet et Poutine est resté un compagnon fidèle.

Mais durant cette période, raconte aujourd'hui Pougatchev, il s'inquiétait de la direction étatique vers laquelle se dirigeaient les choses, de la répression des libertés, des événements qui avaient cimenté l'emprise de Poutine sur le pouvoir. Même s'il dit qu'il a fréquemment soulevé ces questions, il a choisi de ne rien faire à leur sujet, affirmant croire qu'il pourrait exercer plus d'influence de l'intérieur qu'en s'opposant et en s'éloignant. Il pensait qu'il pourrait mieux freiner les tendances plus autoritaires de Poutine et de ses hommes s'il restait proche d'eux. Mais en fait, il appréciait son pouvoir et son statut autant que n'importe lequel d'entre eux. Et de toute façon, il pensait qu'il n'avait pas vraiment le choix : « Vous montez dans la voiture, les portières se ferment, et vous pouvez voir que le conducteur est sur le point de devenir fou, a-t-il dit, mais les portières sont verrouillées et la voiture roule déjà vite. Et vous devez décider s'il est plus dangereux de rester à l'intérieur ou bien de sauter. Le moment où vous pouvez tranquillement sortir de la voiture est passé. »

Une nouvelle idéologie proposée par les hommes du KGB pour restaurer la grandeur de l'État russe et renforcer les liens impériaux avec les anciennes républiques soviétiques émergeait. Un des premiers actes de Poutine en tant que Président – au grand désarroi des rescapés d'Eltsine comme Pougatchev et Volochine – a été de restaurer l'hymne soviétique *L'Union Indestructible des Républiques Libres*. La partition puissante de la musique d'Alexander Alexandrov était davantage que de la nostalgie ; c'était un appel à rétablir l'empire du passé soviétique, porté comme un hymne à Staline et aux exploits accomplis par le pays en tant que superpuissance mondiale – ainsi qu'aux grands et terribles sacrifices qu'il avait consentis en cours de route. Parallèlement à cet appel au passé soviétique, une nouvelle ferveur à l'égard de l'Église orthodoxe a semblé s'emparer de l'élite dirigeante. Poutine a diffusé sa croyance religieuse dans le monde dans un livre d'entretiens publié quelques mois avant sa première élection à la présidence, racontant fièrement comment sa mère et un voisin de leur appartement commun à Leningrad l'avaient baptisé en secret, sans en parler à son père, qui était membre du Parti et ne pouvait tolérer la croyance religieuse. Il avait raconté comment, au début des années 1990, alors qu'il devait se rendre en Israël en tant que maire adjoint de Saint-Pétersbourg, sa mère lui avait donné sa croix de baptême pour qu'il puisse la faire bénir sur le tombeau de Jésus. « Je ne l'ai jamais enlevée depuis », disait-il. Et puis, au cours de son premier entretien avec George W. Bush en 2001, il avait charmé le Président américain en lui racontant comment il avait sauvé sa croix de l'incendie qui avait détruit sa datcha au milieu des années 1990. Bush avait déclaré par la suite qu'il avait senti « l'essence de son âme ».

Il était pour le moins étrange pour un officier du KGB qui avait passé sa carrière au service d'un État qui interdisait l'Église orthodoxe de professer une croyance religieuse. Mais un par un, les hommes du KGB qui sont arrivés au pouvoir avec Poutine et qui ont soutenu son ascension, lui ont emboîté le pas. Depuis le début, ils étaient à la recherche d'une nouvelle identité nationale. Les principes de l'Église orthodoxe ont fourni un puissant credo unificateur qui remontait au-delà de l'ère soviétique, jusqu'à l'époque du passé impérialiste de la Russie. Cela évoquait le grand sacrifice, la souffrance et l'endurance du peuple russe, et appelait une croyance mystique selon laquelle la Russie était la troisième Rome, le prochain empire régnant sur la Terre. C'était un matériau idéal pour reconstruire une nation qui avait traversé des épreuves et connu des pertes. Selon un oligarque qui considérait la montée de la croyance religieuse avec scepticisme, elle était comme par hasard conçue pour faire à nouveau des Russes des esclaves et les garder à l'époque du Moyen Âge, et ce afin que Poutine le tsar puisse gouverner avec un pouvoir absolu : « Le vingtième siècle en Russie – et aujourd'hui le vingt et unième – a été un prolongement du seizième siècle : le tsar est au-dessus de tout et c'est un rôle sacré et céleste... Ce pouvoir sacré crée autour de lui un cordon absolument impénétrable de non-culpabilité. Les autorités ne peuvent être coupables de rien. Elles servent de plein droit. »

Selon Pougatchev, qui avait été un fervent croyant orthodoxe depuis son adolescence, Poutine comprenait peu la vraie foi orthodoxe. Pougatchev se reprochait souvent la tournure que prenaient les choses parce que c'était lui qui avait présenté Poutine au père Tikhon Shevkunov, le prêtre qui est devenu connu comme étant le « confesseur » de Poutine. Mais l'alliance, a dit Pougatchev, avait été de convenance pour les deux parties. Pour Shevkunov, cela lui avait permis de mettre en évidence l'Église orthodoxe et ses enseignements, ainsi que la richesse et le financement de son monastère de Sretensky. Pour Poutine, cela faisait partie de son appel aux masses, et pas plus que cela. « Je n'aurais jamais présenté Poutine à l'Église si j'avais su que ça finirait comme ça », a dit Pougatchev.

Un jour, alors que Poutine et Pougatchev assistaient ensemble à un service le dimanche du Pardon, le dernier dimanche avant le carême orthodoxe, Pougatchev a dit à Poutine qu'il devait se prosterner devant le prêtre, comme c'était la coutume, et demander pardon. « Il m'a regardé avec étonnement. "Pourquoi devrais-je le faire ? Je suis le Président de la Fédération russe. Pourquoi devrais-je demander pardon ?" »

Dans leur recherche d'une nouvelle idée pour unir la nation après une décennie d'effondrement, il était clair depuis longtemps pour Poutine et ses partisans que le communisme avait échoué. « Le communisme a clairement démontré son inaptitude à un développement personnel solide, condamnant notre pays à être constamment à la traîne des pays économiquement avancés. C'était une route qui menait à une impasse, loin du courant dominant de la civilisation », a dit Poutine à la veille de son accession à la présidence. Et c'est ainsi qu'au cours des premières années de son gouvernement, lorsque les enseignants et autres experts ont été amenés à inculquer au nouveau Président l'histoire de l'État russe, ils ont puisé dans le passé impérial orthodoxe de la Russie. Poutine a appris que des émigrés russes blancs avaient fui la Russie au moment de la révolution bolchévique et avaient passé leur temps en exil à essayer d'élaborer une nouvelle idéologie pour la renaissance du pays, si jamais l'Union soviétique s'effondrait. Il y avait, par exemple, les écrits du philosophe religieux Ivan Ilyin, qui pensait que la nouvelle identité nationale de la Russie devrait être fondée sur la foi orthodoxe et le patriotisme, des principes auxquels Poutine ferait référence dans les discours de son second mandat. Il y avait aussi les écrits du linguiste Nikolai Trubetskoi et de Lev Gumilev, historien et ethnologue soviétique qui avait proposé la nature unique de la Russie comme une fusion des cultures slaves, européennes et turque après des siècles d'invasion par les hordes mongoles. Ces penseurs ont souligné la voie eurasienne unique de la Russie, faisant la promotion de la philosophie de l'eurasisme comme alternative à l'atlantisme de l'Occident. Poutine a fait référence à cette philosophie à maintes reprises alors qu'il cherchait à créer d'abord une zone économique commune eurasienne qui attirerait la Biélorussie, l'Ukraine et le Kazakhstan, avant un plus grand empire basé sur les alliances des anciens États soviétiques qui, espérait-il, atteindrait un jour l'Europe aussi.

L'objectif était de forger une identité pour le régime de Poutine qui le fortifierait contre l'effondrement interne et les attaques extérieures. Des descendants directs des émigrés russes blancs, dont beaucoup étaient devenus étroitement liés au KGB, ont été amenés dans le cercle restreint de Poutine pour mener les initiatives visant à construire un pont avec le passé impérial de la Russie. L'un deux décrivait la philosophie du règne de Poutine comme étant « comme un nœud à trois éléments. Le premier étant l'autocratie – un gouvernement fort, un homme fort, un papa, un oncle, un patron. C'est un régime autocratique. Le second élément, c'est le territoire, la patrie, l'amour du pays et ce qui en découle. Le troisième élément, c'est l'Église. L'élément pour tout assembler. Le ciment, en quelque sorte. Peu importe qu'il s'agisse de l'Église ou bien du Parti communiste. Cela ne change pas grand-chose. Si vous regardez l'histoire de la Russie, vous avez toujours eu ces éléments réunis. Poutine fait très attention à réunir les trois éléments. C'est le seul moyen de conserver l'unité dans le pays. Si vous enlevez l'un de ces éléments, il s'effondre. »

Cette philosophie était une copie identique de la doctrine d'État de « l'Orthodoxie, l'Autocratie et la Nationalité » de Nicolas 1er, l'un des tsars les plus réactionnaires, connu pour sa répression brutale de l'un des premiers soulèvements démocratiques de la Russie. Maintenant, les hommes du KGB de Poutine cherchaient à recycler son idéologie pour définir leurs règles et justifier leur répression contre toute opposition.

Mais ce n'étaient là que les germes d'une transformation. Ce n'est que vers la fin de l'année 2004, quand ils ont été confrontés à une remise en cause de l'emprise du Kremlin sur l'ancienne république soviétique de premier ordre qu'est l'Ukraine, quand la Russie a ensuite été frappée par une autre attaque terroriste terrifiante, que Poutine et ses alliés ont mis les bouchées doubles. Ce n'est qu'alors que Poutine, s'appuyant sur les écrits du passé impérial orthodoxe russe, a tracé une voie qui a renversé ce qui restait de la démocratie du pays et qu'il a cherché à unir le pays en l'opposant à l'Occident.

Les causes de la crise en Ukraine n'étaient que trop claires dans l'esprit des hommes de Poutine : ils pensaient que l'Occident complotait pour éloigner Kiev de Moscou. Mais ce qui n'était pas clair, ce sont les causes d'un autre acte terroriste horrible. Un acte qui a fait plus de trois cents morts parmi les otages, galvanisant le Kremlin de Poutine pour resserrer davantage son emprise.

*

Le matin du 1er septembre 2004, à travers toute la Russie les enfants se préparaient pour leur premier jour d'école. Les filles avaient revêtu leurs plus belles robes, avec d'énormes nœuds colorés dans les cheveux. Les garçons avaient été chargés de fleurs pour leurs professeurs et les parents se pressaient autour des grilles de l'école, gloussant et prenant fièrement des photos de leurs petits. Mais à Beslan, une petite ville dans le nord du Caucase, à environ 112 kilomètres de la Tchétchénie, la traditionnelle cérémonie de rentrée était perturbée. Bien que la guerre dévastatrice de Poutine en Tchétchénie fût officiellement terminée, les troupes russes continuaient d'occuper la république et la région tout entière était une poudrière. De violentes escarmouches avec les troupes russes se poursuivaient presque quotidiennement et des incursions armées dans les républiques voisines continuaient d'avoir lieu.

À environ 9 heures 10 ce matin-là, alors que les enfants de Beslan se pressaient autour des portes de l'école pour le rituel de la rentrée scolaire, des dizaines de terroristes armés sont arrivés dans un camion de police, tirant sur la poignée de policiers qui gardaient l'école. Ils se sont emparés de l'école, prenant en otage plus de 1 100 parents, enfants et enseignants. Plusieurs des otages ont décrit plus tard comment les terroristes avaient récupéré des piles de munitions sous les lames de plancher de l'école. Des munitions qui, selon un haut responsable de la police, y avaient été cachées par un groupe d'ouvriers pendant les travaux de rénovation avant la rentrée scolaire. Les terroristes ont parqué les otages dans le gymnase et ont placé des explosifs dans toute l'école. Des bombes étaient accrochées sur une corde tendue entre deux paniers de basket à chaque extrémité du gymnase tandis que deux autres engins explosifs étaient attachés à un mécanisme à pédale aux pieds de deux terroristes assis. Des fils-pièges avaient été placés autour de l'école pour dissuader les tentatives de sauvetage. Afin d'éviter d'être emportés par le gaz comme lors du siège de Dubrovka, les terroristes, tous équipés de masques à gaz, ont fait sauter toutes les fenêtres du gymnase. Pendant les deux jours qui ont suivi, les otages se sont vu refuser de la nourriture et de l'eau malgré la chaleur terrible qui régnait. Les enfants suppliaient pour boire l'urine des autres et ont mangé les fleurs qu'ils avaient apportées pour leurs professeurs. De temps en temps, des coups de feu éclataient et le deuxième jour, les terroristes ont tiré des grenades sur deux véhicules qu'ils estimaient s'être approchés trop près de l'école. Les terroristes réclamaient à nouveau un retrait immédiat des troupes russes de Tchétchénie, la reconnaissance de l'indépendance de la Tchétchénie et la fin des activités armées dans la république.

Les négociations ont très vite été ouvertes. Les preneurs d'otages ont permis à Ruslan Aushev, l'ancien président de la République voisine d'Ingouchie, d'entrer dans l'école le deuxième jour. Il a rapidement obtenu la libération de vingt-six mères et leur bébé. Le conseiller présidentiel sur la Tchétchénie, Aslambek Aslakhanov, un Tchétchène de souche, a déclaré qu'il était parvenu à un accord pour entrer dans l'école à 15 heures le lendemain. Il proposait que sept cents volontaires russes bien connus entrent dans l'école en tant qu'otages en échange de la libération des enfants et il prenait l'avion à Moscou pour rejoindre Beslan dans l'espoir qu'il pourrait mettre le plan à exécution. Il est apparu plus tard que les autorités locales avaient même tendu la main à Aslan Maskhadov, qui avait été Président de la Tchétchénie au milieu des années 1990 lorsqu'elle était un État séparatiste. Pour le Kremlin, il était toujours *persona non grata*, l'ennemi juré qu'ils avaient déclaré terroriste et qualifié de responsable du siège de Dubrovka. Mais la situation était si désespérée qu'un assistant du chef adjoint du parlement régional local d'Ossétie du Nord avait appelé le plus proche associé de Maskhadov à Londres. Celui-ci déclara qu'il s'était mis d'accord avec Maskhadov pour venir à l'école et négocier avec les preneurs d'otages. La seule condition de Maskhadov : le bénéfice d'un sauf-conduit sur place. À midi le troisième jour, ce message était transmis directement au président de l'Ossétie du Nord.

Mais une heure après leur discussion, une explosion a soudain retenti dans le gymnase. Elle a été suivie d'une autre explosion puis d'une série de détonations. Des coups de feu et des tirs de roquettes ont éclaté alors que les forces spéciales russes commençaient à lancer des roquettes connues sous le nom de lance-flammes Shmel sur l'école. Bientôt, le toit s'est retrouvé en feu.

À environ 14 heures 30, d'après les témoignages de témoins oculaires, au moins un char russe s'est avancé et a tiré sur les murs de l'école. Alors que l'incendie se propageait, les terroristes ont ordonné à de nombreux otages de sortir du gymnase en feu pour se rendre à la cafétéria où ils ont été forcés de se tenir debout vers les fenêtres pour servir de boucliers humains. Une enquête indépendante a révélé plus tard que jusqu'à cent dix otages y étaient morts. Le feu, quant à lui, faisait toujours rage dans le gymnase, mais les pompiers sont arrivés seulement deux heures après qu'il a commencé. À ce moment-là, le toit s'était effondré. De nombreux otages, y compris des enfants, ont été brûlés vifs tandis que d'autres qui tentaient de s'enfuir de l'école étaient abattus sous les feux croisés. Seules quelques ambulances étaient présentes pour transporter les blessés à l'hôpital. Les coups de feu se sont poursuivis dans la nuit.

Aslambek Aslakhanov est arrivé à Beslan à temps pour assister à la fin la plus meurtrière d'un attentat terroriste. « En chemin, j'étais dans la perspective de cette grande joie, nous allions libérer les enfants, disait-il. Et lorsque je suis descendu de l'avion, je me suis senti tout simplement perdu. Je me disais, comment tout cela a-t-il pu arriver ? »

En tout, 330 otages ont perdu la vie. Plus de la moitié d'entre eux étaient des enfants. À ce jour, des questions subsistent sur la cause des décès : pourquoi les forces spéciales russes ont-elles commencé à attaquer le bâtiment avec des tirs de roquettes et d'armes à feu, et surtout, qu'est-ce qui avait déclenché la première explosion dans le gymnase ? Personne ne savait si elle avait été délibérément déclenchée par les terroristes ou accidentellement par les troupes russes. Est-ce que l'incendie qui avait causé tant de morts avait commencé par l'explosion à l'intérieur de l'école ou bien par les lance-flammes des troupes ?

Poutine accepta à contrecœur une enquête parlementaire, mais elle était dirigée par un proche, Alexander Torshin, un sénateur allié de longue date au FSB. Elle pouvait difficilement être qualifiée d'indépendante, et lorsque son travail a finalement été achevé près de deux ans plus tard, il a constaté que l'un des terroristes avait causé la destruction de l'école en faisant exploser intentionnellement l'une des bombes. « Il agissait selon un plan élaboré plus tôt », affirmait le rapport, alors que les autorités fédérales avaient agi en parfaite conformité avec la loi. « Au fur et à mesure des événements tragiques, toutes les mesures possibles ont été prises pour sauver la vie des personnes », disait le rapport qui affirmait que les chars et les lance-flammes n'avaient été déployés qu'une fois tous les otages sortis du bâtiment. Une affirmation complètement incompatible avec les récits des témoins oculaires, tandis que la conclusion selon laquelle la première explosion avait été intentionnellement déclenchée par un terroriste se trouvait confrontée aux conclusions d'autres enquêtes indépendantes. L'une de ces enquêtes avait été menée par le vice-président du parlement d'Ossétie du Nord, Stanislav Kesayev, qui avait été présent au siège. Elle citait le témoignage d'un preneur d'otages capturé selon lequel la première explosion avait été déclenchée lorsqu'un tireur d'élite avait abattu l'un des terroristes dont le pied s'était retrouvé sur un détonateur.

Il était relativement facile pour la commission de Torshin de mettre en doute cette affirmation parce que les fenêtres de l'école étaient opaques, ce qui rendait presque impossible pour un tireur d'élite de voir à l'intérieur. Mais il était beaucoup plus difficile d'écarter les conclusions d'une troisième enquête menée par un expert en armes et explosifs, Iouri Savelyev, un député indépendant de la Douma, qui a découvert que les explosions initiales ne pouvaient avoir été causées que par des roquettes tirées de l'extérieur de l'école. Son rapport concluait que les forces spéciales avaient tiré des grenades propulsées par fusée sans prévenir, alors même que les négociations se poursuivaient. En substance, constatait-il, c'est l'intervention des forces russes qui avait conduit à la série d'explosions qui avaient causé tant de morts inutiles.

Savelyev était très respecté dans son domaine. Il avait initialement siégé au comité de Torshin au sein duquel il avait été le seul expert en balistique et en armement, mais il avait démissionné quand il était devenu clair que les conclusions officielles allaient largement diverger des siennes. Ses conclusions ont résonné avec une vidéo qui a été communiquée près de trois ans après les événements à Beslan, et qui montrait supposément des ingénieurs de l'armée parlant aux procureurs lorsque le siège était terminé. Ces ingénieurs examinaient plusieurs des engins explosifs artisanaux truqués par les terroristes qui étaient posés non désamorcés sur une table de l'école. Il s'agissait de bouteilles en plastique remplies d'éclats d'obus et de roulements à billes. « Les impacts sur les murs intérieurs de l'école ne pouvaient pas avoir été causés par ces explosifs, déclare sur la vidéo l'un des ingénieurs. Comme ils ne cessent de le dire, tous ces roulements à billes auraient été éparpillés, mais il n'y avait aucune preuve de ce genre de blessures sur les enfants que nous avons sortis. Et tout autour également.

– Donc il n'y a pas eu d'explosion à l'intérieur du bâtiment ? demande un autre des ingénieurs.

– À l'intérieur du bâtiment, il n'y a pas eu d'explosion », répond le premier.

L'ampleur du carnage qui a éclaté ce jour-là signifiait qu'il était difficile de présenter les preuves comme étant absolument concluantes. Mais l'affirmation selon laquelle les premiers coups de feu avaient été tirés de l'extérieur de l'école a été répétée par des otages survivants interviewés par le *Los Angeles Times*. L'un d'eux a raconté le choc sur le visage des preneurs d'otages lorsque les explosions ont commencé : « Ils ne s'attendaient pas à cette explosion. Et cette phrase – je ne l'oublierai jamais – : "Votre propre peuple vous a fait sauter." Un des preneurs d'otages l'a répétée plusieurs fois de cette voix très grave. Je ne l'oublierai jamais. » Se pourrait-il, comme le suggérait un ancien initié du Kremlin, que les autorités russes aient ordonné le tir qui avait déclenché l'attaque contre l'école parce qu'ils ne voulaient pas risquer l'arrivée de Maskhadov, l'ancien chef rebelle et leur ennemi juré, pour des pourparlers ? Les premières explosions avaient retenti une heure seulement après que son assistant avait fait passer le message qu'il viendrait négocier. C'était une rumeur trop terrible pour être même envisagée.

Poutine a fait face à un raz-de-marée de colère face à la gestion du siège. Au lieu des éloges qu'il avait gagnés pour la résolution de l'attaque du théâtre de Dubrovka, les questions se sont élevées non seulement sur le bain de sang qui avait éclaté lorsque les forces russes avaient pris d'assaut l'école, mais sur la façon dont les terroristes avaient réussi à s'y rendre en premier lieu – à nouveau armés jusqu'aux dents et à la vue de tous. Des questions étaient posées sur les quelques députés indépendants restants à la Douma pour savoir s'ils pouvaient assurer la sécurité de la nation. L'un des éléments clés du contrat social que Poutine avait proposé au peuple russe quand il était arrivé au pouvoir avait été la fin du terrorisme qui avait amené les attentats à la bombe contre les immeubles d'appartements, à cause de sa guerre contre la Tchétchénie. Mais ses services de sécurité n'avaient pas retenu les leçons du siège de Dubrovka, disaient les critiques. Le célèbre commentateur politique Sergueï Markov, considéré comme proche du Kremlin, disait qu'il s'agissait d'une « crise colossale ». Même les communistes, longtemps intimidés et silencieux en tant que force d'opposition, ont commencé à affirmer que la répression de Poutine contre l'opposition politique avait détourné son régime de la lutte contre le problème plus grave du terrorisme. « Ils ont construit une verticale du pouvoir qui s'est avérée inutile face à ces menaces terroristes », a dit Ivan Melnikov, le chef adjoint du Parti communiste. La cote de Poutine n'avait cessé de baisser depuis sa réélection, alors que s'installait la fatigue de l'interminable guerre tchétchène. Après Beslan, sa cote a chuté à son plus bas niveau en quatre ans, à 66 %.

Mais la réponse avec laquelle est ressorti Poutine, pâle et déterminé quand il était clair que le nombre de morts avait atteint des proportions catastrophiques, c'était que l'attaque avait été organisée par des forces extérieures à la Russie, qui voulaient porter atteinte à l'intégrité territoriale du pays et provoquer son effondrement. En s'adressant directement à la nation le lendemain de la fin du siège, il a qualifié les événements tragiques de « défi à toute la Russie, à tout notre peuple. C'est une attaque contre nous tous. Nous avons affaire à l'intervention directe de la terreur internationale contre la Russie, avec une guerre totale et à grande échelle, qui détruit toujours et encore la vie de nos compatriotes », a-t-il dit. Au lieu de pointer du doigt des terroristes en Tchétchénie, il affirmait que l'attaque faisait partie d'un complot plus large qui, semblait-il croire, émanait de l'Occident : « Certains voudraient nous arracher une "juteuse part du gâteau". D'autres les aident. Ils les aident, estimant que la Russie reste l'une des principales puissances nucléaires mondiales et qu'en tant que telle, elle représente toujours une menace pour eux. Et donc, ils pensent que cette menace devrait être supprimée. Le terrorisme, bien sûr, n'est qu'un instrument pour atteindre ces objectifs. »

L'attaque, soutenait-il, faisait directement suite à l'effondrement de l'Union soviétique que lui et ses hommes du KGB croyaient avoir été initié par l'Occident. La Russie, le noyau de ce qui avait été un « vaste et grand État », n'avait pas été en mesure de « bien comprendre la complexité et les dangers des processus à l'œuvre dans notre propre pays et dans le monde. En tout état de cause, nous nous sommes montrés incapables de réagir de manière adéquate. Nous nous sommes montrés faibles. Et les faibles sont battus. Nous ne pouvons tout simplement pas et nous ne devons pas vivre d'une manière aussi insouciante qu'auparavant. Nous devons créer un système de sécurité beaucoup plus efficace... Le plus important, c'est de mobiliser toute la nation face à ce danger commun. » Lors d'une réunion annuelle avec des universitaires occidentaux, il poussa les revendications plus loin, établissant des parallèles directs entre l'attaque de Beslan et la confrontation de la guerre froide avec l'Occident : « C'est une relecture de la mentalité de la guerre froide... Il y a certaines personnes qui veulent que nous nous concentrions sur les problèmes internes et elles tirent les ficelles ici pour que nous ne levions pas la tête au niveau international. »

Même si des enquêtes ultérieures semblaient montrer que la plupart des morts à Beslan avaient été causées par la propre intervention des forces russes, ce qui s'est passé ensuite a été le début d'un changement radical dans la Russie de Poutine alors que ses hommes du KGB cherchaient à renforcer leur emprise. La réponse, a-t-il déclaré, constituerait le plus grand changement constitutionnel de l'histoire post-soviétique du pays. La Russie, a-t-il annoncé dix jours après l'attentat de Beslan, supprimait les élections des gouverneurs régionaux. Cela allait bien plus loin que les tentatives de contrôle des pouvoirs des gouverneurs régionaux déjà imposées par le Kremlin. Dorénavant, au lieu d'être élus, ils seraient installés dans leur fonction par nomination du Kremlin et confirmés par les parlements régionaux. La décision renforcerait le système contre les menaces extérieures, a dit Poutine : « Les organisateurs, les auteurs de l'attentat terroriste visent la désintégration de l'État, l'éclatement de la Russie... Le système du pouvoir d'État doit non seulement s'adapter à la tragédie de Beslan, mais également empêcher la répétition d'une telle crise. »

Des commentateurs politiques indépendants comme Nikolai Petrov et des membres indépendants de la Douma ont tiré la sonnette d'alarme : c'était un retour aux pratiques soviétiques qui équivalait à un retour à un système de parti unique dans lequel le Kremlin régnait en maître. C'était un renversement complet de l'une des libertés les plus importantes acquises dans les années Eltsine et qui supprimait un système qui avait fourni aux électeurs et aux élites régionales l'une des leçons les plus importantes de la démocratie locale. Mais le Kremlin faisait valoir qu'il supprimait un système qui avait été corrompu et qui avait permis aux élections des gouverneurs régionaux d'être achetées par ceux qui pouvaient leur donner le plus d'argent. La jeune démocratie russe était trop faible pour se permettre le risque d'élections directes. La menace extérieure à son unité était trop grande. Les hommes de Poutine construisaient une forteresse nommée Russie, présentant le pays comme étant assiégé par une menace extérieure. Mais en réalité, ils ne cherchaient qu'à préserver leur propre pouvoir. L'establishment de la politique étrangère de Poutine s'en prenait depuis longtemps à l'Occident pour avoir hébergé certains de ceux qui, selon lui, soutenaient les terroristes tchétchènes – Akhmed Zakayev en Grande-Bretagne et Ilyas Akhmadov aux États-Unis. Il s'était demandé si les rebelles tchétchènes avaient utilisé la gorge de Pankisi, une étroite vallée qui s'étendait entre la Géorgie et le Caucase du Nord, comme voie d'accès pour lancer des attentats terroristes sur le sol russe. Mais jusqu'à ce jour, les hommes de Poutine avaient rarement évoqué publiquement l'idée que l'Occident avait l'intention de briser la Russie.

La preuve de l'implication occidentale dans l'attaque de Beslan avait, selon un proche du Kremlin, était présentée par Patrouchev à Poutine, qui l'avait bien sûr accepté sans poser de question : « Poutine la croyait parce que cela lui convenait. L'essentiel, c'était de créer un mythe, de le rejeter sur l'Occident. C'est comme cela qu'ils ont pu tout cacher. Ce n'est qu'après ces événements qu'ils ont décidé que c'était une bonne excuse pour annuler également les élections des gouverneurs. » En fait, la mesure était depuis longtemps à l'ordre du jour. Les hommes de la sécurité attendaient depuis un moment pour la faire entrer en vigueur.

Poutine n'avait fait aucune affirmation similaire à propos de l'implication occidentale après le siège de Dubrovka. De plus, aucune preuve n'a jamais été présentée prouvant que des forces occidentales aient été impliquées dans l'attaque de Beslan. Un rapport divulgué par les services de sécurité russes affirmait que trois résidents britanniques avaient participé au siège : l'un d'entre eux était habitué d'une mosquée radicale bien connue à Finsbury Park à Londres, et les deux autres étaient de nationalité algérienne et vivaient à Londres. Mais bientôt, il n'en fut plus question et cela n'a jamais été confirmé.

Cependant, une menace croissante pour l'influence de la Russie sur son voisin proche le plus vital enflait. Cet automne-là, les élections présidentielles approchaient en Ukraine. Le mandat constitutionnel de Leonid Kuchma, un ancien chef du Parti communiste qui avait maintenu l'équilibre du pays entre l'Est et l'Ouest depuis 1994, touchait à sa fin. Le candidat pro-Kremlin, Viktor Ianoukovytch, Premier ministre de l'époque, ancien bagnard et patron industriel originaire du bastion prorusse de Donetsk dans l'est de l'Ukraine, faisait face à un défi croissant de la part d'un candidat favorable à une intégration beaucoup plus étroite avec l'Occident. Il s'agissait de Viktor Iouchtchenko, lui qui avait brièvement été Premier ministre. Sauf que tout ce qu'il défendait était incompatible avec les plans de Poutine pour l'Ukraine.

De toutes les anciennes républiques soviétiques, Moscou avait toujours ressenti plus durement la perte de l'Ukraine à la suite de l'effondrement soviétique, comme s'il s'agissait d'un membre fantôme de l'empire auquel la Russie croyait qu'il était encore attaché. L'Ukraine était la troisième plus grande ancienne république soviétique, après la Russie elle-même et le Kazakhstan. Presque 30 % de sa population parlait le russe comme langue maternelle et son économie était étroitement liée à celle de la Russie depuis l'époque soviétique. Le Politburo avait beaucoup investi dans l'industrialisation de l'Ukraine, autrefois région agricole, la transformant en un important fabricant de produits de défense indispensable pour l'approvisionnement de la Russie. Ses usines sidérurgiques avaient été associées à celles de la Russie dans l'économie dirigée soviétique, tandis que ses usines étaient encore les principaux fournisseurs de matières premières pour l'industrie russe de l'aluminium. Plus important encore, l'Ukraine constituait une zone de transit vitale pour l'exportation la plus stratégique de la Russie. 85 % des exportations de gaz russe vers l'Europe étaient acheminés *via* le réseau de gazoducs ukrainien, artères de l'empire construites à l'époque soviétique, tandis que la péninsule ukrainienne de Crimée, sur la mer Noire, abritait encore une base navale russe d'une importance stratégique.

Tandis que Poutine cherchait à affirmer un renouveau impérial russe, la dernière chose dont il avait besoin, c'était de voir l'Ukraine se tourner vers l'Occident. Mais le pays était divisé depuis longtemps, étant un carrefour entre l'Est et l'Ouest depuis les temps prérévolutionnaires. La Pologne et la Lituanie contrôlaient de vastes étendues de l'ouest de l'Ukraine depuis 1686 lorsque la Russie et la Pologne se sont partagé le pays après trente ans de guerre. Bien que la domination soviétique ait mis un terme à tout cela, l'influence occidentale est restée indélébile dans l'ouest de l'Ukraine et le mouvement indépendantiste pro-européen y était fort. Pendant son règne, Kuchma avait habilement réussi à trouver un équilibre entre les forces pro-occidentales et prorusses du pays. Mais maintenant, Iouchtchenko avait émergé pour contester les plans de Poutine visant à une union plus étroite par la création d'une zone économique commune eurasienne. Les parlements des deux pays avaient ratifié la création de cette zone en avril, mais dans l'esprit de Poutine, Iouchtchenko était soutenu par des gouvernements occidentaux déterminés à déjouer la résurgence de la Russie.

Iouchtchenko soutenait fermement l'intégration de l'Ukraine au sein de l'Union européenne et de l'OTAN ; Kuchma l'avait d'ailleurs limogé de son poste de Premier ministre pour son penchant pour l'occidentalisation. Sa femme ukraino-américaine avait grandi à Chicago et elle avait plus tard travaillé au sein du département d'État américain. Ils s'étaient rencontrés la première fois à bord d'un avion dans lequel ils étaient assis l'un à côté de l'autre – ce qui conduisait Poutine à penser qu'il avait été recruté par la CIA.

Poutine et ses hommes étaient horrifiés par ce qu'ils percevaient comme étant une incursion manifeste sur leur territoire, une menace directe à l'intégration eurasienne plus étroite qu'ils avaient complotée. Poutine avait déjà exprimé son premier avertissement sur l'Ukraine et l'Ouest cet été-là, plusieurs mois avant l'attaque à Beslan. En jeu, les plans du Kremlin pour la première étape de la résurrection de l'empire russe, le soi-disant espace économique commun entre la Russie, l'Ukraine la Biélorussie et le Kazakhstan. « En nous rapprochant, nous augmentons notre compétitivité. Et cela est compris non seulement par nous, mais par des gens sérieux, nos partenaires à l'étranger, avait déclaré Poutine lors d'une rencontre avec Kuchma en juillet. Leurs agents, à la fois dans nos pays et à l'extérieur, font tout leur possible pour compromettre l'intégration entre la Russie et l'Ukraine. » Poutine a choisi avec soin le cadre de cette déclaration : la réunion a eu lieu dans le même palais historique de Livadia à Yalta où Staline, Roosevelt et Churchill avaient divisé l'Europe en sphères d'influence entre l'Est et l'Ouest vers la fin de la Seconde Guerre mondiale. Poutine revendiquait un droit historique renouvelé, une sphère d'influence russe sur son proche étranger.

Mais son avertissement sembla n'avoir aucun impact. La popularité de Iouchtchenko continuait d'augmenter de jour en jour, malgré un déploiement d'experts en relations publiques du Kremlin à Kiev pour rallier le vote de Ianoukovytch. Le 5 septembre, un jour après que Poutine a affirmé dans son discours sur Beslan que des forces extérieures tentaient d'arracher des morceaux juteux à la Russie, les adversaires de Iouchtchenko sont passés à l'offensive. Iouchtchenko est allé dîner à la datcha du chef des services de sécurité ukrainiens, le général Ihor Smeshko. Le lendemain il s'est senti mal et de terribles kystes ont éclaté sur son visage dans les jours qui ont suivi. Les médecins en Autriche où il s'est envolé pour se faire soigner ont conclu qu'il avait été empoisonné par une dioxine hautement toxique. Mais le rouleau compresseur de sa campagne a continué. Bien que Iouchtchenko ait été temporairement mis à l'écart, Ioulia Tymochenko, une femme politique et nationaliste ukrainienne, a poursuivi la campagne en son absence. Leur campagne était accrocheuse et habile. Le slogan n'était qu'un simple « Tak » – « Oui » – et leurs banderoles et pancartes orange semblaient être partout. Les tentatives d'intervention de Poutine – qui était allé jusqu'à visiter la capitale de l'Ukraine, Kiev, quelques jours avant le scrutin pour appeler les gens à voter pour le candidat pro-Kremlin Ianoukovytch – ont simplement semblé se retourner contre lui. Le soutien général de la télévision d'État russe au bourru Ianoukovytch, le chef du parti et ancien détenu du bastion russe de l'est de l'Ukraine, qui semblait parfois pouvoir à peine s'exprimer correctement, a agacé un électorat soucieux d'indépendance après des décennies d'hégémonie soviétique. Ianoukovytch faisait pâle figure face à l'érudit Iouchtchenko qui était devenu un héros pour avoir survécu à la tentative d'empoisonnement qui l'avait laissé défiguré et qui pouvait encore menacer sa vie.

Lorsque la nation est allée aux urnes fin novembre, l'intervention de Poutine a de nouveau semblé se retourner contre lui. Il félicita Ianoukovytch pour sa victoire, avant même que les résultats soient tombés, quand bien même les sondages à la sortie des urnes pointaient vers le résultat opposé. Le décompte officiel était supervisé par un proche allié de Poutine et lorsqu'il a finalement coïncidé avec l'option anticipée de Poutine, l'opposition affirma que le vote avait été truqué. Des dizaines de milliers de supporters de Iouchtchenko sont descendus dans la rue, dont des légions de jeunes gens, beaucoup d'entre eux unis par le groupe de jeunes « Pora! » qui construisit une ville de tentes sur la place principale de Kiev, Maidan. En dépit du froid glacial, les manifestations ont pris de l'ampleur. Jusqu'à un million de personnes se sont rassemblées sur la place Maidan et Kuchma a finalement été contraint d'accepter un nouveau vote. Cette fois, le scrutin, qui s'est tenu en décembre sous l'examen attentif d'observateurs locaux et internationaux, s'est terminé par la victoire de Iouchtchenko. Le candidat de l'Ouest avait gagné.

Pour Poutine et ses partisans, ce fut une défaite dévastatrice que beaucoup n'ont pas oubliée à ce jour. Les retombées de cette « révolution orange » ont été si importantes, le coup porté aux plans du Kremlin si dévastateur que Poutine tenta de démissionner, selon deux proches. Mais le fait est que personne dans son entourage ne voulait prendre sa place. Personne n'était prêt à assumer cette immense responsabilité. C'était la seconde révolution pro-occidentale dans l'arrière-cour de la Russie. À peine un an plus tôt, l'ancien étudiant de Columbia et pro-occidental Mikheil Saakachvili avait accédé au pouvoir dans l'ancienne république soviétique de Géorgie. Pour Poutine et ses alliés, les forces de l'Occident semblaient s'activer tout autour d'eux, empiétant sur la sphère d'influence de la Russie et menaçant d'atteindre le pays lui-même. C'était le pire cauchemar des hommes du KGB de Poutine : inspirés par les événements dans les pays voisins, les opposants russes financés par l'Occident cherchaient également à renverser le régime de Poutine. C'était le fondement de la sombre paranoïa qui allait motiver bon nombre de leurs futures actions.

Encore une fois, la réponse de Poutine et de son entourage a été de mettre les bouchées doubles et de présenter la Russie comme une nation assiégée. Ce qui s'était passé en Ukraine et en Géorgie influencerait les actions du Kremlin de Poutine pendant de nombreuses années à venir. Se considérant comme étant engagés à la fois dans une bataille pour l'empire et dans une lutte pour l'instinct de conservation, ils ne pouvaient permettre l'émergence d'aucune influence extérieure – un facteur qui avait sûrement à son tour influencé leur décision d'abolir les élections pour les gouverneurs régionaux.

En décembre, quelques jours seulement avant le second vote en Ukraine, Poutine a profité de sa conférence de presse annuelle pour pester contre l'Occident qui, selon lui, tentait d'isoler la Russie en fomentant la révolution dans son voisinage immédiat. Encore une fois, il lia cela aux troubles en Tchétchénie : « Si tel est le cas, alors la politique de l'Occident envers la Tchétchénie devient plus compréhensible... Il s'agirait d'une politique visant à établir des éléments qui déstabiliseraient la Fédération de Russie. » Les révolutions dans les anciennes républiques soviétiques, a-t-il affirmé, avaient été « planifiées ailleurs », ajoutant que le milliardaire George Soros finançait les salaires du nouveau gouvernement géorgien.

Au moment où Poutine prononçait son discours annuel sur l'état de la nation au mois d'avril suivant, les thèmes qu'il avait appris des émigrés russes blancs sur le passé impérial revenaient clairement au premier plan. Citant de larges extraits d'Ivan Ilyin, le philosophe religieux qui avait fui la révolution bolchévique, s'appuyant sur les écrits de Sergueï Witte, le Premier ministre réformateur du dernier tsar de Russie, Poutine expliqua que la Russie suivait une voie unique, son propre destin. Sa forme de démocratie ne suivrait pas les modèles de l'Occident. L'effondrement de l'Union soviétique, a-t-il dit pour la première fois à la nation, avait été la plus grande tragédie du XXe siècle. « Beaucoup pensaient ou semblaient penser à l'époque que notre jeune démocratie n'était pas une continuation de l'État russe, mais son effondrement ultime, l'agonie prolongée du système soviétique. Mais ils se sont trompés », a-t-il dit. À cette époque, le pays franchissait une nouvelle étape de développement : « Notre société générait non seulement l'énergie de l'instinct de conservation, mais aussi la volonté d'une vie nouvelle et libre... Nous devions trouver notre propre voie afin de construire une société et un État démocratique, libre et juste. »

Auparavant, les discours de Poutine sur l'état de la nation se concentraient presque entièrement sur l'économie, sur les mesures visant à doubler le PIB, sur la création d'une vie « confortable » pour les citoyens russes et sur l'intégration plus étroite du pays dans l'économie mondiale et l'Europe. « L'élargissement de l'Union européenne ne doit pas seulement être un rapprochement sur le plan géographique, mais aussi sur les plans économique et spirituel », avait-t-il déclaré lors de son allocution à peine un an auparavant. Mais le discours de cette année revêtait une tournure différente : « La Russie doit poursuivre sa mission civilisatrice sur le continent eurasien. Nous considérons que le soutien international au respect des droits des Russes à l'étranger est d'une importance majeure, qui ne peut pas faire l'objet de marchandages politiques et diplomatiques. »

La Russie délimitait sa sphère d'influence, quoique tardivement, dans les anciennes républiques soviétiques. Elle s'était fixé un nouveau cap : construire un pont vers son passé impérial.

9

L'appétit vient en mangeant

Lorsque Mikhaïl Khodorkovski se retrouva menotté dans une salle d'audience exiguë de Moscou en juin 2004, son procès commençait et il allait changer le cours de l'économie russe. Les hommes de Poutine allaient renverser le système judiciaire du pays à leur profit. Khodorkovski n'avait pas été vu depuis son arrestation à l'aube sur une piste en Sibérie. Mais maintenant, il était là, derrière les barreaux de la cage métallique dans laquelle s'asseyaient les accusés selon les règles des tribunaux russes, sa chute en disgrâce était visible pour tous. Un trio de magistrats féminins aux cheveux bouffants baissait les yeux, le visage sévère, installé à une tribune en contreplaqué, tandis que des gardes armés entouraient la cage.

La chaleur dans la petite salle d'audience ce jour d'été était étouffante. Des avocats en costume étaient entassés les uns contre les autres sur des bancs en bois de fortune. Des journalistes et ses proches, dont ses parents âgés, étaient là. Il y avait de la poussière dans l'air. De temps en temps, on entendait les cris d'une poignée de manifestants scandant « Liberté ! » par une fenêtre ouverte. Vêtu simplement d'un jean et d'une veste marron, Khodorkovski avait l'air calme et fort comme il avait toujours semblé. Il demandait à être libéré sous caution. Sa détention depuis huit mois dans la célèbre prison de Matrosskaya Tishina à Moscou, était un abus de pouvoir, disait-il calmement. C'était totalement illégal et cela encouragerait l'État à persécuter d'autres citoyens. « Mon cas est un précédent pour la justice en général. » Cela conduira plus tard à la détention de centaines de personnes avant même un quelconque procès.

Ce procès qui a duré onze mois, avec des centaines d'heures de contre-interrogatoire et de nombreux témoignages, a jeté les bases du capitalisme d'État de Poutine. Il a ouvert la voie à ses hommes du KGB pour prendre le contrôle des « forces » stratégiques de l'économie et a créé un précédent qui a permis au système judiciaire de devenir une extension du bras long des *siloviki* de Poutine. Le procès a contribué à transformer l'ensemble du système judiciaire – la police, les procureurs et les tribunaux – en une machine prédatrice qui prenait le contrôle des entreprises et éliminait les rivaux politiques de l'élite dirigeante de Poutine. Dans les années qui ont suivi, des milliers d'hommes d'affaires se sont ainsi retrouvés en détention provisoire, beaucoup d'entre eux n'étant libérés que lorsqu'ils acceptaient de céder leur entreprise. C'était l'arme la plus grossière dont disposaient les *siloviki* dans le cadre d'un arsenal juridique qui a finalement été systématisé pour le FSB et les agents des forces de l'ordre à grande et à petite échelle dans tout le pays. L'utilisation du système judiciaire pour s'accaparer les biens de Khodorkovski donnait carte blanche aux hommes de la sécurité de Poutine à tel point qu'en 2012, plus de 50 % de la Russie était sous le contrôle direct de l'État et d'hommes d'affaires étroitement liés à Poutine. Un revirement important et rapide comparé à l'époque précédente ou plus de 70 % de l'économie était entre des mains privées. Cela a également alimenté une vaste économie souterraine d'argent noir qui a profité aux services de sécurité renaissants. Des pots-de-vin gagnés lors d'opérations de chantage qui ont permis à une légion d'agents du FSB et des forces de l'ordre de s'offrir des Humvee tunés et des appartements somptueux bien au-delà du train de vie que leur permettaient leurs salaires officiels. Cela a donné aux hommes de la sécurité un accès illimité aux affaires d'initiés ; ils ont ainsi pu gagner des milliards de roubles en espèces qu'il a fallu ensuite blanchir sur des comptes en Occident.

Ce procès a tout changé. Cela s'est passé au moment même où les hommes de Poutine commençaient à croire en la résurrection de leur pays contre les forces de l'Occident, dans le contexte de Beslan et des révolutions ukrainienne et géorgienne. Selon eux, la prise de contrôle de Yukos était un élément crucial dans la restauration de la gloire impériale du pays, dans le renforcement du contrôle sur la nation – et sur ses flux financiers. Du moins, c'est ainsi qu'ils se justifiaient à ce moment-là. « Le KGB voyait qu'ils avaient créé un nouveau Frankenstein, un monstre qui avait sa propre vie, et s'appelait capitalisme », a dit Christian Michel, l'ancien conseiller de Khodorkovski. « Ils voyaient comment les oligarques qu'ils avaient aidés à réussir gagnaient maintenant des milliards, sur lesquels ils ne percevaient rien. Alors, ils ont commencé à reprendre les ressources au nom du pays. Ils se sont dit : "Nous récupérons les ressources qui appartiennent à la nation. Sinon, les Américains vont prendre les commandes." »

Cette fabrication de mythes bien pratique n'était pas seulement une motivation – cela leur permettait aussi d'agir comme ils le voulaient. À leurs yeux, ils étaient les gardiens de la restauration de la Russie ; ils se sont dit qu'ils étaient les sauveurs de la Russie et qu'ils méritaient de bâtir leur propre fortune. Comme les dirigeants soviétiques avant eux, ils étaient la personnification de l'État, et leurs intérêts étaient en parfaite adéquation. Mais alors qu'auparavant, l'État était synonyme de Parti, ils étaient sur le point de créer une ère de capitalisme d'État, dans laquelle les frontières entre les intérêts stratégiques de l'État et leurs propres intérêts individuels devaient être presque indiscernables. « Ils ont tout dépeint en termes obéissant à une cause supérieure. Mais c'était également par cupidité personnelle et c'est là que les problèmes ont commencé », a dit Michel.

L'idée selon laquelle l'État reprendrait le haut commandement de l'économie avait trouvé un soutien immédiat parmi la population aussi rancunière que les hommes du KGB de Poutine envers les milliardaires de l'ère Eltsine. Poutine résuma la mauvaise volonté générale lorsque, une semaine seulement avant l'arrestation de Khodorkovski, il a de nouveau fustigé les magnats des années 1990 pour avoir tenté de créer un système de « règle oligarchique » : « Nous avons une catégorie de personnes qui sont devenues milliardaires du jour au lendemain. L'État les a nommées milliardaires. Cela leur a simplement donné une énorme quantité de biens, pratiquement gratuitement. Puis, ils ont fini par croire qu'ils étaient invincibles, que tout leur était permis. » Le Kremlin a même cherché à dépeindre la bataille contre Yukos comme faisant partie de la lutte contre le terrorisme. Trois semaines après l'attaque de Beslan, NTV, alors contrôlé par l'État, a diffusé un curieux reportage qui a tout de suite eu du succès. Celui-ci alléguait – sans présenter aucune preuve – que Khodorkovski et ses partenaires avaient financé les terroristes tchétchènes.

Sergueï Ivanov, un proche allié de Poutine du KGB à Saint-Pétersbourg, qui était maintenant ministre de la Défense, avait été le premier à signaler ouvertement ce qui allait arriver. « L'État ne doit pas perdre le contrôle des secteurs stratégiques de l'économie », a-t-il dit en novembre 2003, un mois après l'arrestation de Khodorkovski. « Nous devrions avoir le contrôle sur le niveau d'extraction de pétrole et sur l'exploration... L'Union soviétique a investi d'énormes ressources dans l'exploration et le développement de gisements et aujourd'hui, les dirigeants des compagnies pétrolières en tirent d'énormes profits. Dans tous les cas, les puits et les ressources pétrolières sont la propriété de l'État et non du secteur privé. L'État a donc pleinement le droit de contrôler ce processus. » Mais même si le signal était clair qu'il y aurait un revirement dans la manière dont la Russie était dirigée, les gouvernements occidentaux ne semblaient pas penser que cela allait être aussi ambitieux. Au début, les responsables américains ont eu du mal à comprendre s'il s'agissait d'une campagne qui visait uniquement Khodorkovski ou si cela inaugurait une initiative plus large destinée à prendre le contrôle du secteur de l'énergie. Ils n'ont pas pris conscience que c'était le début d'une mainmise sur l'ensemble des systèmes juridiques et politiques ou que les ressources que les hommes du KGB s'appropriaient finiraient par se retourner contre l'Occident. Bien que Sergueï Ivanov ait fermement fait connaître son désir de renforcer le contrôle de l'État, lui et le reste des hommes de Poutine ont pris soin d'insister sur le fait que cela ne signifiait pas un renversement des privatisations des années 1990, que l'affaire contre Khodorkovski concernait un oligarque voyou, que les droits de propriété seraient respectés et que la Russie était une économie de marché, résolue à s'intégrer à l'Occident.

La réponse de l'administration américaine à son arrestation sur laquelle comptait Khodorkovski et qui, croyait-il, conduirait à sa libération rapide, n'est jamais arrivée. Certains hommes politiques comme le sénateur républicain John McCain, ainsi que George Soros, le milliardaire spéculateur financier devenu philanthrope, ont appelé à l'élimination de la Russie du groupe d'élite des pays industrialisés du G8. La Russie ne l'avait intégré qu'après l'arrivée de Poutine à la présidence. Mais seul McCain semblait reconnaître les conséquences potentielles de l'assaut de l'État contre Yukos : « Un coup d'État insidieux contre les forces de la démocratie et du capitalisme de marché en Russie menace le fondement de la relation américano-russe et agite le spectre d'une nouvelle ère de paix froide entre Washington et Moscou », a-t-il dit au Sénat américain en réponse à l'arrestation de Khodorkovski. « Les États-Unis ne peuvent pas entretenir une relation normale, encore moins être partenaire, avec un pays qui ressemble de plus en plus à ses prédécesseurs soviétiques et tsaristes plutôt qu'à l'État moderne auquel Vladimir Poutine prétend aspirer à construire. »

Mais pour l'administration de George W. Bush, c'était surtout le statu quo qui prévalait. À cette époque, à la suite des attentats terroristes du 11 septembre, l'accent était mis sur la coopération antiterroriste. Il était donc important de maintenir ouvertes les voies de communication avec la Russie, surtout maintenant que la Russie venait de convaincre l'Occident des liens entre les rebelles tchétchènes et le terrorisme mondial. Les États-Unis devenaient également de plus en plus dépendants de l'aide de Moscou en Afghanistan, avec notamment la mise à disposition d'une voie de transport à travers la Russie pour le matériel de guerre. « À tout le moins, l'administration ne voulait pas que la Russie entrave ce que les États-Unis voulaient faire », explique Thomas E. Graham, alors directeur pour la Russie au Conseil de sécurité nationale des États-Unis. « Par exemple, il y avait des désaccords à propos de l'Irak, et au mieux, elle voulait une assistance dans la lutte contre le terrorisme, comme nous l'avions vu en Afghanistan. »

L'administration américaine a néanmoins fait part de ses inquiétudes concernant l'emprisonnement de Khodorkovski et la prise de contrôle de Yukos par l'État dans plusieurs communications avec le Kremlin, a dit Graham. « Mais, à l'époque, elle n'était pas tellement concentrée sur l'évolution de la situation intérieure en Russie. Il n'y avait pas de signe annonciateur d'un recul de la démocratie », disait-il, tandis que les mesures prises par Poutine pour reconstruire le pouvoir de l'appareil d'État n'étaient pas considérées comme une mauvaise chose, après la confusion des années Eltsine. Les départs forcés des magnats des médias Vladimir Gusinsky et Boris Berezovski, et la remise de leurs chaînes de télévision à l'État ont été considérés comme une affaire interne. Ni l'un ni l'autre n'étaient considérés comme des partisans de la démocratie, a dit Graham. Ils avaient utilisé leurs empires médiatiques pour vendre leur propre programme télévisé. Cependant, Khodorkovski était passé dans une catégorie d'oligarques différente depuis qu'il avait commencé à se débarrasser de son image de requin de la finance et avait vendu sa compagnie pétrolière aux États-Unis. « Mais du point de vue de l'administration américaine, cette affaire n'était pas un problème important et cela ne nécessitait pas de changer de politique envers la Russie. » Malgré tous les efforts de Khodorkovski pour cultiver des liens en Amérique, le gouvernement américain l'a jeté aux loups.

Pour les investisseurs mondiaux qui avaient adhéré à la transformation du marché russe, son arrestation et la reprise par l'État de son entreprise lançaient un signal d'alerte. À partir du moment où il a été arrêté et où l'État a gelé sa participation de 44 % dans Yukos, les yeux des investisseurs ont été braqués sur l'entreprise. Les investisseurs se sont demandé si l'État chercherait à utiliser son procès pour la démanteler. Yukos était le premier producteur de pétrole de Russie, extrayant plus de pétrole que le Koweït. Elle était devenue l'entreprise la plus connue du pays, un produit phare pour les investissements occidentaux et toute décision de l'État à ce sujet pouvait laisser présager un renversement plus large des réformes du marché. Les investisseurs craignaient que plus Khodorkovski restait en prison, plus le risque était grand de voir les *siloviki* s'emparer de son entreprise, ce qui ruinerait l'image de la Russie auprès des investisseurs étrangers. Ils craignaient une répétition de ce qui s'était passé avec Gusinsky, propriétaire du groupe de médias NTV, et que la détention de Khodorkovski soit utilisée pour l'obliger à céder ses parts, des tactiques affinées par les hommes du KGB de Poutine à Saint-Pétersbourg. Malgré les prix mondiaux élevés du pétrole et une économie en plein essor, le marché boursier russe était l'un des moins performants au monde.

Cette année-là, les actions de Yukos avaient perdu plus de la moitié de leur valeur depuis leur pic de l'automne précédent. Leonid Nevzlin, le partenaire le plus proche de Khodorkovski, avait déjà proposé aux actionnaires de Menatep de céder le contrôle de Yukos à l'État en échange de la libération des « otages », expliquant qu'il rendait public ce qu'il entendait dire d'intermédiaires qui proposaient chaque jour des tractations.

Ces propositions sont tombées complètement à l'eau avec le Kremlin de Poutine qui cherchait toujours désespérément à garder les investisseurs occidentaux de son côté et l'Occident en général. Les hommes du KGB comprenaient que chaque pas qu'ils faisaient devait être considéré avec soin. Le processus d'emprisonnement de Khodorkovski pour fraude et évasion fiscale devait avoir l'air légitime. Et cela devait faire partie d'un processus qui justifiait la prise de contrôle de Yukos. Par certains côtés, cela pouvait être considéré comme acceptable aux yeux de l'Occident. À cette époque, le cercle de Poutine craignait encore les conséquences des affaires judiciaires internationales. Il tenait à assurer une intégration plus profonde de la Russie dans les marchés mondiaux et il savait qu'ils avaient besoin d'investissements occidentaux pour poursuivre la reprise économique du pays et construire une marque de capitalisme d'État par lequel ils pourraient se développer – et s'infiltrer – en Occident sans être perçus comme une menace.

Ainsi, pour ne pas apparaître trop brutaux dans la prise des actifs de Menatep dans Yukos, ils se sont lancés dans une campagne juridique élaborée dans laquelle le procès de Khodorkovski ne représentait qu'une étape de leur plan. Nous avons vu alors émerger le début du stratagème par lequel des ordonnances et le système judiciaires ont été utilisés comme couverture pour l'expropriation au profit des *siloviki*. C'était encore finalement beaucoup plus facile que lors de la transition sans règle des années 1990, lorsque les oligarques, dont Khodorkovski, profitaient de l'environnement en leur faveur pour influencer, bafouer les droits des investisseurs minoritaires et autres, alors que les privatisations avaient été truquées. La plupart des hommes d'affaires avaient alors opéré presque dans un vide juridique, l'État étant devenu si faible qu'il pouvait à peine appliquer les lois. Le système judiciaire et l'application de la loi étaient essentiellement à vendre. Mais maintenant que les hommes du KGB de Poutine avaient pris le contrôle du Kremlin, ils ont commencé à inverser complètement la situation. Dans le cas de Khodorkovski, les décisions des tribunaux étaient maintenant essentiellement dictées par le Kremlin. Les audiences étaient pleines de vices de procédure, les lois étaient appliquées rétroactivement et de manière sélective. Au lieu de chercher à renforcer les institutions pour effacer les abus du passé, les alliés de Poutine les ont simplement reprises, se donnant le monopole de l'abus de pouvoir.

Ils étaient aidés par le fait que de nombreuses lois russes étaient pleines de lacunes, ce qui rendait facile pour quiconque d'être accusé de transgression. Dans un tel environnement, les lois étaient sujettes à interprétation, et signifiaient bien moins qu'un système d' « ententes » de type mafieux ou d'accords entre amis en vertu desquels vous deviez rester du bon côté du Kremlin si vous vouliez survivre.

Au premier jour du procès, Yukos avait prévenu qu'il était au bord de la faillite. Les procureurs avaient entrepris une attaque parallèle pour faire le siège de l'entreprise, prélevant rétroactivement 3,4 milliards de dollars d'arriérés d'impôts pour l'année 2000 à son encontre. Les investisseurs craignaient que l'intention ne soit de mettre délibérément Yukos en faillite afin que l'État puisse en prendre le contrôle. Et les créanciers étrangers craignaient que l'entreprise ne soit pas en mesure de rembourser un prêt d'1 milliard de dollars. Des responsables gouvernementaux conduits par le ministre des Finances, Alexei Kudrin, un technocrate de tendance libérale, avaient longtemps été frustrés par l'utilisation par les compagnies pétrolières des zones offshore nationales pour minimiser les paiements d'impôts. Mais Yukos était loin d'être la seule entreprise à utiliser de tels systèmes qui étaient légaux en vertu du droit russe à l'époque. Le taux d'imposition effectif payé par Yukos était comparable à celui des autres sociétés pétrolières privées, telles que Sibneft et TNK-BP de Roman Abramovitch. Alors que les investisseurs craignaient que des arriérés fiscaux similaires puissent être mis en place contre d'autres sociétés, le Kremlin et les banquiers occidentaux asservis tenaient à insister sur le fait que l'affaire ne concernait que Khodorkovski.

Le deuxième jour du procès à Moscou, Poutine a publiquement contribué à rassurer les investisseurs dans cette affaire. C'était un signe témoignant de la sophistication de la communication du Kremlin. En visite officielle dans l'ex-république soviétique voisine de l'Ouzbékistan, il a joué le chef magnanime. « Les autorités officielles de la Fédération de Russie, le gouvernement et les autorités économiques du pays ne sont pas intéressés par la faillite d'une entreprise comme Yukos », a-t-il déclaré. Les investisseurs soulagés ont fait grimper le cours de l'action de Yukos de 34 % en l'espace d'une journée. Mais Poutine s'est laissé une clause de sortie par laquelle le prétexte d'une procédure régulière dans un système judiciaire indépendant couvrait la saisie des actifs de l'État : « Le gouvernement fera tout son possible pour empêcher l'effondrement de l'entreprise. Mais ce qui se passe devant les tribunaux est une autre affaire. Les tribunaux devraient en parler eux-mêmes. »

Il n'a pas mentionné, bien sûr, que tout ce qui se passait dans les tribunaux était alors directement sous le contrôle de son associé le plus proche, Igor Setchine, son chef de cabinet adjoint, qui avait supervisé et instigué la procédure en justice contre Khodorkovski depuis le début. Comme pour assurer une étroite coordination, Setchine faisait même partie de la famille du procureur général, Vladimir Ustinov : sa fille avait épousé le fils d'Ustinov en novembre 2003, juste au moment où les poursuites judiciaires avaient été lancées. Depuis son perchoir d'où il supervisait la campagne, l'ancien officier du KGB n'avait eu qu'à ramasser les opportunités.

Pour Setchine, l'affaire Yukos constituait une chance unique d'élever sa position par rapport à celle du serviteur toujours obséquieux de Poutine. Pendant des années, il avait porté les sacs de Poutine et monté la garde à ses côtés ; maintenant, il pouvait tourner la position à son propre avantage. Un initié du Kremlin s'est un jour plaint à moi que Setchine avait délibérément fait disparaître une directive convenue avec Poutine : « Tout le monde se demandait où elle était. Elle n'avait pas été publiée. Poutine avait dit qu'il l'avait signée et transmise à Igor... J'étais allé voir Setchine et il avait dit : "Oups, elle a dû tomber derrière le placard. J'ai tellement de papiers ici." Et ainsi de suite. Il faisait cela pour montrer que c'était lui qui prenait les décisions et qui décidait si les choses se font ou non. Je devais donc aller le voir pour décider de telle ou telle chose. »

Avec l'affaire Yukos, Setchine avait l'occasion d'étendre son pouvoir et de créer son propre fief. « Il avait compris que c'était une chance pour lui de faire d'une pierre deux coups », a dit Alexander Temerko, un des anciens actionnaires importants de Yuko. « Pour prendre l'actif et utiliser l'affaire pour prendre le contrôle du pouvoir judiciaire. Lorsque la fille de Setchine a épousé le fils du procureur général, c'est devenu une entreprise familiale. »

Temerko était l'unique actionnaire de Yukos resté à Moscou à essayer de trouver un moyen de sortir de l'impasse. Tous les autres associés de Khodorkovski avec lesquels il avait fondé l'empire Menatep, notamment Nevzlin, avaient fui la Russie, principalement pour Israël, craignant d'être arrêtés. Mais Temerko était différent. Des généraux trois et quatre étoiles avaient autrefois travaillé sous ses ordres, et en substance, il était intouchable. Au début de la présidence d'Eltsine, il avait été chef d'un comité militaire d'État. Il était devenu proche de plusieurs ministres de la Défense de l'ère Eltsine et avait dirigé un conglomérat stratégique d'armement d'État. Il connaissait Khodorkovski depuis le Komsomol et il avait aidé Yukos à remporter un important contrat pour approvisionner l'armée en carburant. Temerko était l'ultime lobbyiste. Il était charmant et irascible, avec un ventre rond et une grosse moustache. Si quelqu'un était en mesure de négocier une solution à l'impasse avec le Kremlin, c'était lui. Il connaissait beaucoup de monde entre Khodorkovski et les hommes obscurs de la sécurité qui dirigeaient le Kremlin de Poutine – ses associés disaient qu'il était proche du chef du FSB, Nikolai Patrouchev.

Les investisseurs occidentaux plaçaient leurs espoirs de négociations sur les deux hommes du pétrole américains qui restaient comme cadres supérieurs chez Yukos : Steve Theede, auparavant chez ConocoPHilips et Bruce Misamore, un Texan de Marathon Oil. Tous les deux connaissaient bien les techniques de gestion occidentales, des Américains travailleurs qui prenaient le métro de Moscou pour se rendre à leur bureau. Mais ils étaient loin de leur milieu dans les labyrinthes byzantins des négociations du Kremlin. Temerko était la seule personne taillée pour cela. En coulisse, il endossait le rôle de courtier, restant parfois assis pendant huit heures d'affilée dans l'antichambre de Setchine au Kremlin en espérant avoir la chance d'échanger. Une fois, il essaya de contourner Setchine et de plaider sa cause directement auprès de Poutine, convenant avec un haut responsable du Kremlin qu'il pourrait se faufiler par l'entrée arrière d'une réunion du Conseil de sécurité pour intercepter le Président. Mais Setchine a découvert le plan et lui a violemment barré le chemin. « C'était le travail de Setchine de remettre personnellement des propositions judicieuses au Président », avait dit Temerko. Mais il disait toujours : « Ce n'est pas correct, ce n'est pas raisonnable. » Et nous allions revoir la copie.

Depuis le début, les hommes de Khodorkovski menaient une bataille perdue d'avance. Début juillet, moins de trois semaines après les propos rassurants de Poutine, la pression sur Yukos s'était encore accrue. Le système que le Président élaborait montrait son vrai visage. Des dizaines d'agents du gouvernement ont fait une descente au siège de Yukos dans l'une des nouvelles tours de bureaux les plus brillantes de Moscou. Ils ont saisi les serveurs informatiques puis gelé les comptes bancaires de l'entreprise. Comme pour faire bonne mesure, des fonctionnaires du fisc portant des armes à feu ont personnellement remis à Steven Theede une nouvelle facture d'arriérés d'impôts de 3,4 milliards de dollars pour l'année 2001. Cela doublait la charge fiscale de l'entreprise à un moment où elle n'avait pas été en mesure de payer la précédente, et le délai était sur le point d'expirer. « Ça va le tuer », a dit Igor Yurgens, un haut responsable du « groupe de pression » des oligarques.

Dans les jours qui ont suivi la descente, Khodorkovski a fait une annonce publique depuis sa cellule de prison avec une nouvelle offre pour céder la part de Menatep dans Yukos afin de rembourser la dette fiscale. L'équipe de direction de Yukos, dirigée par Theede et Misamore, avait proposé un plan de restructuration qui permettrait à l'entreprise de rembourser 8 milliards de dollars d'impôts sur trois ans – si seulement le gouvernement débloquait les comptes de Yukos pour lui permettre de le faire.

Tous ces efforts sont restés vains. Les négociations se sont poursuivies tout au long du mois de juillet, quand tout d'un coup, la partie gouvernementale a annoncé que pour payer les impôts, au lieu d'accepter l'un des plans de restructuration, elle avait l'intention de vendre la principale unité de production de Yukos, Yuganskneftegaz. Elle produisait à elle seule 60 % de la production totale de Yukos, plus de pétrole que la Libye. La décision a de nouveau envoyé des ondes de choc sur le marché. L'éclatement de Yukos était devenu réalité. Quelques jours seulement après l'annonce, Setchine, qui coordonnait l'attaque dans les coulisses, a saisi sa chance. Il avait été nommé président de la compagnie pétrolière publique Rosneft et les rumeurs selon lesquelles Rosneft poursuivait les actifs de Yukos pour lui-même ont soudainement pris du poids.

À chaque coup coordonné contre Yukos, Setchine avait gagné en puissance. Il était en train de laisser derrière lui le rôle du fidèle adjoint de Poutine, gardien féroce et contrôleur de l'information et de l'accès au Président pour devenir un acteur puissant à part entière. Tout au long des négociations, il avait joué à l'assistant servile, proposant de parler au ministère des Impôts et au ministère de la Justice et de faire parvenir des propositions à Poutine, afin d'accompagner les négociations de Menatep. « Au début, il essayait de prendre ses distances. Il n'a jamais dit qu'il dirigeait ce dossier », a déclaré Temerko. « Mais chaque fois que nous pensions parvenir à un accord, ils bloquaient un autre compte pour que nous ne puissions pas payer ». Setchine secouait la tête avec regret et disait à Temerko à quel point il était désolé qu'ils n'aient pas réussi à se mettre d'accord. « Il nous disait que nous n'étions pas capables de nous entendre. Mais en fait, sa position consistait à nous pousser vers de plus en plus de compromis et de divulgation d'informations.

Le gouvernement cherchait tout de même à conserver les investisseurs occidentaux. Il promit la vente de la principale unité de production de Yukos, Yugansk, au juste prix du marché ; mais la tâche de procéder à l'évaluation a été confiée à la succursale de Moscou de la Dresdner Bank, dirigée par l'un des plus proches alliés de Poutine, Matthias Warnig, l'ancien agent de la Stasi qui avait travaillé avec lui à Dresde. Au milieu du goutte-à-goutte d'informations et du flux constant de nouvelles attaques, le marché occidental s'habituait à l'idée que Yukos serait démantelé. Et quand le gouvernement annonça la vente de Yugansk, les grandes compagnies pétrolières occidentales ont proposé leur aide pour la retirer des mains de Khodorkovski. Ces offres ont sapé les avertissements de l'administration américaine au Kremlin concernant l'affaire Yukos. « Le problème, c'était que chaque fois que nous disions aux Russes que ce qu'ils faisaient aurait un impact négatif sur le climat d'investissement en Russie, l'une des sociétés occidentales se présentait et faisait une offre d'achat sur Yukos », a dit Thomas Graham. « Il y a eu deux ou trois propositions qui ont été soumises au Kremlin, proposant alors d'acheter des actions de Yukos afin d'aider la Russie à gérer son image dans cette affaire. »

Les offres ont également servi à confirmer l'opinion cynique de longue date de Poutine selon laquelle n'importe qui en Occident pouvait être acheté et que les impératifs commerciaux l'emporteraient toujours sur toute préoccupation morale ou autre. Et bientôt, le Kremlin lancerait une nouvelle offensive de charme majeure pour gagner le soutien des investisseurs occidentaux afin de continuer sa stratégie de reconquête des actifs de l'État.

*

À ce moment-là, le Kremlin avait commencé à manœuvrer assez habilement. Dans les coulisses, des banquiers d'investissement occidentaux, certains venant d'une banque d'investissement de Moscou, Renaissance Capital, conseillaient le gouvernement sur la prise de contrôle de Yukos. Il y avait aussi le citoyen américain Charles Ryan qui dirigeait une autre maison de courtage à Moscou, United Financial Group. Lorsque Poutine annonça mi-septembre qu'il renversait l'une des plus grandes réalisations de la transition de la Russie vers la démocratie, l'élection des gouverneurs, en réponse à la tragédie de Beslan, la nouvelle aurait pu sembler inquiétante dans le contexte de Youkos.

Mais Poutine avait une agréable surprise pour les investisseurs étrangers. Le lendemain de l'annonce par le Kremlin de la fin des élections des gouverneurs, il annonça au marché qu'il prévoyait de créer la plus grande compagnie énergétique du monde.Il fusionnait le géant gazier contrôlé par l'État, Gazprom, avec la dernière grande compagnie pétrolière de l'État, Rosneft, afin de créer un mastodonte qui contrôlerait les deuxièmes plus grandes réserves du monde, derrière Aramco d'Arabie Saoudite. Un géant cinq fois plus grand que son homologue occidental le plus proche, ExxonMobil. Contrairement à Aramco, il serait ouvert aux investisseurs occidentaux pour qu'ils puissent prendre une participation.

L'accord proposé témoignait de l'ambition mondiale de Poutine et de son entourage. À une époque où l'intérêt occidental quant au rôle de la Russie comme fournisseur d'énergie grandissait en raison des troubles au Moyen-Orient. C'était un grand revirement par rapport à seulement six mois auparavant, lorsque le Premier ministre Mikhaïl Kasyanov avait voulu démanteler Gazprom dans le cadre des réformes libérales pour réduire son monopole sur le secteur du gaz. Poutine avait rejeté cela du revers de la main et le nouveau plan de fusion du monopole du gaz avec Rosneft était un symbole frappant des intentions du gouvernement qui voulait voir l'État dominer le secteur de l'énergie.

Pourtant, pour les investisseurs occidentaux, les nouvelles étaient bonnes. Le renforcement du contrôle de l'État sur l'économie, qu'ils craignaient depuis longtemps, était associé à la perspective alléchante d'une part d'un énorme nouveau géant de l'énergie. L'accord porterait la participation de l'État dans la fusion de GazpromRosneft à un contrôle de 51 %, levant automatiquement les restrictions sur le montant des actions que les investisseurs étrangers pourraient détenir dans Gazprom. Les plans pour lever ces restrictions avaient longtemps été envisagés par le gouvernement de Poutine ; maintenant, ils devenaient réels, et cela a fait immédiatement grimper le cours de l'action. Les investisseurs occidentaux salivaient à la perspective de l'argent qu'ils pourraient gagner en investissant dans le nouveau mastodonte d'État. « Ce sera la plus grande société pétrolière et gazière au monde dans laquelle les étrangers pourront investir, à un moment où les prix du pétrole et du gaz explosent », a dit William Browder, le dirigeant d'Hermitage Capital Management, qui détenait une part importante des actions de Gazprom, ajoutant que c'était « une sorte de bonbon pour aider à avaler l'affaire de Yukos ». Ian Hague, directeur du Firebird Fund basé à New York, décrivait la proposition du Kremlin de manière plus directe : « Ils achètent la loyauté de la communauté des investisseurs étrangers en créant ce qui ressemble à une dictature politique. Et ça marche. »

C'était le début, pour certains, d'une belle amitié alors que le Kremlin signalait que les investissements étrangers étaient les bienvenus tant que les hommes de Poutine avaient le contrôle. Le malaise suscité par le démantèlement de Yukos s'est dissipé alors que les investisseurs faisaient la queue pour rejoindre le nouveau géant de l'État. La seule personne qui ne semblait pas satisfaite de cette perspective était le président de Rosneft, Igor Setchine. Le rapprochement prévu entre Rosneft et Gazprom menaçait de mettre fin à ses rêves de géant énergétique entièrement contrôlé par l'État.

Alors même que Setchine bouillonnait, le drame entourant la vente proposée de Yugansk était loin d'être terminé. Un rapport divulgué indiquait que la Dresdner Bank avait évalué l'unité de production entre 15,7 milliards de dollars et 17,3 milliards de dollars. Cela semblait conforme à ce que le marché considérait comme un prix équitable, et a conduit les dirigeants occidentaux de Yukos à croire qu'il y aurait des liquidités disponibles pour maintenir le reste de l'entreprise en un seul morceau. Mais fin novembre cette année-là, tout espoir a été anéanti lorsque le ministère de la Justice a non seulement accordé un prix d'ouverture pour l'enchère gouvernementale à 8,65 milliards de dollars, bien en dessous de l'évaluation de Dresdner, mais a aussi ajouté deux nouvelles énormes créances fiscales pour 2002 et 2003. Elles portaient la facture fiscale de Yukos à un montant monumental de 24 milliards de dollars, plus de quatre fois la capitalisation boursière de l'entreprise. Pour la direction de Yukos, il n'était que trop clair que la partie était terminée et que le reste de l'entreprise allait être démantelé et vendu à un prix défiant toute concurrence.

Et si le message n'avait pas été assez clair, la veille de l'annonce des nouvelles charges fiscales, la police armée a perquisitionné les domiciles de dizaines de dirigeants de Yukos qui ont déclaré que cette mesure rappelait les purges de Staline en 1937. « Ils avaient peur d'être chez eux la nuit, peur pour leurs proches », a déclaré un des dirigeants. C'est le message que l'on a fait également passer aux managers occidentaux du pétrole que Khodorkovski avait amenés à Yukos comme symbole de sa transition vers une meilleure gouvernance de l'entreprise. Bruce Misamore, l'affable directeur financier du Texas, était à Londres ce jour-là. Alors qu'il se demandait s'il devait ou non risquer de rentrer en Russie, il a reçu un appel de Temerko qui l'a prévenu qu'il serait arrêté à son arrivée. Misamore n'est jamais revenu. Il en a été de même pour Steven Theede, qui avait été président de Yukos depuis juin 2004. Lui aussi était hors du pays pour affaires ce jour-là, mais une descente de police dans son bureau a envoyé un signal clair, il ne devrait pas rentrer à Moscou. Le faible prix de vente annoncé par le gouvernement pour Yugansk, disait-il, représentait « un vol organisé par le gouvernement pour régler un compte politique ».

Pour Bruce Misamore, il était devenu clair que toutes les mesures prises par la direction pour parvenir à un règlement avaient été vaines. La vague de réclamations fiscales de dernière minute portait le total à plus de 24 milliards de dollars et permettait que tous les actifs de Yukos soient vendus pièce par pièce à des sociétés contrôlées par l'État. Misamore pense toujours que c'était l'objectif du Kremlin depuis le début. Le gel des avoirs et des comptes bancaires garantissait que l'entreprise ne serait jamais en mesure de rembourser les dettes. « Au début, nous pensions que si nous payions la dette fiscale fictive, ils s'en iraient peut-être », a-t-il dit. « Nous avons utilisé de nombreuses façons différentes pour essayer d'accéder aux bonnes personnes au Kremlin pour négocier un règlement. Ils nous rassuraient et nous pensions que nous étions très proches d'un règlement, mais alors quelqu'un rencontrait Poutine et tout était fini. »

Pour Alexander Temerko également, il était finalement évident que les négociations n'avaient aucune chance d'aboutir. Setchine, Poutine et ses hommes les utilisaient comme couverture pour la prise de contrôle, car ils avaient besoin de calmer le marché et les dirigeants étrangers en leur faisant croire que la procédure régulière était respectée. « Mais finalement, on nous mentait. Ils ont envoyé tous ces faux messages.

Des hauts responsables de l'entourage de Poutine m'avaient dit : “Tout ceci n'est qu'un jeu”. Ils disaient : “S'ils ont commencé à ronger l'entreprise, ils la rongeront jusqu'au bout, jusqu'à ce qu'ils arrivent aux os”. Ils ont probablement pensé qu'ils devraient afficher une certaine volonté de négocier. Mais quand tout le monde s'est habitué à ce qui se passait, ils ont estimé : “Pourquoi devrions-nous être d'accord ? Tout cela est à nous, de toute façon." » L'évaluation de la Dresdner Bank, l'attente constante d'offres potentielles, étaient « des manœuvres tchékistes typiques. Ils communiquaient de fausses informations et s'occupaient ensuite de leurs propres affaires en parallèle. »

C'était une tactique qui sera répétée encore et encore par le Kremlin de Poutine, jusqu'à la prise de la Crimée par la Russie à l'Ukraine plusieurs années plus tard en 2014. Puis, ils prétendront d'abord que l'apparition soudaine de troupes sur le terrain en Crimée n'avait rien à voir avec eux. Mais une fois l'annexion de la Crimée assurée, Poutine a admis qu'il s'agissait de forces russes. « Ils ont menti aux chefs d'État occidentaux », a dit Temerko. « Ils leur ont dit que nous étions des criminels, mais qu'ils n'allaient pas nous prendre l'entreprise, ils voulaient juste trouver un accord. Poutine a déclaré plusieurs fois : "Nous ne voulons pas mettre Yukos en faillite." Mais ensuite ils l'ont fait. Yukos, c'est quand ils ont appris à mentir pour la première fois. Le mensonge est institutionalisé maintenant. »

Alors que la Russie se préparait à vendre Yugansk, une bagarre éclata entre les deux principales factions au sein des hommes de la sécurité de Poutine pour le butin. Gazprom, le géant gazier national du pays, gonflé par le soutien de Poutine à la suite de l'annonce de la fusion avec Rosneft, avait également l'intention d'acquérir Yugansk. Il avait le soutien des technocrates les plus libéraux du gouvernement de Poutine, conduits par Alexei Kudrin, le ministre des Finances. Celui-ci tenait à ce que le pouvoir de Setchine, président de Rosneft, membre dirigeant le plus guerrier du bloc de Poutine, leur plus grand rival, n'augmente pas davantage. Ils faisaient pression pour que Yugansk soit vendu au juste prix du marché et voulaient que Gazprom ait un sceau d'approbation occidental pour l'acquisition. Car ils avaient besoin des milliards de dollars de prêts des institutions occidentales. Ils pensaient qu'un tel résultat produirait une version plus acceptable du capitalisme d'État et l'Occident était plus que disposé à s'engager dans ces conditions. Au moment où l'enchère devait avoir lieu, Gazprom avait aligné le plus gros prêt de l'histoire des entreprises russes – plus de 13 milliards de dollars d'un syndicat de banques dirigé par la Deutsche Bank et la Dresdner Bank en Allemagne. Il avait également obtenu le soutien des mêmes majors américaines de l'énergie, Chevron et Exxon, qui avaient autrefois été sur le point de trouver un accord avec Khodorkovski, mais qui étaient à présent prêtes à se retourner contre lui. Maintenant, elles discutaient pour prendre une part de la vente de Yugansk dans un consortium avec Gazprom, tandis que le Britannique Royal Dutch Shell était également en pourparlers pour prendre une participation.

Pour Poutine, c'était un autre exemple de la façon dont, pour l'Occident, les considérations commerciales l'emportaient sur les préoccupations concernant l'orientation de la démocratie. Mais pour les associés de Khodorkovski, il ne pourrait jamais y avoir la moindre respectabilité à la vente et les tentatives de Kudrin pour lui donner une légitimité grâce à la participation des institutions et des entreprises occidentales ne représentaient rien de plus qu'une opération de camouflage. C'était une trahison des règles et des valeurs de l'Occident. La vente de Yugansk était un vol pur et simple et ils devaient faire tout ce qui était en leur pouvoir pour l'empêcher.

Tout avait été préparé par le Kremlin pour ce qui promettait d'être la vente du siècle. La vente aux enchères des plus grands trophées de l'industrie pétrolière devait revenir aux mains de l'État – avec l'approbation et la participation des institutions bancaires occidentales et des majors pétrolières en plus. Mais quatre jours seulement avant la date prévue de la vente, le management de Yukos, toujours dirigé par Theede et Misamore depuis leur exil à Londres a lancé un dernier acte de défi qui a surpris tout le monde : ils avaient tranquillement déposé le bilan de Yukos en utilisant la loi américaine du chapitre 11 devant un tribunal de Houston et avaient obtenu un sursis temporaire pour arrêter la vente. Tout à coup, les bailleurs de fonds occidentaux de Gazprom sont partis. Les dirigeants de Yukos avaient fait valoir que l'entreprise tombait sous la protection du système juridique américain parce que des investisseurs minoritaires américains détenaient une participation de 10 %, tandis que la major pétrolière elle-même avait des « affaires importantes » aux États-Unis.

La parade de dernière minute a mis Poutine dans une rage folle. « Je ne suis pas certain que le juge sache même où se trouve la Russie », a-t-il lâché. Insistant sur le fait que les tribunaux américains n'avaient aucune compétence sur ce qui s'était passé en Russie, le Kremlin a poursuivi la vente. Mais pour Gazprom, les risques de poursuivre l'acquisition étaient devenus trop élevés. Ses nombreux actifs en Occident – installations de stockage, centres d'échange et joint-ventures pour la distribution de gaz en Europe – le laissait ouvert à des poursuites s'il cherchait à enchérir sur la vente et violait l'ordonnance américaine. La voie était donc dégagée pour Igor Setchine, le *silovik* que beaucoup dans la communauté bancaire avaient commencé à nommer « le seigneur des ténèbres » pour sa propension à l'intrigue et son ambition impitoyable, de faire une autre offre pour Yuganks. Sa major pétrolière Rosneft n'avait aucun actif en Occident.

La vente de Yuganskneftegaz était censée marquer la revanche secrète contre les actions qui avaient amené le transfert à des prix cassés des joyaux de la couronne de l'industrie soviétique entre les mains d'une poignée de magnats haut placés. Bien que Yukos ait décrété qu'il s'agissait d'un vol, le gouvernement russe cherchait à présenter la vente comme obéissant aux règles normales du marché. Comme pour souligner la différence avec les ventes à huis clos des années 1990, des journalistes avaient été invités à observer la vente aux enchères, diffusée en direct sur deux écrans dans la somptueuse salle de conférence rouge du Fonds immobilier fédéral russe. Cela était censé créer un nouveau précédent en matière de transparence. Mais le dépôt de bilan auprès du tribunal de Houston a transformé la vente en farce. Il n'y a eu qu'une seule offre et personne n'a su qui était derrière. Sur les deux groupes de cadres à l'allure discrète qui étaient assis derrière des bureaux dans une petite pièce lambrissée, un seul a été identifié. Ils étaient de GazpromNeft, la branche pétrolière de Gazprom qui venait d'être créée quelques semaines plus tôt. Les deux autres cadres – un homme de grande taille en costume gris et une femme de forte corpulence portant des lunettes – étaient complètement inconnus. Leur entreprise ne s'était inscrite pour participer à la vente aux enchères que trois jours avant, pourtant, ils étaient les seuls à enchérir. L'homme de grande taille leva solennellement sa palette pour enchérir 9,37 milliards de dollars, à 500 millions de dollars seulement au-dessus du prix d'ouverture, tandis que les dirigeants de GazpromNeft passaient un appel téléphonique pour finalement ne rien offrir du tout. La vente tant attendue s'est terminée presque aussitôt par un coup de marteau du commissaire-priseur.

L'unité de production de pétrole qui produisait plus de pétrole que la Libye avait été vendue à une entreprise, nommée plus tard Baikal Finance Group, dont personne n'avait jamais entendu parler. Même le président du Fonds Fédéral Immobilier, Iouri Petrov, n'en avait aucune idée. « Nous ne savons rien de cette entreprise », a-t-il dit. Il s'est avéré que Baikal Finance Group avait été créé deux semaines seulement auparavant, dans un bâtiment prérévolutionnaire, au-dessus d'un bar, le *London*, dans la ville provinciale russe de Tver. Personne ne semblait savoir qui étaient les actionnaires.

Mais Poutine savait exactement qui était derrière l'offre gagnante et il a dit à tout le monde de ne pas s'inquiéter. Les personnes derrière l'entreprise ont des « années d'expérience dans le secteur de l'énergie », a-t-il dit. Il s'est avéré qu'ils étaient liés à deux de ses plus proches alliés, l'un d'entre eux étant celui que Khodorkovski avait devancé lorsqu'il avait repris la compagnie pétrolière de l'Est, ou VNK, dans les années 1990 : Guennadi Timtchenko, le négociant en pétrole qui avait travaillé avec Poutine à Saint-Pétersbourg et Andrei Akimov, l'ancien banquier d'État soviétique qui avait financé le négociant en pétrole Timtchenko et lancé une offre concurrente sur VNK. Les dirigeants présents lors de la vente aux enchères ont été identifiés comme étant des cadres moyens de Surgutneftegaz, la major pétrolière fidèle au Kremlin. Surgutneftegaz était le principal fournisseur de la société de négoce de pétrole de Timtchenko et au moment de la vente de Yugansk, il contrôlait une participation importante dans celle-ci, d'après Vladimir Milov, l'ancien vice-ministre de l'Énergie, un ancien partenaire de Timtchenko et un banquier russe haut placé qui travaillait avec Timtchenko. Timtchenko a affirmé qu'il n'avait jamais possédé qu'une participation de moins de 0,01 % dans Surgutneftegaz. Ses avocats ont déclaré qu'il n'avait aucun lien ni aucune participation dans Baikal Finance Group.

Les alliés du KGB de Poutine avaient finalement pris leur revanche sur Khodorkovski pour avoir été exclus de VNK. Ils avaient récupéré le premier et le plus gros morceau de Yukos après plus d'un an de manœuvres en coulisse à persuader Poutine d'accepter. Ils semblent avoir bricolé à la hâte Baikal Finance Group en tant que société-écran pour minimiser la transparence sur sa participation à la vente et éviter les conséquences juridiques de l'ordonnance du tribunal américain. Dans les jours qui suivirent la vente, Baikal Finance Group a vendu Yugansk à la société Rosneft de Setchine.

Du jour au lendemain, Rosneft est passé du statut de menu fretin ne valant pas plus de 6 milliards de dollars à celui d'un géant pétrolier d'envergure mondiale avec des actifs d'une valeur de près de 30 milliards de dollars, renforçant en cours de route la position de Setchine. Au lieu de mettre un terme à la vente, la mise en faillite de Yukos avait abouti à la création d'une nouvelle centrale électrique pour les *siloviki* qui avaient orchestré une grande partie de la campagne juridique pour faire tomber Yukos.

Si Gazprom avait pu acquérir proprement Yugansk, sans risque juridique, alors Rosneft aurait très probablement été fusionné avec Gazprom et aurait diminué l'influence de Setchine. Bien que puissant, Setchine serait resté un bureaucrate. Mais maintenant que l'entreprise qu'il présidait était devenue un nouveau champion national du pétrole, il était passé du rôle d'acteur en coulisse au sein du Kremlin pour devenir une véritable force économique à part entière. Son prestige plus important a annoncé les problèmes à venir avec la fusion tant souhaitée de Rosneft avec Gazprom. Setchine voulait que Rosneft demeure une puissance indépendante.

Pour l'un des banquiers occidentaux qui avaient travaillé en étroite collaboration avec Gazprom sur la collecte de fonds pour acquérir Yugansk, le dossier du tribunal de Houston n'était rien de moins qu'une calamité qui avait freiné la course au pouvoir des *siloviki*. Pour lui, les technocrates libéraux, menés par Kudrin, qui avaient soutenu Gazprom constituaient une force plus bienveillante qui aurait assuré un climat plus favorable aux investisseurs en Russie à l'avenir. « Nous préparions un accord qui aurait pu améliorer la transparence et accroître l'influence occidentale », a-t-il déclaré. « Nous allions avoir l'une des entreprises d'origine, comme Exxon, Chevron ou Shell, pour prendre une part de l'affaire. Nous allions faire appel à l'une de ces entreprises pour qu'elle soit un partenaire stratégique. Et puis, il y a eu l'injonction et les méchants sont revenus en courant. Le pouvoir, l'influence et le cheminement de carrière d'Igor Setchine auraient dû être considérablement réduits. C'était l'une des choses insensées à propos de la décision de ce stupide juge américain. »

Si les banquiers occidentaux croyaient vraiment que la vente de Yugansk à Gazprom aurait amélioré les choses, ils se faisaient probablement des illusions. Ce qui importait, c'était que sa vente constituait effectivement une expropriation de l'État. Le gouvernement imputait de manière sélective des dizaines de milliards de dollars en arriérés d'impôts pour donner un air de légalité au stratagème. Toute participation des banques occidentales n'aurait été qu'une façade, la déception des technocrates n'était probablement rien de plus que la représentation des luttes intestines du Kremlin pour s'accaparer le butin. Une vente à Gazprom aurait peut-être semblé plus acceptable à l'Occident, mais le résultat final aurait été le même.

Pour Setchine, toutefois, ce fut sans aucun doute une victoire. Pour la transparence – et pour le budget russe –, c'était sans aucun doute une perte supplémentaire. La vente qui devait être financée par des banques occidentales a fini par être payée par le biais d'un accord trouble qui impliquait un financement du budget russe. Bien que la vente de Yugansk ait apparemment été imposée pour payer des milliards de dollars d'arriérés d'impôts au budget russe, les données de la banque centrale ont montré que le Trésor fédéral a fini par transférer 5,3 milliards de dollars *via* la société Vneshekonombank appartenant à l'État, à Rosneft pour l'aider à payer l'achat. Dans les années 90, l'un des plus grands scandales de prêts garantis contre actions, concernait la croyance répandue selon laquelle les oligarques avaient puisé dans les fonds du Trésor fédéral détenus sur des comptes domiciliés dans leurs banques pour les financer. Il semblait maintenant que Rosneft ait fait presque exactement la même chose. Mais cette fois, on notait à peine l'odeur d'un scandale. Un seul journal, le quotidien économique *Vedomosti*, avait signalé le stratagème et un seul fonctionnaire de l'État a élevé la voix. Les fonds n'ont été reversés au trésor qu'en 2005 lorsque Rosneft et Vneshekonombank ont conclu un accord de financement d'urgence de 6 milliards de dollars auprès des banques chinoises dans le cadre d'un contrat d'approvisionnement en pétrole dont les termes n'ont jamais été divulgués.

Le seul responsable au sein du Kremlin à protester contre la vente, qu'il avait qualifiée de « vol à la vue et au nez de tous », c'était Andrei Illarionov, un économiste libéral qui avait été le conseiller économique de Poutine depuis les premiers jours de sa présidence. Le financement de l'acquisition par le trésor fédéral a révélé qu'il s'agissait de collecter des arriérés d'impôts. Illarionov, qui était largement respecté pour ses principes, se sentait de plus en plus inquiet. Il ignorait combien de temps il pourrait rester à son poste alors que le pays s'écartait définitivement de toute version d'un marché libéral et que le capitalisme d'État émergent avait l'air si corrompu. Il avait déjà été rétrogradé d'une de ses fonctions à cause de ses critiques. Les explications officielles de la poursuite en justice de Yukos « manquaient de poids », a-t-il déclaré. « L'existence d'arriérés d'impôts n'est pas la cause, car personne ne s'intéressait aux arriérés d'impôts dans cette affaire. L'entreprise avait commencé à les rembourser alors qu'elle ne les avait même pas reconnus... Ils étaient même prêts à payer ces sommes incroyables, mais cela n'intéressait personne. » Toute la campagne au sujet des arriérés d'impôts menée contre Yukos avait, pensait-il, été concoctée pour saisir ses actifs. Le Kremlin de Poutine « renonça à recevoir des paiements d'impôts supplémentaires pour obtenir des biens. C'est la déclaration la plus dramatique et la plus franche sur leur véritable intérêt dans l'affaire Yukos. »

Dans les mois et les années qui ont suivi, les institutions de l'Occident se sont inclinées devant le nouvel ordre économique de Poutine. La voie avait finalement été dégagée devant le tribunal de Houston, au Texas, où, en février 2005, deux mois après la vente, un juge avait finalement rejeté le bien-fondé de la demande de protection contre la faillite de Yukos. Le puissant cabinet d'avocats du Texas, Baker Botts avait avancé des arguments solides pour défendre les intérêts de Gazprom. Bien qu'un sursis temporaire ait été délivré à temps pour la vente, après examen de tous les arguments, le juge avait statué que Yukos n'avait pas une présence suffisante aux États-Unis pour bénéficier de la protection des tribunaux américains. La décision avait donné le feu vert pour la dissolution du reste de Yukos. La voie s'ouvrait aux entreprises occidentales, avides de participer à l'action, de prendre part à la nouvelle vente des actifs de Yukos dans le cadre de la faillite.

Lorsque le jugement est arrivé, a raconté Temerko, « il m'est apparu clairement que la bataille était terminée, que les États-Unis n'allaient pas faire obstacle ». Jusque-là, le Kremlin avait craint que les États-Unis ne ripostent. Mais bien que le département d'État américain ait continué à condamner doucement la vente, la perspective d'un nouveau tollé occidental s'est progressivement estompée. Et, les géants pétroliers occidentaux ont commencé à s'aligner avec un zèle toujours plus grand pour participer au nouvel ordre de Poutine, pour devenir des investisseurs et des partenaires de Rosneft, nouvellement doté. La Deutsche Bank et les avocats occidentaux de Gazprom, en particulier, aidaient à faciliter les choses. Charlie Ryan restait un acteur clé, à la tête de la société de courtage United Financial Group à Moscou, dans laquelle la Deutsche Bank avait acheté une participation de 40 % fin 2003. Il avait travaillé pour aider Gazprom à obtenir des prêts occidentaux puis il avait présenté le géant du gaz d'État à Baker Botts, qui s'était battu avec force contre la demande de protection de la loi sur les faillites à Houston.

Ryan avait pris l'avis de la Russie pour choisir l'un des cabinets d'avocats les plus prestigieux des États-Unis, au cœur de l'establishment républicain. Le soutien de Baker Botts au Kremlin, et pour ses géants de l'énergie, Gazprom et Rosneft, suivait un modèle qu'il avait déjà perfectionné dans de nombreux régimes autocratiques du monde, où pendant des décennies, il avait soutenu les intérêts des grandes compagnies pétrolières américaines. L'associé principal du cabinet, ancien secrétaire d'État américain, James Baker, avait été introduit auprès d'Alexei Miller, le proche allié de Poutine qui avait été directeur général de Gazprom. Au petit déjeuner dans la grande salle à manger de l'Hôtel Rossiya, juste en face du Kremlin, il s'était laissé convaincre de prendre la défense de Gazprom. « Je lui ai dit que Khodorkovski était un meurtrier », a dit un des intermédiaires occidentaux impliqués dans la démarche. « Baker est très sophistiqué. Il avait immédiatement compris. »

Un peu de relativisme moral avait aidé à convaincre le cabinet d'avocats texan. Les hommes avec lesquels ils traitaient en Russie semblaient modérés par rapport à certains des dirigeants avec lesquels ils avaient travaillé au Moyen-Orient. « De tous les endroits du monde où Dieu, dans Son infinie sagesse, a décidé de mettre du pétrole, la Russie semblait être l'une des régions les plus civilisées par rapport à la galerie de voyous à laquelle ils avaient affaire chez Kadhafi et Saddam Hussein », a dit l'intermédiaire occidental. « Face à cette équipe, Alexei Miller ressemblait à un écolier. »

Mais Miller, un bureaucrate qui avait siégé au comité des relations extérieures du bureau du maire de Saint-Pétersbourg, n'était qu'un collaborateur de Poutine. Même s'il ressemblait un peu à un écolier, cela n'avait pas d'importance car chez Gazprom, Poutine faisait la loi. Pour Baker Botts, cependant, la nouvelle relation devait s'avérer lucrative. Il s'agissait de travailler en étroite collaboration avec Gazprom puis Rosnef pendant plus d'une décennie. Cela ouvrait éventuellement la voie à Exxon pour former un rapprochement stratégique de 3,2 milliards de dollars avec Rosneft afin d'explorer conjointement l'Arctique et la mer Noire à la recherche de nouvelles réserves de pétrole. Le cabinet a aidé à défendre Rosneft contre les poursuites intentées par les dirigeants de Yukos et par Menatep à propos de l'expropriation de l'État. Des mails montrent qu'il semblait même aider Rosneft au niveau de l'atteinte à la primauté du droit, les aidant à la préparation des décisions pour un tribunal arménien alors que le géant pétrolier d'État se défendait contre les poursuites intentées par Menatep.

Les retombées de la vente de Yugansk avaient aidé Poutine à trouver une faiblesse cruciale dans l'armure de l'Occident : en fin de compte, les intérêts financiers l'emporteraient sur les préoccupations relatives à la violation de la loi et de la démocratie par son régime. Cela faisait partie d'une complaisance généralisée – et dans une certaine mesure d'arrogance – à l'Ouest que la Russie ne représentait plus aucun danger, qu'après l'éclatement de l'Union soviétique, l'effondrement avait été si profond que tout ce qui restait à l'Occident, c'était de trouver un moyen de prendre une part de sa richesse énergétique. L'intégration du pays au sein des marchés occidentaux signifierait qu'avec le temps, elle entrerait dans une mondialisation dominée par l'Occident où elle se conformerait aux mêmes règles que les autres nations. Mais pour Temerko, les États-Unis semblaient avoir accepté un pacte de non-agression avec la Russie qui avait donné le feu vert à Poutine et à ses hommes pour agir à leur guise.

La voie était ouverte pour que le Kremlin puisse contrôler des flux de trésorerie toujours plus importants, qui lui permettraient un jour de défier l'Occident. Sa prise de contrôle du secteur pétrolier a reçu une nouvelle approbation occidentale au cours de l'été 2006 lorsque Rosneft s'est introduit en bourse de Londres et a récupéré 10,5 milliards de dollars pour l'émission de ses actions sur les marchés occidentaux. À ce moment-là, l'entreprise était évaluée à près de 80 milliards de dollars, une énorme augmentation de sa valorisation, si l'on compare aux 6 milliards de dollars qu'elle valait avant l'acquisition de Yugansk. BP a pris une tranche de 1 milliard de dollars et d'autres majors pétrolières internationales ont également acheté des parts importantes. Les investisseurs du monde entier pariaient sur le soutien continu du Kremlin à la prise de contrôle du reste de Yukos par le géant pétrolier d'État ainsi que sur la flambée des prix mondiaux du pétrole. Tout cela servait à légitimer le régime de Poutine et à permettre son intégration plus poussée au sein des marchés occidentaux, et à étendre l'influence du Kremlin. Les possibilités devenaient illimitées. « Avant, ils ne pensaient qu'au café et peut-être à manger un peu de salade », a dit Temerko. « Mais lorsqu'ils ont eu la salade, il s'est avéré qu'ils pouvaient manger tout le buffet. L'appétit vient en mangeant. »

Lorsque en 2007, le reste de Yukos est passé sous le marteau des enchères à la suite de sa faillite, les majors pétrolières occidentales et les institutions financières ont facilité le processus de reprise de ses actifs. Elles fournissaient une couverture pratique aux hommes de Poutine. D'abord, un consortium de banques occidentales mené par la Société Générale – et non l'État russe – a déposé une demande de mise en faillite de Yukos en 2006, soit plus de 482 millions de dollars de prêts en cours. Bien que les banques occidentales aient déposé la requête en faillite, c'était Rosneft – et le Kremlin – qui était aux commandes. L'avocat londonien représentant les intérêts du groupe Menatep aux abois, Tim Osborne, était persuadé que les banques occidentales agissaient à la demande de Rosneft. Bien sûr, trois jours après avoir déposé la plainte, Rosneft a racheté l'encours de la dette des banques occidentales.

Quand le moment est venu pour le marteau de tomber sur les actifs restants de Yukos, un autre consortium bancaire occidental a accordé à Rosneft un prêt record de 22 milliards de dollars, tandis que trois majors énergétiques occidentales légitimaient cette opération. Menatep continuait de protester, selon elle les ventes constituaient un vol pur et simple. À la première mise aux enchères, pour la participation de 9,4 % que Yukos avait fini par détenir dans Rosneft, TNK-BP, l'entreprise énergétique russe détenue à moitié par BP, s'était retiré après seulement dix minutes pour permettre à Rosneft de faire l'enchère gagnante. Puis, lorsque les actifs gaziers de Yukos ont été mis en vente, les majors italiennes de l'énergie Eni et Enel ont fait l'offre gagnante de 5,6 milliards de dollars, puis elles ont rapidement remis le contrôle des actifs à Gazprom dans le cadre d'un accord plus large qu'elles avaient conclu avec le géant gazier d'État. Dans les deux cas, les participants étrangers étaient perçus par les analystes du marché comme recherchant les faveurs du Kremlin à un moment où, pour prendre pied dans le secteur énergétique russe, il était crucial de gagner le soutien de l'État. « Le Kremlin a aimé que des sociétés comme Eni et BP participent parce qu'il veut montrer que malgré l'affaire Yukos, la réalité, c'est que les compagnies pétrolières internationales font la queue pour entrer dans le secteur énergétique russe », a dit Chris Weafer, alors stratège en chef au sein de la banque russe Alfa Bank.

À la fin du démantèlement de Yukos, l'État avait pris le contrôle de 55 % de la production pétrolière nationale, un énorme retournement de situation par rapport aux 80 % détenus par des intérêts privés lorsque Poutine est arrivé au pouvoir. Certains avocats et banquiers occidentaux avaient, en privé, du mal à justifier l'aide apportée au Kremlin dans une campagne qui leur avait procuré tant de richesses. « Khodorkovski était extrêmement agressif sur le plan fiscal », a dit Frank Kujilaars, qui a ensuite dirigé le secteur mondial du pétrole et du gaz chez ABN Amro, la banque néerlandaise aujourd'hui disparue qui avait dirigé le financement du rachat de Yukos par Rosneft. « Il essayait de maximiser les retours en utilisant toutes les failles. Ce n'était pas illégal, mais c'était très limite. »

*

Pendant que les avocats et les banquiers occidentaux se remplissaient les poches avec le rachat de Yukos par le Kremlin, la réalité à laquelle Khodorkovski faisait face était bien plus sombre. Presque tous les jours pendant onze mois, il avait été emmené menotté dans la même salle d'audience de Moscou, obligé de rester assis pendant des heures à écouter les présentations de preuves tandis que le Kremlin, soucieux de démontrer la légitimité de son dossier contre lui, exposait ses accusations. Mais les allégations étaient profondément erronées, même les banquiers étrangers qui avaient aidé le Kremlin dans son expropriation le reconnaissaient. Une série d'accusations liées à la privatisation d'Apatit en 1994, une grande usine d'engrais dans l'extrême nord de la Russie, ainsi qu'un institut de recherche qui lui était rattaché qu'il avait acquis l'année suivante – c'étaient les premières grandes privatisations auxquelles le groupe Menatep de Khodorkovski avait participé. Tandis que les avocats de la défense faisaient valoir que ces accusations n'étaient pas fondées en fait ou en droit, elles se rapportaient à des événements qui arrivaient à la fin du délai de prescription de dix ans. La deuxième série d'accusations liées à l'utilisation par Yukos d'abris fiscaux en Russie en 1999 et 2000, qui, selon l'accusation, était illégale. Mais les mêmes schémas avaient été largement utilisés par d'autres majors pétrolières et étaient conformes aux lois russes de l'époque. Khodorkovski était visé de manière rétroactive et sélective, selon ses avocats.

Lorsqu'il a finalement été autorisé à présenter son cas dans les plaidoiries finales, il s'est lancé dans une diatribe en détaillant chacune des charges, une par une. Il n'y avait pas « un seul document – permettez-moi d'insister – pas un seul – susceptible de signaler mes activités illicites ». « Deux années de travail acharné mené par le bureau du procureur général – et un résultat nul ! »

Selon lui, toute l'affaire avait été lancée comme un procès-spectacle afin de couvrir l'expropriation de Yukos par des fonctionnaires de l'État motivés par la cupidité : « Tout le pays sait pourquoi j'ai été enfermé en prison : pour que je n'interfère pas avec le pillage de Yukos. Ce faisant, les personnes qui ont organisé ma persécution personnellement ont essayé d'effrayer les autorités et la société avec mes ambitions politiques mythiques. Lorsqu'on dit que "l'affaire Yukos" a conduit à un renforcement du rôle de l'État dans l'économie, cela m'évoque un rire amer. Ces gens qui s'affairent aujourd'hui à piller les actifs de Yukos n'ont rien à voir avec l'État russe et ses intérêts. Ce sont simplement des bureaucrates sales et égoïstes et rien d'autre. »

Il a terminé son discours passionné par un appel au sens de la justice et à la responsabilité des juges, arguant qu'une telle « tromperie directe et éhontée » du tribunal par les procureurs ne pouvait pas passer : « J'ai confiance que mon pays, la Russie, sera un pays de justice et de droit. Et c'est pourquoi le tribunal doit statuer sur la base de la justice et sur celle du droit. »

Mais bien que le trio de juges ait semblé écouter attentivement, griffonnant des notes pendant qu'il parlait, leur verdict avait déjà été rendu. Un témoignage oculaire a émergé détaillant pour la première fois comment Setchine et un de ses adjoints avaient étroitement contrôlé le processus à chaque étape. Pour lever tout doute sur la façon dont les juges statueraient, le Kremlin avait fait en sorte qu'ils soient hébergés dans un sanatorium à cinquante kilomètres de Moscou, tous frais payés, pendant qu'ils rédigeaient leur verdict. À cette époque, le Kremlin ne pouvait toujours pas être totalement sûr de la loyauté des juges, mais ce fut le moment où le système judiciaire russe tomba sous l'emprise du Kremlin. Le Kremlin avait tenu à ce que les partenaires commerciaux de Khodorkovski ne puissent pas soudoyer les juges pour qu'ils statuent en sa faveur. Et au sanatorium, les agents des services de sécurité pouvaient les surveiller de près.

Setchine et son adjoint au sein de l'administration présidentielle, un général du FSB sévère et au visage pâle, Vladimir Kalanda, qui se trouvait être marié à l'avocate générale en chef de Rosneft, avaient suivi de près la situation. Lorsqu'un des juges a refusé d'aller au sanatorium sous garde policière, Kalanda a rendu visite à la présidente du tribunal municipal de Moscou, une belle blonde répondant au nom d'Olga Yegorova, qui avait grimpé au sommet du système judiciaire à l'époque soviétique, et son subordonné est retourné au sanatorium.

Après un mois, les trois juges n'avaient toujours pas terminé de rédiger le verdict, ils trouvaient difficile de rendre plus d'une fraction du verdict conforme aux souhaits du Kremlin. Alors Yegorova s'est attelée à la tâche, elle a demandé à un collègue de l'écrire à l'aveuglette, en éliminant tous les doutes concernant l'accusation. Selon le récit d'un témoin oculaire, le collègue lui avait dit que les accusations n'avaient aucun sens, mais Yegorova savait exactement ce que devait être le verdict depuis le début. « Lorsque j'ai pris ma décision, je ne reviens jamais dessus », a-t-elle dit à sa collègue.

Le tribunal municipal de Moscou a rejeté le récit du témoin oculaire comme n'étant rien de plus qu'une « invention » qui ne nécessitait aucun commentaire. Mais lorsque le verdict a finalement été lu au tribunal, il différait peu des accusations que les procureurs avaient présentées. Certaines parties donnaient l'impression d'avoir été copiées sur le dossier des procureurs, avec des tonnes de témoignages cités textuellement. Les juges ont rejeté un à un les arguments de la défense, hormis l'accusation liée à la privatisation de l'usine d'engrais Apatit, dont le délai de prescription était expiré. « J'ai l'impression que c'est la même chose que les charges de l'accusation, juste un peu modifiée », a dit le père âgé de Khodorkovski en secouant la tête, après le premier jour de l'énoncé du verdict. « Le juge a complètement pris le parti de l'accusation », a dit l'un des principaux avocats de Khodorkovski.

La sentence que les juges ont prononcée d'une voix rapide et monocorde après douze longues journées de lecture du jugement était sévère. Il a été condamné à neuf ans de prison pour les accusations de fraude fiscale rétroactive et un chef d'accusation de fraude lié à la privatisation en 1995 de l'institut de recherche Apatit dont le délai de prescription n'était pas écoulé.

Bien que la décision ait toujours semblé préétablie, cela a quand même été un choc. Dans la salle d'audience, des sanglots ont éclaté tandis que la femme mince et blonde de Khodorkovski croisait les bras, pour encaisser la nouvelle. Khodorkovski a lui aussi pâli comme s'il ne s'y attendait pas, comme s'il avait pensé que la machine du Kremlin pourrait encore faire preuve d'indulgence ou avait même espéré que la justice prévaudrait d'une manière ou d'une autre. Bien qu'il soit resté affalé contre les barreaux de la cage pendant que le reste de la décision était lu, il trouva la force d'émettre une dernière protestation. Lorsque tout le monde a commencé à sortir de la salle d'audience, comme si on le laissait à son sort, il a grimpé sur un banc pour crier « C'est l'anarchie ! » à un journaliste, alors même que des gardes armés tentaient de l'arrêter. « Il n'y a pas de base juridique pour ça. »

S'il espérait encore de la clémence, au moment où son appel arrivait quatre mois plus tard, en septembre 2005, le Kremlin avait serré les vis encore plus fort. Setchine avait mis la pression sur Yegorova pour qu'elle fasse vite au niveau de l'appel. Le Kremlin craignait que le délai de prescription de l'accusation de fraude restante liée à la privatisation de l'institut de recherche Apatit, qui était passible d'une peine maximale de sept ans, ne soit sur le point de s'écouler. Les autres chefs d'accusation liés à la fraude fiscale n'ont entraîné des condamnations qu'à quatre, trois et un an et demi, et bien qu'il y ait eu une autre accusation de fraude, avec une peine de sept ans, liée à l'utilisation de billets à ordre, le Kremlin – qui, à l'époque, s'inquiétait encore de l'apparence d'une procédure régulière – craignait que ce ne soit pas une argumentation solide. L'affaire contre Khodorkovski devait paraître légitime afin de renforcer la prise de contrôle de Yugansk par Rosneft. Yegorova devait rendre le verdict d'appel avant l'expiration du délai de prescription de l'accusation d'Apatit, sinon le Kremlin s'exposait à une contestation devant la Cour européenne des droits de l'homme.

Depuis que le procès en appel avait commencé, Setchine appelait tous les jours Yegorova à son bureau du Kremlin – elle y allait si souvent que les gardes la connaissaient de vue. Là, Setchine et Victor Ivanov, un de ses plus proches associés, le chef du personnel du Kremlin qui avait suivi de près l'affaire Yukos, demandait avec impatience à Yegorova de s'assurer que le verdict sur l'accusation de fraude soit rendu à temps. Ils craignaient que si le délai de prescription arrivait à son terme, la peine serait réduite et Khodorkovski pourrait être remis en liberté avant les prochaines élections présidentielles programmées pour 2008. Dans cette situation, la prise de contrôle de Yukos pourrait être annulée. Ils avaient été tellement surpris par les événements en Ukraine l'année précédente qu'ils craignaient de faire face à leur propre révolution orange si Khodorkovski était libéré à temps pour organiser une rébellion. « Dans trois ans, avait dit Setchine à Yegorova selon le récit du témoin, ce sera une maison de fous ici. Le prisonnier doit rester en prison. »

Les nerfs de Setchine avaient été mis à rude épreuve le premier jour de l'appel, le 14 septembre, lorsqu'aucun membre de l'équipe de défense ne s'était présenté. Khodorkovski déclara au tribunal que le seul avocat autorisé à le défendre avait été hospitalisé, Yegorova n'a donc pas eu d'autre choix que de reporter l'audience au lundi suivant, le 19 septembre. Un Setchine furieux l'a convoquée au Kremlin et lui a ordonné de commencer le procès sans la défense. Puis, lorsque le procès a été lancé, ils l'ont appelée une seconde fois et Ivanov ainsi que le procureur général adjoint ont mis la pression sur elle pour accélérer le rythme. Une rumeur circulait à Moscou selon laquelle Yegorova avait reçu un pot-de-vin d'un milliard de dollars des partenaires de Khodorkovski chez Menatep pour retarder l'audience et faire disparaître la peine.

Ce sont les rumeurs et les murmures qui ont fait l'affaire. Yegorova ne pouvait pas supporter l'idée que le Kremlin pense qu'elle était corrompue. Bien qu'elle ait continué à insister sur le droit de Khodorkovski à une défense, elle annonça à Setchine et au chef d'état-major du Kremlin, l'allié de Poutine, Dmitri Medvedev, qu'elle allait prononcer une peine de huit ans – une réduction d'un an –, peu importe ce qui s'était passé. « J'en assumerai l'entière responsabilité », a-t-elle déclaré. « Et si je vous déçois d'une manière ou d'une autre, je démissionnerai. J'en ai assez de tout ça. »

La procédure s'est poursuivie dans un contexte de nouvelles tensions et de retards dus à l'absence du principal avocat de Khodorkovski, Genrikh Padva, avec la pression croissante sur Yegorova alors que l'on continuait de murmurer qu'elle avait accepté un pot-de-vin. « Laissez-les m'arrêter », a-t-elle répliqué. « Laissez-les faire ce qu'ils veulent. Je n'ai jamais été aussi offensée. (...) Pour que vous ne pensiez pas que j'ai pris quelque chose, ça fera huit ans », a-t-elle dit à Setchine et à Medvedev. Quand, à la toute dernière minute, Khodorkovski a accepté de remplacer Padva par un autre avocat qui travaillait sur l'affaire, l'audience a été expédiée en l'espace d'une seule journée, le 22 septembre, pour s'assurer que le délai de prescription n'expire pas.

L'équipe de la défense de Khodorkovski a protesté à plusieurs reprises contre la rapidité avec laquelle l'audience se déroulait. « Ce à quoi nous avons affaire ici, ce ne sont pas à des procureurs ou des juges, mais c'est à la machine d'État », a dit son avocat principal. « Les autorités politiques dictent ce qui se passe ici. » Le dossier du procès initial s'étendait sur six cents pages et la défense s'était plainte de ne pas avoir eu suffisamment de temps pour l'étudier. Mais les juges ont travaillé sans relâche. Lorsque Khodorkovski a prononcé le discours de clôture pour sa défense, ils ont essayé de le coincer après une heure. « Nous avons tous les documents. Nous sommes en fait prêts à rendre la décision », a déclaré l'un d'eux. Il était déjà 19 h 20, bien après l'heure à laquelle le tribunal fermait habituellement en fin de journée. Bien que les juges aient laissé Khodorkovski continuer pendant une heure de plus, peu importait ce qu'il disait. Ils avaient déjà pris leur décision. Ils n'étaient sortis de la salle d'audience que quelques minutes avant de revenir rendre leur verdict : huit ans – exactement comme Yegorova l'avait promis. Il était 21 heures, le 22 septembre. Le délai de prescription de la fraude n'avait pas expiré.

Khodorkovski et son associé, Platon Lebedev, devaient être envoyés dans un camp de prisonniers dont le lieu était tenu secret. Pâle et épuisé, cette fois Khodorkovski n'a pas prononcé de mot d'adieu lorsqu'il a été conduit à l'extérieur du tribunal. Ses parents, Boris et Marina, l'ont salué avec des yeux remplis de larmes. Un peu plus de trois semaines plus tard, il a été transporté dans un wagon de chemin de fer sans fenêtre à travers la steppe russe, dans un camp de prisonniers de la sombre ville minière d'uranium de Krasnokamensk dans la région extrême-orientale de Chita, où près de deux siècles avant les prisonniers politiques de l'époque tsariste, les Décembristes, étaient envoyés.

*

C'est le procès qui a tout changé dans la Russie de Poutine. La pression exercée par Setchine sur les juges, la rapidité de la procédure d'appel, le manque de substance des accusations, avaient placé irrévocablement le système judiciaire sous la coupe des *siloviki*. Si, auparavant, les salaires pitoyablement bas des juges les avaient laissés ouverts à la corruption menée par de puissants oligarques, maintenant le Kremlin prenait le pouvoir. « C'était une question d'État », a dit Poutine à Yegorova lorsqu'il l'a accueillie au Kremlin après le procès pour la remercier du travail qu'elle avait fait, selon le récit d'un témoin oculaire. Il a défendu la brutalité avec laquelle Khodorkovski avait été mis derrière les barreaux en expliquant : « Le capital étranger dirige le pays, c'est pour cette raison qu'il y a eu tout ce chaos. » Poutine et le Kremlin ont justifié leur prise de pouvoir en décrivant Kjhodorkovsky et ses alliés comme des agents de l'Occident. Les hommes de Khodorkovski avaient aligné 10 milliards de dollars pour interférer dans cette affaire, leur a-t-il dit. Personne ne vérifierait jamais cette affirmation. Cela faisait juste partie du système élaboré de mensonges qui était en train d'être mis en place. Le Kremlin de Poutine a agi rapidement pour imposer son contrôle. C'était le début de ce qui allait devenir largement connu sous le nom de *ruchnoye upravleniye*, ou le régime manuel, dans lequel la mécanique de chaque dossier devait être étroitement contrôlée par les hommes du Kremlin. Poutine avait toujours insisté sur le fait que l'affaire Yukos n'avait rien à voir avec lui ou le Kremlin. Mais depuis le début, chaque décision, chaque geste avait été étroitement surveillé. La prise de contrôle du système judiciaire avait commencé par des accusations et des chuchotements selon lesquels les juges recevaient des pots-de-vin des opposants au Kremlin. Les juges chercheraient à contrer de telles allégations et à afficher leur loyauté en rendant des verdicts exactement conformes aux ordres du Kremlin, dans un modèle qui rappelait l'époque soviétique, lorsque les collègues s'espionnaient et se dénonçaient mutuellement, lorsque tout le monde était suspect et étroitement surveillé.

Cette paranoïa n'avait jamais vraiment disparu. Et maintenant, le pays retombait à l'époque où tout le monde était divisé entre « nous et eux », quand on craignait qu'un ennemi extérieur travaille à corrompre le système. Mais dans ce nouveau contexte, les juges seraient désormais plutôt tenus par le Kremlin. Le mari d'une juge, par exemple, avait été arrêté par les services de sécurité devant son domicile le jour de son anniversaire, et conduit à un espace de vente Subaru et on lui avait demandé de choisir un véhicule. Tout le monde savait que la voiture était au-dessus de son niveau de rémunération. Tout le monde savait ce que sa femme faisait pour vivre et quelle affaire très médiatisée elle venait de superviser. Tout le monde avait supposé qu'il s'agissait d'un pot-de-vin, même si le mari avait protesté qu'il n'avait pas eu le choix. Par ces moyens-là, les gens étaient entachés, liés au Kremlin et gardés sous contrôle. À mesure que le temps passait et que le régime de Poutine consolidait davantage son pouvoir, la taille de ces « cadeaux » augmentait de façon spectaculaire.

Pour Yegorova, mariée à un officier du FSB qui devint général, le procès a également été un tournant. Elle est devenue connue sous le nom de « Dame de fer » du système judiciaire russe, la présidente qui a établi une emprise rigoureuse sur les tribunaux, menaçant les juges de perdre leur emploi et leur logement s'ils ne respectaient pas la ligne.

Le pays revenait au temps du goulag. Le système soviétique de « loi téléphonique » était en cours de restauration. Le Kremlin avait pris le contrôle du système judiciaire. Le pouvoir des services secrets était consolidé. Khodorkovski, l'homme le plus riche du pays à l'époque, languissait dans un camp de prisonniers à Krasnokamensk. Et l'Occident avait été complice de cette histoire.

TROISIÈME PARTIE

10

Obschak

Alors que tout Moscou était occupé par l'affaire Yukos à l'été 2004, une série de transactions boursières s'effectuait discrètement. Les actions de Sogaz, une compagnie d'assurances peu connue appartenant à Gazprom, avaient été vendues en trois tranches – la première pour 49,9 %, la seconde pour 26 % et la troisième pour 12 %. Cela a semblé insignifiant au départ. Il s'est avéré que les actions avaient été acquises au rabais par trois entreprises inconnues liées à la banque Rossia, la banque de Saint-Pétersbourg qui avait été autrefois un moyen de transport pour les fonds du Parti communiste puis pour les alliés de Poutine liés au KGB.

Les transactions s'étaient déroulées loin du vacarme des discussions gouvernementales et des décrets qui accompagnaient normalement ces ventes d'actifs publics. Pendant des années, le gouvernement avait débattu de ce qu'il fallait faire de Sogaz et des autres actifs financiers que Gazprom avait accumulés. Mais au lieu de vendre ses actions aux enchères et d'avoir un financement réalisé par des banques occidentales, Kasyanov, le chef du gouvernement et d'autres ministres en avaient discuté, la vente avait eu lieu discrètement en bourse. « Le fait que Sogaz ait été vendu si rapidement et si bon marché marquait une nouvelle évolution », affirmait Vladimir Milov, un ancien ministre de l'Énergie au sein du gouvernement de Kasyanov. « Nous n'en avions jamais parlé. Le limogeage de Kasyanov a ouvert la voie à ce genre d'accord... Il n'avait jamais été question que cette société soit vendue à des alliés. Tout était si inattendu... Mais à l'époque, je n'avais pas compris que la vente de Sogaz marquerait le début d'une nouvelle méthode. C'était juste une compagnie d'assurances, point. »

La vente de Sogaz a marqué le début d'une série de transactions, discrètes, qui ont siphonné des dizaines de milliards de dollars en actifs financiers, industriels et médiatiques autrefois détenus par Gazprom au sein de la banque Rossia, le bastion de Iouri Kovaltchouck, l'allié de Poutine de l'époque de Saint-Pétersbourg. Ce fut le début de la formation d'un *obschak* à grande échelle pour les besoins stratégiques – et personnels – de Poutine. Cela a également annoncé l'émergence d'une nouvelle caste d'oligarques, tous des associés de Poutine liés au KGB de Saint-Pétersbourg. – et, les principaux actionnaires de la banque Rossia étaient membres de la coopérative de datcha Ozero de Poutine.

Tandis que Poutine évinçait l'indépendance des oligarques de l'ère Eltsine, incarcérant Khodorkovski et menaçant d'éliminer les autres, Kovaltchouk était au centre d'un groupe d'alliés fidèles du KGB qui montait pour remplacer les oligarques lors du second mandat de Poutine. D'abord discrets puis de plus en plus visibles, ils ont commencé à bénéficier d'informations privilégiées. Les cessions de Gazprom ont transformé la banque Rossia de petite banque régionale, dont peu de gens à Moscou avaient entendu parler, en une nouvelle puissance financière avec des ramifications à travers toute la Russie. Ses actifs ont été multipliés par quarante après 2004, pour atteindre 8,9 milliards de dollars en huit ans. Les cessions ont également conduit la banque Rossia à la prise de contrôle de la troisième banque du pays, Gazprombank, la branche financière de Gazprom qui détenait des actifs d'une valeur de dizaines de milliards de dollars.

Aucune cession n'aurait eu lieu si les hommes de Poutine n'avaient pas repris Gazprom au début de sa présidence. Depuis que Poutine avait remplacé sa direction par ses alliés de Saint-Pétersbourg, ses vastes réserves de liquidités et ses actifs financiers avaient présenté une multitude d'opportunités pour son entourage. Les ventes d'actifs n'auraient également jamais abouti si les rescapés plus libéraux de l'ère Eltsine comme Kasyanov et Volochine étaient restés au gouvernement. « Avant, tout le monde devait être d'accord », a dit Vladimir Milov. « Mais lors du second mandat de Poutine, il y a eu un moment très clair où le groupe de

Saint-Pétersbourg a pris ce que le groupe de Moscou n'avait pas voulu donner. » Un par un, les hommes de Poutine ont été chargés de pans entiers de l'économie tandis que les *siloviki* prenaient le contrôle du système judiciaire, le service fédéral des impôts et autres pouvoirs du gouvernement auparavant hors de leur portée.

Cela faisait partie d'un processus qui est devenu connu sous le nom de « la Kremlin Compagnie. », par lequel Poutine, au cours de son second mandat, a nommé des loyalistes clés en charge des secteurs stratégiques de l'économie. Il était clairement visible qu'il avait installé dans la place ses alliés les plus proches du KGB, en charge non seulement des majors de l'industrie contrôlés par l'État Gazprom et Rosneft, mais aussi d'une multitude d'entreprises publiques. D'abord, il y a eu Aeroflot, la compagnie aérienne qui fut autrefois le fief de la Famille Eltsine. Victor Ivanov, le camarade du KGB de Poutine à Saint-Pétersbourg qui occupait maintenant le poste de chef adjoint de l'administration a été installé à sa présidence fin 2004. Et puis, il y avait les chemins de fer russes, un vaste empire de 1,3 million d'employés et des revenus qui totalisaient près de 2 % du PIB de la Russie, où Vladimir Iakounine, l'ancien officier supérieur du KGB bourru et qui avait été l'un des principaux actionnaires de la banque Rossia et membre de la coopérative de datcha Ozero, a été nommé président en juin 2005.

Andrei Akimov, l'ancien banquier d'État soviétique lié au renseignement étranger, a été rapatrié de Vienne et promu à la supervision de Gazprombank. Andrei Kostin, un ancien diplomate soviétique autrefois basé à l'ambassade à Londres, a repris les rênes de la Vneshtorgbank, ou VTB, le descendant direct de la banque soviétique du commerce extérieur. Poutine a nommé son collègue le plus proche des années à Dresde, Sergueï Chemezov, comme chef de l'agence nationale d'exportation d'armes, le Rosoboronexport, en 2004.

« Les membres du KGB et les financiers du KGB sont ceux qui dirigent le spectacle maintenant », déclarait triomphalement l'un des principaux acteurs. « Enfin, ils prennent le relais de la première couche du capitalisme. » Les oligarques des années 1990 ont cessé d'être des oligarques et sont redevenus des hommes d'affaires. « Nous avons maintenant une oligarchie tchékiste », a dit avec ironie Boris Nemtsov, le leader politique de l'opposition.

Mais c'étaient les actionnaires de la banque Rossia qui accumulaient la richesse, vite et discrètement. Parmi eux, Guennadi Timtchenko, l'ancien discret agent présumé du KGB devenu négociant en pétrole et qui avait travaillé en étroite collaboration avec Poutine à Saint-Pétersbourg.

Après que Khodorkovski a été envoyé en prison et que le Rosneft de Setchine a commencé à prendre le contrôle de Yukos, Timtchenko s'est davantage concentré sur ses opérations de négoce de pétrole. Sa dernière entreprise, Gunvor, s'enracinait profondément en Suisse. Tranquillement, presque imperceptiblement au début, elle a commencé à ramasser les barils de pétrole autrefois négociés par la société Yukos de Khodorkovski.

Les actionnaires de la banque Rossia composaient l'élite du cercle rapproché de Poutine. Et à mesure que la taille de la banque augmentait au cours du second mandat, les résidences des actionnaires faisaient de même. Ils ont déménagé en masse vers une île verdoyante dans le delta de la rivière Neva à Saint-Pétersbourg où avaient autrefois habité les chanceliers des tsars. Le complexe fermé de maisons de ville somptueuses sur Kamenny Ostrov, ou Stone Island, était entouré de douves ornées, de ponts de pierre et d'une sécurité renforcée. Les nouveaux habitants de l'enceinte rénovée, les courtisans financiers derrière le régime de Poutine, avaient revêtu le manteau des nobles des temps modernes. Ils s'habillaient en queue-de-pie pour des soirées secrètes dans des domaines somptueux, leurs épouses et copines en robes de bal de l'époque de Catherine la Grande. Les starlettes engagées pour se produire devant eux ne savaient pas qui était leur public, étaient payées avec des bagues en diamants, des montres-bracelets – tout ce qui avait de la valeur, tant que cela ne laissait aucune trace.

Plus que toute autre, l'histoire de l'expansion rapide de la banque Rossia au cours du second mandat met en lumière la formation d'un *obschak* du Kremlin qui pouvait être utilisé à la fois pour les besoins personnels de Poutine et pour renforcer l'autorité de son clan du KGB. Comme avec les caisses noires créées au Liechtenstein et dans d'autres paradis pour Poutine et ses alliés de Saint-Pétersbourg au début des années 1990, les frontières entre l'argent prélevé pour des besoins stratégiques et personnels étaient toujours floues. Les transferts d'actions Sogaz, par exemple, ont marqué le début d'un processus par lequel un vaste empire médiatique national a été transféré entre les mains fidèles de Kovaltchouk, aidant à cimenter le monopole médiatique stratégique du Kremlin. Mais ils ont également permis la construction d'un palais digne d'un tsar pour Poutine au bord de la mer Noire. Certaines des centaines de millions de dollars dissimulées dans le réseau d'entreprises derrière la banque Rossia semblaient mener directement à Poutine. Ils faisaient partie de la richesse personnelle de Poutine, d'après un financier qui avait travaillé sur les plans.

L'homme qui a ouvert le rideau sur le fonctionnement du système, c'était Sergueï Kolesnikov, un membre du cercle restreint des financiers étroitement impliqués dans les opérations de la banque Rossia. Il était de plus en plus préoccupé par le fait que la croissance précipitée de la banque était symptomatique de l'absence croissante de garde-fous sur le régime de Poutine. « Lorsque Poutine est arrivé au pouvoir, j'ai accueilli son arrivée avec beaucoup de joie », a-t-il dit. « Nous avons tous relié cela à la mise en ordre dans le pays. Les trois premières années, je l'ai soutenu et j'ai vu que tout ce qu'il faisait était bien et même lorsqu'il a jeté Khodorkovski en prison, j'ai pensé que c'était bien. Mais ensuite, après sa réélection en 2004, nous avons commencé à comprendre qu'il pouvait régner pour toujours... Ils avaient pris le contrôle des médias puis des affaires à travers l'affaire Khodorkovski. Puis, ils ont occupé le champ politique. Ils ont annulé les élections des gouverneurs et des maires dans les plus grandes villes. C'était l'objectif principal. Il n'y avait aucune chance pour que des personnes indépendantes puissent émerger et se développer. »

Il s'agissait d'un processus, a dit Kolesnikov en secouant la tête, qui avait laissé Poutine régner comme un tsar, présidant ce qui devenait une économie quasi féodale. Les oligarques de l'ère Eltsine étaient intimidés par le procès de Khodorkovski, ils craignaient que l'un d'eux ne subisse un sort similaire. Kolesnikov voyait que, au lieu d'éliminer les oligarques en tant que classe comme Poutine l'avait promis, les hommes derrière la banque Rossia faisaient partie d'une nouvelle oligarchie.

Kolesnikov lui-même avait été l'un des leurs. Il savait intimement comment fonctionnait le système de Poutine. Il avait vécu parmi les actionnaires de la banque Rossia à Kamenny Ostrov. Mais il a été de plus en plus horrifié en observant l'escalade du siphonnage des actifs de Gazprom : « Dès que vous prenez le contrôle des ressources financières, c'est impossible d'arrêter. C'est une loi des affaires. » À l'automne 2010, il ne pouvait plus le supporter. N'emportant qu'un petit sac qui contenait, entre autres, des clés USB avec une mine de documents sur toutes les transactions qu'il avait effectuées pour les hommes de Poutine, il s'est échappé de sa maison de ville sur Kamenny Ostrov et s'est précipité à l'aéroport où il a acheté un billet aller pour la Turquie puis pour les États-Unis. Le document qu'il emportait avec lui était une feuille de route relative à la création d'un *obschak* présidentiel.

Sérieux, Kolesnikov avait commencé comme physicien, il travaillait à l'époque soviétique dans un institut de recherche top secret développant des dispositifs médicaux. Les deux hommes avec lesquels il devait plus tard se lancer en affaires travaillaient dans le même domaine. L'un d'entre eux était Dmitri Gorelov, alors résident en chef du KGB au Danemark, avec lequel Poutine avait travaillé en étroite collaboration à Dresde, lorsque Poutine était impliqué dans des opérations de contrebande de technologie à la suite des embargos occidentaux. L'autre s'appelait Nikolai Shamalov, un autre vieil ami de Poutine, le représentant à Saint-Pétersbourg du géant allemand de la technologie Siemens qui avait longtemps été infiltré par des agents soviétiques cherchant à fournir du matériel au KGB. « Il était clair qu'ils se connaissaient depuis avant les années 1990 », a dit Kolesnikov. « Mais il était compliqué d'en apprendre davantage sur l'histoire. »

Kolesnikov, Gorelov et Shamalov se sont lancés dans les affaires au début des années 1990 pour créer Petromed, une entreprise de fournitures médicales qui vendait des équipements Siemens aux hôpitaux de Saint-Pétersbourg. Ils étaient parmi les amis les plus proches de Poutine, Shamalov en particulier, qui avaient rejoint la coopérative Ozero de la datcha. Grâce à leurs activités, les anciens réseaux du KGB étaient préservés. « Des fragments du système sont restés », a dit un ancien officier du KGB qui avait travaillé avec Poutine à Saint-Pétersbourg. « Poutine et son équipe étaient l'un d'entre eux. »

Lorsque Poutine a pris la présidence, Petromed est devenu un centre de collecte de centaines de millions de dollars de dons. Apparemment, c'était pour acheter du matériel médical à Siemens et General Electric afin de moderniser l'Académie médicale militaire de Saint-Pétersbourg. Mais les « dons » étaient vus par certains comme des gratifications payées par les oligarques au nouveau tsar russe. Selon Kolesnikov, c'est avec une partie de cet argent qu'ils ont constitué une caisse noire pour le régime de Poutine. Un grand pourcentage de l'argent a été utilisé pour financer l'expansion rapide de la banque Rossia. Il a fourni à la banque de quoi acquérir la compagnie d'assurance Sogaz de Gazprom – et pour Gorelov et Shamalov la possibilité d'acquérir des parts dans la banque Rossia. À cette époque-là, Matthias Warnig, l'ancien officier de la Stasi avec lequel Poutine avait également travaillé en étroite collaboration sur les transferts de technologie, était devenu le président de la banque Rossia. C'était un signe que les anciens réseaux du KGB de Poutine étaient plus que préservés : ils étaient ressuscités et puis ils ont reçu des dizaines de milliards de dollars de liquidités détournées de Gazprom.

L'histoire que Kolesnikov me raconta des années plus tard, après s'être échappé de ce milieu, décrivait comment il travaillait avec Shamalov et Gorelov. Les yeux écarquillés par les secrets qu'il allait me révéler, il m'expliqua comment il collectait les « dons » pour Petromed à travers un réseau de sociétés offshore qui s'étendait du Liechtenstein aux îles Vierges britanniques et au Panama. 35% de 203 millions de dollars provenant d'un don de l'oligarque Roman Abramovitch, l'oligarque de la Famille Eltsine, ont été transférés de Petromed à une société des îles Vierges britanniques, Rollins International, et 50 millions de ce montant ont ensuite été acheminés vers une entreprise panaméenne, Santal Trading, que Kolesnikov aimait appeler le « coffre-fort ».

(Le porte-parole d'Abramovitch a dit que l'argent avait été donné pour l'achat d'appareils médicaux à des fins caritatives. Kolesnikov lui-même a confirmé dans des interviews qu'Abramovitch n'avait pas connaissance de la réelle utilisation de ces fonds, ni d'une utilisation frauduleuse future.)

C'était le coffre-fort de la trésorerie qui finançait l'expansion de la banque Rossia, pendant que Rollins International finançait l'acquisition de 12,6 % des parts de Gorelov et Shamalov. D'abord, a déclaré Kolesnikov, Rollins a versé respectivement 22,3 millions de dollars et 21,8 millions de dollars de dividendes à Gorelov et à Shamalov, et ils ont utilisé les fonds pour acquérir leur participation dans la banque. Puis, à l'été 2004, Santal a discrètement transféré 18 millions de dollars et 41 millions de dollars de prêts et garanties à deux sociétés inconnues – Aktsept et Abros – connectées à la banque Rossia, qui a utilisé les liquidités pour acquérir respectivement 13,5 % et 51 % des parts de Sogaz. Une participation supplémentaire de 12,5 % a été acquise par une autre société d'investissement, Lirus, qui était dirigée par Kolesnikov.

Les montants en jeu peuvent sembler minimes comparés aux dizaines de milliards de dollars actuellement détenus par l'entourage de Poutine. Mais ces transferts ont été les premières étapes vers la constitution d'un pool d'actifs beaucoup plus important. L'acquisition de Sogaz a marqué le début d'une méthodologie remarquable. Une fois acquis par les hommes de Poutine, ses résultats ont commencé à exploser. Les plus grandes entreprises d'État du pays se précipitaient pour rejoindre sa liste de clients. Ce n'était plus la compagnie d'assurances avec pour unique client Gazprom, elle était aussi celle du monopole des chemins de fer russes et de Rosneft. Cela a donné plus de poids au clan Poutine, le fils de Sergueï Ivanov, le ministre de la Défense de Poutine, un autre allié proche du KGB de Saint-Pétersbourg, était installé à la tête du conseil d'administration de Sogaz. Alors que les clients de haut niveau affluaient, en 2006, ses bénéfices nets avaient plus que triplé. Puis, avec l'essor des affaires, Sogaz a servi de tremplin à un projet plus important. Dans une série d'opérations en août 2006, il a acquis une participation de 75 % dans Leader Asset Management pour un montant non divulgué. C'était l'entreprise qui gérait les actifs du vaste fonds de pension de Gazprom, Gazfond. Le fonds gérait plus de 6 milliards de dollars (167,7 milliards de roubles) d'épargnes-retraites, l'un des plus importants du pays qui détenait aussi une participation de 3 % dans Gazprom qui valait alors 7,7 milliards de dollars. Pour faire bonne mesure, le fils de Shamalov, Iouri, a été nommé à la tête de Gazfond.

Une fois ces pièces en place, Gazfond a été utilisé par la banque Rossia pour prendre le contrôle d'une cible plus importante – la branche bancaire de Gazprom, Gazprombank, alors troisième banque du pays. Le coffre-fort dans lequel Gazprom avait rangé des dizaines de milliards de dollars de ses plus beaux actifs. La transaction est passée, une fois de plus, sous les radars : elle a été à peine remarquée. Au lieu d'une mise aux enchères avec des offres concurrentes et la participation des banques d'investissement occidentales, comme le gouvernement de Kasyanov en avait discuté un jour. La transaction s'est transformée en simple échange d'actifs vers la fin du second mandat de Poutine. Gazfond a échangé la participation qu'il détenait dans un service public d'électricité de Moscou, Mosenergo, alors d'une valeur de 1,8 milliard de dollars, pour la participation majoritaire de Gazprom dans Gazprombank et l'a ensuite transférée à Leader Asset Management, le fonds détenu par la banque Rossia. Cela lui a donné le contrôle direct de la troisième plus grande banque du pays sans que personne ne s'en aperçoive. « Gazprom avait tout donné pour rien », comme ça, a dit Milov, l'ancien ministre de l'Énergie du cabinet de Kasyanov.

C'était comme si le contrôle de la troisième plus grande banque du pays avait été transféré par un ensemble de poupées gigognes russes ou *matryoshki*, entre les mains de la banque Rossia. L'accord était d'une complexité extrême, comme pour cacher ses résultats finaux et attirer le minimum d'attention. Gazprom a ensuite fait valoir que l'accord d'échange d'actifs était conforme à l'évaluation de marché donnée par la Dresdner Bank. Mais Gazprom lui-même avait évalué Gazprombank à 8 milliards de dollars. Et en quelques mois à peine la participation de 1,8 milliard de dollars a presque doublé alors que les bénéfices de la banque continuaient de monter en flèche sous le règne de Poutine.

L'accord avait également vu Gazprom céder des dizaines de milliards de dollars d'actifs industriels et médiatiques sans rien recevoir en retour. D'abord, il y avait l'empire médiatique fédéral que Gazprom avait accumulé, qui comprenait NTV, la chaîne de télévision autrefois farouchement indépendante de Gusinsky. Un an avant la fin de l'échange d'actifs, Gazprom avait vendu ses actifs médiatiques à Gazprombank pour 166 millions de dollars. À peine deux ans plus tard, une fois que cet empire médiatique a été fermement sous le contrôle de Kovaltchouk et la banque Rossia, Dmitri Medvedev, chef de cabinet de Poutine de Saint-Pétersbourg, estimait la valeur des mêmes actifs médiatiques à 7,5 milliards de dollars. Cela faisait de Kovaltchouk le magnat des médias le plus important du pays, à la tête du plus grand conglomérat médiatique dit « privé » du pays. L'empire s'est étendu pour inclure Channel One, autrefois propriété de Berezovski et deux chaînes plus petites, Ren TV et STS, ainsi que l'un des journaux les plus respectés du pays, *Izvestia*, son tabloïd le plus lu, *Komsomolskaya Pravda* et la station de radio la plus aimée de l'intelligentsia, Ekho Moskvy. Peu à peu, ses opérations sont devenues un rouage crucial dans la machine de propagande du Kremlin.

Et puis il y avait Sibur, la plus grande entreprise pétrochimique de Russie, dans laquelle Gazprombank détenait une participation de 75 %, tandis que Gazfond restait en possession des 25 % restants. L'année suivant le transfert de Gazprombank sous le contrôle de la banque Rossia pour 1,8 milliard de dollars, Sibur était évalué à 4 ou 5 milliards de dollars : ses revenus s'élevaient à 6 milliards de dollars, ses bénéfices d'exploitation à 1,2 milliard de dollars. Pourtant, son transfert à la banque Rossia est passé totalement inaperçu. En 2011, Gazprombank vendra Sibur à deux hommes d'affaires proches de Poutine, Timtchenko et Leonid Mikhelson, pour une somme qui n'a pas été révélée. Dans le même temps, Gazprombank déclarait avoir valorisé l'entreprise à 7,4 milliards de dollars.

Le brassage des actions avait discrètement drainé jusqu'à 60 milliards d'actifs depuis Gazprom contrôlé par l'État jusqu'aux mains de la banque Rossia. C'était l'estimation de Vladimir Milov. Certains de ces actifs avaient ensuite été remis aux copains les plus proches de Poutine. Pourtant, rien de tout cela n'avait fait l'objet d'un contrôle indépendant de la part du gouvernement, des actionnaires ou du parlement. Gazprom était censée être la plus grande et la plus importante entreprise de l'État russe, son plus grand générateur de revenus, pourtant son découpage avait eu lieu sans discussion, à huis clos. « Il s'agissait d'un abandon total des plus beaux actifs de Gazprom sans contrepartie. C'est un conte fantastique », a dit Milov.

Milov, alors âgé d'une trentaine d'années, aux cheveux bruns épais et à l'air franc et curieux, avait été l'un des jeunes fonctionnaires les plus brillants du gouvernement Poutine au cours de son premier mandat. Mais il était parti après moins d'un an, déçu par l'absence de réformes pour démanteler des monopoles comme Gazprom et il était devenu une des rares voix à critiquer la politique gouvernementale. Ayant mis en place un groupe de réflexion indépendant qui commentait la politique énergétique du gouvernement, il a acquis une réputation d'expert astucieux et libéral. En 2008, tandis que le gouvernement de Poutine commençait à ressembler de plus en plus à une kleptocratie, Milov a rejoint le mouvement d'opposition libérale dirigé par l'ancien vice-premier ministre Boris Nemtsov. Il coécrivit une série de rapports qui se sont penchés sur les échecs du régime de Poutine, dont un qu'il écrivit lui-même sur le siphonnage des actifs de Gazprom intitulé « Poutine et Gazprom ».

À cette époque, Milov était une voix solitaire et courageuse qui soulignait l'ampleur de la dépréciation des actifs. Alors que les hommes de Poutine dominaient de plus en plus tous les leviers du pouvoir, peu de banques d'investissement ou d'investisseurs enquêtaient sur les cessions. Lorsque nous parlions, Milov mentionnait souvent l'ironie des hommes de Poutine qui prétendaient avoir pris le contrôle de Gazprom dans le but d'éradiquer le siphonnage d'actifs par ses dirigeants de l'ère Eltsine. La situation est encore plus cynique car le siphonnage des actifs a pris une ampleur considérable avec Poutine. « La direction précédente de Gazprom distribuait des actifs en ayant des raisons pour agir ainsi », a dit Milov. « Ils donnaient à d'autres à prix réduit les actifs que Gazprom n'était pas capable de développer lui-même. Mais lorsque les hommes de Poutine étaient aux commandes, ils donnaient simplement des actifs sans raison, presque gratuitement. »

Après que Sergueï Kolesnikov s'est enfui à l'Ouest, il en a expliqué les raisons. Poutine avait fait de Gazprom son fief personnel, sa propriété pour imposer à la fois un instrument géopolitique afin de projeter le pouvoir du Kremlin et comme source de liquidités pour son entourage. « Vous savez qui est le véritable propriétaire de Gazprom ? » m'a demandé Kolesnikov. « Celui qui dit à son PDG, Alexei Miller, ce qu'il doit faire, qui lui dit à qui donner quel contrat et à quel prix, à quel prix travailler avec Sogaz, à qui le vendre et à qui vendre Gazprombank ? Tout cela, c'est Poutine. »

Kolesnikov était au courant d'informations hautement sensibles. Il comprenait exactement comment fonctionnait le système de la caisse noire et au-delà du siphonnage des actifs de Gazprom, ce qui le dérangeait le plus, c'était de voir comment une part de plus en plus importante de l'argent du réseau qu'il supervisait commençait à être détournée pour le confort personnel de Poutine. Un des fonds gérés par Kolesnikov était destiné à réinvestir une partie de l'argent des « dons » vers des investissements dans l'économie réelle russe, notamment les chantiers navals de Saint-Pétersbourg. Au début, cela avait rendu une partie des détournements d'actifs acceptable pour Kolesnikov – au moins, une partie de la richesse était distribuée pour la création d'emplois et la croissance de l'économie. Une autre partie, cependant, devait être consacrée à la construction d'un somptueux palais pour le Président sur la côte de la mer Noire. Le projet avait été initialement conçu comme une maison relativement modeste de mille mètres carrés. Mais il a pris de l'ampleur pour devenir un palais de style italien de quatre mille mètres carrés, avec trois héliports, un amphithéâtre d'été, une marina et un salon de thé avec piscines, pour un coût de 1 milliard de dollars. Lorsque, après la crise financière de 2008, Poutine a donné des instructions selon lesquelles tous les fonds restants de la caisse noire Petromed devraient être dépensés pour son palais plutôt que pour les chantiers navals et d'autres projets dans l'économie réelle, Kolesnikov a commencé à faire des plans pour sa sortie. « Il s'est avéré que j'ai travaillé tous les jours depuis quinze ans, dix heures par jour, pour construire un palais pour le tsar », a-t-il déclaré. « Je ne pourrai jamais être d'accord avec ça. Mais lorsque j'ai exprimé mon désaccord, ils m'ont dit : "Contre qui parlez-vous ? Vous allez à l'encontre du tsar." »

Le détournement des fonds pour le palais présidentiel était le signe le plus clair que le réseau d'entreprises que Kolesnikov avait aidé à superviser était étroitement lié à la fortune personnelle de Poutine – qu'il s'agissait d'une caisse noire dans laquelle il pouvait puiser pour son usage personnel. Kolesnikov a prétendu que c'était Shamalov, l'ami le plus proche de Poutine, à qui Poutine avait personnellement demandé de dépenser des sommes en augmentation croissante pour le palais plutôt que pour les investissements dans l'économie réelle. En effet, c'était par l'intermédiaire d'une entreprise appartenant à Shamalov que le palais était détenu. « Shamalov représentait Poutine », a dit quelqu'un qui était dans la place. « C'était celui qui recevait les ordres pour savoir où l'argent devait aller. » L'activité a soulevé une question intéressante. Si Shamalov représentait les intérêts de Poutine dans la construction du palais, sa participation dans la banque Rossia représentait-elle également l'intérêt personnel de Poutine ? Shamalov a refusé de commenter. Mais lorsque Kolesnikov a surgi pour raconter son histoire, Dmitri Peskov, le porte-parole de Poutine, a qualifié de telles affirmations d'« absurdes »: « Poutine n'a jamais eu et n'a aucun lien avec la banque Rossia, ni avec aucune transaction ou accord passé par l'intermédiaire de l'une des sociétés offshore ou entreprises mentionnées. Il n'a aucun lien avec le développement de la banque. »

S'il n'y avait pas eu ces sommes dépensées pour le confort personnel de Poutine, tout lien avec ses propres intérêts aurait été impossible à démontrer. « Il n'y a aucun document ou papier montrant que Poutine est propriétaire de quoi que ce soit », a dit Kolesniko. « Poutine était une personne à qui on avait spécialement appris à ne pas laisser de trace. Ceux qui géraient le réseau de la banque Rossia avaient également reçu la consigne de mener leurs affaires en toute discrétion. Lorsqu'ils se rencontraient pour discuter d'affaires, ils avaient inventé un système de surnoms – en cas d'écoute clandestine – personne ne pouvait savoir de qui il s'agissait. Poutine était "Mikhaïl Ivanovich" – le nom d'un chef de police dans une comédie soviétique classique. » Kovaltchouk était bizarrement appelé « *Kosoi* » ou « Bigleux ». « Lorsqu'ils ont décidé de donner un surnom à tout le monde, il avait mal à l'œil et donc ils ont décidé de l'appeler ainsi », raconte Kolesnikov. Shamalov a choisi « Professeur », d'après le personnage qui fait des expériences sur un chien errant dans le roman satirique de Mikhaïl Bulgakov sur l'état de l'homme soviétique, *Heart of a Dog*. Pendant ce temps, Alexei Miller chez Gazprom, était « Soldat » ou militaire, un clin d'œil à sa position de fidèle béni-oui-oui qui suivait les ordres. Timtchenko le proche allié de Poutine est devenu « *Gangrena* » ou « Gangrène », parce qu'à l'époque, son commerce de pétrole se développait très vite.

Lorsque Kolesnikov s'est enfui à l'étranger, il a emporté avec lui non seulement des documents sur les transactions, mais aussi des enregistrements de conversations entre les membres de ce groupe. L'un d'eux semblait être celui d'une réunion qu'il y avait eu avec Shamalov à Saint-Pétersbourg. À cette occasion-là, ils faisaient le compte de l'argent de chacun dans la réserve qu'ils géraient chez Rollins International, la partie îles Vierges britanniques du réseau Petromed. « L'argent de Mikhaïl Ivanovich totalise 439 millions de dollars. C'est l'argent de Mikhaïl Ivanovich », a déclaré Kolesnikov.

Ce qui était créé, c'était un système élaboré de sociétés-écrans qui pouvaient agir au nom de Poutine et de son régime de *komitetchiki*. Si les magnats de l'ère Eltsine avaient cherché à manipuler un Kremlin affaibli pour qu'il répartisse les actifs à un prix réduit, Poutine créait un réseau fidèle de dépositaires de confiance connectés au KGB. Ce processus s'étendait vers l'ouest en Europe, au Liechtenstein et à Monaco, et puis au Panama et dans les îles Vierges britanniques. Timtchenko avait depuis longtemps quitté sa base de Saint-Pétersbourg et s'enracinait profondément à Genève. Entourée par les Alpes enneigées et les montagnes du Jura, la ville était depuis longtemps une destination naturelle pour l'argent russe. Partie d'une zone tampon neutre entre l'Est et l'Ouest depuis la fin de la Seconde Guerre mondiale, les secrets financiers des grandes puissances mondiales étaient solidement enfouis dans ses murs. « C'était un refuge pour les deux blocs », a dit un ancien officier du KGB qui opérait là-bas. « C'est comme un restaurant mitoyen, entre Chinatown et Little Italy, où les deux patrons de la mafia peuvent aller manger et discuter affaires. C'est le restaurant le plus sécurisé au monde. L'argent du KGB était depuis longtemps caché dans les coffres de la ville : les banquiers murmuraient des histoires sur la façon dont, à l'époque de la guerre froide, des hommes d'affaires soviétiques portant des valises remplies d'argent les appelaient depuis des cabines téléphoniques. » C'était l'époque des comptes numérotés, des mots codés et d'affaires menées sur un signe de tête et un clin d'œil. Maintenant, la guerre froide étant terminée depuis longtemps, Genève redevenait un avant-poste important pour la richesse pétrolière commandée par les hommes du KGB de Poutine.

Implantée sur un emplacement privilégié surplombant le lac Léman, la société de négoce de pétrole de Timtchenko, Gunvor, est devenue le bénéficiaire le plus immédiat de la prise de contrôle de Yukos par le Kremlin. Pendant un temps, son essor a été l'un des plus grands mystères de l'industrie. Au début, peu l'ont remarqué. Mais après que Rosneft de Setchine a acquis Yuganskneftegaz, le nouveau champion national du pétrole a commencé à rediriger l'essentiel de ses exportations *via* Gunvor. Puis, lorsque Gazprom, contrôlé par l'État, a pris sa propre part de l'industrie pétrolière, acquérant Sibneft de Roman Abramovitch en 2005, sa branche pétrolière Gazpromneft a également commencé à attribuer d'importants contrats à Gunvor. Intimidées par la puissance grandissante du Kremlin, d'autres majors pétrolières, soucieuses de s'attirer les bonnes grâces, ont emboîté le pas. En quatre ans, Gunvor commercialisait 30 % de toutes les exportations maritimes de Russie. Son ascension avait été si fulgurante qu'elle ne pouvait plus être cacher : en 2008, il était devenu le troisième négociant en pétrole au monde, avec un chiffre d'affaires de 70 milliards de dollars.

Un à un, les autres traders pétroliers russes indépendants qui fleurissaient à Genève dans les années Eltsine avaient fermé boutique. Lorsque Yukos avait vendu du pétrole par l'intermédiaire de son entreprise genevoise Petroval, les milliards de dollars qu'il avait tirés de la différence entre les prix nationaux et mondiaux du pétrole avaient généré un gros problème pour le régime de Poutine. Mais maintenant que les flux de pétrole avaient été redirigés par l'intermédiaire d'un négociant appartenant à l'un de ses plus proches alliés, l'inquiétude semblait s'estomper. Sans pétrole, Petroval, qui était basé juste à côté de Gunvor, rue du Rhône dans le centre de Genève, a été contraint de fermer. Gunvor « a repris tous nos fûts », a déclaré un ancien négociant de Petroval.

Le gouvernement de Poutine sembla s'être calmé face aux pires excès des soi-disant systèmes d'échange de prix de transfert des années 1990, par lesquels les produits étaient vendus par des intermédiaires et des commerçants à des prix inférieurs sur le marché national, compensant la différence par rapport au prix mondial. Mais Gunvor n'a jamais divulgué ses bénéfices et pendant longtemps, lui et Rosneft, son principal fournisseur, ont évité tout contrôle minutieux. Avant fin 2007, Rosneft ne vendait aucune de ses exportations de brut aux négociants par le biais d'un système d'appel d'offres ouvert. Au début, « les marges étaient incroyables », a dit une personne impliquée dans les opérations commerciales de Gunvor. Timtchenko, par l'intermédiaire de ses avocats, a déclaré que tous les contrats avec Rosneft avaient été attribués entièrement au mérite, reflétant le « statut de leader du marché et l'étendue de son expertise et de son expérience. »

Pendant un certain temps, une partie de la propriété de Gunvor a semblé aussi mystérieuse que ses finances. Sur le papier, elle appartenait à Timtchenko et à son partenaire commercial suédois Torbjorn Tornqvist, mais aussi à un troisième actionnaire dont le nom, selon le négociant pétrolier, n'a pas pu être révélé. De tous les proches collaborateurs du KGB de Poutine qui prospéraient maintenant dans les affaires, Timtchenko avait conservé le profil le plus bas. Il opérait dans un monde entouré de secrets, faisant la navette entre Moscou et la Suisse, où il vivait dans l'anonymat dans un manoir entouré de jardins bien entretenus et sous la protection d'une haute clôture dans la banlieue salubre de Cologny, surplombant le lac Léman. L'entreprise qu'il gérait était si sensible qu'il n'utilisait jamais le courrier électronique. S'il parlait par téléphone portable, il le faisant en ayant pleinement conscience d'être écouté. Il n'avait jamais accordé d'interview jusqu'en 2008 lorsque l'ascension fulgurante de Gunvor l'y a contraint. À ce moment-là, on n'avait jamais vu qu'une seule photo de lui.

Au début, Timtchenko était presque invisible, même pour les proches de Poutine. Sergueï Pougatchev passait souvent du temps avec des gens comme Iouri Kovaltchouk, mais il n'avait vu Timtchenko qu'une seule fois. « Poutine me l'avait toujours caché », a-t-il dit. Un soir d'hiver, il était arrivé à la résidence de Novo-Ogarevo de Poutine à l'extérieur de Moscou et avait trouvé Timtchenko dans la cuisine. Poutine avait immédiatement ordonné à Timtchenko d'attendre dehors dans la neige pendant qu'ils discutaient affaires. C'était comme s'il essayait de démontrer à Pougatchev qu'il n'était pas important pour lui. Mais pour Pougatchev, cela révélait la sensibilité de la relation entre les deux hommes.

La raison du secret apparent est devenue claire pour Pougatchev lorsqu'un banquier est venu le voir de Suisse vers la fin de 2003. Le banquier lui a posé des questions sur Timtchenko et lui a indiqué qu'on lui avait dit qu'il détenait des fonds pour le Président : « Il m'a dit : "Il y a un gars qui s'appelle Timtchenko et il nous a apporté une énorme somme d'argent." Il m'a dit que tout cet argent est à Poutine », a dit Pougatchev.

*

Depuis que l'ascension de Gunvor attirait les spéculations à propos des liens financiers avec Poutine, Timtchenko avait toujours fermement nié que le succès de l'entreprise ait quoi que ce soit à voir avec le Président, insistant sur le fait que c'était grâce à son sens des affaires. Après que l'analyste politique bien introduit Stanislav Belkovsky a osé, vers la fin du second mandat, affirmer publiquement que Poutine était l'ultime bénéficiaire de Gunvor. Poutine a balayé les allégations avec son dédain habituel. C'était absurde, avait-il déclaré aux journalistes.

Mais pour Pougatchev, la sensibilité et le secret entourant Timtchenko ne pouvaient signaler qu'une chose : plus que n'importe qui d'autre dans le cercle restreint de Poutine, au début de la présidence de Poutine, il a été le premier partenaire commercial à détenir des fonds pour lui. C'est probablement la raison pour laquelle Poutine a semblé choqué lorsque Pougatchev lui a posé des questions sur Timtchenko. Après sa visite à Berezovski, alors en exil à Londres, Pougatchev lui a dit que son grand rival menaçait de déclencher un scandale impliquant Timtchenko. « Il est devenu tout blanc. Il a immédiatement mis fin à la conversation. Il n'a même pas demandé quel serait le scandale. »

Pour deux des anciens associés du KGB de Timtchenko et deux proches alliés de Poutine, la base du succès de Gunvor ne pouvait résider que dans des relations financières avec le Président russe. « L'argent de Poutine, bien sûr, se trouve là », a dit l'un d'eux. « Sinon, comment pensez-vous que Timtchenko soit devenu un tel milliardaire ? » « Lorsque Gunvor a été créé, c'était à 100 % l'entreprise de Poutine », a déclaré un magnat russe proche de Poutine. « Timtchenko est simplement le détenteur d'un portefeuille qui a 10 milliards de dollars sur son compte. Il peut ne pas être d'accord sur la part qui lui appartient et celle qui appartient à Poutine. Mais en fait c'est pareil. » Plus tard, le département du Trésor américain a confirmé que « Poutine a des investissements chez Gunvor et pourrait avoir accès aux fonds de Gunvor ».

Timtchenko a nié à plusieurs reprises tout lien entre Gunvor et Poutine et a qualifié les sanctions comme n'étant rien de plus qu'une tentative pour faire pression sur le régime russe. Mais à Genève, un réseau d'hommes d'argent, dont certains travaillaient avec Timtchenko, a également établi des liens avec le Président russe. Ils ont également apporté l'indication d'un objectif stratégique plus important. Parmi eux se trouvaient des descendants d'aristocrates russes blancs qui avaient fui à la suite de la révolution bolchévique. Ils rêvaient de restaurer l'empire russe et avaient longtemps eu des liens avec le KGB. Presque par définition, ils soutenaient la restauration de la puissance impériale de la Russie et lorsque les hommes de Poutine ont pris le contrôle de l'économie, ils l'ont soutenu à chaque étape du chemin.

L'un d'eux était un banquier responsable de la clientèle russe de la banque privée HSBC à Genève en 2007, qui s'est occupé de Timtchenko et de sa fille à son arrivée comme client. Le banquier, Jean Goutchkov, avait travaillé en étroite collaboration avec Timtchenko dans plusieurs grandes banques privées à Genève, selon deux personnes au courant de la situation. Timtchenko, par l'intermédiaire de ses avocats, a déclaré qu'il connaissait Goutchkov, mais qu'il n'entretenait aucune relation d'affaires avec lui. Il a répété qu'il n'y avait aucun lien avec Poutine.

Goutchkov était le petit-fils d'un aristocrate russe blanc qui avait été président de l'un des premiers Dumas et avait été un chef du mouvement octobriste qui avait désespérément poussé à des réformes de la monarchie constitutionnelle avant que les bolchéviques n'arrivent au pouvoir. Goutchkov maintenait la présence majestueuse de son illustre ancêtre. Il gardait ses cheveux coiffés en arrière sur un front haut, ses yeux étaient froids et bleus. Pendant des années, il avait travaillé en étroite collaboration avec le régime de Poutine, entrant et sortant de Moscou avec style, entretenant de riches clients russes alors qu'il avait d'abord travaillé pour Intermaritime Bank à New York, puis pour Julius Baer et ensuite HSBC. Mais pour la plupart de ses collègues à Moscou, ses déplacements étaient un mystère. « Il ne vous disait jamais lorsqu'il était à Moscou et il ne vous disait jamais avec qui il avait rendez-vous », a dit un ancien collaborateur d'HSBC. « Il arrivait et repartait sans laisser de trace. Ceux qui le connaissent disent que le secret était bien fondé. » « Ce type est au centre névralgique du pouvoir russe », a dit un de ses collègues genevois.

Dans les années 1990, Goutchkov a joué un rôle clé dans la présentation de Timtchenko à son partenaire commercial Torbjorn Tornqvist, selon deux de ses collègues genevois. À l'époque, Goutchkov et Tornqvist avaient travaillé dans l'empire commercial d'un financier suisse controversé, Bruce Rappaport, qui avait longtemps travaillé avec les Soviétiques – Goutchkov au sein de sa Intermaritime Bank et Tornqvist chez son négociant en pétrole Petrotrade. (Timtchenko a affirmé que sa rencontre avec Tornqvist est survenue plusieurs années plus tard lorsque le Suédois travaillait dans une entreprise commerciale en Estonie). Goutchkov a nié avoir jamais connu Poutine. Mais trois de ses associés ont affirmé qu'après que Poutine est devenu Président, Goutchkov s'est rapproché de lui. Lorsque l'épouse de Goutchkov est décédée en 2010, il s'est rendu avec Poutine et Timtchenko jusqu'à un ancien monastère sur le lac Ladoga, près de la frontière avec la Finlande, un endroit longtemps vénéré par les croyants orthodoxes russes, a raconté un de ses proches et il y était retourné ensuite avec eux deux ou trois fois. Pour le remercier de ses services, Poutine avait donné un passeport russe à Goutchkov, ont déclaré deux personnes proches de lui. Lorsqu'on a demandé à l'un des collègues de Goutchkov à Genève si l'amitié de Goutchkov avec Poutine allait jusqu'à lui fournir des services financiers, il a répondu d'un air entendu : « Il s'agit bien plus d'une amitié. Mais c'est stratégique. Si Poutine veut quelque chose, Goutchkov peut le faire. »

La proximité de Goutchkov indiquait que, avec Kovaltchouk et la banque Rossia, l'ascension de Timtchenko signifiait bien plus que les finances personnelles du Président. Il s'agissait de créer une caisse noire pour le clan KGB de Poutine, visant à préserver et à projeter leur pouvoir. Timtchenko et Goutchkov semblaient faire partie d'un réseau stratégique qui, comme les réseaux financiers clandestins du KGB qui avaient promu les intérêts du Parti communiste à l'époque soviétique, gérerait et débourserait de l'argent pour les besoins stratégiques du régime de Poutine. « Bien sûr, dans les activités de Timtchenko, il y a des intérêts de Poutine », a dit un ancien officier supérieur du KGB, maintenant associé des hommes d'argent genevois. « Mais ce n'est pas nécessairement sous la forme d'argent personnel. Cela peut être de l'argent noir pour financer les activités du parti ou un fonds caritatif qui peut influencer la situation électorale. Il peut s'agir de ressources stratégiques. » « Timtchenko met en oeuvre ce qui est nécessaire pour la mise en œuvre », a dit un proche de Poutine, ancien allié du KGB. « Il est une source de revenus pour la réalisation d'une certaine politique pour certains intérêts. Deux hauts responsables américains ont déclaré partager ce point de vue.

C'était une manière de fonctionner qui faisait partie intégrante du KGB – comme s'il ne savait pas comment survivre sans les réseaux financiers opaques qu'il avait déployés à l'époque soviétique pour faire passer en contrebande des technologies sous embargo, pour financer les campagnes d'influence du Parti communiste et les opérations clandestines à l'étranger. Les hommes de Poutine reproduisaient les systèmes gérés par le KGB du passé, dans lesquels les exportations de pétrole avaient représenté une source essentielle d'argent noir. La Russie avait abandonné les règles de l'économie dirigée et était devenue un acteur à part entière de l'économie de marché mondiale. Mais maintenant que Poutine et ses hommes du KGB avaient pris le pouvoir, ils transformaient la façon dont la Russie interagissait avec elle, exerçant une forme de capitalisme d'État dans lequel, tout comme les notes du KGB pour la transition vers le marché le recommandaient, faisaient confiance à des dépositaires comme Timtchenko qui agissaient au nom du régime. Ils étaient des extensions du Kremlin, pas des entreprises indépendantes qui ne suivaient que les principes d'intérêt personnel inhérents aux économies occidentales standard.

Le projet du KGB prévoyait l'établissement d'entreprises à l'étranger pour « prendre part à toutes les formes d'activités d'information et d'intermédiation : négociants, courtiers, sociétés de services et bureaux de représentation » dont « les actionnaires seraient les dépositaires de confiance ». Plus particulièrement, les notes avaient indiqué que ces opérations devaient être basées « dans l'un des pays capitalistes avec un régime fiscal modéré comme la Suisse ».

Pour les hommes de Poutine, il était logique que les flux de trésorerie les plus importants et les plus stratégiques du pays, issus du commerce du pétrole, soient confiés à un proche allié. À leurs yeux, le défi politique que Khodorkovski avait, selon eux, lancé, démontrait la nécessité de ce projet. « Vous pourriez dire que tout l'argent de Gunvor appartient à Poutine », a dit Andrei Pannikov, l'ancien officier du KGB qui avait été l'un des premiers partenaires de Timtchenko dans le commerce du pétrole. « Mais c'est bien plus compliqué que ça : si le marché est entre de bonnes mains, cela signifie un contrôle des prix. Et cela signifie également que les bénéfices ne vont pas au financement du terrorisme. » Pannikov nous a confié qu'il a été un pionnier dans l'exploitation du système financier occidental. Dans les années 1980, il avait étudié la finance offshore à l'Académie soviétique du commerce extérieur au moment même où le KGB commençait à préparer une nouvelle phase de sa lutte contre l'Occident.

Le système non-officiel proposé à l'origine par le KGB semble avoir été mis en service sous Poutine et il contournait les systèmes habituels de comptabilité d'État moderne tels qu'un budget fédéral, dans lequel les dépenses pour le renseignement, les élections, le système juridique et la politique sont approuvés par le parlement. Au lieu de cela, de vastes caisses noires ont été créées, où le manque de transparence ou de responsabilité convenait à un régime visant à rétablir un régime autoritaire et à restaurer la puissance géopolitique de la Russie.

Jean Goutchkov a grandi dans une communauté russe blanche soudée à Paris aux côtés d'un autre membre du groupe genevois des hommes d'argent. Même s'il s'en défend aujourd'hui, d'après trois personnes de son entourage, Serge de Pahlen, un homme grand et voûté, aux sourcils épais et imposants et au front haut, était depuis longtemps proche de Poutine. « De Pahlen est l'un des plus proches amis de Poutine. Il est issu d'une des familles les plus nobles de Russie », a dit un collègue genevois.

Lorsque le grand-père de Goutchkov s'est installé à Paris après avoir rejoint les centaines de milliers de personnes fuyant la révolution bolchévique de 1917, sa famille et celle de De Pahlen avaient vécu au sein d'une diaspora proche, liée par le chagrin de la perte de l'empire et par son dévouement à la culture russe et à l'Église orthodoxe. Pour la plupart, les Russes blancs de Paris vivaient très modestement : la ville était remplie d'histoires de grands-ducs et de princes conduisant des taxis ou servant des tables. C'était une communauté toujours déchirée par les intrigues, les agents doubles et les complots. Tandis que beaucoup continuaient à lutter contre les bolchéviques et tentaient d'organiser des cellules d'opposition depuis l'étranger, d'autres avaient pris l'habitude de dénoncer leurs compatriotes. Les services secrets soviétiques cherchaient depuis longtemps à infiltrer la diaspora russe blanche – d'abord pour pénétrer les mouvements d'opposition et puis pour recruter des agents afin de favoriser leur propre pouvoir. Pour ceux qu'ils recrutaient, c'était une source de liquidités indispensables et pour certains, une fenêtre sur un empire russe auquel ils croyaient encore, peu importe qui avait pris les rênes du pouvoir.

D'après un ancien officier supérieur du renseignement étranger russe, qui s'est confié en mai 2018, Serge de Pahlen et Alexander Trubetskoy, le fils d'un prince russe blanc, faisaient partie de ceux qui croyaient en l'empire. Ils ont été recrutés par le KGB dans les années 1980 (aujourd'hui, Serge de Pahlen le conteste). Ils seraient devenus membres d'un réseau dirigé par Igor Shchegolev, plus tard ministre des Communications de Poutine, qui à l'époque a servi sous couverture pour le KGB en tant que correspondant à Paris de l'agence de presse d'État soviétique TASS. À une époque où la contrebande de technologies sous embargo était à son apogée, Trubetskoy travaillait chez Thomson, une entreprise de semi-conducteurs et de microélectronique longtemps infiltrée par des agents soviétiques. De Pahlen, quant à lui, aurait fait la navette entre Paris et Moscou pour une société française qui fournissait des équipements aux raffineries de pétrole soviétiques. Il faisait partie du réseau d'entreprises amies qui semblaient aider à financer les opérations d'influence soviétiques. En 1981, il a établi un lien inestimable en épousant Margherita Agnelli, la fille du chef de la famille Fiat, et il a rapidement été nommé vice-président de Fiat pour les relations internationales. De là, selon un banquier occidental en lien avec le Politburo et par ailleurs ami de De Pahlen, ce dernier a continué à se rendre fréquemment à Moscou, fréquentant les gros bonnets du Parti et les banquiers étrangers soutenant le régime soviétique. Fiat avait toujours été un partenaire soviétique clé et, selon deux anciens intermédiaires du KGB, elle est devenue un fournisseur de technologie par le biais d'une myriade d'entreprises amies. Pendant ce temps, Goutchkov travaillait à Moscou, supervisant un groupe de banques françaises qui finançaient l'industrie pétrolière soviétique. Pour certains, les deux hommes faisaient partie d'un réseau d'agents aidant le régime soviétique.

De Pahlen a rencontré Vladimir Poutine pour la première fois en novembre 1991 lorsque Poutine était adjoint au maire de Saint-Pétersbourg et de Pahlen a aidé à organiser le retour du dernier héritier des tsars, le grand-duc Vladimir, en Russie. Il connaissait déjà le maire de Saint-Pétersbourg, Anatoly Sobchak, par le biais de la communauté russe blanche à Paris, il semble que lui et Poutine ont immédiatement établi une connexion. De Pahlen « a choisi Poutine », selon un autre membre de ce groupe à l'esprit impérial, Konstantin Malofeyev : « Il a dit : "Ce type pense comme nous." » Selon Malofeyev, aucun des deux ne pouvait considérer la Russie comme autre chose qu'une grande puissance. Tous les deux étaient choqués par l'effondrement du pays et le chaos qui s'est installé après le coup d'État manqué du mois d'août. Ils sont restés en contact étroit : lorsque que Poutine était à Paris, il rendait visite à de Pahlen et Sobchak et sa famille sont restés proches de lui aussi.

Lorsque Poutine est devenu Président, de Pahlen lui a semble-t-il apporté son soutien. À la veille de sa première rencontre avec son homologue français Jacques Chirac, Poutine s'est tourné vers de Pahlen pour lui demander conseil, selon deux membres du groupe des financiers de Genève. Ils auraient dîné ensemble dans une salle privée dans un restaurant parisien où de Pahlen lui aurait dit qu'il devrait régner pendant trente ans, aussi longtemps que Catherine la Grande. C'était le seul moyen de rétablir l'ordre, lui avait-il dit. C'était la seule façon de restaurer la Russie en tant que puissance mondiale.

Tout se passe comme si Goutchkov et de Pahlen étaient les principaux membres d'un réseau de descendants de Russes blancs qui avaient contribué à propulser Poutine dans une mission visant à restaurer la position mondiale de la Russie après l'effondrement de l'Union soviétique. Poutine s'était inspiré des écrits et des philosophies des Russes blancs exilés qui avaient décrit la voie unique du pays en tant qu'empire eurasien, son destin de contre-pouvoir à l'Occident, alors qu'il cherchait à tisser une nouvelle identité russe et à jeter des ponts avec le passé impérial prérévolutionnaire. Leurs paroles semblaient lui faire une profonde impression et ce réseau l'a soutenu sans hésitation alors qu'il cherchait à freiner le pouvoir des oligarques de l'ère Eltsine après avoir pris la présidence. Ce réseau a approuvé l'accent mis sur la construction d'un nouveau système de loyalistes du Kremlin. « Lorsque vous êtes dans des secteurs stratégiques, vous faites partie de l'État », a dit un des collègues genevois. « Pétrole, gaz, télécoms… par définition, il s'agit de secteurs stratégiques. Si vous êtes dans ce secteur, vous êtes utile. Vous n'êtes pas indépendant de l'État. »

Poutine « avait une mission sacrée pour sauver le pays », a dit une personne proche de Goutchkov. Pour de Pahlen, lorsque nous nous sommes rencontrés en 2014 dans son bureau genevois jonché de livres, Poutine était la clé du renouveau de la Russie : « Il a mis fin à la désintégration du pays et il a commencé la restauration d'une nouvelle Russie. C'est très important pour l'Amérique qui ne veut pas d'un monde multipolaire. Elle ne veut pas d'une Russie forte. Les privatisations des années 1990 étaient “barbares”. »

Parmi ce réseau de descendants de Russes blancs, peu semblaient se soucier du fait que les hommes du KGB de Poutine se livraient à leurs propres méthodes barbares, et piétinaient les droits légaux tout en affirmant leur contrôle sur l'économie. Ils se sont dit que la subversion du système judiciaire par le Kremlin faisait partie d'une mission historique de restauration du pouvoir russe pour contrer l'Occident. « Tout le monde volait », a dit un de leurs collègues genevois. « Mais ensuite, Poutine est arrivé et il a dit : “Ça suffit. C'est maintenant le moment. La Russie est une grande puissance du vingt et unième siècle. Vous avez beaucoup reçu des ressources de la Russie. Il est temps que vous rendiez la pareille. Je comprends que du point de vue de l'État de droit, cela aurait peut-être dû être fait différemment." Mais Poutine n'avait pas le temps. Il a dû prendre des raccourcis. Peut-être que Khodorkovski a souffert, mais Poutine a dû faire ce qu'il avait à faire... Le patriotisme est plus important. »

Ces gens ne semblaient pas particulièrement se soucier non plus que les hommes du KGB de Poutine volaient – et en quantités toujours plus importantes à mesure que les prix du pétrole commençaient à s'envoler. Le plus important, c'était de réaffirmer le pouvoir du Kremlin. Peu importe comment ils en étaient arrivés là. « L'argent et le pouvoir vont de pair depuis l'époque des anciens pharaons », a dit le collègue genevois. « Il y a toujours eu une sphère supérieure où l'argent et le pouvoir se rencontrent. Les gens en Russie ne sont pas stupides. Bien sûr, Poutine a des intérêts personnels. Mais l'important, c'est qu'il n'y a pas d'autre leader aussi populaire. La population normale veut avoir un réfrigérateur, une télévision, une maison, des enfants, une voiture. Pour le reste, plus ou moins, vous vous en moquez tant que votre situation matérielle n'est pas impactée. » L'objectif était de restaurer la position de la Russie en tant que puissance géopolitique : « Ce que nous avons vu au cours des vingt à trente dernières années avec l'arrivée de Gorbatchev, c'était un moment de faiblesse temporaire. Et n'importe quelle grande puissance pourrait la connaître... Maintenant que l'économie est rétablie, Poutine veut reprendre la sphère des intérêts. » Un autre collaborateur du KGB des argentiers genevois s'est insurgé contre l'influence indue que, selon lui, les États-Unis avaient exercée sur l'Allemagne depuis la fin de la Seconde Guerre mondiale et a parlé de briser un jour cette influence.

Mais au début, il s'agissait d'objectifs dont ils ne pouvaient que rêver et dans le second mandat de Poutine, il y avait encore un long chemin à parcourir. Les actions menées pour restaurer l'influence russe devaient tout d'abord commencer beaucoup plus près de chez nous.

*

Nous sommes en novembre 2005, environ un an après que la révolution orange a fait sortir l'Ukraine de l'orbite de la Russie pour la mettre dans les bras de l'Occident et Oleh Rybachuk, le directeur de cabinet du Président ukrainien Victor Yushchenko, se dirigeait nerveusement vers Moscou. Le but de sa visite était de discuter d'un nouvel accord sur la fourniture de gaz de la Russie à l'Ukraine et les signes n'étaient pas bons. L'Ukraine dépendait de la Russie pour la majeure partie de son gaz et son économie commençait déjà à ralentir. Depuis l'été, les responsables du Kremlin prévenaient qu'ils allaient imposer une hausse importante des prix et maintenant que le pro-occidental Yushchenko était installé, ils avaient clairement indiqué qu'ils ne voulaient pas subventionner l'économie ukrainienne d'autant plus que, selon eux, les dirigeants du pays « recevaient des salaires des Américains de manière directe ou secrète ».

La position de Gazprom au centre du commerce du gaz entre les anciennes républiques soviétiques, avec ses énormes réserves de gaz et son vaste réseau de pipelines traversant la Russie, en avait depuis longtemps fait un levier essentiel de l'influence russe sur ses proches voisins. Tandis que les républiques d'Asie centrale disposaient de leurs propres réserves de gaz, la Géorgie, la Biélorussie et l'Ukraine dépendaient des approvisionnements de Gazprom et des entreprises qui lui étaient liées. Pour l'essentiel, Gazprom avait distribué du gaz à des prix fortement réduits, comme lorsqu'ils faisaient partie de l'empire soviétique. L'Ukraine, surtout, s'était imposée comme un corridor de transit vital pour le gaz russe vers l'Europe où il fournissait 25 % des besoins du continent. Mais maintenant que ses dirigeants avaient pris un virage à l'ouest, le Kremlin avait indiqué qu'il avait l'intention de mettre un terme à toute forme de subvention.

Lorsque Rybachuk est arrivé au Kremlin, Poutine a clairement indiqué ses intentions. La Russie voulait augmenter substantiellement les prix et l'Ukraine devrait accepter « certaines conditions », sinon le gaz serait coupé. Mais lors d'une réunion ultérieure, Dmitri Medvedev, alors chef de cabinet du Kremlin et président du conseil d'administration de Gazprom, a ouvert la voie à un compromis. Si l'Ukraine acceptait d'acheter davantage de gaz par l'intermédiaire d'un certain négociant choisi par le Kremlin, au lieu de passer par Gazprom, le prix global pourrait rester bon marché. Medvedev déclara qu'il pourrait entrer dans les détails une fois que Rybachuk aurait obtenu l'accord total de Yushchenko. En guise d'avant-goût, il lui a dit qu'un tel accord rapporterait à chaque partie 500 millions de dollars par trimestre – ou 2 milliards de dollars par an, tout en assurant un approvisionnement continu en gaz bon marché. « Il m'a dit que c'était la part qui serait la nôtre – c'est-à-dire le gouvernement ukrainien », a dit Rybachuk.

Rybachuk pouvait à peine en croire ses oreilles. Ce qu'on lui offrait ressemblait à un système de pots-de-vin : « C'était un accord pour corrompre tout le gouvernement. Le négociant en gaz sur lequel Medvedev et le Kremlin insistaient pour occuper le rôle d'intermédiaire s'appelait Rosukrenergo, et sa propriété était entourée de secrets. »

Ce que Medvedev décrivait, c'était la dernière incarnation d'une série de stratagèmes ténébreux exploités par le Kremlin pour échanger du gaz entre la Russie et l'Ukraine et avec le Turkménistan. De grandes quantités de gaz bon marché en provenance du Turkménistan pourraient être acheminées *via* le réseau de gazoducs russe et mélangées avec du gaz russe puis envoyées en Ukraine, faisant baisser le prix global pour l'Ukraine, même si la Russie augmentait ses propres prix. Au lieu d'échanger le gaz directement *via* Gazprom, *via* un système de tarification transparent, il serait vendu par un intermédiaire louche, ouvrant la voie au détournement de milliards de dollars de bénéfices – et remis sous forme de pots-de-vin.

C'est l'Américain William Browder qui a tout découvert, le directeur aux cheveux noirs et déterminé du plus grand fonds d'investissement étranger en Russie, Hermitage Capital. Petit-fils d'Earl Browder, leader de longue date du Parti communiste américain, il était un capitaliste convaincu et était devenu l'un des défenseurs les plus acharnés de la transparence des entreprises russes. Il cherchait dans l'examen des comptes de Gazprom des signes de détournement d'actifs car c'était la stratégie d'investissement de son fonds. Fin 2003, ses enquêteurs sont tombés sur un obscur trader, Eural Trans Gas, auquel Gazprom avait accordé le droit de transporter pour des milliards de dollars de gaz du Turkménistan vers l'Ukraine *via* son réseau de gazoducs et cela un jour avant même la création de l'entreprise. Il s'agissait d'un accord qui allait siphonner près d'un milliard de dollars de bénéfices avant impôts pour Gazprom, a dit Browder. Eural Trans Gas avait été enregistré dans un village hongrois et ses quatre propriétaires semblaient presque inadaptés à la tâche qui les attendait : trois Roumains sans expérience professionnelle – une actrice qui espérait gagner de l'argent pour payer sa facture de téléphone, une infirmière et un programmeur informatique – et un avocat israélien qui comptait parmi ses clients l'un des plus grands gangsters de Russie. Il n'y avait aucune raison, déclarait Browder, pour que Gazprom ait cédé ce canal de négociation à une entreprise indépendante. Cela ressemblait clairement à une façade. Gazprom avait ensuite accordé à Eural Trans Gas près de 300 millions de dollars de prêts et garanties. L'ambassadeur américain en Ukraine, Carlos Pascual, exprima ouvertement sa préoccupation quant aux liens apparents de l'entreprise avec le crime organisé russe.

À la suite du scandale, Gazprom a discrètement mis la main sur Eural Trans Gas et l'a remplacé par la société Rosukrenergo. En apparence, cette entreprise était bien plus respectable que la précédente – elle appartenait à 50 % à Gazprom. Mais la propriété des 50 % restants était inconnue à cette époque et sa participation au système d'échanges avec l'Ukraine coûterait encore à Gazprom plus d'un milliard de dollars de manque à gagner en 2004 et 2005, selon Browder. Celui-ci s'est déchaîné pendant un moment contre Rosukrenergo en informant la presse de la corruption apparente. Le stratagème qu'il visait représentait bien plus qu'un simple détournement de bénéfices pour enrichissement personnel : il s'aventurait sur le terrain miné des actions menées par la Russie pour exercer une influence sur son étranger proche. Rosukrenergo était essentiellement une caisse noire qui pouvait être déployée comme outil d'influence politique pour acheter et corrompre des fonctionnaires, saper la démocratie des États voisins de la Russie. Il était au coeur des opérations du régime du KGB de Poutine, où se reconstruisait une économie de contrebande, et où l'influence, et pas seulement le profit, était une motivation importante. Il s'agissait de la première opération de blanchiment d'argent menée par les hommes de Poutine qui fut visible en Occident.

Au moment où Rybachuk se rendait au Kremlin pour négocier le nouvel accord d'approvisionnement en gaz, le franc-parler de Browder l'avait plongé dans le pétrin. Il était interdit d'entrer en Russie – car d'après le ministère des Affaires étrangères russe, il représentait une menace pour la sécurité nationale. Les nouveaux dirigeants de l'Ukraine, quant à eux, s'étaient engagés à se détourner de ces schémas obscurs de commerce du gaz. « C'était toujours un mécanisme corrompu qui permettait aux deux parties de prendre des tonnes d'argent », a dit Rybachuk. Il ajoutait que le KGB était toujours derrière ces traders. Rosukrenergo était enregistré dans la riche ville suisse de Zug et deux de ses trois administrateurs étaient des ex-officiers du KGB.

Mais maintenant, il semblait que le Kremlin proposait un nouvel accord sur le gaz, dans lequel le rôle de Rosukrenergo serait encore renforcé. Rybachuk est retourné à Kiev en s'attendant à ce que Yushchenko, qui était censé mettre l'Ukraine sur une nouvelle voie, loin des tractations obscures du passé, rejetterait le projet. De plus, l'actuel contrat d'approvisionnement en gaz de l'Ukraine avec la Russie, fixait à un prix assez bas de 50 dollars par mille mètres cubes, devait rester en vigueur jusqu'en 2009. Lorsque Rybachuk a fait son rapport, Ushchenko lui a demandé de voir avec les alliés occidentaux de l'Ukraine – le département d'État américain et le ministère allemand des Affaires étrangères – s'ils pourraient fournir des approvisionnements alternatifs si la Russie leur coupait le gaz. En deux semaines, Rybachuk avait reçu l'assurance du soutien occidental. « Ils nous ont dit que nous ne serions pas sous pression ». Rybachuk et sa famille sont partis pour un voyage du Nouvel An en Slovénie, convaincus que les dirigeants n'allaient pas céder à la pression russe. Cela lui semblait en tout cas peu probable que la Russie se risque à aller de l'avant avec une mesure aussi drastique que la coupure de l'approvisionnement en gaz.

Mais lorsqu'il a allumé la télévision le jour de l'An, les gros titres sur CNN montraient que la crise avait frappé. La Russie avait interrompu l'approvisionnement en gaz de l'Ukraine. Et comme l'Ukraine était un couloir de transit vital pour le gaz russe, la pression montait également au niveau d'une succession de services publics en Europe. L'hiver cette année-là était exceptionnellement froid et les dirigeants occidentaux étaient sous le choc. Le même jour, la Russie assumait la présidence du G8, le groupe des pays industrialisés. C'était censé annoncer un grand pas en avant pour l'intégration de la Russie à l'économie mondiale. Le thème de son leadership devait être la sécurité énergétique. Bien au contraire, la coupure de gaz ce jour-là a constitué le premier signal clair de la façon dont la Russie définissait son intégration mondiale dans son propre intérêt. Elle chercherait à utiliser le système mondial à sa convenance plutôt que de s'adapter aux règles de l'Occident. La coupure, déclarait le département d'État américain, « soulève de sérieuses questions sur l'utilisation de l'énergie pour exercer une pression politique ».

Rybachuk s'attendait toujours à ce que l'Occident apporte son soutien. Il savait que la Russie ne pouvait pas laisser le gaz éteint plus de trois jours, sinon, cela endommagerait son propre réseau de canalisations. Mais à 15 heures le lendemain, l'alimentation en gaz a été soudainement rétablie. À l'insu de Rybachuk, Yushchenko avait accepté l'accord auquel Medvedev avait fait allusion. Les conditions étaient surprenantes. Plutôt que de perdre la part du marché qu'il détenait déjà, Rosukrenergo s'est vu accorder le monopole sur toute la fourniture de gaz à l'Ukraine, ainsi que l'accès à la moitié de son marché national de distribution. Cet accord permettrait à la Russie de sauver la face et de dire qu'elle vendait du gaz à l'Ukraine au prix très élevé de 230 dollars par mille mètres cubes. Mais ce gaz serait combiné au gaz moins cher d'Asie centrale permettant à l'Ukraine de ne payer globalement que 95 dollars par mille mètres cubes. Yushchenko a déclaré que l'accord était un « compromis satisfaisant », tandis que Poutine saluait les « décisions mutuellement bénéfiques ». Mais pour Rybachuk, ça sentait mauvais : « Je ne comprenais pas. Il y avait le gouvernement de la Russie et celui de l'Ukraine. Pourquoi avions-nous besoin d'un intermédiaire ? » Rien de tout cela ne correspondait aux idéaux de la révolution orange, qui cherchait à transformer l'Ukraine en une économie plus transparente de style occidental. De plus, l'insistance de Gazprom sur le fait qu'il ne faisait qu'appliquer une formule de marché au prix du gaz était absurde, a dit Rybachuk : « Gazprom n'a jamais utilisé de formules de marché. Il utilisait toujours des éléments politiques pour déterminer le prix du gaz. La Biélorussie payait toujours à Gazprom 49 dollars pour chaque millier de mètres cubes de gaz tandis que Rosukrenergo allait repartir avec potentiellement des milliards de dollars de bénéfices. »

Rybachuk a dit qu'il n'oublierait jamais les mots que l'ambassadeur des États-Unis en Ukraine lui avait dits à son retour à Kiev : « Bienvenue au club de la corruption. » L'accord a plongé le gouvernement ukrainien dans le chaos, semant une profonde division entre Yushchenko et son Premier ministre de la révolution orange, Yulia Tymoshenko, qui était farouchement opposée à Rosukrenergo et à ses systèmes d'échange de gaz. Mais Yushchenko et son ministre du Carburant et de l'Énergie, ainsi que le chef de l'entreprise publique d'énergie Naftogaz, étaient résolument derrière lui. Il s'est avéré que même avant d'envoyer Rybachuk à Moscou, Yushchenko avait tenu ses propres discussions, rencontrant secrètement un homme qui s'appelait Dmitri Firtash, un négociant en gaz ukrainien de quarante ans qui, avec la bénédiction du Kremlin, détenait secrètement la majeure partie des 50 % restants de Rosukrenergo.

Rybachuk ne sait toujours pas exactement comment cela s'est passé, mais il semble que, d'une manière ou d'une autre, Yushchenko ait été compromis dans l'accord. Les soupçons de Rybachuk se sont portés sur les relations étroites que Firtash avait entretenues avec le frère de Yushchenko et avec un homme d'affaires syrien proche de la famille de Yushchenko : « Nous ne pouvons pas le prouver. Mais c'est la seule logique qui explique que cet accord ait été approuvé. » Madame la Première ministre Tymoshenko, dont l'air provocateur et les nattes blondes à la paysanne avaient symbolisé la révolution ukrainienne pour beaucoup, a également protesté contre l'accord. « Sans corruption, il était impossible de signer un tel accord », a-t-elle dit.

À partir du moment où l'accord a été signé, la coalition prooccidentale ukrainienne s'est de plus en plus divisée et le pays a été plongé dans le chaos politique. Le Parlement a voté une motion de censure contre le gouvernement, et à l'approche des élections législatives de mars 2006, le candidat présidentiel prorusse Victor Yanukovych, l'ancien Premier ministre renversé par la révolution orange, et son Parti des Régions avaient de nouveau le vent en poupe. Déjà fragilisé par des luttes intestines et un ralentissement économique, Yushchenko était en outre affaibli par les allégations selon lesquelles il aurait été corrompu dans l'affaire du gaz de Rosukrenergo. En août, après des mois de querelles politiques, Yanukovych, l'homme de la Russie, était installé comme Premier ministre. Le rêve de la révolution orange ukrainienne de tisser des liens politiques et économiques plus étroits avec l'Europe semblait avoir pris fin, à peine plus d'un an après avoir commencé.

Pour Rybachuk, l'accord Rosukrenergo semblait être une opération d'influence typiquement russe : « Pour s'assurer que l'Ukraine ne soit pas dirigée par une alliance pro-occidentale, ils ont essayé de corrompre par tous les moyens. Yushchenko était le premier Président ukrainien à ne pas avoir été approuvé par Moscou ce qui a rendu Poutine furieux. L'idée était de briser la coalition orange et de récupérer le candidat prorusse. »

L'opération montrait également comment les hommes du KGB de Poutine continuaient de s'associer au crime organisé pour mener leurs opérations d'influence. Firtash, l'Ukrainien qui détenait tranquillement près de 50 % de Rosukrenergo, avait toujours prétendu que c'était grâce à son sens des affaires et à ses relations avec les dirigeants du Turkménistan qu'il avait pu reprendre le commerce du gaz entre le Turkménistan et l'Ukraine. Cela était devenu possible grâce aux hommes de Poutine qui avaient chassé les patrons de l'ère Eltsine. Mais en réalité, il n'aurait jamais pu accomplir cela sans le soutien du Kremlin. « Il était à 100 % l'homme de Poutine », a dit une personne qui connaissait Firtash et Poutine. Il n'aurait jamais pu le faire sans l'aide de l'importante figure du crime organisé russe représenté par l'avocat israélien qui avait enregistré la société Eural Trans Gas.

Le gangster qui se cachait derrière Eural Trans Gas avait de nombreux passeports différents et deux dates de naissance différentes. Parfois, il se faisait appeler « Shimon », parfois il s'appelait « Sergueï Shnaider ». Mais surtout pour ceux qui le connaissaient, il était « Seva ». Son vrai nom était Semion Moguilevitch, un ancien lutteur de cent trente-six kilos fumant cigarette sur cigarette qui avait fait de la prison pour un incendie criminel, avec des mains grosses comme des assiettes et un visage grêlé. Il était devenu le cerveau des transferts d'argent vers l'Ouest pour le crime organisé russe. Il avait commencé dans les années 1970, aidant la première vague d'émigrés juifs autorisés à quitter l'Union soviétique à vendre leurs biens pour financer leurs voyages. Plus tard, il est devenu l'homme de confiance des mafieux russes qui blanchissaient leurs fonds à l'Ouest.

Moguilevitch lui-même avait toujours insisté sur le fait qu'il n'était rien de plus qu'un homme d'affaires. Il était si sûr de lui qu'il disait aux gens qu'un jour, il voulait figurer sur la liste des personnes les plus riches de Grande-Bretagne publiée par le *Sunday Times*. « Il est juste le croque-mitaine que l'Occident aime relier à tout », me disait son avocat Zeev Gordon. Mais selon le FBI et deux de ses anciens collaborateurs proches, il avait travaillé avec le groupe criminel organisé le plus puissant qui ait émergé à cette époque. C'était le groupe Solntsevskaya, une vaste organisation dont les tentacules s'étendaient à travers la Russie et en Ukraine, Asie centrale et Hongrie. Il était dirigé par Sergueï Mikhaïlov, autrement connu sous le nom de « Mikhas », un gangster potelé avec un visage d'ange et un sourire angélique et son associé Victor Averin, ou « Avera ». Mikhaïlov aimait aussi dire qu'il n'était qu'un homme d'affaires. Mais les deux hommes étaient considérés parmi les plus dangereux de Russie. Ils avaient commencé par gagner de l'argent en dirigeant des réseaux de prostitution puis ils s'étaient mis à vendre des armes et de la drogue. « Qui était Mikhas ? Entre nous, c'était un serveur et un proxénète », a dit un de ses anciens associés. En tant que serveur, il avait accès à des devises fortes et en tant que proxénète, il avait accès à encore plus de devises fortes venant des prostituées. Mikhas et Avera avaient des réputations de combattants redoutables : certains les appelaient « psychopathes ». Mais ils ne savaient pas quoi faire des dollars qu'ils gagnaient rapidement. Titulaire d'un diplôme en finance d'une université de l'ouest de l'Ukraine, « le seul qui savait comment investir, c'était Seva », a dit l'ancien associé. « Avera et Mikhas fournissaient l'argent. Seva s'occupait de la logistique. »

Mais Moguilevitch avait aussi toujours représenté l'interface entre le KGB et le crime organisé alors que le KGB cherchait à faire sortir de l'argent de l'empire soviétique en utilisant des réseaux du crime organisé. Poutine a poursuivi cette pratique lorsqu'il s'est aligné sur le groupe Tambov de Saint-Pétersbourg et l'a encore renforcée sous sa présidence. Moguilevitch avait été recruté par le KGB dans les années 1970 : « En échange d'informations sur la communauté juive, il était autorisé à vendre les objets de valeur des émigrés », a dit un ancien fonctionnaire occidental. Alors que ses affaires avec les leaders du crime organisé se développaient, il en était de même de sa coopération avec le KGB. « Seva travaillait toujours pour les services de sécurité », a dit une personne qui travaillait avec lui. « Il était la partie criminelle de l'État russe. »

La présence de Moguilevitch derrière Eural Trans Gas et dans d'autres transactions avait été utile pour le Kremlin, disaient des gens qui connaissaient bien le sujet. Il pouvait être mis en avant lors des moments les plus durs des négociations avec Kiev sur le prix du gaz : ses liens avec les réseaux locaux du crime organisé ont rappelé aux fonctionnaires ukrainiens le pouvoir des personnes avec lesquelles ils traitaient. En outre, « son rôle était de rappeler aux Ukrainiens qu'en fin de compte, ils avaient été achetés », a dit un ancien fonctionnaire occidental.

Mais l'implication ouverte de l'avocat de Moguilevitch dans l'enregistrement d'Eural Trans Gas était devenue une patate chaude politique trop importante pour Gazprom. Même si le géant du gaz d'État niait avoir quoi que ce soit à voir avec cela, ses empreintes digitales sur l'opération étaient devenues trop évidentes. À cette époque, Moguilevitch figurait sur la liste des dix personnes les plus recherchées du FBI : lui et ses associés avaient été accusés de fraude boursière par le ministère américain de la Justice pour avoir escroqué des investisseurs américains pour 150 millions de dollars en utilisant un fabricant d'aimants, YBM Magnex, qu'ils avaient inscrit sur les bourses américaine et canadienne. De plus, le FBI alléguait qu'il était impliqué dans le trafic d'armes, les meurtres par contrat, l'extorsion, le trafic de drogue et la prostitution à l'échelle internationale.

Firtash était arrivé en tant que remplaçant, avec un visage plus acceptable. Il a toujours insisté sur le fait qu'il avait rompu tous les liens avec Moguilevitch dès qu'il avait repris le commerce du gaz entre le Turkménistan et l'Ukraine. Il a racheté une participation détenue par l'épouse de Moguilevitch dans l'une des sociétés dont il avait pris le contrôle en 2003, et il n'avait jamais eu de relations d'affaires avec Moguilevitch. Mais des traces de liens dans le réseau d'entreprises derrière Rosukrenergo sont restées. Plus tard, Firtash admettrait auprès de l'ambassadeur des États-Unis en

Ukraine qu'il avait reçu l'autorisation de Moguilevitch de créer des entreprises. À cette époque, dans l'explosion de la criminalité qui a suivi l'éclatement de l'Union soviétique, il était impossible de rencontrer un membre du gouvernement ukrainien sans entrer aussi en contact avec des personnalités du crime organisé, disait-il. Mais d'autres disaient que les liens étaient plus profonds. « Sans Seva, Firtash ne serait rien », m'a dit un des anciens collègues de Moguilevitch. « Tout ce que Firtash possède, il le doit à Seva. »

Comme les réseaux russes du crime organisé qui avaient commencé à s'étendre en Europe *via* l'Autriche, puis aux États-Unis, la connexion de Firtash et Moguilevitch faisait partie du sous-bassement des opérations d'influence de Poutine. Mais tandis que les comptes de Rosukrenergo se remplissaient d'argent, Firtash a gagné en respectabilité. Il est devenu une éminence grise en Ukraine dont l'influence s'étendait au-delà des clivages politiques. D'abord, il avait travaillé avec Yushchenko. Puis, alors que Yushchenko s'effaçait, entaché par le scandale de l'accord gazier, il a travaillé en étroite collaboration avec le candidat du Kremlin, Yanukovych, qui a commencé à faire son retour en politique.

Plus tard, Firtash a fait partie d'une poignée de magnats ukrainiens qui ont travaillé avec Paul Manafort, le mielleux lobbyiste politique américain amené à soigner l'image de Yanukovych en tant que candidat anticorruption.

L'argent que le groupe Firtash avait réalisé en Ukraine a commencé à affluer en Europe. Rosukrenergo faisait état d'un résultat annuel net d'environ 700 millions de dollars, tandis que le vaste groupe chimique que Firtash possédait également gagnait des milliards de dollars de plus. Il avait fondé son empire à Vienne, une porte d'entrée majeure pour l'argent russe vers l'Occident depuis l'époque soviétique. Il l'avait appelé GroupDF et celui-ci possédait la moitié de Rosukrenergo dans le cadre d'une entreprise plus large.

Firtash construisait une base dans une ville chargée de secrets. L'emplacement de Vienne au carrefour des grandes puissances combattant la Seconde Guerre mondiale puis sur la ligne de démarcation entre l'Est et l'Ouest pendant la guerre froide, en avait longtemps fait la capitale mondiale de l'espionnage. Depuis 1955, l'Autriche était un pays neutre et les lois régissant l'espionnage y étaient notoirement laxistes. Autrefois pleines de réfugiés affamés prêts à livrer les secrets de leur pays pour une tranche de pain et un verre de bière, ses rues historiques abritaient encore des milliers d'espions. Mais alors que certains avaient qualifié l'espionnage politique de non pertinent à l'époque de la domination occidentale de l'après-guerre froide, beaucoup n'ont pas remarqué les opérations russes qui s'enracinaient tranquillement à Vienne, telles que celles connectées à Firtash *via* Rosukrenergo et un autre intermédiaire obscur de Gazprom, Centrex. Ces entreprises étaient en première ligne d'un autre type d'opération politique – une extension, peut-être, de la façon dont les hommes de Poutine avaient opéré en Ukraine. À l'interface entre le poids économique naissant de la Russie et l'ambition de Poutine de restaurer la position géopolitique du pays, elles représentaient des couches successives de structures d'actifs opaques dans lesquelles les possibilités de détournement d'argent et de trafic d'influence étaient nombreuses.

À Vienne, Firtash s'était associé à Andrei Akimov, l'un des principaux financiers du régime de Poutine. Un banquier du KGB qui avait financé Guennadi Timtchenko, Akimov avait créé une société d'investissement, IMAG, dans la ville en 1990. Akimov, qui, de tous les hommes de Poutine avait gardé le profil le plus bas, a été connecté à de nombreux intermédiaires liés à Gazprom. Peu après l'arrivée de Poutine à la présidence, il a été nommé à la tête de Gazprombank, qui détenait des dizaines de milliards de dollars d'actifs et est devenu un nid financier pour les hommes de Poutine grâce à son transfert à la banque Rossia. La participation de Gazprom dans Rosukrenergo était détenue par l'intermédiaire d'une société offshore chypriote associée à Gazprombank et Akimov avait siégé au conseil d'administration de Rosukrenergo. Là, il a été rejoint par Firtash et ses associés, ainsi que par son propre adjoint de longue date, Alexander Medvedev, qui dirigeait alors l'unité la plus stratégique de Gazprom, Gazexport, qui contrôlait toutes les exportations du géant gazier d'État. Ensemble, ils ont supervisé les milliards de dollars qui ont été transférés des coffres de Gazprom à Rosukrenergo, alors qu'il commençait à exporter de manière indépendante le gaz excédentaire d'Ukraine vers l'Europe.

Les anciens réseaux du passé de la guerre froide étaient reconnectés alors que Rosukrenergo devenait l'un des dizaines d'intermédiaires commerciaux liés à Gazprom qui ont surgi à travers l'Europe. À Berlin, il y avait Gazprom Germania, qui était composé de nombreux anciens agents de la Stasi. Les opérations à l'étranger de Gazprom ont toujours constitué « un nid d'espions russes », a dit un banquier de haut rang ayant des relations au sommet du Kremlin.

À Vienne, les associés d'Akimov et d'autres derrière Rosukrenergo ont également croisé un autre membre des anciens réseaux du KGB et de la Stasi ainsi que celui qui était directement lié au passé de Poutine à Dresde. Il s'agissait de Martin Schlaff, l'ancien agent de la Stasi qui avait travaillé à Dresde pour faire passer en contrebande de la technologie sous embargo de l'Ouest, siphonnant des centaines de millions de deutsche marks par le biais de faux contrats afin de préserver les réseaux de la Stasi après la chute du mur de Berlin. Schlaff s'était établi à Vienne comme l'un des hommes d'affaires les plus puissants du pays. Au moment où Poutine était au pouvoir, il avait la cinquantaine et avait développé le commerce de la pâte et du papier dans lequel il avait employé Herbert Kohler, le chef du renseignement étranger de la Stasi de Dresde, à la suite de l'effondrement de l'Union soviétique. Un milliardaire avec un penchant pour les cigares cubains qui lui auraient été apportés personnellement par l'envoyé de Fidel Castro, il possédait des casinos en Europe centrale et orientale ainsi qu'en Israël. Il avait des liens au sommet du système bancaire autrichien et au plus profond de son système politique, tandis que ses liens avec les réseaux russes du crime organisé semblaient encore plus grands.

Lorsque Gazprom, à travers Akimov, a créé un autre intermédiaire européen, Centrex, pour fournir du gaz à l'Autriche, la Suisse, l'Italie et la Hongrie, Schlaff et l'un de ses proches partenaires commerciaux ont pris des participations dans sa branche qui avait son siège à Vienne, Centrex Europe Energy and Gas AG.

L'opération Centrex constituait un autre avant-poste de l'empire commercial de Gazprom qui a rapidement rapporté des centaines de millions d'euros à travers des schémas commerciaux obscurs et des structures opaques. Cette société avait été créé par la même société offshore chypriote par laquelle la participation de Gazprom dans Rosukrenergo était censée être détenue. Pourtant, il n'a déposé aucun rapport financier pour 2005 et 2006. Les entreprises commerciales étaient structurées par des couches de complexité byzantine – et la plupart d'entre elles semblaient contourner Gazprom. Pour certains experts, ces structures compliquées et opaques ont déclenché des signaux d'alarme. « Le manque de transparence, la pratique consistant à cacher les noms des bénéficiaires, l'utilisation de sociétés offshore et la nature secrète des contrats de Gazprom avec ses clients étaient de mauvais augure pour l'UE », a écrit le spécialiste de l'énergie Roman Kupchinsky dans un rapport détaillé. « Des couches aussi élaborées sont le signe d'un blanchiment d'argent et d'éventuels pots-de-vin versés aux fonctionnaires impliqués dans leur création. »

À l'époque, peu de décideurs politiques y accordaient beaucoup d'attention. La présence de Schlaff, cependant, était une indication que les systèmes de commerce de gaz, comme Rosukrenergo, constituaient davantage qu'un siphonnage d'argent. Il était un représentant des réseaux de la guerre froide du passé, un trafiquant d'influence qui avait fait l'objet d'une enquête de la police israélienne pour corruption présumée du Premier ministre israélien Ariel Sharon. Son influence était grande et profonde, pas seulement en Autriche, mais dans tout le Moyen-Orient, où il avait accompagné des responsables politiques israéliens et arabes de haut niveau, dont le dirigeant palestinien Yasser Arafat, Mouammar Kadhafi en Libye et Bachar al-Assad en Syrie. Il semblait faire partie intégrante d'un réseau d'influence préservé depuis l'époque soviétique. Les dirigeants du monde arabe avec lesquels il avait noué des liens étaient les mêmes hommes exploités par les agents du renseignement étranger soviétiques pendant la guerre froide.

En 2005, Centrex s'est retrouvé au cœur d'un scandale lorsque le parlement italien a découvert son implication dans une opération visant à transférer des fonds à un ami proche du président italien Silvio Berlusconi. Gazprom avait convenu avec le géant italien de l'énergie Eni de vendre du gaz à l'Italie par l'intermédiaire d'une autre entreprise trouble, détenue à 41 % par Centrex et à 24,1 % par la filiale d'exportation de Gazprom, Gazexport, tandis que les 33,9 % restants étaient détenus par deux sociétés appartenant à l'ami de Berlusconi. Lorsqu'ils ont découvert le lien, les législateurs italiens ont été indignés de voir qu'une partie du milliard de dollars de revenus annuels attendu de l'entreprise était destinée à cet ami, qui, selon eux, n'était qu'un homme de paille de Berlusconi.

Ils ont été en mesure de bloquer cet accord. Mais des membres du parti politique de Berlusconi ont ensuite déclaré à l'ambassadeur des États-Unis en Italie qu'ils pensaient qu'il profitait encore « généreusement » d'autres contrats énergétiques non divulgués. Les hommes de Poutine s'appuyaient à nouveau sur des liens forgés il y a longtemps à l'époque soviétique, lorsque Berlusconi avait été l'un des intermédiaires travaillant en étroite collaboration avec le Politburo soviétique.

L'intention initiale de ces opérations était de créer une plateforme à partir de laquelle la Russie pourrait chercher à influencer la politique européenne, m'avait dit un ancien chef de la sécurité autrichien qui avait autrefois travaillé en étroite collaboration avec Akimov. En 2009, l'ambassadeur américain en Italie s'est plaint que les déclarations publiques prorusses de Berlusconi sapaient l'unité occidentale sur les initiatives américaines en matière de sécurité comme le bouclier antimissile en Europe de l'Est et l'élargissement de l'OTAN. Les hommes de Poutine s'enracinaient profondément en Europe. Londres est devenue une cible particulière : Firtash a pris place au cœur de l'establishment de la ville, et son chef de la section londonienne a versé des dons importants aux hommes influents du parti conservateur. Si, au départ, l'objectif avait été de chercher à saper l'unité occidentale sur des initiatives de sécurité contraires aux intérêts russes, les choses ont ensuite pris une tournure plus sinistre. Pour Oleh Rybachuk, l'ancien chef de cabinet du Président ukrainien Victor Yushchenko, les investissements de Firtash à Londres semblaient suivre un chemin déjà parcouru. « L'Ukraine était un terrain d'entraînement pour l'affaiblissement de l'Union européenne par la Russie. »

Les opérations au noir du réseau d'intermédiaires de Gazprom n'étaient que le début des actions menées par Poutine pour restaurer l'influence mondiale de la Russie. En Russie même, une transformation progressive était en cours, avec les hommes du KGB de Poutine prenant le contrôle de plus grands pans de l'économie. À la fin du second mandat de Poutine en tant que Président, l'économie ressemblait de plus en plus à une économie féodale. Pour le banquier genevois Jean Goutchkov et ses associés, il était naturel que les hommes d'affaires russes aient le sentiment de devoir tout à un tsar des temps modernes. « Il s'agit d'un peuple oriental. Ils ont une compréhension différente de la vie, de l'existence », a dit un des hommes d'argent genevois. « En raison de l'étendue du territoire, la compréhension de la liberté est absolument différente. La soumission des personnes faisait partie de cette culture centrale. Ils ont appartenu à des maîtres pendant des siècles et puis ils ont appartenu au Parti. Ils ont besoin d'avoir un tsar fort. »

Intimidés par la poursuite en justice de Khodorkovski, les autres magnats de l'ère Eltsine commençaient, un par un, à jurer fidélité au régime de Poutine. Les magnats des médias indisciplinés Gusinsky et Berezovski avaient été exilés, leurs actifs repris par l'État. Une consolidation des actifs se produisait dans l'ensemble de l'industrie – notamment dans le secteur des métaux stratégiques – et les nouveaux dirigeants qui ont émergé se sont tous inclinés devant le pouvoir du Kremlin. Mais c'est Roman Abramovitch, le trader milliardaire du pétrole décrit comme proche de la famille Eltsine, qui semble avoir accompli le premier acte de loyauté le plus explicite de tous.

11

Londongrad

Vladimir Poutine n'était encore que dans la première année de sa présidence lorsque Roman Abramovitch a pris le poste de gouverneur dans la région extrême-orientale de Tchoukotka, une zone éloignée et bloquée par les glaces de l'autre côté du détroit de Béring en Alaska. Il rejoignait alors un endroit perdu au bout du monde, à près de six mille kilomètres de Moscou, où il y avait peu d'arbres et où les vents hurlaient si violemment que les chiens se faisaient projeter sans ménagement dans les rues. Tchoukotka avait toujours été faiblement peuplée, mais ses habitants avaient pratiquement déserté la région après l'effondrement de l'Union soviétique. La population avait chuté de 153 000 pour atteindre le chiffre de 56 000 au moment où Abramovitch est arrivé. Ceux qui étaient restés là-bas luttaient pour survivre, écrasés par la pauvreté et l'alcoolisme. Il y était allé, a-t-il dit dans une rare interview qu'il avait donnée, parce qu'il en avait « marre » de gagner de l'argent sans arrêt. Il a toujours présenté son déménagement comme étant sa propre décision, affirmant qu'il voulait mener « une révolution vers la vie civilisée ». Promettant de changer les choses pour le mieux, il remporta les élections de décembre 2000 au poste de gouverneur avec 92 % des voix.

La population locale de Tchoukotka vénérait le sol sur lequel marchait Abramovitch. Le magnat au visage barbu et au sourire timide avait grandi orphelin, élevé par ses grands-parents dans une ville pétrolière sombre et difficile du nord de la Russie. Mais maintenant, il œuvrait comme un bienfaiteur pour les résidents de la région, envoyant une équipe de cadres pour travailler à l'amélioration du niveau de vie. Ils ont construit de nouvelles chaînes de télévision et de radio, un bowling, une patinoire couverte chauffée et un cinéma. Il a dépensé des dizaines de milliards de ses propres roubles dans ce processus. C'était comme si, en signe de fidélité, il s'inclinait immédiatement face aux appels de Poutine pour que les grandes entreprises assument davantage de responsabilités sociales après les excès des années 1990.

Certains disent qu'il n'avait pas vraiment eu le choix. Selon un magnat proche de lui, il a été envoyé à Tchoukotka sur ordre de Poutine, car celui-ci voulait que la fortune amassée par Abramovitch grâce à ses participations dans l'entreprise pétrolière Sibneft et dans Rusal, le géant de l'aluminium qui contrôlait plus de 90 % de la production nationale, soit à son service. Peu importe que la fondation caritative d'Abramovitch, Pole of Hope, soit prête à donner plus tard 203 millions de dollars à Petromed, la société de matériel médical liée à la banque Rossia. Poutine voulait également pouvoir accéder au reste de l'argent d'Abramovitch et les lois de l'époque permettaient d'emprisonner plus facilement les fonctionnaires que les hommes d'affaires. « Poutine m'a dit que si Abramovitch enfreignait la loi en tant que gouverneur, il pouvait le mettre tout de suite en prison », a dit l'associé d'Abramovitch. L'investissement d'Abramovitch d'une grande partie de sa propre fortune en faveur de Tchoukotka semblait réduire le risque. Mais la menace d'arriérés d'impôts similaires à ceux imposés à Yukos semblait toujours planer sur son Sibneft, d'autant plus que l'investissement personnel d'Abramovitch dans Tchoukotka faisait partie d'un processus à double sens qui l'a laissé encore plus fermement sous la dépendance du Kremlin. Peu de temps après avoir pris son poste de gouverneur, Sibneft a transféré une grande partie de ses ventes de pétrole par l'intermédiaire de sociétés commerciales enregistrées dans la région de l'Extrême-Orient qui ont rapidement obtenu des centaines de millions de dollars en allègements fiscaux. (Le porte-parole d'Abramovitch conteste cette théorie et précise qu'il a été élu à la Douma représentant de Tchoukotka avant l'élection de Poutine.)

Ces régimes fiscaux étaient remarquablement similaires à ceux qui avaient conduit Khodorkovski en prison, et ils ont donné à

Sibneft la possibilité de payer encore moins d'impôts que Yukos. Comme s'il s'agissait d'un avertissement, quelques mois seulement après son entrée en fonction, Abramovitch a été conduit au bureau du procureur de Moscou pour être interrogé. La prétendue fraude fiscale en question semblait relativement minime : 350 000 dollars de paiements insuffisants. Mais trois ans plus tard, en mars 2004, juste après le prélèvement par le ministère russe des impôts d'une première série d'arriérés d'impôts qui finirait par mettre Yukos en faillite pour être plus tard repris par l'État, le montant a soudainement augmenté. Sibneft faisait maintenant l'objet d'une enquête portant sur un milliard de dollars de cotisations insuffisantes présumées pour l'année 2001.

L'enquête n'a rien donné et Sibneft a toujours insisté sur le fait que ses régimes fiscaux étaient conformes à la loi. Mais la menace omniprésente d'accusations de fraude fiscale faisait partie d'un processus de pression qui transformait progressivement les oligarques de l'ère Eltsine en serviteurs du régime de Poutine. Selon certains et bien avant les autres, Abramovitch, a été le premier à en faire les frais. Comme pour le souligner, à la fin de son mandat de huit années de dur labeur au poste de gouverneur à Tchoukotka, Poutine lui a annoncé que sa prochaine destination serait une autre région pauvre et désolée de l'extrême est de la Russie. « C'est un jeune homme. Laissons-le travailler », a dit Poutine. « Il était censé aller au Kamtchatka et dépenser encore plus de ses ressources », a dit une personne proche d'Abramovitch. Finalement, et seulement après de longues négociations, Abramovitch a été tiré d'affaire.

Après le procès de Khodorkovski, les hommes d'affaires russes n'étaient que trop conscients qu'une affaire judiciaire pouvait être ouverte contre eux à tout moment, dans laquelle, qu'ils soient coupables ou non, les chances seraient contre eux dès le départ. Un système féodal était en train de refaire surface. Les propriétaires des plus grandes entreprises du pays, en particulier celles du secteur des ressources stratégiques, commençaient à fonctionner comme des directeurs salariés, travaillant pour le compte de l'État. Ils n'étaient que des gardiens et ils ne conservaient leurs affaires que par la grâce du Kremlin.

Cette mentalité avait ses racines dans le système tsariste, dans les croyances d'hommes comme certains descendants des Russes blancs tels Jean Goutchov et semble-t-il Serge de Pahlen. Les hommes du KGB de Poutine incarnaient les nouveaux dirigeants impérialistes du pays, les propriétaires légitimes de ses ressources et leurs actifs devaient être partagés entre les favoris du Kremlin qui travailleraient pour l'État et rendraient, bien sûr, hommage à leurs maîtres. « En 2003, la première étape de la transition de la Russie – l'étape du capitalisme oligarque – était terminée et la seconde étape – celle du capitalisme favorable à l'État – commençait », a dit Evgueni Yasin, un économiste influent qui avait été une figure de proue de cette transition. Pour les hommes du KGB qui étaient arrivés au pouvoir, disait-il, ils avaient parfaitement le droit de considérer la richesse du pays comme la leur : « Ils croient qu'ils ont empêché le pays de s'effondrer. Mais en fait, ils viennent de prendre le pouvoir et le pays est dirigé pour la préservation de l'élite au pouvoir. »

*

Les signes auraient dû inquiéter davantage. Mais pendant longtemps, il a semblé que l'Occident n'a pas compris la profondeur de la transformation de la Russie. La montée en puissance des hommes du KGB de Poutine était évidente alors qu'ils assuraient le contrôle du secteur stratégique de l'énergie du pays et les conseils d'administration des plus grandes entreprises d'État. Mais aux yeux des Occidentaux, le reste des affaires de la nation semblait encore largement indépendant. Les magnats de l'ère Eltsine comme Abramovitch étaient considérés comme des symboles de la modernisation des forces pro-occidentales dans l'économie russe. Le plus important, semblait-il, c'était que pour une fois, l'économie était en plein essor. Les espoirs grandissaient de voir qu'une classe moyenne émergente exigerait un jour d'avoir plus de poids dans le processus politique.

Depuis que Poutine avait été désigné comme successeur d'Eltsine, les prix du pétrole avaient bondi, alimentant une reprise économique. En 2005, ils avaient triplé et le désastreux défaut de paiement de 40 milliards de dollars et la dévaluation du rouble de 1998 semblaient être un lointain souvenir. À ce moment-là, le pays possédait 150 milliards de dollars de réserves en devises fortes, la cinquième plus grande réserve du monde. Sous la direction du ministre des Finances à l'esprit libéral, Alexei Kudrin, le gouvernement avait créé un fonds de stabilisation à partir des revenus exceptionnels de la taxe sur le pétrole qu'il avait récoltés depuis qu'il avait opéré les changements de code fiscal auxquels avaient tellement résisté les barons du pétrole. Censé servir de tampon pour l'économie en cas de chute soudaine du prix du pétrole, ce fonds s'élevait en 2005 à 30 milliards de dollars. L'année suivante, il montait à 70 milliards de dollars, tandis que les réserves de change avaient grimpé à 260 milliards de dollars. Le prix du pétrole avait alors dépassé les 60 dollars le baril, contre 17,4 dollars en 1999, quand la Russie sortait à peine de sa dernière crise économique et qu'Eltsine avait désigné Poutine comme son successeur. La flambée des prix du pétrole a tout changé. La tourmente économique qui avait aidé à convaincre la famille d'Eltsine de céder le pouvoir aux hommes de la sécurité semblait bien loin.

Tandis que Roman Abramovitch travaillait dur pour améliorer le niveau de vie à Tchoukotka, à Moscou et dans d'autres capitales régionales, une transformation plus spontanée était en cours. D'abord lentement, puis à une vitesse de plus en plus effrénée, des centres commerciaux tapageurs de style européen sont sortis de terre dans les centres-villes. Des grandes marques comme Mango, Benetton, Diesel et Adidas ont remplacé les grands magasins ternes d'alimentation et de biens de style soviétique d'un passé pas si lointain. Les restaurants chics des villes du fin fond de la Sibérie servaient de l'agneau de Nouvelle-Zélande, du veau d'Australie et du vin de France. Les dépenses de consommation s'envolaient. La Russie commençait soudainement à développer une classe moyenne. Les gens avaient enfin de l'argent à dépenser après une décennie au cours de laquelle leurs économies avaient disparu deux fois du jour au lendemain. Avec la hausse du prix du pétrole, la croissance économique a atteint en moyenne 6,6 % dans les années qui ont suivi l'accession de Poutine à la présidence, alors que le salaire mensuel moyen quadruplait.

Ce furent des jours d'abondance et de stabilité. Et même s'il n'était en rien responsable de la flambée des prix du pétrole qui avait poussé cette croissance, c'est à cette époque que le statut divin de Poutine en tant que tsar sauveur de la Russie a été établi. Cela faisait partie d'un pacte non écrit que le peuple russe semblait avoir conclu avec son Président. Il a choisi de ne pas remarquer la corruption croissante de l'État, le pouvoir arbitraire croissant du FSB et de toutes les branches des forces de l'ordre sur les entreprises, grandes et petites. Il se moquait de la répression de la liberté des médias tant que ses revenus augmentaient et tant qu'il y avait enfin de la stabilité. Les gens commençaient à vivre comme leurs voisins européens. Poutine et ses hommes du KGB, semblait-il, pouvaient emprisonner qui ils voulaient, tant que la classe moyenne émergente pouvait se permettre des vacances annuelles en Turquie, par exemple.

En tous les cas, les histoires de la prise de pouvoir du KGB, du détournement d'actifs et de la subversion de la procédure légale n'ont pas atteint la majorité de la population puisque le Kremlin de Poutine a pris le contrôle des médias et éradiqué toute concurrence politique. La prise de contrôle par le Kremlin de tous les leviers du pouvoir a eu pour conséquence d'éloigner la population du processus politique. Mais dans ce que l'analyste Masha Lipman a appelé plus tard le « pacte de non-participation » des Russes, ils se contentaient de laisser le Kremlin monopoliser la prise de décision politique et économique, tant que cela ne s'immisçait pas dans leur propre vie. C'était un modèle tout à fait différent de celui de l'époque soviétique. À l'époque, le pouvoir démesuré du Parti et du KGB avait empiété sur presque tous les aspects de la vie quotidienne. Désormais, tant que rien ni personne n'empiétait sur les intérêts des services de sécurité, ils en restaient bien en dehors. La majeure partie de la population a accepté sans difficulté ce nouveau système qui a encore cimenté la manière de gouverner qui prévalait en Russie depuis l'époque des tsars. C'était « l'ordre russe éternel – l'État dominant et une société impuissante et fragmentée », a écrit Lipman.

Les hommes d'affaires liés au KGB avec qui j'ai échangé se référaient souvent à cet état d'esprit pour justifier leurs actions et leur autorité. C'était, disaient-ils, la tragédie de la Russie que son peuple ne veuille pas participer à la politique – il ne savait pas comment s'y prendre, tout simplement. C'était une façon de penser profondément ancrée dans l'identité nationale depuis les débuts de la Russie, disaient les gens en secouant tristement la tête. Mais en fait, ils ne faisaient que trouver une excuse commode pour se convaincre qu'ils avaient raison de ne pas permettre au peuple de participer à la démocratie. Le KGB avait bien retenu la leçon du passé soviétique. Au lieu d'un État autoritaire, le capitalisme était devenu l'instrument qui leur permettait d'agir comme bon leur semblait. Ils croyaient en effet que, comme l'avait cyniquement dit l'associé genevois de Jean Goutchkov, les gens étaient satisfaits s'ils avaient « un réfrigérateur, une télévision, une maison, des enfants, une voiture. Pour le reste, plus ou moins, vous vous en moquez tant que votre situation matérielle n'est pas impactée. »

Cependant, certains responsables politiques occidentaux ont continué à croire en un rêve différent pour la classe moyenne montante de la Russie. Leur espoir, c'était qu'à mesure que leurs revenus et leur capacité à accéder aux pays occidentaux augmentaient, les gens exigeraient davantage de droits politiques. Enhardi par la victoire apparente de la guerre froide et l'expansion de l'Union européenne dans les pays de l'ancien bloc de l'Est, l'Occident a cru à l'intégration mondiale de la Russie et lui a ouvert de plus en plus ses marchés. La croyance dans le pouvoir de la mondialisation, dans les marchés libéraux et la démocratie était à son zénith. L'expansion de l'Europe vers l'est était « la contribution la plus importante à la paix, à la stabilité et à la prospérité en Europe ces dernières années » a déclaré un enthousiaste Gunter Verheugen, le commissaire européen chargé de l'élargissement en 2004.

Les entreprises russes se précipitaient pour inscrire leurs actions sur les bourses occidentales, en particulier à Londres. Rien qu'en 2005, elles ont levé plus de 4 milliards de dollars en ventes d'actions à Londres contre 1,3 milliard de dollars sur tous les autres marchés dans les treize années qui ont suivi l'effondrement soviétique. On croyait fermement en Occident que l'avenir de la Russie passerait par ces entreprises et les magnats – pour la plupart de l'ère Eltsine – à leur tête. Malgré les craintes suscitées par la prise de contrôle de Yukos par l'État, on était convaincu que le nombre croissant d'offres montrait que la Russie mûrissait en tant qu'économie de marché.

Afin d'être cotées à la bourse de Londres, ces entreprises devaient avoir à leur actif trois ans de comptes audités aux normes internationales, ainsi qu'au moins six mois d'actions cotées à Moscou pour se qualifier. Nombre d'observateurs dans le monde politique occidental pensaient que plus les sociétés russes étaient cotées en bourse en Occident, plus elles devraient s'adapter aux règles occidentales de transparence et de gouvernance. « La croyance, c'était que les oligarques inscrits devraient respecter les règles de gouvernance d'entreprise, qu'ils feraient partie du système mondial », a dit Nigel Gould-Davies, ancien attaché économique à l'ambassade du Royaume-Uni à Moscou et plus tard ambassadeur du Royaume-Uni en Biélorussie. Au lieu du comportement agressif de la transition des années 1990, « ils changeaient de comportement parce qu'ils le devaient. Être référencé à Londres était également considéré comme une protection supplémentaire contre les attaques des *siloviki* de Poutine et comme un symbole de respectabilité », a-t-il expliqué.

Les banquiers et les responsables politiques occidentaux ont fondé leurs espoirs sur la force croissante d'entreprises russes à Londres, qui allaient contribuer davantage à la croissance de la classe moyenne russe. On pensait que la génération montante d'hommes d'affaires ferait un jour pression sur le gouvernement de Poutine pour une libéralisation de l'environnement politique et économique. « Il y a de fortes chances pour que les choses continuent d'évoluer dans la bonne direction du fait des changements dans la société », a dit Stephen Jennings, le directeur originaire de Nouvelle-Zélande de l'une des plus grandes banques d'investissement de Moscou, Renaissance Capital. « À un moment donné, ces conditions exigeront un dirigeant beaucoup plus libéral et modernisateur. Nous ne savons tout simplement pas si ce sera le prochain ou celui d'après. »

Les banquiers occidentaux ont afflué à Moscou à la recherche de commissions – certains en étant fermement convaincus qu'ils faisaient « l'œuvre de Dieu » en apportant les marchés aux gens et en les libérant de la main lourde de l'État. Des délégations se rendaient régulièrement à Moscou depuis la City de Londres, vantant les mérites des affaires, soulignant les avantages de la « réglementation légère » de Londres. À une époque où les marchés émergents du monde entier étaient en plein essor – notamment en Chine et en Inde – la Russie était devenue la plus grande source d'offres internationales à la Bourse de Londres.

C'était peut-être en voyant que la City de Londres était tellement fascinée par le flot d'argent que les banquiers et investisseurs ont choisi de ne pas s'inquiéter sur la possibilité que la prochaine vague d'offres russes soit entièrement différente. Les entreprises qui venaient à Londres étaient désormais principalement les nouveaux mastodontes du capitalisme d'État de Poutine qui n'avait aucun intérêt à libéraliser l'économie russe. La City a également choisi d'ignorer le fait qu'il existait de grandes lacunes dans la transparence des structures de propriété et des comptes financiers de certaines de ces sociétés. L'une des raisons pour lesquelles les entreprises russes se rendaient en masse à Londres, c'était que les normes requises pour y être cotées étaient beaucoup moins strictes que celle de New York. Aux États-Unis, la réglementation obligeait les directeurs généraux et les directeurs financiers des sociétés souhaitant être cotées en bourse à signer l'exactitude des comptes financiers. Tout détail qui s'avérait faux ou trompeur était traité comme une infraction pénale. « Aucune entreprise russe n'était prête pour cela. Il nous a fallu encore cinq ans pour faire le ménage, peut-être plus », a dit Dmitri Gololobov, un avocat russe qui a travaillé sur une cotation américaine de certificats de dépôt mondiaux pour Yukos, et qui a par la suite abandonné ses plans en raison des risques. À Londres, en revanche, les sociétés cotant des certificats de dépôt mondiaux étaient accueillies par un système qui permettait un niveau d'audit préalable beaucoup plus faible tout en laissant aux investisseurs la responsabilité de vérifier si les informations fournies par la société étaient correctes ou non.

Le *Financial Times* de Londres a ironiquement noté que les pages du prospectus des actions pour une offre à venir à Londres, Novolipetsk Steel, contenaient « plus de rebondissements qu'un roman de Dostoïevski ». Il a révélé une jungle de délits d'initiés et de transactions opaques. Des dizaines de millions de livres étaient accordées sous forme de prêts sans intérêt à des sociétés obscures acquises plus tard par l'actionnaire majoritaire de Novolipetsk. Des millions d'autres étaient distribuées en « honoraires de conseil » à la même personne. Plus précisément, la privatisation de Novolipetsk avait eu lieu dans la Russie sans pitié des années 1990, où les plus forts prévalaient. L'entreprise admettait que sa propriété et son titre sur toute autre société qu'elle avait acquise pouvaient être contestés à tout moment. Mais les investisseurs continuaient de se rassembler. Le gouvernement de Tony Blair semblait avoir donné l'ordre à Londres d'ouvrir ses portes à l'argent russe, quelle que soit sa provenance. Les listes russes fournissaient à Londres un énorme flux de revenus pour des armées de banquiers, d'avocats, de consultants et de cabinets de relations publiques. La ville était inondée d'argent russe. Mais au lieu de changer la Russie par son intégration aux marchés occidentaux, c'était la Russie qui changeait l'Occident. Les magnats venant à Londres, dont l'Occident espérait qu'ils deviendraient des moteurs indépendants du changement, devenaient au contraire plus dépendants du Kremlin. Ils étaient les otages de l'État de plus en plus autoritaire et kleptocratique de Poutine. Au lieu d'aligner la Russie sur son système fondé sur des règles, l'Occident se laissait lentement corrompre. C'était comme si on lui injectait un virus.

*

La porte avait apparemment été entrouverte lorsque Roman Abramovitch a acheté le club de football de Chelsea à Londres dans le courant de l'été 2003. L'achat pour 150 millions de livres (240 millions de dollars) a été une sorte de coup médiatique. Les journaux londoniens se sont émerveillés devant le Boeing 767 privé d'Abramovitch qui s'est rendu à Londres pour visiter son nouveau club. De nombreux articles de presse ont été consacrés à ses yachts de luxe, notamment l'*Éclipse*, le plus grand du monde, un palais flottant de 168 mètres équipé de deux héliports et de son propre sous-marin. L'oligarque secret, le visage barbu et vêtu simplement d'un jean, a été salué pour avoir dépensé des fonds considérables pour acheter des joueurs de renommée mondiale pour Chelsea et modernisé son stade de Stamford Bridge. Pratiquement personne ne s'est interrogé sur l'origine de sa fortune. « Cela nous donne une très bonne visibilité, a déclaré un ancien collaborateur d'Abramovitch. Avec Chelsea, il aura trois pages à la fin des journaux, et il n'y a rien de mal à ça. Personne ne le remet en question. »

Selon Sergueï Pougatchev, le Kremlin de Poutine avait justement évalué que le moyen de se faire accepter dans la société britannique était de passer par le plus grand amour du pays, son sport national. Selon lui, dès le début, l'acquisition avait pour but de construire une tête de pont pour l'influence russe au Royaume-Uni. « Poutine m'a personnellement fait part de son projet d'acquérir le club de football de Chelsea afin d'accroître son influence et de rehausser le profil de la Russie, non seulement avec l'élite, mais aussi auprès des Britanniques ordinaires », a-t-il dit. Il se référait à un meeting qu'il avait eu avec Poutine un an avant que le club soit acheté par Abramovitch. D'après un magnat russe, ancien associé d'Abramovitch, Poutine aurait ordonné à Abramovitch d'acheter le club. « L'achat a fait d'Abramovitch une célébrité instantanée en Grande-Bretagne. Une invitation à regarder un match depuis sa loge privée est vite devenue l'une des places les plus prisées de la ville. Cela lui a donné un ticket d'entrée dans la haute société anglaise. »

D'après cet ex-associé d'Abramovitch, l'entrée dans le monde de la Premier League semblait destinée à accroître l'influence de la Russie auprès de la FIFA, la Fédération internationale de football, qui a ensuite choisi la Russie pour accueillir la Coupe du monde de 2018. « Roman a été invité par Poutine à se lancer dans le football, a dit l'ancien associé d'Abramovitch. Il pensait qu'ils devaient le faire pour gagner de l'influence au sein de la FIFA, qui était bien connue pour être une organisation corrompue. » « Grâce à Chelsea, il obtenait un billet d'entrée dans le monde du football, a dit le magnat russe. Il a pu l'utiliser pour faire pression pour la Coupe du monde, ce qui signifiait beaucoup pour Moscou. Ils voulaient accueillir la Coupe pour montrer aux gens que la Russie n'était pas isolée. C'était très important pour eux. »

Une personne proche d'Abramovitch a fermement nié que le magnat avait agi sous la direction du Kremlin lorsqu'il a acheté le club. (Il n'y a pas d'évidence que les dires de Pougatchev et de l'ex-associé d'Abramovitch soient corrects concernant l'achat du club). Cette personne a déclaré qu'Abramovitch avait d'abord regardé des clubs en Italie et en Espagne, mais ils étaient tous « problématiques ». Il a aussi regardé quatre clubs au Royaume-Uni avant de s'installer à Chelsea car c'était un « club en détresse ».

Il a ajouté que le président avait peut-être été informé de l'accord. Abramovitch lui-même a déclaré qu'il avait investi avec deux ambitions, « créer des équipes de classe mondiale et s'assurer que le club joue un rôle positif dans toutes ses communautés ». Un porte-parole d'Abramovitch a également souligné que Pougatchev avait été considéré comme un témoin peu fiable lors de précédentes procédures judiciaires au Royaume-Uni. Ce porte-parole a déclaré que l'achat du Chelsea FC ne visait pas à accroître l'influence de la Russie auprès de la FIFA et que le club avait été acheté de nombreuses années avant que la Russie n'annonce son intention de soumissionner pour la Coupe du monde 2018. Abramovitch a utilisé sa loge à Chelsea pour sa famille et ses amis et n'a jamais invité de politiciens britanniques, a-t-il déclaré. Au moment, de l'acquisition, d'autres ont suggéré qu'il avait acheté le club pour protéger sa fortune d'une attaque du Kremlin.

Mais quelles que soient ses motivations pour l'achat du club, le choix d'Abramovitch pour Chelsea est devenu un symbole de l'argent russe qui affluait au Royaume-Uni et son acceptation immédiate a permis à l'argent russe de faire partie de l'ADN de la vie londonienne. Peu de questions ont été posées sur Abramovitch, en partie parce qu'il semblait n'avoir rien à voir avec les hommes du KGB de Poutine. Il avait continué à entretenir des liens étroits avec la Famille Eltsine – avec Valentin Ioumachev et Alexander Volochine, le chef d'état-major du Kremlin de l'époque Eltsine. Il était considéré comme le visage acceptable des affaires russes, un représentant de l'aile la plus libérale de l'élite russe que le Royaume-Uni était si désireux de cultiver. Mais Alexander Temerko, l'ancien actionnaire de Yukos qui avait fui fin 2004 la Russie pour rejoindre le Royaume-Uni, a affirmé que pour Poutine, cette perception n'était en fait qu'une commodité : « Poutine aime que les gens comme Abramovitch et Ioumachev parcourent le monde et disent qu'il n'est pas si méchant que ça. « Il a besoin qu'ils fassent cela pour lui. Ils lui servent d'ambassadeurs volontaires et non rémunérés. » (Le porte-parole d'Abramovitch conteste ces faits.)

Abramovitch jouait un rôle essentiel dans la création d'un capitalisme du KGB qui était en train de devenir suralimenté tandis qu'avec Sibneft, il étendait son champ d'action vers l'Ouest et que les prix de l'énergie continuaient de grimper en flèche. Son entreprise pétrolière de premier ordre, Sibneft, faisait partie de cette transformation. En septembre 2005, elle a également été engloutie par l'État alors que le Kremlin poursuivait ses efforts pour prendre le contrôle du secteur stratégique de l'énergie. Mais au lieu de finir en prison comme Khodorkovski dont l'entreprise a fait faillite à cause de milliards de dollars en arriérés d'impôts, Abramovitch a pu vendre Sibneft à l'État pour 13 milliards de dollars – en espèces. Au lieu de fusionner avec Yukos et de vendre l'entreprise aux Américains Exxon ou Chevron comme lui et Khodorkovski l'avaient prévu, il semble qu'Abramovitch s'était incliné devant le nouvel ordre du Kremlin. Encore une fois, il n'avait guère le choix. La vente de Sibneft à Gazprom fin 2005 a constitué une autre étape du processus par lequel la mainmise énergétique du Kremlin acquérait une légitimité internationale, alimentant davantage le boom du marché boursier russe.

L'accord a été conclu dans le cadre d'un processus en plusieurs étapes qui a commencé à peine deux semaines après qu'un tribunal de Moscou a finalement prononcé le verdict de culpabilité à l'encontre de Khodorkovski en mai 2005. C'est alors que le gouvernement russe a cherché à stimuler l'humeur des investisseurs étrangers avec l'incitation par excellence, annonçant qu'il allait emprunter 7 milliards de dollars aux banques internationales afin d'augmenter sa participation dans Gazprom pour un contrôle de 51 %. C'était la décision que les investisseurs étrangers attendaient depuis longtemps. Cela aurait pu sembler contre-intuitif qu'un contrôle accru du gouvernement sur Gazprom leur soit bénéfique, mais pendant des années, ils n'avaient pas pu échanger librement des actions du plus grand producteur de gaz du monde parce que le gouvernement russe ne détenait pas officiellement une participation majoritaire dans cette entreprise. En réalité, l'État contrôlait bel et bien le géant gazier, mais sur le papier, il n'en possédait que 38 %. Le gouvernement craignait que, sans restriction sur le niveau du montant qu'il pouvait détenir, les investisseurs étrangers puissent prendre le contrôle de l'entreprise russe la plus importante sur le plan stratégique. L'année précédente, lorsqu'il avait annoncé son intention de fusionner Gazprom avec Rosneft, le gouvernement avait fait miroiter la possibilité de porter sa participation à un niveau majoritaire et de lever les restrictions, créant ainsi la plus grande entreprise mondiale de l'énergie accessible aux investisseurs étrangers. Mais ses plans se sont effondrés lorsque Yukos a déposé son dernier recours en faillite à Houston et que Rosneft a acquis Yuganskneftegaz de Yukos au lieu de Gazprom à cause des risques juridiques. Le rachat de Yugansk par Rosneft a nourri les ambitions de son président Igor Setchine de construire son propre géant énergétique national, indépendant de Gazprom, et les luttes intestines entre les deux titans de l'État ont fait échouer le projet de fusion.

Maintenant que la poussière était retombée, le gouvernement annonçait un accord beaucoup plus simple. Il allait emprunter 7 milliards de dollars à des banques internationales pour acheter les actions dont il avait besoin pour augmenter sa participation dans Gazprom. Il allait également acheter les actions auprès de l'entreprise elle-même. L'annonce a provoqué des vagues de joie sur le marché boursier après l'épuisante affaire Khodorkovski. Maintenant que le procès de Khodorkovski était terminé, les investisseurs pensaient qu'un virage avait été franchi. Lever les soi-disant restrictions de clôture sur la propriété étrangère a toujours été considéré comme un moyen pour le Kremlin de s'attirer les faveurs des investisseurs étrangers après la vente forcée et toxique de Yugansk. Les investisseurs étrangers espéraient maintenant que le verdict de Khodorkovski marquerait la fin de l'attaque de l'État, que son procès était un cas isolé et que le Kremlin n'allait plus saisir d'actifs. La bourse a explosé, l'indice RTS russe a doublé en six mois. La croissance qui avait été ralentie pendant l'affaire Khodorkovski a été entièrement retrouvée, portée par les actions Gazprom qui avaient grimpé de plus de 100 %. Cela faisait partie d'un aveuglement délibéré face à l'étendue croissante de l'État : aucune importance, tant que les cours des actions montaient.

Gazprom, à son tour, annonçait qu'il allait utiliser l'argent qu'il avait reçu du gouvernement en échange de ses actions pour une acquisition en propre : avant de mettre le Sibneft d'Abramovitch en faillite puis d'en prendre le contrôle, il allait l'acheter. Il s'agissait d'un compromis, dans le cadre des querelles intestines avec Setchine, qui donnerait à Gazprom sa propre exploitation pétrolière. Gazprom a fini par racheter Sibneft à Abramovitch pour 13 milliards de dollars, dans un accord qui semblait souligner à quel point le destin d'Abramovitch différait de celui de Khodorkovski. L'accord a fait passer une autre grande compagnie pétrolière du secteur privé aux mains des hommes de Poutine. Mais Abramovitch semblait être parti avec un prix de marché équitable pour son entreprise, sans la vente forcée, la faillite et les arriérés d'impôts de l'affaire Khodorkovski – bien que Sibneft ait payé un taux d'imposition effectif encore plus bas que celui dont Yukos n'a jamais bénéficié. Cela a été salué comme étant la plus grande opération de rachat de l'histoire de la Russie. Elle a été considérée par le marché comme un signe que le Kremlin avait tourné la page sur l'affaire Yukos et que d'autres expropriations n'auraient pas lieu.

Mais ce n'était qu'une autre évolution d'un capitalisme émergent du KGB dans lequel rien n'était tout à fait ce qu'il semblait être. Boris Berezovski était la source des rumeurs qui circulaient selon lesquelles Abramovitch avait dû partager la part du lion des 13 milliards de dollars qu'il avait reçus avec les hommes de Poutine. « Je dis depuis longtemps que Poutine est un associé d'Abramovitch, a déclaré à l'époque son ancien partenaire en affaires Boris Berezovski. Je n'ai aucun doute que les bénéfices de la vente de Sibneft seront partagés entre Abramovitch et Poutine ainsi qu'entre plusieurs autres individus. »

Lorsque, pour l'écriture de ce livre, les questions ont été posées à un porte-parole d'Abramovitch, celui a mentionné qu'il n'y avait aucune évidence. Un autre a nié ces affirmations mentionnant que Berezovski avait échoué à apporter la preuve de ses dires durant la procédure.

C'était en train de devenir un système dans lequel toutes les entreprises, de toutes tailles, dépendaient de la bonne volonté du Kremlin, où les magnats devaient servir l'État afin de préserver leur position et leur richesse. Mais c'était aussi un système qui, en catimini, était de plus en plus accepté et légitimé au niveau international. Tandis que l'Occident avait immédiatement accepté ce qu'il croyait être des magnats à l'esprit libéral comme Abramovitch, il avait également commencé à se réconcilier avec le nouvel ordre énergétique du Kremlin. L'année suivante, pendant l'été 2006, il a écarté les inquiétudes concernant la confiscation *de facto* de Yugansk, la principale unité de production de Yukos, tout en permettant à Rosneft de procéder à une introduction à la bourse de Londres. C'est à ce moment-là que le premier véritable coup porté à l'intégrité des marchés occidentaux a eu lieu. La vente d'actions de Rosneft d'Igor Setchine cette année-là a été saluée comme étant l'une des plus importantes au monde. Au départ, la société a déclaré qu'elle prévoyait de lever 20 milliards de dollars, une somme qui aurait battu des records. Bien qu'elle ait par la suite limité le montant à la moitié de cette somme, le volume restait alléchant pour les banquiers occidentaux qui se sont empressés de prendre une part des 120 millions de dollars d'honoraires. L'introduction en bourse, qui restait la troisième plus importante au monde cette année-là, était essentiellement un référendum d'investisseurs sur la prise de contrôle par le Kremlin du secteur énergétique russe. Les cadres occidentaux qui ont continué de diriger ce qui restait de Yukos depuis l'exil se sont insurgés contre la vente, alléguant que cela reviendrait à encourager la vente de biens volés. Ils ont fait appel au régulateur du marché britannique, l'Autorité des services financiers, pour l'arrêter. Tout ce qui concernait la prise de contrôle de Yugansk, disaient-ils, était illégal : depuis les arriérés d'impôts sélectifs et rétroactifs qui avaient conduit à la vente forcée jusqu'à la vente au rabais elle-même, qui était en violation d'une injonction temporaire émise par le tribunal de Houston.

Pour ceux qui avaient vu avec horreur les hommes du KGB de Poutine subvertir la procédure légale pour prendre le contrôle de Yugansk un peu plus d'un an auparavant, l'inscription soulevait de profondes questions morales et éthiques. George Soros, l'investisseur milliardaire devenu philanthrope, a écrit au *Financial Times* pour remettre en question l'autorisation de l'introduction en bourse : « Prétendre que cela améliorera la transparence, c'est ignorer le fait que Rosneft est un instrument d'État qui servira toujours les objectifs politiques de la Russie de préférence aux intérêts des actionnaires. » Pour les autres défenseurs de Yukos, il semblait qu'une introduction en bourse réussie soit considérée par le Kremlin comme un sceau d'approbation du marché. « Les dirigeants occidentaux doivent avoir une vision réaliste et à long terme des conséquences de l'apaisement qu'ils veulent imposer aux Russes sur des questions aussi fondamentales que les droits de l'homme et l'État de droit », a écrit Robert Amsterdam, un avocat de Khodorkovski, qui en était déjà à sa première année de détention dans un camp de prisonniers à l'extrême est de la Russie. « Si ce n'est pas le cas, les personnes actuellement au pouvoir en Russie considéreront les deux poids, deux mesures, vantés par les occidentaux comme un permis d'agir en toute impunité. Nier, rejeter ou négliger la gravité des conséquences, c'est fermer les yeux sur les leçons de l'histoire. »

Même si ce qu'écrivait Amsterdam sonne aujourd'hui comme un avertissement de ce qui allait arriver, les hommes de Poutine avaient calculé avec précision que, pour l'Occident, l'argent l'emporterait sur toutes les autres préoccupations. « Au bout du compte, tout le monde veut gagner de l'argent et le Kremlin le sait », a dit Harvey Sawikin, à la tête du fonds spéculatif Firebird Management, basé à New York. Malgré toutes les protestations et la menace de poursuites judiciaires, l'introduction en bourse a eu lieu. Elle a été présentée comme un triomphe pour Poutine alors qu'il accueillait le groupe G8 des pays développés à Saint-Pétersbourg cet été-là. Rosneft était évalué à 80 milliards de dollars, une énorme transformation depuis la période précédant son acquisition de Yugansk pour seulement 9,4 milliards de dollars. À cette époque, on estimait que Rosneft ne valait pas plus de 6 milliards de dollars. Le bond qu'avait connu cette évaluation témoignait de la puissance des acolytes du KGB de Poutine et la certitude que leur soutien à Rosneft était une garantie de son expansion future. Le soutien du Kremlin signifiait qu'il était certain de récupérer le reste des actifs de Yukos pour une somme modique lors des ventes aux enchères de faillite à venir. Mais l'introduction en bourse n'avait en fait pas vraiment été une introduction en bourse. Il s'agissait plutôt d'un placement privé. Les majors pétrolières étrangères, dont BP, la compagnie pétrolière nationale malaisienne Petronas et la China National Petroleum Corporation, soucieuses de s'attirer les bonnes grâces du Kremlin, avaient acheté près de la moitié de l'offre totale, tandis que Gazprombank, liée au KGB, avait acheté 2,5 milliards de dollars d'actions. Il a été largement rapporté que le Kremlin, qui ne pouvait pas laisser échouer la vente, avait pressé des magnats comme Abramovitch d'y participer. Celui-ci aurait acheté jusqu'à

300 millions de dollars d'actions. Le porte-parole d'Abramovitch a éxpliqué que l'investissement dans Rosneft a été réalisé dans un intérêt financier uniquement. BP n'a pas caché le fait qu'il cherchait à utiliser l'offre pour s'attirer les faveurs du Kremlin, qu'il s'agissait d'un exercice d'« établissement de relations » : « Nous pensons qu'il s'agit d'un bon investissement stratégique pour notre position en Russie et nos relations avec l'industrie pétrolière russe et les autorités russes », a déclaré un porte-parole de l'entreprise. Mais d'autres investisseurs se sont plaints que la vente était une opération typique du KGB, tandis que les investisseurs américains et les compagnies pétrolières restaient à l'écart par crainte des risques juridiques. « C'était un exercice d'extorsion majeur, a déclaré un gestionnaire de fonds, affirmant que la vente était surévaluée. Ils se sont appuyés sur des investisseurs à la manière du KGB pour s'assurer que l'offre soit un succès. »

Mais peu importait aux investisseurs que leur manœuvre légitimait la prise de contrôle de l'État par les hommes du KGB de Poutine. Ils ne semblaient pas non plus inquiets que les fonds collectés contournent le budget russe, pour rembourser le prêt de 7 milliards de dollars contracté auprès de banques internationales par une entité publique obscure appelée Rosneftegaz lorsque l'État avait augmenté sa participation dans Gazprom l'année précédente. Cela faisait partie de ce que l'ancien vice-ministre de l'Énergie, Vladimir Milov, appelait un « tour de trois cartes » visant uniquement à éviter la transparence normalement exigée des privatisations d'État : « C'est tout à fait caractéristique du régime actuel. Ils travaillent à travers des systèmes non transparents où les hommes de Poutine sont les bénéficiaires personnels et peuvent partager l'argent entre eux sans avoir de comptes à rendre à personne. »

Pour Andrei Illarionov, le conseiller économique du Kremlin qui avait alors démissionné par dégoût en voyant les changements en cours, la vente de Rosneft était « un crime contre l'État russe et le peuple russe ». En y participant et en la facilitant, « les entreprises occidentales établissent en fait des relations à long terme avec ces forces en Russie qui détruisent les piliers mêmes de la société moderne : une économie de marché, le respect pour la vie privée, la démocratie. » Mais pour les hommes du KGB derrière la transformation de Rosneft, c'était le sceau d'approbation pour lequel ils travaillaient et qui leur permettait d'approfondir leur infiltration des marchés internationaux.

Alors que Rosneft s'emparait des actifs restants de Yukos lors des ventes de faillite, les investisseurs occidentaux ont commencé à se regrouper encore davantage aux ordres du Kremlin. Deux autres mastodontes du système étatique du Kremlin ont rapidement emboîté le pas avec des offres d'actions tout aussi énormes. Mais aucun d'eux n'était un symbole de transparence. Ils étaient plutôt représentatifs d'un système en plein essor dans lequel le Kremlin dominait tout. Il y a d'abord eu une offre de 8,8 milliards de dollars en février 2007 par la banque d'épargne publique Sberbank qui a attiré des investisseurs étrangers et nationaux. Même si les investisseurs s'inquiétaient à propos de la transparence, la banque était considérée comme un substitut de l'économie de consommation en plein essor de la Russie et le contrôle de l'État sur elle était considéré comme un avantage. Il ne serait jamais permis d'échouer. Et puis, à peine trois mois plus tard, la deuxième plus grande banque de Russie, VTB, ancienne banque commerciale soviétique et également propriété de l'État, s'est rendue à Londres pour une introduction en bourse de 8,2 milliards de dollars, la plus grande du monde cette année-là. La réputation de VTB en tant que banque de poche pour les « projets spéciaux » du Kremlin étroitement liés au KGB n'a guère freiné l'enthousiasme des investisseurs. Son directeur général affable, Andrei Kostin, ancien diplomate soviétique à Londres, avait fait preuve de peu de talent en tant que banquier en dehors de sa capacité à gagner des milliards de dollars pour la banque en soutien de l'État. À peine deux ans auparavant, un ancien président de la banque centrale avait qualifié VTB de « Titanic en train de couler ». Mais lorsqu'il est entré en bourse ce printemps-là, la demande d'actions des investisseurs était huit fois supérieure à l'offre réelle. 2007 a été l'année où l'intérêt des investisseurs mondiaux a atteint son apogée. Les prix du pétrole approchaient le record de 70 dollars le baril et même le président de Goldman Sachs, Lloyd Blankfein, un titan de Wall Street, a écrit à Poutine pour lui demander un rendez-vous – un fait qui a été fièrement affiché sur le site internet du Kremlin pour que tout le monde puisse le voir.

Attirées par les milliards de dollars de transactions en cours, les banques d'investissement mondiales revenaient à Moscou – certaines pour la première fois depuis la banqueroute de la crise d'août 1998. En 2006, les fusions et les acquisitions atteignaient à elles seules 71 milliards de dollars. Mais les magnats avec lesquels les investisseurs étrangers faisaient la fête dans les clubs et les restaurants de plus en plus haut de gamme de Moscou étaient alors souvent des représentants des intérêts du Kremlin. Il y avait Suleiman Kerimov, quarante et un ans, un homme imprévisible originaire du Daguestan, la région instable voisine de la Tchétchénie. Il avait fait la une des journaux pour la première fois en 2006 lorsqu'il avait enroulé sa Ferrari autour d'un arbre sur la Promenade des Anglais à Nice. Il avait failli mourir de brûlures et s'était ensuite retiré dans la fraîcheur de l'air conditionné de son bureau peu éclairé au dernier étage d'une maison de ville de Moscou fortement gardée, ses mains brûlées protégées par de fines mitaines. Après avoir recouvré la santé, il est redevenu célèbre pour ses fêtes somptueuses où des gens comme Beyoncé chantaient devant des banquiers de haut vol de Morgan Stanley et Goldman Sachs dans sa villa au Cap d'Antibes. Au début de l'année 2007, Forbes estimait sa fortune à 14,4 milliards de dollars, faisant de lui le deuxième homme le plus riche de Russie après Abramovitch.

Kerimov faisait partie d'une nouvelle génération de magnats de la finance qui émergeaient du capitalisme du KGB de Poutine, et dont la fortune dépendait totalement de l'accès aux ressources de l'État. Si les magnats d'Eltsine des années 1990 ont initialement fait fortune en détenant dans leurs banques les comptes du Trésor du gouvernement avant de prendre en charge les plus grands actifs industriels du pays, la richesse de Kerimov était presque entièrement constituée de papier. En 2004, il avait bénéficié de 3,2 milliards de prêts de la Sberbank, qu'il avait utilisés pour constituer une participation de 6 % dans la Sberbank elle-même ainsi qu'une participation de 4,2 % dans Gazprom. Alors que la valeur de Sberbank était multipliée par dix et celle de Gazprom par six, la fortune de Kerimov a rapidement augmenté pour atteindre 17,5 milliards de dollars. Les actions de Gazprom et de Sberbank, négociées à l'échelle mondiale, ont permis à Kerimov de faire fructifier sa fortune en établissant des liens étroits avec les marchés financiers occidentaux, construisant des participations importantes chez Morgan Stanley, Lehman Brothers, Fortis et le Crédit Suisse, entre autres.

Le problème, c'était que personne n'était sûr que la fortune qu'il avait amassée puisse vraiment être décrite comme étant la sienne. Kerimov avait toujours opéré dans un monde souterrain étroitement associé aux intérêts du service de renseignement étranger de la Russie. Auparavant, il était peu connu, mais maintenant qu'il était sorti de l'ombre, grâce à des milliards de dollars de prêts accordés par une banque d'État, même les banquiers occidentaux qui travaillaient avec lui ne savaient pas exactement à qui ils avaient affaire. « Je me suis parfois demandé s'il n'était pas une façade pour le Kremlin », a dit l'un d'eux. « Personne ne serait surpris s'il en était une », a dit un autre. « Il fait toujours l'objet de spéculations pour dire qu'il est le gardien de l'argent du Kremlin, a dit un troisième. Mais comment pouviez-vous le prouver ? Il n'y a pas d'argent réel, donc il n'y a rien à gérer. C'est un effet de levier. »

Les fortunes faites sous Poutine étaient bien plus importantes que celles des années Eltsine et la façon dont les magnats ont construit leur richesse était très différente. Tout était dicté par le Kremlin. Les opportunités commerciales dépendaient de Poutine, que les magnats et leurs sous-fifres appelaient à voix basse « le papa » ou « le numéro un » en pointant vers le plafond pour le désigner. Nombreuses étaient les réunions auxquelles j'allais où on me demandait de laisser mon téléphone sur une table à l'extérieur du bureau de la personne que j'allais interviewer, tellement la peur était grande que tout soit mis sur écoute. Ils craignaient et vénéraient Poutine en même temps, dépendant de sa faveur pour obtenir des prêts auprès des banques d'État ou des contrats publics qui étaient alors les principaux moyens pour gagner de l'argent en Russie. C'était un système mafieux dans lequel les affaires se faisaient sur des « ententes » informelles comme celles qui régissaient les groupes mafieux. Quand le système entier était construit sur la corruption, les pots-de-vin et le droit d'accès, chaque participant pouvait être contrôlé. Poutine et ses hommes compromettaient tout le monde, des hommes d'affaires jusqu'aux fonctionnaires recevant des pots-de-vin. C'était une façon de garder la mainmise sur tout le monde : tous étaient pleinement conscients qu'à tout moment, s'ils sortaient du rang, ils pouvaient aller en prison. L'autorité de l'État s'était transformée en grande entreprise et chaque fonctionnaire au gouvernement était censé utiliser sa position pour gagner de l'argent, ont déclaré deux anciens proches du Kremlin.

Oleg Deripaska, un jeune magnat de la métallurgie qui avait émergé au sommet de l'industrie de l'aluminium du pays après de vicieuses batailles dans les années 1990 pour en prendre le contrôle, a été le premier à dénoncer publiquement le changement climatique. « Si l'État dit que nous devons y renoncer, nous y renoncerons, m'a-t-il en 2007 en faisant référence à son géant de l'aluminium Rusal. Je ne me sépare pas de l'État. Je n'ai pas d'autres intérêts. »

La dépendance vis-à-vis du Kremlin de Poutine s'est encore approfondie lorsque la crise financière de 2008 a frappé. La faillite de Lehman Brothers a ricoché sur le marché boursier russe, effaçant 230 milliards de dollars de sa valeur de 300 milliards de dollars rien qu'en septembre et octobre de cette année-là. Les milliardaires russes avaient beaucoup emprunté aux banques occidentales pour financer l'expansion rapide de leurs empires commerciaux. Une pratique connue sous le nom de prêt sur marge s'était généralisée, par laquelle les magnats s'engageaient à mettre en gage leurs participations dans leurs entreprises pour garantir des milliards de dollars de prêts. Maintenant que la valeur de ces actions s'effondrait, les banques étrangères réclamaient les sommes prêtées. Des participations importantes dans Rusal de Deripaska et Vimpelcom de Mikhaïl Fridman, le deuxième opérateur de téléphonie mobile du pays, risquaient d'être saisies par les banques occidentales.

Lorsque le gouvernement de Poutine est intervenu pour sauver les milliardaires du pays, il n'a pas renationalisé leurs actifs. Un jeu plus subtil se préparait. Au lieu de saisir les parts de l'État, les banques d'État telles que Sberbank, VTB et Vneshekonombank ont accordé des milliards de dollars de prêts de sauvetage aux magnats en difficulté, les laissant encore plus à la merci du régime. D'innombrables autres ont été sauvés par les banques d'État qui ont accepté de reporter des milliards de dollars de prêts que les hommes d'affaires leur devaient. « C'était une politique très prudente », a déclaré un magnat qui avait été épargné par l'un des plans de sauvetage de l'État. Poutine voulait que les gens lui soient reconnaissants. Il a sauvé de si grandes entreprises. Si le gouvernement vous accordait 2 ou 3 milliards de dollars de prêts et que vous receviez ensuite un appel du Kremlin disant s'il vous plaît, donnez 1 milliard de dollars pour un projet, vous ne pouviez pas simplement refuser. Vous deviez obtempérer. »

C'est devenu une pierre angulaire de la politique du régime de Poutine. « Poutine le voit de cette façon, a dit un magnat. Je vous ai accordé des prêts. Vous devez m'accorder votre loyauté. C'est une approche très orientale. C'est un système féodal. » Le cercle des gardiens du Kremlin s'étendait bien au-delà des alliés de Poutine à Saint-Pétersbourg.

*

Pour les banquiers occidentaux qui avaient travaillé si attentivement pour intégrer les milliardaires russes dans l'économie mondiale, la dépendance vis-à-vis du Kremlin avait toujours semblé secondaire. Ils avaient été aveuglés par le flot d'argent qui affluait dans la City de Londres en provenance de l'ex-Union soviétique et ils en dépendaient de plus en plus, notamment lorsque le système bancaire occidental s'était précipité vers la crise financière de 2008. À cette époque, un banquier occidental de haut rang m'a raconté comment lui et ses collègues commandaient des audits préalables sur les nouveaux clients qui, par commodité, s'autodétruisaient de leurs ordinateurs une fois lus, effaçant tout signal d'alarme potentiel sur ces nouveaux clients. Pour faire bonne mesure, toute une industrie s'est développée : celle des cabinets d'enquête sur les entreprises produisant des rapports d'information qui blanchissaient comme il se doit les histoires hautes en couleur des magnats russes.

Les données sur le total des entrées d'argent russe à Londres sont rares. La plus grande partie de l'argent entre dans la City par le biais de sociétés offshore implantées dans des pays comme Chypre, les îles Vierges britanniques et Panama, ou *via* les dépendances de la Couronne britannique de Jersey, Guernesey ou l'île de Man, tous connus pour dissimuler la véritable propriété à travers des couches impossibles à pénétrer. Un financier genevois m'a décrit comment la plupart des clients russes orientaient d'abord leurs fonds vers Chypre ou l'Autriche, qui avaient tous deux ratifié un traité avec la Russie qui les empêchait d'être taxés deux fois. De là, ils allaient au Royaume-Uni, puis dans une fiducie anonyme au Panama. Ce système exploitait une faille entre les systèmes fiscaux continentaux et anglo-saxons, qui éliminait presque entièrement la taxation. La plupart des liquidités qui ont afflué à Londres au cours des dix dernières années ou plus étaient d'origine inconnue. À titre d'exemple, au cours du seul second trimestre de 2009, les trois dépendances de la Couronne ont rapporté 332,5 milliards de dollars de financement net à la City de Londres. Une grande partie était considérée comme étant de l'argent étranger, avec une origine impossible à identifier. Mais les courtiers immobiliers londoniens savaient bien que leurs plus gros clients, ceux qui déversaient des millions de dollars pour les plus belles propriétés de la capitale, venaient de l'ex-Union soviétique, tandis que les avocats et les banquiers de la ville faisaient la queue pour servir les milliards de dollars aux mains des magnats russes. La provenance de cet argent, et qui le contrôlait réellement, importait peu.

On était très peu sensible au fait que les lords britanniques recevant des rémunérations mirobolantes pour siéger aux conseils d'administration d'entreprises russes n'étaient pas autorisés à superviser les activités de l'entreprise. « À Londres, l'argent gouverne tout, a dit un magnat russe. On peut acheter n'importe qui et n'importe quoi ». Les Russes sont venus à Londres pour corrompre l'élite politique britannique. « Les Russes savent très bien jouer le jeu », a dit un ancien banquier de haut rang à Londres ayant des liens avec le pouvoir du Kremlin. Ils manipulent beaucoup de monde avec l'argent. Il y a cinquante personnes ici que je pourrais nommer. Que pensez-vous que tous ces lords font dans les conseils d'administration des entreprises russes ? Ils sont payés 500 000 livres par an. »

Tandis que Londres prenait le nom de Londongrad, ou Moska-na-Thames (Moscou sur la Tamise), deux des milliardaires les plus riches de Russie, Roman Abramovitch et Alisher Usmanov, un magnat des métaux d'origine ouzbèke dont les affaires étaient toujours allées de pair avec l'État russe, se sont installés dans la ville et ont occupé des places de choix dans le top dix de la liste des personnalités les plus riches établie par le *Sunday Times*. (Les deux oligarques ont fermement démenti l'intention d'infiltrer l'élite politique anglaise.) Pour un magnat russe, le processus lui rappelait une vieille anecdote soviétique datant de plusieurs années. À l'époque, lorsque l'Union soviétique se dirigeait vers la faillite, le KGB se préparait à envoyer un agent aux États-Unis. L'agent s'était imaginé une belle couverture : il arriverait en Amérique sous les traits d'un homme riche, avec une flotte de yachts et un manoir prestigieux. Toute la haute société américaine viendrait à lui. Il avait dit à son patron du KGB à quel point ce plan serait efficace et le chef avait approuvé sans réserve. Mais lorsqu'il avait fallu demander l'approbation du département des finances du KGB, le concept avait dû être légèrement modifié. On a dit à l'agent qu'il n'y avait pas d'argent pour élaborer un tel stratagème. Au lieu de cela, il devrait se rendre aux États-Unis en tant que sans-abri et sans argent. « Telle était la situation, a dit le magnat. Et maintenant, le rêve est devenu réalité. Ils ont les grands yachts et les avions privés. Et ici, ils ont leurs grandes maisons… c'est tout un groupe qui est descendu à l'Ouest. L'infiltration du Royaume-Uni a réussi. »

12

Le combat commence

Rien de tout cela n'aurait eu d'importance si les hommes du KGB qui dirigeaient la Russie avaient cherché à utiliser la richesse du pays pour renforcer le marché et les institutions démocratiques plutôt que de préserver et de projeter leur propre pouvoir. Cela n'aurait pas été un problème si les *siloviki* autour de Poutine avaient vu l'Occident comme un partenaire possible et ne l'avaient pas graduellement considéré comme l'ennemi, déterminé à affaiblir la Russie en tant que puissance mondiale. Mais ils venaient d'un monde où la guerre froide n'avait jamais vraiment pris fin, et où la seule chose qui comptait était de restaurer la puissance géopolitique de la Russie. Ils venaient d'un monde dans lequel les factions du KGB avaient vu dans le capitalisme un outil pour se venger un jour de l'Occident, et ce dès le début de la transition de la Russie vers l'économie de marché. Un monde dans lequel Poutine croyait pouvoir acheter n'importe qui. Pour le peuple de Poutine, l'empiètement de l'Occident par le biais de l'OTAN qui se rapprochait toujours plus près des frontières de la Russie était une menace existentielle, tandis que les mouvements démocratiques qui avaient renversé les gouvernements prorusses en Ukraine et en Géorgie étaient considérés comme des révolutions financées par les États-Unis, et non comme une expression du libre arbitre du peuple.

Ces paranoïas étaient nées de l'effondrement de l'empire et enracinées dans l'amère défaite du système communiste. Le problème, c'était que ces paranoïas étaient du fait d'un groupe d'hommes du KGB qui devenaient de plus en plus impitoyables dans leur quête du pouvoir.

Poutine avait clairement défini la position lorsqu'il s'est adressé aux dirigeants mondiaux pour la première fois à la conférence annuelle de Munich sur la sécurité en février 2007. Beaucoup d'observateurs pensaient que c'était la dernière année de sa présidence. Il arriverait bientôt au terme de son second mandat, et selon la constitution, il devrait démissionner. Mais il a tout de suite commencé par un avertissement guerrier : certains pourraient ne pas aimer ce qu'il avait à dire. Pendant les vingt minutes qui ont suivi, il s'est insurgé contre l'ordre mondial de l'après-guerre froide, où les États-Unis dominaient en tant que seule superpuissance : « Les États-Unis ont outrepassé leurs frontières dans tous les domaines. Ils imposent leur volonté aux autres États dans les domaines de l'économie, de la politique et de l'humanitaire, a-t-il déclaré. Et qui est d'accord avec ça ? Qui ? »

Il a attaqué l'expansion de l'OTAN dans les pays de l'ancien pacte de Varsovie. L'Occident, a-t-il dit, a bafoué les garanties qu'il avait accordées à l'Union soviétique après la chute du Mur de Berlin. Il a surtout condamné les projets américains de construction d'un bouclier antimissile en Pologne et en République tchèque. Les États-Unis avaient affirmé que c'était nécessaire pour protéger l'Europe contre les missiles de l'Iran et de la Corée du Nord, mais la Russie a longtemps considéré que le bouclier ne pouvait viser qu'à affaiblir la capacité de frappe nucléaire de la Russie. Ni la Corée du Nord ni l'Iran n'avaient la capacité d'atteindre l'Europe, croyait la Russie, et même si la Corée du Nord essayait de lancer des missiles visant les États-Unis, elle ne les ferait pas passer par l'Europe. « C'est clairement contre les lois de la balistique », a dit Poutine. La construction d'un bouclier antimissile aux frontières de la Russie, a-t-il menacé, n'allait conduire qu'à une nouvelle course à l'armement.

La tirade de Poutine s'est terminée par un avertissement à l'intention de l'Occident. La guerre froide a laissé derrière elle un champ de mines qui n'avait pas encore été nettoyé, a-t-il dit. Les stéréotypes idéologiques, la propension à faire deux poids-deux mesures, les modèles de « pensée en bloc » n'avaient pas disparu alors que le monde unipolaire dans lequel les États-Unis dominaient tout était voué à l'échec : « C'est un monde d'un seul maître, d'un seul souverain. Le désastre est imminent, pas seulement pour tous ceux qui font partie de ce système, mais aussi pour le souverain lui-même, parce que cela le détruira de l'intérieur. » Le monde, a-t-il noté tranquillement, changeait rapidement. Les pays dits BRIC – les marchés émergents du Brésil, de la Russie, de l'Inde et de la Chine – grandissaient rapidement et défiaient les économies du monde développé.

Mais à cette époque, l'Occident avait d'autres problèmes. Il se débattait encore avec les séquelles des attaques terroristes du 11 septembre et ses incursions militaires en Irak et en Afghanistan. La menace du terrorisme planait toujours. La dernière chose qu'il voulait entendre, c'était une Russie arriviste revendiquant une place au sommet de l'architecture de la sécurité mondiale. La ferme conviction qui prévalait, c'était que ces jours-là étaient révolus depuis longtemps et que la Russie n'était plus une puissance mondiale. Cette attitude a été résumée succinctement par le secrétaire américain à la Défense de l'époque, Robert Gates. En entendant le discours de Poutine, celui-ci a soupiré : « Une guerre froide suffisait amplement. »

En vérité, à la fin de cette année-là, l'Occident a placé ses espoirs dans l'homme que Poutine avait désigné pour le remplacer à la présidence : Dmitri Medvedev, le petit avocat à la voix douce qui était son adjoint depuis l'époque de Saint-Pétersbourg. Avec ses cheveux noirs légèrement bouclés, son air guindé et crispé, Medvedev était un libéral autoproclamé. Natif de la banlieue de Leningrad, c'était un garçon qui aimait les livres et qui faisait la queue pour obtenir des livres de littérature classique et des enregistrements clandestins de musique rock occidentale. Medvedev, quarante et un ans, avait lancé sa candidature présidentielle en déclarant que « la liberté vaut mieux que l'absence de liberté » et s'était engagé à réduire le rôle de l'État dans l'économie. L'Occident misait sur l'espoir qu'avec sa présidence, la Russie reviendrait sur la voie d'une économie de marché normale et que la poursuite de l'intégration du pays dans le système mondial contribuerait à stimuler le développement d'une classe moyenne politiquement active. La nomination de Medvedev était considérée comme un signe encourageant de l'ascension de l'aile la plus libérale de l'administration de Poutine et que les pires excès des *siloviki* – y compris la prise de contrôle du système judiciaire et la répression croissante de l'opposition politique – seraient limités. La Russie, espérait-on, suivrait les mêmes règles que les autres pays. Peu après l'arrivée au pouvoir de l'administration Obama en janvier 2009, les États-Unis ont annoncé une « remise à zéro » des relations, même après le conflit militaire entre la Russie et son ancien voisin soviétique tourné vers l'Occident, la Géorgie, en août 2008.

Au début de ce mois, les combats entre l'armée géorgienne et les séparatistes dans la république dissidente d'Ossétie du Sud – qui déployait des armes lourdes russes – s'étaient transformés en une guerre de cinq jours. Des chars géorgiens ont bombardé les séparatistes, qui attaquaient des villages géorgiens. Ils sont ensuite entrés dans la capitale régionale, Tskhinvali, où des dizaines, peut-être même des centaines de civils ont perdu la vie. Et lorsque les combats sont devenus incontrôlables, la Russie et la Géorgie se sont mutuellement accusées. Les avions russes ont bombardé les positions des troupes géorgiennes tandis que des chars russes pénétraient en territoire géorgien. Le Président géorgien, Mikheil Saakachvili, a soutenu qu'il avait ordonné l'assaut sur Tskhinvali seulement après avoir appris que les forces russes avaient envahi le tunnel de Roki depuis la Russie vers le nord. De son côté, la Russie affirmait que ses troupes n'étaient entrées qu'après le début de l'attaque géorgienne. La vérité semblait altérée par le brouillard de la guerre. Mais plusieurs experts militaires indépendants pensaient que la Russie avait depuis longtemps tendu un piège à Saakachvili, intensifiant délibérément l'action militaire des séparatistes et planifiant l'incursion bien à l'avance. L'impasse a conduit à l'arrachement d'une grande partie du territoire de la Géorgie et mis fin à tout espoir d'adhésion à l'OTAN, les pourparlers sur l'adhésion ayant eu lieu plus tôt cette année-là. La Russie a unilatéralement reconnu l'indépendance de l'Ossétie du Sud, en faisant d'elle une zone de « conflit gelé ». Pour nombre d'observateurs, la réponse agressive de la Russie n'était rien de plus que l'expression de sa motivation à contrôler les territoires frontaliers. « La Russie revendique un tout nouveau rôle et cela aura des répercussions partout, a dit Dmitri Trenin, alors analyste politique au centre Carnegie de Moscou. La Russie commencera à affronter plus activement les

États-Unis dans le monde entier. Cette attitude n'était pas de mise il y a un mois – nous sommes dans un environnement différent maintenant. La Russie veut affirmer son hégémonie régionale. »

Malgré ces agressions, la nouvelle administration américaine de Barack Obama a fait savoir qu'elle souhaitait entamer les relations avec la Russie en faisant table rase du passé. Il fallait en finir avec les chamailleries ; l'accent serait plutôt mis sur l'engagement, la coopération et le partenariat. Medvedev y avait joué un rôle, saluant l'élection d'Obama comme créant une « très bonne chance » d'établir de « bonnes relations de coopération », et signalant la volonté de la Russie de s'intégrer davantage dans le système financier mondial, ébauchant un plan de réforme des marchés financiers internationaux : « La Russie est prête à s'engager dans des efforts en pleine coopération avec les États membres de l'Union européenne et d'autres partenaires et souhaite participer à la création d'une nouvelle architecture financière mondiale. » L'un des grands thèmes de sa présidence était la volonté de transformer Moscou en un « centre financier international ». Il a proposé de mettre un frein aux projets d'installation de missiles de croisière dans l'enclave russe de Kaliningrad, coincée entre la Pologne et la Lituanie, en réponse au système de défense antimissile américain. Pour les meilleurs stratèges de la politique étrangère américaine comme Strobe Talbott, le sous-secrétaire d'État de l'ère Clinton, le consensus était que la crise financière mondiale avait affaibli la Russie, ce qui n'en faisait plus un danger en tant que « superpuissance pétrolière ». Talbot croyait également en un avenir dans lequel l'intégration plus poussée de la Russie dans le système mondial signifiait qu'elle suivrait « l'ordre international fondé sur des règles ».

Cela a donné lieu à des échanges plus que cordiaux entre Medvedev et Obama, qui a fait l'éloge du Président en le présentant comme « une personne réfléchie et tournée vers l'avenir ». Des discussions ont été lancées sur un ralentissement des plans de défense antimissile des États-Unis en échange d'une aide russe pour stopper la capacité de l'Iran à construire des missiles à longue portée. « Des accords communs » ont été conclus sur la réduction des arsenaux nucléaires des deux pays et des accords ont été signés pour renforcer la coopération en Afghanistan. Lors de la première visite d'Obama à Moscou en 2009, lui et Medvedev ont semblé établir une relation. Et lorsque Medvedev s'est rendu aux États-Unis pour une visite réciproque l'année suivante, l'accent a été mis sur l'approfondissement des liens commerciaux. Il a cherché à se présenter comme quelqu'un qui incarne la modernité, un tout nouveau Président russe qui tweete sur son iPad. Il a tenu à visiter la Silicon Valley, exprimant l'espoir d'une coopération qui contribuerait aux efforts de la Russie en matière de développement de haute technologie. La cordialité a continué d'être de mise. Obama et Medvedev se sont rendus dans le restaurant de hamburgers préféré du Président américain. Les États-Unis investissaient massivement dans Medvedev, dans l'espoir qu'il mènerait à l'intégration de la Russie.

Mais après s'être retiré de la présidence, Poutine a pris la place de Medvedev au poste de Premier ministre, et dans les coulisses, c'est lui qui menait la danse. Medvedev a pris peu de décisions en toute indépendance et ses réformes pour tenter de réduire le rôle de l'État dans l'économie n'étaient guère plus qu'une façade. À bien des égards, il n'était rien de plus qu'une énigme. Poutine l'avait choisi comme successeur précisément parce que, de tout son entourage, il était le moins susceptible d'acquérir la stature nécessaire pour le défier. Dès le début, Poutine avait eu pour plan de revenir en tant que Président après la fin du mandat de Medvedev. « Vous devez comprendre que tout ce qui se passait avec Medvedev, c'était pour lui un moyen de trouver comment organiser son retour », a dit Sergueï Kolesnikov, l'ancien physicien qui avait été l'un des financiers du régime de Poutine liés à la banque Rossia. L'une des premières actions de Medvedev en tant que Président a été de prolonger le mandat de celui qui lui succéderait de quatre à six ans, comme pour préparer le retour de Poutine.

Au lieu d'apaiser le climat politique, les tentatives des États-Unis pour encourager Medvedev n'ont fait qu'accroître la méfiance de Poutine à l'égard de l'Occident. Cela entraînerait plus tard une répression beaucoup plus forte de la dissidence. En septembre 2011, lorsque Poutine a annoncé qu'il allait finalement se représenter à l'élection présidentielle, les espoirs de l'Occident pour sa politique ont reçu un coup presque fatal. L'expérience Medvedev semblait terminée – si elle avait jamais commencé.

Pourtant, pendant un moment cet hiver-là, il a semblé que la Russie pouvait faire face à un tournant tandis que les espoirs portant sur l'impact qu'aurait pu avoir la présidence de Medvedev ont été brièvement ravivés. Lorsque Poutine a annoncé qu'il revenait à la présidence, pour la première fois depuis son accession au pouvoir, il a fait face à un véritable rejet politique. Les signes annonciateurs d'un changement d'humeur à son égard sont apparus peu après son annonce. Alors qu'il montait sur le ring pour féliciter le vainqueur d'un match de catch télévisé, il s'est fait huer par la foule. Les sifflets et les railleries étaient les premiers qu'il avait connus en près de douze ans – huit comme Président et près de quatre comme Premier ministre – au pouvoir. Bien que le combat ait été diffusé en direct, les réalisateurs de la chaîne de télévision publique avaient pu mettre en sourdine le bruit des huées. Mais six semaines plus tard, le 10 décembre 2011, quand des dizaines de milliers de manifestants portant des pancartes appelant à « la Russie sans Poutine » se sont dirigés vers une petite île sur la rivière Moskova pour exiger la fin de son régime, leurs cris ont été beaucoup plus difficiles à éliminer.

La manifestation de ce jour-là a été la plus importante depuis la chute de l'Union soviétique. Alors que la neige tombait sur la place Bolotnaya, les manifestants, criant des slogans tels que « Poutine est un voleur ! » et « Le voleur devrait être en prison ! » n'étaient distants des murs rouges du Kremlin qu'à une distance équivalent à la largeur du fleuve. La cause la plus immédiate de la manifestation était la fraude électorale généralisée qui avait été découverte lors des élections parlementaires la semaine précédente. Des membres de plus en plus actifs de la société civile moscovite avaient pris le Kremlin en flagrant délit, bourrant les urnes et falsifiant les résultats en faveur du parti Russie Unie. Le parti était alors largement dédaigné et considéré comme une masse de bureaucrates insipides dont la loyauté envers l'État de Poutine n'était motivée que par la corruption et un désir d'avancement personnel. Mais derrière les cris d'exaspération sur le scrutin, se cachait un mécontentement beaucoup plus profond, partagé par ceux qui s'étaient moqués de Poutine lors du match de catch. Les gens se sentaient trompés par le retour de Poutine au pouvoir. Bien que la plupart aient reconnu Medvedev comme faisant partie de son clan, quatre ans de son discours plus libéral avaient vraiment suscité l'espoir d'un dégel politique, en particulier parmi l'élite urbaine de Moscou. Ils se sentaient bafoués. Poutine avait tenu toute la nation en haleine sur la question de savoir si Medvedev pouvait rester pour un second mandat ou bien s'il allait revenir lui-même. Mais lorsqu'il a annoncé sa décision lors d'un congrès du parti Russie Unie en septembre, il a indiqué que lui et Medvedev l'avaient décidé entre eux des années auparavant. C'était comme si Poutine était sorti et leur avait dit que tout ce qu'ils avaient entendu pendant quatre ans n'était qu'un subterfuge, un vol. Sa décision « a vraiment, vraiment humilié le pays », a dit Yevgenia Albats, éditeur pour *The New York Times*, l'un des rares magazines indépendants critiques à l'égard du Kremlin.

Les banquiers et les hommes d'affaires ont rejoint les retraités et les adolescents pour partager leur indignation et leur déception, tandis que les anarchistes de gauche se mêlaient aux libéraux et aux ultranationalistes. Alors que les manifestations se poursuivaient au plus profond de l'hiver moscovite, l'opposition russe a finalement trouvé un leader charismatique qui les a unis pour la première fois depuis que Boris Eltsine s'était dressé contre le système soviétique : Alexeï Navalny, un ancien avocat de trente-cinq ans, sympathique et un peu dégingandé qui cherchait depuis longtemps une entrée en politique. Il avait acquis une grande popularité sur Internet en tant que blogueur anticorruption pendant la présidence de Medvedev et beaucoup pensaient qu'il partageait plus qu'une ressemblance passagère avec Eltsine dans ses plus jeunes années. Il avait été l'une des rares voix courageuses à dénoncer les plus grandes entreprises d'État du pays pour les montages de contrats et les pots-de-vin. Mais pendant les manifestations de cet hiver-là, il a incarné la présence électrisante d'une rock star en criant : « Qui représente le pouvoir ici ? Nous représentons le pouvoir ici ! », des mots que la foule lui hurlait en retour. Il a prononcé des discours passionnés pour dénoncer la corruption du régime de Poutine, qu'il a surnommé le règne des « escrocs et des voleurs ». Alors que les manifestations se poursuivaient après le Nouvel An et pendant la campagne des élections présidentielles en mars, on a même commencé à parler d'une bataille entre les forces les plus libérales et les plus dures du Kremlin. Pour certains des membres les plus progressistes des grandes entreprises russes, la nouvelle du retour de Poutine avait été ressentie comme un coup dur. « C'est comme si l'un de vos proches était en phase terminale, a dit l'un d'eux. Lorsqu'il décède, vous savez que cela allait arriver, mais cela ne vous empêche pas de pleurer. »

Mais si pendant un temps, l'ambiance frénétique de cet hiver a donné l'impression qu'un espoir de printemps politique était possible, les manifestants n'avaient en réalité aucune chance. Ils constituaient une petite minorité urbaine, tandis que les hommes du KGB de Poutine contrôlaient l'ensemble des forces de l'ordre. Poutine avait fait appel au cœur de la Russie, à la soi-disant « majorité silencieuse » du pays, les cols bleus qui privilégiaient la stabilité par-dessus tout et louaient encore Poutine pour avoir mis fin au chaos qui avait entaché les années Eltsine. Et Poutine, plus que tout autre, ne pouvait pas croire que la vague de protestations était une manifestation sincère de la frustration et de la déception envers toutes les promesses de Medvedev pour une plus grande ouverture qui s'étaient avérées n'être qu'une mascarade. Pour lui, il s'agissait de la main du département d'État américain. Sinon, pensait-il, comment aurait-il été possible que des foules de près de 100 000 personnes aient défilé en signe de protestation ? Pour Poutine, les États-Unis avaient déjà pensé à attiser les soulèvements en Ukraine et en Géorgie, et ils s'immisçaient désormais en Russie.

« Nous ne permettrons à personne de s'immiscer dans nos affaires intérieures ! » a-t-il déclaré dans un stade bondé pour un rassemblement organisé dans le cadre de l'élection présidentielle en février. « Nous ne permettrons à personne de nous imposer sa volonté, parce que nous avons notre propre volonté. Nous sommes un peuple victorieux ! C'est inscrit dans notre code génétique. Cela se transmet de génération en génération, et nous aurons la victoire ! »

Un message qui a trouvé écho auprès de la majorité de la population, encore blessée par l'effondrement de l'empire soviétique et tout aussi méfiante à l'égard de l'Occident. Ce sentiment a aidé Poutine à être réélu avec 64 % des voix. Mais le soir des élections, lorsqu'il est monté sur scène pour déclarer la victoire aux partisans massés devant le Kremlin, Poutine n'a pas pu s'empêcher de verser quelques larmes. Même si les aides de camp ont affirmé que ce n'était dû qu'au vent, c'était comme s'il était hanté par le spectre du printemps arabe qui avait renversé les régimes autoritaires à travers le Moyen-Orient en 2010 et 2011. Le Kremlin avait été aussi convaincu de la main des États-Unis dans le parrainage de ces mouvements pro-démocratiques que de leur présence dans les manifestations de Moscou. (Cela n'avait probablement pas aidé que John McCain, le sénateur républicain et critique acharné de Poutine l'ait raillé cet hiver-là dans un tweet : « Cher Vlad, le printemps arabe arrive dans un quartier près de chez vous. ») Il semblait pris dans l'émotion de sa propre bataille autoproclamée pour réaffirmer la position mondiale de la Russie, comme s'il croyait vraiment qu'il avait réussi à déjouer un complot américain.

À partir du moment où Poutine est redevenu Président, une répression politique a commencé, soulignant l'impuissance de l'élite libérale russe. D'abord, en juin, à la veille de l'investiture de Poutine, des dizaines de participants à une manifestation qui a tourné à la violence ont été arrêtés, emprisonnés et accusés d'avoir participé à des émeutes de masse et attaqué la police. Ensuite, les domiciles des dirigeants de l'opposition, dont Navalny, ont été perquisitionnés, tandis qu'un mois plus tard, ce dernier était accusé de détournement de fonds à grande échelle passible d'une peine pouvant aller jusqu'à dix ans d'emprisonnement. Une nouvelle loi imposait des restrictions importantes à toute organisation non gouvernementale recevant un financement étranger. L'impact était effrayant. Au lieu d'un relâchement du contrôle du système politique dans le cadre du dégel promis par Medvedev, les hommes du KGB de Poutine avaient maintenu – et renforcé – leur emprise sur le pouvoir. Ils contrôlaient toujours le système judiciaire et l'ensemble des forces de l'ordre. Ils pouvaient emprisonner quiconque croisait leur chemin. Même s'ils l'avaient voulu, les magnats russes de l'ère Eltsine n'ont pas pu résister à la nouvelle trajectoire du pays. Ils étaient trop profondément investis. « Ils dépendent tous du numéro un, a dit un proche de l'un d'eux. La Russie est le seul endroit où ils gagnent de l'argent. Donc, ils dépendent tous de l'approbation de Poutine. » L'un de ces milliardaires a même déclaré, « Comment pouvons-nous travailler contre eux alors qu'ils ont tout le pouvoir ? »

En lieu et place de la libéralisation tant vantée par Medvedev, son règne de quatre ans a accouché d'un système dans lequel l'emprise de l'État sur l'économie était plus forte qu'auparavant. Certes, les aides de l'État avaient sauvé les magnats des créanciers occidentaux après la crise financière de 2008, mais il ne faut pas oublier que sous la présidence de Medvedev, des milliards de dollars du gouvernement avaient été versés dans des projets phares de l'État au nom de la modernisation de l'économie. Il y a d'abord eu Rosnano, une société créée en tant qu'incubateur pour le développement des nanotechnologies, un domaine identifié comme crucial par les hommes de Poutine pour concurrencer les avancées occidentales en matière de technologie militaire et d'intelligence artificielle. Il y a eu Skolkovo, un centre de haute technologie créé par Medvedev en 2010 destiné à stimuler le développement des startups technologiques. Les deux entreprises se sont transformées en énormes trous noirs pour l'argent du gouvernement, avec peu de contrôle ou de transparence sur la façon dont il était dépensé. Lorsque Rosnano a investi plus d'un milliard de dollars dans des entreprises technologiques américaines et que Skolkovo a approfondi sa coopération dans la Silicon Valley et avec le Massachusetts Institute of Technology, les forces de l'ordre américaines ont commencé à craindre que la Russie ne revienne aux anciennes méthodes de la guerre froide. Le FBI a averti les responsables technologiques de Boston qu'en réalité, les projets de l'État russe étaient des façades sophistiquées visant à accéder à la technologie américaine à double-usage et militaire.

Le rapprochement avec les États-Unis sous la présidence de Medvedev, et l'afflux constant d'investissements occidentaux qui en a découlé, avaient seulement aidé à soutenir l'emprise des hommes du KGB sur le pouvoir. « L'Occident était très naïf », a dit Lilia Shevtsova, une analyste politique à Chatham House. Selon elle, l'aide apportée par le régime Obama était comme un « Viagra » financier et technologique pour le système existant de Poutine. La flambée des prix du pétrole avait apporté un soutien supplémentaire. Au moment où Poutine revenait à la présidence, ils avaient grimpé à près de 100 dollars le baril, presque trois fois les 35 dollars qui avaient accompagné l'effondrement financier de 2008. Les réserves en devises fortes de la Russie sont revenues à plus de 500 milliards de dollars, soit la quatrième réserve mondiale.

Le système féodal dans lequel la richesse dépendait des faveurs du Kremlin n'avait fait que s'approfondir. Malgré tous les discours de Medvedev sur la répression de la corruption, deux banquiers occidentaux de haut niveau affirmaient que plusieurs milliardaires lui servaient de façade, tandis qu'au moins un magnat avait conçu un accord avec l'approbation du Kremlin pour s'assurer que Medvedev obtiendrait une part. Medvedev avait précédemment rejeté des allégations de corruption. Alors même qu'il prêchait la réduction du rôle de l'État dans l'économie, la richesse détenue par les plus proches alliés commerciaux de Poutine a brusquement augmenté.

*

Tandis que la fortune des acolytes du KGB de Poutine augmentait, des hommes comme Sergueï Pougatchev étaient sur la touche. Pougatchev était devenu un anachronisme, un symbole d'une autre époque, des années Eltsine et du passage à Poutine lorsque les affaires étaient beaucoup plus libres. À la suite de l'attaque de Khodorkovski, Pougatchev avait progressivement été mis à l'écart. « Après cette prise de pouvoir par le KGB, je ne pouvais plus influencer les choses, a-t-il dit. Ça a eu l'effet d'un tsunami. » Au cours du second mandat de Poutine, il a quitté son bureau au Kremlin. Il ne semblait plus en avoir besoin et cela semblait trop voyant. Il était resté proche de Poutine dans une certaine mesure, l'aidant à organiser des vacances pour lui et le Prince Albert de Monaco au cours de l'été 2007 dans la région sauvage de Tuva, en Sibérie, proche de la frontière avec la Mongolie que Pougatchev représentait en tant que sénateur. Là, entourés par la splendeur des montagnes sibériennes, les deux hommes avaient pêché dans le fleuve Yenesei et Poutine, dans toute sa gloire, avait d'abord posé torse nu, se présentant comme un héros macho vêtu seulement d'un pantalon vert kaki et brandissant une canne à pêche.

Mais Pougatchev avait été incapable de se prosterner devant Poutine comme les béni-oui-oui autour de lui. Toujours irrévérencieux, il lui avait souvent dit ce qu'il pensait. Il y avait toujours eu des frictions entre eux, comme si Poutine n'aimait pas savoir qu'il avait une dette envers Pougatchev pour l'avoir aidé à arriver au pouvoir. Et peu à peu, la friction s'est accrue. Avant même la crise financière et l'arrivée de Medvedev en tant que successeur de Poutine à la présidence, les nuages s'étaient accumulés sur l'empire commercial de Pougatchev, qui couvrait les deux plus grands chantiers navals du pays à Saint-Pétersbourg, un vaste gisement de charbon à coke en Sibérie et de la promotion immobilière.

Pougatchev avait démissionné de son poste de président de Mezhprombank peu après l'arrivée de Poutine à la présidence en 2001, cédant sa propriété à une fiducie néo-zélandaise. Mais malgré son irrévérence personnelle envers Poutine, il avait financé tout ce qu'il lui demandait. Il était encore connu comme le banquier du Kremlin.

Au cours de la première année de la présidence de Medvedev, Poutine lui a demandé de financer la montée en puissance d'un autre magnat, considéré comme plus fidèle et plus proche de Poutine. Alors que la Russie se dirigeait vers la crise financière mondiale en 2008, les magnats ayant accès à l'information devenaient plus difficiles à trouver. Mais Pougatchev était toujours parmi eux. Au cours de l'été 2008, il a reçu un appel de Poutine lui demandant de contracter 500 millions de dollars de prêts pour aider son ami Arkadi Rotenberg. « Il m'a dit : "Ce n'est qu'un prêt. Il te sera remboursé dans six mois" », a dit Pougatchev. Il a souvent rencontré Rotenberg cette année-là. Il avait grandi avec Poutine en se bagarrant dans les rues de Leningrad et s'était ensuite entraîné avec lui dans la même salle de judo. Bien que les intérêts de Rotenberg pour les affaires se soient accrus après l'arrivée de Poutine à la présidence, et qu'il ait fondé la banque SMP à Saint-Pétersbourg avec son frère Boris, il n'était pas très connu. Mais Pougatchev l'a aidé à étendre le rôle de sa banque en tant qu'autre financier du régime de Poutine, alors que Rotenberg était en lice pour un accord qui lui permettrait d'obtenir des milliards de dollars en contrats d'État. Ce printemps-là, Rotenberg a acquis une série d'entreprises de construction de Gazprom. Quelques semaines plus tard, Gazprom a attribué à la société holding que Rotenberg avait créée, Stroigazmontazh, un contrat de plusieurs milliards de dollars pour la construction de la partie russe d'un nouveau gazoduc stratégique majeur sous la mer Baltique jusqu'en Allemagne. L'été arriva et Rotenberg n'avait toujours pas réussi à trouver l'argent nécessaire pour payer Gazprom pour les entreprises de construction. C'est alors que Poutine a appelé Pougatchev qui avait dit être prêt à aider. Mais l'intérêt direct de Poutine dans cette affaire a permis à Pougatchev de comprendre qui était réellement derrière les affaires de construction de Rotenberg. « Poutine voulait faire venir Rotenberg parce qu'il pouvait vraiment le contrôler, a dit Pougatchev. Il était totalement acquis à sa cause. » Contrairement aux autres alliés commerciaux de Poutine à Saint-Pétersbourg, « Rotenberg n'avait pas de réelles affaires avant cela ». L'accord transforma Rotenberg en milliardaire. Rotenberg a nié que l'augmentation de sa fortune ait quoi que ce soit à voir avec son amitié avec Poutine. Mais il rejoignit vite les rangs de Timtchenko, Setchine et Kovaltchouk pour être l'un des proches alliés de Poutine qui prenait le contrôle de pans de plus en plus importants de l'économie russe.

Ce fut le dernier service que Pougatchev rendit à Poutine avant d'être soudainement jeté dehors. Lorsque la crise financière a déchiré le système bancaire russe quelques mois seulement après avoir prêté l'argent à Rotenberg, la Mezhprombank qu'il avait cofondée (mais dont il prétendait ne plus être un propriétaire direct) s'est retrouvée comme beaucoup d'autres banques russes profondément dans le rouge. Mais par rapport à d'autres banques surendettées, la banque centrale était moins encline à reconduire ou à restructurer les prêts de sauvetage qui lui avaient été accordés à titre de soutien vital. Au début, elle était intervenue rapidement, comme elle l'avait fait dans l'ensemble bancaire russe touché par la crise, fournissant 2,1 milliards de dollars de prêts de renflouement pour maintenir Mezhprombank à flot. Mais à l'été 2010, alors que Mezhprombank n'avait toujours pas remboursé le soutien de la banque centrale, l'encours de la dette est devenu un mécanisme par lequel le gouvernement de Poutine a cherché à prendre le contrôle des deux chantiers navals de Pougatchev, Northern Shipyard et Baltisky Zavod.

Malgré l'enthousiasme de Medvedev à propos de la réduction du rôle de l'État dans l'économie, Poutine voulait créer une entreprise d'État de construction navale qui serait présidée par Igor Setchine, le proche allié du KGB qui avait organisé l'attaque de l'État contre Yukos. Les chantiers navals de Pougatchev, situés en face du quai du port maritime de Saint-Pétersbourg, devaient constituer des atouts cruciaux. Northern Shipyard et Baltisky Zavod étaient les plus grands chantiers navals militaires de Russie et les producteurs des frégates militaires et des navires de classe corvette de la marine russe. Pougatchev avait beaucoup investi dans la modernisation de la production et les chantiers navals étaient les principaux candidats pour remporter un contrat novateur entre la Russie et le ministère français de la Défense portant sur la construction de deux des navires de guerre français de la classe Mistral pour la marine russe. Lorsque Poutine a visité les chantiers pour la première fois, pour le lancement du premier brise-glace nucléaire russe, le *Fifty Years of Victory*, il n'en croyait pas ses yeux. « Je me souviens de son étonnement, a dit Pougatchev. Il y avait une piscine, des jardins, une orangerie à bord. C'était un brise-glace qui valait plus d'un milliard de dollars. Mais pour lui, c'était incompréhensible. À son avis, un propriétaire privé peut faire des petits pains, mais il ne peut pas faire des brise-glaces et des navires militaires. » C'était comme si Poutine avait compris pour la première fois ce que faisait Pougatchev. « Cela ne plaisait pas à Poutine que je possède un constructeur naval militaire. Selon lui, je ne pouvais pas en posséder un. C'est un Soviétique, un tchékiste. Je pense que c'est à ce moment qu'il a décidé de me le prendre. »

Lorsque Poutine a appelé Pougatchev pour lui proposer une réunion en novembre 2009 pour lui annoncer que le gouvernement allait créer une société de transport maritime d'État, Pougatchev a immédiatement compris que les affaires de son chantier naval se développaient. « Poutine m'a dit que Setchine devait la présider. Il m'a dit : “Écoute, tu auras de gros problèmes avec lui. Tu ne veux pas vendre ?” » Mais à cette époque-là, Pougatchev croyait pouvoir parvenir à un accord. Les chantiers navals avaient beaucoup de valeur. Ils avaient des dizaines de milliards de dollars de contrats gouvernementaux. Il a demandé 10 milliards. Mais après quelques négociations, le ministre des Finances Alexei Kudrin lui a dit que le gouvernement pouvait payer 5 milliards de dollars, pas plus. Pougatchev a accepté.

Mais à un moment donné, a-t-il dit, Setchine a décidé qu'il voulait prendre les chantiers navals pour une fraction de leur valeur. Cela s'est passé au cours de l'année qui a suivi la crise et la nouvelle entreprise publique de transport nouvellement créée n'avait pas d'argent. Même si Pougatchev a affirmé qu'il n'avait plus rien à voir avec la gestion de Mezhprombank, il déclara qu'il avait accepté de céder ses parts dans les chantiers navals en garantie des 2,1 milliards de dollars de prêts de renflouement de la banque centrale. Les commissaires aux comptes indépendants BDO les avaient évalués à 3,5 milliards de dollars alors que la banque d'investissement japonaise Nomura les avait mis entre 2,2 milliards de dollars et 4,2 milliards de dollars. Leur vente aurait dû rapporter plus qu'assez pour couvrir la dette.

Mais au lieu de poursuivre les préparatifs de la vente, en octobre 2010 la banque centrale a tout à coup révoqué la licence de Mezhprombank après qu'elle a manqué un paiement d'intérêt. Elle a ensuite intenté une action en justice pour saisir les participations du chantier naval, déclenchant une série d'événements qui ont conduit à leur vente forcée en 2012. La procédure a suivi le même chemin que les ventes forcées de Yukos. Un tribunal de Moscou a accepté à huis clos la vente de Northern et Baltisky pour une fraction de leur valeur. Elles sont allées à la United Shipbuilding Corporation de Setchine contrôlée par l'État pour 415 millions de dollars et seulement 7,5 millions de dollars respectivement.

Au lieu de lever suffisamment de fonds pour rembourser les dettes de Mezhprombank, l'État avait acquis les chantiers navals de Pougatchev pour une fraction infime de leur valeur. Encore une fois, le système judiciaire avait été étroitement contrôlé pour acquérir des actifs stratégiques pour les hommes de Poutine. « Lorsqu'ils ont retiré la licence de Mezhprompbank, mes affaires étaient clairement visées et dès lors, tout était possible », a dit Pougatchev. Comme si la saison de la chasse avait été déclarée ouverte à son encontre, Pougatchev s'est bientôt retrouvé confronté à l'expropriation du reste de ses biens. Son projet immobilier au 5 Red Square, l'un des sites les plus prestigieux de Moscou, dont Poutine lui avait confié les droits de développement des années auparavant, a simplement été transféré au département des Biens du Kremlin sans aucune compensation. Puis les adversaires se sont tournés vers EPK, l'entreprise de charbon à coke qu'il avait créée. Pougatchev croyait avoir trouvé un accord pour la vendre à un consortium dirigé par Ruslan Baisarov, un proche allié du Président tchétchène pour 4 milliards de dollars (les repreneurs avaient même annoncé l'accord dans la presse russe). Après avoir vendu la première tranche de l'entreprise pour 150 millions de dollars, le gouvernement russe a retiré à EPK sa licence d'exploitation du vaste gisement de charbon à coke d'Elegestskoye et l'a accordée à une nouvelle société appartenant à Baisarov.

Alors même que Medvedev prêchait la nécessité de réduire l'emprise de l'État sur l'économie et appelait les forces de l'ordre à mettre un terme aux affaires « cauchemardesques », Poutine et Setchine avaient lancé une attaque minutieusement coordonnée. C'était un exemple de la sophistication des prises de contrôle de l'État par Poutine. Au lieu de lever suffisamment de fonds pour rembourser la dette de Mezhprombank envers la banque centrale grâce à la vente des chantiers navals, Pougatchev a été accusé de l'effondrement de la banque. Bientôt, il a fait l'objet d'une enquête criminelle alléguant qu'il avait causé la faillite de Mezhprombank lorsqu'il avait transféré 700 millions de dollars de ses propres fonds depuis un compte qu'il détenait à la banque vers un compte suisse au plus fort de la crise en 2008.

L'homme qui avait manœuvré pour amener Poutine au Kremlin était devenu inutile. Pougatchev ne correspondait plus aux objectifs du régime ; il n'était plus jugé suffisamment loyal. Le KGB avait écouté et observé sa rencontre avec Ioumachev, Pyotr Aven, le ministre des Finances Alexei Kudrin et les dirigeants des plus grandes banques d'État russes dans la salle à manger de son bureau à Moscou. Il avait entendu son ton irrévérencieux lorsqu'il parlait de Poutine et du fonctionnement du système. « Il a été victime de son propre discours », a dit un autre magnat. Surtout, les partisans de la ligne dure du KGB avaient désapprouvé les efforts de Pougatchev pour obtenir la citoyenneté française, là où il possédait une villa depuis le début des années 1990 et où il s'est enfui plus tard.

*

Lorsque nous nous sommes rencontrés, nous étions déjà en septembre 2014. La rencontre a eu lieu dans le bureau de Pougatchev à Knightsbridge, le quartier riche de Londres qui était devenu un terrain de jeu pour les riches de la Russie. Non loin, le Mandarin Oriental, un hôtel somptueux. Deux ans plus tôt, Igor Setchine, alors réputé comme étant l'homme fort du Kremlin, avait prononcé son premier discours devant des investisseurs mondiaux à la veille de la dernière incursion de Rosneft dans ce qui restait du secteur pétrolier privé russe. De l'autre côté de la rue, le verdoyant Lowndes Square, où Roman Abramovitch avait acheté deux manoirs en stuc à l'angle des deux magasins les plus chics de Londres, Harrods et Harvey Nichols. Un peu plus loin sur Eaton Square, la résidence d'une valeur de 25 millions de dollars d'Oleg Deripaska, le magnat des métaux qui avait épousé la fille du gendre d'Eltsine, Valentin Ioumachev, et qui avait ensuite publiquement assuré sa loyauté à l'État de Poutine. Pougatchev a déclaré qu'il aurait aimé ne jamais avoir loué un bureau là-bas. « C'est écœurant », disait-il. La concentration d'argent russe dans le kilomètre carré qui l'entourait était un rappel amer de la profondeur de l'influence russe sur l'élite londonienne.

À ce moment-là, Pougatchev luttait contre une ordonnance de gel de ses avoirs émise par la Haute Cour de Londres alors que le Kremlin élargissait sa campagne juridique contre lui. Il ne semblait pas important que parmi les principaux témoins à charge, l'un était l'ancien président de Mezhprombank et avait complètement disparu de la circulation tandis qu'un autre, Alexander Didenko, était l'ancien directeur général de la banque qui avait conclu un accord avec les procureurs. En échange de son témoignage contre Pougatchev, sa propre peine serait réduite. (Plus tard, Didenko obtiendrait un emploi dans une banque gérée par la même agence gouvernementale russe ciblant Pougatchev). Le Kremlin poursuivait Pougatchev pour le transfert de 700 millions de dollars, mais Pougatchev ne pouvait voir dans cette affaire qu'un élément de la campagne plus large du régime Poutine visant à s'emparer de son empire commercial. Des boîtes de documents sur les actions du gouvernement contre lui contenaient une note de Setchine abordant la reprise des chantiers navals qui avait été transmise au FSB, à la commission d'enquête des procureurs et au tribunal arbitral de Moscou, nommant précisément l'affaire pénale pour qu'elle soit ouverte contre Pougatchev.

Comme le montre la note de Setchine, le Kremlin n'a pas hésité à donner des instructions directes aux forces de l'ordre du pays afin de saisir un actif. Mais la saisie d'un actif n'a pas toujours été la meilleure façon de construire véritablement le pouvoir de l'État – ou une économie efficace. Alors que les hommes de Poutine étendaient leur influence, l'économie russe a commencé à stagner. Après la reprise des chantiers navals de Pougatchev par la société de construction navale de Setchine, la production de navires de guerre s'y est arrêtée. Un par un, les nouveaux dirigeants ont été arrêtés pour corruption et détournement de fonds tandis que les querelles internes sur les flux de trésorerie s'intensifiaient. Et après que l'allié du Président tchétchène Ruslan Baisarov a repris le projet de charbon à coke qui appartenait au EPK, tous les développements ont pris fin. Lorsqu'il appartenait à Pougatchev, la production était de dix millions de tonnes et les travaux sur plans d'un chemin de fer de 1,5 milliard de dollars entre le bassin houiller et la Chine avançaient à plein régime. Tout était désormais au point mort.

La même chose se produisait chez Rosneft de Setchine. Après que le géant pétrolier d'État a repris Yuganskneftegaz fin 2004, le rendement a été pratiquement nul. La croissance de la production de Rosneft reposait presque entièrement sur sa frénésie d'acquisitions tandis que sa dette s'envolait au-delà des 80 milliards de dollars. Les cadres se plaignaient en privé de la façon dont Setchine cherchait à s'impliquer dans chaque décision, jusqu'à approuver chaque voyage d'affaires de la direction.

Tout cela mettait en évidence un problème plus large. La croissance économique des deux premiers mandats de Poutine, qui avait brièvement rebondi après la crise des années Medvedev, commençait à s'épuiser. Au cours des deux premiers mandats de Poutine, la flambée des prix du pétrole avait alimenté une croissance moyenne de 6,6 %. En 2013, elle ralentissait à 1,3 % et de nombreux économistes prévoyaient une récession. Le péché originel du régime Poutine – la subversion du système judiciaire pour assurer la prise de contrôle de Yukos – l'avait finalement rattrapé. La peur des incursions des autorités avait freiné les investissements. Les hommes de Poutine abusaient du système judiciaire pour prendre le contrôle d'entreprises en toute impunité et les géants de l'État qu'ils construisaient devenaient si grands qu'ils ne savaient plus quoi en faire. « L'affaire Yukos a donné une impulsion supplémentaire à la corruption au sein des organismes d'application de la loi, m'a dit un ancien haut fonctionnaire du Kremlin. Après cela, ils ont commencé à se développer parce qu'ils ont compris qu'ils avaient carte blanche pour empiéter activement sur l'économie. Tout le monde avait peur et ils ont réduit les investissements. »

Les difficultés économiques ont également entamé la cote de popularité de Poutine, qui faiblissait à 47 %, la plus basse depuis qu'il était devenu Président. Son régime semblait être sur une voie qui ne menait nulle part. La seule façon de relancer la croissance aurait été de lancer des réformes pour déjouer la mainmise de l'État sur l'économie – et le pouvoir du cercle de Poutine – qui étouffait tout esprit d'initiative. Seule la corruption prospérait.

Mais au moment où Pougatchev et moi étions assis dans son bureau de Knightsbridge, essayant de comprendre comment les choses étaient allées si loin, au lieu de s'attaquer aux problèmes économiques Poutine avait radicalement changé de discours. Les inquiétudes persistantes concernant l'économie et sa propre popularité déclinante qui avaient marqué la plupart des deux premières années après son retour à la présidence avaient disparu. La peur des protestations s'était totalement évaporée.

En revanche, Poutine misait tout sur une nouvelle phase de la renaissance impériale de la Russie. Il avait lancé un énorme pari afin de réaffirmer la place du pays dans l'ordre mondial. En mars cette année-là, la Russie avait annexé la Crimée, la péninsule ukrainienne sur la côte de la mer Noire où elle avait longtemps gardé une base navale. Pour la première fois depuis la fin de la guerre froide, la Russie avait envahi et repris le territoire d'un autre pays, plongeant instantanément le régime de Poutine dans une impasse de plus en plus profonde avec l'Occident.

À Londres, les mêmes banquiers occidentaux qui avaient contribué à ce qu'ils croyaient être l'intégration mondiale de la Russie avaient du mal à comprendre comment tout cela avait mal tourné. Les événements semblaient avoir échappé à tout contrôle. Mais certaines parties de l'action militaire semblaient se dérouler avec précision. Peu de gens avaient douté que la Russie et l'Occident étaient depuis longtemps en conflit à propos de l'avenir de l'Ukraine – soit à proximité de l'Union européenne, soit dans l'espace économique eurasiatique commun de la Russie. Mais est-ce que Poutine, comme l'avait suggéré un banquier occidental de haut niveau, « avait dépoussiéré un plan » ? « Il devait faire quelque chose pour se mettre sur le devant de la scène. La seule façon de relancer l'économie aurait été de décentraliser le pouvoir. Mais quand les choses se sont produites, le besoin de contrôler et celui de rester au pouvoir l'ont emporté... Ce que nous voyons maintenant semble faire partie d'une stratégie séculaire pour détourner les problèmes et mobiliser le soutien. » Les difficultés économiques de la Russie auraient-elles pu rendre les hommes de Poutine encore plus déterminés à dominer l'Ukraine, déclenchant la crise qui a conduit à l'annexion de la Crimée ? Quand et comment cela a-t-il commencé ?

*

La première fois que le Kremlin a signalé que la Russie pourrait se diriger vers un conflit profond avec l'Ukraine est arrivé beaucoup plus tôt, en septembre 2013. À cette époque, le pro-Kremlin Victor Ianoukovytch – avec l'aide de Firtash et de Paul Manafort – s'était hissé à la présidence de l'Ukraine, après l'effondrement de la coalition de la révolution orange et de la présidence de Iouchtchenko en raison de conflits et d'allégations de corruption à la suite de l'accord gazier de 2006. Ianoukovytch avait gagné en indépendance et en richesse depuis son arrivée au pouvoir en 2010. Malgré ses penchants pro-Kremlin, encouragé par d'autres oligarques ukrainiens indépendants d'esprit, il avait mené des discussions sur la signature d'un accord de commerce et de coopération avec l'Union européenne qui renforcerait les liens politiques et économiques de l'Ukraine avec l'Occident. Ces pourparlers ont ravivé un vieux sujet de préoccupation pour la Russie, et ces discussions n'auraient pas pu arriver à un moment plus sensible. Tout mouvement vers l'ouest de l'Ukraine, surtout si peu de temps après la réaction politique qui a salué le retour de Poutine, constituait une menace sérieuse pour les hommes du

KGB de Poutine. Cela menaçait tout le modèle de développement étatique de la Russie sous Poutine tout en étant susceptible de renforcer la détermination de ses adversaires libéraux. Ianoukovytch devait signer l'accord avec l'Union européenne en novembre. À l'approche de la date, le régime de Poutine a commencé à faire pression sur lui. En septembre de cette année-là, un envoyé du Kremlin provocateur, Sergueï Glazyev, a publiquement averti que si l'Ukraine signait l'accord, elle risquait une catastrophe, car la Russie imposerait des tarifs punitifs qui lui coûteraient des milliards de dollars et pourraient entraîner le défaut de paiement de 15 milliards de dollars de prêts. Qui plus est, a enchaîné Glazyev d'un ton encore plus menaçant, cela pourrait conduire à l'effondrement de l'État ukrainien car la Russie ne serait plus obligée de respecter un traité délimitant sa frontière avec la Russie. Le Kremlin pourrait intervenir si les régions prorusses d'Ukraine faisaient directement appel à Moscou. « La signature de ce traité conduira à des troubles politiques et sociaux, a averti Glazyev. Le niveau de vie va fortement chuter... Ce sera le chaos. »

Ianoukovytch a pris les menaces de Glazyev tellement au sérieux qu'il a soudainement renoncé en novembre à la signature de l'accord avec l'Union européenne. Même si les événements allaient prendre un cours très différent, l'avertissement de Glazyev sur l'action russe devait se révéler terriblement prémonitoire. Le recul de Ianoukovytch a mis le feu aux poudres. Les espoirs longtemps nourris de voir l'Ukraine s'orienter vers l'Ouest ont été une nouvelle fois anéantis, déclenchant des manifestations pro-UE qui ont fait descendre des centaines de milliers de personnes dans les rues. Des étudiants, soutenus par des oligarques ukrainiens qui en avaient assez de la corruption lâche du régime de Ianoukovytch, ont à nouveau installé un village de tentes sur la place symbolique Maïdan de Kiev, site du soulèvement pro-occidental de 2004 qui avait conduit à la révolution orange. Pendant près de trois mois, un groupe de manifestants a tenu bon malgré la glace et la neige, affrontant de temps en temps la police antiémeute alors que l'administration cherchait à évacuer la place. La violence s'est intensifiée lorsque Ianoukovytch a imposé une législation draconienne interdisant les manifestations et menaçant les participants de lourdes amendes et de peines de prison. En réponse, des manifestants se sont emparés de bus, en ont incendié un et en ont poussé d'autres dans les colonnes de la police antiémeute. Certains ont démoli des clôtures métalliques et utilisé les barreaux comme armes contre la police. Les manifestants étaient infiltrés par une force de droite radicale de plus en plus organisée et menés par des groupes nationalistes qui avaient dressé des barricades autour de la place. Armés de catapultes de fortune, ils étaient en première ligne des affrontements avec la police antiémeute. Les manifestations semblaient sur le point de devenir incontrôlables. Puis, un jour, c'est ce qui est arrivé.

Tôt le matin du 20 février 2014, des tirs de sniper ont retenti. À ce jour, personne ne sait exactement comment cela a commencé ni d'où sont venus les premiers coups de feu. En deux heures, quarante-six manifestants ont perdu la vie. À la fin de la journée, on comptait soixante-dix morts tandis que Ianoukovytch enchaînait les réunions de crise pour sa survie politique avec les ministres des Affaires étrangères français, allemand et polonais. Les négociations ont pris fin lorsque le dirigeant ukrainien a accepté de convoquer des élections présidentielles avant la fin de l'année et de changer la constitution du pays pour limiter les pouvoirs présidentiels. Malgré tout, la Russie faisait monter la rhétorique. Un haut responsable du gouvernement russe a déclaré ce jour-là au *Financial Times* que si l'Ukraine continuait à basculer vers l'ouest, la Russie était prête à entrer en guerre contre la Crimée pour y protéger sa base militaire et la population d'origine russe : « Nous ne permettrons pas à l'Europe et aux États-Unis de nous prendre l'Ukraine, a dit un responsable de la politique étrangère. Ils pensent que la Russie est toujours aussi faible qu'au début des années 1990, mais elle ne l'est pas. »

Le monde s'est réveillé le 22 février en apprenant que Ianoukovytch avait fui au milieu de la nuit, désertant son administration malgré les accords qu'il semblait avoir conclus sur un retrait anticipé du pouvoir. Il semblait croire qu'il n'était plus en sécurité. Sa garde présidentielle l'avait abandonné et les dirigeants les plus radicaux de l'opposition avaient refusé de reconnaître son accord de compromis, s'engageant à poursuivre les manifestations jusqu'à son départ. Dans le vide laissé, un gouvernement temporaire pro-UE a pris le pouvoir.

Mais en moins d'une semaine, l'avancée apparente de l'Ukraine a pris un nouveau tournant. La Russie a mis ses menaces à exécution. Avant l'aube du 27 février, des troupes masquées ne portant aucun insigne militaire ont pris d'assaut le parlement de Crimée, hissant un drapeau russe sur le bâtiment de l'ère soviétique tandis qu'une session d'urgence désignait un nouveau Premier ministre régional et appelait à un référendum sur l'adhésion à la Russie. Pendant ce temps-là, 150 000 soldats russes se regroupaient près de la frontière ukrainienne. Les événements se déroulaient à une vitesse incroyable, presque exactement comme l'avait prédit Glazyev. Plus tard, les officiels occidentaux se sont demandé à quel point l'opération semblait méticuleusement préparée.

L'Occident était sous le choc des actions audacieuses du régime de Poutine. La Russie les a justifiées en affirmant qu'elle avait été forcée de réagir pour protéger ses intérêts en réponse à un coup d'État à Kiev soutenu par les États-Unis. « Nous assistons à un immense jeu géopolitique dont le but est la destruction de la Russie en tant qu'adversaire géopolitique des États-Unis ou de l'oligarchie financière mondiale », a dit Vladimir Iakounine, un proche allié du KGB de Poutine depuis l'époque de Saint-Pétersbourg. L'Amérique, m'a-t-il dit lorsque nous nous sommes rencontrés au milieu de la tension militaire, continuait à suivre une doctrine que la CIA poussait depuis les années 1960 : la séparation de l'Ukraine de la Russie. L'ancien conseiller américain à la sécurité nationale, Zbigniew Brzezinski avait écrit en 1996 qu'avec l'Ukraine, la Russie était une grande puissance, mais que sans elle, elle ne l'était pas : « Ce n'était pas une idée nouvelle, a dit Iakounine. Il y a plus de quarante ans, lorsque les États-Unis ont élaboré des plans pour la destruction de l'Union soviétique, selon des documents de la CIA, elle devait s'accompagner de la séparation de l'Ukraine et de la Russie. Quelque part sur les étagères des dirigeants de la CIA, il y a des dossiers de ce genre contenant ces projets et ils les activent peut-être tous les trois ans. »

Sans jamais apporter la moindre preuve, les officiels et les médias d'État russes ont lancé une campagne de propagande sans précédent affirmant que les États-Unis étaient derrière les manifestations qui avaient secoué le régime de Ianoukovytch. Les « néonazis » ont mené les manifestations, disaient-ils, quand bien même la grande majorité des manifestants étaient les mêmes Ukrainiens éduqués à l'occidentale qui avaient mené la révolution orange en 2004, et que la plupart de l'élite ukrainienne en avait assez de la corruption qui avait caractérisé le régime de Ianoukovytch. Selon les Russes, c'étaient des « combattants armés » néonazis qui avaient tiré les coups de feu le jour fatidique de février qui avaient fait plus de soixante-dix morts sur la place Maidan. Il n'était fait mention nulle part du fait que des membres du Berkut, une unité des forces de sécurité ukrainiennes qui avaient dressé les barricades de manifestation ce jour-là, s'étaient alors pour la plupart réfugiés en Russie ou dans les régions d'Ukraine contrôlées par la Russie, leurs armes ayant été retrouvées plus tard au fond d'un lac. Le Berkut avait été notoirement infiltré par des agents russes, en particulier sous le pouvoir de Ianoukovytch ; plus tard, les procureurs ukrainiens prétendraient que les services de sécurité russes étaient impliqués dans les meurtres. À la suite d'une enquête médico-légale sur des séquences vidéo, les procureurs ont accusé un escadron d'élite du Berkut, vêtu de noir, d'avoir tué trente-neuf des manifestants. Un responsable du bureau des procureurs et une source du service de sécurité ukrainien ont déclaré au *Financial Times* qu'une force non identifiée avait déclenché les coups de feu en tirant sur les manifestants et la police depuis les toits entourant la place Maidan.

Mais rien de tout cela ne correspondait à la propagande russe qui saturait les ondes. Lorsque Ianoukovytch s'est enfui deux jours après la fusillade, encore une fois selon la propagande d'État russe, c'était à cause du coup d'État soutenu par les États-Unis et rien à voir avec le fait que son propre service de sécurité l'avait abandonné.

Les responsables russes ont insisté sur le fait que le coup de grâce qui les avait poussés à agir était venu lorsque le parlement ukrainien avait abrogé à la hâte une loi linguistique de 2012 qui avait amélioré les droits des russophones en Ukraine. Mais le nouveau gouvernement ukrainien à tendance occidentale, assemblé à la hâte, avait rapidement admis qu'il s'agissait d'une erreur et avait mis son veto à cette décision. La campagne russe, cependant, s'est poursuivie malgré tout.

Lorsque j'ai rencontré Iakounine, Poutine faisait encore monter la tension en appelant au déploiement de troupes russes en Ukraine. Iakounine a déclaré espérer que cette menace était « une douche froide » pour les dirigeants occidentaux : « Ce serait bien qu'ils comprennent qu'il n'est pas convenable de marcher avec ses bottes dans la maison d'un autre. »

La rhétorique et la propagande d'État qui ont accompagné l'action militaire semblaient refléter la profonde paranoïa qui avait hanté Poutine et ses hommes depuis l'époque de la révolution orange en 2004 et même bien avant, lorsque Poutine avait vu l'empire soviétique s'effondrer autour de lui depuis son perchoir dans la villa du KGB qui surplombait l'Elbe à Dresde et qu'ils étaient encerclés par un complot occidental visant à saper le pouvoir de la Russie. Mais il semblait aussi que ce n'était qu'une feinte pour justifier les actions du Kremlin. C'était comme si tous les discours sur l'intégration mondiale de la Russie, la nécessité d'attirer des investissements étrangers directs, de moderniser l'économie et de parvenir à un accord avec les États-Unis avaient été mis de côté et le régime de Poutine avait soudainement montré son vrai visage. Un ancien assistant du dernier dirigeant soviétique, Mikhaïl Gorbatchev, avait dit qu'à cette époque, c'était comme si quelqu'un avait ouvert les portes des caves du Kremlin et que les fantômes et la puanteur du passé soviétique s'étaient envolés.

Pour Poutine, l'annexion de la Crimée a été l'occasion de proclamer triomphalement un nouvel ordre mondial post-guerre froide, le moment où la Russie a commencé, de manière provocante, à retourner la situation contre les États-Unis, refusant de se plier à sa domination. Après que la Crimée a voté massivement en faveur de l'adhésion à la Russie, Poutine a été accueilli par une ovation enthousiaste de la part des responsables réunis sous les voûtes et les lustres dorés de la salle Georgievsky du Kremlin pour l'entendre parler. « Ce qui s'est passé en Ukraine reflète la situation qui s'est déroulée dans le monde entier, a-t-il déclaré. Après que le monde des deux superpuissances s'est effondré, les États-Unis ont décidé qu'ils pouvaient faire usage d'une politique musclée. Ils pensent qu'ils sont chargés de cette mission par Dieu. » L'Occident a tenté de coincer et de contenir la Russie pendant des siècles, leur a-t-il dit. « Mais tout a ses limites. Si vous appuyez trop fort sur le ressort, il va rebondir. La Russie, comme tout autre pays, a des intérêts nationaux qu'il faut respecter. »

À la fin de son discours, certains responsables essuyaient des larmes de fierté, tandis que d'autres chantaient « Russie ! Russie ! ». Poutine s'appuyait sur une nostalgie profonde des jours de gloire du passé impérial soviétique, partagée par de nombreux Russes. C'était la même nostalgie qui l'avait fait élire – en tant que *kandidat resident*, l'homme du KGB au Kremlin – trois fois. Mais maintenant, aux yeux de nombreux Russes, elle était enfin mise en œuvre. La Crimée avait été perdue de nombreuses années avant l'effondrement de l'empire soviétique, en 1954, lorsque Nikita Khrouchtchev, qui était alors chef du Parti communiste, l'avait cédée à l'Ukraine. Mais la plupart des Russes ont reproché à Boris Eltsine de l'avoir confirmé quand, d'un trait de plume en décembre 1991, il a signé la fin de l'Union soviétique avec les dirigeants des autres républiques soviétiques, laissant la Crimée à l'intérieur des frontières de l'Ukraine.

Lorsque l'Union soviétique s'est effondrée et que la Crimée s'est retrouvée dans un autre pays, « la Russie a estimé qu'elle n'avait pas seulement été volée, elle avait été pillée, a dit Poutine aux fonctionnaires réunis ce jour-là. Des millions de Russes se sont couchés dans un pays et se sont réveillés de l'autre côté d'une frontière ; en un instant, ils sont devenus des minorités dans les anciennes républiques soviétiques... Mais la Russie a juste baissé la tête et ravalé sa honte. »

Maintenant qu'il prenait des mesures pour la première fois pour restaurer l'empire russe, la popularité de Poutine grimpait à plus de 80 %. Il n'avait jamais eu à apporter la moindre preuve de l'implication des États-Unis dans le soulèvement populaire contre Ianoukovytch : la propagande sonnait trop bien auprès d'une population encore convaincue de l'humiliation de la Russie à la suite de l'effondrement soviétique. Il suffisait de montrer des photos de la sous-secrétaire d'État américaine Victoria Nuland distribuant des biscuits à des manifestants pro-européens dans le froid glacial sur la place Maidan à Kiev. Plus tard, la propagande est devenue de plus en plus sophistiquée. Des cyberunités travaillant pour l'agence de renseignement militaire russe, GRU, ont inondé Facebook et un réseau de médias sociaux russes avec des fausses histoires qui justifiaient l'invasion de la Russie et condamnaient la révolution comme étant menée par des néonazis, alors que l'Ukraine était devenue un foyer pour les terroristes tchétchènes. Lorsque le conflit s'est étendu à l'est de l'Ukraine, la télévision russe a émis des allégations selon lesquelles l'armée ukrainienne avait lancé un « génocide », rapportant même que des soldats avaient crucifié un enfant de trois ans. Lentement, le pilonnage constant a lavé le cerveau de la plupart des gens.

L'Occident devait s'éveiller à l'affirmation de la Russie, attitude qu'il n'avait pas adoptée lors de la brève guerre victorieuse de Moscou contre la Géorgie en 2008. La crainte était de voir que la guerre par procuration de la Russie ne se propage à l'Europe. Personne ne comprenait jusqu'où irait Poutine. Ses manœuvres en Ukraine ont remis en cause « l'ensemble de l'ordre pacifique européen », a dit la chancelière allemande Angela Merkel.

En Europe et aux États-Unis, les gouvernements se démenaient pour trouver une réponse. Lorsque le Kremlin a décidé, en mars, d'organiser un référendum en Crimée sur son rattachement à la Russie, le gouvernement américain a riposté par des sanctions économiques qui visaient le cercle le plus proche de Poutine. Parmi les vingt Russes faisant l'objet d'un gel de leurs avoirs et d'une interdiction de visa figuraient de hauts responsables de l'administration. On trouvait Sergueï Ivanov, ancien ministre de la Défense et désormais chef de cabinet de Poutine, mais aussi Victor Ivanov, ancien chef adjoint du personnel à moustache, et ancien allié du KGB de Saint-Pétersbourg qui siégeait maintenant au Conseil de sécurité russe et enfin Igor Sergun, le chef du service de renseignement militaire. Le gouvernement américain a également mis sur liste noire les alliés devenus des partenaires commerciaux très proches de Poutine, les dépositaires de confiance dans le système des façades du Kremlin. Guennadi Timtchenko, négociant en pétrole chez Gunvor. Iouri Kovaltchouk, l'actionnaire principal de la banque Rossia. Arkadi Rotenberg, l'ancien partenaire de judo de Poutine à qui Pougatchev avait prêté 500 millions de dollars seulement quatre ans auparavant pour le faire passer pour un entrepreneur auprès de Gazprom avec des milliards de dollars de contrats.

Pour la première fois, le gouvernement américain désignait ces hommes comme étant les banquiers de Poutine. Poutine, disait-il, « a des investissements dans Gunvor et peut avoir accès aux fonds de Gunvor, tandis que Kovaltchouk était “le banquier personnel de hauts fonctionnaires de la Fédération de Russie, dont Poutine” ». Rotenberg, poursuivait-il, avait bénéficié de milliards de dollars de contrats de l'État, dont plus récemment 7 milliards de dollars pour des projets de construction pour les Jeux olympiques d'hiver de Sotchi en 2014. Le gouvernement américain rendait public le système des hommes de paille les plus proches de Poutine. Un haut responsable de l'administration a déclaré qu'ils ne pourraient accéder à aucun service financier américain et qu'ils auraient du mal à effectuer des transactions en dollars : « Ces personnes verront leur capacité à continuer à agir dans l'économie mondiale de quelque manière que ce soit sévèrement limitée. »

L'Union européenne a également sanctionné des membres du parlement russe et les dirigeants russes récemment installés en Crimée. Puis, pour ajouter l'insulte à la blessure, l'Europe s'est jointe aux États-Unis pour suspendre la Russie du groupe des pays développés du G8, dont l'adhésion était tellement souhaitée par le pays comme étant un signe de son intégration dans l'économie mondiale. Mais après avoir craint des mesures économiques encore plus dures, semblables à celles qui avaient paralysé l'économie iranienne, le marché boursier russe a rapidement rebondi et les troupes russes, sans se décourager, ont continué à se masser près de la frontière ukrainienne.

Le conflit s'est aggravé. Les combattants par procuration – qui, selon la Russie, étaient des « volontaires » – ont commencé à se diriger vers l'est de l'Ukraine, où ils ont rejoint un contingent considérable de militants prorusses locaux équipés de matériel militaire russe. En avril, ils ont pris le contrôle des administrations dans les régions de l'est de l'Ukraine de Donetsk, de Lugansk et, pendant un certain temps, de Sloviansk. Pour les gouvernements occidentaux et l'administration ukrainienne, la situation ressemblait remarquablement à la manière dont des unités russes non identifiées avaient pris le contrôle et annexé la Crimée.

La menace de sanctions économiques beaucoup plus sévères a permis d'éviter une invasion à grande échelle dans l'est de l'Ukraine. À la place, nous avons eu une guerre hybride dans laquelle les mandataires de la Russie ont combattu l'armée hétéroclite de l'Ukraine tandis que le gouvernement de Kiev s'efforçait de lutter contre l'incursion sur son territoire. Les troupes russes encore stationnées par dizaines de milliers à la frontière ont agi comme s'il s'agissait d'une guerre psychologique pour intimider l'armée ukrainienne, tandis que les armes lourdes russes et les soi-disant « volontaires russes » continuaient de se glisser dans l'est de l'Ukraine sans être contrôlés.

En juillet, les États-Unis et l'UE ont riposté en imposant de nouvelles sanctions pour tenter de contraindre la Russie à faire marche arrière. Cette fois, les États-Unis ont ciblé les plus grandes entreprises d'État russes, empêchant les géants du secteur bancaire public – notamment Gazprombank d'Andrei Akimov, VTB et Vneshekonombank d'Andrei Kostin – d'accéder aux financements américains à long terme. Ils ont également mis sur liste noire le champion du pétrole d'État de la Russie, Rosneft, ainsi que le producteur de gaz de Timtchenko, Novatek, limitant leur capacité à accéder aux fonds. L'Union européenne a suivi deux semaines plus tard avec des mesures similaires. L'impasse s'est encore aggravée avec la destruction, le 17 juillet, d'un avion de ligne de la Malaysia Airlines alors qu'il traversait le territoire tenu par les séparatistes prorusses, tuant les 298 passagers.

Alors que la Russie continuait d'alimenter la guerre par procuration qui dévastait l'est de l'Ukraine, les gouvernements occidentaux ont lentement commencé à prendre conscience que la politique pleine d'espoir qu'ils avaient poursuivie depuis l'effondrement de l'Union soviétique – la convergence inévitable de la Russie vers le monde occidental – n'était plus qu'une illusion. Ils devaient faire face à un régime qui semblait poursuivre agressivement ses intérêts, quelles que soient les conséquences pour sa position vis-à-vis de l'Occident. Pour le régime de Poutine, la seule priorité était de restaurer la position mondiale du pays. La Russie ne souhaitait pas faire partie de l'ordre dominé par l'Occident, et voulait plutôt établir ses propres règles.

Il devenait clair pour l'Occident qu'il s'agissait d'un régime aux multiples facettes qui recourait à des subterfuges pour parvenir à ses fins. La tactique est finalement devenue évidente lorsque Poutine a nié pour la première fois la présence de troupes russes en Crimée. Puis, une fois le processus d'annexion terminé, il a admis que les troupes non identifiées mais connues sous le nom de « petits hommes verts » étaient russes. C'était devenu un régime pour lequel la poursuite de l'empire était dévorant, quelles que soient les sanctions imposées par le monde occidental. Au moment où un cessez-le-feu provisoire a été conclu en septembre 2015, la guerre par procuration de la Russie avait fait plus de 8 000 morts, tandis que les bastions séparatistes prorusses de Donetsk et Lougansk demeuraient en place. La Russie était parvenue à diviser l'Ukraine et, malgré le soi-disant cessez-le-feu, des combats sporadiques se poursuivent encore aujourd'hui, faisant 13 000 morts, dont plus d'un quart de civils.

Nous ne saurons peut-être jamais exactement comment tout a commencé, qui est celui qui a tiré le premier coup. Mais il semble que la Russie se prépare depuis longtemps à plusieurs éventualités. Si la revanche était en quelque sorte planifiée, les bases avaient été posées bien avant. Cela remontait à l'époque où le KGB avait discrètement comploté sa survie grâce à la protection des réseaux et des entreprises amies, détournant de l'argent dans les dernières années qui ont précédé la chute de l'Union soviétique. Le processus avait été renforcé lorsque Poutine a pris la présidence, permettant aux hommes du KGB de prendre en charge les flux de trésorerie stratégiques, en commençant par Yukos puis en s'étendant au reste de l'économie.

Si les oligarques de l'ère Eltsine avaient encore le moindre doute quant à leur capacité à agir de manière indépendante, ils ont reçu le signal final peu après l'annexion de la Crimée. Alors, même l'un des magnats les plus loyaux, Vladimir Ievtouchenkov, a été contraint de céder sa société pétrolière Bashneft à l'État. Il a été arrêté et sa participation majoritaire dans Bashneft a d'abord été nationalisée puis reprise par la Rosneft de Setchine.

C'était le signe que l'économie de marché de la Russie n'était qu'une simulation. Au lieu de cela, dans les coulisses, il y avait un partage incessant des flux de revenus. Les fonds devaient être acheminés vers la caisse commune du Kremlin, la *obschak*, et chaque transaction, aussi petite soit-elle, devait être convenue avec le numéro un. « Ievtouchenkov pensait que Bashneft était à lui et qu'il l'avait payé, m'a dit un haut fonctionnaire du Kremlin. Mais il s'est avéré que ce n'était pas sa propriété et qu'à tout moment, on pouvait lui prendre. » Pour les entreprises russes, il est absolument clair aujourd'hui que le Kremlin peut tout prendre à l'une d'entre elles. La propriété en Russie aujourd'hui n'est pas sacrée, en particulier celle gagnée dans les années 1990. Elle n'est défendue que par l'autorité de Poutine.

L'économie russe était désormais sur le pied de guerre, et tout était soumis à la volonté du Kremlin, a dit Pougatchev : « Maintenant, il n'y a que Poutine et ses lieutenants qui exécutent ses ordres. Toutes les liquidités générées sont inscrites au bilan de Poutine. Le pays est en état de guerre. Les grandes entreprises ne peuvent pas vivre comme avant. Elles doivent vivre sous des règles militaires. »

La quasi-totalité de l'économie était désormais passée sous les ordres de Poutine qui pouvait la déployer comme bon lui semblait. « C'est l'argent de Poutine, a dit un banquier confirmé ayant des liens avec les services de sécurité. Lorsqu'il est arrivé au pouvoir, il a commencé par dire qu'il n'était rien de plus que le directeur qui avait été engagé. Mais ensuite, il est devenu l'actionnaire majoritaire de toute la Russie. D'abord, ils lui ont donné un enjeu et ensuite, il a pris le contrôle. C'est une société d'actionnaires de type fermé. » « Poutine est le tsar, l'empereur de toutes les terres », convenait un autre magnat.

Pour l'un des plus proches alliés de Poutine, Vladimir Iakounine, l'ancien officier du KGB qui avait été l'un des premiers actionnaires de la banque Rossia et qui était maintenant à la tête des chemins de fer russes, figurer sur la liste des sanctions américaines était un insigne d'honneur. Mais en ce qui le concernait, le gouvernement américain n'était pas à la page quand il affirmait que seuls Timtchenko et Kovaltchouk étaient des caissiers pour Poutine : « Le Président russe a accès aux fonds de tout le pays », a-t-il dit.

C'était un sentiment qui faisait écho à l'avertissement émis par un autre ancien partenaire proche de Timtchenko. Lorsque nous nous sommes rencontrés un jour de pluie en novembre 2014, il m'a averti que les sanctions américaines pourraient être trop insuffisantes et trop tardives. À ce moment-là, un vaste réseau d'économistes et de magnats agissait comme mandataires du régime de Poutine. « Il faudrait sanctionner chacun d'entre eux », a-t-il dit.

Malgré la chute du rouble en décembre 2014 sous la pression des sanctions et le manque de refinancement de la dette des entreprises russes, l'économie du pays se montrait résiliente. Le gouvernement a suspendu les règles de l'économie normale de marché. Les banques d'État n'ont pas demandé de prêts lorsque les entreprises russes n'ont pas respecté leurs conditions. La plupart des dettes ont été reconduites et restructurées, partie d'une pyramide de refinancement sans fin. Le gouvernement a puisé dans une partie du fonds de stabilisation qu'il avait collecté sur les revenus pétroliers exceptionnels pendant la majeure partie de la décennie précédente pour renflouer les entreprises liées à l'État, surtout celles qui avaient le plus besoin de refinancement. Avant tout, m'a confié un financier russe dans un sourire, l'Occident avait sous-estimé l'ampleur de l'économie informelle russe, en d'autres mots le vaste réseau de caisses noires qui n'étaient pas comptabilisées dans les chiffres officiels du PIB et qui contenaient d'importantes réserves de liquidités.

Tandis que l'Occident continuait de menacer de nouvelles sanctions à moins que la Russie n'accepte un cessez-le-feu, Poutine a exigé une réécriture des règles de l'architecture de sécurité mondiale pour donner un rôle plus important à la Russie. Angela Merkel s'est retirée d'une série de discussions, déclarant que Poutine était déconnecté de la réalité. Mais pour l'ancien conseiller économique de Poutine, Andrei Illarionov, c'était l'Occident qui était déconnecté : « Les Occidentaux pensent que Poutine est irrationnel ou fou. En fait, il est très rationnel selon sa propre logique et très bien préparé. »

Les signes de la puissance de l'argent russe qui avait afflué en Europe au cours de la dernière décennie devenaient visibles dans les divergences apparues entre les pays de l'Union européenne sur la portée des sanctions économiques. Au Royaume-Uni, un fonctionnaire du Foreign Office a été photographié avec un document d'information affirmant que la Grande-Bretagne ne doit pas « fermer le centre financier de Londres aux Russes », tandis qu'un groupe de pression d'un cabinet d'avocats mettait en garde contre l'impact potentiel sur le statut de Londres en tant que centre de règlement des litiges juridiques.

Pour Pougatchev, le danger était clair. Le système de l'argent noir pour corrompre et acheter des fonctionnaires avait depuis longtemps dépassé les premiers dépositaires du régime de Poutine. Il s'était étendu au-delà de Timtchenko, Kovaltchouk et Rotenberg à tous les milliardaires russes qui faisaient office de paravents aux ordres du Kremlin. « Ils reçoivent tous des appels pour envoyer de l'argent pour ceci et pour cela. Ils disent tous : “Nous le donnerons. De quoi d'autre avez-vous besoin ?” C'est le système. Tout dépend de la première personne, parce qu'elle a un pouvoir illimité. Tous sont prêts à travailler selon ces règles. Et ceux qui ne le sont pas se trouvent en prison ou à l'étranger. »

Si l'Union soviétique avait mené des opérations d'influence au Moyen-Orient et en Afrique, le capitalisme du KGB de Poutine s'était désormais profondément enraciné dans toute l'Europe. « Cet argent noir est comme une sale bombe atomique, a dit Pougatchev. D'une certaine façon, il est là, d'une autre façon, il ne l'est pas. De nos jours, il est beaucoup plus difficile à tracer. »

Pour le gouvernement ukrainien, ce que le Kremlin faisait à leur pays était un avertissement : la Russie pourrait chercher à étendre ses activités pour perturber et diviser l'Occident. « La Russie tente de créer des turbulences dans l'Union européenne en soutenant les mouvements politiques d'extrême droite, a déclaré début 2015 Arseni Iatseniouk, le Premier ministre ukrainien proche de l'Occident. C'est une imitation de ce qu'ils ont fait en Ukraine. »

13

L'argent noir

Lorsqu'un mystérieux dénonciateur se faisant appeler « John Doe » a divulgué une quantité sans précédent de données d'un cabinet d'avocat panaméen, le monde a eu un aperçu du fonctionnement d'une caisse noire du régime de Poutine. Cette masse de données est entrée dans l'Histoire sous le nom de « Panama Papers » et elle a ouvert une fenêtre sur un monde secret. Celui-ci abritait des administrateurs désignés offshore, des couches de sociétés fictives qui s'étendaient aux Seychelles, aux îles Vierges britanniques et au Panama, un système secret de noms de code inventé pour que les clients cachent leurs richesses. La fuite du quatrième fournisseur mondial de services offshore, Mossack Fonseca, a dévoilé les rouages d'un système financier opérant au-dessus des lois qui régissent la majorité.

Parmi les giga-octets de données étudiées par le Consortium International des Journalistes d'Investigation (CIJI) se trouvaient des documents liés à un Russe, Sergueï Roldugin. Depuis 2005, il avait été actionnaire de Rossia, la banque de Saint-Pétersbourg détenue par les alliés de Poutine liés au KGB que le Trésor américain avait appelé « la banque personnelle des hauts fonctionnaires de la Fédération de Russie, dont Poutine ». Les documents montraient que Roldugin jouait un rôle central dans un réseau d'entreprises liées à Rossia qui s'étendait des îles Vierges britanniques jusqu'à Panama. Plus de 2 milliards de dollars y ont été acheminés entre 2009 et 2012.

Roldugin était loin d'être l'un des opérateurs offshore gris et anonymes sur lesquels la plus grande partie des documents a donné un coup de projecteur. Il était un violoncelliste réputé, le soliste principal du théâtre Marinsky de Saint-Pétersbourg, en plus d'être le recteur du conservatoire de la ville. Il était l'un des plus proches amis de Poutine. Les deux hommes s'étaient rencontrés pour la première fois à la fin des années 1970 lorsqu'Evgueni, le frère de Roldugin, avait servi au KGB avec Poutine. Ils s'étaient promenés ensemble autour de Leningrad dans une toute petite voiture soviétique, une Zaporozhets, à l'époque où même posséder une voiture était considéré comme un luxe. Ils avaient chanté des chansons ensemble et étaient allés au théâtre. Il leur est même arrivé d'être impliqué dans des bagarres. Et puis, lorsque Roldugin a commencé à sortir avec une hôtesse de l'air d'Aeroflot de Kaliningrad, il a présenté l'une de ses collègues à Poutine, une blonde aux yeux de biche qui s'appelait Lioudmila. Après une longue cour, Lioudmila est devenue la femme de Poutine. Lorsque Maria, leur premier enfant, est née, Roldugin a été choisi comme parrain.

Cette caisse noire en particulier a semblé être l'une des plus personnelles exposées dans les Panama Papers. De tous les proches alliés de Poutine qui détenaient des parts de Rossia, Roldugin était celui qui était resté le plus discret. Il était passé inaperçu encore longtemps après que les autres – Shamalov, Gorelov, Timtchenko et Kovaltchouk – avaient été révélés comme étant étroitement lié à Poutine. Il était aussi celui qui avait le profil le plus incongru, un musicien professionnel qui, contrairement aux autres, n'avait pas d'entreprise à lui. Il avait servi, selon un magnat proche de Poutine, de façade de dernier recours pour le Président. Il faisait partie du « parachute doré de Poutine ».

Avant d'être exposé, Roldugin avait rarement été interrogé sur la façon dont il était devenu actionnaire de Rossia. Lorsqu'il avait été interrogé pour la première fois à ce sujet par le *New York Times* en 2014, il avait répondu vaguement qu'il avait acquis la participation parce qu'il « avait besoin d'argent ». « Il n'y avait pas d'argent pour l'art, où que ce soit, » disait-il, ajoutant qu'il était parvenu à trouver des fonds pour les actions en levant des emprunts et grâce à « beaucoup de manipulations ». Mais il n'a jamais révélé la date exacte de l'acquisition de sa participation ni son coût. Plus tard, des documents de Rossia ont été publiés, montrant qu'il l'avait prise en 2005 seulement, dans une émission d'actions pour 13,5 millions de dollars. Il n'a jamais été précisé comment un violoncelliste aurait pu avoir accès à une somme pareille. En 2014, la participation de Roldugin était valorisée à près de 350 millions de dollars. Pourtant, il a toujours insisté sur le fait qu'il vivait modestement. « Regardez, même mon violoncelle est d'occasion », a-t-il dit à un journaliste après les révélations des Panama Papers. Le réseau révélé dans les Panama Papers a montré que des sociétés offshore liées à Roldugin avaient reçu des centaines de millions de dollars en paiements indirects de la part des magnats proches de Poutine. Les offshores liées à Roldugin ont également bénéficié d'une série de transactions d'actions antidatées qui ont semblé avoir généré des dizaines de millions de roubles par jour. Sandalwood Continental, l'une de ces sociétés enregistrée à Chypre, s'est vu attribuer une ligne de crédit de 650 millions de dollars, sans aucune garantie, de la filiale chypriote de VTB, la banque d'État pour les « projets spéciaux » dirigée par un ancien diplomate soviétique. La filiale chypriote de VTB était connue des banquiers et des magnats pour être un canal de versement de pots-de-vin, tandis que VTB, depuis son introduction en bourse à Londres en 2007, était devenu le lieu de travail des fils des plus hauts responsables des services de sécurité russes.

Une autre des entreprises de Roldugin – International Media Overseas S.A, ou IMO – détenait secrètement une participation de 20 % dans la plus grande agence de publicité télévisée de Russie, Video International, qui générait des revenus annuels de plus de 800 millions de dollars. Dans les documents de cette prise qui ont été divulgués, Roldugin était déclaré comme étant le bénéficiaire d'IMO, une position qui lui donnait accès à des actifs d'une valeur de 19 millions de livres (soit 26,6 millions de dollars) en espèces.

Les révélations des Panama Papers ont fait sauter la couverture de Roldugin et dévoilé un stratagème offshore de 2 milliards de dollars. Plus tard, Poutine a fait part de tout son mécontentement à l'égard des fuites, affirmant qu'il s'agissait d'un complot orchestré par des « opposants » visant à déstabiliser la Russie par le biais d'allégations de corruption fabriquées de toutes pièces. « Ils essaient de nous faire basculer de l'intérieur, pour nous rendre plus dociles », a-t-il dit. D'autres responsables russes ont été plus directs, affirmant que le CIJI était composé d'anciens membres du département d'État américain et de la CIA. Le stratagème mis au jour par le CIJI semblait à première vue donner un aperçu d'une des caisses noires qui sont devenues endémiques sous le régime de Poutine, une machine à sous par laquelle les magnats versaient des « dons » ou des offrandes à l'*obschak* de Poutine, parfois en échange d'accords.

Les documents ont également montré comment une partie de l'argent du réseau était affectée vers des projets pour le bien-être de Poutine et de ses hommes. Les journalistes du CIJI ont découvert comment des millions de dollars avaient été transférés à une société russe qui possédait la station de ski préférée de Poutine, Igora, non loin du complexe de la datcha d'Ozero où lui et les actionnaires de Rossia avaient commencé. Sandalwood Continental, connecté à Roldugin, avait accordé 3 millions de dollars de prêts pratiquement sans intérêt à la société russe Ozon en 2011, juste avant d'acquérir la station. Peu après, Ozon s'est lancé dans le développement d'un complexe hôtelier de luxe à Igora, avec un complexe thermal ultramoderne et un palais des glaces. En 2013, la station autrefois délabrée avait été transformée en lieu de rendez-vous pour une occasion très spéciale, un mariage somptueux où tous les invités ont juré de garder le secret. La mariée qui s'était envolée dans un traîneau tiré par des chevaux ce jour-là, c'était Katerina, la fille cadette de Poutine. Elle avait épousé Kirill, le fils de Nikolai Shamalov, l'actionnaire de Rossia qui avait été le plus proche de Poutine. Un an après le mariage, Kirill recevait une participation de 17 % dans la plus grande entreprise pétrochimique de Russie, Sibur, de l'allié le plus proche de Poutine, Guennadi Timtchenko. Il a été aidé dans cette acquisition par un prêt d'un milliard de dollars de Gazprombank, proche du Kremlin.

Le schéma tracé dans les Panama Papers ressemblait au système offshore de « dons » d'abord décrit par Sergueï Kolesnikov. Les sociétés supervisées par Kolesnikov ont fourni la mise de fonds pour l'expansion de Rossia, permettant à ses actionnaires de devenir fabuleusement riches. Elle est devenue plus tard une source de fonds pour la construction du somptueux palais de Poutine sur la mer Noire. Les données panaméennes ont révélé l'étape suivante de l'évolution des caisses noires, les proches alliés de Poutine bénéficiant de flux financiers toujours plus importants. Un vaste réseau de sociétés offshore avait été créé à une échelle beaucoup plus sophistiquée et complexe.

Le système offshore exposé dans les Panama Papers n'était pas seulement un moyen d'accumuler de la richesse personnelle : il était également lié à un système plus large d'argent noir, une caisse occulte devenue si vaste qu'elle pouvait maintenant passer à l'étape suivante et être utilisée pour acheter de l'influence à l'étranger. Dans les tonnes d'informations contenues dans les centaines de milliers de documents, on trouvait les traces d'une stratégie plus large qui était en jeu. L'un des deux avocats suisses à la tête d'une grande partie des sociétés liées à Roldugin et Rossia s'est avéré avoir une activité secondaire liée à la politique tchèque. L'avocat Fabio Delco possédait en réalité une série d'entreprises en République tchèque dont les employés fournissaient plus de la moitié du total des dons au parti politique du Président tchèque Milos Zeman, longtemps considéré comme un proche allié de Poutine.

La caisse noire de Roldugin était révélatrice d'un processus plus large. À travers la Russie, l'ampleur de la fuite des capitaux vers les comptes bancaires occidentaux était devenue époustouflante. Une estimation du National Bureau of Economic Research des États-Unis, dont l'un des auteurs était l'économiste français Thomas Piketty, a révélé que 800 milliards de dollars avaient été dissimulés à l'étranger depuis l'effondrement soviétique, plus que la richesse détenue par l'ensemble de la population russe dans le pays lui-même. Parmi ceux qui utilisaient ce système on trouvait des criminels, mais aussi des hommes d'affaires ordinaires à la recherche de refuges pour leur patrimoine, ce qui représentait un signe de risques internes profonds dans l'économie. Le prix élevé du pétrole et la stabilité croissante sous Poutine auraient dû ralentir le rythme des sorties de capitaux du pays, mais au cours de la seconde moitié du mandat de Poutine, le flux d'argent quittant le pays a été multiplié plusieurs fois par rapport aux taux observés pendant les années Eltsine.

Ces sorties de fonds ont réduit les prélèvements fiscaux, affaibli la monnaie et nui à l'investissement dans l'ensemble de l'économie. Mais Poutine n'avait pas fait grand-chose pour arrêter quoi que ce soit. Il avait lancé une campagne puis entériné une loi, exhortant les hommes d'affaires à ramener leur patrimoine à la maison. Mais en réalité, ces mesures n'ont pas eu de réel impact. En fait, son cercle de dépositaires de confiance faisait partie intégrante du siphonnage. C'était un système par lequel les hommes du KGB qui dirigeaient la Russie exploitaient un éventail vertigineux d'entreprises offshore pour dissimuler leur fortune. Au cœur de ce système, le pillage systématique des entreprises d'État et les pots-de-vin leur permettaient non seulement de vivre comme la nouvelle noblesse de Russie, mais aussi de créer des réserves stratégiques d'argent noir pour déstabiliser les démocraties occidentales. Même la richesse offshore détenue par les magnats de l'ère Eltsine pouvait être orientée stratégiquement à la demande des hommes du KGB.

Au début, aux yeux des Occidentaux cela ressemblait à du copinage banal et à de la kleptocratie. Des palais ont été construits non seulement pour Poutine, mais aussi pour ses courtisans. L'un de ces bâtiments s'inspirait de la splendeur de l'époque tsariste de Peterhof ; agrémenté de jardins ornementaux et d'un canal majestueux, il aurait été construit pour le directeur général de Gazprom, Alexei Miller. Il y avait aussi le domaine de soixante-dix hectares à l'extérieur de Moscou. Celui-ci était composé d'un manoir orné de marbre, d'un bassin de cinquante mètres, d'un garage pour quinze voitures et d'une pièce de rangement dédiée à une collection de manteaux de fourrure. Son propriétaire présumé n'était autre que Vladimir Iakounine, l'ancien officier supérieur du KGB et actionnaire de Rossia qui était depuis 2005 président des chemins de fer russes, un monopole d'État dont les recettes annuelles s'élevaient à 42 milliards de dollars, soit près de 2 % du PIB.

L'accès à des milliards de dollars provenant de contrats publics surdimensionnés était devenu une nouvelle voie vers l'enrichissement et réservée presque exclusivement aux hommes de Poutine. Cela a été souligné lorsque la Russie s'est lancée dans une série de projets d'infrastructure de premier plan. Il y avait entre autres les Jeux olympiques d'hiver de Sotchi, dont les coûts ont presque quintuplé, passant des 12 milliards de dollars annoncés pour la première fois en 2007 à plus de 50 milliards de dollars au moment où ils se sont tenus au début de 2014, ce qui en a fait les Jeux olympiques les plus coûteux du monde, dépassant les 40 milliards de dollars que Pékin avait dépensés pour les Jeux d'été de 2008. La plupart des contrats avaient été confiés aux alliés les plus proches de Poutine. C'est la construction d'une route et d'une voie ferrée de quarante-huit kilomètres partant du parc olympique principal qui a été la plus coûteuse, près de la côte de la mer Noire de Sotchi, serpentant à travers des tunnels et des ponts dans les montagnes jusqu'au complexe de ski. Un chemin d'accès qui a coûté la somme astronomique de 9,4 milliards de dollars. Comme l'a souligné l'homme politique de l'opposition Boris Nemtsov, c'était un coût trois fois et demie plus élevé que le projet de la NASA d'envoyer un Rover sur Mars. L'une des principales entreprises qui a obtenu les droits de construire la voie ferrée et la route sans appel d'offres, SK-Most, est devenue en partie la propriété du proche allié de Poutine, Guennadi Timtchenko lorsqu'il s'est lancé dans le secteur de la construction en 2012. L'ancien partenaire de judo de Poutine, Arkadi Rotenberg, a reçu 235 milliards de roubles ou 7,2 milliards de dollars de projets de construction. En comparaison, plutôt que de remporter des contrats publics de plusieurs milliards de dollars, les magnats de l'ère Eltsine ont accumulé des pertes. Les personnes telles qu'Oleg Deripaska, Vladimir Potanin et Victor Vekselberg, qui ont été parmi les plus grands gagnants des privatisations des années 1990, ont reçu l'ordre du Kremlin d'investir des milliards de dollars de leur propre argent à la place.

Les plus proches alliés de Poutine au niveau des affaires ont été élevés au-dessus de tout. « Les gens du cercle intérieur vivent sur une autre planète, a déclaré un banquier russe de haut niveau. Ils ont leurs propres banques. Ils voyagent même sur des routes différentes des nôtres. Il y a des routes pour tout le monde et quand ils enfreignent les règles, ils se font prendre. Mais les gens comme les Rotenberg ont leurs propres routes et ils ne peuvent pas enfreindre les règles là-bas. » Les anciens hommes du KGB qui avaient atteint cette richesse considéraient que ce n'était pas plus que ce qu'ils méritaient. Ils se disaient qu'ils avaient sauvé la Russie de l'effondrement et de l'emprise des magnats de l'ère

Eltsine : ils faisaient renaître le pays en tant que puissance contre l'Ouest. Ils se sont attribué des médailles en reconnaissance de ce qu'ils avaient accompli. Rotenberg, qui avait déjà eu du mal à s'en sortir dans les années 1990, s'est même commandé un blason familial.

Mais la prise de contrôle des flux de trésorerie par les hommes de Poutine a atteint une telle ampleur qu'elle ne pouvait pas être motivée uniquement par l'enrichissement personnel. L'économie de la contrebande sur laquelle les opérations du KGB avaient toujours été construites était en train de ressusciter. L'accès aux liquidités gonflées des contrats de l'État était un moyen de constituer des budgets parallèles, loin de tout contrôle démocratique, qui pourraient être utilisés pour influencer les élections, acheter des fonctionnaires dans le pays ou à l'étranger, déclaraient les participants à ce processus. C'était un mécanisme de contrôle autoritaire à l'intérieur du pays et de sape des institutions en Occident.

La laverie moldave

Lorsqu'un banquier russe a été abattu dans la rue alors qu'il s'apprêtait à rentrer chez lui au pied de Canary Wharf à Londres en mars 2012, l'un de ses stratagèmes a été mis au jour. Le banquier, German Gorbuntsov, était un copropriétaire d'un réseau de banques par l'intermédiaire desquelles de grands entrepreneurs des chemins de fer russes, société d'État dirigée par Iakounine, avaient siphonné des milliards de dollars en espèces dans le cadre de contrats, puis blanchi le produit de leurs activités.

Gorbuntsov avait été pris entre les feux croisés de puissants représentants de l'État et des groupes criminels organisés qui se disputaient l'argent qui avait disparu lors du krach financier de 2008. Il avait survécu à l'attaque. Mais l'histoire qu'il a commencé à raconter lorsqu'il est finalement sorti du coma artificiel a conduit à un énorme système de blanchiment d'argent, qui est devenu connu sous le nom de « laverie moldave ». Grâce à ce système, plus de 20 milliards de dollars ont été illégalement transférés hors de Russie *via* des banques moldaves, lettones et estoniennes vers des paradis offshore à l'Ouest entre 2010 et 2014. Le flux de trésorerie qui s'est écoulé dans la laverie moldave était lié au même groupe d'entrepreneurs des chemins de fer russes dirigé par Andrei Krapivin, un proche associé de Iakounine depuis les années 1990, et par Valery Markelov. Alléguant qu'ils étaient derrière l'attentat perpétré contre lui, Gorbuntsov a remis une base de données sur certaines des transactions à Scotland Yard.

En 2014, les procureurs moldaves ont commencé à enquêter sur le stratagème. Il a fallu encore quatre ans avant que les forces de l'ordre russes ne commencent à l'examiner : à ce moment-là, les entrepreneurs avaient été victimes de factions belligérantes au Kremlin. Lorsqu'un groupe rival des forces de l'ordre russes a fait une descente dans l'appartement d'un colonel du ministère de l'Intérieur, il a trouvé un coffre-fort construit sur mesure contenant plus de 124 millions de dollars en espèces dans des cartons de vin et des sacs en plastique – une partie des pots-de-vin versés par les entrepreneurs ferroviaires pour fermer les yeux sur l'escroquerie. Le témoignage du colonel de police a permis de découvrir l'existence de plus de 3 milliards de dollars que ces hommes avaient siphonnés des chemins de fer russes puis blanchis en Occident par le biais du système moldave.

Ces 3 milliards de dollars étaient dissimulés au milieu de sorties illicites d'argent beaucoup plus importantes, principalement d'hommes d'affaires russes utilisant le système pour éviter de payer des droits de douane ou des taxes. Les banquiers à l'origine du système de blanchiment moldave avaient imaginé un moyen ingénieux de faire sortir des fonds de Russie, mettant en place un réseau de sociétés-écrans enregistrées au Royaume-Uni qui avaient signé d'importants faux accords de prêt entre elles. Ces prêts fictifs étaient garantis par un réseau distinct d'entreprises russes et de citoyens moldaves, qui étaient ensuite contraints de verser de l'argent aux entreprises britanniques après que les banquiers avaient truqué des décisions à leur encontre avec des juges complices dans les tribunaux moldaves. Plus de 20 milliards de dollars avaient été siphonnés hors de Russie vers des paradis offshore de cette manière avant que les procureurs moldaves ne se rendent compte du stratagème et ne l'arrêtent. Parce que l'argent volé aux chemins de fer russes était mélangé aux sorties de fonds encore plus importantes d'entrepreneurs cherchant à détourner leur argent du bras long de l'État russe, il était presque impossible à retrouver. La majeure partie s'était perdue dans un réseau de sociétés offshore dont la propriété réelle demeurait occultée.

Tout cela faisait partie d'une sortie d'argent beaucoup plus importante, hors de portée de l'État russe et investie dans des appartements et des biens de luxe. « La fuite totale des capitaux couvre le commerce. Il est nécessaire de réduire les paiements de douanes et de taxes, a dit le banquier de haut niveau. Chaque jour, un grand nombre de marchandises entrent à Moscou. Prenons l'exemple d'un téléviseur. Pour réduire les droits de douane et les taxes, cela pourrait s'accompagner d'un coût rapporté artificiel de 100 dollars. Mais le coût de production est de 300 dollars. Donc les 100 dollars sont payés directement en Russie et les 200 autres dollars sont payés hors de la Russie, à l'étranger. Les fonds doivent être retirés de Russie pour payer les marchandises. C'est ce à quoi correspond le flux entier. Les commerçants sont les principaux clients. » Mais les procureurs moldaves enquêtant sur le stratagème craignaient qu'il y ait également de l'argent noir lié aux services de sécurité russes pour des opérations d'influence à l'étranger, en l'occurrence pour avoir financé des partis politiques d'extrême gauche et de droite afin de perturber et saper les institutions en Occident. La résistance à laquelle les procureurs moldaves pro-occidentaux se sont heurtés de la part des services de sécurité russes lorsqu'ils ont commencé à enquêter sur le stratagème indiquait qu'ils bénéficiaient d'une protection de haut niveau. Lorsque l'un des enquêteurs moldaves s'est rendu en Russie pour enquêter sur l'escroquerie en 2017, il a été arrêté et fouillé à la frontière, tandis que les procureurs russes ignoraient ses demandes d'assistance. Ce qui indiquait également que les transferts étaient bien plus qu'un simple siphonnage d'argent, c'était que le réseau de banques russes derrière le stratagème conduisait à Igor Poutine, un cousin du Président russe, ainsi qu'aux hauts fonctionnaires des services de sécurité.

Les journalistes du projet de reportage sur le crime organisé et la corruption ont remonté l'un des transferts directement à une petite organisation non gouvernementale polonaise dirigée par l'activiste politique pro-Kremlin, Mateusz Piskorski, qui a publiquement appelé à la « désaméricanisation » de l'Europe et soutenu d'autres points clés de l'agenda russe. Piskorski a ensuite été arrêté pour espionnage pour la Russie et pour avoir accepté des paiements. Plus tard en 2018, lorsque les forces de l'ordre russes ont finalement commencé à rassembler certains des participants à l'escroquerie, un haut fonctionnaire impliqué dans les contrats des chemins de fer russes m'a avoué que le siphonnage avait été un moyen de créer un budget parallèle d'argent noir pour les opérations stratégiques du Kremlin. En l'absence de règles ou de contrôle, a déclaré cette personne, il était facile de brouiller les lignes entre le stratégique et le personnel. Mais c'était aussi un système où, si vous n'étiez pas en règle, vous pouviez être pris pour cible par les forces de l'ordre russes à tout moment : « Ce qui était autorisé et approuvé auparavant ne l'était soudainement plus », a-t-il dit.

L'une des principales banques russes faisant transiter des fonds par le biais du régime moldave indiquait qu'il y avait un pari encore plus grand en jeu. Russian Land Bank, ou RZB, était en partie détenue et contrôlée par un ancien boxeur pugnace lié au crime organisé, Alexander Grigoryev, un homme d'affaires de Saint-Pétersbourg. Pendant longtemps, il avait bénéficié d'une protection assurée par les plus hauts responsables. Lorsque lui et ses hommes ont acquis RZB début 2012, le cousin du Premier ministre de l'époque, Igor Poutine, a été nommé président du conseil d'administration. Plus tard cette année-là, après le retour de Vladimir Poutine à la présidence, Grigoryev et Igor Poutine, avec un autre banquier, Alexei Kulikov, ont rejoint le conseil d'administration d'une autre banque de taille moyenne, Promsberbank, qui a rapidement lancé un autre grand projet de transfert d'argent illicite.

Les transactions miroirs

Promsberbank faisait partie d'un réseau d'institutions financières déployées par le même réseau soudé de responsables des services de sécurité et du crime organisé pour inonder l'Occident d'argent liquide illicite. Entre 2011 et 2014, elle est devenue un canal important pour le transfert de plus de 10 milliards de dollars hors de Russie. Ces fonds étaient acheminés à travers ce qui devait sembler être la couverture parfaite : l'une des plus grandes institutions financières de l'Ouest, la Deutsche Bank. Et les transferts n'impliquaient pas de décisions de justice frauduleuses comme en Moldavie, mais un système de transactions boursières. À partir de 2011, un réseau interconnecté d'entreprises et de courtiers russes a commencé à placer des opérations sur titres avec la branche moscovite de la Deutsche Bank. Ils passaient des ordres d'achat de gros blocs d'actions russes de premier ordre en roubles, alors qu'en même temps, ce qui semblait être des sociétés sans aucun rapport entre elles basées au Royaume-Uni ou dans des zones offshore comme les îles Vierges britanniques passaient des ordres pour vendre le même montant de la même action par l'intermédiaire de la Deutsche Bank à Londres. Elles seraient payées pour les actions en dollars ou en euros. Plus tard, les régulateurs ont constaté que bon nombre de ces sociétés étaient liées par des administrateurs, adresses ou propriétaires communs. Connues sous le nom de « transactions miroirs », celles-ci ne visaient pas à gagner de l'argent, mais à contourner les réglementations russes sur le transfert de fonds hors du pays. Beaucoup de courtiers effectuant les transactions étaient liés d'une manière ou d'une autre à Promsberbank. Il y avait IK Financial Bridge, un actionnaire de Promsberbank qui est devenu l'un des principaux acteurs passant des ordres d'actions auprès de Deutsche Bank à Moscou. Il y avait Lotus Capital, un autre courtier de Moscou, qui, selon la banque centrale russe, a payé ses actions à partir d'un compte en roubles à la Promsberbank et détenait ses actions par l'intermédiaire d'un dépositaire, Laros Finance, également détenu par Promsberbank. L'un des propriétaires de Promsberbank, Alexei Kulikov, a rencontré des dirigeants à la Deutsche Bank à Moscou pour les persuader de poursuivre les projets, d'après le témoignage ultérieur de Kulikov.

Les banquiers semblaient avoir trouvé un canal idéal. La branche moscovite de la Deutsche Bank avait toujours entretenu une relation privilégiée avec le régime de Poutine. Pendant la majeure partie des années 2000, c'était le fief de Charlie Ryan, le banquier américain qui avait rencontré Poutine pour la première fois à l'époque de Saint-Pétersbourg et qui avait ensuite cofondé United Financial Group, la société de courtage moscovite que la

Deutsche Bank avait finalement rachetée. Elle avait toujours géré des clients sensibles de haut niveau pour le régime de Poutine. Igor Lojevsky, qui a remplacé Ryan lorsqu'il a quitté ses fonctions de président de la Deutsche Bank à Moscou, était également bien connecté. Il avait occupé des postes de direction dans des banques d'État russes et avait brièvement remplacé le plus proche allié de Poutine issu de la Stasi, Matthias Warnig, à la tête de la Dresdner Bank à Moscou. On lui prêtait des liens étroits avec les services de renseignement étranger russes.

Les jeunes banquiers occidentaux qui travaillaient pour la Deutsche Bank à Moscou menaient des vies d'expatriés insouciantes. C'était un monde où les boîtes de nuit étaient remplies de prostituées et où l'argent coulait à flots, comme s'il sortait d'un robinet. Les négociants en actions avaient peu de scrupules ou de questions sur la réalisation des transactions miroirs. « La moitié du volume quotidien des transactions portait sur les transactions miroirs, a dit un négociant qui travaillait avec eux à l'époque. C'était quelque chose dont ils parlaient ouvertement. »

Mais leur monde s'est effondré lorsqu'un agent de la conformité à Moscou a finalement décidé que les transactions étaient suspectes et qu'elles méritaient un examen plus approfondi. Certaines des entreprises russes passant les commandes se sont vu retirer leur licence pour avoir enfreint les lois sur les valeurs mobilières et le blanchiment d'argent. En février 2015, la police de Moscou a visité le bureau de la Deutsche Bank à Moscou dans le cadre d'une enquête sur la fraude chez l'un des courtiers. L'enquête interne que la Deutsche Bank a lancée à la suite de cette affaire a rejeté la faute sur les épaules d'un employé de niveau relativement bas : Tim Wiswell, le responsable du bureau des actions, âgé de trente-six ans, à l'allure soignée et sociable. Comme par hasard, peut-être, pour les cadres supérieurs de la Deutsche Bank, 3,8 millions de dollars de fonds non comptabilisés avaient été trouvés dans un compte bancaire offshore appartenant à la femme de Wiswell – et 250 000 dollars de cette somme provenaient d'une entreprise ayant pris part aux opérations miroirs. Certains des collègues de Wiswell étaient consternés. Bien sûr, des cadres supérieurs étaient au courant des transactions. « Vous ne pouvez pas simplement déplacer 10 milliards de dollars à l'étranger sans que quelqu'un le sache. Et sur quatre ans en plus, a dit l'un d'eux. Tim a eu beaucoup de discussions avec le bureau de Londres au sujet de ces types... Tout le monde savait que ces types appelaient et ils ont acheté et vendu tous les jours pendant quatre ans. C'est assez difficile de garder ça secret. Le type à Londres – même s'il prétend ne rien savoir du tout – devait forcément connaître l'identité de ces clients vu que pendant quatre ans, ils ont figuré dans le top 5 des clients. »

Lorsque les régulateurs de Moscou ont finalement mis un terme au système, eux aussi se sont contentés de joueurs de niveau inférieur. Kulikov, l'actionnaire de Promsberbank, mince et réservé, qui avait essayé d'organiser certaines des transactions avec la Deutsche Bank, a été jugé pour avoir prétendument détourné 3,3 milliards de roubles de la Promsberbank. Grigoryev, propriétaire à la fois de Promsberbank et de RZB, a ensuite été accusé de diriger une organisation criminelle pour son rôle dans le stratagème moldave. Mais Kulikov et un autre banquier de haut rang connaissant de près le stratagème ont indiqué que les véritables cerveaux étaient bien plus haut placés. Les escroqueries moldaves et les opérations miroirs étaient liées et elles étaient d'une telle ampleur qu'elles n'auraient pas pu avoir lieu sans la surveillance et la participation du FSB. « Il s'agissait d'une opération à l'échelle industrielle », a dit Roman Borisovich, un ancien banquier de la Deutsche Bank. « Cela ne se serait pas produit à une telle échelle sans l'implication du FSB », a déclaré un autre banquier supérieur de la Deutsche Bank lié aux services de sécurité.

L'argent détourné était entré dans des sociétés-écrans à Londres et aux États-Unis *via* des stratagèmes si complexes que personne ne comprenait comment il était dépensé. Pour l'ancien haut responsable de la Deutsche Bank, le système des transactions miroirs, par exemple, ne ressemblait pas à une opération visant à éviter les impôts ou les douanes, mais à un plan pour créer des réserves d'argent noir pour corrompre les responsables, que ce soit sur place en Russie ou bien à l'étranger.

Au moyen d'un processus connu sous le nom de *obnalichivaniye*, l'argent liquide des livres de l'entreprise a été converti en argent noir intraçable. « Dans les années 1990, a dit le banquier, l'*obnalichivaniye* était utilisé pour éviter les impôts. Aujourd'hui, il est utilisé pour la corruption, pour l'achat des fonctionnaires de l'État. Il n'est utilisé que par les criminels et le FSB. »

Après que Kulikov a été jugé pour les accusations de détournement de fonds, lui et un autre dirigeant de Promsberbank ont pointé du doigt un autre actionnaire caché : Ivan Myazin, une silhouette élancée au début de la cinquantaine qui aimait porter des vêtements coûteux, était au centre du réseau entre le crime organisé et le FSB pour faire transiter l'argent illicite. Myazin, disaient-ils, était le véritable cerveau de la laverie moldave et du système de transactions miroirs de la Deutsche Bank. « C'est un personnage très intéressant, a dit un banquier russe haut placé avec une connaissance approfondie des deux systèmes. C'est lui qui a véritablement développé ces systèmes. Il est ami avec des gens très respectés au FSB. »

Derrière Myazin se trouvait cependant un autre niveau qui allait encore plus haut, jusqu'au sommet du FSB et du crime organisé russe. Lorsque Myazin a lui aussi été arrêté en 2018, une autre victime des luttes intestines vicieuses au sein des services de sécurité russes et du ministère de l'Intérieur, ces acteurs de haut niveau ont continué à danser. Une indication sur la composition du groupe puissant qui le soutenait se trouvait dans l'amitié que Myazin entretenait avec l'un des truands les plus notoires de Russie, Viatcheslav Ivankov, autrement connu sous le nom de « Yaponchik », « Petit Japonais » en argot russe. Petit et maigre, avec une barbe en lambeaux et des yeux de glace, ce que Yaponchik n'avait pas au niveau de la stature, il le compensait par une énergie vicieuse. Il était redouté pour son tempérament violent et pendant un certain temps au début des années 1990, il avait vécu à New York pour y diriger des opérations pour le plus grand groupe criminel organisé de Russie, le Solntsevskaya. Le FBI l'a qualifié de « l'un des plus puissants patrons du crime eurasien international ». En 1995, il avait été inculpé par les forces de l'ordre américaines pour avoir extorqué 3,5 millions de dollars à deux hommes d'affaires russes, menaçant leur vie et organisant une violente attaque contre le père de l'un d'eux qui avait entraîné sa mort. Mais pour Myazin, il était « un homme calme, intelligent et simple » avec lequel il avait l'habitude de célébrer le Nouvel An, « ensemble avec nos familles ».

Alors que Yaponchik était détenu dans une prison américaine, il s'était fait un ami très proche : Evgueni Dvoskine, un bandit russe de Brighton Beach emprisonné pour un système frauduleux de vente de carburant. Il s'est avéré être le neveu de Yaponchik. Lorsque les deux hommes sont retournés ensemble à Moscou en 2004, avec l'aide des relations de Yaponchik et de l'amitié étroite que Dvoskine noua ensuite avec Ivan Myazin, Dvoskine est devenu la force motrice de plusieurs des plus grands programmes de blanchiment d'argent, le banquier de l'ombre qui s'est fait connaître comme le roi de l'argent noir russe. « Il y avait une telle connexion entre eux : Myazin, Yaponchik et Zhenya (le diminutif pour Evgueni), a dit un ancien banquier russe de haut rang qui avait travaillé avec les trois hommes. Et ensemble, ils ont décidé de conquérir le monde. »

Yaponchik a été abattu à Moscou en 2009. Mais Dvoskine était un survivant qui a toujours réussi d'une manière ou d'une autre à échapper sans encombre aux enquêtes sur les escroqueries de blanchiment d'argent. Il a développé une puissante source de protection, travaillant en étroite collaboration avec le général du FSB Ivan Tkachev, qui est devenu le chef de la toute-puissante Direction K du service de sécurité. C'était le département censé enquêter sur les crimes économiques, mais en substance, il faisait presque le contraire de cela : il supervisait et contrôlait les plus grands canaux de blanchiment d'argent de la Russie vers l'Occident, selon deux banquiers russes de haut rang ayant une connaissance directe du dossier.

Le premier indice montrant à quel point ces stratagèmes étaient devenus systémiques au sein du pouvoir de Poutine – et à quel point les services de sécurité étaient impliqués – s'est présenté lorsque l'ancien président de la banque centrale russe, Sergueï Ignatyev, a osé y faire allusion publiquement. Dans une interview d'adieux accordée au journal russe *Vedomosti* en 2013, le mince et sérieux Ignatyev a parlé des 49 milliards de dollars qui avaient illégalement quitté le pays au cours de la seule année précédente. Il a déclaré que plus de la moitié de ce montant semblait avoir été détournée par des entreprises liées les unes aux autres : « Cela donne l'impression qu'elles sont toutes contrôlées par un groupe organisé d'individus. » Un ancien officier du FSB et un banquier russe de haut rang ont déclaré tous les deux qu'ils étaient sûrs qu'Ignatyev parlait du FSB.

Plus tard, Ignatyev s'est plaint à un collègue que chaque fois qu'il avait essayé de mettre fin à ces systèmes, il s'était heurté à une forte opposition du FSB : « Il m'a dit qu'il les aurait tous supprimés depuis longtemps si le FSB n'était pas venu frapper à sa porte pour essayer de l'arrêter », a dit cette personne.

Diskont Bank

Ignatyev avait toutes les raisons d'être prudent. Deux semaines après qu'un banquier central adjoint, Andrei Kozlov, avait cherché à mettre un terme à une première version de ces systèmes de siphonnage d'argent en révoquant la licence d'une banque russe, Diskont Bank, en 2006, il avait été abattu dans la rue. Peu de temps auparavant, Kozlov avait rendu une visite urgente à ses collègues en Estonie, avertissant le responsable de la lutte contre le blanchiment d'argent que la succursale estonienne de la Sampo Bank blanchissait des milliards de roubles en espèces russes sales et exigeait la clôture de plusieurs comptes. Selon un rapport du journal d'investigation *The New Times*, une enquête ultérieure de la police russe sur la mort de Kozlov a révélé que le stratagème de blanchiment d'argent était lié à de hauts responsables du Kremlin et au chef adjoint du FSB. Mais les liens avec les autorités ont été rapidement dissimulés, et officiellement, la piste – et la responsabilité du meurtre – s'est arrêtée avec l'emprisonnement d'un banquier moscovite de niveau inférieur que l'on a accusé du meurtre. D'autres personnes impliquées dans la mise en place du système de blanchiment d'argent étaient liées à Dvoskine et Myazin, mais encore une fois, ils s'en sont sortis sans encombre.

Tandis que les procureurs autrichiens et russes prenaient des mesures pour mettre fin au système Diskont, d'autres systèmes ont pris sa place et la route de l'argent noir russe à travers l'Estonie n'a fait que s'étendre. Lorsque la Danske Bank du Danemark a pris le contrôle de la Sampo Bank estonienne en 2007, malgré les avertissements répétés de la banque centrale russe, elle est devenue l'un des principaux canaux de distribution de l'argent des blanchisseurs moldaves et des transactions miroirs de la Deutsche

Bank vers l'ouest. En tout, les enquêteurs ont découvert plus tard que plus de 200 milliards de dollars d'argent noir avaient été transférés *via* les comptes de la Danske. La même banque avait également versé 200 millions de dollars de faux remboursements d'impôts accordés par le ministère russe des Finances, dans le cadre d'une autre escroquerie découverte en 2007 par l'avocat fiscaliste russe Sergueï Magnitsky qui est mort dans une prison de Moscou après avoir dénoncé le scandale. Des enquêtes plus approfondies ont montré qu'un total de plus de 800 millions de dollars avait été détourné du pays sous la forme de remboursements d'impôts frauduleux entre 2006 et 2010, en utilisant une partie du même réseau d'entreprises et de banques.

Le nombre de dénominateurs communs entre tous les schémas – les faux dégrèvements fiscaux, la laverie moldave et les transactions miroirs – était stupéfiant et pour un banquier qui s'est retrouvé au milieu de tout cela, ils se sont avérés mortels. Alexander Perepelichny était propriétaire d'IK Financial Bridge, actionnaire de Promsberbank et gros passeur de commandes auprès de la Deutsche Bank Moscou dans le cadre de l'escroquerie des transactions miroirs. Après avoir commencé à partager des informations avec les enquêteurs sur certains des transferts effectués par le biais de systèmes frauduleux de remboursement d'impôts, auxquels il avait également participé, il est mort d'une crise cardiaque dans des circonstances suspectes alors qu'il faisait son jogging dans un parc près de Londres.

Bien que tous les projets aient finalement été abandonnés après avoir fait l'objet d'une trop grande attention, à chaque fois c'était trop peu, trop tard. Au moment où les régulateurs russes sont intervenus, des dizaines de milliards de dollars avaient déjà été transférés illégalement vers l'ouest. Dvoskine et ses gestionnaires de haut niveau au sein du FSB sont restés impunis, en sécurité au-dessus de la mêlée. Dans le cas de la laverie moldave et du système des transactions miroirs de la Deutsche Bank, le cousin du Président, Igor Poutine, a démissionné des conseils d'administration des banques impliquées juste avant que le régulateur n'intervienne, tandis que les canaux de blanchiment d'argent se reproduisaient simplement par l'intermédiaire d'autres banquiers au sein d'autres banques. Lorsque le système de transactions miroirs a été fermé, par exemple, il s'est fait remplacer par d'autres mécanismes de transfert d'argent, comme des décisions de justice frauduleuses ou des escroqueries à la réassurance. « Vous ne pouvez utiliser un objet qu'un certain nombre de fois, a déclaré un banquier russe de haut niveau, connaissant bien les schémas. Vous ne pouvez pas regarder la même télévision pendant cent ans, par exemple. C'est la même chose avec les banques. Quand il y a un cadre et que les gens impliqués commencent à en dépasser les limites, ils commencent à tout compromettre. Ils commencent à se faire remarquer. »

Pour exemple, selon lui Myazin « aimait bien s'habiller et voyager avec style ». Cela ne convenait pas à sa situation. En Russie, il y a deux types de régimes. Il y a celui de Vanya Myazin qui a des liens avec tous les groupes et qui parle trop fort. Et puis il y a les structures à moitié militaires qui travaillent avec rigueur et que personne ne connaît. Les schémas étaient toujours en train de changer. Dès qu'une voie était fermée, un nouveau canal s'ouvrait. « Ce schéma que vous avez vu, vous ne pouvez pas le tracer. L'argent est pris et mélangé. Il est inutile d'essayer de le tracer », a dit ce banquier russe de haut niveau.

La banque de New York

Le premier signe indiquant que les services de sécurité russes et le crime organisé étaient profondément impliqués dans l'acheminement de milliards de dollars vers les marchés occidentaux avait fait son retour au cours de l'été 1999. Quand les enquêteurs américains cherchaient à savoir si l'un des piliers du système bancaire américain, la Bank of New York, avait blanchi plus de 7 milliards de dollars dans de l'argent russe potentiellement lié à la mafia, la sonnette d'alarme a retenti, et bien fort. Dans un premier temps, le scandale a semblé ahurissant : comme nous l'avons vu, les gros titres de la presse ont contribué à accélérer la passation du pouvoir d'Eltsine à Poutine après que l'enquête a menacé de s'étendre aux comptes de la Famille Eltsine. Tout Washington DC était en alerte face à la puissance potentiellement corrosive de l'argent noir russe. Deux jours d'audiences au Congrès ont permis d'examiner les liens possibles entre l'opération du blanchiment d'argent, le crime organisé et le KGB. Les membres du Congrès ont entendu l'ancien directeur de la CIA, James Woolsey, ainsi que d'autres anciens spécialistes de la Russie au sein de la CIA. Iouri Shvets, l'ancien officier supérieur du KGB en poste à Washington, a été franc sur les origines de tout cela : « L'infiltration à grande échelle du système financier occidental par le crime organisé russe a commencé juste à la veille de l'effondrement de l'Union soviétique... Les principaux acteurs du jeu étaient de hauts fonctionnaires du Parti communiste soviétique, des hauts dirigeants du KGB et des grands patrons du monde criminel. »

L'opération de la Bank of New York avait été surprenante par son audacieuse simplicité. Elle était beaucoup moins sophistiquée que les derniers systèmes de la Moldavie et des transactions miroirs. Deux banquiers russes venus de banques moyennes peu connues avaient viré des fonds de clients russes, souvent par l'intermédiaire de sociétés fictives offshore et d'une banque fictive enregistrée à Nauru, Sinex Bank, sur des comptes détenus par deux sociétés obscures, Benex et Becs, à la Bank of New York. Les fonds avaient ensuite été instantanément transférés sur d'autres comptes de tiers. Les enquêteurs ont découvert que le compte Benex effectuait en moyenne « un virement bancaire toutes les cinq minutes, nuit et jour, vingt-quatre heures sur vingt-quatre, pendant dix-huit mois ». En 1998, les volumes avaient atteint jusqu'à 200 millions de dollars par mois.

Ce qui a le plus troublé les enquêteurs aux États-Unis et au Royaume-Uni, c'est que certaines des transactions de Benex remontaient à l'un des truands les plus notoires de Russie, Semion Moguilevitch. Les enquêteurs britanniques étaient tombés sur Benex pour la première fois alors qu'ils passaient au crible des piles de documents liés à une autre affaire, en l'occurrence une enquête de fraude sur une société-écran de Moguilevitch. Puis le FBI a découvert qu'une agence de voyages Benex avait commandité des demandes de visas américains pour un certain nombre d'associés connus de Moguilevitch.

Les services de police occidentaux ont commencé à soupçonner Moguilevitch d'être le cerveau derrière l'ensemble du système de blanchiment. La connexion à elle seule avait « des implications stupéfiantes », a dit Jonathan Winer, ancien sous-secrétaire d'État adjoint à l'application du droit international, lorsqu'il a témoigné au Congrès sur l'affaire : « Cela suggérait une possibilité sérieuse que Benex soit une entreprise de blanchiment d'argent de plusieurs milliards de dollars exploitée par quelques Russes, dont un initié dans une grande banque centrale américaine et que Benex blanchisse, entre autres, des fonds à New York pour certains des pires éléments de la mafia russe. Je suis littéralement resté sans voix lorsque j'ai reçu cette information. »

Moguilevitch, le gangster de cent trente-six kilos qui fumait cigarette sur cigarette, aux traits marqués, que les hommes de Poutine avaient utilisé comme intermédiaire dans les systèmes obscurs de commerce du gaz entre le Turkménistan, la Russie et l'Ukraine, avait toujours été lié aux services de sécurité russes. Même lorsqu'il avait commencé son activité dans les années 1970, aidant les émigrés juifs à quitter l'Union soviétique – les dépouillant souvent de leurs biens au passage – il travaillait avec le KGB. Sa formation universitaire dans le domaine de la finance a contribué à faire de lui le référent pour le transfert des fonds du crime organisé russe vers l'Occident, et selon trois anciens associés de Moguilevitch et un dossier du FBI sur lui, il a travaillé en étroite collaboration avec le groupe organisé criminel Solntsevskaya, qui est devenu le plus puissant de Russie. Il a aussi développé des liens étroits avec le gouvernement de la ville de Moscou. « Ils avaient beaucoup de devises fortes et ils ne savaient pas quoi en faire. Seva investissait pour eux », a dit un ancien associé. « Il est leur banquier », a dit un autre. Ils gagnent de l'argent, mais ils ne savent pas quoi en faire. »

Le FBI pensait que Moguilevitch était depuis longtemps à la tête de son propre empire criminel qui s'étendait à la gestion de réseaux de prostitution et au trafic d'armes et de drogue. Ses opérations ont toujours été menées main dans la main avec le KGB. « La moitié des affaires de Seva se faisait toujours avec les services de sécurité, a dit un ancien associé. Il travaillait toujours pour eux. Le KGB ne se retournera jamais contre lui. Il incarne la partie criminelle de l'État russe. » L'escroquerie de transfert d'argent de la Bank of New York ne semblait pas différente. Il apparaissait comme une continuation du processus par lequel, juste avant l'effondrement soviétique, le KGB s'est associé au crime organisé pour commencer à acheminer la richesse du Parti communiste vers des comptes bancaires à l'étranger. Aucune des sorties de fonds *via* Benex et sur des comptes à la Bank of New York n'aurait été possible sans coordination avec le FSB et le service de renseignement étranger. Les procureurs de New York pensaient que le crime organisé russe utilisait de plus en plus des mécanismes offshore sophistiqués précédemment utilisés par les trafiquants de cocaïne, y compris par la manipulation d'actions cotées en bourse, a dit Jonathan Winer.

Tandis qu'une grande partie de l'architecture du système semblait être gérée par une alliance du KGB travaillant avec le crime organisé, ses utilisateurs accueillaient tous ceux qui voulaient sortir de l'argent de Russie pour le mettre en sécurité à l'Ouest. Tout comme avec les derniers plans russes d'argent noir, tout comme la laverie moldave et les transactions miroirs de la Deutsche Bank, la majorité de l'argent qui transitait par Benex provenait d'hommes d'affaires russes cherchant à éviter les droits de douane et les taxes. Mais les bénéficiaires comprenaient également des gangsters, le crime organisé italien et, apparemment, des membres de la Famille Eltsine. Le KGB et les économistes du crime organisé travaillaient ensemble de manière informelle : ils créaient les plans et ensuite, ils en faisaient la promotion auprès de tout le monde. « Une fois que vous avez un tel vecteur, vous le commercialisez », a dit Mark Galeotti, un expert en matière d'argent noir russe. C'était comme aller dans une épicerie, a dit Jonathan Winer : « Vous pouvez aller à la même épicerie dix fois par semaine. Cela ne signifie pas que vous faites partie de l'organisation. » Les gens à l'origine du projet faisaient partie d'un réseau de « travailleurs » improvisés. « Ils se réunissent pour transférer de l'argent, a dit Winer. Ce sont des gens qui peuvent faire avancer les choses. Mais aucun d'eux n'est employé. »

Même si la sonnette d'alarme concernant le stratagème de la Bank of New York avait initialement sonné fort, le bruit a commencé à s'estomper lorsqu'il s'est avéré que toutes les transactions étaient loin d'être liées au crime organisé. Au lieu d'une enquête à grande échelle, le scandale a été passé sous silence et vite oublié. Deux citoyens américains, deux Russes qui avaient émigré aux États-Unis – Lucy Edwards, qui dirigeait la division Europe de l'Est de la Bank of New York et son mari, Peter Berlin, qui dirigeait Benex depuis un petit bureau dans le Queens – ont été condamnés pour blanchiment d'argent. Mais personne occupant un poste plus élevé à la Bank of New York n'a souffert de conséquence. La banque a finalement tranché avec les procureurs, acceptant de payer 38 millions de dollars de pénalités. Pour Iouri Shvets, ce fut une erreur fatale : « L'enquête n'a abouti à rien. C'était bloqué. Le Président Clinton n'avait pas le temps de s'en occuper. Il savait qu'Eltsine était un sale type. Mais il pensait que l'essentiel, c'était qu'il soit leur sale type, rien qu'à eux. Les États-Unis donnaient de l'argent à la Russie et il était volé. Mais ils s'en moquaient. Clinton en a donné davantage. Il avait trop de choses à faire. Sauf que l'affaire de la Bank of New York était une opération dirigée par le service de renseignement étranger russe *via* Moguilevitch. C'était strictement une opération des services de sécurité russes et les États-Unis ne l'ont jamais reconnu. En conséquence, le résultat c'est ce que nous avons maintenant. Aux États-Unis, nous avons Trump et au Royaume-Uni, c'est la même chose. »

La voie était en train d'être tracée pour les projets ultérieurs, y compris les transactions miroirs moldaves de la Deutsche Bank, qui achemineraient des dizaines de milliards de dollars en argent noir russe vers l'Occident. Une partie de cet argent a servi à acquérir des appartements de luxe et des manoirs, ou est allée sur des comptes bancaires privés. Une autre partie est retournée en Russie pour y être réinvestie. Mais une partie des fonds semblait être investie *via* un réseau de fonds et de sociétés de courtage lié au crime organisé sur le marché boursier américain. Des caisses noires ont été créées qui pourraient un jour être utilisées pour acheter de l'influence. Et Moguilevitch était à l'origine de tout cela. Au début des années 1990, il avait travaillé avec le KGB pour obtenir la libération anticipée de la prison russe de Yaponchik, le redoutable voleur qui s'associerait ensuite à Evgueni Dvoskine, l'aidant à mettre en place la nouvelle génération de systèmes de blanchiment plus sophistiqués après que Moguilevitch a été exposé dans le scandale de la Bank of New York ainsi que dans les systèmes d'échange de gaz. À cette époque, Moguilevitch était devenu trop visible. Il avait écopé d'une courte peine de prison en 2007 alors que les hommes de la sécurité de Poutine affirmaient leur primauté et selon un ancien associé, il avait été contraint en même temps de céder une partie de son entreprise au FSB. « Dvoskine fait définitivement partie d'une nouvelle génération, a dit Mark Galeotti, l'expert de la mafia russe. Il aurait pu se voir accorder certains des comptes sur lesquels Moguilevitch avait travaillé. »

À la suite du scandale de la Bank of New York et des attentats du 11 septembre, les États-Unis ont introduit des réglementations bancaires plus strictes qui, à première vue, ont rendu plus difficile le passage de l'argent noir russe vers l'Amérique. Ces mesures – dans le cadre du Patriot Act – obligeaient les banques américaines à identifier les bénéficiaires effectifs des comptes et interdisaient le recours à des banques fictives. Des schémas simples comme ceux utilisés par Benex n'allaient plus être aussi faciles. Mais les schémas les plus sophistiqués ont rapidement trouvé leur voie. À Londres, les portes s'ouvraient de plus en plus à l'argent russe. La laverie moldave, les transactions miroirs de la Deutsche Bank et l'escroquerie de la Danske Bank ont montré que les banquiers fantômes russes profitaient tout particulièrement d'une forme de société britannique, la société à responsabilité limitée ou SARL, qui n'offrait pratiquement aucune transparence. Les SARL du Royaume-Uni ont été créées au début des années 2000, à la suite du scandale Enron et de la faillite d'Arthur Andersen, comme un moyen pour les associés des quatre grands cabinets comptables d'éviter d'être personnellement responsables des dettes de leurs sociétés. Il semble que personne n'ait réalisé que leur création pourrait avoir des conséquences considérables. Au milieu des années 2000, les SARL britanniques étaient le véhicule de prédilection des blanchisseurs d'argent et Londres avait acquis la réputation d'être la laverie automatique du monde, blanchissant des centaines de milliards de livres d'argent sale chaque année, selon les estimations de l'Agence nationale de lutte contre la criminalité du Royaume-Uni. Les SARL permettaient non seulement aux sociétés fictives d'acquérir le label d'enregistrement au Royaume-Uni sans exercer aucune activité en Grande-Bretagne, elles rendaient également possible le dépôt de comptes complètement faux. Les SARL n'étaient pas imposables, il n'y avait donc aucun moyen de vérifier si les comptes déposés auprès du registre officiel du Royaume-Uni, Companies House, étaient exacts ou non. La propriété de ces sociétés se faisait principalement par le biais de juridictions offshore notoirement impénétrables comme les îles Marshall ou les Seychelles. « Nous n'avons aucune idée de ce qui se passe ensuite avec l'argent », a dit Graham Barrow, un expert indépendant en blanchiment d'argent. Les banques occidentales devenaient de plus en plus vulnérables alors que la crise financière de 2008 qui se profilait laissait les institutions financières à court de liquidités.

La profondeur du problème n'a été reconnue que lorsqu'il était déjà beaucoup trop tard. La journaliste militante Daphné Caruana Galizia, réputée pour ses enquêtes sur la corruption dans sa Malte natale, avait mis en garde contre les conséquences possibles lorsqu'elle s'était entretenue avec un député britannique peu de temps avant d'être tuée dans un attentat à la bombe en 2017. « Elle est venue me voir dans mon bureau, a dit le député, et elle m'a dit que l'argent russe et azéri avait acheté tout le gouvernement maltais et qu'il envoyait tout à Londres. Elle m'a dit : «Il y a un mur d'argent qui se dirige vers Londres.» Mais je ne me suis pas impliqué. Je suis père de famille. J'ai des enfants. »

À bien des égards, la « régulation légère » de l'Occident avait créé le mécanisme de sa propre destruction. La voie avait été ouverte au KGB pour créer un vaste réseau de caisses noires, beaucoup plus vaste et beaucoup plus sophistiqué que les réseaux qu'il avait utilisés pour les opérations secrètes et le trafic d'influence dans la bataille pour l'empire de l'époque soviétique. Ces réseaux avaient été préservés lorsque le KGB préparait la transition vers l'économie de marché au crépuscule de l'Union soviétique. Mais ils étaient devenus si complexes que les forces de l'ordre occidentales, insuffisamment financées et en sous-effectif, ont encore du mal à retrouver leur trace.

Pour un ancien officier supérieur du KGB, qui a passé des années à étudier les systèmes offshore, dans ses opérations de caisse noire, la Russie a développé une arme plus puissante que tout ce qu'elle a jamais possédé auparavant : « Vous ne pouvez pas utiliser des armes nucléaires tous les jours, mais vous pouvez utiliser cet argent noir tous les jours. Il peut être déployé pour démanteler le système occidental de l'intérieur. »

Le haut fonctionnaire russe qui supervisait les chemins de fer russes au moment où l'argent du contrat était siphonné par l'arnaque moldave était depuis longtemps actif en Occident, créant un réseau de groupes de réflexion et d'alliances au plus haut niveau des services de sécurité en Allemagne, au Parlement britannique et dans les hautes sphères politiques françaises. Vladimir Iakounine, l'ancien officier supérieur du KGB, membre du cercle restreint de Poutine, avait démissionné de son poste de directeur des chemins de fer russes deux ans avant que le fils de son proche allié, Andrei Krapivin, n'ait été retrouvé avec 277 millions de dollars de la laverie moldave sur ses comptes bancaires. Iakounine affirme qu'il n'était pas au courant des machinations financières.

14

La force tranquille dans une main de fer
« Je les appelle les talibans orthodoxes. »

Les opérations d'influence ont commencé discrètement en Ukraine, bien avant que des agents russes aient infiltré les gouvernements régionaux dans l'est du pays et aident les séparatistes pro-Kremlin à en prendre facilement le contrôle. Cela faisait déjà longtemps que les politiciens ukrainiens dénonçaient le pouvoir corrosif de l'argent noir russe dont les relents s'étaient fait sentir dans l'opacité des procédures d'attribution du marché du gaz qui auraient corrompu et affaibli plusieurs Présidents ukrainiens. Sa présence a été perçue dans l'investissement croissant de la Russie dans les activités de l'Église orthodoxe russe dont les racines s'étendent historiquement jusqu'en Ukraine. Bien avant que la région ne tombe sous le contrôle des militants pro-Kremlin, dans leurs sermons les prêtres orthodoxes russes demandaient à leurs ouailles de prier pour que Moscou sauve la « Sainte Russie », le premier nom de l'empire russe constitué de la Russie, l'Ukraine et la Biélorussie, fondé plusieurs siècles plus tôt à Kiev. L'orthodoxie russe était de plus en plus élevée au rang de contrepoids aux valeurs libérales occidentales, notamment par des oligarques orthodoxes russes aux poches pleines, d'abord en Ukraine puis en Occident.

Parmi ces oligarques orthodoxes, il y avait Vladimir Iakounine, ex-agent du KGB et ancien directeur de la Compagnie des chemins de fer russes, et Konstantin Malofeyev, l'associé au visage d'ange du réseau genevois des hommes d'argent, apprécié par

Serge de Pahlen et Jean Goutchkov, comptant parmi les Russes blancs de Genève aux vues impérialistes, deux proches de Poutine et de Geennadi Timtchenko, son allié négociant en pétrole.

Lorsqu'il a rencontré de Pahlen pour la première fois dans la lumière tamisée et blafarde de la cathédrale Saint-Pierre-et-Saint-Paul de Saint-Pétersbourg, Malofeyev était un monarchiste de dix-sept ans, ainsi que ce dernier nous l'a raconté (en 2014). Dernier héritier en ligne directe des tsars de Russie, le Grand-Duc Vladimir Kirillovich priait pour la première fois sur le lieu de sépulture de ses ancêtres pendant que l'Union soviétique entrait dans le dernier mois de son existence. La relation nouée entre Malofeyev et le grand et voûté de Pahlen ce jour gris de novembre 1991, comme celle de Poutine avant lui, s'est transformée en une relation durable. « De Pahlen a joué un grand rôle dans ma vie », a déclaré Malofeyev. « Il n'y en a pas deux comme lui. Il est le reflet de l'histoire de la Russie. » Malofeyev allait devenir un rouage important au sein d'une alliance entre les hommes du KGB et des impérialistes qui cherchaient à restaurer le pouvoir impérial de la Russie après que Poutine a pris la présidence. Pour ses partisans il est l'alter ego russe de George Soros, le financier qui a consacré une grande partie de sa fortune à promouvoir le libéralisme dans les pays de l'ancien bloc soviétique. Mais bien sûr, Malofeyev est aussi son antithèse.

En 2005, à l'âge de trente et un ans, Malofeyev fonda un fonds d'investissement, Marshall Capital, qui s'est très vite retrouvé à la tête de plus d'un milliard de dollars d'actifs dans les télécommunications, les produits alimentaires pour enfants, les hôtels et l'immobilier, selon des articles publiés par le quotidien économique russe *Vedomosti*. Toujours selon ce journal, il n'a jamais révélé le nom de ses investisseurs. À peu près à la même date, il a créé avec de Pahlen, qui, selon le site web de l'association, siégeait au conseil d'administration de Marshall Capital, une association caritative orthodoxe russe, la Fondation de Saint Vassily le Grand, pour diffuser les valeurs orthodoxes et des idéaux conservateurs en Ukraine et en Europe puis aux États-Unis. Il a très rapidement bénéficié du soutien de la garde rapprochée des hommes du KGB de Poutine. En 2009, il est devenu administrateur indépendant au conseil d'administration de Svyazinvest et Rostelecom, deux géants des télécommunications, juste au moment où les deux entreprises d'état subissaient une restructuration profonde, d'après un article de *Vedomosti* de 2009. L'associé de Malofeyev dans Marshall Capital devenait président de Rostelecom tandis que Gazprombank, contrôlée par la banque Rossia, commençait discrètement à acheter 7 % des parts de Rostelecom au nom de Malofeyev ont révélé les journaux russes *Vedomosti* et *Kommersant*. Une prise de contrôle progressive qui a permis à des proches de Malofeyev, comme Iakounine, de recevoir plusieurs milliards de roubles d'entreprises russes contôlées par l'État. Rostelecom a versé plus de 12 milliards de roubles en contrats, plus de 80 % au total, à une société dirigée par un autre proche de Malofeyev de Marshall Capital. « Malofeyev est devenu le centre du siphonnage de l'argent de Rostelekom », a déclaré Evgueni Yurchenko, l'ancien dirigeant de Svyazinvest, qui a ensuite rejoint Rostelecom.

Grâce au soutien de l'État, Malofeyev est très vite devenu milliardaire tandis que Marshall Capital voyait le nombre de ses actifs augmenter encore plus vite. Pour une raison simple : la Fondation de Saint Vassily le Grand de Malofeyev allait devenir un acteur majeur du projet politique du Kremlin visant à étendre l'influence russe ; et Malofeyev serait à l'avant-garde dans la lutte opposant l'empire russe à l'Occident. Il est un des rouages d'un processus qui s'est mis en branle peu après le virage pro-occidental pris par l'Ukraine pendant la révolution orange. C'est à ce moment que le Kremlin a commencé à mettre en place un réseau d'organisations non gouvernementales russes et de groupes contôlés en sous-main par l'État qui ont d'abord cherché à s'implanter en Ukraine avant de s'étendre plus à l'Ouest. Leur mission était de contrer les organisations non gouvernementales financées par les États-Unis comme le Fonds national pour la démocratie, la Maison de la Liberté et la Société Ouverte de George Soros qui était celui que Poutine et ses séides méprisaient le plus. Les hommes du KGB de Poutine étaient persuadés que ces groupes avaient passé une alliance avec le département d'État américain pour diminuer l'influence russe en Ukraine. Aux yeux du Kremlin, l'accent mis sur les droits de l'homme, les libertés civiles et le soutien à la démocratie n'était qu'un prétexte cynique pour attirer les anciens États soviétiques, que Moscou avait toujours considérés comme son arrière-cour personnelle, dans le giron de l'Occident.

À la différence de Soros qui est un personnage public, Malofeyev opérait dans l'ombre. Il n'a jamais révélé son budget ni ses intentions. Au lieu de l'ouverture libérale, que la Société Ouverte de Soros cherchait à promouvoir, les hommes de Poutine voulaient promouvoir une idéologie, basée sur les valeurs slaves partagées par l'orthodoxie russe, qui prêchait presque le contraire des valeurs libérales occidentales de tolérance. L'orthodoxie russe se considère comme la seule vraie foi et voit tous les autres cultes religieux comme des hérésies. Les droits des individus, prêche-t-elle, doivent être subordonnés à la tradition et à l'État. Elle considère l'homosexualité comme un péché. Les hommes du KGB de Poutine mettaient en avant une justification idéologique pour expliquer leur volonté de restaurer l'empire russe qui trouvait un écho auprès de tous ceux qui se sentaient exclus du tumulte de la mondialisation tout en s'appuyant sur certains préjugés courants. Ils se sont tournés vers des philosophes jadis marginalisés comme Alexander Dugin, un théoricien politique à la longue barbe tout droit sorti des pages d'un roman de Dostoïevski, pour proposer des théories selon lesquelles le destin de la Russie était de devenir un empire eurasien qui prendrait sa place légitime en tant que seule vraie puissance du monde, et deviendrait une Troisième Rome. Ils s'étaient emparés d'une idéologie qui unirait leurs alliés contre l'Occident libéral. Poutine discutait depuis longtemps de ces idées, et aussi de celles des autres impérialistes russes blancs exilés, comme de Pahlen et les autres hommes d'argent genevois. Leurs discours l'ont, semble-t-il, profondément marqué. « Nous avons eu beaucoup de chance avec ce groupe », a dit Malofeyev. « Ce projet civilisationnel est né de leurs antécédents et de leur compréhension du passé et de l'avenir du pays. Poutine a beaucoup parlé avec eux », selon Malofeyev. Le KGB avait pris soin de financer les groupes nationalistes et impérialistes d'extrême droite en Russie depuis l'effondrement soviétique. Mais après la révolution orange ukrainienne fin 2004, progressivement, presque imperceptiblement au début, ces groupes ont quitté les marges et ont de plus en plus bénéficié d'un financement régulier.

Malofeyev et Iakounine – par l'intermédiaire de l'association caritative orthodoxe russe qu'il a fondée, Andrei le Premier Appelé, appellation désignant l'apôtre saint André – étaient loin d'être les seuls à se mobiliser. L'accroissement de la richesse officielle et non officielle de la Russie permettait des versements de plus en plus importants à un réseau d'agences d'État créées pour promouvoir le « soft power » russe à l'étranger. Un réseau dans lequel on trouvait Rossotrudnichestvo et Russky Mir, Monde russe, créés respectivement en 2008 et 2007. Ces deux agences ont mis en place des programmes culturels et linguistiques pour la diaspora russe et le reste du monde, en dépensant des millions pour promouvoir la version du Kremlin de plusieurs événements. Comme le disait Russky Mir, ils fournissaient des « informations objectives » sur la Russie contemporaine et ses citoyens. Mais leurs budgets étaient toujours opaques et selon un ancien officier supérieur du renseignement étranger soviétique, c'étaient surtout des façades pour le renseignement russe. Ni Rossotrudnichestvo ni Russky Mir n'ont jamais publié de rapports financiers. Le soutien de l'État à ces opérations est estimé (selon un site Web gouvernemental répertoriant les contrats de l'État) à environ 130 millions de dollars en 2015 mais ce chiffre est loin du montant total parce que le Kremlin bénéficiait également du soutien d'oligarques.

Une myriade d'autres organisations gérées en sous-main par le gouvernement sont également entrées en action. Des groupes de cosaques russes ont organisé des camps de paramilitaires pour la jeunesse. Un gang de motards hétéroclites connu sous le nom de Night Wolves, qui faisait officice de groupe de propagande ou de groupe paramilitaire, a très vite reçu le soutien de Poutine. Quatre ans avant que ses « petits hommes verts » ne fassent leur apparition pour s'emparer de la péninsule de Crimée, Poutine est entré triomphalement en Crimée avec une bande de Night Wolves (loups de nuit), portant un blouson de cuir et un bandana arborant l'effigie du club de motards, sur une énorme Harley Davidson à trois roues, au milieu d'un nuage de poussière. Personne n'a jamais été en mesure de calculer le financement total de ces groupes. Les Night Wolves, par exemple, ont reçu 18 millions de roubles de financement de l'État en 2014, l'une des plus importantes subventions de ce type, pour « l'éducation patriotique de la jeunesse ». Mais le Kremlin – et le FSB en particulier – pouvait également se tourner vers n'importe quel homme d'affaires ou caisse noire illégale pour allouer des financements occultes.

L'opération en Ukraine a commencé presque imperceptiblement. Lorsqu'un groupe hétéroclite de séparatistes prorusses a créé le mouvement politique « République de Donetsk » dans l'est de l'Ukraine en 2005, peu après la révolution orange, personne ne les a pris vraiment au sérieux. Leurs leaders étaient considérés comme trois doux dingues. Leurs biographies ne mentionnaient aucun fait d'arme retentissant, loin s'en fallait : Andrei Purgin, un nationaliste russe trapu à la barbe broussailleuse, avait occupé soixante-dix emplois différents, dont certains dans un cirque, avant de se rabattre sur une carrière de séparatiste. Le groupe organisait des rassemblements qui étaient loin d'attirer de grandes foules pour demander que Donetsk bénéficie d'un statut fédéral spécial plus proche de la Russie. Il distribuait des tracts arborant un air désespéré qualifiant les nationalistes ukrainiens de fascistes. Et puis il a noué des liens distants avec les groupes nationalistes russes nouvellement créés et parrainés par le Kremlin, les invitant à participer aux camps de jeunesse du Kremlin et à rejoindre un mouvement de jeunesse eurasien fondé par Alexander Dugin, avec lequel Malofeyev a également travaillé. Le gouvernement pro-occidental ukrainien a interdit la République de Donetsk pendant quelque temps mais il a continué à opérer dans la clandestinité. « Ils se sont rendus à Moscou et ont participé aux programmes de Rossotrudnichestvo », a déclaré Konstantin Batozsky, un collaborateur de l'un des anciens gouverneurs et des principaux industriels de Donetsk, Sergueï Taruta. « Ils n'ont jamais été pris au sérieux. Le gouvernement pro-Kremlin de Victor Yanukovych les a, lui aussi, le plus souvent ignorés. »

Mais, un jour, les choses ont changé. En 2012, le mouvement de la République de Donetsk avait suffisamment de moyens pour ouvrir sa propre « ambassade » au siège du mouvement de la jeunesse eurasienne de Dugin à Moscou, à l'intérieur de laquelle ils distribuaient des passeports à la République de Donetsk, qui n'était reconnue par personne. Et puis un jour, selon Batozsky, alors que l'Ukraine sombrait dans le chaos pendant les manifestations de la place Maïdan en janvier et février 2014, plusieurs Russes non identifiés se sont présentés à l'ambassade autoproclamée et ont dit aux dirigeants de la République de Donetsk qu'il était temps pour eux d'agir et qu'ils bénéficieraient du soutien de la Russie.

Lorsque Yanukovych s'est enfui peu après la fusillade de Maïdan, les objectifs politiques du groupe marginal sont devenus réalité. Ils ont participé à la prise d'assaut des bâtiments administratifs de Donetsk, sur lequel ils ont brièvement hissé le drapeau russe. Leur première tentative de créer une République populaire de Donetsk autoproclamée n'a duré que quelques jours puisqu'ils ont été délogés par la police antiémeute, ils se sont néanmoins trouvés à l'avant-garde de ce que le Kremlin aime appeler « le printemps russe », la première véritable réponse de la Russie aux mouvements pro-démocratie à travers le monde. Le mouvement de la République de Donetsk a organisé des manifestations qui ont rapidement pris de l'ampleur, les quelques centaines de personnes des premiers jours de mars 2014 sont devenues des milliers grâce aux nationalistes russes qui traversaient la frontière pour les rejoindre. Le gouvernement ukrainien a affirmé que certains avaient été amenés en bus, déguisés en touristes et comptaient dans leurs rangs plusieurs officiers du renseignement militaire faisant de la contrebande d'armes.

En avril, les manifestations se sont transformées en insurrection militaire et des centaines d'hommes armés et masqués ont pris d'assaut les bâtiments gouvernementaux dans toute l'Ukraine. Alors que le soutien public local n'a jamais semblé dépasser quelques centaines de personnes, au mois de mai, les troupes ukrainiennes dépêchées pour reprendre le contrôle des gouvernements régionaux ne se battaient plus contre quelques dizaines de « fous » mais face à une armée de séparatistes pro-Kremlin soudain très bien organisée et très bien armée. Les dirigeants du mouvement de la République de Donetsk n'ont pas été oubliés : Andrei Purgin, qui n'avait jamais été capable de garder un emploi, est devenu le premier vice-premier ministre de la République populaire autoproclamée de Donetsk. Les chefs militaires arrivés de Moscou les ont rejoints pour prendre les rênes de la nouvelle république séparatiste. Le gouvernement russe a insisté sur le fait qu'il s'agissait de volontaires mais certains d'entre eux étaient très proches des oligarques pro-Kremlin.

La guerre en Ukraine, qui a fait plus de 13 000 victimes et est devenue une crise majeure pour l'Occident, n'aurait jamais eu lieu sans l'argent noir russe. Une partie de cet argent noir venait d'opérations mais le reste venait de simples opérations de siphonnage. Il a joué un rôle dans une guerre par procuration dans laquelle tout était officieux : depuis les militaires russes dirigeant les combats aux armes acheminées en contrebande. Tout devait être niable. Il ne devait y avoir aucune trace. Une partie de l'argent qui a financé l'insurrection des séparatistes pro-Kremlin ce printemps-là semblait avoir été acheminée de l'autre côté de la frontière par les rebelles. Il y a toujours eu beaucoup d'échanges commerciaux officieux entre l'Ukraine et la Russie et il y a toujours eu une économie souterraine substantielle entre les deux pays. La frontière a toujours été extrêmement poreuse ce qui rend toute tentative de suivre les mouvements d'argent liquide presque impossible. « C'était de l'argent noir. Il était apporté dans des valises », a dit Batozsky. « Nous n'avons pu attraper personne. » Les responsables ukrainiens pensaient qu'une grande partie du financement initial du soulèvement avait été apportée par les services secrets russes arrivés dans la région peu après l'annexion de la Crimée.

Malofeyev était au centre de tout cela. Son bureau central à Moscou n'abritait pas qu'une vaste collection d'icônes antiques et de rares cartes de l'époque tsariste. Il était également le lieu de travail des hommes qui ont dirigé l'invasion secrète de l'Ukraine par la Russie : l'ancien chef de la sécurité de Malofeyev, un officier du renseignement militaire avec une moustache en forme de crayon connu sous plusieurs identités, Igor Strelkov, « Strelok » ou Igor Girkin, dirigeait les forces russes *ad hoc* arrivant de Crimée dans l'est de l'Ukraine ; son conseiller en relations publiques aux larges épaules était le nouveau leader de la République populaire de Donetsk. En novembre 2013, avant que les combats n'éclatent, Malofeyev a revendu ses parts dans Rostelecom à l'entreprise d'État pour 700 millions de dollars afin de pouvoir se concentrer sur des « projets humanitaires ».

Igor Strelkov, le chef de la sécurité de Malofeyev, avait déjà participé à plusieurs guerres secrètes pour la Russie en Tchétchénie et en Bosnie. Il a été qualifié de « monstre et de tueur » par le ministre de l'Intérieur ukrainien. Dans le courant du mois avant que la situation en Ukraine ne tourne au chaos, il a accompagné Malofeyev pendant une tournée triomphale qu'il a organisée pour l'Église orthodoxe russe au cours de laquelle il a apporté les cadeaux des Rois mages d'un monastère orthodoxe en Grèce à Moscou, puis à Kiev et en Crimée. Strelkov était apparemment responsable de la sécurité de l'or ancien, de l'encens et de la myrrhe que des milliers de croyants orthodoxes sont venus voir. Mais en Crimée, les deux hommes avaient aussi une autre mission. Ils y rencontrèrent Sergueï Aksyonov qui devait devenir, un mois plus tard, le nouveau dirigeant prorusse de Crimée, sorti de l'ombre en tant que leader d'un petit parti de l'unité russe pro-Moscou presque aussi soudainement que les troupes russes anonymes sont apparues sur la péninsule. « Pendant ces événements, Malofeyev et Strelkov ont appris à se connaître », a dit Batozsky. « Il n'y a aucun témoignage sur ce qui s'est passé ensuite. » Il y avait au moins un ancien chef de l'Église orthodoxe russe qui a estimé que la visite des saintes reliques n'était rien d'autre que la couverture pour une mission de reconnaissance. « Les cadeaux ont été apportés en Crimée pour préparer le terrain et collecter des informations », a déclaré Valery Otstavnykh avant de se retirer de l'Église parce qu'il craignait qu'elle ne soit utilisée comme une arme de l'État de Poutine.

On pense que Malofeyev était la cheville ouvrière de l'acheminement de l'argent vers les séparatistes pro-Kremlin, via un réseau d'organisations caritatives liées à son fonds Saint-Vassili le Grand. Par la suite, les services de sécurité ukrainiens ont divulgué de prétendues écoutes téléphoniques entre lui et Strelkov, dans lesquelles les deux hommes discutaient des succès dans la lutte contre l'armée ukrainienne. Selon la transcription d'un appel, Strelkov dit à Malofeyev : « De notre côté, nous n'avons pas abandonné le moindre poste. Tous les postes à Kramatorsk ont été conservés. Mais Konstantin Valerevich, pourriez-vous me dire qui on a frappé exactement ? » Malofeyev répond en disant qu'il transmettra la nouvelle des succès de Strelkov au dirigeant de Crimée Aksyonov qui lui rend visite.

Malofeyev a nié toute implication dans le conflit, en dehors du versement de fonds au profit des réfugiés fuyant les combats et a ajouté que ses liens avec les chefs rebelles n'étaient rien de plus qu'une « coïncidence ». Mais l'Union européenne a considéré qu'il était impliqué jusqu'au cou et l'a sanctionné pour ses liens avec les séparatistes. Le gouvernement ukrainien a ouvert une enquête criminelle et a affirmé qu'il avait financé des terroristes.

Mais pour le Kremlin, Malofeyev était un faire-valoir idéal. Sa participation a donné au gouvernement russe un certain niveau de dénégation. Il pouvait prétendre qu'il était une tête brûlée impérialiste agissant en totale indépendance. Mais, souvent, dans les interviews, Malofeyev ne pouvait pas se retenir. « Je suis désolé pour mon manque de rectitude politique, a-t-il déclaré à Bloomberg, mais l'Ukraine fait partie de la Russie... C'est une création artificielle sur les ruines de l'empire russe. » « Pour la Russie, c'est une bataille pour la survie historique », m'a-t-il déclaré. « La Russie, dans sa nature, est un empire. À la naissance des États-Unis, elle était un empire. Et nous ne pouvons pas exister à un autre niveau. » Mais en coulisse, ses liens avec le sommet du Kremlin duraient depuis longtemps. Outre des relations avec de Pahlen, il avait également noué des liens avec Poutine par l'intermédiaire du prêtre orthodoxe qui était devenu le confesseur du Président, Tikhon Shevkunov, dont l'influence devenait de plus en plus importante.

Pendant que Malofeyev aidait à étendre l'influence russe dans l'est de l'Ukraine, les hommes d'argent genevois liés au KGB, qui, dans les coulisses travaillaient avec Poutine et Timtchenko, regardaient tout cela d'un air approbateur. « C'est vraiment une guerre de religion », a déclaré l'un d'eux. « Les gens de Donetsk et Kharkov, si vous regardez leurs ancêtres, ont toujours été russes. Ils sont russes depuis toujours. », selon l'un des collaborateurs genevois.

Dès le début, les opérations de Malofeyev semblaient reliées aux services secrets russes. Le secteur des télécoms, dans lequel il a bâti l'essentiel de sa fortune, a toujours été le domaine du renseignement militaire. Le soutien du Kremlin aux groupes nationalistes russes d'extrême droite visant à fracturer l'Ukraine et à l'empêcher d'adhérer à l'Union européenne commençait à ressembler à un retour en arrière de l'époque soviétique de Poutine à Dresde. À l'époque, le KGB (Poutine inclus, selon les deux anciens associés que nous avons rencontrés auparavant) avait infiltré des agents dans des groupes néonazis allemands et dans la faction d'extrême gauche de l'Armée rouge qui a assassiné des officiers militaires américains et des titans de l'industrie ouest-allemande pour semer le chaos et l'instabilité. L'incursion du Kremlin en Ukraine ressemblait à un passage arraché à un vieux manuel du KGB pour diviser et désorganiser, pour faire passer des armes et de l'argent à travers une série de façades et d'intermédiaires, à une époque où l'économie des opérations stratégiques était basée sur la contrebande et rien ne semblait importer aux dirigeants soviétiques en dehors de la projection du pouvoir et de la bataille pour la suprématie contre l'Occident. Les hommes de Poutine dépoussiéraient les tactiques qu'ils avaient utilisées à l'époque, alors que, tout comme aujourd'hui, la Russie n'était pas en mesure de mener une guerre terrestre directe et devait recourir à des feintes, des intermédiaires, des agents d'influence et des organisations de façade, à la propagande et aux mensonges éhontés afin de déséquilibrer son adversaire et le miner de l'intérieur.

À l'époque soviétique, ces tactiques étaient connues sous le nom de « mesures actives ». En 2014, la Russie ayant achevé la transition vers sa propre version déformée du capitalisme d'État, le Kremlin était prêt à affronter à nouveau l'Occident. Certaines des tactiques qu'il a perfectionnées en Ukraine ont été rapidement étendues d'abord à l'Europe de l'Est puis à l'Ouest. Les anciens réseaux se réveillaient et de nouveaux fronts ont fait leur apparition.

Les Ukrainiens avaient été les premiers à avertir qu'une Russie renaissante cherchait à semer la division à l'Ouest. « Tout le monde pensait que les Russes ne faisaient que voler », a déclaré Konstantin Batozsky, l'assistant de l'ancien gouverneur de Donetsk. « Mais ils œuvrent pour créer leur propre cercle de politiciens corrompus. Cela fait longtemps que cela dure et la Russie s'opposera à l'Europe. La Russie installe une énorme bombe dans les fondations de l'Union européenne. La Russie cherche des points vulnérables pour diviser l'Europe. C'est un énorme danger aujourd'hui. Les ONG russes sont à pied d'œuvre. Elles accordent des subventions à des groupes d'extrême gauche et d'extrême droite. »

En Occident, certains experts devenaient également de plus en plus conscients que les opérations d'influence de l'argent noir de la Russie ne se limitaient pas à l'Ukraine. « La Russie finance le Front national en France, le Jobbik en Hongrie, la Liga Nord et le mouvement Cinq Étoiles en Italie, » m'a dit Michael Carpenter, conseiller sur la Russie auprès du vice-président américain Joe Biden, en septembre 2015. « Elle a financé Syriza en Grèce et nous la soupçonnons d'avoir aussi financé Die Linke en Allemagne. Elle cible tous ces partis contestataires de gauche et de droite. Ils sont très proches sur ce plan et elle utilise ces caisses noires à cet effet. Son objectif est de cibler les pays européens pour affaiblir l'Union européenne et briser le consensus sur les sanctions. C'est très sérieux. Elle a dépensé beaucoup de temps et d'argent à cette fin. » Mais ces craintes ont été noyées au milieu d'autres menaces qui semblaient plus immédiates et réelles pour les décideurs politiques moins au fait de la situation en Russie. « Ils nous ont dit que nous avions un préjugé par défaut », a expliqué Carpenter. « Ils ont dit : "Vous êtes concentré sur la Russie alors bien sûr, vous pensez que la Russie est une menace." »

Épuisée par le conflit en Ukraine, l'intensification des tensions au Moyen-Orient et le flux croissant de réfugiés, l'Occident ne croyait pas que la Russie de Poutine puisse pénétrer ses institutions politiques et économiques. Bien qu'elle ait réussi à reprendre le contrôle d'une partie de l'Ukraine, ce succès était majoritairement considéré en Occident comme une victoire à la Pyrrhus. L'économie russe avait longtemps été considérée comme un cas désespéré et tout le monde était persuadé que ses services de renseignement extérieur avaient été vidés de leur substance après l'effondrement de l'Union soviétique. L'argent qui affluait en Occident était considéré comme de l'argent volé et non pas comme une vaste caisse noire pouvant être utilisée pour n'importe quel programme stratégique.

Pourtant dans toute l'Europe, les anciens réseaux du KGB étaient en train d'être réactivés. Lorsque Konstantin Malofeyev grandissait dans une banlieue de Moscou, Serge de Pahlen, selon les confidences d'un ancien officier des renseignements russes, aurait travaillé déjà comme agent infiltré à Paris pour le KGB au sein d'un réseau exploité par Igor Shchegolev, et avec Jean Goutchkov pour des entreprises amies qui aidaient à équiper l'industrie soviétique, d'après un collaborateur genevois. Un autre allié Russe blanc, Alexander Trubetskoy, appartenait lui aussi au réseau de Shchegolev et fournissait aux Soviétiques la technologie informatique française. (Serge de Pahlen conteste pour sa part avoir des attaches avec le KGB.) Désormais, ils travaillaient tous avec Malofeyev : de Pahlen siégeait au conseil d'administration de la Fondation Saint Vassily le Grand tandis que Goutchkov siégeait à celui d'une entreprise liée à Malofeyev. En 2011, Trubetskoy a été nommé président de Svyazinvest, le géant des télécommunications contrôlé par l'État qui avait été intégré à Rostelecom et qui appartenait, en partie, à Malofeyev. Il a également siégé au conseil d'administration de la Fondation Saint Vassily le Grand, pendant que Shchegolev, en qualité de ministre de la Communication de Poutine, veillait à la prospérité des affaires de Malofeyev.

Sans leur protection, Malofeyev ne serait peut-être jamais arrivé à rien. Ils ont d'abord semblé garder une certaine distance pendant que sa Fondation Saint Vassily le Grand se développait en Europe de l'Est. En République tchèque, Malofeyev a semblé mener une campagne chaotique pour entretenir des politiciens anti-occidentaux de tout bord au cours de laquelle il a distribué au moins 100 000 euros à un entremetteur politique né en Biélorussie qui avait tenté d'y orchestrer la montée en puissance de groupes pro-russes, d'après les courriels divulgués entre les deux hommes. Mais les fuites n'ont montré que la surface d'une opération sophistiquée, dans laquelle Malofeyev n'était qu'un acteur parmi d'autres. Iakounine, par exemple, avait courtisé l'homme politique Milos Zeman bien avant son élection à la présidence tchèque en 2013 tandis que Martin Nejedly, à la tête de la division tchèque de Lukoil, une grande compagnie pétrolière russe fidèle au Kremlin, était un conseiller clé de Zeman et cofondateur du parti politique qui avait financé la campagne présidentielle de Zeman. Les employés des sociétés appartenant à l'un des avocats suisses de la banque Rossia (caisse noire de Roldugin) étaient également parmi les principaux bailleurs de fonds de Zeman, qui est devenu un fidèle partisan du Kremlin de Poutine : il a été l'un des premiers dirigeants de l'Union européenne à demander publiquement l'annulation des sanctions de l'Union européenne contre la Russie.

En Hongrie, les intérêts du Kremlin étaient défendus par le parti d'extrême droite Jobbik qui, après de longues années passées en marge de la sphère politique nationale, avait connu une ascension rapide en 2005. Plusieurs mails divulgués montraient que l'entremetteur politique de Malofeyev travaillait également avec le Jobbik. Mais il n'est devenu le plus grand parti d'opposition hongrois qu'à l'arrivée, soudaine et inopinée, d'un énigmatique homme d'affaires hongrois, Béla Kovács, qui après avoir travaillé plusieurs années en Russie a rejoint le parti et l'a sauvé de la faillite. Kovács a insisté sur le fait qu'il l'avait renfloué avec ses propres fonds, mais en 2014, les procureurs hongrois ont ouvert une enquête pour savoir s'il était un agent du KGB. Le Parlement européen a été suffisamment convaincu pour lui retirer son immunité de député européen. Mais l'enquête n'a pas abouti : le président hongrois Victor Orbán était également devenu un proche allié du Kremlin.

En soutenant les groupes politiques d'extrême gauche et de droite, le Kremlin s'accrochait et alimentait une vague croissante de mécontentement en Europe de l'Est. Les anciens pays du bloc de l'Est étaient membres de l'Union européenne depuis près d'une décennie et le lustre de l'Occident et du libéralisme commençait à s'estomper. L'aspiration aux biens de consommation après les pénuries de l'économie planifiée avait été depuis longtemps assouvie et l'Europe de l'Est était recouverte de centres commerciaux lumineux dans lesquels étaient commercialisés les derniers modèles d'iPhone. Mais les conséquences de l'adhésion à l'ordre libéral de libre circulation de l'Union européenne ont été profondément ressenties et les fantômes du passé soviétique – le réseau d'agents qui travaillaient autrefois avec le KGB – étaient encore bien présents dans la société.

Lorsque la Russie, après avoir réussi à prendre le contrôle d'une partie de l'Ukraine, s'est embourbée au Moyen-Orient en lançant une campagne de bombardements en Syrie en 2015 pour protéger le régime de Bachar al-Assad, allié de longue date du Kremlin, les problèmes de l'Europe n'ont fait qu'empirer. Les bombardements ont alimenté une marée déjà importante de centaines de milliers de réfugiés cherchant asile en Europe. En 2015, plus d'un million de personnes ont fui la Syrie pour rejoindre l'Europe. Pour le Kremlin de Poutine, cela a été l'occasion d'attiser les troubles, la haine et l'opposition à l'ordre libéral en place. Les tactiques du Kremlin ont trouvé un terrain particulièrement fertile en Europe de l'Est où la répartition de la richesse économique était extrêmement inégale et l'appel conservateur de l'Église orthodoxe russe contre les conceptions libérales de l'Ouest a trouvé une oreille attentive.

À Genève, le banquier suisse proche de Timtchenko, Jean Goutchkov, rêvait ouvertement de la création d'une Europe slave au sein de laquelle fusionneraient la Pologne, la République tchèque, la Bulgarie, la Russie et l'Ukraine, qui s'étendrait jusqu'à la Hongrie et se séparerait de l'Union européenne dominée par la France et l'Allemagne. En mai 2014, au plus fort de la crise ukrainienne, Goutchkov a affirmé que l'Union européenne était condamnée et que les dirigeants français et allemands voulaient créer une nouvelle Europe sans les nouveaux membres gênants de l'Est. Ce n'était que le début d'un processus qui, selon les hommes de Poutine, devait fracturer l'Union européenne.

En élargissant les manœuvres qu'il avait entreprises à l'Est, le Kremlin a commencé à injecter des ressources à l'Ouest. Les hommes d'affaires genevois, par exemple, avaient depuis longtemps tissé des liens avec le sommet de l'élite française, en particulier avec l'aristocratie. Lorsque Guennadi Timtchenko a commencé à établir des relations avec la plus importante entreprise française du secteur de l'énergie, Total, la voie était ouverte pour ancrer davantage l'influence russe au sommet de la société française. En 2009, Alain Bionda, un avocat genevois affable qui collaborait étroitement avec Goutchkov et Timtchenko, avait déjeuné et dîné avec deux des plus hauts dirigeants de Total au moment où Timtchenko achetait le deuxième producteur de gaz de Russie, Novatek, tandis que début 2013, Goutchkov assistait à un petit déjeuner avec François Hollande lors de sa première visite à Moscou en tant que Président français.

Avec l'aide de ses associés genevois, Timtchenko a consolidé ces liens en vendant une participation de 12 % dans sa Novatek et une participation de 20 % dans le projet de gaz naturel liquéfié de la société à Total pour 4 milliards de dollars. Deux ans plus tard, Timtchenko recevait la plus haute distinction française, la Légion d'honneur. Il avait également été élu président du conseil économique de la Chambre de Commerce franco-russe, un organisme commercial qui a rapidement accueilli les plus grands industriels français ainsi que des membres les plus importants du capitalisme du KGB de Poutine, dont Andrei Akimov, le dirigeant de Gazprombank lié au KGB et Sergueï Chemezov, le camarade du KGB de Poutine à Dresde qui dirigeait maintenant le monopole d'État de l'armement en Russie. Tandis que l'Occident s'apprêtait à sanctionner la Russie pour son incursion en Crimée, Timtchenko et Akimov sont restés en dehors de la liste des sanctions de l'Union européenne, bien qu'ils aient été ciblés par les États-Unis, tandis que Chemezov restait en quelque sorte au conseil d'administration du Conseil économique malgré les sanctions de l'Union européenne. Total demanda la levée des sanctions, point final.

Les efforts de la Russie ne reposaient pas uniquement sur l'établissement de liens commerciaux ou sur des tentatives pour diviser l'unité occidentale sur les sanctions. Par le biais d'agences d'État comme Rossotrudnichestvo et Russky Mir, un réseau de groupes de réflexion avait commencé à s'enraciner profondément à Paris. L'institut russe pour la démocratie et la coopération s'est installé dans une rue tranquille du 7e arrondissement en 2008. Il se présentait comme la réponse de la Russie à la fondation Carnegie des États-Unis pour la paix internationale pour contrer les opinions occidentales négatives sur la Russie et mettre fin à ce que l'un de ses fondateurs qualifiait de « monopole occidental » sur la définition des droits de l'homme et de leur respect par la Russie. Cela faisait partie d'une offensive de relations publiques qui a commencé lorsque le gouvernement de Poutine a créé Russia Today, le réseau mondial de télévision en langue anglaise visant à défier l'hégémonie des chaînes occidentales telles que CNN et la BBC. Mais il n'y avait rien sur le majestueux bâtiment en pierre que l'institut était censé occuper qui indiquait sa présence en ces lieux, alors que sa directrice était une agente des services secrets russes à peine dissimulée – une ancienne diplomate de haut rang des Nations Unies de l'ère soviétique, Natalia Narochnitskaya, qui, selon un ancien officier supérieur du renseignement russe, travaillait pour le KGB depuis l'époque soviétique. La brune bien habillée, ressemblant à un oiseau, avait été une protégée du maître-espion Evgueni Primakov à l'Institut de l'économie mondiale à Moscou à l'époque des réformes de la *perestroïka*. Alors que son institut contribuait à propager la vision du monde des hommes du KGB de Poutine, il avait également une activité secondaire, celle de cibler et de recruter de futurs agents d'influence. Son financement était opaque – tout ce qu'un de ses fondateurs pouvait dire à l'ambassadeur des États-Unis à Moscou c'était qu'il serait soutenu, entre autres, par « dix hommes d'affaires ».

Narochnitskaya était proche de Vladimir Iakounine, lequel, par l'intermédiaire de son organisation caritative orthodoxe russe, la Fondation d'Andrei le Premier, et son groupe de réflexion « Le Dialogue des Civilisations », tissait des liens profonds avec les cercles politiques européens, y compris à la tête du Parti républicain français, avec lequel Serge de Pahlen était également en contact. En mai 2014, je me suis entretenue avec de Pahlen dans son bureau à Genève. Sur sa table de travail il y avait quelques livres de la maison d'édition qu'il dirigeait (derrière laquelle on trouvait un fonds d'investissement impénétrable). Il m'a dit que l'époque de l'hégémonie américaine était révolue. « La force tranquille des États-Unis est en panne », a-t-il dit, un gentil géant qui se tenait penché sur son bureau. « Ils ne l'ont pas. L'époque où elle dominait l'Union européenne est révolue. Aujourd'hui, la Russie est un grand pays, comme la Chine. Les États-Unis n'ont aucune crédibilité aujourd'hui. Ils font en Ukraine ce qu'ils ont fait en Libye. Peut-être que l'Amérique n'a pas compris qu'elle est une puissance en déclin. » Lorsque je lui ai demandé s'il essayait de recréer les réseaux d'influence européens du passé soviétique, il m'a regardé d'un air incrédule avant d'afficher un large sourire. « Si vous parlez de lobbying, alors oui. Tout le monde le fait. »

Tout comme l'Union soviétique avait financé les alliés politiques et des partis dans toute l'Europe à travers un réseau d'entreprises amies pour chercher à affaiblir l'unité occidentale pendant la guerre froide, Moscou déployait maintenant un nouveau réseau d'hommes de paille et de mandataires pour financer les partis politiques d'extrême gauche et d'extrême droite dans tout l'Occident. Des fragments des anciens réseaux, et certains des hommes d'argent, Goutchkov et de Pahlen entre autres, étaient encore là et recevaient maintenant un nouvel apport d'argent. En France, Moscou se concentrait principalement sur le financement des partis politiques d'extrême droite. Bien qu'elle ait trouvé en Jean-Luc Mélenchon un ardent défenseur de la cause à l'extrême gauche (il était déjà ouvertement anti-US et anti-OTAN), la Russie s'est empressée d'ouvrir des lignes de crédit au Front national de Jean-Marie Le Pen et de sa fille Marine. Une source de financement, à nouveau, par procuration pour donner au Kremlin une dénégation plausible, mais certains apports devenaient plus faciles à repérer. En novembre 2014, par exemple, il est apparu que le Front national avait emprunté 9,4 millions d'euros à une banque tchèque liée à Guennadi Timtchenko. (Les avocats de Timtchenko ont déclaré qu'il n'avait joué aucun rôle dans la décision de la banque, qu'il n'avait jamais été impliqué dans la gestion de la banque et qu'il n'en avait jamais bénéficié). Konstantin Malofeyev, pendant ce temps, avait aidé à mettre en place un autre accord pour envoyer 2 millions d'euros à Jean-Marie Le Pen. Dans un autre exemple, un réalisateur de documentaires français a tourné des images de Le Pen entrant dans le bureau de Marshal Capital de Malofeyev à Moscou et repartant plus tard avec une mallette en aluminium. L'hypothèse, c'était qu'elle était pleine d'argent, une allégation vigoureusement démentie par Le Pen (et Malofeyev).

L'activité devenait vertigineuse. Moscou s'assurait depuis longtemps un soutien dans toute l'Europe. En Allemagne, Poutine avait un allié fidèle en la personne de Gerhard Schröder, l'ancien chancelier, qui avait été richement récompensé pour son travail de défense des actions de Poutine en Ukraine et en Syrie, et de sa répression de la démocratie en Russie. Avec Matthias Warnig, proche allié de Poutine de la Stasi, Schröder était membre du conseil d'administration du consortium de gazoduc Nord Stream, un projet de 14,8 milliards d'euros dirigé par la Russie pour exporter du gaz directement de la Russie en passant sous la mer Baltique et en contournant l'Ukraine. En Italie, Poutine avait depuis longtemps un ami en la personne de Silvio Berlusconi. Les deux hommes avaient passé des vacances ensemble en Sardaigne et Berlusconi était souvent invité à la résidence de Poutine à Sotchi. Berlusconi était également membre d'un réseau financier et d'influence qui existait à l'époque soviétique. À la fin des années 1980, sa maison d'édition Fininvest avait obtenu du temps d'antenne de la société de télévision d'État soviétique pour diffuser des films italiens. Il avait également travaillé en étroite collaboration avec le banquier Antonio Fallico qui connaissait intimement les opérations de financement étranger du Parti communiste et dont la banque Intesa avait continué d'être un important bailleur de fonds du capitalisme du KGB de Poutine. Lorsque le parlement italien a découvert une tentative apparente d'un intermédiaire lié à Gazprom de verser de l'argent à Berlusconi, les hommes politiques du parti de Berlusconi ainsi que de l'opposition ont déclaré à l'ambassadeur des États-Unis à Rome qu'ils pensaient que ce n'était pas le seul stratagème du Kremlin destiné au bénéfice personnel de Berlusconi.

Ces relations étaient connues de longue date mais les activités de la Russie en Occident entraient clairement dans une phase beaucoup plus active. En Europe, Malofeyev faisait la promotion d'un programme populiste de droite, une rébellion contre l'establishment libéral. En juin 2014, il a animé une conférence des forces de droite à Vienne au cours de laquelle la nièce de Marine Le Pen, Marion, avait cotôyé les dirigeants du Parti de la Liberté de droite autrichien, ceux du parti d'extrême droite bulgare Ataka et Serge de Pahlen. Malofeyev a toujours insisté sur le fait qu'il faisait la promotion d'un programme religieux, en tant que partisan et protecteur des chrétiens, et pas d'un programme politique. Mais les empreintes de ses alliés étaient également omniprésentes dans la montée en puissance de Syriza, le parti radical de gauche qui a accédé au pouvoir en Grèce en janvier 2015 : des fuites d'emails ont révélé que l'eurasiste Alexander Dugin, qui travaillait avec Malofeyev, l'avait aidé en matière de stratégie et de relations publiques. Malofeyev a également développé des liens étroits avec les Grecs indépendants de droite dirigés par Panos Kammenos, un nationaliste provocateur devenu ministre de la Défense de la Grèce. Kammenos s'était très souvent rendu à Moscou et avait noué une grande amitié avec Malofeyev, tandis que son institut d'études géopolitiques basé à Athènes avait signé un « protocole d'accord » de coopération avec l'influent institut russe d'études stratégiques qui travaillait également en étroite collaboration avec l'entreprise de Natalia Narochnitskaya à Paris et qui était ni plus ni moins qu'une officine des services secrets russes.

Aucune de ces activités ne s'est arrêtée lorsque les États-Unis et l'Europe ont imposé des sanctions contre la Russie en mars 2014. Au contraire, la Russie n'a fait qu'accélérer et intensifier ses efforts pour diviser l'Occident. Les alliances se sont renforcées en Italie, par exemple, où un autre associé de Malofeyev a travaillé en étroite collaboration avec Gianluca Savoini, un des principaux collaborateurs du chef du parti d'extrême droite Liga Nord, Matteo Salvini. Ensemble, ils ont créé l'Association culturelle de Lombardie Russie qui a commencé à promouvoir des opinions de droite favorables au Kremlin et visait alors à « changer toute l'Europe ». Au passage, Savoini a profité des accords pétroliers liés au Kremlin pour financer la campagne électorale de la Liga Nord, d'abord en négociant quelques ventes *via* une compagnie pétrolière peu connue, Avangard – qui, selon une enquête du magazine italien *L'Espresso*, se trouvait avoir la même adresse que le bureau de Malofeyev au centre-ville de Moscou. Savoini a ensuite conclu un accord pour acheminer des dizaines de millions d'euros vers le parti grâce aux ventes de pétrole de Rosneft, *via* un intermédiaire, vers l'italien Eni. Ces accords devaient être structurés de la même manière que les anciens accords de financement étranger du Parti communiste dirigé par le KGB. Le pétrole devait être vendu par un intermédiaire à un prix réduit, permettant à l'intermédiaire de garder la différence et de faire passer les recettes (environ 65 millions de dollars au cours d'une année) dans les coffres de la Liga Nord, déclarait BuzzFeed. « C'est exactement la même chose que les accords de financement que nous avons conclus avec les entreprises amies », a déclaré un ancien officier supérieur du KGB impliqué dans des accords commerciaux sur le pétrole de l'ère soviétique.

Salvini a nié l'existence d'un tel accord. Mais selon une transcription des discussions publiée par BuzzFeed, son assistant Savoini avait clairement indiqué que l'alliance qui se forgeait à la suite de l'accord proposé devrait devenir le point d'appui d'une coalition prorusse à travers l'Europe. « La nouvelle Europe doit être proche de la Russie parce que nous voulons avoir notre souveraineté », a-t-il dit. « Nous ne devons pas dépendre des décisions prises par les Illuminati à Bruxelles ou aux États-Unis. Salvini est le premier homme qui veut changer toute l'Europe... » Avec nos alliés, a-t-il poursuivi, répertoriant d'autres partis d'extrême droite pro-Kremlin comme le Parti de la Liberté autrichien, l'Alternative für Deutschland en Allemagne et le Rassemblement national de

Marine Le Pen en France. « Nous voulons vraiment établir une grande alliance avec ces partis qui sont proRusses. »

Au lieu d'essayer de lever les sanctions en adhérant à l'ordre occidental, dominé par les libéraux et fondé sur des règles, la Russie de Poutine allait essayer de s'en sortir. Mais l'objectif allait également beaucoup plus loin que cela. Les hommes de Poutine cherchaient à tisser leur propre bloc en Europe et à subvertir le paysage politique de tout le continent. Et les politiciens de nombreux groupes politiques d'extrême droite n'étaient que trop disposés à accepter l'argent noir et l'influence du Kremlin. En Autriche, le chef du Parti de la Liberté, Heinz-Christian Strache, a été contraint de démissionner après la diffusion d'une vidéo d'une réunion tenue sous l'emprise de l'alcool dans une villa d'Ibiza au cours de laquelle il avait demandé le soutien politique d'une femme qui déclarait être la nièce d'un magnat du gaz russe. Strache avait offert des contrats gouvernementaux lucratifs en échange d'un soutien aux élections, y compris par le biais d'une prise de contrôle russe du plus grand journal d'Autriche, le *Kronen Zeitung*. Toutes les objections à la rébellion de la Russie parmi les magnats de tendance occidentale avaient été ignorées par Poutine et ses hommes bien avant. Au lendemain des sanctions de mars 2014, Poutine a rencontré à huis clos les principaux géants de l'industrie russe. L'un d'eux a essayé respectueusement de lui expliquer que le fait d'avoir de telles sanctions alors que la Russie existait désormais dans un contexte de mondialisation n'était pas une issue favorable. Cette opinion a été accueillie par des coups de poing sur la table. Poutine leur a répondu qu'il se moquait de savoir si ça leur plaisait ou non. « Ce sera comme ça », a-t-il dit, selon un associé genevois d'un des oligarques qui était présent. Les magnats ont pu être personnellement déçus, mais ils n'avaient pas d'autre choix que de l'accepter. Dans l'euphorie qui avait suivi la prise de contrôle de la Crimée, le patriotisme l'emportait sur tout.

Des amis de Timtchenko ont déclaré qu'il était dévasté lorsqu'il s'est retrouvé sur la liste des sanctions américaines. Il avait toujours rêvé d'être un homme d'affaires international. Il a fait ses valises à Genève, laissant son manoir richement fleuri dans la banlieue salubre de Cologny au bord du lac. Craignant ce qu'il désignait comme étant des « provocations » de la part des États-Unis, peut-être même d'être arrêté alors que le ministère de la Justice aurait lancé une enquête sur le blanchiment d'argent dans les opérations de Timtchenko, il n'a pas osé s'aventurer à l'ouest de la Russie vers l'Europe, même s'il avait évité d'être sur la liste des sanctions de l'Union européenne. Il s'est donc envolé vers l'est, en Chine, où avec l'aide d'Alain Bionda, l'avocat genevois qui avait travaillé avec Timtchenko et Goutchkov, il a commencé à tisser des liens avec les dirigeants. Son jet privé Gulfstream avait été immobilisé par les sanctions en raison de sa fabrication américaine. (Ses pilotes n'avaient pas pu utiliser les cartes de navigation intégrées, et la société anonyme Gulfstream a annulé son contrat d'entretien de l'avion). Mais les affaires ont par ailleurs continué en grande partie comme d'habitude.

L'influence de Timtchenko dans les cercles politiques occidentaux était telle qu'il semble avoir été informé à l'avance des sanctions américaines. Quelques jours avant leur annonce, un petit groupe de personnes a travaillé jusque tard dans la nuit dans le bureau de Bionda, situé dans le quartier financier de Genève, restructurant en urgence la holding de l'un des clients russes de Bionda. « Toute l'équipe était là », a dit un de ceux qui étaient présents. « La pièce était pleine de fumée de cigare. Un des clients commençait à s'inquiéter des sanctions. On lui avait dit qu'il était sur la liste élargie. » Bionda a nié que cette activité ait quoi que ce soit à voir avec Timtchenko, mais lorsque les sanctions ont été annoncées le lendemain, le négociant en pétrole Gunvor de Timtchenko était prêt. On annonça que Timtchenko avait vendu sa participation dans l'entreprise à son partenaire commercial suédois Torbjorn Tornqvist, permettant à Gunvor de continuer à fonctionner malgré les sanctions. Selon un des associés de Bionda, l'accord était une « opération de façade » : « Les banques avaient arrêté toutes les lignes de crédit jusqu'à ce que l'annonce soit faite. Le problème, c'était que tous leurs échanges se faisaient en dollars. Mais dès qu'ils ont annoncé qu'ils avaient vendu la participation, les problèmes ont disparu. » (Timtchenko a dit que Bionda n'était aucunement impliqué dans la transaction et que les négociations sur la vente avaient commencé « bien avant » que les sanctions ne soient annoncées. Toute suggestion disant que la vente n'était rien de plus qu'une « opération de façade » était complète fausse, a-t-il déclaré.)

Les sanctions ont rendu la vie plus difficile. Des comptes bancaires ont été ouverts en Chine et à Hong Kong. Des restructurations ont été entreprises. Jean Goutchkov a discrètement quitté son poste de directeur au sein de la banque privée Société Générale à Genève, apparemment préoccupé par l'examen de ses liens avec Timtchenko. « Aujourd'hui, ce type de relations vous met en danger », a dit un de ses associés. Mais les sanctions n'ont pas arrêté les affaires ou le trafic d'influence des hommes d'argent genevois. Bionda, par exemple, a toujours aimé rendre quelques menus services aux titans de l'industrie mondiale de l'énergie grâce aux parts détenues par l'une de ses sociétés dans l'équipe de Formule 1 Lotus. « Les courses à Shanghai ou à Singapour permettent aux dirigeants de l'industrie pétrolière de venir avec leurs maîtresses. C'est intéressant sur ce plan », a dit un des hommes d'argent genevois. Après les sanctions, une des relations de Bionda a acheminé de l'argent vers le Parti conservateur britannique.

Grâce à ses relations avec Timtchenko et Goutchkov, Bionda avait longtemps été à la jonction entre l'argent et le pouvoir russes. Depuis son bureau au 1 place du Port, à l'entrée du quartier financier de Genève, il détenait une participation dans une entreprise, Genii Energy. Son partenaire chez Genii et dans l'équipe Lotus de Formule 1 était un Espagnol, Gerard Lopez, qui avait gagné son premier milliard en investissant dans Skype et qui s'est ensuite lié d'amitié avec le président russe avec lequel il a passé du temps dans sa résidence d'été, donné des pommes à ses animaux de compagnie et écouté du piano. Une autre entreprise dans laquelle a investi Lopez, Rise Capital, a rapidement commencé à recevoir des milliards de dollars en contrats d'État russes. Avant le référendum devant statuer sur son adhésion à l'Union européenne en juin 2016, Lopez a fait un don surprenant de 400 000 livres au Parti conservateur. Personne n'a posé de question.

Cette somme faisait partie d'un flot d'argent russe qui était entré dans la politique britannique, dont une partie émanait de deux hommes connus pour entretenir des liens étroits avec le KGB et qui ont, eux aussi, fait des dons importants au parti conservateur. L'un d'eux était Alexander Temerko, le jovial ex-actionnaire de Yukos qui avait commencé à travailler au sommet de l'industrie de l'armement de l'État russe. Après être resté en Russie pour négocier avec le Kremlin tandis que les autres actionnaires de Yukos fuyaient, il avait acquis la nationalité britannique en 2011 et versé plus d'un million de livres dans les coffres des Conservateurs. Bien que se présentant comme un critique dissident du régime de Poutine, il continuait, en privé, de faire l'éloge des hauts responsables de l'establishment de la sécurité russe, notamment du puissant chef du Conseil de sécurité Nikolai Patrouchev. Il a bu et dîné avec les grands du parti conservateur et a noué une relation étroite avec Boris Johnson, qui a mené la campagne en faveur de la sortie de l'Union européenne. En public, il affirmait être opposé au Brexit mais en privé, il lui arrivait d'en faire l'éloge, en déclarant que c'était « une révolution contre la bureaucratie » tandis que ses plus proches alliés étaient des Brexiteers convaincus. D'anciens partenaires commerciaux ont déclaré qu'il entretenait depuis très longtemps des liens avec les services de sécurité russes. Leonid Nevzlin, l'ancien actionnaire principal de Yukos, avait déclaré que Temerko était à l'origine entré chez Yukos à cause de ses liens avec le « Service fédéral de sécurité et le ministère de la Défense » russes, ajoutant que Temerko connaissait « bien » Patrouchev.

Mais l'activité russe semblait surtout dirigée vers les hommes d'affaires britanniques qui avaient surgi de nulle part pour diriger le financement de la campagne en faveur de la sortie de la Grande-Bretagne de l'Union européenne. L'un d'eux était Arron Banks, un millionnaire impétueux qui avait d'abord fait fortune dans le secteur des assurances avant de se lancer dans l'exploitation des mines de diamants en Afrique du Sud. La femme de Banks était arrivée au Royaume-Uni à la fin des années 1990 en tant que jeune femme russe avec un visa d'étudiante. Elle avait évité de justesse l'expulsion après que son premier mariage avec un marin de la marine marchande à la retraite qui avait plus du double de son âge avait éveillé des soupçons. (Après une brève enquête des services spéciaux, elle a acheté la plaque d'immatriculation de la voiture XMI5SPY). Banks était le plus grand bailleur de fonds de la campagne Leave EU pour laquelle il a versé 8,4 millions de livres. Mais une commission parlementaire enquêtant sur le référendum a déclaré qu'il n'avait jamais précisé d'où venait cet argent. La Commission électorale a transmis un cas à l'Agence nationale de lutte contre la criminalité, estimant avoir des motifs raisonnables pour conclure que Banks n'était pas la « véritable source » des fonds. Mais l'Agence nationale de lutte contre la criminalité est revenue les mains vides, disant qu'elle n'avait trouvé aucune preuve que des lois avaient été violées. Banks avait levé les fonds en empruntant 6 millions de livres à une entreprise de l'île de Man dont il était actionnaire majoritaire, Rock Holdings Ltd, un prêt que, selon l'agence, Banks avait le droit de souscrire. Mais la Commission électorale et la Transparence internationale ont critiqué l'enquête, démontrant une « faiblesse » dans les lois britanniques qui avait ouvert la voie au financement étranger de la politique britannique. Banks a nié à plusieurs reprises et avec véhémence entretenir des relations commerciales avec la Russie. Les spéculations ont commencé à circuler après la publication d'emails révélant qu'il avait rencontré plusieurs hauts diplomates russes au cours des mois précédant le référendum, et qu'il s'était vu proposer une série d'affaires lucratives en Russie, sur lesquelles Banks prétend n'avoir jamais donné suite. Nous ne connaîtrons peut-être jamais la provenance de l'argent de Rock Holdings. Mais le partenaire commercial le plus proche de Banks entretenait lui aussi certaines relations. Jim Mellon, le copropriétaire avec Banks du tentaculaire Manx Financial Group (détenu par Banks *via* Rock Holdings), était le fondateur d'un fonds d'investissement qui a investi plusieurs centaines de millions de dollars dans le marché boursier russe dans les années 1990. Plus récemment, Mellon a continué de détenir une participation de près de 20 % dans un autre fonds axé sur la Russie, Charlemagne Capital, qui a travaillé en étroite collaboration avec le fonds souverain du Kremlin en tant que co-investisseur jusqu'à fin 2016.

Tout était en place pour alimenter la division au moment où l'Europe entrait dans sa période la plus turbulente depuis la fin de la guerre froide.

Lorsque nous nous sommes rencontrés – à Saint-Pétersbourg et à Moscou, puis, par la suite, à Londres où son fils avait acquis la nationalité britannique –, Vladimir Iakounine aimait se présenter, lui et le régime de Poutine, comme des défenseurs des valeurs conservatrices abandonnées par l'Occident dans sa quête vers la mondialisation. Il était le patriote bienveillant qui n'était pas d'accord avec la plupart des pays occidentaux.

Une de nos premières réunions a eu lieu en juin 2013, juste après que le parlement russe, gouverné par le Kremlin, a adopté une loi interdisant la diffusion de la « propagande des relations sexuelles non traditionnelles » auprès des mineurs. La loi a suscité de nombreuses critiques en Europe pour avoir renforcé l'homophobie déjà fortement ancrée en Russie : les homosexuels y étaient régulièrement roués de coup et, plus tard, en Tchétchénie, arrêtés, emprisonnés et torturés. Mais Iakounine était fier de la loi et il a affirmé que de nombreux politiciens européens lui avaient confié, en privé, vouloir une législation similaire. « Des représentants d'organisations sociales françaises qui ont manifesté contre la loi pour le mariage homosexuel m'ont dit qu'ils considéraient la Russie comme le seul bastion capable d'arrêter cette dépravation », m'a-t-il déclaré. « Ils ne s'attendaient pas à ce que leurs paroles soient transmises à Poutine. Ils ne comptaient pas sur une récompense. Ils parlaient juste de leur désespoir. Je me rends très souvent en Grèce. Aujourd'hui, il n'y a pratiquement pas un Grec qui, s'il sait que vous êtes russe, ne vous dira pas : "Nous comptons sur vous du point de vue de la défense de l'orthodoxie." Et lorsque je rencontre des partenaires et des politiciens occidentaux, ils disent qu'ils comprennent objectivement qu'aujourd'hui, la Russie est la principale force positive qui peut empêcher l'humanité de tomber dans l'abîme. Ce n'est pas une flatterie de Poutine. Ce n'est qu'un constat. »

Cette soi-disant défense des valeurs « familiales » contre la tolérance et le libéralisme de l'Occident devenait le leitmotiv du régime de Poutine en renforçant le soutien des nationalistes et des conservateurs d'extrême droite à travers la Russie, l'Europe et les États-Unis. Iakounine a été l'un des premiers hommes du KGB proches de Poutine à faire étalage de sa conversion à l'orthodoxie russe après avoir passé la majeure partie de sa carrière à défendre l'État soviétique officiellement athée. Sa fondation, Andreï le Premier, a distribué des fonds pour la restauration des monastères orthodoxes russes et des avant-postes de l'empire de l'Église. Konstantin Malofeyev a également affirmé défendre les valeurs chrétiennes contre la dépravation occidentale et lui et Iakounine ont uni leurs forces pour organiser un événement à Moscou en septembre 2014 pour le Congrès mondial des familles, une obscure organisation anti-gay basée aux États-Unis qui tissait des liens étroits avec le puissant mouvement évangélique américain. Malofeyev a déclaré devant l'assemblée, qui s'était réunie malgré la nouvelle vague de sanctions américaines, et qui comptait plusieurs membres éminents du Front national français et du Parti de la Liberté, un parti d'extrême droite en Autriche, que le monde assistait « à un triomphe sans précédent de l'Orthodoxie » et que la Russie était un bastion qui défendait les valeurs chrétiennes contre le sécularisme de l'Occident.

Une bonne partie de ce nouveau zèle religieux n'était en fait qu'une façade. En Russie, l'union de l'Église et de l'État n'était qu'un élément supplémentaire de l'érosion de tout vestige de démocratie ; le revirement de l'élite dirigeante en faveur de l'orthodoxie lui a permis de sévir davantage contre toute personne n'appartenant pas à son système. « Je les appelle les talibans orthodoxes », a déclaré Lioudmila Narusova, la veuve de l'ancien mentor de Poutine, Anatoly Sobchak. « C'est un retour à une sorte de Moyen Âge. Ils utilisent la religion pour affaiblir la constitution et les droits fondamentaux des citoyens russes. »

Une tactique ancrée depuis longtemps chez Iakounine et d'autres membres de la garde rapprochée de Poutine. Iakounine avait fait ses premiers pas au KGB au sein du département luttant contre les dissidents, les gays et tous ceux qui pensaient différemment. Aujourd'hui, ils utilisaient les mêmes tactiques pour infiltrer la politique occidentale. Leur lien avec le Congrès mondial des familles a permis aux hommes de Poutine de nouer des relations avec la droite conservatrice américaine. Iakounine tissait également des liens étroits avec Dana Rohrabacher, une élue républicaine au Congrès, devenue célèbre pour ses opinions pro-Poutine, pendant que Malofeyev et Serge de Pahlen, ainsi que le premier me l'a confié, établissaient une relation à travers le mouvement pro-vie avec Rand Paul, le sénateur républicain dont le père libéral Ron Paul avait été une source d'inspiration pour le Tea Party.

Ces stratégies dataient, elles aussi, de l'époque soviétique, lorsque le KGB avait infiltré le mouvement antinucléaire américain et les manifestations contre la guerre au Vietnam. Mais aujourd'hui, les alliés de Poutine faisaient appel au populisme de base, aux préjugés contre les immigrés et les minorités. C'était un message séduisant pour beaucoup de ceux qui se sentaient laissés sur le bord de la route par la ruée vers la mondialisation et le multiculturalisme et qui se sentaient nostalgiques de ce qui leur semblait une vie plus simple– un contingent qui avait augmenté en nombre depuis que la crise financière de 2008 avait creusé le fossé entre les riches et les pauvres.

Mais même Iakounine devait admettre que ce qu'il appelait une « bataille des civilisations » n'était, en réalité, rien de plus qu'une nouvelle façade idéologique pour la même vieille bataille géopolitique pour la suprématie que la Russie menait contre l'Occident depuis le début de la guerre froide : « Si auparavant, il s'agissait d'une lutte entre deux idéologies – le communisme contre le capitalisme –, aujourd'hui, il s'agit d'un conflit d'idées d'une société humaniste de traditions contre un consumérisme absolu. Je ne vais pas argumenter avec vous sur le fait que cette bataille est utilisée par la Russie pour rétablir sa position mondiale. Bien sûr, la bataille des idées est toujours une forme de politique de l'État et doit poursuivre un objectif concret. Mais je devrais revenir au discours de Poutine à Munich », disait-il, incapable de s'empêcher de se référer au moment en 2007 où Poutine avait dévoilé pour la première fois les profonds griefs de son clan du KGB contre l'Occident : l'élargissement de l'OTAN aux frontières de la Russie, le système de défense antimissile en Roumanie et en Pologne et la série de révolutions de couleurs qui ont tourné les anciennes républiques soviétiques vers l'Ouest. « Poutine a ensuite parlé ouvertement de ce qui préoccupait la Russie. Il ne l'a pas caché. Il n'a envoyé les services secrets russes nulle part... Il est sorti et il a dit : "Les gars, c'est ce qui nous inquiète. C'est injuste." Et après cela, ils ont fait de lui un paria. Ils l'ont rejeté. Vous comprenez ? »

C'était l'explication de l'activité croissante de la Russie, la motivation derrière les efforts du Kremlin pour diviser et perturber l'Occident, briser l'ordre de l'après-guerre froide. Poutine avait demandé un siège pour la Russie afin d'intégrer la cour des grands au niveau de la sécurité mondiale et il avait eu le sentiment d'être totalement ignoré. Tandis que Barack Obama s'était montré coopératif avec Medvedev au cours de son mandat de Président, l'administration américaine avait gardé ses distances avec Poutine et ses hommes de la sécurité, comme si elle espérait les reléguer à une époque révolue. Poutine croyait que les États-Unis avaient contribué à susciter les mobilisations contre lui lorsqu'il était revenu au pouvoir. Poutine avait averti dans son discours de Munich que l'Occident devrait prendre note de l'ascension des économies émergentes de la Russie, de l'Inde et de la Chine. L'Occident avait toujours considéré l'économie russe comme un cas désespéré reposant sur les ressources, incapable de réaliser les gains de productivité de l'Occident. Mais voir la Russie à travers ce prisme, c'était passer à côté des ambitions à court terme des hommes de la sécurité de Poutine. Ils ne se souciaient pas particulièrement du bien-être économique de la population de leur pays, tant que l'économie était suffisamment sûre pour leur permettre de conserver le pouvoir – et de le projeter à l'échelle mondiale. Le PIB de la Russie s'élevait désormais à 1 600 milliards de dollars et les hommes du KGB de Poutine en possédaient la moitié, voire plus, dissimulés sur des comptes bancaires offshore.

C'était un point que Iakounine aimait souligner de temps en temps, bien qu'il ait pris soin de le faire un peu plus subtilement. Il racontait comment, au début de sa présidence, Poutine et sa garde rapprochée, avaient rencontré Zbigniew Brzezinski, le conseiller américain à la sécurité nationale de l'époque de la guerre froide, qui avait mentionné, avec un hochement de tête désolé, les milliards de dollars détenus sur comptes à l'étranger par l'élite russe. Brzezinsky avait demandé, si tout cet argent était sur des comptes en Occident, alors à qui appartenait l'élite de toute façon ? suggérant qu'ils étaient maintenant sous le contrôle de l'Occident. Les Russes avaient été furieux d'entendre de tels commentaires dans la bouche d'un soldat de la guerre froide. Mais maintenant, avait tranquillement dit Iakounine, « le décor a changé ». Cet argent était maintenant principalement sous le contrôle des hommes de Poutine.

Certains commentateurs ont suggéré que la fuite des Panama Papers, avec leurs détails sur les comptes bancaires des copains de Poutine, était la raison pour laquelle Poutine avait commencé à se mêler de la politique occidentale. Mais ils passaient à côté de l'essentiel. La bataille entre les hommes du KGB de Poutine et l'Occident se préparait déjà depuis longtemps. Elle était en préparation avant même l'effondrement de l'Union soviétique, lorsque certaines parties du KGB avaient cherché à préserver leurs réseaux après la transition vers l'économie de marché, ce qui a aidé les factions à comploter et ensuite à favoriser l'ascension de Poutine au pouvoir.

« Bush a annoncé la victoire dans la guerre froide et c'était tout », a dit Iakounine. « Étant les vainqueurs, ils ont pensé pouvoir dicter leur loi. Mais tout à coup, il s'est avéré que tout le monde n'était pas prêt à vivre selon ces lois. Les initiatives de Poutine ont été rejetées d'emblée. Aujourd'hui, nous récoltons tous les fruits de cette politique à court terme de l'Occident. Les sanctions imposées par l'Occident à la suite de l'incursion de la Russie en Ukraine n'ont fait qu'approfondir et accélérer le bras de fer », a-t-il dit. « Vous connaissez bien les Russes. Il nous arrive d'être paresseux. Il nous arrive d'être ivres. Il nous arrive de nous battre jusqu'à ce que le sang coule. Mais dès qu'il y a une menace extérieure, c'est écrit dans notre code génétique, que nous soyons jeunes ou vieux : nous ripostons. Les sanctions ont fait plus pour unifier la société russe que n'importe quelle campagne d'information du Kremlin. Pourquoi devrions-nous rester sans réaction et nous essuyer quand on nous crache dessus ? Les sanctions imposées ont été perçues comme une déclaration de guerre. »

*

Pendant que la Russie s'enfonçait plus profondément dans l'impasse avec l'Occident, l'inquiétude s'est accrue chez certains membres du gouvernement Obama devant les capacités du régime de Poutine. Joe Biden, le vice-président, était l'un des plus virulents. Il a mis en garde contre la manière dont le Kremlin avait généré la capacité de diriger des oligarques loyaux pour mener à bien des opérations stratégiques géopolitiques et utilisait la corruption comme un pouvoir pour affaiblir les régimes démocratiques. « La corruption est le nouvel outil de la politique étrangère », a déclaré Biden. « Cela n'a jamais été aussi pratique et aussi utile entre les mains des nations qui veulent perturber et des oligarques qui leur répondent. C'est comme la kryptonite d'une démocratie qui fonctionne… Les enjeux sont autant stratégiques qu'économiques, parce que la Russie et d'autres utilisent la corruption et les oligarques comme outils de coercition. »

Pour les experts occidentaux de la Russie, la prise de conscience a été progressive. Au sein du département américain de la Justice et du FBI, les premiers véritables indicateurs sur la vraie nature du régime de Poutine ont surgi en novembre 2006 avec la mort atroce par empoisonnement au polonium, à Londres, d'Alexander Litvinenko, un ancien officier du FSB proche de Boris Berezovski et l'enquête sur la mafia russe sur laquelle Litvinenko travaillait en Espagne. Là-bas, avec son aide, les procureurs avaient arrêté un réseau de blanchiment d'argent russe qui impliquait des membres dirigeants du groupe criminel organisé Tambov, avec lequel Poutine avait travaillé en étroite collaboration à Saint-Pétersbourg. Ils ont fait des découvertes sidérantes, notament grâce à des écoutes des appels téléphoniques entre mafieux. Les chefs du groupe, notamment Guennadi Petrov, ancien actionnaire de la banque Rossia, étaient en contact régulier avec des membres éminents des forces de l'ordre russes. Un seul appel pouvait détourner une enquête russe trop proche, un autre pouvait contribuer à faire pression sur les fonctionnaires des douanes pour permettre les expéditions *via* le port maritime de Saint-Pétersbourg, qui restait toujours une porte d'entrée pour la drogue en Europe. Des paiements aux hauts responsables de l'application des lois permettaient d'arrêter les concurrents et de détruire les preuves incriminantes des bases de données gouvernementales. Petrov était en communication régulière avec le ministre russe de la Défense, lui aussi originaire de Saint-Pétersbourg.

La Russie, avait déclaré le procureur espagnol chargé de l'enquête à ses homologues du département américain de la Justice, était un « État mafieux virtuel ». L'alliance qui avait débuté dans le bureau du maire de Saint-Pétersbourg avait étendu son pouvoir à toute la Russie, et le crime organisé était en lien avec les plus hauts niveaux des services de sécurité. Les activités du groupe Tambov en Espagne comprenaient le trafic de drogue et la contrebande d'armes : son avant-poste là-bas, déclarait l'ancien officier du renseignement militaire Anton Surikov, était essentiel pour superviser les réseaux clandestins de vente d'armes vers la Syrie et l'Iran.

Les préoccupations grandissantes concernant la fusion de la criminalité organisée russe avec les plus hauts niveaux de gouvernement ont coïncidé avec une prise de conscience croissante de l'activité des services de renseignement russes en Occident. En 2010, le FBI a arrêté dix Russes accusés d'agir en tant qu'agents du renseignement étranger russe, dont une femme fatale à la chevelure flamboyante, Anna Chapman, qui avait dirigé une agence immobilière en ligne à New York, tout en recherchant des contacts politiques au plus haut niveau. Huit d'entre eux ont été accusés d'agir sous une couverture en tant que « clandestins », en prenant de fausses identités et en semblant mener une vie américaine normale. Les activités du réseau d'espionnage ont été rejetées par de nombreux observateurs comme ne prouvant rien de plus que la dégradation des capacités des services russes du renseignement extérieur depuis la fin de la guerre froide. Mais pour les anciens officiers du renseignement occidental, cette affaire était un signe que les réseaux du renseignement étranger russe étaient loin d'être moribonds. Le groupe qui avait été arrêté n'était que la « partie émergée de l'iceberg », a déclaré l'un d'eux. « Le nombre d'agents de renseignements russes aux États-Unis est beaucoup plus élevé qu'on ne le pensait », a déclaré un autre.

Mais le gouvernement Obama, toujours attaché à la reprise des relations avec la Russie entamée sous la présidence de Medvedev, a choisi d'écarter bon nombre des préoccupations des experts. « Nous voulions vraiment remettre les compteurs à zéro », a déclaré Frank Montoya Junior, directeur de la division de contre-espionnage du FBI. « Une décision en partie basée sur l'idée qu'ils pouvaient essayer d'exercer une influence par le biais de Medvedev et que ce serait un monde différent. »

Lorsque le vice-président Biden avait lancé son avertissement en 2015, le monde allait bientôt découvrir que la menace posée à l'unité occidentale allait bien plus loin qu'il ne le suggérait. Les faiblesses du système politique occidental avaient laissé une empreinte profonde dans la société. Les inégalités croissantes et la politique d'austérité qui avaient suivi la crise financière de 2008 avaient laissé l'Occident grand ouvert aux nouvelles manœuvres agressives de la Russie pour alimenter l'extrême droite et l'extrême gauche. « Nous assistions à de nouvelles manœuvres audacieuses en Géorgie, en Crimée et dans les pays baltes », a déclaré Montoya. « L'inquiétude était grande de les voir se retourner contre nous.

Mais l'idée a été rejetée parce qu'ils n'avaient jamais fait ça. Mais tout à coup, ça a explosé. »

Lorsque le Royaume-Uni s'est réveillé le 24 juin 2016 avec le résultat choc du référendum qui donnait une majorité en faveur de la sortie de l'Union européenne, l'ordre de l'après-guerre froide est entré en territoire inconnu. Aux États-Unis, l'élection présidentielle à venir s'annonçait aussi comme un référendum sur l'ordre établi. Un sentiment généralisé que l'élite dirigeante avait abandonné et oublié le coeur de l'Amérique et la classe ouvrière avait laissé la voie libre à un célèbre magnat de l'immobilier pour devenir le principal candidat républicain. « Si Donald Trump gagne, alors il va enterrer l'Union européenne », a dit Alexander Temerko, l'ancien magnat de l'armement russe qui avait entretenu des liens étroits avec les principaux membres de la campagne du Leave au Royaume-Uni. « Ce sera la fin de l'alliance transatlantique. »

15

Le réseau et Donald Trump

« Vous, à l'ouest, vous pensez jouer aux échecs avec nous. Mais vous ne gagnerez jamais parce que nous ne suivons aucune règle. »

Un gangster russe à son avocat

*

« Un jour, un agent soviétique a été envoyé au Royaume-Uni et il a manqué d'argent. Il a été introduit dans un cercle de joueurs de poker et il a décidé de jouer pour sauver sa situation. Il a remarqué que lorsque vous jouez au poker au Royaume-Uni, vos cartes ne sont normalement pas vérifiées ou affichées. Tout le monde vous croit sur parole en gentleman. Il a commencé à gagner parce que personne ne vérifiait ses cartes. Il gagnait beaucoup d'argent. C'est la même situation ici. »

Un magnat russe qui avait fait partie de la première vague d'illégaux envoyés en Occident

*

Shalva Chigirinsky a rencontré Donald Trump pour la première fois au casino du Taj Mahal à Atlantic City en novembre 1990. Il vivait à l'Ouest depuis plus de trois ans après avoir quitté la Russie dans les jours qui précédèrent la chute de l'Union soviétique. Le gouvernement l'avait alors autorisé à rejoindre sa femme, une citoyenne espagnole qui avait grandi en Union soviétique que l'on avait laissée quitter le pays lors d'une vague de rapatriement au début des années 1980. Mais ce mariage supposé, du propre aveu de Chigirinsky, était une fiction. Bien avant de quitter l'Union soviétique, il s'était lié d'amitié avec deux chefs de file du renseignement étranger soviétique. Il a raconté aux gens qu'il avait été harcelé par le KGB pour son commerce au noir à tel point que pendant cinq ans, il ne s'en est jamais servi. En réalité, le maître-espion russe Evgueni Primakov était comme un père pour lui, tandis que l'ancien chef du renseignement militaire soviétique aux États-Unis, Mikhaïl Milshtein, était connu de lui comme étant « le professeur » et il allait souvent chez lui. « C'était un général et c'était aussi mon ami, m'a dit Chigirinsky. Il m'aimait beaucoup et j'adorais débattre avec lui sur l'Histoire. »

Chigirinsky, un Géorgien de souche avec une épaisse crinière de cheveux noirs et un air distingué, a suivi une formation de médecin à Moscou, mais ses affaires, c'était la contrebande d'antiquités : il vendait des icônes anciennes, des peintures et d'autres objets de valeur en Occident. Tandis qu'une branche du KGB le poursuivait pour son activité sur le marché noir, les meilleurs éléments des services de renseignements étrangers l'ont encouragé, enrichi ses connaissances puis ont contribué à l'envoyer en Occident. La dichotomie reflétait une division plus large au sein des services de sécurité soviétiques. Depuis l'époque de l'ancien chef du KGB Iouri Andropov, les progressistes poussaient et préparaient une transition vers le marché comme seul moyen de survivre à la rivalité avec l'Occident ; la vieille garde, elle, combattait tout signe de changement. Les progressistes cultivaient un réseau d'agents sur le marché noir et acheminaient des antiquités puis des matières premières par leur intermédiaire. Ils se sont tournés vers les réseaux du crime organisé qui ont envoyé des représentants lors de la vague d'émigration autorisée à la fin des années 1970 et au début des années 1980 et qui ont créé des activités commerciales en Autriche, en Suisse puis plus loin à l'Ouest. Les hommes de la sécurité comme Primakov à l'Institut de l'économie mondiale à Moscou et Mikhaïl Milshtein à l'Institut des États-Unis et du Canada avaient été les chefs de file de ces réformes. Lorsque l'Union soviétique s'est effondrée sous la force frénétique du changement et de l'afflux d'actifs vers l'Occident, les progressistes du

KGB étaient, dans une certaine mesure, préparés. Leurs agents étaient déjà intégrés, les réseaux de trésorerie qu'ils avaient créés – au moins en partie – étaient toujours sous leur contrôle.

Chigirinsky n'admettrait jamais directement qu'il faisait partie de ce processus. Mais l'histoire de son départ de la Russie pour rejoindre sa femme n'était qu'une couverture et l'identité des hommes qu'il a côtoyés alors qu'il faisait son chemin dans les affaires de l'autre côté du rideau de fer indiquait qu'il bénéficiait d'un soutien de haut niveau. Il a affirmé avoir vécu dans la pauvreté pendant les premiers mois après son départ de l'Union soviétique en 1987 : « J'ai dormi par terre pendant deux mois dans l'appartement de mon ami », a-t-il dit. Mais cette même année, il avait créé l'une des premières coentreprises de l'Union soviétique depuis sa base de Berlin, du côté Ouest du mur. Il a commencé à quadriller la région en se livrant à la contrebande de cigarettes et d'alcool vers les bases militaires soviétiques à l'Est. Il a ensuite loué un petit appartement au-dessus d'un casino tenu par des émigrés soviétiques juste à côté du Kurfürstendamm, l'artère principale de Berlin-Ouest et il a rapidement fréquenté les grands salons de l'hôtel Bristol, près duquel il a installé un bureau. Du côté Ouest de Berlin, il bénéficiait d'une protection de haut niveau, étant devenu ami avec le consul soviétique, Rudolf Alexeyev. L'année où le Mur est tombé, Chigirinsky a assisté aux célébrations de la victoire du 9 mai au château Spandau à Berlin avec Alexeyev et d'autres dignitaires soviétiques.

Au moment où il a rencontré Donald Trump en novembre 1990, Chigirinsky avait réussi. La joint-venture qu'il avait créée – en suivant presque exactement les notes du KGB pour la transition vers l'économie de marché – s'était développée dans le commerce d'ordinateurs puis dans le bâtiment. Son contrat pour la construction du premier centre d'affaires pour les entreprises étrangères à Moscou, qui devait accueillir le grand groupe énergétique français Elf Aquitaine, a fait pleurer de joie ses partenaires du ministère soviétique des Affaires étrangères. Non seulement ils pouvaient surveiller de près leurs locataires étrangers, mais ils recevraient aussi des sommes énormes de leur part. Chigirinsky était déjà assez riche pour être ce que l'industrie des casinos appelle un flambeur et lorsqu'il est entré dans le Taj Mahal de

Trump à Atlantic City, il a aimé ce qu'il a vu. Le Taj Mahal était un vaste palais de trente-neuf étages dégoulinant de lustres et d'or et recouvert d'un dôme. Il y avait des centaines de tables de jeu, des salons élégants, des restaurants et des bars. « Il était environ 3 heures du matin lorsque je l'ai vu pour la première fois, se souvient Chigirinsky. Tout à coup, Trump est apparu, et une quarantaine de personnes l'entouraient. Nous sommes restés là-bas trois ou quatre jours et chaque nuit, il apparaissait à 3 ou 4 heures du matin. C'était un projet pareil à nul autre. Une opération énorme. Il a investi tellement d'argent dedans. Trump était un homme si séduisant. Il était très poli et plein d'énergie. Nous jouions au casino. Nous avions déjà de l'argent à ce moment-là. Beaucoup d'argent. Trump nous a montré le Taj Mahal, il nous a indiqué où se trouvaient la caisse, le coffre-fort, les ordinateurs et tout le reste. Il habitait là et autour de lui, il y avait beaucoup de belles filles. »

La relation que Chigirinsky a commencé à construire avec Trump cette nuit-là allait former les racines d'un réseau composé d'agents des services de renseignement russes, de magnats et d'associés du crime organisé qui ont gravité autour de Trump presque depuis ce moment-là. Les personnes liées à Chigirinsky comptaient un Géorgien, Tamir Sapir, son partenaire en affaires Sam Kislin et un Azéri, Aras Agalarov, qui ont mis en place certaines des premières joint-ventures soviéto-américaines et des opérations commerciales américaines avant la chute de l'Union soviétique. Ils faisaient partie d'un réseau interconnecté de personnages qui sont devenus des témoignages de la pérennité des réseaux d'argent noir créés dans les dernières années du régime communiste. Certains d'entre eux ont ensuite rejoint Trump dans des projets immobiliers, aidant à le renflouer lorsqu'il a rencontré des difficultés financières, offrant la perspective de contrats de construction lucratifs à Moscou pendant qu'Agalarov organisait pour lui le concours de Miss Univers 2013 à Moscou. Ils faisaient partie de ceux qui, selon Iouri Shvets, ont ensuite aidé à « sauver Trump de la faillite ».

Les flux d'argent qui ont transité par une partie de ce réseau vers les opérations commerciales de Trump n'ont pas encore été entièrement découverts – ils restent au centre d'un bras de fer juridique entre la Trump Organization et le Congrès sur les documents qui peuvent être divulgués. Mais certains des contours de l'influence de Moscou sur Trump peuvent être tracés. Chigirinsky, Agalarov, Sapir et son associé Kislin faisaient partie de ceux qui étaient à l'avant-garde des premières expériences du KGB pour faire passer de l'argent à l'Ouest. Ils opéraient dans l'ombre entre les services de sécurité russes et la mafia, les deux parties utilisant l'autre à son avantage. Chigirinsky a fait face à des rumeurs selon lesquelles il était lié au groupe criminel organisé Solntsevskaya. En pleine émergence dès la fin des années 1980 comme étant le plus puissant de Russie, ce groupe criminel entretenait des liens avec le sommet du gouvernement de la ville de Moscou. Semion Moguilevitch avait par ailleurs collaboré avec eux alors qu'il faisait couler de l'argent vers l'Ouest pour le KGB et la mafia. De son côté, Chigirinsky a toujours nié avoir tout lien avec le crime organisé (« Le crime organisé n'existe pas, a-t-il affirmé. Il y a juste un groupe de personnes qui se soutiennent et se protègent. »). Mais il a admis qu'il connaissait Moguilevitch, ainsi qu'un autre de ses proches collaborateurs. D'autres membres du même réseau étaient également étroitement liés au groupe.

Chigirinsky avait été invité à rencontrer Trump ce soir-là par un acteur majeur de l'industrie des casinos d'Atlantic City. Martin Greenberg était un avocat qui avait rédigé les lois sur les casinos du New Jersey au début des années 1980 et qui était ensuite devenu président de l'un des plus grands casinos de l'État, le Golden Nugget. Greenberg avait rencontré pour la première fois Chigirinsky un an auparavant, en 1989, au moment même où les progressistes de la branche du KGB chargée du renseignement extérieur intensifiaient leurs plans pour transférer les richesses du Parti communiste dans des paradis fiscaux à l'étranger. Avec Alfred Luciani, un procureur général adjoint qui avait également travaillé sur les lois sur les casinos du New Jersey et qui était ensuite devenu le vice-président exécutif du Golden Nugget, Greenberg avait été amené à parler affaires avec Chigirinsky à propos des rumeurs sur la légendaire richesse du Parti communiste. Les trois hommes se sont rencontrés dans l'ancienne station balnéaire soviétique renommée de Yalta, sur la péninsule de Crimée. Là-bas, ils ont discuté d'investissements potentiels, y compris la possibilité d'y construire un casino soviétique. Mais les Américains étaient aussi « à la recherche d'investissements dans leurs casinos, a dit Chigirinsky. Ils avaient entendu parler du mythe de l'argent du Parti et ils ont décidé que les casinos seraient l'endroit idéal pour le faire vivre. »

Chigirinsky a nié l'existence d'un quelconque investissement à la suite de ces pourparlers (« Le commerce américain est trop transparent. Il est impossible de faire quoi que ce soit », a-t-il dit). Mais peu de temps après, il s'est rendu à Atlantic City avec l'un de ses amis du renseignement étranger. Greenberg l'a emmené au Taj Mahal et l'a présenté à Trump. À ce moment-là, Chigirinsky avait rejoint un partenariat commercial avec le fils de l'homme qu'il appelait « Professeur », l'ancien chef du renseignement militaire russe aux États-Unis, Mikhaïl Milshtein, qui avait formé des générations de futurs agents du renseignement. Son fils Vadim était officiellement économiste, mais il avait aussi monté une agence de traduction qui avait tout l'air d'être à une façade. On trouvait parmi ses partenaires commerciaux un ancien membre des forces spéciales d'élite Alfa du KGB et l'ancien envoyé soviétique auprès des Nations Unies.

Au moment où il a rencontré Chigirinsky, Trump avait investi tant d'argent – plus d'un milliard de dollars – dans la construction du Taj Mahal, qu'il aimait appeler « la huitième merveille du monde », qu'il était profondément endetté et risquait la faillite. Chigirinsky se souvenait l'avoir entendu dire que le commerce des casinos était « une lutte difficile ». Trump a déclaré plus tard au *New York Magazine* qu'en 1990, il avait 5 milliards de dettes, avec 980 millions de garanties personnelles. « J'étais à découvert de 900 millions », a-t-il dit. Le marché immobilier était entré dans une phase de ralentissement et il avait raconté au magazine comment il avait pointé du doigt un mendiant aveugle assis devant Tiffany's à New York alors qu'il se promenait avec sa femme de l'époque, Marla Marples, une blonde glamour, lauréate d'un concours de beauté. Il avait alors dit à sa femme : « Et si je te disais qu'il a 900 millions de dollars de plus que moi ? »

En 1992, Trump avait réussi un remarquable retournement de situation. Il avait réduit ses garanties personnelles à 115 millions de dollars en vendant une série de yachts et d'avions et il était parvenu à restructurer le reste de ses dettes. En juillet 1991, le Taj

Mahal avait fait l'objet d'une faillite préétablie, mais Trump a été renfloué par les détenteurs d'obligations qui ont accepté de prolonger le remboursement de sa dette à condition qu'il leur donne 50 % du casino. Il avait été aidé dans la démarche par deux géants de Wall Street : le propriétaire de fonds spéculatifs Carl Icahn, et Wilbur Ross, qui dirigeait la division des faillites de la banque d'investissement N.M. Rothschilds. Ensemble, ils auraient aidé à convaincre les détenteurs d'obligations d'accepter l'accord. Une connexion existait aussi avec ce même Martin Greenberg qui avait présenté Chigirinsky à Trump. En effet, il représentait les détenteurs d'obligations dans la restructuration. Chigirinsky, pour sa part, avait reconnu qu'il connaissait Icahn.

Nous ne saurons peut-être jamais si Chigirinsky était impliqué dans le pacte des détenteurs d'obligations du Taj Mahal. Il a insisté sur le fait qu'il n'avait jamais investi dans le Taj Mahal, mais alors que nous parlions des difficultés financières que rencontrait le casino à cette époque, il a parlé de l'entreprise presque comme si c'était la sienne : « Nous n'avions jamais été dans ce métier, a-t-il dit. Nous ne comprenions pas tout sur cette affaire à l'époque. » Quoi qu'il en soit, les affaires au Taj Mahal ont rapidement repris de la vigueur. En septembre 1992, Trump se vantait de bénéfices record trois mois de suite, avec plus de 80 millions de dollars récoltés dans les deux mois précédents. Les émigrés russes s'y rendaient en masse presque depuis son ouverture, attirés par son côté ostentatoire, le nom de Trump et les pop stars russes amenées pour s'y produire. Les gros joueurs russes déboursaient 100 000 dollars par visite et recevaient le traitement spécial réservé aux clients privilégiés, y compris des chambres d'hôtel somptueuses, nourriture et alcool gratuits et services de chauffeur en limousines ou même des hélicoptères. Le Taj Mahal était aussi un endroit où l'on posait peu de questions et il est devenu un lieu privilégié pour le blanchiment d'argent liquide. Le réseau de lutte contre la criminalité financière du Trésor américain a découvert plus tard qu'il avait régulièrement omis de signaler des transactions suspectes et de déposer des rapports qu'il était tenu de faire chaque fois qu'un client jouait plus de 10 000 dollars sur une période de vingt-quatre heures.

Il est devenu un lieu de prédilection pour Viatcheslav Ivankov, ou « Yaponchik », l'associé redouté du groupe Solntsevskaya au regard glacial et au tempérament violent. Celui-ci avait atterri à New York en mars 1992 après que Moguilevitch, en partenariat avec le KGB, l'avait aidé à obtenir une libération anticipée de la prison russe où il avait purgé une peine de dix ans pour fraude et trafic de drogue. Le FBI pensait que Yaponchik dirigeait une organisation criminelle internationale depuis sa base de Brighton Beach qui trempait dans le trafic de drogue, l'extorsion et le meurtre et qu'il supervisait les intérêts américains de la Solntsevskaya. Des agents ont fini par le retrouver dans un appartement de luxe de la Trump Tower à Manhattan, puis au Taj Mahal auquel il est allé à dix-neuf reprises pendant qu'il était sous surveillance entre mars et avril 1993, pour un total de 250 000 dollars joués au casino.

Trump avait survécu à sa première menace de faillite et les Russes étaient parmi ceux qui l'avaient aidé. Le Taj Mahal est devenu un endroit si populaire pour les émigrés russes qu'une partie d'un film russe y a été tournée, une comédie mettant en vedette un casino appartenant à la mafia russe.

Tandis que Trump sortait de la quasi-faillite, Chigirinsky restait tout près. Il s'est rapproché du propriétaire de Sotheby's, Alfred Taubman et de son gendre, Louis Dubin, un promoteur immobilier new-yorkais ami de Trump. Il embaucha l'une des meilleures cadres de Trump, Louise Sunshine, qui avait été vice-présidente exécutive de la Trump Organization. Il a également été tout proche d'acheter Mar-a-Lago, la propriété grandiose de Trump à Palm Beach, en Floride, mais il a décidé de ne pas le faire, a-t-il dit, parce que Taubman l'avait averti qu'il y avait trop d'avions qui y volaient à basse altitude. Il a fréquenté Steve Wynn, le propriétaire du casino Golden Nugget qui a été à son tour un rival puis un ami proche de Trump.

Les centaines de millions de dollars que le charmant et débonnaire Chigirinsky a gagnés alors qu'il développait ses affaires à Moscou lui ont permis d'entrer facilement dans la haute société américaine. Il travaillait en étroite collaboration avec le gouvernement de la ville de Moscou de Iouri Luzhkov, partageant même un bureau avec de hauts fonctionnaires du département des nouvelles constructions de la ville. Avec Milshtein et Yelena Baturina, la femme du maire de Moscou, il est devenu propriétaire de la raffinerie de pétrole de Moscou, qui approvisionnait la majeure partie de la ville et de la région environnante grâce à un contrat lucratif avec BP. La raffinerie avait fait l'objet d'un contrat pour vendre au moins 800 millions de dollars de produits pétroliers à l'exportation par l'intermédiaire de l'énigmatique associé géorgien de Chigirinsky, Tami Sapir, basé à New York.

Sapir avait émigré de l'Union soviétique pour s'installer à New York en 1975, devenant un pionnier des premières opérations de commerce du pétrole soutenues par le KGB dans cette région. Il avait d'abord travaillé comme chauffeur de taxi, puis il avait fourni à une clientèle exclusive de fonctionnaires soviétiques et d'officiers du KGB les derniers produits électroniques américains. Au cours de ces années-là, il avait opéré à partir d'un magasin, Joy Lud, dans le centre de Manhattan. Parmi sa clientèle, on comptait le ministre des Affaires étrangères soviétique Eduard Chevardnadze et Evgueni Primakov. Mais le magasin est devenu une façade pour une opération beaucoup plus grosse qui a accordé à Sapir des licences lucratives pour commercialiser de grandes quantités d'engrais et de produits pétroliers soviétiques. Il est bientôt devenu milliardaire. Son partenaire dans l'affaire, c'était Sam Kislin, un émigré du port ukrainien d'Odessa au torse puissant qui faisait également du commerce de métaux avec Mikhaïl Cherney, l'un des premiers mafieux présumés à avoir transféré la richesse soviétique par l'intermédiaire d'entreprises liées au KGB. Aucun d'eux n'aurait été en mesure de mener de telles opérations depuis New York sans le soutien et l'implication explicites du KGB. Kislin avait rencontré Trump dès les années 1970, lorsqu'il avait accordé un prêt à Trump pour sept cents téléviseurs, dirait-il plus tard.

Plus tard, Sapir et un associé commercial de Kislin, un ancien responsable commercial soviétique nommé Tevfiq Arif, devaient unir leurs forces pour financer la construction d'une Trump Tower à Manhattan, dans le quartier de SoHo, juste au moment où Trump avait le plus besoin d'argent. Kislin, quant à lui, nouait une relation étroite avec le maire de New York, Rudy Giuliani, qui serait plus tard l'avocat personnel de Trump.

Agalarov

Le milliardaire moscovite qui devait plus tard inviter Trump à organiser le concours de beauté de Miss Univers 2013 à Moscou – et qui organiserait une rencontre fatidique entre Trump et un mystérieux avocat de Moscou promettant des ragots sur la candidature d'Hillary Clinton à la présidence – était le protégé de Chigirinsky, à savoir le magnat de la construction Aras Agalarov. Ancien dirigeant imposant du parti communiste, né dans la république soviétique d'Azerbaïdjan, Agalarov avait été choisi pour créer une autre des premières joint-ventures soviétiques dans le cadre des notes du KGB pour la transition vers l'économie de marché. Il avait été parmi les rares autorisés par le KGB à partir pour les États-Unis où il avait fondé en 1989 la joint-venture américano-soviétique Crocus International. « C'est mon élève, a dit Chigirinsky. Je le connais depuis longtemps. » Chigirinsky s'était ensuite empressé d'expliquer qu'il voulait dire qu'il avait appris à Agalarov tout ce qu'il savait sur le secteur du bâtiment. Mais pendant la majeure partie des années 1990, avant qu'il ne se lance dans la construction à Moscou, Agalarov était resté aux États-Unis, à la tête d'une entreprise d'import-export depuis un petit bureau dans le centre de Manhattan puis dans le New Jersey.

Agalarov semblait être un autre des agents recrutés par le KGB au crépuscule de l'Union soviétique pour acheminer de l'argent vers l'Ouest, selon Iouri Shvets. « À l'époque, toute joint-venture soviétique-américaine ne pouvait être créée qu'avec l'approbation du KGB, a dit Shvets. Mon analyse professionnelle du point de vue du *modus operandi* des services de sécurité russes montre qu'il avait été recruté. » Comme de nombreux opérateurs de joint-venture à l'époque, Agalarov et ses partenaires ont commencé par introduire en Union soviétique une technologie informatique indispensable. Ils se sont ensuite orientés vers le commerce de biens de consommation, notamment en provenance de Chine, vers la Russie, après la chute de l'Union soviétique. Agalarov a également acquis une participation dans le plus grand marché à ciel ouvert d'Europe, le Cherkizovsky Rynok, un vaste dédale de cabanes en contreplaqué à la périphérie de Moscou qui a acquis la réputation d'être la Mecque des importations chinoises et des marchandises de contrebande. Cet « État dans l'État » avait sa propre « police, ses douanes et ses tribunaux » et faisait appel à des légions de travailleurs migrants. Les copropriétaires du marché d'Agalarov incluaient d'autres associés azéris de Tevfiq Arif, l'ancien responsable commercial soviétique qui avait ensuite financé la construction de la tour Trump à SoHo.

Alors que l'activité d'import-export d'Agalarov basée aux États-Unis commençait à se développer dans les années 1990, l'un de ses plus proches partenaires aux États-Unis a fait l'objet d'une enquête sur du blanchiment d'argent. Les officiels américains prenaient conscience de l'argent noir russe qui commençait à affluer dans le pays et ils soupçonnaient Irakli Kaveladze d'être impliqué. Selon Iouri Shvets, l'élégant Géorgien de souche était un « illégal », un agent que les services de renseignement russes cherchaient à infiltrer en Amérique où il était prévu qu'il obtienne la citoyenneté américaine. Si, au départ, le KGB avait principalement concentré ses efforts sur le développement d'un programme élaboré permettant à ses agents « illégaux » de prendre l'identité volée de vrais citoyens occidentaux, une fois que l'émigration de l'Union soviétique a commencé à croître à partir des années 1970, il a également cherché à cultiver des agents parmi les émigrants. Kaveladze était l'un d'eux, a dit Shvets. En 1989, à l'âge de vingt-huit ans, fraîchement diplômé du prestigieux Institut financier de Moscou, il a été autorisé à voyager aux États-Unis où il est devenu proche d'une famille américaine à Gettysburg en Pennsylvanie. Deux ans plus tard, il acquérait la citoyenneté américaine. Il avait apparemment été « adopté » par la mère de famille, Judith Shaw. (Lorsque celle-ci est décédée en 1993, à l'âge de quarante-neuf ans, sa nécrologie décrivait Kaveladze comme son « fils adoptif ».) « Il a été envoyé là-bas dans le cadre du volet de l'immigration, a dit Shvets. Le renseignement soviétique avait toujours envié les Chinois et le Mossad. Vous pouvez aller dans n'importe quel pays, il y aurait toujours un gros contingent de la diaspora chinoise et juive. Ils pouvaient toujours aller chez leurs compatriotes. » Avant l'effondrement de l'Union soviétique, une énorme vague d'émigration avait été impulsée, sous le contrôle du KGB. Kaveladze avait été envoyé comme émigré (Kaveladze lui-même n'a pas répondu aux demandes de commentaires).

Pendant près de dix ans, Kaveladze a servi de vecteur pour transférer près de 1,4 milliard de dollars d'argent noir russe et d'Europe de l'Est sur des comptes bancaires américains. Après avoir obtenu son diplôme, il a très vite été embauché en tant que vice-président de la joint-venture d'Agalarov, Crocus International. En octobre 1991, sa citoyenneté américaine nouvellement acquise lui a permis de commencer à ouvrir un réseau de comptes bancaires américains. Il a créé sa propre entreprise, International Business Creations, qui partageait une adresse du centre-ville de Manhattan avec d'autres boîtes d'Agalarov. Plus tard, les enquêteurs américains ont découvert qu'il avait ouvert des comptes pour plus d'une centaine de clients russes suspects auprès d'un pilier du système financier américain, Citibank, et une centaine d'autres à la Commercial Bank de San Francisco, qui appartenait en partie à un Letton également soupçonné d'avoir des liens avec le KGB. Citibank a admis par la suite auprès des enquêteurs que Kaveladze avait ouvert ces comptes sans que ses clients russes aient jamais à se présenter en personne ou à justifier de leurs activités professionnelles. Kaveladze a également enregistré environ deux mille sociétés dans le Delaware pour des clients russes qu'il prétendait connaître peu. Il ne connaissait d'ailleurs même pas leur véritable identité.

Selon un ancien responsable du Kremlin, une partie des flux de trésorerie provenait d'une caisse noire d'un milliard de dollars créée par une société connue sous le nom de Fonds national russe pour le Sport. Au milieu des années 1990, celle-ci s'est vu autorisée par Eltsine à importer de l'alcool et du tabac en Russie en franchise de droits. Le fonds est devenu un trou noir pour la contrebande, lié aux hauts responsables des services de sécurité de l'ère Eltsine, y compris Alexander Korzhakov, le garde du corps d'Eltsine. Ce qui a le plus troublé l'un des enquêteurs américains en examinant les comptes créés par Kaveladze, c'est qu'aucun argent n'a jamais été transféré par l'intermédiaire de certains d'entre eux, alors que d'autres sociétés ne faisaient des transferts qu'une seule fois. C'était comme si des cellules étaient mises en place pour de futures opérations, a déclaré une personne proche de l'enquête. « Il créait tant de sociétés. Il les utilise lorsqu'il en a besoin – comme s'il s'agissait de téléphones portables »

Les comptes de Kaveladze ne constituaient que la pointe de l'iceberg. Certains des transferts effectués par l'intermédiaire de la Commercial Bank of San Francisco se sont avérés être liés à une opération beaucoup plus importante : le scandale du blanchiment d'argent de 7 milliards de dollars de la Bank of New York. En fait, les fonds manipulés par Kaveladze faisaient partie du flux d'argent noir russe qui se déversait aux États-Unis bien avant l'effondrement de l'Union soviétique, et une grande partie de l'architecture du système de transfert semblait être gérée par le KGB et la mafia russe.

Le canal de trésorerie de la Banque de New York était lié au mafieux russe Semion Moguilevitch, que Shvets décrivait comme un « agent particulièrement important pour le renseignement étranger russe » et qui avait longtemps fait passer de l'argent en Occident pour le Solntsevskaya et le KGB. Mais après la mise au jour de ce stratagème à l'été 1999, le scandale a vite été oublié. Il n'y a pas eu de véritable enquête criminelle et le stratagème a été écarté car il s'agissait principalement d'évasion fiscale et douanière de la part d'entreprises russes ordinaires. Les liens entre les architectes du projet, Moguilevitch et les services de sécurité russes ont été occultés, ainsi que des liens possibles avec des sociétés de courtage américaines et des fraudes boursières. Pour Shvets, ce fut une erreur fatale. L'Occident avait été aveuglé par ce qu'il croyait être sa victoire dans la guerre froide : « Ils pensaient que la Russie était finie pour toujours... Ils se moquaient de ce genre de vol, du moment que ce n'était pas trop visible. Lorsque Bush Senior a dit que la guerre froide était finie et qu'une nouvelle ère de coopération commençait, tout était dit. Mais les Russes ont utilisé la coopération pour tromper les États-Unis. Les Américains, ils sont comme des enfants. Si vous coopérez, vous coopérez. Ça leur suffit, et ils ne posent aucune question – même si les Russes tiennent une brique derrière leur dos. »

Les services de renseignement russes et leurs partenaires du crime organisé ont continué d'avoir les coudées franches pour trouver d'autres moyens d'acheminer de l'argent vers les États-Unis. Plus tard, une nouvelle génération de banques fantômes liées à la même mafia et au KGB a vu la mise en place de la laverie moldave et des systèmes de transactions miroirs. Mais avant cela, selon Shvets et un ancien associé de Moguilevitch, il semble que l'un des canaux sur lesquels ils se soient concentrés, c'étaient les opérations commerciales de Donald Trump. « Ils devaient trouver des moyens plus subtils de blanchir de l'argent par l'intermédiaire d'entreprises et non directement par le biais de banques américaines, a dit Shvets. Et de l'autre côté, il y avait Trump et ses problèmes financiers. C'était une solution très ponctuelle. »

Rien ne prouve que Trump était conscient qu'il pouvait y avoir des problèmes avec les anciens hommes d'affaires soviétiques qui ont commencé à faire la queue au début des années 2000 pour lui proposer des affaires lucratives. Alan Garten, le conseiller principal de la Trump Organization, a dit qu'il n'a jamais eu de raison de remettre en question l'origine des fonds. Mais à cette époque, Trump était encore criblé de dettes. Il avait déjà échappé à la faillite personnelle au début des années 1990, mais il avait été contraint de vendre des biens précieux comme l'hôtel Plaza et un prestigieux projet de développement dans l'Upper West Side de Manhattan, ainsi qu'une partie du casino Taj Mahal. La propriété du reste de son vaste empire immobilier était au mieux trouble, et il était toujours aux prises avec près de 2 milliards de dollars de dettes obligataires dues par son groupe de casino et d'hôtels, le Trump Hotels and Casino Resorts. Les banques occidentales – à l'exception de la Deutsche Bank – se montraient réticentes à lui prêter de l'argent. Mais sa chance a tourné : les uns après les autres, d'anciens hommes d'affaires soviétiques sont venus le voir pour lui proposer de construire une succession de tours Trump. Pour la première fois, Trump s'est vu offrir de généreux droits de licence et de gestion simplement pour avoir l'honneur de voir son nom inscrit sur les bâtiments. Dans au moins l'une des propositions qui lui étaient faites, il recevrait une participation de 18 % sans faire aucun investissement. Les accords n'auraient pas pu être plus fortuits pour Trump. Et peu de questions ont été posées. « Ce n'est pas dans les habitudes de Donald de faire des audits ou des vérifications préalables », dira plus tard Abe Wallach, un ancien cadre supérieur de la Trump Organization.

La plupart des hommes d'affaires qui sont allés vers Trump étaient alors connectés au même réseau d'économistes liés au KGB, dont certains partageaient des liens avec le groupe

Solntsevskaya. On y trouvait Tamir Sapir, l'associé géorgien de Shalva Chigirinsky. Il y avait également Tevfik Arif, un ancien fonctionnaire du commerce soviétique ayant des liens avec Aras Agalarov, soutenu par un trio de magnats des métaux kazakhs qui s'étaient précédemment associés en affaires avec un associé présumé du groupe Solntsevskaya. Il y avait aussi Alex Shnaider, le négociant en métaux et gendre d'un associé présumé de Solntsevskaya qui avait acheminé l'argent du parti communiste au crépuscule du régime soviétique.

Le charme et l'offensive financière de ce réseau ont commencé à opérer avec le fils d'un associé de Semion Moguilevitch, qui avait grandi à Brighton Beach, l'enclave de New York qui abritait des émigrés russes et des gangs mafieux.

Sater

Lorsque Felix Sater a abordé Donald Trump pour la première fois au cours de l'année 2001, il avait déjà vécu plusieurs vies et de son propre aveu, il travaillait depuis longtemps avec des hauts responsables des services secrets russes. Cet ancien agent de change pugnace au visage de boxeur avait quitté l'Union soviétique avec sa famille à l'âge de huit ans, faisant partie de la vague d'émigration juive autorisée au début des années 1970. Ils s'étaient installés à Brighton Beach, où, selon deux anciens associés de Moguilevitch, le père de Sater, Mikhaïl Sheferovsky, est devenu un « homme de main » pour certains des intérêts de Moguilevitch là-bas. Sater a été élevé dans un monde où les fusillades entre gangs et les guerres de territoire entre groupes mafieux étaient monnaie courante. C'était aussi un monde où le crime organisé russe s'étendait à la criminalité en col blanc, nouant des alliances avec des familles criminelles italiennes. Il fut le premier à vendre de l'essence de contrebande, puis à verser dans l'industrie du diamant en Sierra Leone, et ensuite dans les manipulations boursières, la fraude et l'élaboration de systèmes d'échange de marchandises, ainsi que dans les trafics d'armes et de drogues plus classiques.

Sater prétendrait qu'il n'avait jamais été impliqué dans tout cela. Mais lorsque nous avons discuté, il n'a pas pu dissimuler sa fierté en évoquant son passé. « Moi et mes amis, nous avons grandi à Brooklyn, et avoir peur, ce n'était pas la première chose à laquelle vous pensiez, m'a-t-il dit en bombant le torse. Je dirais que c'était un groupe de personnes assez uniques. » Peu de temps après avoir commencé comme agent de change dans une série d'entreprises de Wall Street, il a eu quelques démêlés avec la justice. En 1991, il a passé quinze mois en prison pour avoir poignardé un courtier en matières premières au visage et au cou avec le pied cassé d'un verre à cocktail. Puis il a échappé aux poursuites pour avoir organisé une fraude boursière de 41 millions de dollars en collusion avec des membres des familles criminelles italiennes Gambino et Gravese, des contacts qu'il avait établis grâce aux relations de son père. Par le biais de deux sociétés de courtage de New York qu'il a cofondées, Sater et ses partenaires ont secrètement acquis de gros blocs d'actions puis artificiellement gonflé leur prix en payant des courtiers pour qu'ils émettent de fausses déclarations, tout en utilisant les muscles des familles criminelles italiennes. Certaines des sociétés de courtage impliquées avaient fait l'objet d'une enquête pour liens avec le système de blanchiment d'argent de la Bank of New York. Lorsque ce projet s'est effondré en 1996, Sater a quitté New York pour rejoindre Moscou où ses relations à Brighton Beach l'ont aidé à se faire des amis au sommet des services secrets russes. Il a affirmé être allé en Russie en tant que consultant pour l'entreprise de télécommunications américaine AT&T afin de négocier un contrat de 100 millions de dollars pour la location d'un câble transatlantique vers les États-Unis. Grâce à cette proposition d'accord, il est entré en contact avec des officiers de haut niveau du renseignement militaire russe qui contrôlaient les télécommunications du pays. Mais il n'aurait jamais obtenu un tel accès aussi rapidement sans ses relations avec le crime organisé russe. Parmi ces relations, Moguilevitch, qui selon Iouri Shvets collaborait avec le renseignement étranger russe, ainsi qu'un ancien associé proche de Moguilevitch qui connaissait alors Sater.

En janvier 1998, peu de temps après que le FBI à New York a découvert un tas de documents révélant son implication dans le stratagème de fraude boursière, Sater a contacté des agents du renseignement américain à Moscou et a offert sa coopération. Il fournirait des informations de premier ordre sur les activités des talibans et de l'Alliance du Nord en Afghanistan où les agents de renseignement russes et le crime organisé étaient actifs depuis longtemps. Pour Sater – et le renseignement russe –, c'était le début d'une belle amitié. Sater a d'abord fourni des informations sur les missiles Stinger perdus que le gouvernement américain tentait depuis longtemps de retrouver, fournissant même leurs numéros de série et relayant l'information selon laquelle ils étaient entre les mains de l'Alliance du Nord, qui voulait maintenant les vendre. Puis, après avoir fourni des informations complémentaires, notamment les coordonnées des camps d'Al-Qaïda et ce qu'il a dit être cinq numéros de téléphone satellite appartenant à Oussama ben Laden, il est retourné aux États-Unis pour se rendre. À son arrivée, il a passé un accord avec le FBI qui lui a permis d'éviter les accusations – et une peine de prison potentielle de vingt ans – pour l'escroquerie en bourse. Au lieu de cela, il a été salué pour les dix années de coopération fructueuse avec le FBI qui ont suivi.

Mais Sater suivait aussi une tradition séculaire. Depuis l'époque soviétique, des associés de la mafia russe de Brighton Beach s'étaient proposés comme informateurs du FBI en échange de l'abandon de poursuites pénales. Mais les contacts de Sater avec le crime organisé et le renseignement russe auraient dû tirer la sonnette d'alarme. Il avait même aidé le FBI à découvrir le stratagème de fraude boursière, laissant un tas de documents dans un coffre-fort qu'il n'avait pas payé, et aidé les agents à les déchiffrer. Lorsque nous nous sommes rencontrés en mai 2018, il m'a dit que ses contacts dans le renseignement russe, y compris dans le renseignement militaire, le GRU, acceptaient de lui fournir des informations parce qu'ils cherchaient désespérément de l'argent. « Le GRU ne s'inquiétait pas d'espionner l'Amérique à ce moment-là. Il ne pensait qu'à gagner de l'argent. Il n'était pas vraiment doué au niveau financier et de mon côté j'avais travaillé à Wall Street, je parlais couramment le russe et l'anglais et je comprenais la finance – et je leur parlais d'un deal qui rapporterait 100 millions de dollars. » Cet accord n'a jamais abouti et Sater n'a pas pu expliquer quel argent – s'il y en a eu – il leur avait versé.

Selon Iouri Shvets, les contacts haut placés de Sater dans le renseignement russe suivaient une tradition séculaire qui datait de l'époque soviétique : faire circuler des informations en se servant d'un atout pour améliorer sa réputation et son influence. Il aurait été impossible pour Sater d'avoir accès à ces informations sans la coopération active et l'assistance de membres de haut rang des services de renseignement russes et du crime organisé. Shvets a déclaré qu'il pensait que les relations de Sater découlaient d'une alliance avec Moguilevitch et Shabtai Kalmanovich, un autre associé de Solntsevskaya lié au KGB, qui avait été emprisonné par les Israéliens dans les années 1980 pour avoir espionné pour les Soviétiques : « Kalmanovich décidait tout pour Sater. » Moguilevitch et Kalmanovich étaient au centre d'un empire de contrebande d'armes qui échangeait de la marchandise avec toutes les parties – aussi bien les talibans que leurs adversaires de l'Alliance du Nord – et effectuait des tâches pour les services de renseignement russes. Selon un ancien associé de Moguilevitch qui le connaissait à ce moment-là, Sater n'avait jamais mis les pieds en Afghanistan et les informations sur les numéros de téléphone de Ben Laden et les missiles Stinger manquants « venaient très probablement de Seva ».

Depuis son enfance, Sater faisait partie d'un monde vicieux dans lequel survivre consistait à jouer un double, voire un triple jeu, à changer de masque en fonction des circonstances. « Tout le monde a plusieurs visages et il nous est très difficile de savoir lequel est vrai et lequel ne l'est pas, a dit un autre ancien associé de Moguilevitch. C'est ce qu'ils devaient faire pour survivre. » Ils vivaient dans un monde de transactions secrètes avec une économie souterraine qui opérait dans l'ombre depuis l'époque soviétique, où un seul faux pas pouvait vous valoir une vie en prison ou, plus probablement, une balle dans la tête.

Sater a insisté sur le fait qu'il n'avait jamais eu de contact avec Moguilevitch, et que le mafieux ne l'avait même pas aidé dans son travail de traçage des armes et des camps d'Al-Qaïda pour le FBI. « Je vous dis que c'est un tissu de mensonges, a-t-il dit à propos d'une possible connexion avec Moguilevitch. Un putain de mensonge. Je ne le reconnaîtrais pas s'il venait s'asseoir à côté de nous. » Toutefois, il n'a pas pu s'empêcher de se vanter que ses relations allaient plus loin que ça : « Prétendre que je suis associé à Moguilevitch, c'est plutôt insultant. Je suis actif à un niveau beaucoup plus élevé que lui. »

En réalité, les liens de Sater se sont étendus vers la nouvelle génération des mafieux russes qui ont repris certains des systèmes illicites de transfert d'argent au noir après que Moguilevitch a été exposé dans le scandale de la Bank of New York. Son ami le plus proche depuis l'enfance, c'était Evgueni Dvoskine, le banquier de l'ombre qui avait travaillé en étroite collaboration avec un général de haut rang au sein du FSB pour devenir l'architecte de bon nombre des nouveaux systèmes de blanchiment d'argent des années 2000 – la laverie moldave et les transactions miroirs de la Deutsche Bank – qui ont acheminé des dizaines de milliards de dollars de transferts illicites vers l'Occident. Tous les deux avaient grandi ensemble dans le même quartier à Brighton Beach, au 12 Brighton Street. « Je le connaissais très bien, a dit Sater. J'ai connu sa première femme puis la seconde. J'ai grandi avec lui. C'est un vieil ami qui m'est très cher. »

Sater était fier de son lien avec Dvoskine qui, a-t-il dit, « ne pisserait même pas sur Moguilevitch s'il était en feu. » Il a raconté comment Dvoskine avait travaillé en étroite collaboration avec Ded Hasan, un autre puissant mafieux russe qui a ensuite été abattu dans un restaurant à Moscou. Lorsque je lui ai naïvement demandé s'il n'avait pas été inquiet lorsque son meilleur ami faisait des affaires avec Ded Hasan, Sater avait répondu d'un ton méprisant : « Regardez ce qui est arrivé à Ded Hasan. Ce sont eux qui auraient dû s'inquiéter de faire affaire avec Dvoskine. »

*

Au moment où il a rencontré Donald Trump en 2001, Sater s'était déjà associé en affaires avec Tevfik Arif, l'ancien responsable soviétique chargé du commerce. Arif avait fait fortune en négociant du chrome au Kazakhstan en tant qu'agent du négociant en métaux Transworld Group, propriété de Mikhaïl Cherney. Il avait ensuite noué un partenariat étroit avec un groupe de magnats kazakhs de la métallurgie que l'on appelait communément « le trio », dirigé par Alexander Mashkevich. Celui-ci avait commencé dans les affaires en travaillant pour Boris Birshtein, un associé présumé de Solntsevskaya. (Mashkevich n'a pas répondu aux demandes de commentaires). Arif « faisait des affaires avec

Mashkevich. Ils se connaissaient depuis vingt ou trente ans, a dit Sater. C'était Transworld… et Mikhaïl Cherney. Il travaillait avec Cherney au début. »

Sater a affirmé qu'il ne connaissait Arif que depuis trois mois avant d'accepter de se lancer en affaires avec lui. Ils s'étaient rencontrés, a-t-il affirmé, parce qu'Arif était son voisin à Sands Point, une enclave exclusive de Long Island, où vivaient autrefois William Randolph Hearst et les Guggenheim, dont s'était inspiré l'auteur de *Gatsby le Magnifique*. Ensemble, ils ont créé une société de promotion immobilière, Bayrock Group, et ils ont emménagé dans un bureau un étage en dessous du siège de la Trump Organization dans la Trump Tower, au 725 de la 5e Avenue. Ils ont ensuite embauché nombre de femmes séduisantes originaires d'Europe de l'Est. L'un des administrateurs de Trump a commencé à passer les voir et bientôt, il a présenté Sater à Trump. Comme le raconte Sater, la rencontre a été spontanée et à son initiative : « Je suis entré dans son bureau et je lui ai dit : "Je vais devenir le plus gros développeur de New York." Il a ri. Je pense qu'il a apprécié mon approche trumpesque. Nous avons tout de suite commencé à travailler ensemble. »

Sater et Arif ont proposé un marché à Trump qu'il pouvait difficilement refuser. Le Bayrock Group prendrait en charge le financement et la construction d'une série de projets de luxe et verserait une redevance à Trump pour avoir l'honneur d'utiliser son nom. Un complexe hôtelier de luxe en copropriété à Fort Lauderdale en Floride a été annoncé pour la fin 2003. Il faut y ajouter les 200 millions de dollars du Trump International Hotel and Residence à Phoenix, en Arizona, achetés par Bayrock à peu près au même moment. Et puis, en 2005, Bayrock s'est payé un site dans une rue en plein essor de SoHo à Manhattan qui deviendrait Trump SoHo, une tour de verre de 450 millions de dollars avec quarante-six étages de luxe et d'excès, des appartements, un hôtel et des meubles Fendi. Trump devait recevoir une participation de 18 % dans le projet et un flux constant d'honoraires de gestion, sans avoir à contribuer le moins du monde. Les accords n'auraient pas pu arriver à un meilleur moment pour Trump. En 2004, la branche casino et hôtels de son empire déposait une demande de protection contre la faillite en vertu du chapitre 11 en plus d'un autre accord de restructuration.

Le rapprochement a également apporté des avantages potentiels à Bayrock. Les programmes immobiliers offraient un moyen de contourner les réglementations bancaires américaines plus strictes imposées à la suite du scandale de la Bank of New York et des attentats terroristes du 11 septembre. « Ils ne pouvaient plus facilement faire entrer de l'argent par le biais de sociétés fictives, a dit Jack Blum, un avocat de Washington spécialisé dans la criminalité financière en col blanc. Mais l'argent a ensuite été investi dans l'immobilier à Miami, à New York et à Londres. L'immobilier était exempté de toute forme de déclaration d'activité suspecte. Tout d'un coup, vous avez vu apparaître ces appartements de luxe. Personne n'a demandé d'où venait l'argent. Si je suis un escroc et que je cherche quelqu'un pour m'aider à couvrir mes activités, alors tout le deal, c'était de savoir si j'investissais dans votre immobilier. Je m'occupe de la construction et vous fournissez la couverture. Vous en tirerez même un peu d'argent. » C'est devenu un modèle pour la Trump Organization dans le monde entier.

Il a fallu près de deux décennies aux responsables du Trésor américain pour avertir que l'immobilier américain haut de gamme devenait un moyen pour les fonctionnaires étrangers corrompus et les criminels transnationaux de blanchir de l'argent sale. Une enquête du Trésor de 2018 a révélé qu'un acheteur au comptant sur trois de biens haut de gamme était suspect alors que la plupart des ventes au sommet du marché transitaient par le biais de sociétés dont la propriété était cachée. Et même si les commanditaires vendaient des appartements à perte, a dit un enquêteur américain, ils pouvaient réaliser un profit en prenant une part pour blanchir l'argent.

Pour Jody Kriss, l'ancien directeur financier de Bayrock, la source de financement de l'entreprise est devenue une question préoccupante. Il a ensuite affirmé dans un procès pour racket contre Bayrock que ses commanditaires intégraient « des intérêts cachés en Russie et au Kazakhstan » et que l'entreprise n'était qu'une façade pour blanchir de l'argent. « L'évasion fiscale et le blanchiment d'argent sont au cœur du modèle économique de Bayrock », indiquait initialement le procès intenté par Kriss. Bayrock, affirmait-il, était « en grande partie une entreprise appartenant à la mafia et gérée par elle » qui avait « accès à des comptes de trésorerie dans une raffinerie de chrome au Kazakhstan ». Bayrock a rejeté ces allégations.

La raffinerie à laquelle Kriss faisait référence était la tentaculaire Aktyubinsk Chromium Chemicals Plant, le second producteur mondial de produits chimiques à base de chrome qui crachait de la fumée dans la morne steppe kazakhe et déversait des toxines dans la réserve d'eau locale, la rendant impropre à la consommation. Il appartenait à Arif et à son frère, qui avait été haut fonctionnaire du ministère de l'Industrie kazakh dans les années 1990. En signe des liens étroits qui unissaient ce réseau, la mine de chrome qui alimentait l'usine appartenait aux magnats des métaux kazakhs connus sous le nom de « trio », ou plus officiellement comme Eurasian Natural Resources Corporation (ENRC).

La ville qui entourait l'usine n'était rien de plus qu'une plaque tournante appauvrie pour les travailleurs migrants. Il ne faisait aucun doute que les profits étaient envoyés ailleurs. Bayrock lui-même n'a jamais semblé manquer d'argent. Arif et Sater, affirmait Kriss, ont apporté des fonds « mois après mois, pendant deux ans, voire même plus fréquemment, chaque fois que Bayrock manquait de liquidités ». Chaque fois que les flux de trésorerie commençaient à se resserrer, d'après le procès, les propriétaires « se présentaient comme par magie avec un virement venu de "quelque part", suffisamment important pour faire fonctionner l'entreprise ». Mais Trump n'a jamais semblé poser de questions. En fait, il a admis plus tard lors d'une procédure judiciaire qu'il « n'avait jamais vraiment compris à qui appartenait Bayrock ».

Dans le même temps, Trump a commencé à signer des accords similaires avec une série d'autres anciennes entreprises soviétiques. Début 2002, un émigré soviétique israélien, Michael Dezer, et son fils Gil ont signé un accord de licence avec Trump pour 600 millions de dollars pour Trump Grand Ocean Resort and Residences sur un front de mer de premier choix à Sunny Isles, près de Miami. Une enquête de Reuters a estimé que Trump a gagné des dizaines de millions de dollars grâce à cet accord, dans lequel les Dezer ont assumé tous les coûts et les risques. Au total, des Russes ont acheté pour plus de 98,4 millions de dollars de biens immobiliers dans le sud de la Floride dans sept tours de luxe portant la marque Trump. Six d'entre elles ont été exploitées par les Dezer. Un tiers des plus de 2 000 appartements dans les sept immeubles Trump a été acheté par le biais de mécanismes de propriétés anonymes, des sociétés à responsabilité limitée ou SARL. Un certain nombre d'hommes d'affaires russes de deuxième et troisième rangs politiquement engagés, ou « minigarques », dont trois anciens fonctionnaires de l'État, ont payé des millions de dollars pour des appartements dans les projets de Trump.

Et puis, il y avait Alex Shnaider, un négociant en métaux de trente-six ans, né en Russie, qui avait réalisé une fortune de 2 milliards de dollars en acquérant une aciérie ukrainienne puis en s'étendant à travers l'Europe de l'Est en Serbie, au Monténégro et en Arménie où il possédait le réseau électrique du pays. Bâti comme un boxeur, les cheveux ras et la mâchoire carrée et déterminée, Shnaider s'est trouvé être le gendre de Boris Birshtein, selon le FBI, un associé de Solntsevskaya. En 2003, Midland Resources de Shnaider est devenu le promoteur du Trump International Hotel and Tower de 500 millions de dollars à Toronto, un bloc de soixante-cinq étages d'appartements et de chambres d'hôtel derrière une façade en verre brillant. À l'époque soviétique, son beau-père avait créé Seabeco, le négociant en matières premières qui faisait partie de la première vague de moyens mis en place par le KGB pour acheminer la richesse communiste vers des comptes bancaires en Occident. En cours de route, il était également devenu un agent clé de Solntsevskaya. D'après un rapport du FBI, en octobre 1995, Birshtein a organisé une réunion pour les patrons de Solntsevskaya dans son bureau du centre diamantaire de Tel-Aviv. Parmi eux se trouvaient Semion Moguilevitch et le chef de Solntsevskaya, Sergueï Mikhaïlov. Le sujet en discussion, avait rapporté le FBI, était « le partage d'intérêts en Ukraine ».

Le FBI n'était pas le seul organe des forces de l'ordre occidentales à se pencher sur ces connexions. Dans un rapport de 2007, les services de renseignement suisses ont également mentionné les « liens étroits » de Birshtein avec Solntsevskaya, tandis que la police suisse notait que lorsque Birshtein a quitté Seabeco plus tard dans les années 1990 pour monter sa propre opération à Anvers en Belgique, il y a créé au moins une entreprise, MAB International, avec Mikhaïlov. Toutefois, Birshtein a nié par l'intermédiaire d'un avocat avoir jamais travaillé avec Solntsevskaya. Il a également établi un lien étroit avec le trio de magnats des métaux kazakhs qui travaillait étroitement avec Arif et Bayrock. Un membre du trio, Patokh Chodiev, a fondé une filiale de Seabeco à Bruxelles en 1991 tandis qu'un autre, Alexander Mashkevitch, qui avait débuté à la fin des années 1980 comme vice-président de Seabeco, a également créé une autre société basée à Bruxelles avec un associé distinct de Seabeco. Shnaider a affirmé être brouillé avec son beau-père, mais son partenaire commercial le plus proche a témoigné devant la Haute Cour de Londres qu'il devait sa carrière à sa relation avec Birshtein.

Trump a rapidement été courtisé par d'autres qui l'aideraient à développer ses affaires. En 2005, Roger Khafif, un importateur-exportateur libanais sans expérience dans le secteur immobilier, l'a approché en lui proposant de construire le Trump Ocean Club International Hotel and Tower à Panama. L'immeuble rutilant de soixante-dix étages devait rapporter à Trump 75 millions de dollars de commissions. Le courtier amené par Khafif pour vendre des appartements dans la tour était un ancien vendeur de voitures brésilien, Alexandre Ventura Nogueira, qui sera plus tard accusé de blanchiment d'argent. Nogueira avait été filmé par un ancien associé en train d'évoquer le blanchiment « d'argent de la drogue » et a ensuite travaillé, à son tour, en étroite collaboration pour vendre les appartements du Trump Ocean Club avec deux anciens émigrés canadiens soviétiques, Alexander Altshoul et Stanislau Kavalenka. Et ce, malgré les accusations de connivence avec le crime organisé par les services de police canadiens qui pesaient sur les deux hommes : Altshoul a été accusé d'avoir participé à un stratagème de fraude hypothécaire tandis que Kavalenka était soupçonné d'avoir kidnappé et prostitué des femmes russes. Dans les deux cas, les accusations ont ensuite été abandonnées.

Alan Garten, le conseiller juridique principal de la Trump Organization, a déclaré à Reuters que personne dans l'entreprise ne se souvenait d'avoir eu des relations avec Nogueira ni d'aucune implication dans la vente des appartements. Trump, disait-il, ne faisait que concéder une licence pour sa marque et fournir des services de gestion. Mais pour Trump, peu importe qui ou quoi était derrière eux ; les accords étaient de trop bonnes affaires qu'il ne fallait pas laisser passer. Ils sont devenus un symbole de sa santé financière. Lorsque les États-Unis ont été précipités dans la crise du crédit à la fin de 2007, Trump les a brandis comme preuve que son empire était solidement ancré. « Dans un environnement où aucun développeur n'obtient de financement pour ses travaux, a-t-il écrit dans une lettre au *Wall Street Journal* en novembre 2007, nous avons réussi à obtenir du financement au cours des trois derniers mois pour notre Trump International Hotel & Tower à Toronto, Trump SoHo et Trump International Hotel & Tower à Panama. Ces faits témoignent de la force du nom et de la marque Trump au sein de la communauté financière. »

Les hommes qui ont rejoint Trump dans les affaires étaient alors tous interconnectés, et au moment où il écrivait la lettre au *Wall Street Journal*, ils avaient en effet pris des mesures pour apporter plus de financement. En 2006, Tamir Sapir, l'habitué de l'immobilier de New York qui avait fait fortune dans le commerce du pétrole soviétique, a rejoint Bayrock dans la mise en place de Trump SoHo. Et début 2007, le trio kazakh, par l'intermédiaire de sa société holding ENRC, est officiellement devenu un partenaire stratégique de Bayrock, capable de fournir des fonds propres. Sans accès aux finances de Bayrock, on ne sait pas très bien quel financement, s'il y en a jamais eu un, ils auraient pu fournir. Mais le réseau se finalisait. Shalva Chigirinsky était également avec eux. Mashkevich, Sapir, Arif, Sater et lui étaient tous amis et associés. Ils ont assisté aux mariages de la progéniture de chacun et ont tous, à un moment donné, fait des affaires avec Trump.

À mesure que la crise financière approchait, Bayrock a continué à chercher du soutien. En mai 2007, il a signé un « accord de prêt » de 50 millions de dollars avec une société financière islandaise obscure, FL Group. Ce prêt se transformerait en une participation majoritaire dans une nouvelle coentreprise regroupant les intérêts de Bayrock dans quatre de ses projets, dont Trump SoHo, juste avant que les projets ne soient censés verser aux actionnaires plus de 500 millions de dollars de bénéfices au cours des deux années suivantes. En fait, selon la version initiale de la plainte pour racket déposée plus tard par le directeur financier de Bayrock, Jody Kriss, l'arrangement était destiné à permettre à FL Group, Sater et Arif de « dépouiller » les projets de centaines de millions de dollars de revenus, en laissant les autres créanciers en plan. Mais cette demande a été retirée par la suite. Il est encore difficile de déterminer si les fonds et les actifs ont été transférés dans cette nouvelle entreprise, faisant de la principale société de développement Bayrock une coquille vide ; ou bien si Trump a reçu une part de ces bénéfices sur la participation de 18 % qui lui a été accordée dans l'entreprise Trump SoHo. La propriété de l'entreprise islandaise faisait partie d'un réseau de sociétés qui étaient, selon la rumeur persistante, liées au Kremlin de Poutine. Elles allaient de toute façon bientôt s'effondrer dans la crise financière sur fond d'allégations de crimes financiers. Jody Kriss, l'ancien directeur financier de Bayrock, a témoigné plus tard que Arif et Sater lui avaient dit que FL Group était « proche de Poutine ». Mais la vérité a été enterrée dans le crash financier.

Lorsque la crise financière s'est accentuée, un autre magnat russe est apparu à l'horizon pour aider Trump. En juillet 2008, à la veille de la crise, un magnat des engrais, Dmitri Rybolovlev a accepté d'acheter un manoir à Palm Beach appartenant à Trump pour 95 millions de dollars, plus du double de ce que Trump avait payé à l'origine (Rybolovlev n'a jamais vécu dans la propriété. Il a fini par démolir le manoir et a morcelé le terrain pour le vendre).

La faillite de nombre de ces projets après la crise financière n'a pas eu l'air de les bouleverser davantage que cela. D'abord, le développement de Bayrock à Fort Lauderdale, sur lequel plus de 140 millions de dollars avaient été dépensés pour la construction, a sombré dans la faillite. En 2009, tandis que la tour n'était rien de plus qu'une coquille vide en béton, Trump a retiré son nom du projet. De son côté, Bayrock escroquait de nombreux acheteurs sur les millions de dollars qu'ils avaient déposés, ainsi que la principale banque prêteuse. À ce moment-là, en tout cas, Bayrock semblait essentiellement transférer une participation majoritaire dans ce projet et d'autres à la nouvelle entreprise soutenue par FL Group. Le développement clinquant que Bayrock avait promis à Phoenix, dans l'Arizona, n'a jamais vu le jour, en conflit avec un investisseur local qui prétendait que Felix Sater lui avait soutiré de l'argent. Trump SoHo a ouvert en grande pompe en 2010, mais Bayrock et Trump ont fait face à des poursuites judiciaires de la part d'acheteurs alléguant qu'ils avaient été incités à acheter des logements au moyen de chiffres de vente artificiellement gonflés.

Trois ans plus tard, Trump SoHo a fait l'objet d'une saisie. Quatre ans après son ouverture en 2012, la Trump Tower à Toronto d'Alex Shnaider était encore aux trois quarts vide. En 2016, il était en faillite. La société de développement fondée par Shnaider pour sa construction avait fait faillite en 2015 pour défaut de remboursement d'un prêt de 300 millions de dollars de la banque Raiffeisen, la banque autrichienne connue pour ses liens étroits avec l'élite dirigeante du Kremlin et auparavant avec les transferts d'argent noir impliquant Diskont Bank.

Si tout n'était qu'un mirage, Trump avait néanmoins bénéficié largement de paiements de licence et d'honoraires de gestion non révélés, tandis que des gens comme Bayrock et Shnaider avaient été en mesure d'acheminer de l'argent par l'intermédiaire des projets et potentiellement, continuaient à faire un massacre. « Dans beaucoup d'endroits, la faillite était très rentable, a dit Jack Blum, l'avocat de la criminalité en col blanc. Vous empruntez de l'argent aux banques pour le projet et vous le mettez ensuite en faillite. Vous repartez toujours avec l'argent de la construction. »

Le pendule

Même si les accords immobiliers américains ont été conclus et mis en route, le même réseau a fait miroiter une série de propositions pour une grandiose Trump Tower à Moscou, où Trump gagnerait un pourcentage élevé en prêtant son nom sans participer aux coûts de construction. Aucun de ces accords ne verrait jamais le jour, mais ils ont suffi à maintenir l'intérêt de Trump – et à le faire voyager, lui et sa famille, à Moscou. En 2005, par l'intermédiaire de Bayrock, Sater a promis une Trump Tower sur le site d'une ancienne usine de crayons sur le fleuve de Moscou. Le terrain appartenait à deux banquiers, dont l'un d'eux siégeait au conseil d'administration de Diskont Bank. Cette même banque de Moscou avait par ailleurs été au cœur du scandale de blanchiment d'argent qui avait conduit à l'assassinat de l'adjoint du gouverneur, Andrei Kozlov. L'accord est tombé à l'eau lorsque le banquier a fui la Russie après le scandale. Il prétendait avoir été contraint de mener des opérations financières sous la menace des services de sécurité. Mais à ce moment-là, Sater avait escorté la fille de Trump, Ivanka, et son fils aîné, Donald Jr., lors de visites à Moscou. Un jour, dans le gris glacial d'un hiver moscovite de février 2006, il a mis à profit ses relations pour organiser une visite du bureau de Poutine au Kremlin pour Ivanka.

Bientôt, Chigirinsky entrerait dans la mêlée. L'homme d'affaires d'origine géorgienne a fréquemment bavardé avec Ivanka et Donald Trump Jr. à Moscou et à Mayfair. Il a proposé un gratte-ciel en verre élaboré, conçu par Norman Foster, qui devait être le plus haut d'Europe et coûter entre 2 et 2,5 milliards de dollars, dans le futur quartier financier de Moscou. Il déclara qu'il était prêt à verser à Trump 20 % des bénéfices juste pour l'honneur d'utiliser son nom. Ce projet a capoté lors de la crise financière de 2008, lorsque l'empire commercial de Chigirinsky – optimisé jusqu'au bout – s'est effondré.

Aras Agalarov, l'ancien responsable du Parti communiste qui avait été le protégé de Chigirinsky, a rapidement pris le relais. À ce moment-là, Agalarov avait depuis longtemps dépassé ses maîtres en dirigeant l'une des premières joint-ventures soviéto-américaines. Il était ainsi devenu l'un des plus grands magnats de la construction de Moscou, célèbre notamment grâce à Crocus City, un immense centre commercial de luxe et une salle de concert qu'il avait construits à la périphérie de Moscou. En novembre 2007, il a invité Trump à la Foire aux millionnaires, une exposition annuelle d'articles de luxe qu'il y organisait. Trump a manifestement assisté à ce festival de l'extravagance et du bling-bling, où des yachts de luxe, des téléphones portables incrustés de diamants et des îles entières étaient à vendre, pour commercialiser le lancement de sa « 24K Super Premium Vodka » de la marque Trump présentée dans une bouteille décorée en or de 24 carats. Cette tentative de lancement d'une entreprise de vodka à Moscou a été aussi réussie qu'une tentative d'importation de charbon à Newcastle mais il semble qu'avec Agalarov, Trump ait ajouté un nouveau nom à son carnet d'adresses. Une nouvelle connaissance qui s'avérerait fatale.

En novembre 2013, Agalarov a de nouveau accueilli Trump à Moscou, cette fois pour le concours de beauté Miss Univers, une marque propriété de Trump. L'hospitalité d'Agalarov était légendaire – et, selon un banquier occidental, les belles filles qui travaillaient pour lui y étaient pour beaucoup. Trump est resté deux nuits dans la suite de grand standing du luxueux hôtel Ritz-Carlton de Moscou, avec vue sur la place Rouge, dont il est sorti rayonnant. Le fait qu'il n'ait pas rencontré Vladimir Poutine, comme il l'espérait, n'a en rien refroidi son humeur. « J'ai passé un superbe week-end à Moscou avec vous et votre famille, a-t-il tweeté à la famille Agalarov. TRUMP TOWER – MOSCOU est la prochaine étape. » Le projet d'une Trump Tower à Moscou avait donc été relancé et Agalarov a commencé à parler de plans pour un nouveau développement commercial important. Irakli Kaveladze, qui avait travaillé avec Agalarov pour ouvrir des centaines de comptes bancaires américains, a mené les discussions. Des plans étaient en cours pour construire douze propriétés près du Crocus City Mall, un projet qui s'appellerait « Manhattan » avec deux tours au milieu. L'une d'elles porterait le nom de Trump et l'autre celui d'Agalarov. La banque d'État russe Sberbank était quant à elle censée trouver des financements.

Encore un autre projet qui n'a pas abouti. Néanmoins, alors qu'Agalarov approfondissait sa relation avec Trump, il a rapidement gravi les échelons à Moscou. Le gouvernement de Poutine l'a choisi pour une série de projets d'infrastructures étatiques de prestige. D'abord, pour un contrat de 73 milliards de roubles pour une nouvelle université en Extrême-Orient et ensuite pour la construction de deux stades de football pour la Coupe du monde 2018, pour 18 milliards de roubles chacun.

En 2015, lorsque Trump a décidé de se présenter à la présidence des États-Unis, Shalva Chigirinsky était tout près. Il m'a avoué que peu après l'annonce de la décision, il se trouvait en compagnie de Steve Wynn, ami proche et allié de Trump, propriétaire du casino qui allait devenir un donateur majeur pour la campagne électorale de Trump. Par la suite, il deviendrait le président du comité financier du Parti républicain. Chigirinsky se souvient avoir hoché la tête avec joie, mais aussi avec incrédulité : « Wynn m'a dit : "Shalva, ça va durer maximum deux mois, après il sera fini. Il le sait." Mais ensuite, au bout de trois mois, il n'a pas abandonné. Il était de plus en plus populaire, il faisait des discours partout aux États-Unis. Il avait une telle énergie. Lorsque je parlais avec lui, j'étais surpris par sa détermination, son énergie et sa confiance en lui. »

Alors même que Trump intensifiait sa candidature à la présidence, le même réseau russe a fait un pas en avant dans la cour qu'il lui menait. Felix Sater est réapparu sur la scène presque aussitôt après l'annonce de la décision de Trump. Il a commencé à travailler avec l'avocat personnel de Trump, Michael Cohen. Les deux hommes étaient proches depuis leur adolescence à Brighton Beach. Son beau-père d'origine ukrainienne, Yefim Shusterman, était le propriétaire d'une flotte de taxis et avait gardé des liens étroits au sommet du gouvernement de la ville de Moscou. Ensemble, ils ont commencé à chercher un autre projet de tour Trump à Moscou, cette fois encore plus grandiose que toutes les propositions qui lui avaient précédé. Sater s'est vanté que la tour, un obélisque de cent étages recouvert de verre serait la plus haute d'Europe et rapporterait 100 millions de dollars à Trump dans le cadre d'un accord de licence. Dans une lettre adressée à Cohen en octobre 2015, il promettait de tirer parti de toutes ses relations avec le Kremlin pour y parvenir : « Je ferai participer Poutine à ce programme et nous ferons élire Donald, écrivait-il. Nous savons tous les deux que personne d'autre ne sait comment y parvenir sans faire preuve de stupidité ou de cupidité... Je vais faire en sorte que toute l'équipe de Poutine soit d'accord avec ça. ». Pour la financer, Sater s'est tourné vers VTB, la banque d'État pour les projets spéciaux du Kremlin puis vers Genbank, une obscure banque de Crimée homologuée, en partie détenue et dirigée par son ami d'enfance Evgueni Dvoskine, le banquier de l'ombre derrière tant de stratagèmes d'argent noir. C'était comme si tous les scrupules sur les conflits d'intérêts potentiels avaient été écartés. Mais pour Sater – et pour le renseignement russe – c'était peut-être l'objectif. Dans cette analyse, ils devaient continuer à compromettre le candidat. Comme pour souligner cela, Sater a même proposé qu'un appartement d'une valeur de 50 millions de dollars avec terrasse dans la tour soit offert à Poutine. Cette suggestion n'avait aucune chance d'aboutir, mais c'était un élément qui compromettrait un futur Président américain. Les mails concernant le projet de tour circulaient toujours en juin 2016 lorsque Trump a été officiellement annoncé comme étant le candidat officiel du Parti républicain à la présidence.

Pendant que Michael Cohen et Sater complotaient, Agalarov travaillait sous un autre angle. Il a organisé une rencontre entre une avocate moscovite dont il était proche, Natalia Veselnitskaya et Donald Trump Jr. La réunion avait été organisée par le fils d'Agalarov, Emin. Celui-ci était devenu une pop star bien connue dans l'ex-Union soviétique par l'intermédiaire de l'attaché de presse d'Emin, un ancien journaliste courtaud du nord de l'Angleterre, Rob Goldstone, qui annonça à Donald Trump Jr. que Veselnitskaya offrait des ragots sur Hillary Clinton, la rivale démocrate de Trump. Les détails de la réunion, qui a eu lieu à la Trump Tower à New York le 9 juin 2016, ont émergé après que Paul Manafort, le lobbyiste américain lié au Kremlin qui avait pendant un temps dirigé la campagne de Trump et qui était présent à la réunion, a témoigné devant des enquêteurs du Congrès américain. Des fuites de mails ont montré par la suite que Goldstone avait écrit à Donald Jr. en affirmant avec audace qu'Aras Agalarov avait rencontré « le procureur de la couronne de Russie » et qu'il offrait « de fournir à la campagne de Trump certains documents et informations officiels qui incrimineraient Hillary et ses relations avec la Russie et seraient très utiles à votre père... Cela fait partie du soutien de la Russie et de son gouvernement à M. Trump – aidé par Aras et Emin. » « Si c'est ce que vous dites, j'adore, » avait répondu Donald Jr.

Si l'on en croit les récits de la plupart des personnes présentes, la réunion s'est cependant avérée être un échec. Veselnitskaya avait simplement fait pression pour lever le Magnitsky Act, un ensemble de sanctions punitives à l'encontre des responsables russes de l'application des lois pour les violations des droits de l'homme. Ces sanctions avaient été poussées au Congrès par l'investisseur activiste américain Bill Browder après la mort dans une prison de Moscou de son avocat Sergueï Magnitsky. Le seul ragot que Veselnitskaya semblait avoir sur la rivale de Trump à la présidence, c'étaient des documents montrant qu'un fonds spéculatif soutien de Browder avait fait don de quelques millions de dollars pour la campagne Clinton. Même Goldstone a semblé gêné par la réunion. Mais le lendemain, Goldstone recevait un nouveau message des Agalarov pour Trump, disant à l'assistant de ce dernier qu'Emin et Aras Agalarov avaient « un cadeau d'anniversaire assez important pour Trump », pour la date en question quelques jours plus tard, le 14 juin. Un tableau, accompagné d'une note que personne à part Trump ne semble avoir lue, a été livré peu de temps après. Quelques jours plus tard, la nouvelle est tombée que les serveurs informatiques du Comité national démocrate avaient été piratés au début du printemps, apparemment par un groupe russe se faisant appeler « Guccifer2.0 ».

Le reste appartient à l'Histoire. Un mois avant les élections, WikiLeaks a commencé à publier une série d'emails piratés par les Russes à partir du compte de John Podesta, le président de la campagne de Clinton. Ces fuites semblent insignifiantes aujourd'hui, par rapport à ce qui a été révélé sur le fonctionnement de la Trump Organization. Mais l'essorage qui les a accompagnées a renforcé les affirmations populistes de Trump selon lesquelles Washington était un marécage, à partir duquel les États-Unis étaient dirigés par et au profit d'une élite d'initiés. En amont des fuites, Roger Stone, proche allié de Trump, a tweeté deux fois que WikiLeaks était sur le point de détruire Clinton.

Lorsque Trump a remporté l'élection présidentielle en novembre 2016, au début, les Russes ne semblaient pas croire à leur chance. Les scènes au parlement russe étaient désopilantes : quand un législateur a fait irruption en courant pendant la session parlementaire ce matin-là pour crier la nouvelle que Trump avait gagné, toute la salle s'est levée et a applaudi à tout rompre. Ce soir-là, le champagne a été versé. « Ce soir, c'est la nuit de Trump pour tous les Américains et le monde entier, a déclaré Boris Chernyshev, un membre du Parti libéral-démocrate de Russie. Ce soir, nous pouvons utiliser le slogan avec M. Trump : «Yes, we did», Oui, nous l'avons fait », a-t-il lancé, citant le slogan de Barack Obama en 2008. « C'est un grand jour pour la démocratie américaine, a crié Sergueï Markov, l'un des principaux idéologues du Kremlin. Nous devons respecter la démocratie américaine. » Depuis New York où il était apparemment venu assister à un tournoi d'échecs, Dmitri Peskov, le porte-parole de Poutine, pouvait à peine dissimuler son enthousiasme. Poutine et Trump, a-t-il dit, « énoncent les mêmes grands principes de politique étrangère et c'est incroyable. C'est phénoménal de voir à quel point ils sont proches l'un de l'autre en ce qui concerne leur approche conceptuelle de la politique étrangère. »

*

La Russie avait-elle réussi une opération monumentale pour installer son homme à la Maison-Blanche ? Sinon, quel était l'intérêt de toute cette culture, de la négociation d'accords par ceux qui ont des liens avec les services de renseignement russes avant le saut de Trump à la présidence ? Tout cela a-t-il été méticuleusement planifié ou est-ce de l'opportunisme pur et simple ? Pouvaient-ils vraiment avoir une emprise sur lui ? Selon Iouri Shvets, le cas Trump intéressait depuis longtemps. Des démarches avaient été entreprises en juillet 1987 lorsqu'il s'était rendu pour la première fois à Moscou à l'invitation de Iouri Dubinin, ambassadeur soviétique aux États-Unis à l'époque. Il avait été séduit par l'architecture spectaculaire, l'hospitalité généreuse et particulièrement par les femmes. « Son intérêt pour les filles russes, pour les filles slaves a toujours été sans conteste très grand », m'a dit en riant un ancien officier supérieur du KGB proche de Poutine.

Selon Shvets, le KGB croyait au moins avoir recruté Trump à l'époque. Quant à savoir si Trump était au courant de cela, c'est une autre question. Mais peu de temps après son retour de Moscou, il a publié une annonce d'une page entière dans trois journaux américains pour déclarer que l'Amérique devrait retirer son soutien et sa défense des alliés stratégiques clés au Japon et dans le golfe Persique. « Il est temps pour nous de mettre fin à nos énormes déficits en obligeant à payer le Japon et d'autres qui peuvent se le permettre, a-t-il écrit. Notre protection mondiale vaut des centaines de milliards de dollars pour ces pays et leur intérêt pour leur protection est bien plus important que le nôtre. » Il s'agissait d'une politique qui semblait conçue pour détruire la position des États-Unis en tant que superpuissance mondiale. Et selon Shvets : « Il s'agissait d'une collection complète de points de vue et d'intérêts transmis par le KGB. »

Nous ne saurons peut-être jamais si la Russie fournissait de l'argent à Trump il y a si longtemps. Trump lui-même a toujours nié avoir reçu des fonds d'origine russe. « JE N'AI RIEN À VOIR AVEC LA RUSSIE – PAS D'ACCORDS, PAS DE PRÊTS, RIEN ! » a-t-il tweeté en janvier 2017. Mais ce qui est clair, c'est que depuis que Chigirinsky est apparu pour la première fois au

Taj Mahal en 1990, un réseau d'économistes de Moscou et de Solntsevskaya ainsi que des agents du renseignement l'ont entouré et qu'ils ont intensifié leur relation d'affaires après 2000 lorsque Bayrock est entré en scène.

L'accord n'a jamais été finalisé pour une Trump Tower à Moscou. Mais peu importe que Trump ait conclu un accord là-bas ou non : il suffisait qu'il soit constamment agité devant ses yeux comme un pendule. Les transactions immobilières américaines arrangées par le même réseau d'anciens hommes d'affaires soviétiques liés à Solntsevskaya ont à la place fourni des liquidités. Le même principe s'est appliqué à la réunion de la Trump Tower à New York en juin 2016. Les Russes se sont contentés de voir que Donald Jr. approuve sans réserve l'idée de recevoir des ragots sur l'adversaire de son père *via* quelqu'un envoyé par le « procureur de la Couronne » – en d'autres mots, un représentant du gouvernement russe. De l'avis de Iouri Shvets, le cœur de la réunion, c'étaient les manigances des services secrets. À ce moment-là, c'était l'occasion de compromettre davantage le futur Président.

Nous ne savons toujours pas combien la Trump Organization a pu gagner grâce aux accords de licence et à la participation de 18 % dans Trump SoHo, ou si Trump avait d'autres intérêts cachés dans les projets de développement de Bayrock ou dans la Trump Tower à Toronto d'Alex Shnaider. Dans une déposition légale en 2008, Sater a déclaré que la Trump Organization recevait des paiements mensuels « continus » de Bayrock pour des « services de développement » pour la Trump Tower à Phoenix, même si elle n'a jamais décollé. Mais il n'a pas révélé le montant de ces paiements, à l'exception d'un virement de 250 000 dollars pour « services rendus ». Sans accès aux dossiers financiers de Trump, pour l'instant il est impossible de savoir combien Bayrock l'a payé.

Sergueï Millian est un ancien émigré soviétique qui a déclaré avoir travaillé comme agent pour les propriétés de Trump en Floride en faisant venir des acheteurs russes. Il a dit avoir rencontré Trump et Michael Cohen en cours de route et, à l'occasion d'une interview accordée au réseau américain ABC, il a prétendu connaître certaines des réponses. Il a déclaré que Trump avait fait « des affaires importantes avec les Russes » et avait reçu « des centaines de millions de dollars à la suite d'interactions avec des hommes d'affaires russes ». Il a surtout parlé de Tamir Sapir, l'homme d'affaires d'origine géorgienne qui s'était associé à Bayrock pour financer Trump SoHo. Certains des Russes avec lesquels avait traité Trump, déclarait Millian, avaient perdu « des dizaines de millions de dollars » en conséquence. Mais pendant qu'ils perdaient, « Donald Trump avait gagné beaucoup d'argent en faisant des affaires avec les Russes ».

Des rumeurs persistaient à propos d'un soutien financier supplémentaire de Moscou par l'intermédiaire de la Deutsche Bank. La banque avait offert à Trump plus de 4 milliards de dollars en engagements de prêt et offres potentielles d'obligations dans les années qui ont suivi sa faillite personnelle au début des années 1990. La banque allemande est devenue le prêteur de dernier recours de Trump lorsque d'autres banques de Wall Street l'ont évité, estimant qu'il représentait un trop grand risque financier. Après 2011, sa filiale de banque privée a accordé plus de 300 millions de dollars de prêts à des projets Trump, notamment pour le Trump International Hotel and Tower à Chicago et le Doral Golf Resort and Spa en Floride. Cela a provoqué une grande controverse au sein de la banque parce que Trump avait déjà fait défaut sur un paiement de 334 millions de dollars sur un prêt de 640 millions de dollars de la branche de la banque commerciale de la Deutsche Bank pour la Trump Tower à Chicago. La Deutsche Bank avait toujours entretenu une relation privilégiée avec le Kremlin de Poutine. À l'époque de Charlie Ryan, qui avait rencontré Poutine pour la première fois à Saint-Pétersbourg au début des années 1990, sa branche moscovite abritait les comptes des plus proches alliés de Poutine – Timtchenko, Rotenberg et Kovaltchouk – tandis qu'elle avait entretenu des relations étroites avec la puissante banque d'État russe, VTB, employant le fils de son directeur, Andrei Kostin. Josef Ackerman, alors directeur de la Deutsche Bank, a fait la connaissance de Kostin et il le consultait souvent. Deutsche Bank Moscou est devenue plus tard le véhicule des plus de 10 milliards de dollars de transferts illicites *via* le système de transactions miroirs dont l'ami proche de Felix Sater, Evgueni Dvoskine, était l'architecte.

Au début, l'entreprise de Trump n'était probablement rien de plus qu'un véhicule pratique par lequel acheminer des fonds vers les États-Unis. « Je ne pense pas qu'il s'agissait d'une opération stratégique planifiée de longue date », a dit Iouri Shvets. Mais à un moment donné, Trump est devenu une opportunité politique.

La revanche du KGB

Les hommes de la sécurité de Poutine se sont délectés de la victoire de Trump. Pour beaucoup, cela ressemblait à une vengeance pour l'effondrement soviétique. « Pendant que l'Occident jouait à James Bond, nous nous sommes attachés à gagner le respect, a dit Konstantin Zatulin, un éminent législateur russe. Lorsque l'Occident a cru que la compétition de la guerre froide était terminée, il a perdu le respect de son adversaire. Maintenant, il se réveille à nouveau. »

Quand la poussière est retombée, Poutine n'a pas pu s'empêcher d'exprimer son plaisir. Les leaders populistes augmentaient également en Europe et avec l'élection de Trump et la sortie imminente de la Grande-Bretagne de l'Union européenne, l'ordre post-guerre froide s'effondrait. « L'idée libérale est devenue obsolète. Elle est entrée en conflit avec l'écrasante majorité de la population », a dit Poutine au *Financial Times* en juin 2019. Les libéraux, a-t-il dit, « ne peuvent rien dicter à qui que ce soit comme ils ont tenté de le faire au cours des dernières décennies ». Avant même la victoire de Trump, Vladimir Iakounine avait pour sa part tenté de faire le parallèle entre la montée du populisme en Occident et les revendications de démantèlement du monopole politique des communistes qui annonçaient l'effondrement soviétique. En fait, les deux processus ne pouvaient pas être plus différents, mais Iakounine a essayé de faire valoir que l'élite occidentale était presque aussi vieillissante et éloignée de la population que l'élite soviétique l'avait été dans ses derniers jours. « Le Brexit et Trump devraient être utiles dans la mesure où ils devraient inquiéter l'élite politique et lui montrer qu'elle s'est trop engraissée, a-t-il déclaré dans le courant de l'été qui a précédé l'élection de Trump. Ils ont perdu la capacité de réagir aux situations politiques et ils se sont séparés des populations. C'est un processus naturel. Lorsque l'élite vieillit, de nouvelles forces arrivent pour la remplacer. » Après l'élection de Trump, Iakounine s'est réjoui de ce qu'il considérait être la défaite de l'ordre mondial libéral : « Les néoconservateurs qui pensaient contrôler le monde entier, tenir le monde entier par les couilles, ont soudainement été frappés si fort au visage que tout a tremblé pour eux. Ce système qu'ils ont construit ne peut pas exister quand il y a une alternative. Le pire pour eux, c'est une alternative. Poutine est une alternative. L'apparition de Trump est une alternative. L'Europe qui tremble est une alternative. »

La Russie, a-t-il finalement admis, avait, comme toute autre puissance mondiale, utilisé ses services secrets pour tirer parti des faiblesses existantes de l'Occident. « Tous les services de renseignement prennent des mesures actives, a-t-il dit. Je sais de quoi je parle. Bien sûr, lors de chaque conflit, tout le monde essaie de tirer son épingle du jeu. Les Allemands le font. Les Français le font. Les Russes le font. Il n'a jamais été question d'influencer qui que ce soit. L'objectif était de relever la Russie qui était à genoux. Ce n'est qu'en menant une politique indépendante qu'on peut y arriver... Et pour cela, il faut avoir un cercle d'amis. » Ceci, disait-il, était un processus qui n'était pas différent de l'époque de la guerre froide lorsque les Soviétiques ont financé le mouvement pour la paix en Occident. « Lorsqu'il y avait l'Union soviétique, vous vous souvenez de la puissance du mouvement pacifiste. L'Union soviétique finançait ce mouvement. Aujourd'hui, nous avons une configuration complètement différente. Le problème, c'est que nos politiciens n'ont pas encore compris qu'il n'y aura pas de vainqueurs dans cette bataille », pensait-il en hochant lentement la tête.

Ces « mesures actives » avaient provoqué un retour en arrière. Aux États-Unis, les allégations selon lesquelles la Russie aurait contribué à l'ascension de Trump faisaient l'objet d'une enquête. La révélation involontaire par un conseiller en politique étrangère de Trump qu'il savait à l'avance que les Russes avaient accès aux mails d'Hillary Clinton a conduit le FBI à ouvrir une enquête, alors que le renvoi par Trump du directeur du FBI James Comey n'a fait qu'exacerber la situation. Cela a conduit à la nomination d'un conseiller spécial chargé d'enquêter sur les actions menées par la Russie pour interférer dans les élections, notamment pour savoir si Trump avait fait obstruction à la justice lorsqu'il avait licencié Comey et s'il y avait une collusion possible entre la Russie et la campagne de Trump. La communauté du renseignement américain a conclu de manière accablante que les services de renseignement militaires russes avaient piraté les serveurs du Comité national démocrate et avaient cherché à influencer l'opinion publique en faveur de Trump par le biais d'une campagne sur les réseaux sociaux. Des conclusions qui ont conduit les membres les plus belliqueux de l'administration Trump à imposer des sanctions de plus en plus sévères à l'encontre de l'économie russe et de ses magnats. Pendant plus de deux ans, les allégations d'implication de la Russie ont fait la une des journaux. Des décennies d'opérations ont été lentement mises en pièces.

Pour Iouri Shvets, la campagne du régime de Poutine a été un désastre, une opération maladroite, sans envergure et opportuniste qui, avait-il ajouté en reniflant avec dédain, était à peu près aussi subtile qu'un kolkhoz, une gigantesque ferme collective soviétique remplie de paysans. « Comment cela pouvait-il être un succès ? s'est-il exclamé. Ils ont fait de la Russie entière un paria mondial ! »

*

Malgré les nouvelles sanctions imposées par son administration, Trump restait un Président qui répondait à de nombreux rêves des hommes du KGB de Poutine. Il était d'abord guidé par sa propre sensibilité de longue date pour l'Amérique, ainsi que par son style de prise de décision chaotique. Mais il avait aussi immédiatement fait part de sa déférence à l'égard de Poutine et de son entourage. Lors d'une réunion inédite du Bureau ovale au début de sa présidence, il a déclaré au ministre russe des Affaires étrangères, Sergueï Lavrov, et à l'ambassadeur de Russie aux États-Unis, Sergueï Kislyak, qu'il n'était pas inquiet des allégations de la communauté du renseignement américain concernant l'ingérence de la Russie dans l'élection présidentielle, puisque l'Amérique faisait la même chose ailleurs. Bientôt, il a commencé à s'attaquer à l'ordre occidental, aux alliances stables qui dominaient depuis la fin de la guerre froide. Pendant sa campagne, il a soutenu que l'OTAN était obsolète, tout en suggérant qu'il pourrait reconnaître l'annexion de la Crimée par la Russie. Après son élection, il a activement encouragé la Première ministre britannique Theresa

May – puis son successeur Boris Johnson – à renforcer la séparation du Royaume-Uni de l'Europe en menaçant de suspendre un accord commercial avec les États-Unis s'ils ne le faisaient pas. Il harcelait constamment les États membres de l'OTAN en se plaignant qu'ils ne payaient pas leurs cotisations. Ses relations avec la chancelière allemande Angela Merkel, un bastion de l'ordre libéral mondial, étaient au mieux grincheuses tandis qu'il la critiquait pour sa politique d'immigration. En 2019, il retirerait les troupes américaines de Syrie, une décision dévastatrice qui a abandonné l'allié kurde des États-Unis et laissé la Russie et l'Iran combler le vide de pouvoir qui en a résulté. Il était erratique, imprévisible et chacune de ses déclarations semblait ébranler le leadership américain. Sous sa direction, les institutions démocratiques américaines ont été affaiblies et la société américaine s'est de plus en plus divisée. La politique étrangère a été déployée comme un instrument pour mettre en valeur les propres intérêts politiques de Trump. L'ancienne ambassadrice américaine en Ukraine, rappelée de son poste par Trump, disait que le département d'État était « attaqué et vidé de l'intérieur ». En 2019, Trump faisait même publiquement pression pour la réintégration de la Russie au G8.

Pour sa part, Shalva Chigirinsky était ravi de l'efficacité de Trump. « Tout ce qu'il a promis, il le fait », a-t-il dit lorsque nous nous sommes rencontrés en mai 2018. Il trouvait qu'il était presque impossible de ne pas jubiler. Le vieux rêve soviétique selon lequel l'Europe, privée du soutien militaire des États-Unis, se dissoudrait dans des combats entre ses États-nations, pourrait même devenir réalité. « Alors il ne restera plus que les Russes pour venir prendre toutes les femmes », a-t-il ajouté en riant.

Alors qu'il était toujours en contact avec de hauts responsables du renseignement extérieur russe comme l'ancien ministre des Affaires étrangères Igor Ivanov, Chigirinsky semblait plaisanter, bien sûr. Mais son rire cachait quelque chose. Le monde se trouvait soudainement dans une nouvelle réalité dissonante, où tout semblait être bouleversé. Lorsque Trump a finalement rencontré Poutine, pour leur premier sommet à Helsinki en juillet 2018, nombre parmi ceux qui avaient considéré comme du battage médiatique les allégations selon lesquelles le régime de Poutine avait une sorte d'emprise sur lui ont été confrontés à un tableau sombre. Le Président américain apparaissait devant le monde entier et cherchait manifestement à gagner les faveurs de Poutine. Il ne tarissait pas d'éloges sur la façon dont il avait mené la Coupe du monde de football qui venait de s'achever et faisait des courbettes au leader russe parce qu'il était un « bon concurrent ». Trump contredisait directement les conclusions de ses propres agences de renseignement sur l'ingérence russe dans l'élection présidentielle de 2016, préférant ce qu'il a appelé le déni « extrêmement fort et puissant » de Poutine. Face à une salle de presse bondée, un Poutine souriant et parfois narquois a pris la main sur presque tous les sujets. Interrogé sur les tentatives de la Russie d'influencer les élections américaines, il les a traitées comme des actions de « personnes privées », en soulignant en particulier l'inculpation par les procureurs américains d'un de ses proches alliés, un ancien traiteur surnommé « le chef de Poutine », Evgueni Prigozhin, et sa société Concord Management. Prigozhin a été accusé de diriger une entreprise de trolls sur Internet, à l'origine d'une vaste campagne en ligne visant à inciter les électeurs américains à soutenir Trump. « Ils ne représentent pas l'État russe, a revendiqué Poutine. C'est une affaire de particuliers, pas d'État. Beaucoup de gens, y compris ceux dont la fortune vaut des milliards, M. Soros, par exemple, se mêlent de tout. Et est-ce la position de l'État américain ? Non. C'est la position d'un individu. C'est la même chose ici. »

Poutine était facétieux. L'utilisation du terme « particuliers » était une tactique typique du KGB qui permettait de nier de manière plausible toute implication du Kremlin, une tactique au cœur du fonctionnement du régime de Poutine. À l'époque du capitalisme du KGB, tous les hommes d'affaires soi-disant « privés » importants de la Russie étaient devenus des agents de l'État. Depuis l'arrestation de Mikhaïl Khodorkovski en 2003, leur indépendance leur avait été de plus en plus retirée. La crise financière de 2008 avait accentué le processus. De nombreux milliardaires du pays dépendaient des aides de l'État. En 2014, alors que la Russie se dirigeait vers une impasse avec l'Occident, ils ont reçu le signal final, et même un milliardaire loyal a été contraint de céder son entreprise à l'État. Les magnats autrefois connus sous le nom de puissants oligarques étaient maintenant les vassaux du

Kremlin de Poutine ; leurs moindres faits et gestes étaient suivis de près, la plupart de leurs téléphones étaient sur écoute. La collection de *kompromat* pour les tenir en laisse était devenue un outil important de l'application de la loi. De nombreux magnats ont cherché à rester dans les bonnes grâces de Poutine en effectuant des tâches pour lui. « Ce sont des chats qui aiment amener des souris mortes au Kremlin », a dit Mark Galeotti, un expert des opérations d'influence de Poutine à l'Institut des Relations internationales à Prague. Ils avaient besoin de l'approbation de Poutine pour progresser dans les affaires, mais aussi pour survivre aux attaques des forces de l'ordre et des oligarques rivaux. « Tous dépendent du numéro un, a dit un proche associé d'un milliardaire. La Russie est le principal endroit où ils gagnent de l'argent et ils dépendent tous du feu vert du numéro un pour bouger. »

Ils faisaient désormais partie d'un système féodal dans lequel le rôle de Poutine en tant qu'arbitre ultime entre rivaux se disputant les affaires était la source de son pouvoir. Presque toutes les transactions au-dessus d'un certain niveau – certains disaient au-delà de 50 millions de dollars – nécessitaient l'approbation de Poutine pour aller de l'avant, bien qu'un banquier occidental de haut rang ait déclaré qu'il intervenait parfois dans des transactions d'une valeur inférieure à cela : « Ce qui m'a absolument sidéré, c'est que Poutine a été impliqué dans un marché de l'ordre de 20 millions de dollars. » Ce cas particulier concernait un homme d'affaires qui voulait vendre et quitter le pays. « Mais on lui a dit qu'il n'irait nulle part et qu'il devait conserver son entreprise », a dit le banquier. Dans un tel système, il n'est pas difficile d'imaginer des hommes d'affaires russes se porter volontaires pour cultiver des hommes politiques étrangers au nom du Kremlin, en échange de l'approbation de Poutine pour un terrain ou une licence de développement, ou simplement pour ne pas aller en prison.

Et c'était un système où, surtout après l'annexion de la Crimée, les hommes de Poutine avaient donné un signal clair sur la direction qu'ils souhaitaient prendre. « L'idée est très claire, a dit un homme d'affaires russe de haut rang. L'Occident va détruire la Russie parce que nous sommes orthodoxes. Nous possédons des réserves qu'ils veulent nous prendre. Nous avons les sportifs, les artistes et les ballerines les plus talentueux et nous sommes enviés.

Nous avons les personnes les plus évoluées, les plus intelligentes. Maintenant, chaque partie de la machine s'occupe de ses propres affaires et la machine fonctionne toute seule. Chacun fait ce qu'il peut. »

Poutine et ses hommes du KGB étaient allés loin. Les réseaux créés à la veille de l'effondrement soviétique pour acheminer les actifs vers l'Occident avaient été préservés et remplis de nouvelles liquidités. Les associés présumés du crime organisé comme Boris Birshtein étaient toujours actifs et à portée de main, tandis que les hommes d'affaires ostensiblement plus respectables qui les avaient suivis, comme Shalva Chigirinsky, restaient toujours profondément alignés sur l'État russe. S'il y avait eu un risque, pendant une brève période sous Eltsine, de voir certains de ces réseaux échapper à tout contrôle, les services de sécurité avaient réaffirmé leur primauté sous Poutine. Dans le cas de Chigirinsky, par exemple, les agents de la sécurité de Poutine avaient une emprise sur lui. Son frère Alexander est resté à Moscou après que Chigirinsky a de nouveau quitté la Russie après la crise financière de 2008. Chigirinsky a dit à tout le monde qu'il était en exil et qu'il ne parlait plus avec son frère, avec lequel il s'était disputé. Mais il m'a montré une série de messages qu'ils avaient récemment échangés, qui montraient des photos de la cérémonie de départ à la retraite d'un haut fonctionnaire de la ville de Moscou à laquelle Alexander avait assisté, et l'activité immobilière d'Alexander dépendait presque entièrement du maintien de bonnes relations avec le Kremlin. Les réseaux d'argent noir mis en place il y a si longtemps par Moguilevitch et ses associés, par Solntsevskaya et par l'intermédiaire de Sam Kislin, Tamir Sapir, Aras Agalarov et Chigirinsky continuaient d'être déployés. D'après Thomas Graham, le directeur pour la Russie au Conseil de sécurité nationale des États-Unis sous George W. Bush, de tels réseaux de services de sécurité « ne sont jamais abandonnés. Ils restent toujours en place ».

Même au-delà de ce réseau d'hommes d'argent de Moscou qui s'était élargi pour accueillir la nouvelle génération de Brighton Beach (Sater et Dvoskine), Poutine avait développé d'autres leviers d'influence. Il y avait Dmitri Rybolovlev, le magnat des engrais qui avait surpayé le manoir de Donald Trump à Palm Beach. On aurait vu Roman Abramovitch, propriétaire avec sa seconde femme d'un manoir à New-York, dîner avec la fille de Trump, Ivanka, son mari Jared Kushner et son frère. Et puis, il y avait Victor Vekselberg, le responsable à l'allure mandarinale du centre de haute technologie de Skolkovo. Celui-ci dépensait une partie de la fortune qu'il avait acquise dans le pétrole russe pour racheter des actifs américains, y compris le contrôle de CIFC, l'un des plus grands gestionnaires d'obligations de prêts garantis aux États-Unis, qui gérait 14 milliards de dollars de dette privée, ce qui en faisait un moyen de pression et d'influence potentiellement incalculable sur les hommes d'affaires américains endettés. « Chacun des dix principaux hommes d'affaires russes fait quelque chose, m'a dit un ancien proche associé d'un milliardaire russe. Ils ont tellement d'argent. Ils peuvent acheter n'importe qui. Les États-Unis se vantaient d'avoir Bill Gates et Mark Zuckerberg et la Russie est arrivée et elle a détruit l'illusion. Les Russes sont toujours plus malins. À froid, Poutine fait un travail fantastique pour la Russie. S'ils peuvent trouver un moyen de contourner les règles, ils agissent. Ils ont toujours trois ou quatre histoires différentes et puis tout se perd dans le bruit. » Les hommes de Poutine, a-t-il dit, étaient actifs depuis longtemps à plusieurs niveaux. « Pour eux, cela ne représente pas beaucoup d'argent si vous donnez 3 millions de dollars à l'Idaho pour un centre de santé et si vous aidez un type à se faire élire. Ce n'est pas cher payé. »

Dmitri Peskov, le puissant attaché de presse de Poutine qui avait auparavant servi à l'étranger en tant que diplomate, s'était un jour vanté que les efforts de Robert Mueller, l'avocat spécial nommé pour enquêter sur les liens de Trump avec la Russie, n'aboutiraient jamais à rien. « En russe, on appelle ça faire passer de l'eau à travers un tamis, a-t-il dit. C'est exactement à ça que ressemble le processus. » Il s'est avéré qu'il avait à peu près raison. L'ancien officier du KGB Iouri Shvets n'avait que du mépris pour les résultats publiés de l'enquête Mueller. « Ce n'était rien de plus qu'un recueil d'interviews », a-t-il dit. Ce qui a été publié ne contenait aucun élément de contre-espionnage. « Comment pouvez-vous enquêter sur Trump sans cela ? »

L'enquête Mueller, dans les déclarations publiques de Trump et du Parti républicain, semblait avoir fait long feu. Mais il est devenu clair que des parties du même réseau d'hommes d'argent de Moscou continuaient à opérer. À l'approche de l'élection présidentielle américaine de 2020, certains d'entre eux semblaient encore tenter de diriger les choses dans le sens de Trump. Le partenaire commercial de Sapir et associé de Chigirinsky, Sam Kislin, avait noué des relations étroites avec Rudy Giuliani, l'ancien maire de New York qui, à ce moment-là, était l'avocat personnel de Trump. Kislin aimait se vanter de ses relations amicales avec Trump et il avait acheminé des dons substantiels pour la campagne à la mairie de Giuliani dans les années 1990. En 2019, il exhortait Giuliani à enquêter sur les allégations de corruption en Ukraine, et il appelait l'administration Trump à enquêter sur l'ancien Président ukrainien Petro Poroshenko qui avait dirigé le pays pendant la guerre acharnée avec les séparatistes soutenus par le Kremlin et l'annexion de la Crimée par la Russie. Il le faisait à un moment crucial, alors que Giuliani cherchait activement à salir en Ukraine la réputation du rival démocrate potentiel de Trump dans la course présidentielle de 2020, Joe Biden – et Kislin semblait lui ouvrir des portes là-bas.

Et puis, il y avait deux hommes d'affaires d'origine soviétique, Igor Fruman et Lev Parnas, finalement arrêtés pour avoir conspiré afin de contourner les lois contre l'influence étrangère, qui s'étaient également liés d'amitié avec Giuliani et – l'un d'eux l'a affirmé – avec Trump. Ces intermédiaires avaient présenté Giuliani à trois procureurs ukrainiens actuels et anciens avec des informations portant sur des allégations de corruption entourant une compagnie de gaz ukrainienne, Burisma, au conseil d'administration de laquelle Hunter, le fils de Joe Biden, avait siégé. En même temps, ils ont également commencé à chercher tout ce qui pourrait amplifier la théorie colportée par Trump selon laquelle l'Ukraine aurait travaillé avec les démocrates en 2016 pour attiser les allégations de collusion entre le Kremlin et la campagne de Trump.

Les deux hommes avaient dépensé des dizaines de milliers de dollars en services de limousine et en séjours dans les hôtels Trump en plus d'avoir acheminé des centaines de milliers de dollars dans des super comités d'action politique alignés sur Trump. Il s'est avéré qu'ils avaient travaillé pour Dmitri Firtash, le magnat du gaz qui avait repris le commerce du gaz Turkménistan-Russie-Ukraine avec le soutien du Kremlin et de Moguilevitch, créant une caisse noire qui a corrompu une série de Présidents ukrainiens. À ce moment-là, Firtash était assigné à résidence à Vienne depuis 2014 alors que les États-Unis demandaient son extradition pour corruption. Mais son rayon d'action restait encore large : d'abord en Europe et puis aux États-Unis, où Parnas avait commencé à travailler en 2019 comme interprète pour lui. Les deux hommes se vantaient que Firtash finançait leur style de vie somptueux tandis que les procureurs fédéraux de Chicago avaient remarqué Parnas et Fruman lors de leur enquête sur l'affaire de corruption de Firtash.

Les réseaux russes d'argent noir semblaient se retrancher de plus en plus profondément. Leurs activités, combinées au mépris de Trump pour les institutions et les codes de la démocratie américaine, conduisaient à une impasse systémique. Lorsque Trump a été surpris lors d'un appel téléphonique le 27 juillet 2019 demandant au nouveau Président ukrainien Volodomyr Zelensky de rencontrer Giuliani et de poursuivre une enquête sur Biden, pour beaucoup, ses actions représentaient un abus de pouvoir. Trump demandait directement à une puissance étrangère de l'aider lors des élections de 2020. Trump a semblé suggérer que l'aide militaire américaine à l'Ukraine pourrait être subordonnée au respect de sa demande. Nombres d'observateurs pensaient que de telles actions représentaient une dégradation de la démocratie et une atteinte à tout ce que les diplomates américains avaient cherché à défendre depuis l'effondrement soviétique. Le gouvernement américain cherchait depuis longtemps à renforcer la démocratie en Ukraine et à la protéger de la domination russe, cherchant à éliminer les stratagèmes de corruption qui avaient miné sa gouvernance. Ce « canal politique irrégulier allait à l'encontre des objectifs de la politique étrangère américaine déjà ancienne », a déclaré William Taylor, le plus haut émissaire américain envoyé en Ukraine au moment de l'appel. Le seul moyen d'y faire face, c'était de lancer une procédure de destitution.

Les Russes ont semblé ravis du chaos, mais aussi inquiets de voir où la destitution pourrait mener. Le scandale a révélé à la fois la fragilité du système politique américain et la manière dont il avait été rongé de l'intérieur. « On dirait que toute la politique américaine est à vendre, a dit un ancien banquier russe de haut rang ayant des liens avec les services de sécurité. Nous croyions aux valeurs occidentales, mais il s'est avéré que tout dépendait de l'argent et toutes ces valeurs n'étaient que pure hypocrisie. »

Mais depuis le début, les réseaux russes d'argent noir ont, en partie, été intégrés pour éroder le système et exacerber la corruption en Occident. Pour un homme d'affaires russe de haut rang, la Russie de Poutine représentait une menace croissante pour la démocratie libérale occidentale. Dans l'enquête sur la destitution et la course présidentielle américaine de 2020, l'affrontement entre les valeurs libérales et un ordre autoritaire corrompu à la Poutine parvenait à un dénouement. « Poutine comprend que la Russie peut dépenser tout l'argent qu'elle veut (pour semer le chaos en Occident). Le *obschak*, la caisse noire, a pris la taille du budget, et ils peuvent aussi donner des ordres aux oligarques. C'est une mafia qui a pris le pouvoir et l'État agit comme la mafia. »

Le système du capitalisme du KGB était toujours en activité. Les réseaux étaient toujours en place.

Épilogue

Le système

Si au-delà de ses frontières la Russie de Poutine faisait peser une menace croissante sur l'ordre libéral occidental, en interne le système du capitalisme du KGB semblait se scléroser. La rupture était proche. Le système mafieux de contrôle étroit et de corruption pénétrait chaque fissure de la société, chaque décision politique et chaque transaction commerciale.

Après le démantèlement de Yukos et Mikhaïl Khodorkovski, le pouvoir des hommes de la sécurité s'était étendu à un tel degré que le FSB exerçait une influence sur presque tous les hommes d'affaires et chaque homme politique régional, aussi bas soit-il dans la chaîne alimentaire. C'était un système de clans en guerre – y compris les différentes branches des forces de l'ordre – se disputant des parts de la richesse du pays, dans lequel il fallait coopérer pour survivre. Ceux qui se sont rebellés se sont retrouvés en prison. L'histoire d'un bureaucrate relativement modeste illustre le fonctionnement du système. Contrairement aux milliers d'autres qui ont disparu sans laisser de traces après avoir été jetés en détention provisoire, ce bureaucrate a publié des preuves documentaires compromettantes qui ont révélé l'imbrication corrompue des services de sécurité et du crime organisé déterminant même les questions les plus infimes du pouvoir régional. La piste qu'il a révélée a conduit au général du FSB, celui qui a travaillé avec l'ami de Felix Sater, Evgueni Dvoskine, sur les caisses noires.

Alexander Shestun était le chef du district de Serpukhov, un petit coin de campagne à une centaine de kilomètres au sud de

Moscou. Dans le capitalisme brutal des années 1990 en Russie, son succès en tant que vendeur de matériaux de construction a fait de lui l'un des hommes d'affaires les plus riches de la région, un gros poisson dans un petit étang. Depuis son élection à la tête de la région en 2003, il avait fait tout son possible pour démontrer sa fidélité à l'État de Poutine. Il a rejoint le Parti de l'unité pro-Kremlin et a travaillé en étroite collaboration avec le FSB. Shestun était ce que le FSB appelait une « torpille ». Il a accepté d'enregistrer secrètement des conversations avec des hommes d'affaires et des fonctionnaires locaux pour fournir au FSB des informations compromettantes susceptibles de couler leurs rivaux. C'était presque une réplique du système soviétique d'informateurs lorsque les citoyens racontaient des histoires sur leurs voisins afin de rester du bon côté des autorités et hors de prison – seulement maintenant, c'était cent fois plus sophistiqué.

Le travail de Shestun s'est avéré être extrêmement précieux pour le FSB. Il l'a aidé à maintenir son ascendant lorsqu'il a dénoncé un réseau de procureurs régionaux gérant un commerce illégal de casinos. Mais lorsqu'un nouveau gouverneur puissant de la région de Moscou a été nommé en 2013, ses jours à la tête du district ont été comptés. Le nouveau gouverneur était un ancien adjoint du ministre de la Défense, Sergueï Shoigu. Le proche allié de Poutine Guennadi Timtchenko avait investi dans l'entreprise de sa famille et il souhaitait s'approprier la parcelle d'immobilier de premier ordre contrôlée par Shestun. Alors que le mandat de Shestun en tant que chef de district touchait à sa fin, Le FSB a ouvert une enquête criminelle sur l'achat du terrain sur lequel il avait construit sa maison. Mais au lieu de s'incliner devant l'inévitable, Shestun s'est acharné. Lorsqu'Ivan Tkachev, le général du FSB avec lequel il avait autrefois coopéré, a commencé à le faire chanter à propos de l'affaire, Shestun a enregistré leurs conversations et en a téléchargé quelques-unes sur YouTube.

Tkachev était à la tête du puissant département K du FSB. Ce département était censé enquêter sur les délits financiers, mais il supervisait en réalité de nombreux systèmes d'argent noir. Selon un ancien banquier de haut rang qui connaissait Evgueni Dvoskine, Tkachev avait travaillé en étroite collaboration avec Dvoskine et Ivan Myazin pour gérer de nombreux systèmes de transfert d'argent noir. Shestun a déclaré plus tard qu'il avait souvent vu Tkachev en compagnie de Dvoskine, ainsi qu'avec un autre banquier qui avait mis en place des systèmes de blanchiment d'argent qui ont fait passer des dizaines de milliards de roubles dans des comptes en Occident. Tkachev avait également utilisé sa position pour empêcher une enquête du ministère de l'Intérieur sur certains de ces stratagèmes. Lorsque deux enquêteurs de la police, Denis Sugrobov et Boris Kolesnikov, se sont approchés trop près, Tkachev a organisé leur arrestation. Kolesnikov a trouvé la mort en tombant d'un balcon alors qu'il était en garde à vue.

Dans l'un des enregistrements téléchargés par Shestun, Tkachev et un haut fonctionnaire de l'administration du Kremlin évoquaient le sort des policiers alors qu'il tentait de forcer Shestun à quitter son poste. « Tu ne seras pas tranquille, menaçait Tkachev. L'affaire a été portée devant le Président. Le directeur du FSB, le directeur de l'administration présidentielle en ont tous parlé. Si tu fais n'importe quoi, ils t'écraseront avec un rouleau compresseur. Tu n'as pas vu ce qui est arrivé à Sugrobov ? Pourquoi as-tu besoin de cela ? Pourquoi toi ou ta femme ou tes enfants avez besoin de ces problèmes-là ? Ils te mettront en prison de toute façon et tu resteras assis là tant qu'ils te garderont. Tu dois comprendre ça. » Il leur a ensuite dit qu'il avait déjà fait emprisonner une série de gouverneurs régionaux bien plus puissants qui avaient refusé d'être remplacés et il les avait listés un par un. « Montre-moi Udmurtia – il était le tsar et le Dieu là-bas. Montre-moi Mari El, lui aussi tsar et dieu. Sakhalin, Vladivostok – il était le plus cool, mais je l'ai éjecté à mains nues. J'ai travaillé avec tous les gouverneurs, avec tous les chefs régionaux. »

Tkachev a dit à Shestun qu'il aurait plus de chance de survivre s'il était en conflit avec le crime organisé plutôt qu'avec l'État de Poutine : « Tu es un type normal. Tu n'es pas un traître. Tu as toujours su prendre un coup. Mais maintenant, tu es vraiment, vraiment tombé sous le rouleau compresseur. Ce serait mieux pour toi si tu étais aux prises avec des bandits. » En tous les cas, lui avait-il dit, Poutine était en contact avec le chef d'un groupe local du crime organisé, Sergueï Lalakin, autrement connu sous le nom de Luchok. « Le Président parle avec lui. Il a reçu une médaille. Comment a-t-il pu ne pas parler avec lui ? C'est la vie, tu comprends. »

C'était un système, avait déclaré un initié du Kremlin, qui allait droit dans le mur. Le succès des exploits de Poutine en matière de politique étrangère avait longtemps propulsé le Président bien au-dessus du reste de son entourage. Mais parmi les hommes de la sécurité de Poutine, les luttes intestines s'intensifiaient. Le ralentissement économique résultant des sanctions occidentales conduisait à une lutte de plus en plus acharnée pour le contrôle des ressources et des richesses. Igor Setchine, chuchotait l'initié du Kremlin, gagnait rapidement du pouvoir. Vite fait, bien fait, sans tambour ni trompette, il avait atteint l'un des plus hauts rangs du FSB, celui de colonel général, et il avait nommé ses propres partisans qui exécutaient ses ordres à des postes élevés au sein du FSB. L'ancien chef des chemins de fer russes, Vladimir Iakounine, un proche allié de Poutine, a semblé avoir du mal à s'imposer. Ses proches collaborateurs ont été retrouvés et arrêtés. Un magnat russe a émis l'hypothèse qu'ils n'étaient qu'à une signature près de témoigner contre Iakounine lui-même. Dans le même temps, la corruption envahissait chaque partie du système, jusqu'aux accords de connivence à prix gonflés pour l'approvisionnement en saucisses et autres denrées alimentaires, jusqu'à la force de sécurité personnelle d'élite de Poutine, la garde nationale.

Au milieu de la lutte qui s'intensifiait et de l'isolement croissant de la Russie, « ceux qui s'inquiétaient de ce que l'Occident pourrait penser ont depuis longtemps oublié tout cela, a dit un magnat russe. Aujourd'hui, il s'agit seulement d'une bataille pour survivre. » Une juge moscovite de haut rang, qui s'était autrefois souciée de respecter au moins l'apparence de l'État de droit, avait depuis longtemps été engloutie dans le système. Sa fille percevait un énorme salaire chez Rosneft, le champion pétrolier de l'État et elle ne ferait rien pour tout compromettre. « Ces gens-là, ils ont changé, a dit le magnat. C'est comme si elle avait bu du sang. Elle fait totalement partie du système. Maintenant, ils ne pensent qu'à la façon dont ils peuvent être plus durs et plus cruels que les autres. »

Les autorités russes semblaient se soucier si peu des investissements occidentaux après les sanctions qu'elles ont même arrêté Michael Calvey en février 2019, l'un des rares investisseurs occidentaux restant en Russie, gelant les actifs de son fonds, prêt à être repris par les hommes de la sécurité de Poutine.

Mais les sanctions, les luttes intestines et le quasi-monopole des hommes de Poutine ont constitué un frein incessant à l'économie. Avant la campagne de Crimée, notait ironiquement un avocat occidental, la Russie était en passe de devenir la cinquième plus grande économie du monde d'ici 2020. Maintenant, disait-il, elle aurait de la chance si elle se plaçait à la treizième place et personne ne semblait s'en soucier. La croissance stagnait à un peu plus de 1 %. Si, auparavant, la plupart de ses clients étaient des hommes d'affaires privés, maintenant ils semblaient tous agir d'une manière ou d'une autre au nom de l'État de Poutine, disait-il.

« C'est ce qui se passe lorsque le KGB arrive au pouvoir. Tout ce qu'ils savent, c'est comment mener des opérations au noir », a dit un ancien haut fonctionnaire du gouvernement.

Le regain de patriotisme et de fierté qui a suivi l'annexion de la Crimée par la Russie est resté vigoureux suffisamment longtemps pour permettre à Poutine d'être réélu en mars 2018, avec 77 % des voix. Mais peu après, en Russie, le soutien de l'opinion publique à Poutine a finalement commencé à chuter. Le pacte non écrit qui lui avait permis à lui et à son entourage de gouverner comme ils le souhaitaient tant que les revenus augmentaient s'effilochait.

Tout comme à l'époque soviétique, la Russie de Poutine se concentrait sur les opérations d'influence et la restauration de l'influence du pays à l'étranger, tout en négligeant de développer l'économie nationale. Le gouvernement de Poutine augmentait de plus en plus ouvertement les dépenses consacrées aux démonstrations de puissance militaire au Moyen-Orient et au soutien politique apporté aux nations amies alors qu'il cherchait à briser les alliances occidentales. Un rapport de l'organisme indépendant TVRain chiffrait à un milliard de dollars le coût des dépenses du pays pour sa campagne militaire en Syrie, tandis qu'un autre milliard était promis pour la restauration des infrastructures syriennes. Au même moment, la Russie lançait de nouvelles générations de missiles. Des prêts étaient accordés aux pays en développement – le Venezuela avait reçu plus de 20 milliards de dollars – dans l'espoir qu'ils soutiennent la cause de la Russie contre l'Occident libéral. Tout cela s'ajoutait aux quantités incalculables d'argent noir acheminées hors du pays pour être dépensées dans des opérations secrètes visant à acheter des hommes politiques étrangers et à les influencer.

Mais dans le même temps, en 2018, le gouvernement a annoncé à la population que les fonds pour payer les retraites s'amenuisaient et qu'il devrait relever l'âge de la retraite. « Les gens comprennent que le régime a beaucoup d'argent, a dit Vladimir Milov, l'ancien vice-ministre de l'Énergie et aujourd'hui homme politique de l'opposition. Et dans ce contexte, que le gouvernement dise que nous n'avons pas d'argent pour les retraites est une grave erreur. Les retraites constituent l'une des principales garanties que l'État est censé donner à la population. Les gens ont construit toute leur stratégie de vie autour de cela. Le Kremlin pensait que le soutien du peuple à Poutine était inconditionnel, comme pour un grand tsar. Mais ils ne vont pas tout lui pardonner. »

Tandis que Moscou se dirigeait vers les élections locales de septembre 2019, sont apparus les premiers signes indiquant qu'un jour, il pourrait se produire un affrontement critique entre le tsar et son peuple. Cet été-là, la police antiémeute a arrêté par la force des centaines de manifestants qui étaient descendus dans la rue pour protester contre l'exclusion des candidats de l'opposition. Certains manifestants se sont vus menacés de peines de quinze ans de prison en vertu de nouvelles lois draconiennes tandis que les dirigeants de l'opposition étaient arrêtés et détenus pendant des semaines. Les réponses brutales aux manifestations pacifiques ne signifiaient qu'une chose : la peur s'installait parmi les hommes de la sécurité de Poutine. La confiance du public en Poutine est tombée à 31,7 % – jusqu'à ce que le Kremlin ordonne à la hâte une refonte de la méthodologie de sondage.

L'agitation s'est vite calmée et, stabilisée par un régime constant de propagande d'État et de subventions budgétaires, la cote de popularité de Poutine est repartie à la hausse. Mais Poutine et ses hommes de la sécurité ont pris au sérieux les signes avant-coureurs. Poutine se heurterait bientôt à une autre limite constitutionnelle à son emprise sur le pouvoir : en 2024, à la fin de son second mandat de Président depuis son retour en 2012, la constitution exigerait qu'il se retire. L'incertitude croissante quant à l'identité de son remplaçant aggravait déjà les conflits internes au sein de l'élite. Les hommes de Poutine ne comprenaient que trop bien les dangers de tout transfert de pouvoir. Ils avaient vu la menace qui pesait sur la Famille Eltsine alors qu'elle entrait dans la dernière année de son mandat. Et à la fin de chaque année qui s'était écoulée depuis les vingt ans de règne de Poutine, les menaces potentielles auxquelles il – ou l'un de ses hommes de la sécurité – pourrait personnellement être confronté allaient bien au-delà de tout ce à quoi avait été confrontée la Famille Eltsine. Toute passation de pouvoir, même au sein de l'élite dirigeante, était semée d'embûches. Il y avait eu les attentats à la bombe contre les appartements, le siège du théâtre de Dubrovka, la gestion de l'attentat terroriste de Beslan, le démantèlement de l'homme le plus riche de Russie, et puis la subversion du système juridique et de l'économie du pays, et les centaines de milliards de dollars dont ils avaient pris le contrôle en renforçant leur pouvoir et en le projetant à l'étranger. Il n'y avait aucun moyen de savoir où pouvait mener un retour de bâton. Les efforts qu'ils avaient déployés pour établir leur propre forteresse de pouvoir avaient entraîné Poutine et ses hommes de la sécurité si loin dans un réseau de compromis et de criminalité que la seule façon de garantir leur position était de trouver un moyen de prolonger le régime de Poutine – ou à tout le moins de faire traîner la transition.

Ils avaient déjà resserré leur emprise sur le système politique du pays à un point tel que toute contestation extérieure n'apparaissait que comme une lointaine éventualité. Mais l'incertitude et les luttes intestines au sein de leurs propres rangs créaient des vulnérabilités, alors que le soutien hésitant au parti au pouvoir du Kremlin, Russie Unie, représentait un risque croissant. Le 15 janvier 2020, Poutine a fait une annonce surprise : il proposait des changements à la constitution qui lui laisseraient la voie libre pour maintenir son emprise sur le système politique. Les pouvoirs du Parlement seraient renforcés, tout comme ceux du Président, ce qui leur permettrait de mieux contrôler le gouvernement. Les futurs Présidents pourraient licencier les juges, les ministres et le Premier ministre à volonté. Plus important encore, l'annonce laissait la voie libre à Poutine pour rester Président, si des troubles sociaux croissants ou des luttes intestines ne lui permettaient pas de quitter le pouvoir en toute sécurité. En vertu d'une nouvelle constitution, il pourrait potentiellement effectuer deux autres mandats en tant que Président. Par ailleurs, les amendements proposés permettaient également à Poutine de continuer à superviser de très haut l'élaboration des politiques. Comme une figure de type père de la nation à la tête d'un Conseil d'État nouvellement doté de pouvoirs. Cette voie semblait la plus probable, mais elle ne pouvait être empruntée que si Poutine estimait qu'il était sûr de commencer à se retirer progressivement de la politique active. La réforme constitutionnelle lui assurait essentiellement une marge de manœuvre suffisante pour l'avenir et garantissait qu'il ne serait pas considéré comme un Président boiteux. Les possibilités d'attaque étaient ainsi limitées. Le pouvoir allait devenir systémique et plus diffus parmi les hommes de la sécurité.

Par cette simple manœuvre, Poutine semblait chercher à anticiper tout défi politique potentiel. Jamais auparavant il n'avait osé envisager de modifier formellement la constitution du pays. Bien qu'en substance, ses hommes aient déjà fait peu de cas de son contenu, elle avait toujours été considérée comme le fondement de la stabilité du pays. Qui plus est, comme s'il s'agissait d'un signe avant-coureur de menaces extérieures potentielles, Poutine a également déclaré avec audace que la Russie ne respecterait plus les décisions des tribunaux internationaux, aggravant encore l'isolement de son pays – cette fois par le propre choix de son régime.

L'autorité de ses hommes semblait se scléroser. Mais maintenant qu'il avait ouvert une boîte de Pandore de changement constitutionnel, elle risquait également de devenir plus fragile au fil des jours.

L'addition

En décembre 2013, lorsque Vladimir Poutine a accepté la libération anticipée de Mikhaïl Khodorkovski après dix ans passés dans un camp de prisonniers en Sibérie, c'était le dernier grand geste d'un tsar magnanime. Nous étions la veille des Jeux olympiques d'hiver à Sotchi, dans ce qui ressemble aujourd'hui à un monde différent. C'était l'époque d'avant les sanctions, avant que le monde ne prenne conscience du pouvoir corrosif de l'argent noir russe et de la renaissance des ambitions de la Russie sur la scène mondiale. Cependant, même à l'époque, et comme un symbole, la libération de Khodorkovski était l'écho d'un échange de prisonniers de l'époque de la guerre froide.

Pendant dix ans, Khodorkovski avait survécu grâce à un régime de bouillie légère et de pommes de terre, assemblant des dossiers en papier dans un vaste hangar plein de courants d'air dans le Grand Nord russe tandis que des caméras de surveillance tournaient au-dessus de sa tête, surveillant chacun de ses mouvements. Sans prévenir, il avait été embarqué dans un fourgon de la prison qui avait traversé une forêt enneigée jusqu'à une petite piste d'atterrissage glacée où l'attendait un avion bimoteur. Il avait été transporté par avion jusqu'à Schönefeld, l'aéroport terne au sud de Berlin qui avait été autrefois l'avant-poste le plus à l'ouest de la domination soviétique, où il avait été accueilli par Hans-Dietrich Genscher, l'ancien ministre allemand des Affaires étrangères qui avait été au centre des négociations sur la réunification de l'Allemagne. Le lendemain matin, après un bref repos et des retrouvailles émouvantes avec ses parents, il s'était dirigé vers le musée Checkpoint Charlie, sur le site du célèbre point de passage de la guerre froide entre l'Est et l'Ouest.

Là, il a salué un groupe restreint de journalistes qu'il avait connus avant son emprisonnement. Un léger sourire aux lèvres, rasé de près et vêtu d'un costume Armani impeccable, il semblait à première vue sortir tout droit d'une salle de réunion. Mais son teint gris pâle et ses yeux inquiets trahissaient le chemin difficile qui l'avait conduit là. Ses cheveux étaient soigneusement coupés, mais ils étaient devenus blancs au fil des années. « J'ai vu la plupart d'entre vous pour la dernière fois il y a dix ans, a-t-il dit. Pour moi, cette rencontre est une sorte de pont vers la liberté. Je veux parler d'abord aux gens que je connais. » Il a répondu à des questions sur son séjour en prison et les événements qui l'y avaient conduit. La question qui l'a fait le plus réfléchir a été celle de la réaction de l'Occident à son arrestation. Il a buté sur sa réponse, il a rougi et dit qu'il avait été déçu par les actes de certains.

Lorsque nous avons parlé presque quatre ans plus tard dans le confort de son bureau sur Hanover Square à Londres, la question de la participation et de la facilitation de la prise de contrôle de Yukos par les banques occidentales et les grandes entreprises de l'énergie l'irritait toujours profondément. Je lui ai demandé si l'Occident, par ces actions, avait dans une certaine mesure préparé le terrain pour les tentatives ultérieures de la Russie de saper les institutions occidentales. « C'était une erreur stratégique de certaines institutions occidentales de penser qu'elles pouvaient vivre sans principes, a-t-il répondu. Elles ont trouvé ça génial : "Nous travaillerons avec Poutine parce que nous pouvons gagner de l'argent grâce à ça." Mais il s'est avéré que ce n'était pas une si bonne idée. Ce manque de principes a amené l'Occident aux conséquences qu'il subit actuellement. Ce changement constant dans la définition de ce qui est bien et de ce qui est mal a fait perdre à la société ces principes pour elle-même. Et maintenant, nous avons une situation dans laquelle les populistes arrivent au pouvoir. Tout est bouleversé. Ils citent l'exemple de Poutine et disent : "Voyez, il a trompé tout le monde, mais il a quand même eu du succès politique." »

Bien que Khodorkovski ne soit pas un saint et qu'il soit un improbable combattant de la liberté, le soutien de l'Occident à la prise de contrôle de son entreprise par le Kremlin et son usurpation de l'État de droit a facilité la domination des hommes de la sécurité de Poutine. Cela a aussi favorisé leur intégration dans les marchés financiers occidentaux. La faiblesse du système capitaliste occidental, dans lequel l'argent l'emportait finalement sur toutes les autres considérations, a laissé le champ libre à la manipulation du Kremlin.

En Russie, la complicité volontaire de l'Occident a contribué à produire une simulation du KGB d'une économie de marché normale. Les institutions du pouvoir et du marché, qui étaient censées être indépendantes, n'étaient en fait que des façades du Kremlin. Sur le papier, les décisions rendues par les tribunaux russes semblaient pouvoir être légitimes. Dans l'affaire Khodorkovski, le magnat du pétrole a dû affronter plus de deux ans d'audiences devant le tribunal et deux séries d'accusations criminelles, la seconde l'accusant d'avoir volé tout le pétrole que Yukos avait produit, le même pétrole pour lequel il avait précédemment été accusé d'évasion fiscale. Mais en réalité, les décisions de la Cour n'étaient pas des décisions sinon des directives du Kremlin. Le système judiciaire n'était pas un système judiciaire, mais un bras du Kremlin. Il en allait de même pour le parlement, les élections et l'oligarchie. Les hommes du KGB de Poutine les contrôlaient tous. C'était un système fantôme de droits fantômes, tant pour les particuliers que pour les entreprises. Toute personne qui passait par le Kremlin pouvait être emprisonnée à tout moment sur la base d'accusations truquées ou inventées de toutes pièces. Les droits de propriété étaient subordonnés à la fidélité au Kremlin.

Dans un système où le vol était omniprésent, où les biens étaient constamment répartis sur un signe de tête et un pot-de-vin à la personne concernée au Kremlin et dans les forces de l'ordre, les hommes de Poutine avaient des informations compromettantes sur tout le monde. Le pays était revenu à l'époque des informateurs. Tout le monde s'enregistrait. Tout était sur écoute. En décembre 2017, Alexei Ulyukaev, le ministre du Développement économique, a été pris en photo alors qu'il recevait un pot-de-vin de 2 millions de dollars de la part de Setchine dans le cadre d'une opération d'infiltration visant à l'éliminer en tant que rival politique, infiltration organisée par Setchine lui-même. Il a par la suite été condamné à huit ans de prison. Les frères Magomedov, autrefois des oligarques de premier plan au sommet de l'industrie portuaire stratégique, ont été emprisonnés en mars 2018, apparemment pour racket et vol de fonds publics. Mais leur véritable crime, selon un banquier russe de haut rang, avait été de prolonger leur salut : « Ils sont allés trop loin. Tout est très simple : lorsque le film se termine, vous devez sortir de la salle de cinéma. Vous ne restez pas pour attendre la séance suivante. » « Ils sont désormais en capacité de faire disparaître n'importe qui, a dit un autre magnat. Des oligarques, des ministres. Personne ne sait ce qui se passe dans l'affaire des frères Magomedov. Ils étaient des super oligarques et maintenant, personne ne sait où ils sont. »

Tout le monde était otage du système, y compris les courtiers en puissance de l'ère Eltsine qui ont ouvert la voie à l'ascension au pouvoir des hommes de la sécurité de Poutine. D'anciens responsables du Kremlin comme Alexander Volochine et l'ancien Premier ministre Mikhaïl Kasyanov ne seraient jamais libres de parler ou d'agir librement. Lorsqu'ils avaient quitté le pouvoir, Poutine leur avait clairement fait comprendre qu'il savait où était leur argent.

Poutine et ses hommes de la sécurité étaient les plus étroitement liés au système. Après tout ce qu'ils avaient fait pour consolider leur propre pouvoir, ils ne pouvaient faire confiance à personne, même dans leur propre cercle, tandis que Poutine, en éliminant résolument tous ses rivaux politiques et en concentrant le pouvoir entre ses propres mains, s'était aussi enfermé à un point tel qu'il n'y avait presque aucune issue pour lui.

Même ceux qui avaient fui la Russie, comme Sergueï Pougatchev, savaient qu'ils ne pourraient jamais vraiment échapper à l'emprise du système. Pour Pougatchev, ses manœuvres et manipulations pour aider à propulser Poutine au pouvoir il y a vingt ans demeurent aujourd'hui une source constante de remords et de regrets. « J'ai appris une leçon importante, a-t-il dit lors d'un entretien à son domicile en France, alors qu'il faisait l'objet d'une récente attaque juridique. C'est que le pouvoir est sacré. Lorsque vous croyez que les gens sont stupides et que si vous n'agissez pas, ils voteront pour les communistes, c'était une grosse erreur. Nous pensions tous que les gens n'étaient pas prêts et nous avons installé Poutine. Mais le pouvoir vient de Dieu. Et si le pouvoir vient de Dieu, alors nul besoin d'intervenir... Les gens ne savaient rien de Poutine. Et en trois mois, il est devenu Président. Bien sûr, nous avons pensé que c'était génial. Nous pensions avoir sauvé le pays des communistes, de Primakov et Luzhkov. Mais aujourd'hui, on ignore quelle issue aurait été pire. Il aurait été préférable que Primakov arrive au pouvoir. Il aurait été évincé en un an. Lorsque j'ai quitté la Russie, je pensais avoir laissé tout cela derrière moi. Mais ça continue à me suivre partout. Mon destin est lié à celui de Poutine... Nous sommes liés l'un à l'autre, quoi qu'il arrive. »

Pressé d'aider à installer son homme au pouvoir et de sauver la Famille Eltsine de l'arrestation, Pougatchev avait ignoré les avertissements de Boris Berezovski qui lui avait dit que nommer quelqu'un du KGB, c'était « entrer dans un cercle vicieux. Ils ne peuvent rien changer ». Il a ignoré la réaction choquée de l'ancien mentor de Poutine, Anatoly Sobtchak qui, en apprenant que Poutine devait être nommé Premier ministre, avait dit : « Arrête de me faire peur ! » « J'ai pensé qu'il était peut-être jaloux, a dit un Pougatchev dépité, rougissant encore en y repensant. Mais bien sûr, il savait tout. Maintenant, je suis horrifié. »

À bien des égards, l'histoire récente de la Russie avait été écrite bien avant lui. Les dés étaient déjà jetés. Le KGB était toujours omniprésent dans l'élite dirigeante russe. L'idée de lustration – une interdiction des postes officiels à tous ceux qui avaient travaillé avec le KGB – avait été soulevée par Eltsine mais rapidement mise de côté par les hauts fonctionnaires de son administration, tous des hommes du KGB d'expérience et de rang différents. « Ils lui ont dit que ce serait impossible, a dit Pougatchev. Il n'y aurait plus personne pour travailler. Cela aurait touché 90 % de l'élite dirigeante. Les gens qui n'ont pas coopéré d'une manière ou d'une autre étaient très peu nombreux. »

La révolution russe a bouclé la boucle. Les réformateurs qui ont déclaré au monde avec tant de promesses il y a près de trente ans que le pays était sur la voie d'un nouveau marché vers l'intégration mondiale ont été rapidement compromis ou ont travaillé avec le KGB sur la transition de la Russie depuis le début. Ceux qui croyaient travailler à l'introduction d'un marché libre avaient sous-estimé le pouvoir pérenne des hommes de la sécurité. « C'est la tragédie de la Russie du XXe siècle, a dit Pougatchev. La révolution n'a jamais été achevée. » Depuis le début, les hommes de la sécurité ont jeté les bases de la revanche. Mais depuis le début, il semble qu'ils aient été condamnés à répéter les erreurs du passé.

Remerciements

Ce livre n'aurait jamais été écrit sans mes formidables amis et ma famille qui m'ont aidée et soutenue pour que cette entreprise qui a commencé comme un projet de deux ans devienne une odyssée d'écriture et d'investigation. Je remercie surtout Lionel Barber, Neil Buckley et John Thornhill qui m'ont embauchée au *Financial Times* puis ont continué à me soutenir, ainsi que mes collègues à Moscou puis à Londres – Charles Clover, Courtney Weaver, Cynthia O'Murchu et Michael Stott – qui m'ont tous guidée, inspirée et ont égayé mes journées. En outre, je suis profondément reconnaissante au *FT* d'avoir financé en partie un projet de reportage qui a été intégré à ce livre après que je suis partie en congé pour écrire ce livre, et je dois beaucoup également aux idées chaleureuses d'Elean Kokorina et Ekaterina Shaverdova du bureau du *FT* à Moscou qui ont continué à aider à formuler des demandes d'interview après mon départ en congé.

Le regretté Vladimir Pribylovsky, qui tenait une base de données sur les relations des hommes de Poutine, a également été une source d'informations importante.

En outre, le journaliste d'investigation allemand Jürgen Roth, décédé, a fourni il y a longtemps des documents précieux en plus d'être une grande source d'inspiration. Steve Lee Myers du *New York Times*, par l'intermédiaire de son ancien assistant de recherche sur les livres Almut Schoenfeld à Berlin, a partagé un autre contact crucial. J'ai également bénéficié, au départ, de conversations avec des collègues aux États-Unis, dont Andrew Weiss et Eugene Rumer de la Fondation Carnegie pour la Paix

Internationale et Thomas Graham, l'ancien directeur principal pour la Russie au Conseil national de sécurité. Au Royaume-Uni, Christian Michel a été une première source d'inspiration.

Felicity Bryan, MBE, croyait au potentiel du livre et elle a accepté de devenir mon agent, concluant un accord avec William Collins au Royaume-Uni et avec Farrar, Straus & Giroux aux États-Unis. Je lui suis reconnaissante pour ses efforts et pour la grande patience et la foi dans le projet dont ont fait preuve mes éditeurs : Arabella Pike, directrice de la publication chez William Collins et Alex Star, rédacteur en chef chez Farrar, Straus & Giroux. Des rédacteurs trop sensibles auraient depuis longtemps abandonné ! J'ai eu l'immense chance de bénéficier des observations pointues d'Alex Star et de conseils d'édition qui m'ont aidée à améliorer ce livre à plusieurs reprises. Le dynamisme d'Arabella et sa compréhension patiente des sensibilités ont transformé le manuscrit, et je suis également très reconnaissante envers son équipe chez William Collins : Jo Thompson pour sa lecture avisée et les coupes suggérées, Robert Lacey pour le lissage minutieux de la copie et Iain Hunt pour son travail patient sur le texte final. Une profonde révérence aussi à l'équipe juridique.

En cours de route, j'ai été extrêmement chanceuse et honorée de recevoir des encouragements et des conseils patients sans fin de la part de David Hoffman, rédacteur en chef et ancien chef du bureau de Moscou du *Washington Post*, qui a lu attentivement les chapitres et dont le livre de 2002, *The Oligarchs* est non seulement une source d'inspiration, mais aussi un modèle pour l'art de la narration documentaire et la base de tous les futurs reportages sur la transition difficile de la Russie vers une économie de marché.

Même avec toute cette superbe assistance professionnelle, je n'aurais jamais pu aller jusqu'au bout sans les super amis qui m'ont soutenue tout au long du processus. Certains, dont Brad Cook, Miriam Elder, William Flemming, Gina Skilbeck et Emma Wells, m'ont non seulement offert leur amitié, mais ils ont également partagé leur maison lorsque j'avais besoin d'un endroit pour mes reportages de voyages. D'autres, dont Ellen Barry, Catherine Bell, Richard et Charles Emmerson, m'ont aidée à garder le moral tout au long de ce marathon.

Je serai toujours reconnaissante à Chris pour son soutien moral. Mes plus profonds remerciements vont à mes parents, Marjorie et Derek, ainsi qu'à Richard et Catherine Birkett. Sans leur soutien infatigable, rien de tout cela n'aurait été possible.

Imprimé en France par CPI Firmin-Didot
en août 2022

Dépôt légal : juillet 2022
N° d'impression : 171392

Talent Éditions est engagé dans le développement durable afin de limiter l'empreinte carbone de la fabrication de ses livres. Soucieux de l'impact environnemental de notre métier, nos ouvrages sont imprimés en France sur du papier certifié issu de plantations gérées de manière éco-responsable. Les livres non-commercialisables sont recyclés et réutilisés pour la fabrication d'autres produits cartonnés.